第二次世界大战后的日本

拥抱战败

Embracing Defeat:
Japan in the Wake of World War II

［美］约翰·W. 道尔 ——— 著
胡　博 ——— 译

Simplified Chinese Copyright © 2015 by SDX Joint Publishing Company.
All Rights Reserved.
本作品简体中文版权由生活·读书·新知三联书店所有。
未经许可，不得翻印。

图书在版编目（CIP）数据

拥抱战败：第二次世界大战后的日本／（美）道尔著；胡博译．—2版．—北京：生活·读书·新知三联书店，2015.8　（2024.10重印）
ISBN 978-7-108-05355-8

Ⅰ．①拥…　Ⅱ．①道…②胡…　Ⅲ．①日本－现代史－研究　Ⅳ．① K313.507

中国版本图书馆 CIP 数据核字（2015）第 118386 号

责任编辑	叶　彤
装帧设计	朴　实　张　红
责任印制	董　欢
出版发行	生活·讀書·新知 三联书店
	（北京市东城区美术馆东街 22 号　100010）
网　址	www.sdxjpc.com
图　字	01-2017-0130
经　销	新华书店
制　作	北京金舵手世纪图文设计有限公司
印　刷	河北松源印刷有限公司
版　次	2008 年 9 月北京第 1 版
	2015 年 8 月北京第 2 版
	2024 年 10 月北京第 12 次印刷
开　本	635 毫米 × 965 毫米　1/16　印张 39.5
字　数	700 千字
印　数	57,001-60,000 册
定　价	70.00 元

（印装查询：01064002715；邮购查询：01084010542）

献给 Howard B. Schonberger
(1940—1991)
他从未丧失和平与民主的理想

目 录

致谢 _____ 1
序言 _____ 1

第一部　胜利者与失败者

第一章　支离破碎的生活 _____ 3
委婉的投降 _____ 4
无条件投降 _____ 9
战败的数据 _____ 13
或者……归国？_____ 17
难民 _____ 21
受歧视的老兵 _____ 25
污名化的受害者 _____ 27

第二章　从天而降的礼物 _____ 35
"自上而下的革命" _____ 39
非军事化与民主化 _____ 43
强制性的改革 _____ 49

第二部　超越绝望

第三章　虚脱：疲惫而绝望 _____ 59
饥饿与笋式生活 _____ 61

忍所不能忍 _____ 68
　　绝望的社会学 _____ 74
　　孩子们的游戏 _____ 79
　　通货膨胀与经济破坏 _____ 82

第四章　战败的文化 _____ 93
　　为征服者服务 _____ 94
　　"交际花"、"专宠"与叛逆女性 _____ 103
　　黑市创业者 _____ 109
　　"粕取文化" _____ 117
　　颓废与真实性 _____ 123
　　"婚姻生活" _____ 131

第五章　语言的桥梁 _____ 141
　　对战败的嘲弄 _____ 143
　　光明、苹果和英语 _____ 144
　　熟悉的新世界 _____ 150
　　出版狂潮 _____ 152
　　畅销书与死后成名的英雄 _____ 158
　　女英雄与牺牲者 _____ 166

第三部　革　命

第六章　新殖民主义革命 _____ 177
　　作为殖民总督的胜利者 _____ 178
　　对"猿人"的重新评价 _____ 186
　　专家与顺从的畜群 _____ 190

第七章　拥抱革命 _____ 201
　　拥抱最高司令官 _____ 202
　　知识分子与悔恨共同体 _____ 208
　　草根的参与 _____ 213

改革的制度化 _____ 217
日常语言的民主化 _____ 223

第八章　实行革命 _____ 231
可爱的共产党与激进化的劳动者 _____ 232
"红旗的海洋" _____ 235
取消自下而起的革命 _____ 243

第四部　民　　主

第九章　天皇制民主：楔入 _____ 253
心理战与"天子" _____ 255
净化天皇 _____ 261
信函、照片与备忘录 _____ 263

第十章　天皇制民主：从天而降的途中 _____ 278
成为旁观者 _____ 278
回到人间 _____ 282
剪不断，理还乱 _____ 288

第十一章　天皇制民主：回避责任 _____ 297
面临退位 _____ 297
天皇的巡幸与"现人" _____ 306
一个男人的《破碎之神》 _____ 313

第十二章　宪法的民主：GHQ 起草新的国民宪章 _____ 324
为雌雄同体的生物变性 _____ 325
"明治男"们的难题 _____ 328
民众对新国家宪章的积极性 _____ 331
SCAP 的接管 _____ 335
GHQ 的"宪法制定会议" _____ 338
理想主义与文化帝国主义的考察 _____ 344

第十三章　宪法的民主：美国草案的日本化 _____ 353
　　"保守派的最后时机" _____ 354
　　翻译马拉松 _____ 357
　　宪法草案的发布 _____ 361
　　水流走，河还在 _____ 364
　　民主的"日本化" _____ 367
　　也许……放弃战争 _____ 370
　　对既成事实的反应 _____ 374

第十四章　审阅的民主：新禁忌的管制 _____ 383
　　幽灵官僚机构 _____ 384
　　不容许的表达 _____ 387
　　净化胜利者 _____ 396
　　电影管制 _____ 402
　　对政治左翼的压制 _____ 407

第五部　罪　行

第十五章　胜者的审判，败者的审判 _____ 425
　　严厉的审判 _____ 426
　　展示性的审判——东京审判 _____ 430
　　东京与纽伦堡 _____ 435
　　胜利者的审判及其批判 _____ 440
　　种族、权力与无力 _____ 447
　　败者的审判：指名 _____ 452

第十六章　战败之后，如何告慰亡灵？ _____ 470
　　献给亡灵的安魂曲 _____ 470
　　非理性、科学与"战败的责任" _____ 474
　　忏悔之佛教与民族主义之忏悔 _____ 479
　　对暴行的反应 _____ 486

记住犯罪者，忘记他们的罪行 _____ 490

第六部　重　建

第十七章　设计成长 _____ 513
　　"哦，出错了！" _____ 514
　　有形之手与无形之手 _____ 516
　　最尖端的经济计划 _____ 522
　　超出预期的发展与天助神佑 _____ 525

结语　遗产·幻影·希望 _____ 537

图片提供者 _____ 555
索引 _____ 556

译后记 _____ 605

致　谢

本书的准备过程相当漫长，假使没有以下两人的鼎力相助，这本书可能永远无法面世。我的贤内助靖子，不仅帮助查阅了大量文献，而且我们之间在日常生活中的交谈，亦成了切磋题旨、甄别差异的重要方式。我们一起做了大量的基础工作，这绝非客套，而是事实如此。我们共同探究历史，还一起到过日本和美国的许多地方进行实地考察。尽管这份情义难以报答，这却是做历史研究有益的方法。

这些研究工作汇集成了篇幅冗长的草稿，于是我请一位老朋友帮助以摆脱困局。Tom Engelhardt 以坚韧的耐力与犀利的批判应战。他审慎地检讨，由文笔到结构，又由结构，直达本书的论题与概念。他的友情与技能，使得本书有所不同而且更为洗练地呈现在读者面前。

我还对其他人深怀感激。袖井林二郎，这位麦克阿瑟将军的日文传记的作者与占领期日本史的专家，指示我关注到了许多日文文献。我借鉴了一些他的著述，尤其是他对于普通日本民众写给麦克阿瑟的信件的分析，这一点在本书中十分明显。早先着手此课题时，我曾长期旅居镰仓，自那时起我就求助于明田川融，以详查日本的文献。我还与 Herbert Bix 交换过资料，并就天皇裕仁的角色问题进行了多次深有助益的交流。

高尾利数向我推荐了本书所介绍的最重要的资料之一，渡边清的日记兼回忆录。Alex Gibney 给我提供了他所拍摄的有关美方起草日本新宪法的极有价值的访谈记录。Murakami Hisayo 让我注意到了现藏于美国马里兰大学 Gordon Prange 文库的一些颇有意味的材料，这些材料是当年提交占领军当局审查的日本出版物。她还向我展示了我所视若珍宝的、加藤悦郎的漫画集——1946年占领期的漫画史。James Heisig让我了解到田边元，这位强韧的爱国的"忏悔"哲学家的存在。麦克阿瑟纪念馆的James Zobel，找出了许多重要的档案文件。多年前，当我开始考察日本从战争到和平的演变时，我有幸与秦郁彦主持的日本大藏省"战后财政史项目"合作一载，现在我的研究尚有赖于当时的一些文献积累。

某年夏天，承蒙Jerry与Aiko Fisher夫妇的好意，靖子与我曾经隐居在明尼苏达州Farm Island Lake的一所小木屋中研究经济政策。我还得到过竹前荣治、松尾尊兊、隅谷三喜男、五十岚武士、油井大三郎、古关彰一、加藤（安原）洋子、三浦阳一、Eiji Yutani、Yuki Tanaka、Kozy Amemiya、Laura Hein、Marlene Mayo、David Swain、Frank Schulman、Andy Coopersmith、Peter Grilli、Edward Friedman、Glen Fukushima以及Steve Rabson等人的建议、资料或帮助。在麻省理工学院，Abigail Vargus、Jennifer Mosier与Ann Torres所作的学生研究计划，有助于说明"二战"后初期日本各方面的状况。Leslie Torrance打印了本书的数章文稿，Dianne Brooks与Mabel Chin一直协助我处理事务性的工作，而学校当局在各个方面对我的研究都慷慨相助。在研究初期，我女儿Kana曾经帮我将一些手稿输入电脑。Ed Barber与Andre Schiffrin分别是我在W. W. Norton和The New Press出版社宽容耐心的良师益友，而Georges Borchardt则是我的组稿人。Barbara Gerr完成了原稿的整理工作。波士顿WGBH电视台的Sarah Holt与Alan Tolliver，向我出示了为麦克阿瑟将军拍摄纪录片所收集的照片资料。除麻省理工学院外，本研究的经费还来自日本国际交流基金与Henry R. Luce基金会的赞助。有好几次，我获准使用过东京大学的研究设施。我还要感谢让我注意到本书初版本中需要斟酌、修订之处的许多人，尤其是Joshua Fogel、松山幸雄、Masao Miyoshi、Onukiyama Nobuo、Joy Pratt、Mark Selden、佐藤纮彰和Stanley Weintraub。

日本有关第二次世界大战中战败以及此后美国主导占领的出版物，不胜枚举。它们当中有在文献资料的基础上进行的优秀的学术研究，也有各式各样的畅销文集，内容有当时发表的文章、占领期间向报社的投稿、详尽的年表、照片、电影简介、流行歌词、关于战争犯罪与黑市的特集、战后畅销书榜单与摘要，等等。正如本书注释所示，我十分倚重这些日文的出版资料,而对某些特定的论题来说,我认为自己的任务,就是将日本学者的某些发现呈现给英语世界的读者。在此应当对这些学者加以特别介绍。有关战争罪行,最杰出的调查与分析,来自于粟屋宪太郎、吉见义明、吉田裕与大沼保昭。古关彰一发表过有关日方宪法修正的最深切犀利的研究成果。关于投降后初期的大众杂志,尤其是"低俗杂志"研究的专家,当属福岛铸郎。他的论著,是本书对这一活跃主题进行探讨的重要文献来源。关于占领军当局的审阅制度,本书列举的许多实例,引自古川纯、江藤淳、松浦总三等人的著述。至于战后初期日本的电影业,最具价值的典范研究,是 Kyoko Hirano 的英文著作。因篇幅所限,本书不再单独开列参考书目。在本书每章的注释中,首次出现的各种文献,皆详细注明出处(仅个别出处显见者不作标示)。书后附有本书图片提供者的名录。

序 言

日本作为现代国家的兴起令人震惊：更迅猛、更无畏、更成功，然而最终也比任何人能够想象的更疯狂、更危险、更具有自我毁灭性。回想起来，这简直就像是某种错觉——一场93年的梦想，演变成了由美国军舰引发和终结的噩梦。1853年，一支四艘军舰的不起眼的美国舰队（其中两艘是蒸汽动力的"黑船"）抵达日本，强迫日本实行开放；1945年，一支庞大的、耀武扬威的美式"无敌舰队"再次来临，迫使日本关起大门。

当年美国海军准将马修·佩里（Matthew Perry）抵达之时，日本不过是一个资源较为贫瘠的小国。二百年间，日本与外国的交往，在很大程度上一直被封建幕府将军所禁止。尽管在漫长的闭关锁国期间，日本经济在商业化方面已经很是发达，但是日本并未发生工业化革命，在科学领域也没有任何显著的进展。纵使欧美人发现这些岛民既具异国风情又聪明能干，然而没有谁会像拿破仑评价日本的邻邦中国那样评价它，前者因为广袤的疆土、众多的人口和数千年高度发达的文明，被誉为一头"沉睡的雄狮"。

1868年，持不同政见的武士们驱逐了幕府将军，建立了以天皇为首的新政府，而此前天皇一直是个高高在上、缺乏实权的角色。事实证明，他们新的民族国家进步很快，不仅学习现代和平时期的统治艺术，而且学习现代的战争技术，尤其善于领悟在一个帝国主义世界中的生存法则。正如1880年代流行的一首日本歌曲的歌词："国家之间有法则，这是真的，但当时机来临，请记住，弱肉强食。"[1]当世界的大部分区域处于西方列强支配之下的时候，日本起而效仿西方诸国，并加入了他们的行列。1895年，日本帝国的陆海军迫使中国俯首称臣。日本在亚洲大陆取得的这一决定性胜利，使中国背负了沉重的赔款负担，也加剧了从这头"睡狮"身上割取外国租借地的狂潮。这就是西方人士津津乐道的"瓜分中国"。

战争为日本帝国带来了第一块殖民地——中国台湾岛。十年后，在一系列代价高昂的陆地战和一次大获全胜的海上战役之后，日本对沙皇俄国的胜利，则为它带来了国际公认的在满洲的合法地位，并铺平了获取朝鲜作为第二块殖民地的道路。为筹措对朝战争的经费，日本在纽约和伦敦的贷款大增，而西方列强也对朝鲜爱国志士的呼吁装聋作哑。第一次世界大战中，日本加入了同盟国的敌对方，侵夺了德国的在华利益，并成为凡尔赛和约的五大战胜国之一。正是在这次会议上，胜利者们聚集一堂以惩办德国并重整世界秩序。当时任何其他非白人的、非基督教的国家，都难以想象能有资格忝列这种世界强国间的游戏，并在如此高端的层次上产生影响；诚然，也没有人能够预见到和平安定局面的土崩瓦解就在眼前，毕竟在当时看来，第一次世界大战是为了结束所有的战争而战。

二十世纪二三十年代，当世界陷入经济萧条和动荡的恐慌中时，日本的领导者以越来越狂热的对亚洲市场和资源的支配欲望，回应并加剧了这种混乱无序。"大日本帝国"的版图像一摊污迹一样蔓延开来（在日制地图上，日本帝国的版图总是以红色标示）：1931年接管满洲，1937年全面发动侵华战争，1941年，作为控制亚洲南部与太平洋地区战略的一部分，袭击了珍珠港。到1942年春天，日本帝国已处于版图扩张的巅峰时期，像一个巨人凌驾于亚洲之上，一足植于中部太平洋，一足深入中国腹地，野心勃勃地向北一直染指到阿留申群岛，向南则直取东南亚的那些西方殖民飞地。日本的"大东亚共荣圈"，大致环抱了荷属东印度群岛、法属印度支那、英国殖民领地缅甸、马来亚和香港，以及美国殖民地菲律宾，甚至号称要进一步将印度、澳大利亚，甚至夏威夷纳入囊中。欢呼天皇"圣战"光荣和他忠诚的陆海军勇士天下无敌的万岁声，在日本本土及海外的无数地方响彻云霄。诗人、僧侣和宣传家们都齐声颂扬"大和民族"的优秀与王道的神圣天命。

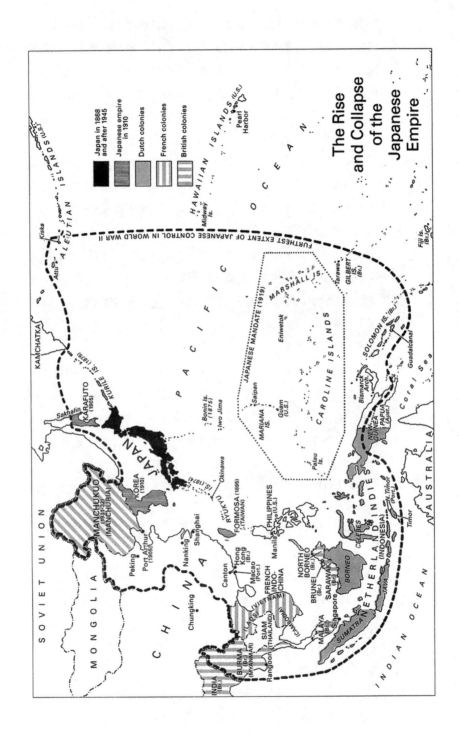

然而，"大东亚共荣圈"不过是一种狂想，日本人在太平洋战争头半年的幸福幻觉不过是南柯一梦，很快就被自己"胜利的弊病"抵消殆尽。他们已经失去节制，在心理上和物质上都严重低估了中国人民抗战的生命力和资源，并从此陷入与美国的长期战争之中。同时他们已经成为自己的战争说辞的奴隶，为所谓"圣战"疲于奔命，盲目信奉"要死于蒙受耻辱之前"，"战死者的血债需血来偿还"，"以天皇为核心的国体神圣不可侵犯"，"马上就会有一场决定性的战役扭转局势，击败'中国强盗'并且阻止'鬼畜美英'"等等。直到日本的失败命运已经昭然若揭，它的领袖人物还在尽全力说服天皇，坚持不考虑投降。他们已经冥顽不化，只能跌跌撞撞地一意孤行。

美国人以他们向来忽略历史不易解释的复杂之处的有趣习惯，对诸如帝国主义、殖民主义与全球经济的破坏等统统视而不见，声称是佩里把魔鬼放出了瓶子，而那个魔鬼已经变成了一个鲜血浸透的怪物。从战争起初几个月在中国的南京大屠杀，到太平洋战争末期的马尼拉大屠杀，日本帝国的陆海军士兵们留下了罄竹难书的残忍与贪婪的斑斑劣迹。事实证明，这也导致了他们的自我毁灭：日本兵死于绝望的自杀式冲锋，饿死在战场上，为不当俘虏而杀死受伤的士兵，并在塞班岛、冲绳等地残杀自己的平民同胞。他们无望地看着燃烧弹烧毁他们的城市，却一直在听任他们的领袖喋喋不休地瞎扯什么"一亿玉碎"的必要性。"大东亚共荣圈"最显而易见的遗迹，只有死亡和毁灭。在中国一地，死者大约有1500万。而日本也损失了近300万人口，并失去了他们的整个日本帝国。

在这场可怕的风暴过后，日本进入了一种奇怪的隔离状态。

它再次从世界舞台上隐退——不是自愿地，而是在胜利者的命令之下；同时也不是孤独的——像佩里进入之前的时代那样，而是被幽闭在了美国征服者那近乎肉欲的拥抱之中。而且，时隔不久就显现出，美国人既不能也不想放手。始于珍珠港袭击，终于广岛、长崎原子弹爆炸后日本签订投降条约，日本和同盟国的这场战争持续了三年零八个月；而对战败国日本的占领，则开始于1945年8月，结束于1952年4月，共计六年零八个月，时间几乎是战争时期的两倍。在被占领的年代，日本没有国家主权也就没有什么外交关系。几乎直到占领期结束，日本人不被允许出国旅行；未经占领者许可，进行任何主要的政治、行政或经济上的决策都是不可能的；任何对美国政体的公开批评都是不容许的，纵然最终持不同政见者的声音已经难以压制。

起初，美国人强加于日本的是一整套彻底的非军事化与民主化构想，从任何方面来讲都是一种傲慢自大的理想主义的显著表现——既自以为是，又异想天开。后来，当离开日本之前，他们又完全逆转过来，与日本社会中的守旧势力合作，重新武装他们昔日的敌人，使之成为从属的"冷战"伙伴。尽管日本战后最终以一个保守国家的面目出现，然而和平与民主的理念已然在日本落地生根——不是作为假借的意识形态或强加的幻象，而是成为一种生命的体验与牢牢掌握的契机。它们经由众多的、经常是不协调的差异性声音表达出来。

日美之间的这种关系是史无前例的，而战后任何其他的经验也无法真正与之相比。德国，日本从前的轴心国伙伴，在被占时期由美国、英国、法国和苏联分而治之，缺乏像美国对日本进行单边控制那样高度集中的关注。而且德国逃脱了东京投降后的当权人物——道格拉斯·麦克阿瑟（Douglas MacArthur）将军那救世主式的高涨的热情。对于胜利者来说，占领战败的德国，也不能感受到在日本的异国情调，那完全是一种对异教徒的降伏。毫无疑问，在麦克阿瑟将军看来，是领受基督使命的白人拯救了"东方"社会。对日本的占领，是殖民主义者妄自尊大的"白人的义务"之最后的履行。[2]

很难找到另外一个两种文化交汇的历史时刻，比这更强烈、更不可预知、更暧昧不明、更使人迷惑和令人兴奋了。许多美国人，当他们到来的时候，做好了心理准备将面对狂热的天皇崇拜者所带来的不快。但当第一批全副武装的美军士兵登陆之时，欢呼的日本妇女向他们热情召唤，而男人们则鞠躬如也地殷勤询问征服者的需求。他们发现自己不仅被优雅的赠仪和娱乐所包围，也被礼貌的举止所诱惑和吸引，大大超出了他们自身所察觉的程度。尤其是他们所遇到的日本民众，厌倦战争、蔑视曾给自身带来灾难的军国主义分子，同时几乎被这片被毁的土地上的现实困境所压垮。事实证明，最重要的是，战败者既希望忘记过去又想要超越以往。

可以理解，战后的头几年曾被肯定性地描述为日本的"美国式插曲",或者按照否定的说法,那是一个不寻常的野蛮加强迫的"美国化"时期。无论何种描述,通常强调的是美国的意志强迫性地施加于一片异国的土地。是胜者而非败者,对这一刻具有决定权。胜利者们获得了关注的目光,正像他们开始控制战争主动权的时候一样。在绝大多数场合,占领者与他们的构想总是至高无上,与此相反,被征服的国家却被置于战后分裂敌对的冷战氛围之中,显而易见必须依照美式逻辑来讨论问题。曾经强大的敌手变得渺小了,被打败的人民成了新的世界舞台边缘的影子角色。

这样的叙事并不使人感到意外。同盟国方面的胜利是如此巨大,从而使日本仅仅作为胜利果实被关注,这故事看起来似乎毫不费解。1945年8月底,当时仍然处于所谓"美国新纪元"的开幕阶段。历史以一种独特的占领方式,带着强制的、远大的构想逼近了日本这片荒废的、忏悔的土地,而世界正在朝着令人担忧的新的方向飞驰。关于这个被完全打败的、意志消沉的国家,还有什么比胜利者的占领更重要的事值得一提呢?对记者们以及后来的历史学家们而言,美国人将会对日本人做什么,才是故事最引人入胜之处。直到近来,想象占领是一种双方的"拥抱"仍然是困难的,而推测失败者可能对胜利者和他们的构想产生过影响、"美国式插曲"可能加强了而不是改变了战败国国内的趋势,依然是困难的。对于外人来说,想要领会作为日本人生命体验的战败和被占领,自然是十分不容易的事。

然而半个世纪过后,我们可以开始以不同的方式看待这个问题。满目疮痍的国土、颠沛流离的人民、衰亡没落的帝国与支离破碎的梦想,成了我们这个时代的核心叙事之一。当然,我们从战败者的眼光来看这个世界,将会学到更多:不仅是悲惨、迷茫、悲观和怨恨,还有希望、韧性、远见与梦想。与大多数历史论著,包括我个人早期的著述采取的研究方式有所不同,在下面的章节里,我试图"从内部"传达一些对于日本战败经验的认识,不仅仅是借助于聚焦社会和文化的发展,更有赖于关注这一进程中最难以捕捉的现象——"民众意识"。[3] 换句话说,我试图通过还原社会各个阶层民众的声音获取一种认知,即:在一个毁灭的世界里重新开始,到底意味着什么。对日本人而言,直到1952年,第二次世界大战才真正结束,而战争年代、战败以及被占领时期,给亲历者留下了难以磨灭的印迹。无论这个国家后来变得多么富裕,多年来,这些留存的记忆,已经成为他们思考国家历史与个人价值观的重要参照。

尽管我们总期望简化研究对象和问题,但是除却普遍的对战争的痛恨情绪而外,并没有什么纯粹的或单一的"日本式"的战败反应。相反,使人着迷的正是这些反应如此五花八门、多姿多彩。这与华盛顿和伦敦那些"亚洲事务的老手们"的预期实在相去甚远。他们固守着自己对于"东方人"的成见,认为他们实质上是一群"顺从的羔羊"。胜利者们抵达之时,怀揣着概括"日本人个性"突出特征的剪报,其中有些特征观察入微,而许多概括不过是漫画而已。反过来,日本的情报部门也正拿着他们自己的"美国人性格"清单在守株待兔。[4] 然而,他们双方中的任何人也不曾料到,对于战败、从战争以及战时管制中解放出来的反应,是如此千差万别而又生机勃勃。由于战败如此彻底、投降如此地无条件、军国主义分子如此地臭名昭著、"圣战"给家庭带来的不幸如此深具切肤之痛,重新开始,就不仅包括重建地面上的建筑,而且意味着反思好的生活和好的社会到底意味着什么。

在战败后的一段时期,处于社会最高层的许多人士,并未表现出对社会公益的任何热忱。取而代之,他们将注意力集中于如何通过大规模掠夺囤积军用储备和公众资源使自己发财致富。充斥战时宣传与行动的有关种族及社会团结的秘诀,似乎一夜之间消失殆尽。警探们对于这种猖狂聚敛个人财富的奇观痛心疾首(当然不是在他们自己受贿和敛财的时候),而普通百姓也对昔日领导者和同胞们的腐败堕落深表厌恶。甚至早在胜利者进入日本之前,战败的心理就已经深刻地改变了人们的所思所为。

正是在这种变动不安的氛围中,美国人开始着手拆除帝制政府的统治压迫。新的空白留待被征服者们自己动手填补,而他们也往往以出乎意料的方式加以完成。对于社会主义和共产主义构想的支持之众,超乎美国人的想象,而新兴的劳工运动也爆发出了惊人的活力。中层官僚成为重大改革的倡导者。妓女和黑市商贩创造了独特的、颠覆旧习的战败文化。出版界的反应则是对文字的如饥似渴:出现了从廉价劣质读物到锐意批判的书刊,乃至大批西方译著等全方位的出版物。"爱"、"文化"等音义复合的新概念,成为街谈巷议的对象,而形容词"新的",几乎被混乱地用于修饰每个触目所及的词汇。私人情谊,取代了旧的国家对公众道德的强制命令。颓废派的艺术鉴赏家应运而生,成为广受欢迎的、对战时所谓"健全"文艺潮流的批判者。新的英雄被发现和神化,新的名人迅速获得大众文化的爱戴。以救世主自居的各种宗教大繁荣,而王位的觊觎者也出现了。成千上万的普通人,在团体集会上、在给刊物的来稿中,或是像雪片般飞来的写给占领军当局的通信中,大胆表述自己的见解。数千万人发现自己正渴望着像他们的美国领主那样,理所当然地享受富足的物质生活。

这一切混乱不堪。这一切也充满活力并且释放压抑。在最初的数年间,即使共产主义者也会发现,很容易将占领军当作"解放军"来看待。然而,就像战败的日本人的活力被低估一样,占领者的"美国化"实质,也通常被过分简单化了。战胜者引入的改革,对于日美两国来说都是不合时宜的。它们反映出被美国的新政姿态、以劳工运动为基础的社会改良主义与权利法案的理想主义所严重浸染的构想,而这种倾向在美国本土正处于被否定或者受忽视的过程之中。此种构想从未被引入美国在亚洲的其他占领区域,譬如南朝鲜、日本本土南端的冲绳以及琉球群岛。在那些地方,严酷的战略考虑占了上风。此外,即便是在早期最富于理想主义色彩的阶段,占领者的"美国化"也是矛盾分歧的。而且这种"民主化"的构想,即便是在独裁统治严重的美国国内提出,看来也过于极端。

我们通常认为,1945年8月,是区分军国主义的日本与一个新的民主国家的标志。这一时刻是一个分水岭,但是日本从1930年代直到1952年,持续处于彻底的军事政体统治之下也是事实。尽管可以更宽宏大量些,但是麦克阿瑟将军和他的司令部,就像是新殖民主义的霸主统治着他们的新领地。如同天皇及其臣僚们过去所做的那样,他们丝毫未受到挑战或是批判。他们集中体现了所谓的等级制度——不仅是对被战败的敌人,而且甚至是在他们自己严格的等级体制内部,同时还遵循着所谓白人的规则。占领方式一个最致命的问题是,受日本帝国掠夺迫害最为灾难深重的各国人民——中国人、朝鲜人、印度尼西亚人和菲律宾人,在这块战败的土地上,既不会被认真对待,也没有任何有影响力的存在。他们成了隐形人。亚洲各国为打败日本天皇的陆海军所做出的贡献，由于对美国在"太平洋战争"中胜利的强烈关注而被忽略不计。按照同样的逻辑，日本在殖民和战争中对亚洲人民犯下的罪行，就更容易被抛诸脑后了。

由于胜利者不具有语言或文化上的沟通途径进入战败者的社会，他们除了通过现存的政府机关实行"间接统治"之外别无选择。这是不可避免的。然而真正实施起来，这种间接统治导致了某些不和谐的发展。实际上，麦克阿瑟将军的"垂帘听政"，依赖于日本的官僚机构贯彻指令，从而产生了一个双层的官僚体系。当美国人离去之时，本国的官僚集团延续下来，甚至比战时还要强大。为了意识形态的目的，麦克阿瑟也选择了依靠裕仁天皇，而在天皇的名义之下，整个亚洲都曾被野蛮践踏。麦克阿瑟甚至走得更远，他私下劝阻了天皇裕仁身边的随员要求天皇退位的质询，而且公开赞扬天皇裕仁是新民主的领导者。

麦克阿瑟将军及其亲密助手，果断决定为天皇免除所有的战争责任，甚至免除了允许以他的名义发动残暴战争的道义责任，这种美国人的保皇主义简直令人难以置信。天皇对其国家的侵略行为的积极作用，是无法被忽略的，尽管占领者阻止了对此进行的严肃调查。无论如何，天皇的道义责任是无法推卸的，而美国人选择不是忽略而是否认这一点，近乎是将整个"战争责任"问题变成了一个笑话。假使一个以其名义处理日本帝国外交和军政长达20年之久的人，都不为发动和领导这场战争负起应有责任的话，那么，还怎么能指望普通老百姓费心思量这些事情，或者严肃地思考他们自己的个人责任呢？

这样的决定与行为衍生的后果不胜枚举。胜利者自身的做法，导致了这种自相矛盾的处置方法的制度化，例如所谓"官僚制民主"与"天皇制民主"的产生。同时，与对待天皇的谄媚态度相一致，同盟国对一小撮犯下战争罪行的日本高层军事、文职领导人，也采取了奇妙的处理方式，由在东京的胜利者们进行了一场作秀式的审判。此举强烈助长了一种大众倾向：无视大和民族在领土扩张与国家安全的狂热追求之下，对其他国家和民族所犯下的罪行。占领期过后，外国人将这些情形作为日本具有某种倾向性的证据，他们暗示说，战胜者理想主义的构想在这些领域失败了。事实上，这些现象尽管特殊，却是由日美两国共同作用产生的。许多今日日本社会的核心问题——其民主的本质、民众关于反战主义与重整军备的强烈情绪、战争被记忆和遗忘的方式——都得自战胜者和战败者之间复杂的相互作用。

对许多日本人而言，倘加以回顾，紧随战败之后的那几年，的确构成了一个不同寻常的混乱而充满生机的年代。当时，对美国式政治模式的采纳，看上去似乎比国家主导的资本主义更有希望，至少人们可以梦想未来日本将会在国际上占据一席之地，而不是在美国的核保护伞下悄悄地重新进行军备扩张。往日的苦难往往能勾起回忆，而有时怀旧的感伤会使回忆变得甜蜜。近些年来，这种个人记忆被日本国内丝毫未有衰退迹象的出版热潮所支撑。书籍、文章、期刊专号，持续不断地从任意可能的角度言说战败与占领时期的经历，形式包括政策文件辑录、全方位开掘的学术研究、日记、回忆录、信件、新闻记录、照片以至逐日的纪事年表。许多战后时期成名的社会名流现在才刚刚谢世；而他们每一位的离去，往往会唤起对那个年代尖锐痛楚的记忆，虽然渐行渐远，却仍然与现实息息相关。试图掌握和分享这些是一项令人畏惧的任务，大致说来，是因为总有如此之多可以讲述，当然也有如此之多可供学习。

日本的某些特质使人们乐于封闭地看待它，而战后的密闭空间，也极易使人将其夸张地视为"典型的"独特的日本经验。不仅是外来者倾向于孤立和隔离日本的经验，其实没有人比日本国内的文化本质主义者和新民族主义者，对国民性与民族经验假定的独特性更为盲目崇拜了。甚至是在刚刚过去的1980年代，当日本作为全球资本主义的主宰出现时，也是其"日本"经验的独特性，在日本国内外吸引了最多的注意。尽管所有的族群和文化都会通过强调差异区分自我、也被他者所区分，但是当论及日本的时候，这种倾向被发挥到了极致。

当然，战败后的几年，确乎构成了一个逾常的历史时刻。然而，正像威廉·詹姆斯（William James）曾经描述过的宗教体验那样，在极端的困境中往往才能最好地暴露事物的本质。我发现了有关这整个国家重新起步的不寻常经历的确切细节和脉络，但是它们打动我，并非由于它们是外国的、充满异国情调的，甚至也不是作为日本历史或者日美关系中有教益的插曲而使我动心。相反，在我看来最吸引人的却是，战败与被占领迫使日本人尽全力去奋斗，以异常艰苦的方式来解决最基本的人生问题，并由此反映出令人瞩目的人性的、易犯错误的、甚至往往是充满矛盾挣扎的行为方式。而这些能够告诉我们有关我们自身与我们这个世界的许多普遍讯息。

例如，绝大多数日本人能够轻易抛弃15年之久的极端的军国主义教化，这为我们在二十世纪的其他极权主义政体崩溃中所看到的社会化的限制与意识形态的脆弱提供了教训。（众多王室被推翻而日本君主政体屹立不倒，在政治和意识形态方面，这本身就是一个富于启示意义的题材。）再譬如美国的越战老兵，如果了解到天皇的士兵战败归国后是如何努力向普遍遭遇的鄙夷蔑视让步的话，定会感到一种熟悉的震惊。同样，对自身苦难先入为主的成见，使得绝大多数日本人忽视了他们对他人造成的伤害。这一事实有助于阐明，受害者意识是通过何种方式扭曲了集团和族群为自身建构起来的身份认同。对于战争罪恶的历史健忘症，在日本自有其特定的形式，但是将之置于一个更为广阔的、有关群体记忆与神话制造的背景中来进行观照，其记忆和遗忘的模式则更加寓意深长。近年来，这些问题理所当然地引起了广泛关注。在战败与战后重建的混乱环境里，"责任"常常被提及，因而这并非只是日本这个岛国所关心的问题。

当日本人在他们的历史中仔细搜求，以便为他们的"新"情况作参照的时候，譬如本土的民主政治基础、有原则地反抗军国主义的事例，或者固有的忏悔和赎罪的表示等等，他们提出的例证自然是千真万确。然而他们所做的，不过是任何人在面对创伤性的巨变时都会去做的。他们在发现——如果需要，甚至发明——某些可以依赖的熟悉的经验。日常语言本身就是一座桥梁，使许多人不必完全经历心理混乱，就能够由战争状态跨越到和平的彼岸。因为许多战时的神圣词汇、标语口号，甚至是流行小说，在战后被证明可以完美地适应全新的阐释或者指代完全不同的客体。再者，将熟悉的语汇赋予新的意义，也是人们将实实在在的变化合理化与合法化的一种方式。

当然，人还可以由这些"桥梁"走回去，重蹈过去的覆辙。在当今的日本，新的民族主义者的叫喊甚嚣尘上，他们中最狂热的分子，也恰好瞄准了我们这里所讨论的年代。他们将日本战败后的美军占领时期，描述为一个压倒性的耻辱时期，当时真正自由的选择被压制，而外国模式被强加于日本人民头上。我个人对于那个时代的活力以及日本在战后思想意识形成中的推动力的估计,则更为积极一些(尽管留有余地)。真正重要的,是看此后日本人如何对待自己的战败经历。半个世纪以来,他们中的绝大多数人,始终如一地将其作为检验信守"和平与民主"承诺的准绳。"和平与民主",是战后日本最伟大的祈祷语。"和平与民主",也是今天的人们各自塞进迥乎不同的意图,并且持续争论下去的护身符式的口号;而在迈向"和平与民主"的奋斗中,无论观念论争,还是沉重的历史记忆,都不是日本所独有的。

注释:

1 引自 George Sansom, *The Western World and Japan* (New York: Knopf, 1965), p. 407。

2 名义上,对战败国的占领由所有战胜国共同实施。有两个国际组织行使顾问权:一是由11国组成设于华盛顿的"远东委员会";二是设于东京的4国"对日理事会"。麦克阿瑟将军的正式头衔是盟军最高司令官。实际上,对日本的占领由美国操纵。

3 笔者在这里尽可能避免重复业已在早期著述中讨论过的论题,这些著述包括以下相关著作: *Empire and Aftermath*: *Yoshida Shigeru and the Japanese Experience, 1878—1954* (Cambridge: Council on East Asian Studies, 1979); *War Without Mercy*: *Race and Power in the Pacific War* (New York: Pantheon, 1986); 以及 *Japan in War and Peace*: *Selected Essays* (New York: The New Press, 1993)。在最后一本文集中,对战争遗产问题的专门探讨,请参见"The Useful War"一文;有关美方最高层的战略计划,参见"Occupied Japan and the Cold War in Asia";美日关系的种族与心理维度,参见"Race, Language, and War in Two Cultures"与"Fear and Prejudice in U.S.-Japan Relations";有关漫画的研究,参见"Graphic Selves/Graphic Others";有关日本保守派传统,参见"Yoshida in the Scales of History"。关于占领的遗产问题,在"Peace and Democracy in Two Systems: External Policy and Internal Conflict"一文中有所阐述,参见 Andrew Gordon 编, *Postwar Japan as History* (Berkeley: University of California Press, 1993), pp. 3 – 33。

4 1945年9月4日日本内务省的一份机密情报报告,着重强调了美国人以下的性格特征(关键词皆以英语标示):(1) Practical, businesslike (实际、务实);(2) Straightforwardness (坦率);(3) Speedy action (行动迅速);(4) Self-conceited mind (自负);(5) Adventurous spirit (富有冒险精神);(6) Punctuality (守时);(7) Vulgarity (粗俗)。此报告收入粟屋宪太郎编《资料・日本现代史 第二卷 败战直後の政治と社会》(东京:大月书店, 1980), pp. 313 – 317。"投降预备计划"在日本实际上是不存在的,直到最终时刻,甚至连谈论战败的可能性都是叛逆不忠的行为。与此相反,在美国方面,这样的计划在日本投降前几年就已经详细制定出来。参与者如 Hugh Borton, 以及 Marlene Mayo, Akira Iriye 和 Robert Ward 等学者,这些年来对此问题都有颇有价值的研究成果发表。

第一部
胜利者与失败者

第一章
支离破碎的生活

1945年8月15日,正午前的一刻。此后发生的事情将永远不会被遗忘。

相原悠当时28岁,是静冈县郊区一个农民的妻子。在随后的几十年中,这天的情景就像是一部老幻灯片,一部断断续续的黑白新闻纪录片,反反复复地在她的脑海中浮现。

她当时正在户外劳作,一个报信的人从村里飞奔而来。他呼喊着天皇将会在正午时进行"玉音放送",就跑开了。

与这个消息相比,即使是敌国美利坚陆沉到海底的新闻,也不会更令人震惊了。天皇要讲话啦!自从继承天皇之位以来的20年间,裕仁天皇从未直接向他所有的臣民们发过言。直到此刻为止,最高统治者的话,一直是通过"天皇诏谕"的形式传达下来的——或是印刷的诏书文本,或是由他人诚惶诚恐代读的敕谕。

半个世纪之后,相原仍然能够忆起每一个细节。她飞快地跑回村,不断地默念着《教育敕语》中的一句话,这是每个人从学生时代起就每天背诵、牢记在心的。"一旦危机来临",《敕语》上说,"你们就要义勇地为祖国献身"。她清楚国家的局势危在旦夕,只能想象着天皇将会激励每一个日本人,尽更大的努力来支持这场战争——实际上,也就是准备战斗到死。

村民们已经聚拢在地方上唯一的一台收音机前,这台收音机只能收听国家电台那个唯一的频道,接收质量很差。天皇的讲话被噼里啪啦的杂音包围着,讲话的内容也让人难以理解。天皇的声调很高,口气拘谨而不自然。他没有用日常的口语，而是用一种非常正式的语言，时不时夹杂着典雅的古语。相原正在人群中跟其他人交换困惑的眼神的时候，她听到了一个新近因为东京轰炸才迁来此地的男人的自言自语。"这就是说，"那人喃喃道，"日本战败了。"

相原觉得所有的力气都从她的身体里流失了。当醒过来的时候，她发现自己匍匐在地。在她身边受到打击的其他人，也都躺倒在地——她后来这样描述当时的景象。天皇的声音消失了，但是收音机还在继续嗡嗡作响。一位播音员正在播音。他的一句话深深地烙在了相原的脑海中，使她终生难忘："日本军队将被解除武装并被准许遣返归国。"

这使相原突然间充满了希望。她那被征兵入伍送到"满洲"的丈夫可能就要回来了！那一整天和整个夜晚，她都在祈祷："请求让我丈夫不要自杀。"日本士兵被灌输了宁死不降的观念，相原害怕在此非常时刻，她丈夫可能会以自杀作为正当的、道义的响应。

此后3年间，相原一直在为丈夫的归来而祈祷。直到3年后她才知道，就在她被从地里召唤来听天皇玉音放送的前一刻，丈夫已经在5天前的一场跟苏联军队的战斗中死掉了。终究，战争已经永远地破坏了她的生活。[1]

委婉的投降

数百万聚集在邻里间的收音机前恭听玉音放送的日本人，不是什么现代的"公民"，而是天皇的*臣民*。一直以来，正是以天皇的名义，他们支持了自己国家与中国和其他同盟国的长期战争。照日本方面的说法，那一向是"圣战"。宣布日本投降，44岁的天皇陛下遇到了如何以新的辞令取代这种战争修辞的挑战。

这是个棘手的问题。14年前，在他即位的第六年，裕仁天皇默许了帝国军队对中国东三省，即所谓"满洲"的接管。8年前，日本以天皇的名义，发动了对华全面入侵。从那时起，裕仁在公开场合，都是以身穿挂满勋章的最高司令官军服的面貌出现。1941年12月，他颁布了对美国和欧洲各国宣战的诏书。现在，三年零八个月过去了，他的任务不仅要终止一场失败的战争，而且还不能否定先前日本发动战争的目的，也不得承认本国的暴行，又得以某种方式解脱自己对于多年的侵略

难忘的1945年8月15日的玉音放送,使裕仁天皇的臣民第一次听到了他的声音。在广播中他宣布日本投降并劝谕民众"忍所不能忍"

战争所应负的责任。

是裕仁本人首先提出打破先例,直接向他的臣民们发表广播讲话的想法。诏书的内容,直到广播前一天接近午夜时分,才最终敲定。诏书的起草和交付都承受了巨大的压力。录制在密谋中进行,并瞒过了那些反对投降的军官们。尽管产生于混乱之中,终战诏书仍然是一份悉心打磨的意识形态精品。[2]

尽管许多人跟相原一样,理解起天皇的讲话来有困难,天皇发出的讯息(同时通过无线电短波传播到了海外)却迅速被每一个人所知晓。许多像相原村上的东京人那样见多识广的听众,向他们迷茫的同胞们解释着播送内容。播音员们立即以日常口语总结宣言及其要旨。报纸也连忙发行号外,对天皇的诏书加以社论评说。

就像昆虫嵌入琥珀,天皇《终战诏书》的字句很快牢记在了民众意识之中。天皇从未明确地说过"投降"或"战败"。他只是简单地评述"日本战局并未好转,而且世界大势也于我们不利"。他吩咐他的臣民要"忍所不能忍,受所不能受"。这些话在接下来的数月间被无数次征引。

通过这份诏书,天皇尽力去完成不可能的任务:将耻辱的战败宣言,变成对日本的战争行为和他个人崇高道义的再次肯定。诏书的开篇,天皇重申1941年日本向美国宣战时他对臣民的训谕:发动战争是为了确保日本的生存和亚洲的稳定,不是出于任何侵略目的而干预他国的主权完整。以此为基调,裕仁对那些"为东亚的解放"与日本合作的国家表示深深的歉意。谈到广岛和长崎近期的原子弹爆炸,天皇继续指出,日本投降的决定完全是一种宽宏大量的行为,从残暴的敌人手中拯救人类,使之免于灭绝。"敌人第一次残酷地使用了原子弹来杀戮和残害大量的无辜者,使惨重的人员伤亡难以计数。"他断言,"再继续战争不仅可能导致我们种族的灭绝,而且可能导致整个人类文明的毁灭"。通过接受盟军结束战争的要求,天皇宣布,"为万世开太平",是他本人的意图。

接下去,他以古雅的文辞,将自己塑造为国家苦难的体现者和终极意义上的受害者,将他的人民的牺牲说成是他个人极大的痛苦。当他凝神静思那些死于战争的臣民、他们身后留下的遗族,以及现在全体日本人所面临的非同寻常的苦难,他宣称,"朕五内俱焚"。对于天皇的许多听众来说,这是玉音放送中最令人感动的部分。有的人承认自己被耻辱

珍珠港的美国水兵庆贺日本战败的消息

感和罪恶感所压倒，未能像天皇期许的那样安居乐业，是他们令天皇悲伤难过。

在1945年的8月唤起这样的民众情感，实在是一项巨大的成功。以天皇的名义发动战争的后果，是近300万日本人死亡，更多的人受伤或重病，国家一片焦土瓦砾。而此时天皇忠诚的臣民们，还被期望能够体贴圣意，为不能面对这一切安然活下去从而使天皇苦恼而惴惴不安。这是天皇第一次直接面对公众讲话，所以收效格外显著。或许他真的不仅是他们苦难的象征，还是战争失败最大的牺牲者。毫无疑问，天皇的臣民们必定猜想，此前激励他们战斗和牺牲的皇诏，并非天皇的本意，而是奸佞之臣的断章取义。正像多愁善感的天皇崇拜者们的解释，只有现在，人民才终于听到了天皇真正的声音。正所谓"密云冲破浴天日"。[3]

尽管天皇一再强调对"朕之忠臣良民"的信任，并保证与他们"休戚与共"，但还是警诫他们不要在战败的混乱和不幸中闹纷争。保持一个大家庭般的团结非常重要，要坚信"神圣国家不灭"，并竭尽全力重建国家，既保持日本的传统，又要与"世界进程和命运"并驾齐驱。

在这些既大胆又小心的言辞背后，隐含着对战后日本社会剧变的深深不安。数月来，天皇一直被这可怕的前景所困扰。天皇的玉音放送，不仅是一场失败战争的正式的终结声明，而且是风雨飘摇之际，维持帝国统治、维护社会和政治稳定的紧急战役的开篇宣言。[4]

对于天皇玉音放送的反应千差万别。有些东京居民一路行进到皇宫，静静地站立在一片废墟的都市风景之中。（美国的决策者们排除了将日本皇宫作为轰炸目标，但有一部分建筑还是被不经意地破坏了。）他们跪倒在皇居前的瓦砾上，因未能按照天皇的期望生活而垂首忏悔的照片，后来被当作日本投降瞬间最典型的影像。

实际上，这是带有误导性的影像。聚集在日本皇宫前的人相对来说是少数，而各地的普通百姓流淌的泪水，折射出各种与此相去甚远的群众情绪：苦恼、悔恨、丧亲之痛、蒙受欺骗的愤怒、突然的空虚和目标丧失，甚至是单纯因为不幸和死亡的意外终止而产生的喜悦。天皇裕仁的掌玺大臣和亲密心腹木户幸一，亲眼见证了人们的这种解脱。他在一则日记中记录，的确有人在皇宫前欢呼。他心情复杂地评述说，他们显然是感到如释重负。[5]

胜利的消息传到了太平洋战区的美国海军特种工兵营

正如相原的祈祷词所显示的,预料大批的日本人可能会选择死亡而不是战败的耻辱,并非不切实际。在长年的战争中,士兵被禁止投降。他们被告诫说,没有比投降更可耻的了。当战火逐渐蔓延到日本本土,平民们也被灌输了要奋战到死的观念,正如谚语所说"宁为玉碎,不为瓦全"。然而,在天皇玉音放送之后,选择"玉碎"的人实际上比预想的还要少。有几百人自杀了,其中绝大部分是军官。这一数量仅相当于德国投降时自杀的纳粹军官的数目,而德国从来就没有一种能与日本的自杀殉国相比的疯狂信仰。[6]

实际上,就政府组织来说,8月15日天皇的重要广播之后,最迅速、最显著的行动,莫过于注重实利和自我保全。全国上下的军事官员和文职官僚们,狂乱地焚毁各种文件卷宗,非法地抢夺大量军用物资。尽管天皇的终战宣言使美国结束了空袭,但据说,——这当然有点夸张——几天后东京仍然笼罩在浓烟火海之中。战时燃烧弹的地狱之火,换成了焚烧公文档案的冲天光焰,各界精英们步他们君主的后尘,全力以赴地掩盖他们的战争罪行。

无条件投降

征服者们没有看到这些火光,因为同盟国占领军的第一批先遣队,直到天皇玉音放送之后的两个星期才到达日本。跟他们一起到来的,是一位新的专横的权威统治者道格拉斯·麦克阿瑟将军,他被任命为同盟国在日本的最高司令官。9月2日,在东京湾美国军舰"密苏里"号甲板上所举行的壮观仪式上,麦克阿瑟与其他同盟国的9位代表,同日本官员签署了投降协议。

投降仪式充满了象征意味。密苏里是亨利·杜鲁门(Harry S. Truman)总统的家乡,而他有关日本最主要的决议,是在日本的两座城市投放原子弹,并力主执行他的已故前任富兰克林·罗斯福敦促日本"无条件投降"的政策。"密苏里"号上飘扬的美国国旗,有一面是1941

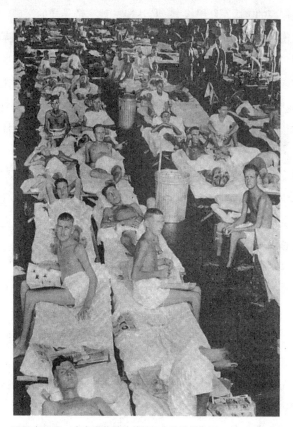

1945年9月,在台湾获释的营养不良的英美战俘

41 年 12 月 7 日日本袭击珍珠港时，飘扬在当时白宫顶上的。另一面，是从安纳波利斯（Annapolis，美国马里兰州首府）紧急空运来的 31 颗星的美国星条旗，曾经在海军准将马修·佩里的旗舰"波瓦坦"号（Powhatten）上使用过。当年佩里的炮舰外交，迫使日本结束了二百多年的封建闭关锁国。1853 年，佩里由帆船和燃煤冒烟的"黑船"组成的小型混合舰队，促使日本走上了最终灾难性的与西方列强争霸世界的历史进程。现在，一百多年光阴荏苒，美国人重又以象征着先进的科学技术与科技立国的庞大海陆空军队卷土重来，以佩里旧日的旗帜炫耀着对日本的惩戒，这是当年的佩里哪怕是在最疯狂的梦境中也想象不出的。

两位签署投降文件的日本官员，一是梅津美治郎将军，代表日本帝国军方；一是外务大臣重光葵，代表日本帝国政府。1932 年，重光葵遭一名抗议日本殖民朝鲜的朝鲜人炸弹袭击，失去了一条腿。他那笨拙的步态，在颠簸的美国军舰甲板上，传达出一种离奇异样的深刻印象，似乎象征着伤残而脆弱的日本。不管怎样，那些来出席签署投降文件的人，站到了那些没有到场的人的位置上：因为天皇没有来参加这样的场合，皇室成员也无一人到场，即使是宫内省也未派员出席。同盟国方面领导人的让步，引起了战胜国和战败国双方阵营观察员们的惊奇。直到战争结束，甚至连露骨地拥护日本皇室的美方官员们，如美国前驻日大使约瑟夫·格鲁（Joseph Grew），也假装天皇将会而且应该亲自签署正式的投降文书。而且甚至在日方已经知晓天皇不必亲自经受这场折磨之后，他们仍然装作将派一位皇室代表，有可能是皇族血亲，来代替天皇签署投降文件。在 9 月 2 日这出伟大的道德审判剧中，天皇被完全免除在外，对日方来说是令人鼓舞的征兆。因为这暗示着，胜利者可能愿意帮助天皇从最终的战争责任中解脱出来。[7]

在"密苏里"号上的演讲中，麦克阿瑟雄辩地谈到了全人类的希望："一个建立在理解和信任基础之上的更美好的世界将会从过去的流血和屠杀中产生，那是一个致力于人类尊严和满足人类最宝贵的愿望——自由、宽容和正义——的世界。"他明确地对他的美国同胞指出，"神圣的使命已经完成"，并告诫说，如果这个世界不学着在和平中生存，现代战争的彻底破坏就意味着"世界末日的来临"。当谈到战败国日本时，这位最高司令官宣布，投降的条款委任了胜利方将日本人民从"奴隶状

直到1945年9月2日美国军舰"密苏里"号的正式投降仪式上,失败的重大意味才真正明了。当时日本代表团被团团包围,简直被获胜方同盟国的装备和人员耀武扬威的气势所淹没

态"中解放出来的任务,并要确保这一民族的精力和能量回到建设的轨道上来,即他所说的"纵向发展而非横向扩张"。这些严厉、庄重而充满希望的话语,以及他宽宏大量的姿态,使得日本领导人又得到了一点儿小小的安慰,他们仍然在紧张地揣摩,胜利者到底想要对他们做些什么。[8]

尽管如此,对绝大多数爱国者来说,投降仪式仍然"意味着灭亡"。正如一位出席"密苏里"号仪式的美国将军所言,"尽管日方代表的表情高深莫测,丝毫也未流露他们的情感",然而"他们的举止气度是如此地阴森抑郁,似乎完全意识到了他们曾经不可一世的帝国,已经付之灰烬,而他们民族的希望和野心业已终结"。⁹ 未来的命运捉摸不定,国家的耻辱才刚刚开始。这个国家已经完全屈服的感觉,被投降仪式上的戏剧化场景强化了。帝国的海军早就被摧毁了。除了几千架摇摇欲坠的以备自杀袭击的飞机之外,日本的空军力量——不仅是战机,而且包括训练有素的飞行员——实际上也不存在了。日本的商船也都躺在了海底。几乎全国所有的重要城市都遭到过空袭,天皇数百万的忠诚臣民无家可归。战败的帝国军队,星散在亚洲各地和太平洋的众多岛屿上。成百万活下来的士兵正忍饥挨饿、满身伤病、士气丧尽。然而东京湾挤满了几百艘强大的、闪闪发亮的美国战舰。在某些戏剧性的时刻,引擎轰鸣,天空会几乎一下子被大约400架耀眼的 B-29 超级轰炸机和1500架护卫的海军战斗机完全遮蔽。帝国的土地被一波又一波身强体壮、装备精良、神气自信的登陆美国大兵所亵渎。这支占领军的数量,很快就超过了25万人。一个在1940年庆祝过它神话传说中的"皇纪两千六百年"并自豪于从未被入侵的国家,就要被白人占领了。

在日本人眼中,对1945年9月2日无法磨灭的印象,是西方——实质上就是美国——格外的富裕强大,而日本则是不可思议的贫困虚弱。这是一种简单的观察,但它承载了巨大的政治含义。东京湾的一幕,就发生在紧接广岛和长崎原子弹爆炸之后,提供了一个触目惊心的教训。那就是在美国式民主之下,可能达到怎样的物质实力和富足。尽管理解这个关于财富与力量的民主等式需要一点儿时间,但明白日本已经彻底战败却几乎不需要什么时间。投降仪式9天后,麦克阿瑟在一次记者招待会上评述说,日本已经降到了"四等国家"的地位,——这种对现实状况的露骨评价,足以使天皇以降的每一位日本领导人感到痛彻心扉。自从佩里准将强迫日本敞开门户以来,日本的统治者就执迷于成为"一等国家"。事实上,正是出于自己"一等国家"的地位不被承认的恐惧,才激起了日本朝野上下同呼吸共命运,最终向西方宣战。包括首相东条英机在内的一些人断然宣称,假使不能在亚洲建立高枕无忧的绝对统治权,日本就会被降级到"二等"或是"三等"国家的地位。就像一道被重新撕裂的伤口,"四等国家"的说法,立即成了战后的流行语。¹⁰ 这之后不久,麦克阿瑟又以更惊人的口气说到日本的处境,使人忆起《圣经·旧约》全书中愤怒的神。谈到日本军队被遣散的问题,麦克阿瑟宣称"他们被彻底打败和威吓住了,在投降加于他们国家的严重惩罚面前瑟瑟发抖,这是对他们国家深重的战争罪孽的报应"。[11]

在此后的几个星期,胜利者继续为这个国家的破坏程度而感到震惊。10月中旬,在呈交杜鲁门总统的一份概括麦克阿瑟和他的助手们的谈话的备忘录中,总统特使小埃德温·卓克(Edwin Jocke, Jr.)报告说,"现驻东京的美国官员们惊奇于这样的事实,日本竟然能够抵抗那么久"。实际上,经济的混乱是如此严重,他补充道,在一些美国人看来,原子弹爆炸"是被日本人抓住以结束战争的口实,事实上只是加速投降数天而已"。卓克接下来指出,"日本大城市的整个经济结构已经被摧毁。东京700万人口中的500万业已离开了这座毁坏的城市"。[12] 稍后从华盛顿派来了调查团,由享有盛誉的联邦战略轰炸调查团分析专家带队,也得出了同样的结论:投降前对日本继续战争的实力的估计,被过分夸大了。[13] 这当然不过是事后的推论,但是它反映出当时普遍的评价,即日本在战争结束时的虚弱,远远超出了日本国外任何人的想象,也超出了日本国内任何人承认的程度。

实质上,以后几年所发生的一切,都是在日本彻底战败的背景下展开的。绝望、愤世嫉俗和投机主义,在这样的氛围中生根蔓延。而恢复力、创造力和一种只有在亲历一个旧世界的毁灭和憧憬新世界的诞生的人们身上出现的理想主义精神,也得到了奇迹般的张扬。在这样的环境之中,就不难理解为什么几乎没有人有精力、想象力或意愿,去奢谈他们在执行天皇的圣战过程中曾经牺牲的那些生命了。

战败的数据

战争的创伤是难以精确计算的。即便动庞大的机构和部门来计算人员伤亡总数和估计物质毁坏的程度,其结果仍然是典型的大杂烩,精确得难以置信的数字下掩盖着大面积的模糊。在战败国日本,用了几年时间才计算出普遍认可的这次失败的战争所花费的代价。[14]

经常被引用的军队死亡人数,截至投降时大约是174万,这一数字可能相对准确。另一方面,一旦计入在空袭中死亡的平民人数,评估数字就相当混乱了。如果将1945年8月15日之后日本本土以外与战争相关的军队和平民死亡数字计算在内的话,情形就会变得更加不明朗。日本战后的历届政府,都倾向于对此棘手问题采取回避态度。总计可能至少270万军人和平民死于战争,大略相当于日本1941年7400万人口总数的3%到4%。另有数百万人受伤、患病或严重营养不良。1945年,接近450万的复员士兵被认定为伤病,最终大约有30万人领到了伤残抚恤金。[15]

对物质损失所作的大清算显示,同盟国对日本本土的海战和空袭战,毁灭了日本整个国家大约1/4的财富。其中包括4/5的船只,1/3的机器设备,1/4的运输工具和机动车辆。麦克阿瑟将军的"SCAP"机关(SCAP是盟军最高司令[部]的首字母缩写,通常用来指代麦克阿

46

日本投降之前,超过60个城市在空袭中被严重炸毁。这张美国军事照片,俯拍的是1945年6月在大阪上空执行轰炸任务的一架B-29超级轰炸机

瑟的司令部）将全部代价估得更高，1946年初的计算是，日本"损失了总体财富的1/3，以及全部潜在收入的1/3到1/2"。农村的生活水平降到了大体相当于战前水平的65%，城镇生活水平则降到了35%。[16]

包括广岛和长崎在内的66个主要城市被严重炸毁，破坏了这些城市总计40%的地区，至少大约30%的人口无家可归。在最大的都市东京，65%的住宅被摧毁。在全国的第二和第三大城市大阪和名古屋，这一数据分别是57%和89%。第一支到达日本的美国分遣队，尤其是那些经历了从横滨到东京的几个小时旅程的队员，对沿途随处可见的城市废墟，如果不感到震惊的话，也至少无一例外都留下了深刻的印象。第一位进入东京的外国记者拉塞尔·布莱恩斯（Russell Brines）报道说，"所有的一切都被夷为平地……只有孤零零的一些建筑矗立在平地上——公共澡堂的烟囱、笨重的仓库，偶尔还有铁门紧锁的低矮建筑"。[17]从这片被占领的土地上第一次拍摄的照片和电影胶片，捕捉着这些无尽的残破的城市街景，传达给万里之外的美国观众，而他们从未真正了解烧毁的城市到底意味着什么。

第一批进入战败国日本的胜利者，震惊于他们面前城市的破坏之惨烈。这是当时隅田川边的东京闹市区的俯瞰图

然而，即使是置身于这些大面积毁坏的城市景象中，征服者们仍然发现了他们选择性轰炸政策的奇特证据。譬如，首都的大片贫穷的民宅、小店铺以及工厂被摧毁了，但是有相当数量的富人区住宅却保留了下来，以备占领军的大批军官们居住。东京的金融区，大部分完整无损，将很快成为"小美国"地区——麦克阿瑟将军的总部所在地。没被破坏的，还有战争末期驻扎了大多数帝国军事机构的建筑。饶有讽刺意味的是，胜利者随后将此作为了审判日本首脑战争罪行之地。全国的铁路也仍然能够或多或少地有效运转。例如，东京的居民们曾直接乘火车去遥远的广岛，探视他们的亲属是否在原子弹爆炸中活了下来。在被炸毁的贫民区之外，包括电力和供水在内的绝大多数设施，仍然运转正常。不管有意还是无意，美国的轰炸政策，至少在大城市，曾经倾向于重新强化现存的财富等级秩序。[18]

当天皇告诉他的臣民从前的战斗和牺牲都是徒劳的时候，接近900万人已无家可归。正如一位美国人描述的情景，"在每一个大城市里，很多家庭挤在摇摇欲坠的小席棚里，有的试图睡在过道或地铁站台上，甚至人行道上。公司雇员睡在他们的办公室里，老师们睡在教室里"——当

1945年9月，一个日本士兵走在被夷平的广岛土地上

然，假使他们足够幸运，仍然有办公室或教室可睡的话。每个主要城市的街道上都人满为患：复员的士兵、战争寡妇、孤儿、无家可归者和失业者。他们中绝大多数只想着如何能够不挨饿而已。[19]然而，相对说来，他们这些人仍然是幸运的。至少他们是在自己的国家。

或者……归国？

战败之后，约有 650 万日本人滞留在亚洲、西伯利亚和太平洋地区。其中大约有 350 万人是陆海军士兵。其余的是平民，包括许多妇女和儿童。这是一群数量众多而且被普遍忘却了的中低阶层的人们，他们曾被遣往海外协助建立强盛的帝国势力范围。在战争结束时，约 260 万日本人滞留中国，其中 110 万分散在"满洲"地区。此外，近 60 万军队在千岛群岛和满洲南部的大连湾旅顺口一带放下武器。超过 50 万人滞留台湾，90 万人滞留朝鲜，此前中国的台湾地区和朝鲜曾分别于 1895

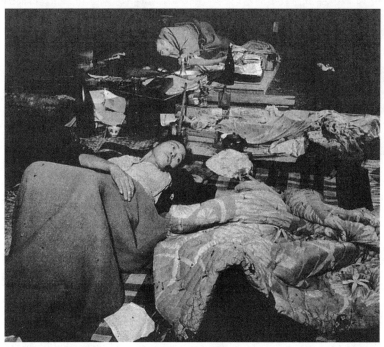

1945 年 9 月，广岛临时医院里的原爆幸存者。床褥上落满了苍蝇，一位妇女正盯着被子下面她那受伤的婴儿

战后的数年间,许多城市居民继续在这样的棚户区中竭力维持艰难的生计

年和1910年成为日本的殖民地。在战争结束时,东南亚和菲律宾群岛的日本人接近90万,绝大多数是军事人员。此外,还有数十万的天皇残余部队被困于太平洋诸岛屿。[20]

自然,所有这些人都盼望快点回国,他们的亲人也在焦急地等待着他们。然而对许多人来说,回国需要几年而不只是几个月的时间,而且成千上万的人注定会死去,再也见不到自己的祖国。对这好几百万人来说,投降,只不过标志着人生更加动荡不安和残酷阶段的开始。他们成了被战争蹂躏的、"解放了的"亚洲的混乱状况的牺牲品,成了传染病肆虐的牺牲品,以及胜利的盟军的虐待对象。1946年9月,天皇广播之后又过了一年多,超过200万的日本人仍然未被遣返回国,而且政府承认大约还有54万人下落不明。[21]

在"二战"数不尽的史诗般的悲剧中,这些日本人的命运是被忽略的一章。仅在"满洲",据估计就有179000名日本平民和66000名日本军人,在投降条约签订之后的混乱和严冬中死亡。[22] 在中国的"满洲"和其他地方仓皇离去的日本人,通常只力所能及地带一点东西,也就是年幼的孩子、随身物品和很快就会吃完的食物。所有的财产都丢弃了。许多难民走投无路,不得不将最小的孩子留给贫穷的中国农民家庭,孤注一掷地希望,被遗弃的孩子也许更能有机会活下来。[23]

即使正常地踏上了归国的路途，也不能保证立即安全地回国。疾病在一队队的归国人群中蔓延，因而归国的行程会由于医学体检、免疫接种，甚至是隔离检疫等的需要而拖延。就这方面而言，1946 年春夏，形势尤其严峻。4 月份，从中国腹地起程的归国者被天花的流行阻挡了行程，5 月是斑疹伤寒症的发作，6 月份则是霍乱大流行。朝鲜南部和印度支那北部、"满洲"地区也分别于 5 月和 8 月爆发了霍乱。[24]

对于所有战区的日本现役军人来说，归国行程的延迟，往往是因为当地的盟军首领选择利用这些战俘来为战后的特殊用途服务所致。直到 1946 年末，美国扣留了将近 70000 名投降的日本兵做劳工，用于逐步淘汰设在菲律宾群岛、冲绳岛和太平洋海域的战时设施。英军方面，负责从南亚和东南亚遣返大约 75 万日军回国，在这些欧洲列强将日本侵略者业已驱逐的区域，他们扣留大量日本战俘来建设工程，毫不掩饰重建自己殖民权威的意图。1946 年中期，他们宣布将扣留 113500 名战俘在当地劳动，直到 1947 年的某时。后来，其中约有 13500 人被移交给了荷兰，用于重新加强对以前荷属东印度群岛的统治。在马来亚和缅甸，最后一批日本战俘直到 1947 年的 10 月才被英军放行。[25]

被中国军队俘虏并被迫在中国的内战中为国共双方工作或打仗的日本俘虏，总数不明。据报道，投降之后一年多，大约 68000 名被关押在"满洲"的日本人仍然在为中国军队效力，绝大多数在共产党一方。国民党政府方面，在 1946 年的大部分时间，推迟遣返了超过 50000 名具有实用技能的日本人。直到 1949 年 4 月共产党胜利前夕，相信仍然有超过 60000 名日本人滞留在共产党控制的地区。[26]

对大批的投降军队扣留时间最长、虐待最严重的是苏联方面。苏军于 8 月 8 日天皇广播前一星期参战，并在"满洲"和朝鲜北部接受了日军的投降。美国和日本的权威人士估计，大约有 160 万到 170 万日本人落入苏军之手。而且很快，事实证明，很多人被利用来弥补苏联因战争和斯大林肃反运动所造成的人力不足。苏联释放的第一批战俘直到 1946 年 12 月才回到日本。到 1947 年末，总共有 62.5 万人被正式遣送回国。同期，约有 29.4 万在朝鲜北部投降的日本人，通过"非正常"途径在美国控制的半岛南部港口登陆。第二年的 5 月到 12 月间，又有大约 30 万人被允许回国。此后归国的流程再次中断，公布的理由据说是因为恶劣的气候状况。

对苏联的普遍敌意，可回溯至上个世纪之初。早在俄国布尔什维克革命之前，当时沙皇俄国与日本帝国在东北亚就是领土扩张的竞争对手。遣返进程折磨人般拖延的状况，以及苏联方面不愿提供战俘人数和身份确切信息的做法，加深了这种仇恨情绪。到了1948年，还有一点也变得明确无误：苏联拖延遣返是为了对战俘们进行强化教育，以便让他们回国后为宣传共产主义做贡献。[27]

1949年春天，在占领军领导人的一再敦促下，苏联宣布仅剩95000名战俘，他们将全部在当年底遣返。依据美国和日本的统计，确切数字应当在40万左右。突然之间，超过30万日本人的去向成谜。四十多年后，苏联终于透露了大约46000名已知被埋葬在西伯利亚的日本人的姓名。全部人数从未能够查实。[28]

这些数据的混乱——数十万士兵、水手和平民就这样在海外消失——暗示了"战争结束"的正式日期，本质上来说对许多日本人毫无意义。年复一年，妻子们、孩子们和父母们等待着亲人的回还，就像相原那样，经常是终于盼来了消息，却是亲人已故的噩耗。或者，更糟

1950年2月，战争结束四年半之后，在东京日比谷公园由佛教日莲宗发起的集会上，妇女和儿童为仍被苏联扣留的战俘们的回归而祈祷

的是，从此音信杳无。1950 年，日本最流行的家庭连载漫画《サザエさん》(《阿螺》)，还把一个男孩可怜地等待他的父亲从"苏联"归来作为主题。[29]

那年的 4 月，麦克阿瑟将军接到了来自滋贺县 12 万人的不同寻常的请愿，这些人全都是失踪士兵的亲属。他们还送上了一件非凡的礼物：一幅费时 8 个月绣成的麦克阿瑟的刺绣肖像，每个请求者都在上面绣了一针。这件惊人的礼物的灵感，暗含了战争年代亲人的一种象征性的祝福行为——送给士兵们腹卷（腹带，肚兜），由一千个人每人缝一针。制作和佩戴"千人针の腹卷"，是在海外作战的男人与他们家乡的亲人，尤其是家里的女人们之间亲情的表现。这件礼物附上的短信，感谢最高司令官对确保上百万日本人遣返的"无尽同情"，并恳请他继续为仍然滞留海外的人尽力。[30] 日本投降四年半之后，大量民众仍然时时处于悲痛和不安之中，怀着他们破碎的人生可能重圆的憧憬。

难　　民

从后勤运输的角度看，遣返过程取得了震撼人心的成就。从 1945 年 10 月 1 日到 1946 年 12 月 31 日，大约 200 艘自由轮、美国军方出借的登陆舰，以及日本曾引以为豪的舰队的残余船只，运送超过 510 万日本人回到了祖国。另有 100 万人终于重新踏上祖国的土地，则是在 1947 年。[31] 与此同时，"反向的归国"也开始起步，即遣返战争中滞留在日本的外国人。胜利者的首要问题，当然是确保在日战俘的获释。这些分散关押在 100 多个集中营里的战俘们营养不良，有的还得了肺结核。一些人，比如在"大船收容所"里的战俘们，受到了严重虐待。美国人还获悉了在日本本土上针对战俘的极端暴行，包括在九州帝国大学进行的活体解剖。到 1945 年 10 月 31 日，总共有 31617 名美国战俘获释，并经由马尼拉回国，在途中有 187 人转入医院治疗。[32]

到目前为止，在日数量最多的外国人是亚洲其他国家的人。大多数是应征入伍担任重体力劳动的朝鲜人。到投降时，约有 135 万常驻日本的朝鲜人，其中绝大多数都想离去。到 1946 年的第一周，已经有 63 万朝鲜人被遣返。那年年底，遣返总数上升到 93 万人。与此同时，一些在他们本国遭遇混乱和艰辛的朝鲜人，分别进入美国和苏联的占领地带，企图重新进入日本。另有一些海外的朝鲜人,包括很多在日本军队中服过役的人,选择遣返日本,而非朝鲜。遣返在日的亚洲人,还包括遣返超过 31000 名中国战俘与合作者回国,这一数目,与当年遣往中国台湾的殖民居民的数量大体相等。[33]

在战争孤注一掷的最后阶段,日本的领导人包括天皇本人,选择了在一场徒劳但却异常惨烈的战役中牺牲冲绳,企图以此阻止盟军攻入日本本岛。从 1945 年 4 月到 6 月的冲绳战役中,超过一万名美军丧生。帝国部队超过 11 万人实质上被消灭,大约 1/3 的当地人口——大概有 15 万男人、女人和孩子被杀。遣返,对冲绳人来说,只是标志着新的痛苦阶段的开始。因为在那场战役之前,大约有 16 万冲绳岛居民已经撤退到了

1946 年 12 月,日本投降 16 个月之后,在日本平民由"满洲"归国途中成为孤儿的孩子们到达东京的品川车站。照片右首的孩子,脖子上挂着白色肩带,里面放着她的家人们的骨灰盒

日本本岛。尽管他们渴望能尽快返乡，但这是不可能的。冲绳岛被毁坏得如此严重，甚至已经无法为当地大幅度减少的现有人口提供足够的食物和住处。于是，在日本本岛的冲绳人，成为了另一群难民，被迫住在日本的难民营中，承受不能返家的痛苦和辛酸。[34]

当时位于浦贺港的鸭居收容所的记录，描绘出赤裸裸的混乱与绝望的状况。此收容所于1945年11月开始接受从太平洋地区回国的平民，设计安置人数为1300人，但很快就住进了3倍的难民，其中半数是儿童。难民营的管理，无力避免营养不良问题。每日典型的菜单，包括每天定量供应少许混合的大米和小麦，早餐是酱汤，午餐是煮白菜，晚上煮萝卜白菜当晚餐。许多归国者无处可去。偷盗是常有的事，许多男人靠赌博消耗精力。记者仓光俊夫，在1946年1月写道：共有4位医生、18名看护妇和4名医疗助手为这个中心服务，负责尽快将重病号分别送往附近的6所医院中。尽管如此，每天仍有15人到20人由于营养不良或其他原因死于收容所中。指派的殡葬队来不及将尸体运往火葬场，经常不得不将早已咽气的人搁置一边，直至尸身变得强直僵硬。[35]

1946年12月，仓光记录了他与渡边千鹤子的一次对话。渡边千鹤子是个7岁的小女孩，是从"满洲"回国的第一批孤儿中的一员。回国的36名儿童，从4岁到12岁不等，其中23人，包括千鹤子，被立即送进了医院。他们当中绝大多数都生着疥疮，并且营养不良。有4个孩子得了严重的肺结核。渡边千鹤子的一张照片，曾经出现在许多报道孤儿回国的报纸上。她被挑选出来，是因为她回国的时候，脖子上的肩带下边挂着当时常见的白色骨灰盒。仓光找到小女孩的时候，她正端坐在一张成人尺寸的大床上，骨灰盒就在旁边的搁板上，跟一个小洋娃娃放在一起。他记下了跟小女孩的几句对话：

"你爸爸死在哪儿？"

"奉天。"

"妈妈呢？"

"葫芦岛。"

"妹妹贞子呢？"

"佐世保。"

在战败导致的长期混乱中,许多旧军人乃至平民百姓下落不明。这是投降10个月后,一位红十字会的工作人员在查看失踪者亲友张贴的寻人启事

这些地名标志着千鹤子从"满洲"归来的漫长旅途中的各个阶段。按照日本习俗,因为信仰佛教,所以人死后要授佛教徒的戒名。因为架上的骨灰盒上只有一个戒名,仓光说不上来,里面到底盛放的是千鹤子父亲、母亲还是妹妹的骨灰,或者就是他们三人的骨灰掺和在了一起。[36]

在日本投降一年后,虽然身揣亲人骨灰的孩子的景象还有新闻价值,但海外归来的退伍士兵,携带死去战友的骨灰交还幸存亲人的场面,则是司空见惯了。对于归国的平民,骨灰盒也常常出现在他们少得可怜的随身行李之列。然而,即便是死人的遗骨,有时也未必有明确的归宿。1946年8月1日,据报道在浦贺港靠岸的遣返船冰川丸,带回了7000具无人认领的骨灰盒。[37]

许多成年人,数年后从海外归来,发现自己的家已经无迹可寻。城市中的街区整个被夷为平地。父母妻子在空袭中被炸死或者疏散到了乡下。全国各地,到处是临时的布告牌,贴满手写的寻找失散家人的启事,或是提供张贴者本人的讯息。这并不仅仅是投降之后几个月内的现象。自1946年1月始,一档叫做"复员者消息"的广播节目开播,提供即将遣返回国人员的姓名、船期和登陆口岸的信息。1946年6月,当证明这些做法还不够时,又开播了一档"寻人"栏目。电台几乎立即就被每天四五百封的读者来信和数十通电话询问湮没了。到8月份,广播时间增加到每天两次,每周五天。有段时间,节目中有一个特别的单元"我是谁?",专门为迷失家园的归国老兵进行咨询。"寻人"节目相当成功地完成了它的使命。起初,大约40%到50%的广播问询都得到了回复,直到1950年,这个节目还在继续清理相当数量人员的下落或是死亡声明。"寻人"广播一直到1962年3月31日才结束。[38]

受歧视的老兵

当从苏联遣返的战俘开始进行共产主义宣传的时候,他们受到指责已经被洗脑,要故意挑起"军官和士兵之间的阶级仇恨"。[39]事实的确如此,但是许多从苏联以外的地方归来的退伍兵,也对曾经领导他们战斗的军官既愤激又轻蔑。这种情况在战争狂热而徒劳的最后阶段仍被命令血战到底的士兵中尤其突出。团队的凝聚力和军队的等级秩序,并没有像宣传的那样,在理想化的概念"忠诚"与"和睦"上建立起来,而是建立在独裁专制、逐级压迫的高压政策的基础上。即使在最好的情况下,上级军官普遍赢得的不是尊敬而是恐惧,而战败则释放了一直深深压抑着的怨恨。在极端的案例中,这种仇恨甚至导致了对前任军官的谋杀。

投降之后,这些情绪第一次得到公开宣泄。1946年5月,一位老兵给日本最有影响力的报纸之一《朝日新闻》写了一封典型的诉苦信,回忆他和他的战友们在太平洋的一个岛屿上,忍受"地狱般的饥饿"和军官对他们的虐待。他诉说士兵饿死的比例要远远高出军官,并质问如何才能使战友的亡灵安息,因为他们实际上是被领导者的暴政杀死的。他引用了古代武士的谚语"拉上一个垫背的去阴间",这谚语本来是指与敌人同归于尽的意思。他说,他的绝大部分战友,死的时候不是希望与敌人,而是与自己的军官同归于尽。[40]

几个月后,《朝日新闻》关于一位施虐军官在战后被士兵私刑处死的报道，引起了18位读者的回应。只有两人除外，几乎所有的人都支持谋杀并讲述了自己在军中亲眼所见的残暴和腐败。一位在朝鲜服役的士兵，描述了军官在当地玩女人和酗酒的事。一名水兵痛苦地回忆起他们如何鞭打自己的一位战友。另一位老兵忏悔说，他经常想袭击他的军官，但怕给自己的家庭带来不幸的后果，只好自己忍着。甚至那两封批评私刑事件的来信，也采取了辩护的姿态。两封来信都声言，并不是所有的军官都是坏的。[41]

这样的坦承，在投降之前是不可想象的。它暴露出战时的宣传，所谓"一亿一心"是多么昏聩不明。即使是刚毅冷酷的老兵，也往往为归国后的遭遇震惊不已。那些以欢送会和壮行酒打发他们上战场的左邻右舍们，那些给他们寄慰问袋和"千人针の腹卷"的乡里乡亲们，通常并不欢迎他们的归来。说到底，他们是失败者。他们邋遢落魄的样子，看上去像是对充斥战时宣传的英雄理想和英雄形象的嘲弄。

另外，战败之后纲纪废弛，驻扎在日本本土的军人纷纷逃离守地。有警方的目击者提供，不少人步履踉跄地将抢来的军用物资尽可能多地扛回家，仿佛是"迷途知返"的本能所驱使。即使是神风特攻队的幸存者，也参与了疯狂的物资掠夺。他们原本准备在战争结束时起飞，以完成他们单程的自杀式使命。有一位飞行员以此来迎接战败：他将飞机装满军需日用品，飞到他家附近的一个飞机场，把战利品装车运回家，然后再返回将飞机引爆。天皇忠诚的陆海军官兵们，似乎一夜之间变成了利己主义和离心离德的最坏典型。军官们和士兵们都趁火打劫，有时是大规模的抢掠。警方报告担忧，公众的厌恶会上升为对军事和行政领导人的"严重不信任、不满和憎恶"，甚至是普遍的"对军人的仇恨"。[42]

有时，甚至仅仅是一名退伍兵还活着的意外事实，就可能引起恐慌。一些老兵归来后发现，他们在很久以前就被宣布了死亡。他们的葬礼已经举行过，墓碑也立起来了。按照当时讽刺的说法，他们成了"活着的英灵"。[43]对悲伤的亲人们来说，他们的死而复活，可能令人又喜又惊，乃至绝望。有不少这样的故事流传着：丈夫历经数年、饱尝艰辛回到家，却发现妻子已经再嫁他人，通常是自己的兄弟或密友。

对于绝大多数原陆海军士兵来说，最大的震撼，莫过于发现自己历经千难万险回到祖国，却被当作贱民对待。到1946年归国潮蜂拥而至之时，国内的民众已经持续了解到帝国部队在中国、东南亚、菲律宾，乃至对盟军战俘令人发指的暴行。结果，许多退役军人发现，他们不仅被看作是没能完成使命的失败的群体，而且被假定为参与了不可告人的坏事的个体来对待。在老兵们写给媒体的信中，反复提到熟人和陌生人共同投来的谴责的目光。有些老兵开诚布公地表达了对自己犯罪行为的悔恨。另外的人则声言自己的清白，抗议把他们当作战争罪犯看待的不公。他们辩护说，公众必须区分士兵或军人与"军阀"的区别，后者才应最终为战争及其行为负责。

1946年6月9日，发表在《朝日新闻》上的一封匿名信，记述了这种"还乡"的冷遇：

> 5月20日，我从南方地区复员回到日本。我的家烧毁了，我的妻子和孩子失踪了。物价太高，我仅有的一点钱很快就花光了，我是一个可怜的家伙。没有人肯对我说句好话。人们甚至向我投来敌视的目光。没有工作、受尽折磨，我被魔鬼迷住了心窍。

这"魔鬼"指的是他想犯罪的冲动。写信的人接下来讲述，他如何在黑暗的街道上与一位年轻人搭茬儿，企图抢劫他，却发现攻击的是一位下班的警察。最终，他的故事有了一个令人振奋的结局。警察没有逮捕他，而是给了他一百日元和自己的一些衣物，激励他相信自己、克服困难。尽管写信的人仍然没有妻子、孩子、家庭、工作或金钱，他的信无疑是此后将正直做人的公开誓言。[44]

污名化的受害者

日本战争的许多最悲惨的受害者，现在成了这个国家新的被放逐者。尽管有怜惜病弱者的温和的佛教传统，尽管有儒教关于社会上下尊卑之间相互义务的说教，尽管有所谓天皇治下的日本人是"一家"的大日本帝国的老生常谈，对于那些没有归属于"适当的"社会集团的人来说，日本是一个冷酷的、不友善的所在。这里没有对陌生人尽义务的传统，没有不求回报的博爱，没有对遭受不幸的人的宽容，哪怕是发自真心的同情（与暂时的感伤相对而言）。

当然，所有的社会和文化在不同程度上都有其冷酷的一面。但在战争结束时期的日本，这一现象尤其突出。所有新出现的"不合时宜"的人群，无一例外都感到了被侮辱的痛楚。他们，包括受辐射玷污的广岛和长崎的幸存者，还有战争孤儿和街头流浪儿，被摒弃在"正常"社会之外自生自灭。至于战争未亡人，尤其是那些家贫者，在这个自来歧视寡妇的社会中，就更加难以生存。无家可归的退伍兵或是其他被抛弃的人，挤满了东京上野公园之类的公共场所。

公众通常回避谈论受战争打击患上精神疾病的退役军人问题。尽管历史上有几位天皇和幕府将军也被认为精神错乱，精神疾患却一直是个禁忌话题。那些需要帮助的人，通常被幽闭于隐蔽之处或暗室之中。身体的残障，也会引起公众同样的反感。许多残废的老兵无法可想，于是挑战这些禁忌，穿戴整洁在公共场合求乞，公然展示他们身体的残缺，

1946年，东京上野车站附近的流浪儿

确切地说,是展示他们的痛苦和酸辛。在东京,直到二十世纪五十年代末期,还有这样的流浪者在公共场合出没。另一些人则由于回国后受到的冷遇,放弃了求生的努力。有一位在写给报社的信中说,"我们的生存被损害,伤病的老兵们被遗忘了"。信是从一所疗养院发出的,写信的人讲述了他的康复病友们由于绝望而自杀,信的结尾宣布说,"我自己五分钟后也要上吊了"。[45]

由于战争失败,又有身心残缺,残疾退伍军人受到了双倍的歧视。同样,一旦公众的感情宣泄过后,年幼的战争受害者们也被推进了深渊。战争孤儿和无家可归的流浪儿们,几乎就被定义成了"不良"儿童。他们被迫在大街上讨生活,被当作无可救药的小罪犯来对待。战争结束后许久,政府不仅没有拿出有效的措施来关心这些儿童,甚至缺乏对这一问题的有力关注。1946年6月,厚生省估计全国大约有4000名战争孤儿。1948年2月的一份报告统计,战争孤儿和无家可归的流浪儿合计为123510名。其中,28248人在空袭中失去了父母,11351人在艰难的遣返途中成为孤儿或失去与父母的联系。2640人确认为被"抛弃"。令人吃惊的是,另有81266人是在战争结束时的骚乱中丧失父母,或与父母走失的。[46]

这些孩子许多住在火车站、高架桥和铁路桥底,以及废弃的建筑中。他们凭借自己的智慧生存——擦皮鞋、卖报纸、偷钱包、捡烟头、非法贩卖粮食配给券,还有乞讨。一些偷钱包的男孩子被叫做"咔嚓响的家伙"。(显然,"咔嚓"是硬币碰撞声的拟音词。)一些十几岁的女孩子想当然地以卖淫为生。有少数流浪儿,的确凭借他们的智慧过得不错。1947年4月,在东京警方的一次行动中,围捕了285名流浪儿,其中只有76人没有任何营生。当时,大学学历的白领公务员的平均月工资,大约为1240日元。而流浪儿中有19人平均每天能挣高达100日元,另有67人每天挣30到50日元。[47]

投降初期最时髦的一句口号,是向往日本成为一个"文化国家"。1946年10月,一位出身贫寒的有名望的小说家林芙美子,在一份大众杂志上讨论说,没有任何对孤儿和流浪儿的困境如此漠视的国家,能够自称是有文化教养的国家。[48]两年后,一位因人道主义受到尊敬的著名作家大佛次郎,坦率地就同一问题深入探讨。他写道,一位英国的熟人质问，为什么日本人对他们街头的流浪儿无所作为。他对此的第一反应是缺乏财政来源，但经过反省，他认识到原因是缺乏真诚。他在文章结尾写道，事实上只是，日本人这个民族，缺乏对陌生人的爱心。他自己也不例外。说实话，他只得承认自己不愿意接受这些肮脏调皮的孩子，不愿费心去教导他们。大佛思考说，或许当谈到爱的时候，日本人比别的民族浅薄。[49]

无家可归的孩子一般会被驱赶在一起，像家畜一样被装上卡车——这可不是个牵强附会的比喻。直接负责围捕工作的警察或市政官员们，通常会大声地清点人数。他们不是报一人、两人……而是像数动物那样喊一只、两只……收容中心往往实行军事独裁管制，经常搞体罚，甚至不给有些男孩穿衣服，以防止他们逃跑。在有些地区，这样的孩子从孤儿院进入正常的教育体系，常常需要漫长的时间。即使他们重返主流社会之后，仍然会因为是无父无母的"收容所来的家伙"而饱受歧视。[50]

战争未亡人，虽然在公众舆论中享有荣光，但也经常受到忽视和歧视。除非家境富裕，她们都得想方设法，在艰难的时世中养活自己和孩子们。军队的津贴早已停止发放，战时工厂的工作已被取消，成千上万从海外归来的男人，以及从其他倒闭的战时工厂解雇的工人，正在争夺稀缺的工作岗位。那些有勇气和力量面对公众的战争寡妇们，在媒体上吐露了她们共同的心声。一位农村妇女，她的丈夫放弃家族的生意去"为天皇打仗"而失踪了。她质疑为什么世界对她和三个孩子变得如此冷酷。她写信说，粮食配给停发了。尽管她住在乡下，却买不起菜。她每天在家工作到半夜，只能挣到两日元。而买4公斤土豆就要35日元。一位寡妇问，为什么在同样的年月，战争未亡人就该忍饥挨饿，而以前的官僚和军人们却可以大肆盗用军需物资。她询问，难道就没有办法让她拿到一个月的津贴，或者给她一点军用物品，哪怕只有一条毯子也好？

另一位妇女的丈夫仍然下落不明，她抱怨说，退伍士兵回家还有遣散费，配给粮食和衣物。相反，她和孩子们只能等着饿死。她哀怨地问，当她和像她这样的妇女还在挨饿的时候，空谈妇女参政之类的事情有什么用处呢？[51] 这是一个在许多地区都出现的问题：当人民在千疮百孔的土地上面对支离破碎的人生景况时,哪里还谈得上表层的、抽象的政治理想呢?

注释:

1 相原悠的来信,《朝日新闻》,1994 年 8 月 14 日。从技术上来说,这并非是第一次对天皇声音的广播。1928 年 12 月,在转播一次阅兵式时发生了一点小事故,不经意将天皇宣读敕语的声音广播了出去。《朝日新闻》,1995 年 5 月 16 日。

2 作为一般原则,有关天皇行动的日方秘密文献必须谨慎处理,因为它们是基于天皇近臣的记录和回忆完成的,而这些近臣们总是致力于为天皇的形象增光添彩。关于日本最高层的行动导致天皇玉音放送的最早的官方报道,是由迫水久常于 1945 年 11 月向美国占领军当局传达的。日本投降时迫水久常任内阁官房长官,并参与了投降诏书的起草。迫水久常强调天皇决定亲自广播投降的消息。参见美国国务院,*Foreign Ralations of the Uninted States*,1945,6:702 – 708。(以下此基本文献引用为 *FRUS*。)有关这一问题以及关于天皇裕仁的日本资料,最方便的辑录,是由鹤见俊辅、中川六平编辑的两卷本《天皇百话》(东京:筑摩书房,1989),尤其是上卷 pp. 683 – 699。其中包括终战诏书全文(697 – 699),以及对天皇战争发起人角色的确切证词(690)。诏书文本经过了几手修订,其中包括两位研究中国古文专家的润饰,他们不仅负责检查音韵与语法的恰当与否,还建议使用贴切的典故成语,出处同上,pp. 684 – 687。几十年来,有关日本投降的英文基本文献只有两本:U. S. Strategic Bombing Survey,*Japan's Struggle to End the War*(Washington,D. C.:U. S. Government Pringting Office,1946)和 Robert J. C. Butow 的 *Japan's Decision to Surrender*(Stanford:Stanford University Press,1954)。对这些研究批判性的检讨,参见 Herbert Bix,"Japan's Delayed Surrender:A Reinterpretation",*Diplomatic Histroy*,19. 2(spring,1995):197 – 225。

3 有关这一争论的例证,参见《朝日新闻》社论,1945 年 8 月 16 日;读者来信,《朝日新闻》,1945 年 10 月 21 日;日高六郎,《现代意识形态》(东京:劲草书房,1960),pp. 230 – 231。

4 1945 年 2 月有名的《近卫上奏文》曾上奏天皇,表达战败后有可能发生革命剧变的担忧。有关此种恐慌,参见 John W. Dower,*Empire and Aftermath:Yoshida Shigeru and the Japanese Experience,1878 – 1954*(Cambridge,Mass.:Council on East Asian Studies,Harvard University,1979),第 7、8 章;以及 John W. Dower,*Japan in war and Peace:Selected Essays*(New York:The New Press,1993)一书中的论文"Sensational Rumors,Seditious Graffiti,and the Nightmares of the Thought Police",pp. 101 – 154。

5 《木户幸一关系文书》,东京大学出版会,1966,p. 137。

6 战败之后,据推测陆军超过 300 人、海军约有 50 人自杀。参见草柳大藏《内务省对占领军》(东京:朝日文库,1987),p. 16。据另一项统计,从天皇玉音放送到 1948 年 10 月,共计 527 名陆海军人员,以及少数民间人士,因战败的责任感而自裁。参见鹤见、中川编《天皇百话》上卷,pp. 714 – 716。

7 Marlene Mayo,"American Wartime Planning for Occupied Japan：The Role of the Experts",参见 Robert Wolfe 主编 Americans as Proconsuls：United States Military Government in Germany and Japan,1944－1952（Carbondale：Southern Illinois Press,1984）,p. 34。另可参见 Roger Buckley,"Britain and the Emperor：The Foreign Office and Constitutional Reform in Japan,1945－1946",Modern Asian Studies 12.4（1978）：557－558,以及重光葵有关这些事件的记录,参见鹤见、中川编《天皇百话》下卷,pp. 23－25。

8 各种正式投降文书刊见载于1945年9月2日《纽约时报》。日方的积极反响被注意到了,可参见日本新闻研究会编《昭和"发言"の记录》（东京：东急エージェンシー,1989）,pp. 100－101。

9 Walter Krueger,From Down Under to Nippon：The Story of the Sixth Army in World War II（Washington D. C.：Combat Forces Press,1953）,p. 339.

10 参见《昭和"发言"の记录》,pp. 100－101；《纽约时报》,1945年9月12日。接下来麦克阿瑟评论说,日本可能会重新作为亚洲的商业领袖出现,但绝不可能成为世界强国。数周后,五星上将 William Halsey（在表达了战争"结束得太早,因为留下了太多的日本佬"的遗憾之后）宣布,如果贯彻执行麦克阿瑟的方针政策,"日本将永远不会上升到五六名的位置"。参见《纽约时报》,1995年9月25日。

11 参见美国陆军部,Reports of General MacArthur,volume 1,supplement,MacArthur in Japan：The Occupation：Military Phase（Washington,D. C.：U. S. Department of the Army；原文1950年由麦克阿瑟的总参谋部起草,但直到1966年才公开发表）,p. 131。9月21日,麦克阿瑟的讲话再次被广为征引,当他告知美国合众国际社总裁,日本"罪孽的惩罚刚刚开始,将会漫长而痛苦"时,借机重申日本将"永不"可能再成为世界强国。参见《纽约时报》,1945年9月22日。

12 Edwin A. Locke Jr.,memorandum for the president,President's Secretary File,Box182,Papers for Harry S. Truman,Truman Library,Independence,Mo. 感谢三浦阳一提供这份备忘录的副本。

13 美国战略轰炸调查团被引用最多的一份报告说,日本"定然"将在1945年底之前被迫投降,而且"极有可能"是在11月1日之前,"即使没有原爆,即使俄国没有参战,甚至即使没有入侵日本本土的计划或预期"。参见 U. S. Strategic Bombing Survey's Summary Report（Pacific War）（Washington D. C.：Government Printing Office,July 1946）,p. 26。还可参见调查团报告,Japan's Struggle to End the War（July 1946）,p. 13。这一推定是否正确,仍然有探讨的余地。

14 日本战争损失的基本数据,1949年4月发表于经济安定本部的报告书中,此后被广泛引用。例如,大藏省财政史室编《昭和财政史——终战から讲和まで》（东京：东洋经济新报社,1978）,第十九卷,pp. 15－19。

15 更详尽的统计数据与评注,参见 Dower,Japan in War and Peace,pp. 121－122。

16 FRUS 1946,8:165。亦参见前引之《昭和财政史》,出处同上。以及中村隆英《日本经济：その成长と构造》（东京：东京大学出版会,1981）,p. 15。以上各种计算不包括日本亚洲帝国的损失,四十年间它投入了巨大的私人和公共财力资源。

17 Russell Brines,MacArthur's Japan（Philadelphia and New York：Lippincott,1948）,p. 40。另参见 William C. Chase,Front Line General：The Commands of Maj. Gen.

Wm. C. Chase（Houston：Pacesetter Press，1975），p. 127。

18 例如参见前引之 Brines，pp. 26，39 – 40，117。

19 Harry Emerson Wildes，*Typhoon in Tokyo：The Occupation and Its Aftermath*（New York：Macmillan，1954），p. 2. 对大阪这类场景的生动描绘，参见由大阪府编辑出版的《大阪百年史》（大阪，1968），p. 907。

20 *Reports of General MacArthur*，1：supplement：117 – 130，148 – 193；至于帝国各个区域的崩溃情况，参见第 148 页图表。可参照讲谈社编《昭和・二万日の全记录》（东京：讲谈社，1989），第七卷，p. 274。（以下这部多卷本的昭和时代的逐日记录被引作 *SNNZ*。）

21 *SNNZ* 7：300。

22 *SNNZ* 7：132。

23 数百名这样被抛弃的孤儿，都很贫穷而且只会说中文。1980 年代开始，他们由官方资助旅行去日本，试图与他们的家人重新建立联系。即便真的团聚了，他们也是极度痛苦。

24 *Reports of General MacArthur*，1：supplement：162，165，173，174，176。

25 出处同上，pp. 158 – 159，161n，173，178 – 179。另参见 *FRUS 1946*，8：311 – 312。英方还拖延了从香港遣返投降的日本人。

26 *Reports of General MacArthur*，1：supplement：158，170 – 176，191 – 193。

27 例如 1948 年 11 月，从苏联遣返日本人的永保丸上发生了骚乱，船上突然唱起了共产主义歌曲，有人发表共产主义演讲，开始拒绝与占领军当局合作。同类事件还在 1949 年 6 月和 7 月间发生过。

28 *FRUS 1946*，8：306；前引之 *Reports of General MacArthur*，1：supplement：179 – 191。苏联发布的名单，参见《朝日新闻》月刊 1991 年 7 月特刊《镇魂西伯利亚》。死于苏联之手的日本战俘总数，据估计有 55000 到 113000 人。参见 Philip West，Steven I. Levine 与 Jackie Hiltz 编，*America's Wars in Asia：A Cultural Approach to History and Memory*（Armonk：M. E. Sharpe，1998），p. 232。

29 有关这一 1950 年的漫画形象，参见长谷川町子，《サザエさん》，第七卷（东京：姊妹社，出版日期不详），p. 68。

30 袖井林二郎，《拜启マッカーサー元帅样：占领下の日本人の手纸》（东京：未来社，1982），pp. 173 – 174。

31 《每日年鉴》，1949，pp. 96 – 97。归国人员还包括几千名曾在美国因种族背景被监禁，于战争结束时要求遣返日本的日裔美国人。其中除了不能获得美国公民身份且对祖国保持强烈忠诚的第一代移居美国的日本人之外，还包括许多第二代日裔美国人，他们由于出生在美国，因而具有美国公民身份。这些第二代日裔美国人，大多数曾在日本生活多年，并于珍珠港事件前返回美国。参见袖井林二郎，《私たちは敌だったのか——在米被爆者の默示录》（东京：潮出版社，1978），pp. 55，73 – 78。

32 前引之 *Reports of General MacArthur*，1：supplement：89 – 115。参见 p. 108 有关九州活体解剖事件，以及 p. 109 有关一些战俘受到战俘营下级看守"仁慈"待遇的参考资料。一说，在日本境内共有 32624 名同盟国战俘，从总共 127 所战俘营中获释（pp. 102 – 104）。

33 *Reports of General MacArthur*, 1：supplement, pp. 169 – 170, 173 注。

34 出处同上, pp. 169 – 170。

35 仓光俊夫,《浦贺》,《文艺春秋》, 1946 年 1 月号。收录于平凡社编集部编《昭和世相史　ドキュメント　战后篇》,（东京：平凡社, 1976), pp. 148 – 153。(此文集下引为 *SSS*)。

36 仓光俊夫,《引扬孤儿》,《文艺春秋》, 1946 年 12 月号。收录于 *SSS*, pp. 153 – 159。

37 *SNNZ* 7：280。

38 *SNNZ* 7：274；NHK 放送文化调查研究所,《GHQ 文书による占领期放送史年表（1946)》（东京：NHK, 1989), pp. 58, 69, 73, 76。

39 *Reports of General MacArthur*, 1：supplement：187 注。

40 朝日新闻社编《声》第 1 卷, 1945 — 1947（东京：朝日文库, 1984), p. 182。《声》是《朝日新闻》编辑部读者来信栏目, 此卷是战后首次出版的读者来信选集。此文献下引为《声》。

41 《声》第 1 卷, pp. 200 – 202。

42 粟屋宪太郎编《资料 日本现代史》第二卷（东京：大月书店, 1980), pp. 38, 41, 76, 82 – 83, 109, 175, 197。此书是投降之后日本国内报告颇有价值的辑录。另参见粟屋宪太郎、川岛高峰,《玉音放送は敌の谋略だ》,《THIS IS 读卖》月刊, 1994 年 11 月, p. 52。

43 "活着的英灵"（生きている英灵)一词, 引自野田光春,《捕房の记》,《新潮》1947 年 1 月号。收录于 *SSS*, p. 139。战争中日军被俘的人员, 通常被通报为已死亡, 因为官方政策将落入敌人之手当成是社会的耻辱。因而, 不准确的战死者报告, 既有故意也有不知情的误传。

44 《声》第 1 卷, pp. 102 – 104, 152, 191 – 192。

45 《声》第 1 卷, pp. 266 – 267。

46 *SNNZ* 7：288 – 289。

47 1948 年 5 月 30 日《サンデー每日》, 收入 *SNNZ* 7：309。《战后体验》（东京：河出书房新社, 1981；这是《人生读本》杂志系列中的一辑), pp. 91, 96。《钟の鸣る丘》(《钟鸣之丘》), 一档有关战争孤儿的广播节目, 提供了多愁善感与忽视共存的清晰证据。尽管 1947 年节目开播是占领军当局的命令（灵感源于美国 Boy's Town 孤儿院院长 Flanagan 神父的来访), 并且由于盟军最高统帅的坚决主张, 得以延续到 1950 年, 但是节目的确受到了相当的欢迎。参见《战后体验》, pp. 83 – 85。

48 林芙美子的文章, 被收录于文艺春秋社编,《〈文艺春秋〉にみる昭和史》（东京：文艺春秋, 1988), 第二卷, pp. 26 – 34。

49 《朝日评论》, 1948 年 12 月；收录于《战后体验》, p. 134。

50 *SNNZ* 7：288 – 289。"收容所来的家伙", 日语为 "设施の者"。

51 《声》第 1 卷, pp. 70 – 72。

第二章
从天而降的礼物

你认为你能把日本变成一个民主国家吗？我不这样认为。

——吉田茂首相

我们可以试试。

——盟军总司令部民政局查尔斯·凯德斯
（Charles Kades）上校[1]

1946年8月，颇有才气的漫画家加藤悦郎，为自己创作于美军占领第一年的插图集写了个序言。加藤坦言自己缺乏反对战争的勇气，其实他这不过是种自我掩饰的说法。事实上，他曾全身心地将自己的才华投入战争的宣传。1942年，是加藤创作了那幅令人毛骨悚然的战争招贴画：把罗斯福和丘吉尔（或者说是山姆大叔和约翰牛，因为这些个人和国家的称谓可以互换）描绘为下半身是野兽的家伙。一把亮闪闪的日本刺刀戳在他们的屁股上。画的标题是："彼奴等的死，就是世界和平的诞生日！"

加藤用复杂的比喻来说明这一暧昧的情形。他解释说，直到投降，他不是用手而是用穿了军靴的脚在画画。自无条件投降的瞬间开始，他的笔又重新回到了手上。也就是说，回到了它正常合理的位置，然而这实行起来却并非易事。加藤将这本小小的漫画集献给大家，当作过去一年他生命的记录。他选定的题目是《赠与的革命》。[2] 似乎在一夜之间，加藤所说的野蛮的敌人已经成为解放者，成了一场自上而下的革命

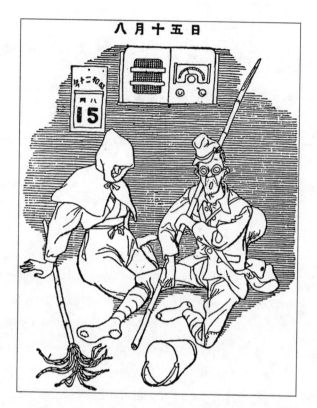

在投降一周年之际,漫画家加藤悦郎以这幅漫画传达出一种普遍的情绪:战争曾经是多么愚蠢。图中,1945年8月15日,精疲力竭的男人和女人正在木然地收听天皇投降的玉音放送。他们在回想,用救火的水桶和竹竿做的长矛抵挡原子弹的威力是多么愚蠢

的代理人。

加藤所起的题目,捕捉到了占领初期一种普遍的情绪。而且他将这种情绪在几张纸上精练地表达了出来。第一幅图画的是,1945年8月15日,一对夫妇疲惫地瘫坐在地上。女人穿着战争年代常见的雪裤,头戴防空袭火灾的头巾。男人则身穿松松垮垮的军服,手里抓着一根竹矛。一只救火用的水桶扔在一边。他们身后是一架收音机,正在播送天皇的终战诏书。插图说明是,以竹竿做的长矛来对抗原子弹是多么愚蠢。人们还未感受到从战争到解放的欢乐,就被搞得晕头转向了。

第二幅画,这对夫妇正在取下战时灯火管制时遮住窗子的黑纸,并将后院的防空壕填平。他们先前确曾认为,那迟早是他们的坟墓。

在简单地描绘了真正将光明带回人们生活中的欣慰和喜悦之情后,加藤引入了他的中心主题:一群日本人向天空伸出双臂,天空中飘满了降落伞,伞下挂着的罐子上贴着"民主主义革命"的标签。插图的标题是"天降的赠物",文字说明如下:

> 铺天盖地投下的燃烧弹和炸弹突然停止了。然后,从同一片天空,开始降下和平的礼物。这就是所谓的民主主义革命!不流血的革命!
>
> 然而,我们日本人,战败的日本人,被战争搞得精疲力竭的日本人,是如何得到这个礼物的?我们将如何接受它?

后面的漫画,讽刺而又充满希望地描绘了战败头一年的生动全景。加藤奚落摇摇欲坠的战后首任东久迩宫内阁:就像是一个店铺在打广告卖商品,却无货可卖。他嘲弄"不流血革命"不露痕迹的转变——军国主义者穿上"民主"的礼服,政客将战时的标语口号覆盖上"自由主义",右翼的后台老板修剪了八字胡,为的是看上去好像现代工人领袖,学生们把希特勒的肖像换成了马克思,将《我的奋斗》换成了《资本论》。

政府和民间的精英们,在加藤所展现的新国家里确实表现很差。财政和经济政策,只不过是便于大资本家们在战败的混乱中兴风作浪。猛烈的通货膨胀,使社会陷入了焦虑与民主的危机。"划时代的"选举法,为1946年普选权后的第一次大选铺平了道路,但却成了潘多拉的魔盒(日本的说法是浦岛太郎的玉手箱),产生出了原保守派外交官吉田茂为首的反动内阁。在加藤的眼中,难以驾驭的左翼政治力量与这些破产性的政策以及政策的制定者们一样,都不是什么值得认真对待的选择。加藤的一幅漫画中,社会党人正在跟共产党人签署脱离关系的文件,背景中却有一位艺伎(象征传统的保守党)在假笑。

加藤也以饱蘸活力与困惑的画笔,表现日常生活的茫然与困境:街头的流浪儿抽着雪茄。工人们为经济停滞的原因鸡生蛋蛋生鸡地争吵不休。("没有粮食,就没法挖煤。没有煤,就造不出肥料。没有肥料,就没有粮食。没有粮食,就没法挖煤……哇,头晕啦!")全副武装的盗贼

68

在加藤生动的描绘中,占领军引入的改革议程是广受民众欢迎的"从天而降的礼物":胜利者的降落伞受到欢天喜地的迎接,伞下挂的罐子上书"民主主义革命"

破门而入,却发现没什么可偷。("唉,你可以把空柜子拿走。"被绑着的家庭主妇说。)黑市商人建议卖春妇们自己成立组织,而黑市本身的出现就是对政治经济大环境滑稽的戏仿。先前的军用钢盔被颠倒过来当作民主的煮锅叫卖。("快来买,快来买……便利货——一旦危机来临,你就可以马上再把它当钢盔用啦!")一位清瘦的知识分子模样的小贩在叫卖"空洞理论面包"(没有内容,但是却刺激胃口)。一位两手空空的推销员,正在为他将来可能拿出的任何玩意儿拉订单,而且要求预付定金。

在这一切的喧闹之中,胜利者的革命从天而降。在另一幅漫画中,美国,正如从天堂伸下的上帝之手,为日本带来了"自由之钥"作为礼物,解除了言论的约束和限制。就像从天而来的巨剪一挥,美国剪断了绑在普通日本人民身上的铁链,并赐予他们公民的自由权利。战败前日本的经济,被庞大的金融和工业寡头垄断着。这些财阀剥削榨取人民,使人民不堪重负。麦克阿瑟的总部奋起神威,将千钧重负从被压榨的人民背上卸了下来。当日本的领导者还在呼呼大睡的时候,是美国人再一次从天上伸出上帝般的双手,为饥馁的日本人民送上宝贵的食粮。

"自上而下的革命"

加藤悦郎精通线条勾勒和透视画法,拥有一种独特但绝非怪异的日本风格。他对于征服者的刻画,看上去与美国国内十分相似。关注被占领国日本的美国漫画家们,通常将胜利者描绘成无所不能、像上帝一样的形象。事实上,他们经常描画同一幅"上帝之手"的图像:小日本被握在盟军的手掌中,或是接受麦克阿瑟将军从天而降的命令。更宽泛地说,在占领期及其后,战胜者和战败者都将美国为战败国制订的改革方案,看作是一种强加的"自上而下的民主革命"的尝试。麦克阿瑟将军本人很少放过机会,唤起大家对在他庇护下进行的政治、经济乃至"精神"变革的关注。[3]

这种自上而下的变革,在早期恰恰得到了德田球一的支持。德田是一位热情如火的共产党领导人,一直被监禁了18年。1945年10月初,就在他迈出监狱大门前夕,当占领军的领导者"剪断了"政治束缚的"锁链",德田立即写下了以如下宣言开篇的《告人民书》:"我们向在日本的盟国占领军表达最深刻的感激之情,他们致力于从法西斯主义和军国主义手中解放全世界,为日本的民主主义革命开辟了道路。"此后,当冷战升级,这番言论无疑成了令共产主义者感到尴尬的口实。他们只得勉强将德田的讲话进行合理化解释,强调德田所指的"盟国"至少是将苏联包括在内的。[4]

这种做法不过是"马后炮"式的修正主义。直到1947年之前,无论是左派还是自由主义人士,通常都将势不可挡的美国占领军看作是"解放军"。在美国之鹰的卵翼下实现"民主变革"的观念流布甚广,这种说法几乎立即成了一种常见的套语。各式各样的标语口号,传达着在征服者的监护之下——事实上,是在他们的命令之下——实行政治和社会改革的理念。除了加藤经常提到的"赠与的革命"和民主的"赠物"之外,日本人流行的说法还有"波茨坦革命",暗指日本投降的条款,是由美国和其他盟国在 1945 年 7 月 26 日的《波茨坦宣言》中提出来的。类似的说法还有"自上而下的改革"。[5]

然而,这些说法并不总是传达出肯定的意味,因为在许多圈子中,对待民主革命的态度是有所保留的,甚至是完全警惕的。对于保守派而言,这种自上而下的变革充斥着"红色"实践的气味,而德田球一对"解放军"的热情拥抱,更加助长了这种疑虑。更为敏锐警觉的评论者们,多赞同河上彻太郎一针见血的讽刺说法。这位超然的文学家在 1945 年 10 月将美国的政策描述为"配给制的自由"。他的巧妙表达切中要害:

这是加藤表现早期占领军政策带来自由的众多画作中的一幅。巨大的美国剪刀剪断了束缚"人民"的锁链,而背景中,保守势力的掮客和军国主义分子正在逃跑。这是特指 1945 年 10 月 4 日,盟军最高司令部的《人权指令》

由法令授权的民主,本身就具有内在矛盾,而在无条件投降的历史语境中弘扬自由更具有反讽意味。"配给制自由"的错位表达效果,在于它使日本人领悟到,他们正在美国人的统治下,继续经历着曾在战时所经历的配给制。[6]

就连加藤悦郎的欢呼,也包含一丝警诫的意味。他那小小漫画集的持久魅力正在于,他对民主革命理想的热情中掺杂着忧虑:这个"礼物"并非是日本人自己挣得的。例如,那幅美国巨剪漫画的说明是:"锁链被剪断了——但我们务必不要忘记,我们没有流一滴血、一滴汗来剪断锁链。"他的最后一幅漫画,画的是一个人懒散地躺在堆满礼物的屋子里。漫画的说明警告:"我们日本人看来已经习惯了享受革命成果的甜蜜,而且极端不想为这珍贵礼物变成我们自身的成果费一点力气。"

随着时间的推移,有不少评论家对自上而下的民主革命概念本身所蕴含的被动性和肤浅性给予关注。他们认为,正如战争期间普通民众被军国主义者和极端民族主义者所操纵利用,民众现在只不过是在追随另一套新的领导班子而已。剧作家和评论家山崎正和,1948 年从"满洲"归来时,还是一个中学三年级的学生。他后来回忆起对"所有的一切都是赠与的"深刻印象。民主在这样的背景下来得"太容易",从而无法真正在本土扎根。另有一些人洞察到,自上而下的民主助长了令人遗憾的"不负责任的逻辑",每个人都学会了对上级的指示唯唯诺诺。[7]

1949 年末,这种感到民主革命有问题的认识,由民主革命最热心的支持者之一南原繁传播开来。南原是东京大学的校长,也是一位基督教徒。作为第一位被允许离开自己被占领的祖国的日本人,南原在华盛顿发表了讲话。他将第二次世界大战概括为一场"精神对精神"、"人民对人民"的战争,而这场战争暴露出了他的同胞们的严重缺点。南原信奉欧洲文艺复兴的理想,将之作为确立个人人格与自由探求真理的基础。他断言,他的国家现在也不得不经历"自身的复兴"。南原回顾了十九世纪中期向西方敞开大门之后的明治维新,这一早期的改革时代,只是创造了一个现代国家的"外观"。它只是强调建设国家的实力和扩展国家的财富。人文主义精神,至多也不过是从属于这些目的。尽管现在"纠正这些错误还为时未晚",但是现在就为一个民主的新日本欢呼显然

占领军提供的最单纯、最有效果的"从天而降的礼物",通常是糖果、雪茄和口香糖,以及随时随地的友善态度。在第一批美国大兵到达后的数天之内,"给我巧克力"已经成了向占领者们围拢来的孩子们的口头禅。上面的照片是1945年9月,学童们蜂拥着一名在吉普车上发放糖果的美军士兵

还为时过早。南原评论说,"不像是在美国,政治民主在日本还未获得真正的生命"。反动势力反攻倒算的可能性也绝非没有可能。[8]

占领结束后,批评家龟井胜一郎,立即在一份日本国内最畅销的月刊上撰文,巧妙地表述了如下观点:被动的革命尽管总比虚伪地做做样子要好一些,但还远不是争取民主的真正奋斗。龟井写道,美国占领日本不是要进行彻底的意识革命,而是要强化"殖民地心态"。因而,回首所取得的民主实绩,甚至远不如加藤悦郎的那本小书所表现的当初的期待和理想。在某些方面,美国对日本的占领,让龟井联想起外面是丝绳、里面却暗藏铁丝的圈套,或是一套好莱坞的电影布景。[9]

占领者们对他们"自上而下的革命",自然看得更为积极一些。然而在许多方面,即便以他们自认为正义高尚的立场看来,这也是一个理想主义与现实考虑交织、民主主义热情和殖民者心理不期而遇的历史时刻,更不用说那些史无前例的方面了。改革者本身就是殖民地的总督。

借用一句现成的话来形容,他们是多愁善感的帝国主义者。作为因战争胜利而改变了事业轨迹并提升了事业目标的殖民统治者来说,他们具有 J. K. 加尔布雷斯(John Kenneth Galbraith)所概括的"目的高贵的傲慢自负"的性格特征。[10]

非军事化与民主化

正式而言,日本从 1945 年 8 月到 1952 年 4 月受外国控制期间,称为同盟国占领日本时期。这种说法不确切。尽管成立了两个国际咨询委员会以代表战胜国处理占领事宜,但它们的影响几乎可以忽略不计。[11] 自始至终,美国单方面决定大政方针,并对有关占领的大事小情发号施令。

因此,是华盛顿的决策者们起草了确立初期占领目标的三个基本文件:《波茨坦宣言》中,由美、英、中三方宣布了投降条款;《日本投降后美国的初期对日方针》8 月底被提交麦克阿瑟,9 月 22 日对外公布;还有一个详述日本投降后对日政策的全面的军事指令,也在 8 月底由参谋长联席会议以草案形式提交给了盟军总司令。尽管前两个文件很快就公布了,但是作为占领军领导人的许多基本行动方针的第三个文件,直到 1948 年 11 月才解密。[12]

正像他最高司令官的头衔一样,道格拉斯·麦克阿瑟对占领事宜的大权独揽,正是美国对政策和权力垄断的缩影。其他盟国不得对麦克阿瑟的权威有所异议。麦克阿瑟属下插手军事和民政事务的庞大占领军,除了象征性的少数例外(如原子弹爆炸后驻扎在广岛周边的英澳联合军队),几乎全是美国兵。此后数年间,拜访麦克阿瑟及其总部的重要使团,都是从华盛顿而来,而且几乎清一色是美国人。这种支配形态并非遮遮掩掩。实际上,在 8 月底呈交麦克阿瑟、9 月份公布的《初期对日方针》文件中,明确规定在同盟国发生分歧的场合,"美国的政策将起决定作用"。

与占领同时进行的顶级战犯审判,一般正式称为远东国际军事审判,也是个具有误导性的名称。审判的确是由各国法官组成的审判团主持,而且审判长是澳大利亚人,但是东京审判实在是一场美国支配下的表演。美国人操纵"国际检察团"为审判设定诉讼程序,而且他们容许忽视其他国家代表团提出的异议。

三个基本的纲领性文件，以不断加码的方式提出的占领目标，是广泛而野心勃勃的。也就是说，9月份公布的投降后方针提出的民主化要求，比《波茨坦宣言》当初实际宣布的更为广泛。因而，详述如何将这一公开方针贯彻执行的那份冗长的、秘密的参谋长联席会议指示，直到11月份才真正定稿。这份指令明确要求麦克阿瑟和他的总部，对民主化日程进行细致有效的管理。

在这一进展的背后，隐藏着华盛顿官僚政治内部争论和派系斗争的复杂历史。直到战争临近最后时刻，嘲笑"让日本实行民主化"观点的美国国务院保守的日本问题专家才发现，自己被更为开明和进步的改革者们否决了。加藤悦郎画作中空降日本的"民主主义革命"礼物，并非来自那些"处理日本问题的老手们"，而是来自美国陆军部[13]的一批人，他们是在更为广泛和激进的意识形态基础上，构架亚洲的战争与和平问题的。

《波茨坦宣言》绝非是枯燥乏味的文件。它保障了日本民族作为一个国家不被奴役或是毁灭，尽管他们将失去其帝国。在投降之日，日本国将被置于军事占领之下；"严酷的正义"将给予战争罪犯们以惩罚；那些曾经"欺骗和误导日本人民征服世界"的人的权力和影响将"永远"被消灭；将会严格执行"公正的赔偿"；军事力量将会"完全解除"；日本经济将进行非军事化，但最终将被允许重新进入世界贸易；日本政府将被要求"为复兴和巩固日本人民的民主倾向去除障碍"，并建立言论、宗教和思想的自由以及对基本人权的尊重。当"建立起一个合乎日本国民自由意志的、倾向于和平和负责任的政府"时，占领期将会终结。这最后的一句话，尽管有时被解读为允许保留天皇制的讯号，实际上是有意措辞暧昧不明。毕竟，天皇的臣民们，从未完全自由地表达过自己的观点，在当时也没有选择他们自己的政府体制的权力。

相比于这些严厉而宽大的条款，另外的两份政策文件增加了几项目标，将占领从非军事化和政治改革的温和演习，转变成了史无前例的人为的民主化实验。这些文件明确指示，解除武装和非军事化不仅是"彻底的"，而且是"永久性的"。它们还具体阐述了要对那些鼓吹军国主义或好战的民族主义的人进行清查，其范围将会比《波茨坦宣言》所设想的更加广泛,甚至将延伸至"经济领域"。

除此之外,这些指导方针还体现了政策制订者们的一个强有力的新兴观念,那就是,占领军领导者应当积极投身于改变日本民众心理的尝试。强调这一自负的目标,是源于一种日益增长的紧迫感:日本不仅应当以"民主化"来阻止军国主义的死灰复燃,同时还要摆脱共产主义影响上升的态势。根据文件规定,这种再教育方针,不仅要通过媒体积极宣传美国的占领目的,而且要"最小限度地制约和审查"新闻出版、广播电影以及个人通信。[14]

这一定稿于波茨坦会议之后的政策蓝图,也将民主化的理想延伸到了经济领域。一方面,它强调占领军当局对"日本的经济复苏或日本经济的强化"不负任何责任。除了制止可能导致混乱的经济危机(例如避

胜利者的紧急粮食援助始于1946年,帮助日本缓解了严重的粮食短缺,唤起了许多日本民众表达感激之情。这是在东京郊外举行的庆祝会,恰逢传统的盂兰盆会,欢庆的舞蹈伴随着一年一度迎接亲人亡灵归来的仪式

免饥荒），美国的方针政策要求让日本自作自受。同时，在《波茨坦宣言》之后明确规定，推进"对收入进行广泛分配和对生产交易资料广泛占有"的政策。为此，华盛顿的决策者们要求"解散掌握日本大部分工商业命脉的产业和金融联合体"。这等于是对自二十世纪初以来就支配日本经济增长的老财团和在日本战争动员过程中出现的"新财阀"，同时进行直接打击。在这一反垄断战役实施前后，最高司令官还受命促进劳工运动以及大规模的土地改革运动。

这是一个野心勃勃的改革议程。通过消除将日本引向战争的军国主义根源，无理无序的日本将被变成一个和平、民主、遵纪守法的国家。在著名的《初期对日方针》的开篇，占领的最终目标被设定如下：

(1) 确保日本不再成为对美国乃至世界的和平与安全的威胁。
(2) 促进建立尊重他国主权并支持联合国宪章的理想和原则所反映的美国目的之和平与负责的政府。美国希望此政府应尽可能与民主自治原则相一致，但是向日本强加不受自由表达的国民意志支持的任何政体，并非盟军职责所在。

这种上意下达的彻底改革合法化的关键，就是"自由表达的国民意志"的提出。改革者们所强调的理由是，在日本帝国现行的政治、经济和社会制度下，人民不可能自由表达所思所想。让民众真正自由地表达他们的意志，需要彻底废除专制体制，即使这难脱企图向战败者"强加"外来的政治体制的嫌疑。此论证逻辑表明，改革要强行创造一个"人民意志"优先的社会，从而根除使日本成为亚洲苦难根源的"战争意志"。

占领开始后不久，美国助理国务卿迪安·艾奇逊（Dean Acheson）曾以生硬的措辞表述此意。他宣布，占领的目的是要确保"改变使日本产生战争意愿的现存经济和社会体系，以使战争意愿不再继续"。[15] 这句别扭冗长而又雄心勃勃的乏味话，其实简洁地传达出了美国人的救世军意识，正如改革者们描述他们的任务时，习惯使用的救世主的简单比喻一样。谈论根除侵略的根源变成了平常事。最高司令部民政局的一位理想主义者和有权势的律师查尔斯·凯德斯（Charles Kades）上校，在指

作为广泛的"非军事化"计划的一部分,占领军销毁了数量庞大的日军武器装备。这幅照片很容易让人误认为是地狱般的战争情景,实际上这是在北九州著名的佐世保基地,美军坦克向五十架日本战斗机喷射凝固汽油和火焰

出日本领导人提出的温和的投降后改革方案与盟军最高司令部强迫他们采取的激进政策之间的区别时,巧妙地表达了这一看法:"他们想保留一株生病的树而剪掉树枝。我们觉得,为了消除疾病,必须将树连根拔起。不然我们会发现虽然长出新树枝,这棵树还在生同样的病。"[16] 对当时的简洁表述,即盟军最高司令部的任务就是贯彻执行日本的"非军事化和民主化"。

由战争的胜利者承担的这一大胆创新的任务,既没有法律依据,更史无前例。几乎未对这样的一项任务进行任何反省,美国人就开始着手其他占领军队从未做过的事情:重建一个战败国的政治、社会、文化和经济结构,并逐步改变其民众的思维方式。如果说日本人有些不知所措的话,并不使人感到意外。征服者正着手于未知的领域,他们一边摸索前进,一边明确他们的伟大任务。起初,他们自己对于这一任务所要施行的具体改革,也没有一幅清晰的愿景。

在一定程度上,这与占领德国的政策具有可比性。事实上,美国自卷入"二战"以来就奉行的"欧洲优先"政策,使得德国首先投降必不可免,而这意味着对战败的德国所采用的政策,将会作为起草日本投降后方针的指南。虽然如此,差别仍然引人瞩目。当然,最明显的是,日本完全置于美国的控制之下,而德国被分成了美、英、法、苏的占领区。

在销毁"与战争相关的"设施过程中,最臭名昭著的插曲发生于1945年11月。当时,美国人将东京理化学研究所的回旋加速器用喷灯切割开来,并将残骸抛入了东京湾。全世界科学家们愤怒的呼声,最终迫使来自华盛顿的军事官员们发表了一份致歉声明

除此之外,日本还屈服于"麦克阿瑟式"的控制,无疑这是一种带有明显个人印记的独特的统治体验。麦克阿瑟和那些聚集在他麾下的改革骨干分子们,表现出一种救世主式的激情,这也是在占领德国时所不具备的。而美国的欧洲中心主义做法,也在战后初期给予了麦克阿瑟的最高司令部以不同寻常的自由。当华盛顿的决策者们集中关注在东欧的对苏政策和西欧重建时,专横的麦克阿瑟一直到1948年,都像是一个小小的君主统治着他的远东领地。1951年,麦克阿瑟在向美国参议院委员会解释他在日本所发挥的权威之时,他指出"我不仅像我们的总统在美国本土那样拥有通常的行政权,而且我还拥有立法权。我可以颁布法令"。[17]

种族和文化因素也使日本变得特殊。与德国不同,这个被击败的敌人对胜利者来说,代表着一种异国情调的、格格不入的社会:非白人、非西方、非基督徒。黄种的、亚洲的、异教徒的日本,慵懒淡漠而又敏感脆弱,唤起了一种在面对德国时不可想象的带有种族优越感的传教士般的激情。当纳粹主义仅被看作是成熟完备的"西方"社会的肿瘤之时,

日本的军国主义和极端民族主义却被当作是封建东方文明彻底腐朽的本质反映。对美国的改革者们而言,这场自上而下的民主改革,其近乎肉欲的兴奋快感,来自于使一个东方的敌人改变本性,将其转变成一个至少近似于他们可接受的、健康的、西化的国家。

通过强调以下理由:第二次世界大战是一场史无前例的破坏性灾难,而且任何稳定的新世界秩序都需要打破原有的模式,推行在国际法方面史无前例的占领政策并把日本变成一个"遵纪守法"的西方模式国家的不正常企图被合理化了。胜利者明白无误的救世军气味,混合了高度的敬畏、希望和理想主义,具有一种创建新的国际行为准则的清晰的自觉意识。[18]对一般公众而言,这种态度在顶级战犯审判中表现得尤为明显。在此过程中,对日、德采取的政策都是建立在同样的新颖独创的法律前提之上。依据纽伦堡审判建立的原则,被逮捕的"甲级"战犯被指控犯有"反和平罪"和"反人道罪",而这些罪名在国际法中是无先例可循的。东京审判中的荷兰籍法官洛林(B. V. A. Röling),后来承认了审判程序中的"不公正特征"和"重大的谬误",但是仍然表示确信这些审判对于"人类亟须的法律发展"做出了贡献。用他的话来说,"国际法,还在继续探索如何禁止战争和如何定义战争犯罪行为"。[19]在日本,与此相似的理想主义、傲慢自大和满怀憧憬,唤起了类似的传教士的使命感,去创造有可能永久根除"战争意愿"的新规则。这一点整体上决定了初期的"非军事化和民主化"政策。

强制性的改革

在这样强烈的意识形态和情绪化的环境中,战败的日本,被种族优越感、功利心以及后来被冷战吞噬殆尽的理想主义精神的大胆实验当成了史无前例的实验对象。这是一项从开始就充满了自相矛盾的计划,包括那个"自上而下的革命"的概念。持久的、有生命力的革命通常来源于下层。当然,它们必须最终来自本土社会内部。从没有真正的民主革命是与军事专政联系在一起的,更遑论新殖民主义的军事专政,完全就是唯麦克阿瑟的马首是瞻。

实际上,所有卷入这场正义的讨伐运动的美国人都清楚这些矛盾所在,但是这并没有使他们气馁。尽管改革者们花费了数月时间才敲定了他们野心勃勃的计划的全部具体问题,并将此传达给日本政府。日本官员们详细研究了《波茨坦宣言》,起初顽强坚持日本接受投降条款的方式是有条件的投降。在这个关键问题上,日方得到的干脆回答是:日本的投降从来就是而且现在还是无条件的。正如日本媒体忠实而苛刻的报道,日本政府不是占领军当局的对手。[20] 美国人意图的野心之大,最终给全体日本人留下了深刻印象。这就是在东京湾的投降仪式一个多月后,大肆发布的盟军最高司令部的两份指令。

10月4日,最高司令官命令废除政治言论限制。曾经作为逮捕数千名批评政府者(通常是左翼人士)的依据,《一九二五年治安维持法》被废止。政府关于集会和讲演的限制松动了。内务省的特别高等警察组织,即"思想警察",被取消。内务省和国家警察机构的头目们被解职。从监狱中释放政治犯的命令一出,为在长达18年的监禁生涯中坚守节操的德田球一及其数百名共产主义战友重返政治舞台,铺平了道路。在此命令发布之前,东久迩宫内阁明确表示释放共产主义政治犯不可接受。在麦克阿瑟的《人权指令》签署翌日,东久迩宫内阁集体辞职。[21]

一星期后,新任首相币原喜重郎第一次拜会麦克阿瑟并接到了一个简短的命令,与此相比,之前的指令就显得温和多了。除"宪法的自由主义化"而外,日本政府还受命赋予妇女选举权,促进劳工运动和教育自由化,通过改变"产业垄断控制"实行经济民主化,总之,消除日本社会一切的专制统治残余。突然之间,推行民主的抽象宣言,变得分外清晰具体。

支持者和批评者都将10月11日的指令,看作是美国承诺的真正激进的"民主化"进程的信号,而在随后的几个月中,事实证明他们是对的。自11月初开始,盟军最高司令部发起了向巨大的财阀集团的正面进攻,开始强行解散财阀家族藉以控制他们庞大帝国的"持株会社"。最终,"反垄断"和"排除集中"立法获准通过,数百个大会社成了指定的分割对象。几乎与此同时,一项农业土地改革开始了,将在数年内彻底剥夺农村地主阶级的特权,破坏农民广泛受地主剥削的制度,取而代之的是大量拥有小块土地的自耕农阶层。始于9月的逮捕"甲级"战犯嫌疑人的温和进程,在1945年终也开始加速。

以天皇为中心的极端民族主义分子的大本营、受日本政府庇护的国教神道教,在12月15日与国家政权分离。12月22日,在盟军最高司令部的压力下,日本国会和议会通过了保障劳动者集会权、罢工权、团体交涉权的工会法。在同一个月,杜鲁门总统的战争赔偿特使埃德温·鲍莱(Edwin Pauley),主张从日本早已深受打击的工厂取走大规模的现货进行赔偿。对于保守派来说,1946年的新年带来了更多不祥的消息,包括一系列清查令的开始,将最终禁止大约20万人再担任公职,其中绝大部分是前军事官员。

而这只是这场自上而下革命的开始。在其后的两年间,改革扩展到民法和刑法改革,废除使男尊女卑合法化的"封建"家族制度,赋予妇女参政权,警察分权化,制定保障工作条件的进步法令,改善教育体制和课程设置,革新选举制度,以及促进针对中央政权的地方自治。民主革命最大胆和不朽的行动,则是推动日本政府出台新宪法。新宪法保留了天皇制,但是同时确立了国民主权的原理,保障广泛的人权。在此宪章精神之下,天皇往昔的臣民成为了现代意义的国民。

新的国民宪章,1946年2月由盟军最高司令部提案,9个月后颁布。宪法经过了公众和国会广泛深入的讨论,堪称此次改革计划皇冠上的明

1946年大选首次施行女性投票。一些妇女还身穿战时常见的雪裤。女性选举权的获准,有时被称作"从麦克阿瑟那儿得到的投票纸"

珠。它不仅将"民主主义化"的基本理念规定成文，而且通过明确禁止日本以武力解决国际争端，与"非军事化"的原则完美结合起来。日本帝国的陆海军已经解散，军事组织已经废止。在新宪法序言和宪法第九条之"放弃战争"的规定下，日本的和平主义进程正式启动。这是一个极好的创举，由麦克阿瑟发动制定，同时与占领军基本方针确立的目标完全一致。

这些激进的政策，震惊了战争结束时大权在握的日本各界精英。假使由自天皇而下的权势人物们自己制定改革计划，他们绝对想不到要发动如此激烈的变革。而且假使在战争最终阶段占领军真的向日本政府让步，同意"有条件"投降的话，那么现在日本政府很可能已经将美国改革者成功拦截。对保守派来说，战败时期最首要的任务是避免社会动乱，维持以天皇为中心的"国体"不变，并尽可能使国家经济恢复元气。他们拒绝一切有关军国主义、政治压制、军事侵略等"根本性"原因的讨论，而选择将近期的战争描绘成由帝国军队内部一小撮不负责任的阴谋分子带来的失常行为。他们继续争辩说，这就是原因，不需要彻底的结构和制度改革。相反，所需要做的一切，就是将国家和社会恢复到1920年代军国主义分子掌权之前的原状。依靠他们自己的力量，这些文职领导人可能会在战后对军部领导者采取温和的清查行动，或是进行几项小的改革，旨在防止将来极端军事行为的发生。[22]

日本内阁成员公开为被迫执行的严酷改革悲叹垂泪，因无力阻止神圣的"传统"被破坏而心烦意乱。少数保守派领袖，如担任1946年到1947年、1948年到1952年日本首相的吉田茂，甚至向征服者们直率地表达了对日本民主化可能性的轻视。吉田是典型的精英统治论者，他认为日本人民不胜任真正的自治，而凡是不承认这一点的人，要么是受民族优越感之蒙蔽，要么是被左翼宣传所催眠。显然，吉田和他的同僚们，被加藤悦郎描绘的举国热烈拥抱美国人"天降的礼物"的壮观场面吓坏了。

这是一个不同寻常的历史时刻，而且是一个不同寻常地充满变化的历史时刻，前无古人，而且事实证明，也后无来者。像加藤悦郎一样，许多日本人真心欢迎这场自上而下的革命。它燃起了他们的希望，照亮了他们的梦想。美国式民主，以允诺空前的个人自由与超出预期的民意表达的方式，打开了日本社会独裁体制的缺口。

加藤担忧，战败的疲弊、保守派的反弹和"自上而下"的革命概念本身存在的民众斗争的缺失，有可能会妨碍日本将民主革命变为自己的东西。在这一点上，他的担忧与吉田茂的期待产生了共鸣。没有人真正知道，未来将会如何。

注释：

1 这次交锋是由 Kades 在与竹前荣治的一次冗长的会谈中提及的，见载于"Kades Memoir on Occupation of Japan"一文（《东京经济大学论丛》148 号，1986 年 11 月），p. 306。这几乎成了美国改革者与他们众多的批评者和怀疑者之间仪式性的交锋。另一例证参见 B. V. A. Röling, *The Tokyo Trial and Beyond*：*Reflections of a Peacemonger*, Antonio Cassese 编（Cambridge：Polity Press, in association with Blackwell Publishers, 1993）, p. 83。

2 加藤悦郎《赠与的革命》曾收录于ラッキー文库系列丛书（东京：コバルト社刊，1946 年 11 月）。衷心感谢 Hisayo Murakami 提醒我在美国马里兰大学 McKeldin 图书馆的 Gordon Prange collection 占领期文献中，注意到这套现已十分罕见的丛书副本。若想查找加藤 1942 年招贴画的复制品，请参见 John W. Dower, "Race, Language, and War in Two Cultures：World War II in Asia"一文，载 Lewis A. Erenberg 与 Susan E. Hirsch 编, *The War in American Culture*：*Society and Consciousness during World War II*（Chicago：University of Chicago Press, 1996）, p. 195。加藤战时画作的一个精选洁本，被收入《加藤悦郎漫画集》（东京：加藤悦郎漫画集刊行会，1960）。

3 有关这些"上帝之手"的美国漫画的实例，可参见 John W. Dower, *Japan in War and Peace*：*Selected Essays*（New York：The New Press, 1993）, p. 289。Harry Emerson Wilds, 一位占领事件的亲身参与者，将他的著作 *Typhoon in Tokyo*：*The Occupation and Its Aftermath*（New York：Macmillan, 1954）中的一章，题名为《自上而下的革命》。Justin Williams, 作为当时美国国会政策的监督者，将他的回忆录命名为 *Japan's Political Revolution under MacArthur*：*A Participant's Account*（Athens：University of Georgia Press, 1979）。

4 Junnosuke Masumi, *Postwar Politics in Japan, 1945 – 1951*, Japan Research Monograph 6（Berkeley：Center for Japanese Studies, Institute of East Asian Studies, University of California, 1985）, pp. 88 – 89。

5 这些日本词汇是：赠り物、プレゼント（礼物），ポツダム革命（波茨坦革命），天下りの改革（自上而下的改革）。可参见久山康编《战后日本精神史》（东京：创文社，1961），p. 7；平凡社编集部编《昭和世相史　ドキュメント　战后篇》（东京：平凡社，1976），p. 8（此文献下引为 SSS）。

6 河上彻太郎"配给制自由"的讽刺说法，激起了许多自由主义者和左翼人士的批判，可参见 SSS, p. 8；日高六郎，《战后思想的出发》，《战后日本思想大系》第一

卷（东京：筑摩书房，1960），pp. 76 – 79；丸山真男，《后卫の位置から——〈现代政治の思想と行动〉追补》（东京：未来社，1982），p. 114。

7 山崎正和、黑井千次，《わが战后体验》，《战后体验》（《人生读本》特别号，东京：河出书房新社，1981），pp. 247，255。关于不负责任的逻辑，参见久山康《战后日本精神史》中 1960 年隅谷三喜男、猪木正道、西谷启治等人的讨论，pp. 91 – 96。

8 南原繁，《南原繁著作集》，第七卷（东京：岩波书店，1973），pp. 299 – 317；南原的醒悟以及其后的思想发展，体现在同一著作 1957 年的初版本序言中，pp. 5 – 10。

9 龟井胜一郎，《败战のつらさ》，《〈文艺春秋〉に见る昭和史》（东京：文艺春秋，1988），第二卷，pp. 202 – 206。这篇文章最初发表于 1952 年 5 月。

10 可参见 Robert Wolfe 编，*Americans As Proconsuls：United States Military Government in Germany and Japan*，1944 – 1952（Carbondale：Southern Illinois University Press，1984），又见 James C. Thomson, Jr. 与 Peter W. Stanley 与 John Curtis Perry 编，*Sentimental Imperialists：The American Experience in East Asia*（New York：Harper & Row，1981）。Galbraith 的说法，尤其是指那些通常年轻的经济计划担当官（包括他本人在内），他们掌管着战时美国经济的运营。参见 Galbraith，*Journey Through Economic Time：A Firsthand View*（Boston：Houghton Mifflin，1994），p. 118。

11 与占领事宜相关的两个基本的国际组织，一是 11 国组成的"远东委员会"，设于华盛顿特区；一是美国、澳大利亚、中国和苏联 4 国的"对日理事会"，设于东京。参见 *Activities of the Far Eastern Commission：Report by the Secretary-General*，*February 26，1946-July 10，1947*，美国国务院报告 2888 号，远东系列之 24，1947；*The Far Eastern Commission：Second Report by the Secretary-General，July 10，1947-December 23，1948*，美国国务院报告 3420 号，远东系列之 29，1948；*The Far Eastern Commission：Third Report by the Secretary-General，December 24，1948-June 30，1950*，美国国务院报告 3925 号，远东系列之 35，1950；以及 George Blakeslee 出色的综合报告，*The Far Eastern Commission：A Study in International Cooperation，1945 – 1952*，美国国务院报告 5138 号，远东系列之 60，1953。"对日理事会"的 4 国会晤，往往演化为冷战辩论术的交锋，尽管杰出的澳大利亚代表绝不轻易屈从美国的意志；参见 W. Macmahon Ball 的亲历记：*Japan：Enemy or Ally?*（New York：John Day，1949）。

12 这些文件见载于各种出版物，包括占领期前三年基本的官方文献：*Supreme Commander Allied Powers，Government Section*，*Political Reorientation of Japan，September 1945 to September 1948*，volume 2（Washington, D. C.：U. S. Government Printing Office，1949），pp. 413，423 – 439。关于麦克阿瑟到底何时接到初期基本方针草案的问题，参见 Marlene Mayo，"American Wartime Planning for Occupied Japan：The Role of the Experts"一文，见前引之 Wolfe, pp. 4，47，468 – 472（注 93，97，99）。至于参谋长联席会议的秘密指令（被称为 JCS 1380/15），对东京盟军最高司令部的重大意义，参见 Theodore Cohen，*Remaking Japan：The American Occupation as New Deal*（New York：Free Press，1987），pp. 4，10 – 13。Edwin M. Martin 所著 *The Allied Occupation of Japan*（New York：American Institute of Pacific Relations，1948），注意到了这一指令直至 1948 年 11 月才解密的事实，p. xi；

此书出自美国国务院官员之手，反映了美国官方的立场，并将参谋长联席会议指令全文 JCS 1380/15 作为附录。

13 Wolfe 书中 Mayo 引证详实的文章（pp. 3 – 51, 447 – 472），对这一点有精彩论述。亦可参见 Cohen, pp. 3 – 48；以及 Akira Iriye, *Power and Culture*：*The Japanese-American War*, *1941 – 1945*（Cambridge, Mass.：Harvard University Press, 1981）。

14 Mayo, pp. 41, 48.

15 Dean Acheson, *Present at the Creation*：*My Years in the State Department*（New York：Norton, 1969）, p. 126.

16 参见前引之 Kades 与竹前荣治的会谈, pp. 289 – 290。

17 麦克阿瑟在参议院听证会上的证言，刊登于 1951 年 5 月 4 日的《纽约时报》。

18 当面对美国作者的大量报道，例如，与"二战"中日本的占领政策以及战后苏联在东欧的政策相对照，将占领日本作为美国根本的理想主义与慷慨大度的典型例证时，我们必须谨记日本被占领的特殊性。在军事安全考虑优先的形势下，美国并未在朝鲜半岛南部和冲绳认真贯彻改革主义的占领方针。日本正好幸运地被排除在了战后这种高于一切的冷战安全思维之外。

19 B. V. A. Röling, "The Tokyo Trial and the Quest for Peace", 收入 C. Hosoya, N. Ando, Y. Ōnuma 及 R. Minear 编, *The Tokyo War Crimes Trial*：*An International Symposium*（Tokyo：Kodansha International, 1986）, p. 130。

20 《朝日新闻》, 1945 年 9 月 17 日。

21 10 月 1 日，以治安维持法名义被起诉的大约 3000 人获释。其中约 800 人（绝大多数是共产主义者）曾入狱，其他人曾被软禁或处以其他方式的拘禁。Joe Moore, *Japanese Workers and the Struggle for Power*, *1945 – 1947*（Madison：University of Wisconsin Press, 1983）, p. 14. 关于日本政府反对释放政治犯的情形，参见 Masumi 前引书, p. 44。

22 占领军登陆之前，吉田茂曾经简洁地表述过这一观点；参见他在 8 月 27 日的简报，引自猪木正道《评传吉田茂》, 第三卷（东京：读卖新闻社, 1978 – 1981）, p. 61。

第二部
超越绝望

第三章
虚脱：疲惫而绝望

尽管美日两国曾共同陷于最严酷的战争境地，但在日本人看来，到达东京湾的美国人，仍然像是来自不同星球的异类。不管是过去的经验还是未来的前景，胜利者和失败者之间都横亘着一道不可逾越的鸿沟。美国人，洋溢着自豪和自以为是的信心，满怀着对美好未来的计划，却遭遇到了这样的民众——借用敏锐的观察者和学者鹤见和子机智的话语来说，就是曾经历过强烈的"全社会性的死亡"的日本民众。

对于美国人而言，第二次世界大战开始于1941年12月，结束于三年零八个月之后。与此大不相同的是，对日本人来说，战争开始于1931年的"征服满洲"，并在1937年扩大为针对中国的全面侵略战争。日本人的战争之弦已经紧绷了15年。而在他们的处境越来越绝望之际，最初仅针对年轻士兵要奋战到死的教化，逐渐扩大为狂热而盲目地动员全民进行最后的自杀式战斗。"一亿"日本人都将为保卫神圣的国土而死，正如忘我的"神风特攻队"（"二战"中日本的空军敢死队）年轻飞行员所做的那样。正如左翼批评家荒正人所说，"要确保善男善女们，一旦宣布无条件投降，立即自觉自愿地集体自杀"。或者，如果不自觉自愿的话，至少要消极服从。像他们远在海外的战士一样，除了可能战斗到死，后方的民众很难想象自己的未来还有任何其他的可能。[1]

在这种毁灭一切的氛围中，"解放"对绝大多数日本人而言，其直接意味不是政治性的而是心理上的。投降，以及由此联想到的盟军胜利，以及美国占领军本身，将他们从死亡中解放了出来。成年累月，他们曾经一直做着最坏的打算。然后突然之间，紧张的压力不复存在。几

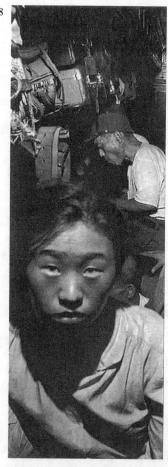

战败后,许多日本人都陷入了疲惫而绝望的"虚脱状态"。满载遣返的复员士兵与回乡平民的列车上,这位女性的表情,正强烈地显示出这种"虚脱状态"。此照片摄于1945年9月

乎可以毫不夸张地说,他们重新获得了生命。对于天皇终战诏书的正常反应,是震惊到近乎麻木的状态,通常随之而来的还有彻底解脱的感觉。但是这种解脱感往往十分短暂。疲惫和绝望随即接踵而至:这是一种如此深广的心理崩溃状态,很快它就让人普遍联想到了"虚脱",一个此前只用于临床医学领域的术语。据说,民众是被这种"虚脱状态"压倒了。

临近1946年年底,一本有趣的袖珍字典的日文校样,被呈送给了占领当局的审查官,以期获得正式出版的批准。这本名为《战后の新语解说》的字典,包含了有关虚脱概念的丰富词条。字典解释说,虚脱的本义是一个临床术语,用来描述个体病人精神或情感上疲惫不堪的状态。

只是在投降之后,它才被广泛用于刻画民众整体性的"心不在焉"和"精疲力竭"的状态。据这本小字典说,这种失去勇气的感觉,被普遍认为造成了国家最大的潜在威胁,成为"可能毁灭日本的大敌"。²

事实上,从投降前官员们的密报中,已经可以发现这种"虚脱状态"的集体表征。在战争远未结束之前,他们就敏锐地发觉了民众肉体的疲乏与士气的下降。1945年3月东京大空袭之后,当天皇罕见地出宫视察破坏情况时,并没有得到当地民众应有的敬意。天皇身边有危机感的军人,企图将此解释为士气低沉的征兆,或是虚脱。³ 无论是在战时还是战败之后,在一大批有识之士看来,这种集体的疲劳,的确是"最大的敌人"。正像它可以蚕食民众对天皇的敬意一样,它也可能阻碍战后的重建,更遑论在一片焦土之上建设整个民主主义的理想事业了。

饥饿与笋式生活

当然,广泛持续的疲惫和绝望,最终还是由于物质条件的贫乏。在当时的情况下,美方决定对日本的经济重建采取不插手的原则是自然而

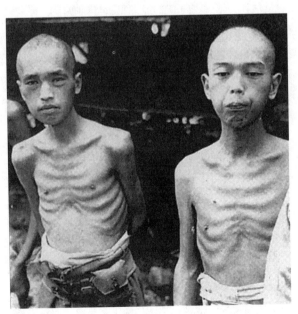

到战争结束时,战场上的大批日本军队受到营养失调和疾病的侵害。这是美军摄影师拍摄的照片,展现帝国军队在塞班岛投降时军中的饥饿状态

然的事。对于曾带给别人如此深重灾难的战败的敌人而言，悲惨的处境被认为正是其应得的惩罚。无论如何，当美国自己的盟国还在为从战争的破坏中复苏而奋斗时，奢谈帮助日本重建实在是难以想象。而在实践中这就意味着，美国人发现自己正在一个饱受生产力停滞、物价飞涨之苦的社会中，实行"自上而下的革命"。此后直到1949年，日本的政界、机关和公司社团的领导人举步维艰地等待着复苏，"经济民主化"和改革方案总体上步入正轨之时，绝大多数日本人正在为维持日常最基本的生存全力以赴。仅仅设法将食物摆上餐桌，就成了一项急迫的任务。饥饿与匮乏左右着度过的每一天。

饥饿不单纯是战败所造成的。其主要原因更在于漫长得令人绝望的天皇失败的战争，再加上严重的荒年歉收。投降后领导体制的混乱，官员的腐败和无能，更使情况加剧恶化。大多数日本人在投降时已经营养失调。甚至在偷袭珍珠港之前，日本部分地区已经出现粮食短缺。到1944年，偷盗田里的作物成风，使得警察称呼这类新型盗贼为"野菜泥棒"（偷菜贼），这种新的罪行叫做"野荒らし"（毁坏田地）。那一年，大阪县的官员估计，辖区内46%的经济犯罪与食物有关。一些创业者组织了非法的"采购部队"，专门将农产品贩卖到城里去。就在那年8月美军系统轰炸大城市之前，有这么一件典型的事例：在鹤见的三菱玻璃厂中，30%的工人被发现因缺乏维生素患上了脚气病。到1945年，粮食短缺已经开始干扰战争成效并妨害到社会秩序。全国各地工厂的缺勤率普遍上升，大部分是因为工人们抽出时间到乡下买换食品。到7月，主要城市的缺勤率已上升至40%以上，粮食问题是导致此现象的主要原因。[4]

到1945年中期，盟军的"经济扼杀"政策已经将绝大部分日本海军和商业船队葬送海底，阻塞了日本通往后方和战争前线的运输线。在东南亚和太平洋战区，饥馑成了战斗人员死亡的主要原因。日本本土的粮食供应，严重依赖朝鲜和中国大陆及台湾地区。在偷袭珍珠港之前，从上述地区进口的粮食，占日本稻米消费的31%，食糖的92%，大豆的58%，以及食盐的45%。战败一下子切断了这些资源的供给。[5]

当战争接近尾声之时，日本任何地方的家庭都很少再以白米为日常主食。最普通的家庭食谱由大麦和薯类组成，甚至这些也陷入短缺。在此情形下，大阪的当权者推荐了一份紧急时期的食谱，从中可见日常生存变得何等艰难。依据当地军官的一份研究报告，天皇的忠实臣民被鼓励吃橡子、谷糠、花生壳和锯末来补充淀粉摄入的不足。（据解释说，锯末可以被一种发酵菌分解成粉末，然后以1:4的比例与面粉混合，做成团子、薄饼或者面包。）至于矿物质的摄入，人们被鼓励以沏过的茶叶、玫瑰的种子、花和叶子来补足。蛋白质的不足，可以通过食用蚕蛹、蚯蚓、蚂蚱、家鼠、田鼠、蜗牛、蛇或是一种由牛、马和猪血干制

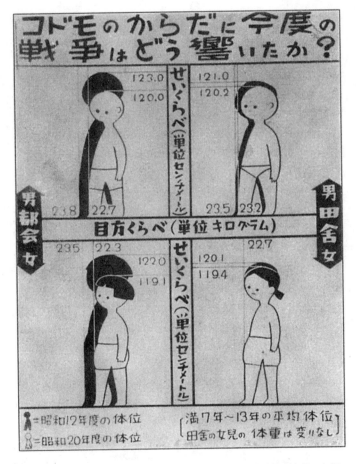

92

这张1946年的招贴图说明，战争是如何阻碍日本儿童的成长发育的。如图，前景中的图形是1945年7岁到13岁儿童的平均身高和体重，背景阴影部分则是1937年的数据。城市男童和女童（图左）的身高和体重，在1937年均高于同龄的农村儿童（图右），而在战争期间遭受了更严重的营养不良问题

的粉末来补充。研究者们报告说，如果好好消毒，老鼠尝起来就像是小鸟的味道，但重要的是避免吃它们的骨头，因为结果证明会使人体重减轻。就在天皇宣诏投降前不久，新闻媒体对这些饮食方法加以推荐介绍，其大字标题为《こうして食えば——工夫次第で材料は无尽藏だ》（《这样吃——只要发挥聪明才智，就有取之不尽的食物来源》）。[6]

这一时期，人均摄入的热量值，已远远低于从事轻体力劳动的人每日所必需的数量。1946 年小学生的平均个头，比 1937 年的数据要矮。出生率急剧下降。婴儿死亡率上升。[7] 甚至一位上了年纪的人道主义先驱、马克思主义学者河上肇，战败前后的大部分时间也是在憧憬食物。1945 年 7 月到 9 月间，这位老共产主义者为自己写了一组短歌，抒发他对馒头（一种先前很常见的豆馅点心）的渴望。[8] 一个小女生听到天皇广播的第一反应，就是她再也不用跟青蛙大眼瞪小眼了。这指的是打发孩子们出去捉青蛙来吃的实习。看来她所期待的解脱，实在有些早熟。[9]

战败不仅是切断了日本从亚洲获取粮食资源的途径。战败当年的仲夏时节，上一年收获的大米也逐渐消耗殆尽。由于帝国内外交困，还有上百万憔悴不堪的平民和复员军人将被遣返回国，获得一次粮食大丰收是至关重要的。然而，由于气候失调、人手不足、工具短缺和化肥减产，1945 年成了继 1910 年以来最大的荒年，粮食产量比正常年景减少了接近 40%。看来众神真的抛弃了这片"神国"的土地。[10]

官僚和农民也放弃了对国民的责任。大部分农产品立即就转移到了黑市。谣言四起，据说上百万人会在接下来的秋冬季被饿死。10 月初，农林大臣了解到东京仅剩"三天"的大米储备（还掺上了大豆和豆渣）而十分震惊。这是依据每个成人在不甚活动的情况下勉强存活的需求定量做出的估计。他的同僚大藏大臣告知美国合众通讯社说，如果粮食进口不立即到位的话，可能将有上千万人饿死。这一庞大的，而且被过分夸大的数据被深信不疑地接受了。

10 月 28 日，媒体公布了一起具有警戒意义的死亡案例，似乎预示了将要发生的事情：一位著名院校东京高等学校的德语教授龟尾英四郎，死于营养不良。11 月 1 日，一个新成立的市民团体"饿死对策国民协会"宣布，东京上野车站的无家可归者，每天有多达 6 人死于营养不良或者相关原因。营养不良，或者说营养失调，成了那个时期醒目的词汇。11月中旬,据报道,位列东京之后的5个日本最大的城市神户、京都、大阪、名古屋以及横滨,共饿死了733人。在首都情形是如此混乱,以至于根本没有一个总的统计数据。粗略估计,战败后3个月内,东京死于营养不良的人数超过1000人。[11]

从美国运来的食品,帮助避免了预期的灾难,而在此过程中,也提升了美国慷慨好施的形象。当时的一本年鉴描绘美国的食品运输就如"旱天の慈雨"一般。在地方志的记载中,它们则"在沮丧的府民心里燃起了希望之火"。食品援助主要是主食,如小麦、面粉、玉米、豆类、食糖和少量的大米、奶粉,以及罐头食品,如咸牛肉之类。食品运输在几个援助项目的赞助支持下,一直持续到占领期结束。[12] 然而,饥饿仍在延续。尽管大米是名义上的主食,但是许多家庭只是将这种珍贵的主食做成稀薄的米粥。1946年中期,一项针对小学生家庭的调查发现,至少每天有一顿米粥替代了米饭。对于1/4的家庭来说,米粥是每餐的主食。菜叶汤是日常的另一种主要食品,还有自制的面包和团子搭配蒸番薯。典型的灾荒食谱还包括橡树子、橘子皮、竹芋根、米糠团子,以及平常年月喂牲口的麦麸饼。[13]

垄断大众出版物市场的最大的保守出版社讲谈社,总体来说对如何由军国主义宣传向新的时代话题转换相当困惑。然而,战后它最早出版的杂志,却迅速及时地对准了食品危机。它以主妇为导向的杂志《妇人俱乐部》,投降后第一期用大量篇幅谈论种植家庭菜园和如何在匮乏时期做出有营养的饭菜。8、9月号的《少女俱乐部》里有这样一些文章:《怎样吃橡树子》和《让我们捉蚂蚱吧》。对于年轻的少男少女们来说,蚂蚱和橡子并非能够引起他们兴味的研究对象,却是潜在的蛋白质来源。[14]

虽然占领当局和政府做了努力,但持续数年间,哪怕是最基本的粮食收购和发放都是一片混乱。1946年2月,为控制大米和其他主食流入黑市,政府采取了由警方执行的"强制供应"措施。由于这些行动常有美方的军警支援、由军警的车辆递送,因而老百姓将此称为"吉普供应"。尽管政府的新配给系统付给农民双倍价钱,但是黑市仍然对生产者具有极大的吸引力。举例来说,6月份黑市大米价格比官方的配给价格高出30倍。两年后,黑市价格仍然约相当于官方牌价的7倍半。[15]

战争结束时,粮食危机是如此尖锐,甚至连东京闹市区被炸毁的地方也被开垦成了菜地。这张照片摄于1945年10月,东京的中央区新桥站附近

城里人成群结队地到乡下寻找食物。很多农民都乐于跟这些从前高高在上的城里人做实物交易。和服、手表、珠宝和其他值钱的物品,都被拿来换吃的了,从而诞生了当时一个最著名的说法——"笋式生活"。可吃的竹笋可以层层剥开,"笋式生活"的现象,则指的是城市人层层脱下他们的衣物和其他财物换吃的。相似的说法还有"洋葱式生活",就像剥洋葱时眼睛会因辛辣而流泪一样,一个人层层剥除先前的所有财物也会心疼掉泪。

对于动荡混乱的1945年和1946年来说,各方面的官方数据基本上不可信或者根本就不存在。然而,有关政府粮食配给的片断记录,却生动地反映了一个在理论上应当保障所有家庭生存的不可预知的系统。1946年,东京居民一年中有6个月得不到足额的粮食配给。1947年,尽管粮食收成不错,配给却更糟糕了。在两年间,全国各地配送通常都推迟一到两周。从春末到秋初,大米的配额急剧下降,而代之以各种谷物的粉末。[16]

如果粮食没有成为一天的主要话题，这一天似乎就不算过完。很快市民团体纷纷出现，抗议政府糟糕的配给制度。在这种方式下，饥饿和匮乏成了民间激进政治运动的刺激物。1946年5月，战后最受欢迎的广播节目之一，一档独创性的观众访谈节目"街头录音"，是以这样的方式开播的：在东京的银座大道上，记者向来往的行人询问这个新时代最熟悉的话题："你是怎么解决吃饭问题的？"据报道，因为无法向学生们提供午餐，许多地方学校只得关闭数星期或者只开设上午的半日制课程。直到1947年7月，还有一位神户的老师写信给报纸说，一位中学生要求降级到小学去，以便能够分享那里免费的午餐。公务人员因找粮食果腹而造成的缺勤率上升到15%以上，甚至连东京警视厅也为员工提供每月的"食粮休假"。[17]

与粮食相关的活动和话题深深地吸引着公众的注意力。1946年9月，"吃面包比赛"开始在小学运动会上大为流行。在这种广受欢迎的竞赛中，选手们必须尽力跑向用绳子吊起的面包卷，然后不能动手就将它吃下去。不用说，在这样的比赛中，根本就不会有失败者。大约与此同时，在横滨人们已经习惯自己带饭团参加婚礼，而不是由新婚夫妇摆设婚宴。饭馆的剩菜，甚至高级餐厅的垃圾，都成了人们赖以生存的来源。常有受人尊敬的长者因为偷了几个薯芋而被捕的悲惨新闻见诸报端。一家鼠患成灾的旅馆的老板，不得不放弃放置有毒食饵的灭鼠方法，因为人们会捡起饵料吃下去。[18]

按照官方自己的标准，一个成年人每天至少需要摄取大约2200大卡的热量，才能够维持轻体力活动。而1945年12月，政府的配给量只有此定量的一半多一点。1946年中期到1947年中期，当配给制度难以支撑的时候，配给量有时下降到仅有定量的1/3到1/4强。[19]事实上在此境况之下，人人都违背法律而求助于黑市。直到1948年还流传着这样的严酷笑话，正如一本杂志的社论中所说，"在今天的日本，只有那些在监狱里的人才过着不违法的生活"。[20]对于一般的家庭而言，依赖黑市商品生存是种令人畏惧的前景。这不仅是因为黑市物价要高出法定物价许多倍，而且这一切是发生在通货膨胀节节攀升的情况之下。在这一点上，这些已经丧失安全感的家庭，更是感到被卷入了动荡的漩涡之中。

忍所不能忍

1945年11月7日,《朝日新闻》的大阪版,发表了下面这封题为《我正打算自杀》的信:

我是一名普通的劳动者。我写这封信的时候正处于生死关头。现在我的脑海里一片空白,有的只是对我们无能政府的怨恨。我有五个孩子,我努力工作,甚至在这样的艰难时世中还设法攒点积蓄。可是政府对于粮食供应的无能,使得情形越来越差,我每月至少有一半时间不能去工作。我为孩子们感到难过,可是,想到我们的孩子们将来可能是国家的有用之才,我只能从黑市上买吃的养活他们。但那支持不了多久,我们已经山穷水尽了。最终,我甚至借了高利贷来买粮食。但是我无法再这么做了,所以我们已经整整四天没吃饭了。我妻子昨天完全垮了,有两个孩子开始神志不清。政府只会说,什么也不会做。我明白那些达官贵人只顾自己酒足饭饱,但是我们却只能眼睁睁地看着。而另一方面,那些做黑市买卖的邪恶商人,我们周围就有两三个,每年能挣五六万日元。

最后,我决定自杀。我要以死来谴责无能又无情的政府。我已经拐弯抹角地恳求邻居和邻组的组长帮助照看我的妻子和孩子们了。请给我们足够的食物,以便让我们能够工作,就是稀粥也行。像我们这样没受过教育的人,不懂得什么高深的道理,但是我觉得肯定有足够的大米和麦子。看,只要你有钱,一石、两石的大米和麦子马上就能到手。并不是没有粮食。官老爷们,收起你们几年来让别人遭受折磨的麻木不仁,拿出点人心来吧!现在,我第一次感到,日本确实应该是一个四流国家。没有真正的好政策,它还会沦落为五流甚至六流国家。当这封信送到你们手上的时候,我可能已经死了。我是用剩下的全部气力写这封信的。

此信署名为"一个劳动者"。编辑在简短的附言中,敦促写信的人放弃自杀的念头,并立即到当地的警察局为自己和家人寻求救助。

读者的反响在一周之内就刊登了出来。一位读者评论说,到警察局去，结果只能使写信的人被当作罪犯对待。另一位读者赞同说，冷漠的官僚们不会有什么新花样。无论战时还是战后，当官的都一样。物价确实高得离谱，但是如果11月7日写信的那位老兄还活着的话，他建议他勇敢地活下去。第三位读者写道，他读了那封自杀的信后，整天哭泣。他引用天皇终战诏书中的话，鼓励写信者要"忍所不能忍"。他说，如果还不算太晚的话，请写信者或是他的家人寄来姓名住址，他想分给他们一些薯芋。[21]

事实上，假使写信的人真的决心忍所不能忍，那么他将至少还要面对4年的艰辛与动乱。对于数百万的蓝领和白领家庭来说，直到1949年之后，生活或者说仅仅是每日的生存，才恢复到"正常"的状态。统计数据能够量化这些年来悲惨的经济状况，但是对于个人而言，所付出的

这是一幅贫穷男女在街边叫卖杂物的典型场景。从照片上这位男子的帽子、上衣和绑腿可以看出，他是个复员军人，身上穿的是他仅有的一套衣裳

代价就不仅仅是所谓身心"虚脱"的状态,还包括从疲惫沮丧中逃脱出来恢复身心的时间。

在"一个劳动者"给报纸写自杀信一年零三个月之后,东京以北埼玉县的一位家庭主妇,向全国性的报纸投书,感叹一成不变的悲惨生活之艰辛。她生动地描绘出了这样的生活场景:背着孩子,冲锋陷阵地领取配给的大米和物品;不管走到哪儿,都得捡拾碎柴禾补充家里的燃料不足;起得最早睡得最晚操劳一整天,却看不起一场电影甚至买不起一杯咖啡;吃饭时将难得一见的牛肉片或别的好吃的留给家里其他人;不化妆就出门,仍然穿着磨坏了的松松垮垮的雪裤;在每日艰辛的生存折磨中告别青春、丧失才智、失掉了一切。她解释说,这不仅是她个人的自画像,而且是她周围绝大多数妇女的可悲命运。[22]

1947年11月初,一桩事件使举国震惊,将政府关于粮食危机的无能聚焦在耻辱柱上。拖延20天后,新闻媒体报道了一位33岁的法官山口良忠饿死的事实。山口原先是东京地方法院负责轻微经济犯罪法庭的审判官。他审理的案件绝大多数与黑市交易有关。真正牟取暴利的奸商几乎从未被带上他的法庭。事实上,他被要求审判的所有犯罪嫌疑人,不过是些绝望的男人和女人,正为生存而苦苦挣扎。

山口的妻子,她本人也是一位法官的女儿,后来回忆起丈夫曾经讲过的一个案例:一位72岁的老太太,她的儿子没能从战场上回来,媳妇也在一次空袭中丧生了。当被捕的时候,老太太正设法变卖自己的财物比如和服什么的,从黑市上买粮食养活两个孙子。因为是再次犯法,法官别无选择,只好将她送进了监狱。

山口法官的小小法庭,正是上演荒诞人生的国民大舞台的一角。当企业家、政客和前军官们正在黑市上大发国难财、政府官员大吃大喝招待他们的美国主子的时候,1946年大约有122万普通男女因黑市非法交易罪被捕,接下来的两年,这一数字分别上升到了136万和150万。从年轻法官的立场看来,他别无选择,只能给他们定罪。然而,就连他自己的家庭也得依靠黑市获取基本的日常用品。在他去世之前半年,一份大众杂志发表的短文推断,如果所有限制黑市的规章制度都严密实行的话,全国每个人都得进监狱。[23]

年轻法官解决这一道德难题的办法,不是向法律挑战,而是躬身实践它。正像他告诉妻子的那样，以清白的良心履行自己的职责，同时分担人民的苦难。1946年的某日起，他要求妻子不要再给他吃自己配给额以外的食物，尽管妻子可以心照不宣地从黑市上买食物给孩子们和她自己吃。从那以后，家里从合法渠道获得的绝大部分粮食，尤其是大米，都给了孩子们。山口的遗孀后来回忆，有些日子她和丈夫只是靠喝盐水度日。山口法官死于1947年10月11日。[24]

当时对这一事件议论纷纭。山口法官的死亡激起了人们的震惊和赞美，也招致了零星的批评的声音。例如，将山口法官与苏格拉底相提并论成为流行趋势之时，有一位公民提出了异议。他反问说，难道为好的法律奋斗到死，不比坚守有害的法律而亡更明智吗？在稍后的一场庭外讨论中，最高法院长官三渊忠彦指出，尽管山口法官被要求执行的法律效率低下，但其最终目的是有益的，确实是为了抑止黑市行为，使基本生活用品供应更加充足。同时，他也承认，活下去比不违反粮食法规更重要。[25]

无论如何，山口法官富有警示意味的死亡，几乎没有改变任何情况。粮食短缺仍在持续。黑市继续繁荣。失业者处境艰难。物价飞涨到

1947年12月24日，日本投降两年零四个月之后，日本警方在东京上野站的地下通道，进行了一次夜间搜捕活动，围捕了居住在这里的744名男子、200名妇女和80名儿童

第三章　虚脱：疲惫而绝望

了令人眼花缭乱的地步。1948年，妇女们仍然靠捡破烂拾木柴取火，为买一点薯芋要等待数小时。正如有人在那年二月所写的那样，主妇们依然抱怨在排成长龙的队伍中，"蓬头垢面，穿着磨损的雪裤和肮脏破败的罩衫……就像脏兮兮的牲口一样"。无家可归者仍然因饥饿致死。甚至到了1949年的2月，新闻仍然报道说，与前三年每年冬天死亡上百人形成鲜明对比，那年冬天上野车站"仅有"9个无家可归者死亡。[26]

1950年初，大阪的一位中产阶级主妇冈野秋子，为一本妇女杂志撰文，清晰描述了像她这样的家庭是怎样度过"忍所不能忍"的日子的。她的丈夫，一位军事相关院校的教师，在投降后失业了。但是他很快找到了一份低级职员的工作，月收入300日元。当时，一升米就要80日元，因而他们开始靠变卖财物勉强度日。

1946年初，引入"新日元"遏制通货膨胀的企图失利后，社会秩序一片混乱。雇佣秋子丈夫的公司歇业了，仅留给他900日元作为遣散费。由于没有得体的鞋袜，秋子与两个三岁和五岁的儿子从不敢离家太远。秋子怀着孕，不可能到外面工作。1946年初大米的配给价格上涨了3倍，但是由于原则和贫穷，冈野家尽量不到黑市上买东西。

最后，她的丈夫找到了一份在学校当老师的新工作，月薪360日元。他们没有什么别的选择，只能继续变卖家当。每月买黑市物品8次，花费大约400日元。秋子采拾欧芹、胡蒜和羊齿苋补充大米和谷物的不足。肉类和鱼根本就买不起，而两个孩子开始出现营养失调的征兆。食物成了挥之不去的困扰。秋子关于这一点的记录极为生动。尤其是小儿子，他的腹部开始鼓了起来，看上去像青蛙。多少次孩子们饿得哭叫起来；多少次一家四口早餐时只分吃数十颗炒豆和茶；多少次她的丈夫没有吃午饭。这个家庭吃一切看起来可吃的东西：南瓜的叶子和茎秆、番薯的藤蔓、路边的植物。他们试着养鸡，但是小鸡也由于营养不良几乎站立不稳，而且一年半之后才能下蛋。有那么二十天的光景，他们甚至买不起薯芋，只能靠南瓜度日。当时学校遇到财政困难，她的丈夫再次失业了。这次他只拿到50日元的解聘费。而且他也开始出现明显的营养失调症状，整个身子都肿胀起来。孩子们没有力气再哭喊，只能静静地躺着。只有新生的婴儿打破静寂，发出虚弱的啼声。

接下来的两年，情况略有起色。1947年，秋子找到了一份在家纺线的工作，有时凌晨三点就起来工作。这种在家的计件工作，如缝纫、卷香烟（往往是用丢弃的烟屁股）等等，是很多家庭的主要收入来源。1948年，粮食供应状况稍有改善，尽管薯芋仍然是家里的主食。那年丈夫和妻子都病得厉害，欠了许多外债。1949年，又一个孩子降生了，鱼和肉类终于又丰富起来，尽管房租和粮食价格继续攀升。维持收支平衡还很困难。1950年初，她的丈夫在一所大学里谋到了教职。这是战争结束后，全家人第一次可以依靠他的收入过活了。秋子写道，这样，她终于能够考虑一下家庭生活的质量，不再仅仅是活着而已。[27]

日本的绝大多数中下层家庭都有类似的故事，其中有一些，至少在讲述时，会带给他们一种拉伯雷式粗俗幽默的快活。例如，要控制肠子和膀胱，常常需要战术安排。坐数小时拥挤的火车来往乡间去换东西的人，在途中通常得节制饮食，因为根本没法上厕所。一大家子挤住在一处没有上下水的房子里，不得不设法到别处解手。居住拥挤也意味着要暗地里争夺稀缺的资源。一位年轻的丈夫和他怀孕的妻子后来生动地回忆起将一块巧克力藏在浴室里，那是他们唯一能够分享它而不被嫉妒的亲属们看到的地方。[28] 一篇在《读卖新闻》上连载的流行小说，推出了一个流行语——"土曜夫人"（礼拜六太太），形象地捕捉到了已婚夫妇们的挫折，他们不得不在星期六的夜晚，逃到小旅店这样的地方，只不过为了独处一会儿。[29]

更为可怕的是，看来一场瘟疫已经向这个国度袭来。在战争时期曾广为流布的传染病，现在又在战败带来的污秽、混乱和贫穷中滋生蔓延。1945年因赤痢死亡的人数几乎翻了一番，超过了两万人。1945年到1948年间，据报告超过65万人染上了霍乱、赤痢、伤寒、副伤寒、天花、斑疹热、猩红热、白喉、流行性脑膜炎、脊髓灰质炎或脑炎。据官方报告说，其中有99654人死亡。[30]

肺结核夺去的生命比其他所有疾病加起来还要多。自1930年代中期开始，每年的肺结核死亡率一直稳步攀升。1935年，这种疾病致死130763人，1942年则为160398人。凭借有力证据可以推定，接下来的四年间死亡人数更加庞大。1947年，官方统计恢复，据报告有146241人死于肺结核，而且直到1951年，每年肺结核的死亡人数才降到10万人以下。[31] 每有一人死于肺结核，就有其他数人被传染。投降之后，每年感染肺结核的总人数可能有上百万人。[32] 就像受原爆辐射伤害者、肢体残废者、战争孤儿和战争寡妇，或者"第三国人"一样，肺结核病人也是一种社会耻辱的印记。所不同的是，在这种情形下，疾病的传染性是他人恐惧躲避的理由，但是社会效果都差不多。通常病人和他们的家属都遭到所在社区的疏远和隔离。[33]

绝望的社会学

在天皇终战诏书广播之后的第二天早晨，神奈川县的农民做出了过去一生中从未有过的举动：他们起床晚了。[34] 他们为什么这样做？是不是常年的肉体和感情消耗向他们袭来？或者这种集体行为只不过是对战败打击的本能反应？这是不是应当看作无力的"虚脱状态"的体现？确切地说，农民们的疲乏是因为所有的这一切。

承认战败令人痛苦，而且这种痛苦马上在绝望的言辞中体现出来。人们谈论"可耻和不名誉的"无条件投降。对许多人来说，突然面对迄今难以出口的"失败的战争"，让人发怔。自1930年代初以来，日本人就被教导说，他们参战是为了最神圣、最高尚的目标，为他们的"伟大祖国"和"伟大民族"而战。他们是一个具有独一无二的、不屈不挠的"大和魂"的民族，作为"指导民族"注定要打倒西方帝国主义，并且建立"大东亚共荣圈"。

而现在，如何向战死者交代？在崇高的目的意识完全丧失的人世间，人们如何在身心两方面生存下去？任何被动员进行圣战的人民，在经历了长期的牺牲之后，被告知他们已经被完全打败、现在必须看胜利者的脸色行事，可能都会有类似的反应。就战败后的精神麻木状态而言，无论"虚脱"这个词如何难懂，它所描述的日本人沮丧消沉和茫然迷惑的状况并没有什么稀奇。

如果将"虚脱状态"单纯归罪于战败的打击，将会使人误入歧途。其实，一种深刻复杂的疲惫，在1945年8月15日之前早就开始了。它是政府滥用民力追逐不可能实现的战争目标的结果。在战争的最后一年，警察的秘密文件和权威人士的日记中，都充满了对于战争疲倦和士气消沉的担忧。[35] 同样地，延续数年的疲惫和失望，与其说是反映了持久的战败创伤，不如说是由于投降后领导层的不称职和彻底腐败，导致战时的疲弊进一步恶化。以长远的历史眼光看来,日本从战败中恢复过来十分迅速。然而,对于平民百姓,战后的复苏看起来令人苦恼地漫长。

民众在意识到特权阶层在战败后继续像他们在战时那样兴旺发达时备感挫折。投降一年零四个月后,一位劳动者愤怒而怨恨地描述了他所在社区两所高级餐厅周边的活动。一座摆满"山珍海味"的西式饭店,官僚、银行家、公司经理和警察向来是座上的常客。附近的另一家日式餐厅,夜夜挤满了坐轿车来的客人。而且一旦喝起酒来,他们还会高唱刚刚结束不久的那场战争中的爱国歌曲。这位工人说,这跟人民设想将要开创的"民主"社会相差太远了。[36]

106

在投降后的混乱之中,一项更具冲击力的改革"集体相亲大会"兴盛起来。这是1948年在镰仓的鹤冈八幡宫举办的相亲会上,寻找配偶的青年男女合影时的紧张姿态。他们每人都佩戴一个号码,与他们按照背景、爱好等所填写的表格相应

第三章 虚脱:疲惫而绝望

媒体不停地曝光标志社会崩溃的所有事件，定期报道警方对无家可归人员的围捕行动。1947年初，新闻界碰巧发现，当时已经因战争罪接受审判的前将军和首相东条英机的弟弟，就住在大阪难波区的流民中间。临近那年年底，据报道皇太子的爱犬失踪了，恐怕已经像许多其他不幸的非皇家犬类一样，被剁成肉馅摆上了某人的餐桌。身上挂着广告牌的人，成了战后迷茫的象征。尤其是在1948年，媒体发现一个在街上踽踽而行的、身上前后都挂着广告牌的被遗弃的家伙，就是另一位昨日的权势人物——前海军大将高桥三吉元的儿子。还是同一年，在普通民众中迟迟徘徊的疲惫，转换成了针对占领军当局一项小小的改革措施（引入美式夏时制）的大规模批判。当时这种叫做"夏令时"的令人惊奇的新概念，其做法就是将时钟向前拨快一小时，纯粹是因为延长了"白天"的艰辛生活而遭到反对。人们宁愿黑暗来得早些，尽管直到1951年的9月，他们才取得废除夏时制的成功。[37]

克服虚脱状态的绝望斗争中，一项引人注目的、具有象征意义的行动，是"集团见合"（集体相亲）。这是一种青年男女为寻找结婚对象的明确目的而集合在一起的活动。传统的"见合"（相亲），是在两位相亲对象和双方家长之间安排见面会。在这种相亲活动中，通常双方当事人，尤其是女方很少有最后的决定权。在时代的混乱当中，由于家庭、社区的分崩离析和媒人的短缺，这种个体的相亲安排已经难于实行。正值婚龄的年轻姑娘们发现自己陷入绝境，因为刚刚结束的战争，导致了一大批潜在丈夫的死亡。1940年，介于20岁到29岁之间的人口本来是男多女少，7年后，这个年龄段的女性人口已经超出男性100万人。一大批出生于1916年到1926年间的女性，面临的不仅仅是在失去丈夫的情况下，独力应付战后的艰难，有些甚至根本就没有结婚的机会。

这就是空前的"集体相亲"奇观的社会背景。第一次集体相亲，是在1947年11月6日由一份婚庆杂志《希望》赞助承办的，在东京多摩川畔的丸子桥附近露天举行，吸引了386位男士和女士。第二年春天在同一地点举行的第二次集体相亲，吸引了4000名以上的参加者，并且同时收到了来自时任首相芦田均和前任首相吉田茂的贺信。同年末，一本著名的女性杂志，发表了批评家今日出海的文章，记叙在镰仓雄伟庄严的八幡宫举办的小型集体相亲会。他描述当时的气氛混合了绝望和相当的公事公办的程序意味，尤其注意到妇女们是如何仔细地查看男人们的简历，以及她们挑选看来最有吸引力的人选时主动的进攻。今日出海对年轻妇女们在非常的环境中为创造正常生活而奋斗所表现出的勇气和活力印象深刻，同时也被似乎攫住了所有参与者的痛苦的急迫感所打动。[38]

新闻界唤起对酗酒、吸毒、暴力以及非暴力犯罪增长的注目，这些是虚脱状态更为严峻的标志。酗酒，在男性社会中从来就不是什么稀罕事，现在成了标志社会瓦解的丑恶现象，部分是因为由可疑和危险的成分勾兑的廉价酒到处可寻。カストリ烧酎（粕取烧酒），一种极其普遍的用米酒酒糟生产的劣质酒，据说能使绝大多数饮酒者三杯酒下肚，就人事不省。一种叫做"粕取文化"的完整的亚文化群落，在这个醉酒世界的周围发展起来。廉价酒的破坏作用有时迅速而猛烈，尤其是另一种受喜爱的便宜酒"爆弹"（炸弹），它是由甲醇以及各种其他液体调制的混合酒。1946年11月，政府报告说自投降以来，已知有384人死于甲醇中毒，而且有理由推断，大量的人因这种残酷的醉人之物而永久失明。"爆弹"的威力尽人皆知，它成了黑色幽默的主题。例如，插图杂志《朝日グラフ》登过一幅漫画：一位瞎眼残疾的老兵戴着墨镜，站在路边饮食摊前说，"就算是甲醇，也没关系"。[39]

黑市是甲醇和邪恶的粕取烧酒的主要来源。黑市还成了违禁药品的主要来源，包括海洛因和非洛朋（philopon），非洛朋即甲基安非他命，本来是战争中飞行员用来保持不眠的刺激药物。尽管药物滥用并没有在普通民众中广泛出现，但是它在作家、艺术家、俳优中盛行，他们是构成"虚脱文化"世界的更为引人瞩目的华丽群体。[40]

由于与作家和艺术家的波希米亚式的奔放生活相联系，药物滥用成了时尚颓废的某种标志。社会崩坏更令人担忧的标记，是看起来到处蔓延的贪婪和犯罪。在前所未有的混乱中，所有关于日本独特的人种和文化的"和"、"美俗"以及社会的"家族"团结的说教，都被证明空洞无物。大规模的腐败被认为是理所当然的。黑市上的欺诈行为早在意料之中。突然，任何人都可能成为掠夺犯罪的牺牲品。尽管日本军人曾在海外骇人听闻、肆无忌惮地烧杀奸淫掳掠，战争期间日本本土的犯罪率却有所下降。而战后，至少通过新闻记录就可以判断——这的确也是人民实际判断的依据——无法无天的行为迅猛蔓延。特定事件因其象征意味而被大书特书。例如,据报道说,闻名西方的"神风特攻队",就是在战争最终阶段执行自杀式飞行任务的日本"特种部队",其剩余成员转而进行暴力抢劫。"特攻队くずれ"(堕落特攻队)的说法流行一时,指的就是这种全套的喝酒、玩女人与犯罪的堕落行为。这个世界已经黑白颠倒了。[41]

报刊也刊登抢劫受害人催人泪下的请求。一位怀孕的妇女恳求一个不知名的小偷归还盗去的婴儿衣物,因为她无力再重置办它们了。与此相似,一个孩子要求窃贼归还他家被盗的衣物。据报道说,有些团伙专门抢劫遣返归来的疲惫的平民和复员军人,专伺他们离船登岸时下手。[42] 手持武器的强盗在街上或者居民家中胁迫他人,成了漫画家与喜剧演员黑色幽默的好题材。1947年的一档喜剧广播节目影射,现在持枪、持刀、入室盗窃、武装抢劫和杀人的人如此众多,真该像其他工种那样组织工会了。[43]

这种新的犯罪景象,并不是单纯由道德败坏和失业的男人造成的。有些学生也因为抢劫被捕。1946年7月,警方宣布破获一起50余人的女性犯罪团伙。她们正式分为"卖春组"和"敲诈勒索组"。后者专门抢劫和胁迫其他的妓女。这个团伙的名字漂亮而富于国粹色彩,她们自称"血樱组"。[44]

耸人听闻的谋杀案,加剧了日益增长的社会解体的感觉。1946年3月16日清晨,65岁的歌舞伎俳优片冈仁左卫门在家中被残忍地用斧头砍死,同时遇害的还有他年轻的妻子、襁褓中的儿子以及两名女仆,其中一位女仆只有12岁。原来,杀人者是住在片冈另一栋房屋中的22岁的作家,正挣扎在饥饿的边缘。侦探后来估计他每日的饮食热量平均只有920大卡。显而易见,当他激烈抱怨片冈的优雅舒适的生活方式时,与片冈发生了口角。随即片冈责令他离开住处,作家狂怒之下杀了他们全家。[45]

这件轰动性的杀人事件震惊全国。一个月后忧虑恐惧的气氛更浓。一位24岁的年轻人杀死了自己的父亲。他解释说,这是因为父亲拒绝跟他分享从黑市买来的食物。4个月后,警察逮捕了一位曾经被授予勋章的复员军人,他八成曾在中国犯下过暴行。其罪名是诱拐杀害两名年轻女性。警方很快发现他们手上的罪犯是一位连环杀人犯,至少谋杀了

10位妇女。甚至在这样病态的犯罪行为中，也能发现与饥饿相关的线索。罪犯每次都是用提供食物的方式来诱骗他的受害者。[46]

警方有关投降后的犯罪记录则更为平实。以美国的标准衡量，被逮捕的人数还算正常。另一方面，犯罪率与1937年到1945年间的数据相比显著升高，这是因为战争时期进行海外侵略的同时，国内却加强了专制控制。与1930年代中期相比，杀人案的比率可能没多大变化，而且如欺诈和贪污等所谓智力犯罪，实际还有所下降。意料之中的是，武装抢劫、偷盗、买卖赃物明显比战前增加了许多。如1934年，2126人因抢劫罪、724986人因盗窃罪被捕入狱，而1946年到1949年间，平均每年相应的数据分别是9485人和1177184人。年轻罪犯的数量也出现戏剧性的上涨。1949年4月，据报道，全日本一半的重罪（比如谋杀、强奸妇女、武装抢劫、恐吓、纵火等），是由8岁至25岁年龄段的罪犯犯下的，犯罪率高得令人担忧，每两分钟就有一起。[47]

孩子们的游戏

孩子们的游戏，可以作为反映时代生活的晴雨表。在各种消费主义观念仍远未到来的时代，孩子们主要依赖自身的想象力生活，他们的游戏成了衡量成人世界的生动有趣的尺度。不久之前，特别是男孩子们，还以令人心寒的天真无邪玩着战争游戏，就像他们被教导鼓励的那样。在游戏中，他们头扎束带，想象自己正驾驶飞机执行任务，事实上，在战争中这些飞机再也没能返航。他们假扮英勇的帝国海军，实际上，帝国海军早已被摧毁击溃。他们手持木制的刺刀长矛，尖叫着向代表罗斯福和丘吉尔的假人冲杀，假装自己正在从外国鬼子的手中拯救祖国。[48] 战败后，孩子们的游戏不再含有如此明显的教化意味。本质上，他们只是在模仿他们看到的成人行为。这是一幅发人深省的图景。

当时孩子们没有多少玩具可买，尽管战后流行的第一种玩具富于启示意味。1945年12月，京都的一位玩具制造商生产了一种不到10厘米长的吉普车，售价10日元。货架上的10万件产品很快卖光，宣告了玩具工业谨慎的复苏。这种玩具典型的美国风格正合时宜，因为孩子们是以肯定的、不加批判的方式来看待既成事实的，他们欣然接受被占领的事实。吉普车与兴高采烈的美国大兵们分发的巧克力和口香糖密不分,而这是被战争破坏的生活中可能联想到的少有的美好事物。"哈罗","再见","吉普"以及"给我巧克力"是绝大多数孩子最早学会的几句英语。他们还学会了将报纸折成美国大兵柔软的船形帽,而不是过去那种传统的武士头盔。对于上了年纪的、具有民族主义思想的日本人来说,儿童游戏中的大部分,看起来都是以被占领状态为乐。

这些游戏的确是快乐的,毕竟快乐是游戏的意义所在。但是,成年人看到这些快乐的游戏,几乎无一例外地感到悲哀,因为它们如此天真无邪地清晰凸现了战争与战败带给人们生活的痛苦。譬如1946年初,据说小孩子们中间三个最流行的游戏,分别是"黑市游戏"、"潘潘(*panpan*)游戏"和"民主游戏",即模仿黑市交易,假扮妓女拉客,以及模仿左翼示威活动。

潘潘游戏,假扮美国大兵和妓女,成了男孩和女孩中间最流行的游戏。其他创造性的儿童游戏,包括模仿黑市交易、劳动者示威和超载的火车

黑市游戏——黑市商贩与黑市物资的登场，回想起来，可以看作是一种培养小企业家的教育，但是对当时的大人们而言，只能提醒他们被迫参与非法交易填饱肚子的残酷事实。"潘潘游戏"这种模仿妓女拉客的游戏，更使家长们难以接受，因为"潘潘"是战后对于那些专做美国大兵生意的站街妓女的一种委婉称呼。一张1946年初的照片上，衣衫褴褛的欢笑的儿童们正在玩这个游戏——一个头戴美国兵船形帽的男孩，胳膊上挎着个穿补丁裤子的小女孩。在"示威"游戏中，孩子们挥舞着纸做的小红旗跑来跑去。当孩子们长大一些，游戏渐渐变成了实践。新闻界留意到，遭取缔的妓女中包括年仅14岁的年轻女孩，而学校里的男生们与孤儿和流浪儿一样，很快就学会了当皮条客挣零花钱。他们把美国大兵领到女人那里。对一些人来说，"你想见见我姐姐吗？"成了继"给我巧克力！"之后学会的更高程度的英语词句。

随着时间的流逝，游戏项目也有所扩充。1947年中期，一位大阪的老师报告说，他的小学生们看来迷上了挤"火车"的游戏。他们将教室前面的讲台作为他们的活动中心。在"遣返列车"上，孩子们背上他们的书包，挤在讲台上摇来晃去，然后在"大阪"站下车。而"特别列车"，顾名思义是模仿占领军人员的"专列"，只允许"漂亮人儿"上车。由一位"列车长"判断谁够幸运上车。衣服上掉了一粒扣子？不合格。脸上脏乎乎的？不合格。那些通过了这些刁难的孩子，悠闲自在地坐在车上。而那些被拒绝的孩子则羡慕地站在旁边看。而"普通列车"，每个人都往上挤，推来搡去，抱怨着被踩了脚，大声地呼救。偶尔，列车长勉强挤在讲台边上宣布列车已经挤塌了，每个人都必须下车。这位老师悲叹，那真是一幅令人难过的景象：从模仿战争到模拟彻底的混乱。

进入1949年后，孩子们继续以游戏反映出社会秩序的混乱。在"流浪者"游戏中，他们假装无家可归的流民。这个游戏得名于德语词"lumpen"（流氓无产者），起初它是以"lumpenproletariat"（流氓无产阶级）的本义进入日语，然后在日常使用中引申为失业的流民。无法无天的社会氛围，在"捉贼"游戏和"戴手铐"游戏中得以再现。据说，"捉贼"游戏取代了最为普遍的捉迷藏。梦想一夜暴富的社会心理，在抽奖游戏中体现出来。可以想见，当时的儿童游戏还包括买吃食的游戏，即离家去寻找能吃的东西。[49]

通货膨胀与经济破坏

战后物资短缺的灾难，加上螺旋式上升的通货膨胀持续了4年多，历时比太平洋战争本身还要长。尽管经济混乱是这场有勇无谋的失败战争不可避免的结果，但是战后灾难的久拖不决，主要是日美双方政策失误与彻底的腐败和经济破坏所致。政府通过发行"新日元"、强行控制工资和物价以及推行"产业优先"将重建贷款向战略产业倾斜来抑制通货膨胀的企图，不幸被证明十分欠考虑。当战胜方犹豫不决，拖延最终决定并执行他们主张工业复苏和推进经济"反垄断"的既定方针时，资本家和企业经营者也逡巡着不愿对生产设备进行可能毫无指望的再投资。而当司法体系每年因小偷小摸将一百多万人送上被告席之时，绝大多数投机的资本家、前军官、腐败的政客和有势力的黑帮老大却彻底操纵着这一体系，并且从免税的黑市买卖中获益最多。

尽管通货膨胀的趋势，在1942年底就已经首次显现，但是直到战争的最后数月，花费庞大资金为预期的日本本土"决战"备战时，通货膨胀才超出控制。理论上说，当战争结束时，1945年的军事财政预算（1945年4月至1946年3月）还有7个月的余额。事实上，在天皇宣诏投降时，这笔预算的大约70%已经支出。剩余的30%（总计850亿日元军事预算中的266亿日元），在占领军抵达之前就被仓促花掉了，主要是支付给了军事承包商。[50]

军用资金和供给物向私人手中的转移，事实上开始于天皇玉音放送的前一天，并经历了数个不同阶段的发展。8月14日，铃木贯太郎内阁集体辞职之前的最后行动之一，就是同意将所有军用物资移交给地方部队的司令官处置。这项决定，第二天在军队内部以《陆机第三百六十三号》秘密指令的名义发布，规定战争供给应当分发给地方政府、群众团体、私立工厂以及市民个人。命令规定，"作为原则"，这些物品应当免费拨付给地方政府，在其他情况下则进行出售，但是"物品出售无须立即付款"。

8月20日，美方在马尼拉向日方投降代表团递交的《总命令第一号》中，明确表示所有军用物资需原封不动地封存。直到麦克阿瑟原定到达的前两天，这一命令始终被东久迩宫新内阁所忽略。直到此时，尽管秘密处置的命令被取消，日本政府仍然没有采取任何措施确认或者找回已被处置的军用物品。毋庸多言，关于它们的去向没有什么可以查询的记录。在同一时期，日本银行正致力于为往昔的战争供货商们提供大笔贷款，其公开的理由是为了促进他们军转民，向"和平"生产过渡。从对这些行为的事后调查中，人们可以得出这样的印象：在天皇玉音放送后动荡骚乱的两周内，一大批权势人物将自己绝大部分醒着的时间都用于掠夺军需仓库，从军事预算或日本银行手中向承包商和亲信们匆忙支付款项，以及销毁文件。在日本历史上最危难的时刻，少有文官武将或者主管经理，真诚而富于远见地投身于为普通大众谋福利的事业。在这些旧日的精英之中，未曾出现一位仁人志士、英雄人物或者值得称道的政治家。

据事后估算，日本保有的大约70%的帝国陆海军库存，在这首次的骚乱中被抢掠一空，而这些是日本本土500万军队、海外300万军队的供给储备。然而，这还不是全部。投降后数月，占领军当局又天真轻信地将管理的一大部分保存完好的军需库存移交日本政府，指示用于公众福利和经济重建。这些物资中的相当部分是建筑材料和机械设备，而内务省继续将其委托给一个由五大财团代表组成的委员会进行处置。这些物品的总价值约合1000亿日元。而这些物资很快也几乎消失得难觅踪迹。1947年8月，1946年担任大藏大臣的石桥湛山，向审查这些丑闻的议会调查委员会提供的证词可悲地证实，"没有人知道价值1000亿日元的物资到哪里去了"。

当然，这些物资要么是被藏到了无数隐蔽的去处，要么是直接送到了黑市。与此同时，战败促使先前封锁的储蓄存款迅速流失。战争期间，银行和其他金融机构保管的这些资金，曾被认为是"潜在的购买力"。它们构成的庞大资源（据有关部门估计，有2640亿日元）在投降后很快消耗一空，主要是进入了黑市。这种情形并非由于腐败，只不过是因为普通民众不得不竭尽积蓄来填饱肚子而已。

由于战败带来的庞大的政府支出，以上这些状况愈加恶化。可以想见，其中包括的一项支出，就是数百万军民的遣返费用。然而，另外一项财政支出，使政府也感到十分意外。直到美国人抵达之后，日方才获悉，他们将要支付占领军巨额住宅费和维持费的大半。在占领初期，这项开支令人惊愕地高达经常预算的1/3。而这并非一次性的负担。尽管用于驻留美军的直接开支，下降到只占每年预算较低的比例，但是在接下来的数年间，这仍然是日本政府最大的单项支出。作为一项预算项目，这些支出只得顺应占领当局的指令，委婉地掩饰为"终战处理费"，或简单记作"其他费用"。[51]

日本人为维持占领军付出巨大，在物质和心理上产生的后果，如何强调都不过分。1948年，当约370万个家庭仍无栖身之所时，日本政府却被要求将每年预算的相当部分，用于向占领者提供住所及设施，而且要确保达到美国人的居住标准。当战争寡妇们徒劳地乞求一点救济的时候，政府却别无选择，不得不为满足美军将校将征用的私人住宅改造为"最新式"住所的愿望而付费：改造电路和管道，装潢居室，安装电话、电炉和卫生间等现代化设备，有时甚至还包括将庭院的池塘改建成游泳池的费用。[52]当全国铁路不堪重负，在1945年12月发生了绑在妈妈背上的婴儿因车厢拥挤窒息而死的悲剧性事件时，政府仍被要求加挂经常坐不满的专用车厢，甚至"占领军专列"，供占领军人员自由使用。很少有美国人会留意到这些"占领费"，但是许多日本人显然都心知肚明。

在官方控制物价的正规市场，到1945年底批发价格翻了一番，而且此后继续迅猛增长。占领第一年价格上涨了539%，第二年上涨336%，第三年上涨256%，第四年上涨了127%。1946年6月，一升米法定价格2.7日元，1950年3月上涨到62.3日元。著名的广告歌作曲家三木鸡郎，以一首滑稽歌曲描绘出这种恶性通货膨胀的失控情形。歌词大意是，火车行驶的速度赶不上物价上涨的速度。坐火车每到一站，都会发现橘子的价钱涨得更高了。[53]

自然，在黑市上（有时被开玩笑地称为"自由市场"）也能观察到同样的通货膨胀曲线，但是程度更甚。如果官定价格的橘子卖光了，那普通百姓就确实只有望洋兴叹了。直到1951年末，政府持续对以所谓五大主食（米、大麦、小麦粉、番薯和芋）为首的50种"基本消费品"黑市价格进行密切调查，粗略反映出黑市的暴利状况。在投降后半年间，同一消费品的黑市价格飙升至"法定"价格的34倍。此后，"自由市场"物价飞涨的情形有所抑止。1946年的后几个月，50种基本消费品平均比法定价格高出14倍。1947年为9倍，1948年下降到不到5倍，到了1949年，黑市物价约相当于官方牌价的两倍。⁵⁴

然而，生活消费品只是构成了流向黑市商品的一小部分。黑市还经营大量的各种各样的生产资料：煤、焦炭、汽油、木材、水泥、平板玻璃、榻榻米草席、生铁、钢材、镀锌钢、铜板、铝、锡、电线、电动机、肥料、化学药品（硫酸、苛性钠、苏打灰）、机油、橡胶轮胎、农机具、酒精、油漆、染料、纺织品、纸张等等。⁵⁵ 显然，这些工业品与那些将自己所种的大米和薯芋送到黑市上卖的农民毫无关系。它们从哪里来？答案很明显：从那些盗出军需物资并且隐匿它们的军阀、实业家、官僚和政客那里来。难以置信，物资匮乏持续、通货膨胀失控、工业重建萎靡不振，而黑市却欣欣向荣，原因就在于，对那些占据社会有利地位的人来说，这是极为有利可图的买卖。

直到1946年，由众议院议员、内务省政务次官世耕弘一领导开展了非正式、非官方的调查，大量军需物资的流失才开始受到严厉批评。即便如此，直到1947年下半年，这一出卖民众利益的事件其规模之大才被广泛知晓。当丑闻揭露之时，调查人员照例抱怨遇到了"极大的阻力"：上至内阁、中央官厅，参、众两院议员、臭名昭著的政治掮客和"暴发户"，下至地方上的低级公务员和警察。实际上，在黑市上出卖掠夺来的军需物资所获之利，相当一部分被用作了政治活动的资金，尤其是，当然绝不仅仅是，用在了与保守党派相关的政客们身上。

甚至到了1947年6月，当众议院姗姗来迟不情愿地成立"隐退藏物资等に关する特别委员会"时，起初所谓的调查官们仍然只被赋予有限的职权，而且没有拨发调查经费。尽管有这些阻碍存在，著名的社会主义者加藤勘十任委员长的这一委员会，至少能够对掠夺的严重后果进行评估。当年底出版的加藤委员会著名的报告书得出结论："那些偏离正规配给用途转移走的物资以及由此暴富的人在占领时期无处不在，像癌瘤一样威胁着这个国家的经济。"通过"隐匿物资丑闻"这类事件，作为战后日本政治经济体制的基础之一的结构性的腐败，被发掘出来。

这些被人凭借地位和特权掠夺的物资显然价值巨大。毕竟，它们本来是为庞大的本土防卫部队进行长期"决战"而储备的物资。同时，在许多情况下，它们还是可以被无限期隐匿的物资。爱国妇女为协助战争捐赠的大量钻石和其他私人珠宝也在失盗物品之列；从海外带回的药品和稀有的贵金属钛也失盗了。调查人员想方设法追踪到的零星的隐匿物资，为公众展示了这庞大资财的九牛一毛。例如，1946年4月，在东京湾的近海发现了隐匿海中的银块。近一年后，对一家化工厂的突击搜查，查获"10吨萘、26吨苛性钠、45吨润滑油、150吨食用油、16吨工业盐、50吨钢管、50吨钢筋、30吨铁板、45台电动机，以及其他各种混杂的铁类、纺织品和橡胶制品"。尽管由于缺乏可靠的记录，无法确切计算被转移物资的规模和价值，但是据粗略拼凑的估计，1947年它们的价值可能已经超过3000亿日元。与当年度政府的经常预算中政府支出总额205亿日元相比，其数额之巨是显而易见的。据另一项计算，被掠夺物资总重量约为3亿吨，这当然是粗略估算，但也让人感性地了解到这些物资的实际规模，以及仅仅转移和藏匿它们所需的庞大的人员数量。尽管丑闻性质极其恶劣，然而却没有什么主要犯罪人被起诉。[56]

显然，这些年的经济混乱和社会困境，绝不仅仅是这宗大规模的公共财产掠夺案所造成的。由适应战争的产业结构遽然转变为非军事经济，就算是在最好的情形之下，也是一项难以实现的任务。海外帝国的永久丧失——这不是指1941年到1945年间短暂的所谓"大东亚共荣圈"的幻灭，而是在更深刻意义上指包括朝鲜、中国台湾、"满洲"在内的北中国地区等海外领土的日本帝国体制的永久丧失——意味着日本失去了先前经济成长必不可缺的资源和市场。帝国的丧失，再加上正当海外贸易和外交关系的断绝，使事态更加恶化。甚至直到军事占领末期，日本人才获准到海外旅行。

此外，在一些重要产业比如煤炭产业方面，日本为常年的阶级和种族压迫付出了惨重代价。到日本投降时，许多最繁重的体力活，尤其是在煤矿，都是由征募的朝鲜劳工或者中国俘虏承担。当解放之日来临，他们全体都从不见天日的地狱中逃了出来。后果之一就是，日本产业重建所需的基础能源生产，持续低迷难以恢复。到1945年底，当务之急的民众营养不良问题，在工业领域有了对应的新概念"煤炭饥饿"。在许多重要产业，战败后生产能力急转直下。对于大多数产业而言，至少直到1950年，产量才恢复到1930年代中期的水平。[57]

所有这一切都加剧了虚脱的状态。经过长期的战争，日本人民已经习惯了被勉励忍受难以忍受的痛苦。至少，这种激励传达出一种明确的意图：人民被教导要相信他们的国家、他们的文化，相信他们"国体"的危机来自于外国军队。但是，被教导在战后的泥泞中忍受难以忍受的煎熬却是另一回事，而且议会关于隐匿物资丑闻的报告，很好地解释了为什么对于大多数人来说，肉体和精神的疲弊会延续这么长时间。尽管调查委员会得出结论"许多秘密人物暴得大利，他们是培育黑市的温床"，然而试图揭露丑闻和追回被掠物资的行动，在每一级政权都被"诡计和合法阻挠联手挫败"。至于从掠夺物资丑行中获益的权势人物，"他们戴着民主的面具，但事实上却在黑市上昂首阔步"，在国家长期的经济混乱中狂欢作乐。

在这样的状况下，一种普遍的受害者意识落地生根实不足为怪，使得许多日本人都觉得自己是战争的最大受害者。自身的悲惨境遇，远比帝国军队在遥远的异国对陌生人实施的暴行记录更直接、更看得见摸得着。在许多政治理想主义者看来，日常生活的穷困，也为民众广泛支持进步改革设置了不可逾越的障碍。1946年3月，战后首次大选前夕，一张著名的新闻照片，成了这一困境的最佳写照。照片上民众蜂拥着在路边的货摊上购买沙丁鱼，完全不理睬站在街头临时演讲台上演说的竞选政治家。[58]

然而，治疗这种悲观情绪的解药几乎无处不在。1946年初，诗人崛口大学以如下的诗行，传达出自己克服疲惫与绝望的心情感受：

> 国家变得
> 小而无力，
> 粮食缺乏
> 耻辱却多。
> 生命易逝
> 举目眺望，
> 高高树梢
> 和那天空。[59]

很少有人读过这首诗，因为它发表在一本新创刊的默默无闻的诗歌杂志上。然而千百万民众都确实以自己的方式停止了悲叹,将目光投向明确的目标。战败激起了民众对现存权威的怀疑和公开的愤怒。贫困使许多劳动者变得激进。在许多情况下,无耻的腐败唤起了有益的非难之声。讽刺的幽默因绝望而开花。每一个心情疲惫、生活破碎者的故事,同时可能都会伴随一个充满活力、希望和成功的催人振奋的故事。随着旧的警察国家对自由表达限制的消散,涌现的是真正的出版物的洪流。电影工业繁荣发展。电台广播又变得活跃起来。知识分子只争朝夕地全力奔走运动。人们谈论新的"爱情"形式,无论是肉体之爱还是精神之爱,同时也谈论新的"文化"含义。"颓废"本身,则以对旧日正统的激进挑战姿态粉墨登场。

注释:

1 鹤见和子对日本人在战时以及战后的体验有深刻论述,参见其 Social Change and the Individual: Japan Before and After Defeat in World War II (Princeton, N. J.: Princeton University Press, 1996)。荒正人所言,见 J. Victor Koschman, "The Japan Communist Party and Literary Strategy" 一文,收入 Ernestine Schlant 与 J. Thomas Rimer 编, Legacies and Ambiguities: Postwar Fiction and Culture in West Germany and Japan (Washington, D. C. and Baltimore: Woodrow Wilson Center Press and Johns Hopkins University Press, 1991), pp. 175 – 177。当时即便是反战知识分子,也倾向于认为"既然我们已经走得这么远,那就别无选择只能奋战到死";如参见渡边和夫日记中对一位友人的记述,《败战日记》(东京:博文馆新社, 1995), p. 39。渡边本人曾一度考虑在最终决战来临之前自杀。

2 《战后の新语解说》(出版社不明, 1946 年 11 月), p. 71。此书校样上注有占领军的审查标记,现藏于美国马里兰大学 Mckeldin 图书馆 Gordon Prange 文库。

3 据天皇之侍从武官吉桥戒三所述,参见 Herbert Bix, "Japan's Delayed Surrender: A Reinterpretation", Diplomatic History 19. 2 (Spring 1995): 211。

4 大阪府编《大阪百年史》(大阪府发行, 1968), pp. 638 – 642。关于粮食短缺与工场劳动者的缺勤率,参见 Jerome Cohen, Japan's Economy in War and Reconstruction (Minneapolis: University of Minnesota Press, 1949), pp. 197 – 198, 274, 342 – 345。

5 通产大臣官房调查课编《战后经济十年史》(东京:商工会馆出版部, 1954), p. 37。此处所用数据,主要是 1939 年或 1940 年的数据。

6 推荐食谱的完整清单,参见前引之《大阪百年史》, pp. 642 – 643。

7 关于当时人均摄入的热量值,参见历史学研究会编《日本同时代史 第一卷 败战と占领》(东京:青木书店, 1990), p. 196;读卖新闻大阪社会部编《终战前后》(东京:角川文库, 1984), pp. 122 – 123;《读卖新闻》1946 年 5 月 5 日;引用数据亦参见 John W. Dower, Japan in War and Peace: Selected Essays (New York: The

New Press，1993），p. 122。1946 年儿童平均身高较 1937 年变矮的情况，参见东京烧迹闇市を记录する会、猪野健治编《东京闇市兴亡史》（东京：草风社，1978），pp. 80 - 81；这部有关黑市研究的重要文献，下引为 *TYKS*。

8　平凡社编集部编《昭和世相史　ドキユメント　战后篇》（东京：平凡社，1976），pp. 55 - 56。这本有关战后通俗文化的真实辑录，下引为 *SSS*。

9　《朝日新闻》，1990 年 8 月 23 日。

10　讲谈社编《昭和·二万日の全记录》（东京：讲谈社，1989），第 7 卷，pp. 158，161，212。此文献下引为 *SNNZ*。

11　*SSS*，p. 80；*SNNZ* 7：161，166；*TYKS*，pp. 12 - 14。

12　《朝日年鉴》，1947 年版，p. 169；《大阪百年史》，pp. 913 - 914。1946 年 1 月起，美方利用原太平洋地区的军需物资向日本输送小麦。大部分小麦被加工成了硬面包，用以补充大米配给。美方的正式援助，名为 GARIOA（Government and Relief in Occupied Areas，占领地区治理与救济）援助，开始于 1946 年 7 月。1948 年，此援助计划并入以企业为导向的 EROA（Economic Recovery for Occupied Areas，占领地区经济复兴）资金项目。这些资金是贷款而非无偿援助。由联合国管理的另一援助计划 LARA（Licensed Agency for Relief of Asia，公认亚洲救济联盟），曾经向全日本的小学儿童配给脱脂奶粉。GARIOA 援助不仅限于食品，还包括原棉、肥料、燃料和药品等基础物资。物资援助的具体数据通常说法不一。但是 1961 年日本通产省认定，占领期间美国对日援助总额高达 17 - 18 亿美元，其中包括 10.5 亿美元的食品，以及 511 万美元的原料和燃料。1962 年 1 月，日本同意以 15 年为期，返还 4.9 亿美元的援助；参见 Fuji Bank，*Banking in Modern Japan*（1961；*Fuji Bank Bulletin* 11.4 特别号），p. 209。当时美国的援助，对缓和日本的粮食匮乏起到了重要作用（尽管比日本政府同一时期为占领军支付的 50 亿美元"终战处理费"要少得多）。对日援助不仅实现了 GARIOA 计划的基本目标，即"防止饥饿、疾病传播与局势动荡（1）明显地危及占领军，与（2）持续妨碍占领的终极目的"；而且占到了日本进口总额的大部分。据占领当局的一位前经济学家估算，对日援助占 1947 年日本进口额的 77%，1948 年的 67%，以及 1949 年的 59%；Sherwood M. Fine，*Japan's Post-war Industrial Recovery*（New Delhi：Far Eastern Pamphlets #13，1952），pp. 41 - 42，57。据另一位 SCAP 前经济学家统计，援助物资占到 1950 年输入额的 58%；Leon Hollerman，"International Economic Controls in Occupied Japan"，*Journal of Asian Studies* 38.4（August 1979），p. 710。亦参见 *SNNZ* 7：212，326；前引之《战后经济十年史》，p. 58；Cohen 前引书，pp. 477 - 479，492 - 494；U. S. Department of State（美国国务院），*Foreign Relations of the United States*，1946，vol. 8，pp. 349 - 350；大藏省财政史编纂室编，《昭和财政史》（东京：东洋经济新报社，1978），第 19 卷，pp. 136 - 137（图表 52）。末文献为战后官方财政统计数据的基本文献，下引为 *SZS*。总体而言，美国对日本（乃至亚洲）的援助，远较马歇尔计划对欧洲的直接援助为少；参见 William S. Borden，*The Pacific Alliance*：*United States Foreign Policy and Japanese Trade Recovery*，*1947 - 1955*（Madison：University of Wisconsin Press，1984）。

13　山冈明，《庶民の战后　一九四五——九五一年　战后大众杂志に见る》（东京：太平出版社，1973），pp. 41 - 46。

14 讲谈社编《讲谈社の步んだ五十年 昭和编》(东京：讲谈社，1959)，pp. 560 - 562。1945 年 8、9 月号的《少女俱乐部》也强调说，女孩们应当继续穿着雪袴，阻挡美国大兵的性接近。

15 山冈明《庶民の战后》，pp. 34 - 35。

16 *SZS* 19:140, 142 - 43（表 54、57）。

17 *SNNZ* 7:164, 166, 264, 297; 高桥纮, p. 97; *TYKS*, pp. 65, 289; 朝日新闻社编《声》(东京：朝日文库，1984)，第 1 卷，pp. 305 - 306。末一文献下引为《声》。

18 *SNNZ* 7:272, 301; *SSS*, p. 266; *TYKS*, pp. 62, 117; Lucy Herndon Grockett, *Popcorn on the Ginza: An Infornal Portrait of Postwar Japan* (New York: William Sloane, 1949), pp. 186 - 187.

19 当时成年人每日摄取 2200 大卡热量的最低标准，见于日本政府 1947 年出版的首份"经济白皮书"。参见前引之《日本同时代史》，第 1 卷, p. 196; *SNNZ* 7:191, 323; 读卖新闻《终战前后》, pp. 122 - 123。

20 《裹の裹》编集栏, 1948 年 3 月, 收录于山冈前引书, p. 223。

21 《声》第 1 卷, pp. 57 - 61。

22 《声》第 1 卷, pp. 268 - 269。

23 《国民生活と闇法令》,《トップ》1941 年 4 月号。山冈前引书《庶民の战后》收录, pp. 222 - 223。

24 读卖新闻大阪社会部编《终战前后》, pp. 151 - 171; *SNNZ* 7:114。

25 《声》第 1 卷, pp. 335 - 337; 朝日新闻社编《〈周刊朝日〉の昭和史》(东京：朝日新闻社, 1989), pp. 119 - 120。

26 *SSS*, pp. 43 - 44; 针对当时女性之艰难处境的记录，参见同书 p. 159。《朝日新闻》1949 年 2 月 8 日，收录于 *TYKS*, p. 323。

27 *SSS*, pp. 242 - 249。亦参见《声》，第 1 卷, p. 72; *SNNZ* 7:203。

28 *SSS*, pp. 162, 163, 197, 199。

29 高桥纮, p. 105。

30 前引之《日本统计年鉴》(东京：总理府), 1955 - 1956 年版, p. 477（图表 269），下引为 *NTN*。亦参见 *SNNZ* 7:228。

31 *NTN 1955/1956*, p. 477（图表 269）; 对照 *NTN 1950*, pp. 440 - 441（图表 234）。1943 - 1947 年的动荡时期，不仅缺乏肺结核发病率的可靠数据，就连人口出生率与新生儿死亡率的数据也疏于统计。

32 *NTN 1950*, p. 436（图表 233）。1948 年，仅公共卫生机构报告的肺结核病例，就高达 932604 例; 1949 年的数据是 907462 例。

33 《思想の科学》1990 年 6 月号, p. 51（注 6）。

34 *SSS*, p. 80。

35 John W. Dower, "Sensational Rumors, Seditious Graffiti, and the Nightmares of the Thought Police", *Japan in War and Peace*, pp. 101 - 154; 亦参见 Dower, *Empire and Aftermath: Yoshida Shigeru and the Japanese Experience, 1878 - 1954* (Cambridge, Mass.: Council on East Asian Studies, Harvard University, 1979) 一书之第 8 章 "Revolution", pp. 273 - 303。

36 《声》第 1 卷, pp. 248 - 249。

37 *TYKS*, pp. 283, 304, 312；高桥纮, pp. 106 – 108。

38 今日出海《集团见合いはいかに行われていたか》,《妇人》1948 年 7 月号；收入 *SSS*, pp. 231 – 234。还可参见鹤见俊辅编《日本の百年》（东京：筑摩书房, 1967）,第 1 卷, pp. 200 – 202；*SNNZ* 8;121；金谷千都子《集团见合い》,《战后史大事典》（东京：三省堂, 1991）, p. 415。有关人口数据,参见 *SZS* 19:9。

39 *SNNZ* 7;275, 322。

40 *SNNZ* 7;275, 301；*TYKS*, p. 329。

41 参见著名作家志贺直哉致《朝日新闻》的信,以及读者来信的回应；收入《声》第 1 卷, pp. 107 – 111。

42 《声》第 1 卷, pp. 159, 197 – 198, 199。

43 《战后体验》（《人生读本》特别号,东京：河出书房新社, 1981）, p. 48。

44 *SNNZ* 7;248, 278；*TYKS*, pp. 226 – 227。

45 *SNNZ* 7;230。

46 *SNNZ* 7;230, 290, 294, 308。

47 *NTN 1955/1956*, pp. 496 – 497（图表 279, 280, 281）；*TYKS*, p. 3295。

48 如参见はらやすお对儿童游戏的描绘,《决战漫画集》（东京：小学馆, 1944）。

49 *SNNZ* 7;2, 13, 181, 217, 243, 308；*TYKS*, p. 319；*SSS*, p. 266；《声》第 1 卷, pp. 293 – 294。

50 有关基本数据,见 *SNNZ* 7;214 – 215。战后初期的国会议员、经济学家木村禧八郎对此事的回忆颇堪玩味,参见三国一朗、井田麟太郎编《昭和史探访》（东京：角川文库, 1985）,第 5 卷, pp. 223 – 237。日本政府关于军用物资流入黑市的调查报告之英译文,参见 Supreme Commander for the Allied Powers, *Political Reorientation of Japan, September 1945 to September 1948*（Washington, D. C.：U. S. Government Pringting Office, 1949）, vol. 1, pp. 311 – 313, 及 vol. 2, pp. 727 – 733。亦可参见 SCAP 月度报告书 *Summation: Non-Military Activities in Japan*（由 Scholarly Resources, Inc. 提供文献缩微胶片）对日本国会调查的报道, summations 27（December 1947）– 35（August 1948）, 尤可参见 summation 27, pp. 23 – 32。除非另行注明,以下论述主要参照后两种英文文献。对日本战后经济政策之探讨,见本书第十七章。

51 1946 年的财政年度,在会计程序惯例化之前,占领军费用至少占据了一般会计预算的1/3；参见经济企画厅战后经济史编集室编《战后经济史（经济政策版）》（东京：大藏省印刷局, 1960）, p. 73。此后,"终战处理费"在 1947 年占到经常预算的 2/5（39.8%）, 1948 年则占约 1/4（23.9%）。1949 年到 1951 年的这一数据,分别为 17.1%、18.4% 与 14.1%；参见通产大臣官房调查课编《战后经济十年史》, 附录, pp. 15 – 17。占领军庞大的费用问题,以往经常被忽略,可参见 *SZS* 19;186 – 187（图表 71）；《朝日年鉴》1951 年版, p. 374；渡边武《占领下的日本财政觉え书き》（东京：日本经济新闻社, 1966）, pp. 42 – 43；前大藏省官员个人的有关回忆,收入未公开发表的《战后财政史　口述资料》, 尤可参见第 1 卷, 条目 2（p. 30）, 3（p. 17）, 5（pp. 11, 15 – 16）, 6（pp. 28 – 29）。"经常"预算不同于补充预算。

52 尽管日本当时的居住条件对美国人而言确有不便之处,见 Russell Brines,

MacArthur's Japan（Philadelphia：Lippincott，1948），pp. 295 - 296。1948 年日本无住房家庭的情况，参见前引之《战后体验》，p. 64。

53 SZS 19：42 - 43（图表 12），当时的物价指数，参见 19：52 - 54（图表 17 - 1，17 - 2）。亦可参见山冈《庶民の战后》，pp. 34 - 35；参见三国、井田编《昭和史探访》中三木鸡郎的文章，第 5 卷，p. 285。

54 SZS 19：64 - 65（图表 22）；《每日年鉴》1949 年版，p. 536。

55 SZS 19：58 - 61（图表 20）。

56 有关隐匿物资的价值及规模的粗略数据，是依据国会调查委员会报告书中各处提到的数字推断而来。在当时的混乱状况下，官方数据的可信度不高。就隐匿物资丑闻而言，大规模的、蓄意的隐匿行为，显然使事态更为复杂。同时，由于恶性的通货膨胀，也不可能对这些物资进行稳定的估值。只能通过展示这些物资相应的规模，以期对丑闻惊人的程度有所认识。

57 SZS 19：90 - 93（图表 34）。

58 SNNZ 7：227。

59 载诗歌杂志《文艺册子》1946 年 1 月号，再刊于《朝日新闻》1996 年 8 月 16 日。

第四章
战败的文化

大多数的日本人超越疲惫和绝望,充满想象力、多姿多彩地重建他们的生活,这是人类不屈的生命力的证明。有些人花费很长时间才做到这一点,有些人数日之内就摆脱了意气消沉的虚脱状态,另外有些人压根儿就与虚脱状态无缘,他们在听到收音机里沙沙作响的天皇广播的瞬间,就体验到了解放感和生机。人们大吃大喝一顿或者吃红豆饭以示庆祝。他们匆忙从窗子上取下灯火管制的黑纸,让阳光重新回到自己的生活中。千百万人开始考虑,没有了国家的指令,自由的个人生活可能意味着什么。[1]

多年后,一位批评家回忆起这一切,谈到了当时社会中突然出现的新的"空间"。[2] 人们行为变了,思想变了,遇到了前所未有,甚至也不可能再次经历的新的状况。这是一个流动的、自由的和开放的罕见时刻,新的权威模式和新的行为规范正在形成之中。人们痛切地感到,必须重新开始自己的生活。

如果说利己的机会主义行为随处可见的话,那么新的机会,即能够以在军国主义者控制下不可能有的方式行动、言论和思考的机会,也到处存在。当然,美国对日本的占领也是军事专制,但是在占领初期,它摧毁了先前日本上层的高压统治,使得民众情绪和民众的独创精神得以空前广泛自由地表达。由于提倡更多的个人自主性,"日本"作为国家的意味在民众间产生了变化。8月15日之前,可以想见,国家是以最空虚教条的概念规定的:什么是"国体的本义";什么是正确的"臣民之道";在现存的阶级和性别等级制度中,谨守"本分"是多么重要;哪些"堕落"和"腐败"的外国思想和艺术是被严厉禁止的；现实生活中在不同场合该说什么，不该说什么等等。

当思想理论家们狂热地宣扬所谓"一亿一心"之时，日本的敌国对于这种宣传并不当真。在战争中，对美国和其他盟国而言，日本人的自我吹嘘不过是助长了他们对于这个机器人似的、凶残的、洗过脑的民族固有的种族偏见而已。令人震惊的是，战败显示了多年来所有的极端民族主义的教化，竟然可以被如此迅速地丢弃。对国家的热爱存留下来，但是盲信的狂热和令人麻痹的管制被欣然抛弃。人们以自己的语言和行动，处处证明了对于专制主义国家垮台的欣慰，以及对多姿多彩的娱乐活动的接受力——至少是包容力。

在早期，摆脱绝望、创造新的空间的最引人注目的表现，发生在所谓"体面社会"的周边地带。在那里出现了与众不同的战败的亚文化群，成为令人震惊也使人着迷的旧秩序崩坏与打破因习、特立独行的新精神的象征。当然，并非所有的边缘群体都拥有这样的魅力光环。许多"第三国人"——朝鲜人、中国台湾（地区）人、中国大陆人（以及冲绳人，在绝大多数日本人的眼中）——他们在社会边缘地带的反抗的生存，少有例外地被主流社会视而不见。[3]

对大众意识造成冲击的边缘群体，来自三个相互交叉重叠的亚文化群落：一是被称为"潘潘"的专门接待占领军士兵的妓女的世界，她们对征服者的欢迎和拥抱着实令人不安；二是黑市，充满了可怕的活力，引诱人的欲望，践行着弱肉强食的行为规范；三是酩酊大醉、声名狼藉的"粕取（カストリ）文化"群体，他们赞美纵欲，并带来了低俗杂志和性交易等持久的诱惑。所有这三个边缘的世界，不仅具体证明了虚脱状态的混乱和绝望，而且也是以生命力、本能甚至是色情驱使人们超越虚脱状态的实例。

为征服者服务

在被占领的日本，有两个事件使人们看清了卖淫的真实情形。1946年9月29日，《每日新闻》刊登了一位21岁妓女的来信。这位年轻女子讲述了自己如何从"满洲"被遣返回国，由于没有亲戚和经济来源，最终只得在东京上野车站的地下通道中过活的经历：

我住在那里顺便找工作,但是找不到任何事做,连续三天我什么也没得吃。然后在第三天夜里,一个不认识的男人给了我两个饭团。我赶忙吞了下去。第二天夜里,他又带给我两个饭团。后来他要我到公园去,因为他想跟我聊聊。我跟他去了。我就是在那时沦落为受人鄙视的"夜之女"的。[4]

虽然当时报纸上时有表达普通人苦闷的来信,这封信还是引起了轰动,尽管是以一种不同寻常的、迟到的方式。1947年12月,受这封来信的激发,一首叫做《星の流れに》(《流星》)的感伤的流行歌曲问世了。这首歌当时并未受到关注。近一年之后,这首歌才开始风靡一时,而它的副歌"谁让我变成了这样的女人?",也开始被当作严重的社会问题来对待。就普遍的理解来说,正确的答案不是那些利用穷困年轻女性的低级的妓院老板和皮条客,而是无能的政府和官僚机构。

从《每日新闻》刊登来信到歌曲发表的这段时间,一家全国性的电台广播了对一位19岁站街女的访谈节目,记录了有关卖淫的黑暗世界的另一番景象,使公众大为震惊。1947年4月,记者用隐藏的麦克风偷录了被采访女孩的谈话,她在节目中被称为"有乐町的阿时"。有乐町是指东京的有乐町,那儿有许多站街女在营业。阿时被描述为那一区妓女的头目。采访阿时的记者用生动的语言,描绘出了阿时的形象。他说,阿时个头挺高,长相动人,穿着宽松的水手裤,浅紫色的毛衣,头发时髦地用黄色的缎带束起。她的面容长得很美,皮肤白得近乎透明,眉目如画,涂着厚厚的口红。然而记者观察到,阿时说话的时候,有一个令人讨厌的撇嘴的习惯,让人联想起歹徒的形象。当时的一张照片,[124]抓拍到了阿时撇嘴的样子。

阿时的话比她本人的相貌还要令人印象深刻:

当然做妓女不好。但是由于战争的灾难,既没亲戚又没工作,让我们怎么活?……我们中没有多少人是因为喜欢才干这个的……但是即便这样,当我们试图改过自新找份工作的时候,人们就会对我们指指点点并说我们是妓女……我已经让好些女孩改邪归正并把她们送回社会了,但是后来……她们总是(她开始抽泣)被挑剔并被赶了出来,最后只能回到这儿重走老路……你不能相信社会。他们鄙视我们。

九个月后,采访记者收到了阿时的来信,正如一则堕落与救赎的完美寓言。阿时说她听到收音机中自己的声音很受触动,那听起来就"像个恶魔"。因此她离开了并另外找了份工作。她又写道,社会对她仍然很苛刻,她的决心时常都会抵达崩溃的边缘,但她决定坚持下去。[5]

这些令人伤感的"夜之女"的形象,留下了许多难言之隐,而事情必须如此。因为卖淫交易中的很大部分,就是满足庞大的占领军的需求。不得不接待几十万盟国军队的性暗示令人恐惧,尤其是对那些知晓自己国家的军队在他国的暴行,也了解日军强迫别国妇女充当"慰安妇"

125

这张"潘潘"女郎或曰"夜之女"的经典照片,是吉田润在东京的有乐町拍摄的。在后来的摄影集中,这张照片被冠以当时一首著名歌曲的标题:"谁让我变成了这样的女人?"

的庞大数目的人而言。紧随天皇的投降广播之后，谣言就像野火一般蔓延，"敌人一旦登陆，就会逐个凌辱妇女"。内务省的情报课，立即意识到了这些谣言与他们自己军队海外行为之间的关联。正如一份警方的内部报告书所述，"那些谈论掠夺和强奸闹得人心惶惶的人，很多就是从前线归来的退役军人"。[6] 城市家庭被敦促将家里的女人们送到乡下避难。妇女们被建议继续穿着战争年代像口袋似的雪袴，而不要身着更为诱人的女性服饰。年轻的女孩们被警告不要表现友善。然而即便如此，外国人仍然被想当然地认为会要求性满足。问题很简单：谁来提供服务呢？

日本政府毫不迟疑地回答了这个问题。8月18日，内务省发送了一份秘密的无线电报给全国的警察管区，指示他们为占领军特设专用的"慰安设施"，而且要以最大限度的慎重来进行筹备。招募这些设施所需女性的任务，应当由地方警察署长调度安排。他需要动员地方上已经从事卖春业的企业和个人。同一天，东京警视厅的高官会见了东京—横滨地区的"从业者"，向他们许诺了5000万日元的财政补助金，并达成从业者自行筹集相等数量资金的默契。[7]

翌日，副总理近卫文麿要求警视总监亲自指挥这件紧急要务。据说这位前首相近卫公爵，恳请警视总监"保卫日本的年轻姑娘"。然而数日之内，此方针又有了新的变动。曾在马尼拉会见麦克阿瑟一行、安排投降事宜的使节之一河边虎四郎将军回到东京，敦促政府不要直接插手运营这些设施。

此后，政府的角色主要限于正式签署批准方案并提供贷款融资和警力协助。被勉励承担这项任务的从业者，持内务省、外务省、大藏省、警视厅和东京都厅公认的官方扶持通告，募集私人投资。9月6日，政府运营的劝业银行融资3000余万日元，作为政府为这些行动所提供贷款的首期款。大藏省的一位后起之秀池田勇人，在安排政府支持方面发挥了作用，后来他被引述曾说过这样的话："用一亿日元来守住贞操不算昂贵。"经营者们聚集在皇居前高喊"天皇万岁！"，公开表达对这次为国效劳的赚钱机会的感激之情。[8]

征募少数女性作为保卫日本良家妇女贞操的缓冲器，是对付西方野蛮人的一贯策略。在佩里船长强迫日本废除闭关锁国政策之后，日本就立即特设了为外国人服务的娱乐区。有一位为国献身的年轻女子，已经在日本近代的神话传说中被誉为爱国英雄。她的名字叫阿吉，曾被指派给1856年上任的第一任美国总领事汤森·哈里斯（Townsend Harris）为妾。1945年的卖春业者，以阿吉悲哀而色情的形象自我标榜。他们宣称，他们所招募的妇女，将是"昭和时代之阿吉"。

让政府感到意外的是，职业妓女们对成为当代的阿吉不感兴趣。一种说法是，她们害怕美国人，那些在战时宣传中通常被描绘为恶魔形象的美国人，性器官巨大会弄伤她们。特别慰安所的设立者们由此着手招募普通女性。他们在东京市中心的银座竖起了巨大的广告牌《告新日本女性书》，上面有些暧昧地写着："作为国家战后处理紧急设施之一端，我们寻求新日本女性的率先协力，参加慰问进驻军的伟大事业。"还提到工作职位是："女性事务员，年龄18岁以上25岁以下。提供住宿、服饰及伙食"。[9]

绝大多数被广告吸引来参加面试的女性衣衫褴褛。有些据说甚至光着脚。大多数人都没有红灯区的"卖春业"经验，在被告知将来实际的工作之后，大部分人都离开了。在剩下的女性中，有些人宣布与食宿有保障比起来，更吸引她们的是"为国"献身的召唤。毕竟，这其实就是她们一直所受到的爱国的、自我牺牲的教导。截至8月27日，东京共有1360名妇女被征募，她们很快就会被称为R. A. A.，这是"特殊慰安设施协会"的英文缩写。

翌日，就在最初的占领军小分队到达日本时，在皇居前的广场上为R. A. A.们举行了一个就职仪式。在仪式上，宣读了文辞华丽的"誓词"：

> 邦家三千年，虽山容河相亘古不变，昭和二十年八月十五日之恸哭，乃一时代之结束，为极端之悲痛与无涯之忧苦所缚，将向危险的、无尽的绝望之底沉沦。（中略）
>
> 时机来临，命令已经下达，由于我等职域所在，作为国家战后处理的紧急设施之一端，被赋予慰安驻屯军的艰难事业。此命令重大。而成功则难中之难也。（中略）
>
> 由此同志结盟，信念引领我等勇往直前，通过几千名"昭和的阿吉"之献身，筑起一座阻挡狂澜的防波堤，共同护持培养民族的

纯洁,为维护战后社会秩序之根本,甘当地下之柱石。(中略)

当以一言结束声明。我等断非向进驻军献媚。我等并未有损气节或出卖灵魂。我等只不过尽不可免之礼仪,并履行条约中之我方义务,为社会之安宁做出贡献。我等敢大声直言,是为护持国体挺身而出。重申此言,以为声明。[10]

东京共同经营 R.A.A. 的 7 个"卖春业"专门团体也发表了声明。在向"保卫一亿日本人血统之纯洁以护持国体的伟大精神"忠诚严肃地宣誓之后,这些爱国的妓院老板们以惊人的圆滑适应激变的新时代,流畅地运用时髦辞令宣布,希望通过 R.A.A.,"疏通彼我两国人民之意志,并为国民外交的平稳发展做出贡献,为建设世界和平出一份力"。[11]

美国大兵试着跟横滨的姑娘们搭茬儿。这是 1945 年 8 月 31 日,第一批占领军到达日本三天之后的照片

第四章 战败的文化 99

当天，数百名美国大兵很快抵达东京大森町的一处 R. A. A. 设施。那里聚集的少数姑娘是最缺乏经验的新手。既没有床、寝具也没有单独的隔间，奸淫行为就在没有隐私的情形下随处发生，甚至是在走廊上。目击当时情景的日本人后来的证言都非常愤怒，说这是无耻的"动物的性交"，暴露了所谓美国文明的"本性"。据说，当时的警察署长都为此流泪哭泣。[12]

一位缺乏经验的 R. A. A. 新人，后来追忆起她第一天的恐怖经历。她被指派为 23 个美国士兵服务。据推算，R. A. A. 女性每人每天招待美军数量在 15 到 60 人之间。一位先前做打字员的 19 岁的姑娘，几乎立即就自杀了。有些女性精神崩溃了，有些人逃亡了。到了 9 月中旬，这种荒唐的"国民外交"多少变得正常了一些。在作家高见顺 9 月 13 日的日记中，记录了他与一位出租车司机的对话。司机说他看到一个女人就像歌剧里的那样身穿艳丽的和服，在一处慰安设施门外迎接一个美国兵。她跳起来搂着美国兵的脖子，并用带日本腔的英语打招呼说"哈罗"。对于日本男性来说，这是使人郁闷压抑的一幕。[13]

由于东京的大部分市区都在空袭中被烧毁，起初没有多少地区可以提供慰安设施。9 月中下旬，东京都防疫课长与谢野光博士（著名女权主义者和诗人与谢野晶子的长子），被占领军当局约请协助将妓女分配到不同地区，以备美军军官、白人士兵或黑人士兵专用。起初，据说被指派为黑人士兵服务的妇女们吓坏了，直到后来她们发现，很多黑人士兵对待她们比白人士兵更加友善。出于对种族和等级制度的谨小慎微的偏见，一些日本人总结说，这种相对的友善，是因为事实上黑人士兵所受的教养，是将"日本人"当作"白种人"来对待的。[14]

这种"特殊慰安"设施在东京迅速扩张。据说很快就增加到了 33 所。并且在其他 20 座城市同样迅速地蔓延开来。毫不奇怪，它们在美国士兵中广受欢迎。与其他消费相比，它们很便宜。对 R. A. A. 妓女进行短时间拜访的费用，是 15 日元，或 1 美元，相当于当时日本市场上半包香烟的价格。两三倍这样的价钱，就可以购买一整夜的"个人外交"。[15] 尽管这些服务未能防止强奸和性侵犯的发生，但念及占领军庞大的规模，强奸事件的发生率相对较低——几乎与日本政府的预期一致。[16]

与美国战略轰炸调查团成员合影的日本女侍。此调查团被匆忙派往日本调查战时的空袭效果

R. A. A. 尽管深受欢迎,起初也得到了胜利者们的支持,但是在占领开始的数月后就被废止了。1946年1月,占领军当局命令全面禁止"公营"卖淫业,公开宣称它是非民主的也是侵害妇女人权的。但在私下里,他们承认废除R. A. A. 最主要的原因,是占领军部队内部性病患者激增。数月后禁令生效时,几乎90%的R. A. A. 妇女性病检查结果呈阳性。同时,美军的第八军,经检测,70%的兵员感染了梅毒,50%感染了淋病。当年的4月,主要是为了治疗这些性病,美国才初次将制造盘尼西林(青霉素)的专利许可卖给了日本公司。[17]

先前由R. A. A. 招募的妇女们被解雇了,没有得到遣散费,却得到了一篇豪言壮语的褒奖,大意是她们"为国效劳",而且是日本女性"纯洁的防波堤",尽管她们自己的纯洁除外。[18] 当然,公营卖淫制度的结

131

由于受到性病蔓延的威胁，美军当局很快就在接待美国大兵的卖春设施外建起了"性病预防所"。照片中广受美军欢迎的"Oasis of Ginza"（银座的绿洲），连店名都方便地以英文作为标识

束，并不意味着卖淫业本身的终结。只是这种买卖进行得更加隐蔽了，而性病仍旧难以控制。虽然如此，这种过渡仍然有其可贵的意义。一张照片珍贵地记录下了公营卖淫业终结的历史时刻：在官方认可的传统艺伎聚集的"浮世"地区的一隅，在外国人专用的慰安设施门外，身着和服的年轻女子们，站在悬挂在墙上的星条旗前，高举双臂欢呼"万岁"以示庆祝。[19]

132 　　为响应盟军司令部禁止公营卖淫业的命令，日本官僚们表现出了罕见的、不同寻常的对人权的细致尊重。1946年12月，内务省公然宣布女性有做妓女的权利，而这一点成了各方达成默契、在指定的"红线"地带可以继续从事卖淫业的公开的理论依据。（指定"红线"区的说法，来自警方在城市地图上所做的标记。在蓝线标示的地区，卖淫行为是被禁止的。）在此后的岁月里，大约有55000到70000名女性——她们当中许多人是"第三国"出身——在上述区域充当全职或兼职妓女。[20]

"交际花"、"专宠"与叛逆女性

　　这就是"潘潘"的时代缩影,她们坚强而脆弱的形象:鲜艳的口红、指甲油、时髦服装以及有时令人羡慕的曼妙身姿。她们成了与城市夜景、战后的日本记忆场景不可分离的部分。她们留下的照片,是那个时代最忧郁哀伤和引人遐思的形象:黑暗中斜立的身影,头上包着围巾,臂上挎着手提包,时常点燃或吸着雪茄。她们有许多委婉的称呼:夜之女、街之女、黑暗之女,但是最常用的还是"潘潘"。尽管也出现了做美国大兵生意的男妓,但并未引起公众对他们的注意,他们没有赢得大众的想象。[21]

　　"潘潘"这个词的来源模糊,但据说是战争时期在南太平洋诸岛的美国人用来指代能够搞到手的女人。1948年出版的一本书中说,从南方地区遣返归国的日本水兵有时也提到"潘潘"。在美国大兵中,这个词激起的反应是嘲笑、怜悯、同情、异国情调和赤裸裸的性冲动。当妓女们以"潘潘"自居时,它传达出的是同样混杂的印象:绝望和凄楚的感觉,正如流行的解释那样,还有骄傲地公然蔑视传统规范以及对感官享乐的追求。

　　尽管"有乐町的阿时"痛苦地谈起被"社会"轻视的遭遇,她和她的同伴们在大众的心目中,仍然看起来大胆和反叛得十分迷人。幽默杂志 VAN 的时事评论栏暗示过这一点。VAN 杂志向一系列的名人提问:"什么是当今日本社会最古老(最封建)的特色?"以及"什么是最新的(最民主的)特色?"在一位著名的社会批评家和法国文学学者辰野隆看来,"政治"是当今社会最古老、最无变化的方面,因为它仍然与人民的生活没有任何有意义的关联。那么最新和最民主的呢?辰野回应说,"是'潘潘'女孩们,因为她们超越了种族和国际的偏见"。[22]

　　这一评论机警而尖刻,即使是只说对了一半。在某些地区,"潘潘"的生意有严密的组织,不仅依据地盘,还依据接待的客人划分势力范围(称为"岛")。有些"潘潘"只做日本人的生意,而更多的"潘潘"接待美国人。在一些地盘上,这种区别很严格。那些越界的"潘潘",往往遭到别的妓女的辱骂甚至折磨。然而辰野即兴的回答,用来嘲弄那些经常打着"民主"旗号的政治骗局倒也合适。他不仅让人关注在被占领的祖国"国际关系"最隐秘暧昧的表现,而且让人注意到了其种族的维度。成千上万的"潘潘"公开地、适意地与白的、黑的美国大兵为伴。即便被瞧不起,她们也成了对其他种族某种容忍的典范,并以群体的反叛行为标示着不可否认的独立。

尽管"潘潘"的生活本质低俗,但是她们与被压抑的肉体快乐的解放联系在一起。这是一个纵情声色的世界,此前不仅曾经展现在江户时代后期的游郭之中,而且曾经在民间说话中的好色故事、古代宫廷恋爱物语中的男女调情中被恣情表达。她们在肉欲上的自甘堕落,是对军国主义者徒劳的禁欲和自制的最尖锐的批判。尽管可能有些男人震惊于她们对性的直率态度,但也颇有些人感受到了其魅力所在。对于众多的性产业经营者来说,"潘潘"预告了即将到来的性商业化潮流,这种潮流在他们身后仍将长期繁荣。[23]

年轻女性举出的成为"潘潘"的主要理由,反映了这些"夜之女"暧昧的身份。一项对卖春女的调查发现,她们许多人是战争孤儿,或者没了父亲——实际上在经济和社会安全方面一无保障。相当数量的人是家里的长女,自认对父母和弟妹的生活负有强烈的责任。然而,同一调查还发现,接受采访的大多数人是"自愿"在婚外失去童贞的,而且许多人并不是由于经济状况的绝望而卖淫。尽管有些人将挣来的钱省吃俭用供养自己或家人,其他人则为短暂的欢乐而挥霍浪费,展示出挑战时代整体贫困的奢侈放纵。对1946年和1947年警方围捕的"潘潘"的调查发现,相当数量的人坦言,只是"出于好奇心"才选择了她们的生活道路。[24]

警方记录的被捕妓女的"履历",有时以相当可观的细节传达出她们对性快乐的坦承。一位18岁的京都姑娘讲述了自己的经历:前些年在奈良上缝纫学校的时候,一个夏日的夜晚,在公园里,她失身于一位年轻的美国兵。几个月后,他们浪漫的关系中断,她偶然决定成为一名妓女,就搬到了京都干起了这一行。她绝大多数的顾客都是美国兵。她温和地告诉警察,如果一位客人长相特别英俊,她往往不收他的钱。除非生病或是住院,她声称自己会继续追求这种生活方式,不会考虑其他的人生选择。[25]

卖淫通常比绝大多数妇女能够得到的其他工作报酬好得多，而且职业行话也将"潘潘"以巧妙的传统方式传奇化了。一位妓女不偏不倚地穿梭于顾客之间，则以英语借词"butterfly"称之，即"交际花"。也就是说，她看来以自己的方式，成了一个现代版的"恋上恋爱的女人"。"恋上恋爱的女人"，是十七世纪的大作家井原西鹤的一部著名物语中滥交的女主人公。专做美军生意的"潘潘"也被叫做"洋潘"，"洋"字的含义指的是外国的或西洋的。她们是新时代的阿吉，一群叫做"罗纱缅"的女人的现代版。"罗纱缅"指的是，十九世纪中期在刚刚开放的日本的通商口岸，成为外国人妻妾的女性（她们在照片中留存下来的形象，像"潘潘"们一样悲哀忧郁而引人遐思）。只忠于一位美国主顾的"潘潘"，则以英语借词"only one"称之，即"专宠"。这里古老价值的重新应用确实微妙。正如武士与他的领主、高级艺伎与她的恩主一般，一位"潘潘"也可以是忠诚的榜样。美德留存，只是所指代的对象变了。

135

对日本男性自尊的伤害，是不得不向占领军部队卑躬屈膝，更糟的是胜利者无所不在地和日本妇女乱搞关系。远藤健郎的一幅创作年代不详的漫画，描绘了一位残废的日本老兵，遇到一位由日本女人陪伴的魁梧强壮的美国兵的场面。漫画有一个长长的标题：《自从几年前这两位在瓜达尔卡纳尔岛碰面以来，世事变化真是太大了》

第四章 战败的文化　　105

像过去有教养的高级妓女一样,"潘潘"也拥有特殊的才能。以她们的情形而论,最明显的是以多种语言混杂的英语交流的能力。这种妓女的日语和美国兵的英语混杂的语言,被滑稽地称为"潘英语"。能运用这种第二语言,不管蹩脚与否,在战败后的日本是一种很被看重的技能。成千上万的日本男人,也在以占领者的语言跟占领者打交道而奋力生存(他们的洋泾浜英语,有时被嘲笑为"占领军用英语")。这样摩擦就产生了。"潘潘"跟她的美国兵伴侣臂挽臂,或是兴高采烈地坐在他的吉普车里,笼统而言伤害了国家尊严,具体而言刺痛了男性尊严。同时,这些女性,成了某种程度上每个人都有份的、令人眼花缭乱的"美国化"现象的突出象征。"潘潘"公然地、厚脸皮地向胜利者卖身,而其他人,尤其是作为特权阶层结交美国人的日本的"良善"国民,只能象征性地这么做。这真是令人不安。

"潘潘"以她们令人尴尬的方式,成为战后时期物质第一主义和消费至上主义的先驱者。在那些年的严重饥荒和匮乏之中,美国人物质生

136

在战争的白热化阶段,胜利者通常将日本敌人当作低人一等的生物对待。这幅照片摄于1944年12月,太平洋战区的美国水兵围观一位日本新战俘"灭虱"

活的舒适简直令人难以置信。美国"伟大",是因为它如此富足。而对于许多人来说,"民主"吸引人,是因为它显而易见是变得繁荣富裕的方法。在普通人之中,没有任何群体像"潘潘"那样悍然地开发利用胜利者的物质财富。她们是美国陆军消费合作社(著名的 PX)货品的接收者。而 PX 在那些赤贫的岁月里,确实看起来像魔法国的宝库:不仅堆满了基本的食品,还有酒和雪茄,糖果和珍馐美味,性感堕落的女性用品,比如口红和尼龙长袜。

这个"美国"的魅力如何形容都不过分。那时涂抹得鲜艳的嘴唇和花哨的服装,不仅是一位妓女的标志,而且是经历了战争年代枯燥单调的节俭生活之后,美国魔力和时尚秘诀造成的大冲击的组成部分。"潘潘"肉欲的形象,是日本人向往的好莱坞最近距离的存在。甚至资生堂,战前具有上流社会传统的化妆品业的著名制造商,也沾染了它的倾向。资生堂战后的第一款新品是一种像口红形状的"指甲油"。它在与美国大兵为伍的女性中尤其受欢迎。[26] 对于被剥夺化妆、烫发和漂亮衣服

征服者的眼光,几乎立即就开始对战败日本的色情化,从此造成美日关系中假想的男女角色之间复杂的互动

第四章 战败的文化　107

的妇女们来说（战时的口号是"奢侈浪费是敌人"），涂抹一点化妆品，即便是一小会儿，也可能是企图摆脱绝望和疲乏的令人感动和可以理解的方式。一位女记者回忆说，正当妇女们脱去战争年代丑陋的肥大雪袴时，美国人来了，带来了她们从未见过的长筒尼龙丝袜。她讽刺地评论说，她们的心灵受到了诱惑，据说有些人就是用自己的贞操换回了一双长筒袜。[27]

捎带礼物，是占领军士兵和他们的情人们之间的操作规程。一旦占领军军官参与这种个人外交，实施起来就更为慷慨大方。这种交往——既包括性交往，也包括物质交换，其规模数量相当惊人。定期的军队换防，持续引进大批新部队补充25万人的占领军编制，况且据大家说，在任期内选择守身如玉的家伙微乎其微。据估计，占领军人员花费在"娱乐"方面的几千万美金，几乎半数到了那个年代的阿吉们手上。[28]

当时，"潘潘"可能是日本西化过程中的一种新现象——"横向"西化的最明显的象征。先前，西化影响对于国家来说是垂直渗透的，几乎从来都是由精英阶层引入。甚至1920年代看起来像是异数的摇摆女郎文化（flapper culture）的盛行，其"摩登男孩们"和"鲍·克拉拉（Clara Bow）女孩们"，也只在闲适的资产阶级圈子里大行其道，而普通人相对未受影响。下层的"潘潘"，则展示了一种前所未有的现象——"从边缘开始的"流行西化倾向。无论是从实质上还是从象征意味来讲，这些坚韧的、生气勃勃的年轻姑娘，比其他任何人都要接近美国。作为享乐主义的、物质主义的、美式消费文化的先驱，没有人能够逾越她们。[29]

连接胜利者和战败者之间的无处不在的性关系，对美国人了解战败国和它的人民产生了深远的影响。对占领军中的一些人来说，当地的妇女只是被当作性欲对象而已。这种典型的殖民态度，导致了一起臭名昭著的事件：一辆市郊通勤火车上，所有的日本女性都被美国军警扣留，并被强制送去进行性病体检。一句话，每个日本妇女都是潜在的妓女。[30] 更令人震惊的是，战败国家本身也在蜂拥而来的美国人的头脑中女性化了。突然之间，敌人被变形了，从一个残忍野蛮的民族，弱化成了易于操纵和以备享用的可接受的外来民族。此种享用是显而易见的，"潘潘"就是其化身。昨日日本还是一个险恶、强大的威胁，几乎眨眼之间就被变形成为一个白人胜利者可以强加意志于其上的百依百顺的女性胴体。同时,占领军和日本女性之间的"亲善",无论是否为卖淫关系,在某些情况下,也成了种族间的喜爱、相互尊重甚至是爱的起点。这也是一种象征。对各方而言,无论是如何参与其中的,这都是一个不同寻常的文化事件。

黑市创业者

再也没有绝对神圣的事了,而且每件事看来都相互联系在一起。那年月有句风凉话说:女人做"潘潘",男人做黑市搬运工。"黑市"和"黑暗之女"这两个词的共同之处是,都有一个"黑"字,黑暗的"黑"。一本在战时宣传得力,文章和插图才华出众的幽默杂志《漫画》,以一幅漫画捕捉到了这两个世界之间的关联:一位身穿旧军服、满脸髭须的大块头恶汉,正在向一位战战兢兢的市民搭茬儿。为他设计的问话是模仿那首关于上野车站贫穷妓女的感伤歌曲:"谁让我成了这样的男人?"[31]

然而,在这两个黑暗世界之间确实有天壤之别。"潘潘"的王国是高度美国化的,反之,黑市,即使美国大兵在其间出入闲逛,也始终完全属于日本人。它那来源于黑社会匪帮独特的行业黑话,与"潘潘"们的洋泾浜英语,形成了鲜明对照。例如,在大阪的黑市租一个摊位需要交"场地费",日语叫ショバ代。这是黑市隐语将"场所"二字颠倒过来的说法。[32]"潘潘"的世界基本上是性欲的,只是偶尔掺杂暴力,而黑市几乎永远是弱肉强食。男人们携带枪支,游戏规则被强制执行。没有人会因为顾客长得英俊或者可怜、绝望,甚至饿得要死而白给东西。黑市里没有多愁善感的余地。这些违法行为,常常以面目柔和的委婉说法进行伪装,不只有"自由市场"的叫法,还有可爱的"露天市场"或"青空市场"的说法。但是无论怎样掩饰,说到底,黑市仍然是一个心肠冷硬、交易无情的场所。

尽管一般人会低估卖春业所占的经济地位,但是没有人不清楚黑市无与伦比的经济作用。对于许多日本人而言,黑市才是现实的经济。黑市几乎与日本投降同时出现。事实上,天皇玉音放送前一星期,《朝日新闻》就曾发表一封来信,以严厉的双关语警告说:逼近的敌人将设法利用"黑暗",也就是说,利用黑暗的卖淫业和黑市。[33] 8月18日,战后的黑市迎来了盛大的"开业庆典"。东京的主要报纸都刊载了巨幅广告《致转型工厂和企业家的紧急通告》,广告许诺以"适当的价格"进行销售,邀请人们携带生产的样品与广告发布者关东尾津组联络。

小工厂主们蜂拥来到尾津组在新宿的事务所,因为战争结束后,他们再也无法靠转包军事订单谋生。尾津组的老板很快成了新日本最具活力的企业家之一。据市场传闻说,他鼓励制造商将军刀改成餐刀,头盔改成水壶和煎锅。两天之内,他策划了新宿黑市的开幕。这个黑市由贩卖各式杂货的露天杂货店和货摊组成,并打出了振奋人心的标语:"新宿之光"。到9月份,这条标语被做成一幅由11700瓦的灯泡组成的巨大广告牌,甚至在附近的几个电车站都能看见。距空袭结束仅仅数星期,在烧毁的城市的夜幕中,这面"新宿之光"的巨大招牌,为绝望的人们展示出一幅难忘的乐观主义景象。起初,这些发展获得了媒体热诚的欢迎。[34]

到9月初,各大城市都出现了"青空市场",而且往往是自发形成的。有时情况是,退役军人和失业工人到乡下去,带回装满货物的背包,就开始立地叫卖。这种自发的商贩很快就获得了一个绰号,叫"立卖"者。一位市场商贩讲述了他"开店"的经历:他将一桶活的田鸡放到路边上,买卖就算开张了。他把一些田鸡卖了钱,剩下的田鸡换回了马铃薯粉、饭团、面包之类。以此为基础,他的新营生就开始了。据传闻,一位遣返士兵突然想起将自己穿的裤子卖掉,就干上了这一行。当然黑市上最黑的故事,还是与大阪的新兴市场有关。那里交易活跃的毛毯和衣物,是从死人身上扒下来的。许多衣物直接来自诊疗所,上面还沾着肺结核患者咳出的血迹。大阪经营这种生意的商人,互称"おシャカ",这是对佛教虔诚信仰的一种残忍的戏称,因为"おシャカ"是佛陀的意思。[35]

到1945年10月,大约有17000个露天市场在日本全国遍地开花,多数是在大城市。仅仅数月之后,单是东京一地,众多的市场上就有76000个露天店铺,每个摊位日均接待四十余位顾客。与此同时是黑市组织的大洗牌,这有时是一个残酷的过程,通常在教父式人物为首的黑帮领导下进行。在东京,各种帮派之间划分黑市地盘相当严格。新桥地区的市场被松田组控制,浅草区是芝山组,银座区是上田组,池袋区是关口组,新宿区则由尾津组与和田组控制。[36]

黑帮对大阪"自由市场"的控制,遵循同样的规则。在那里组织梅田市场的森本三次,是个格外神气活现的人物。他乐于认同除暴安良的侠盗传统。1945 年末,森本被从菲律宾遣返回国,回到家父亲已经去世一个月了。他的父亲是地方政坛上一位有权势的人物。应市议会议长之邀,森本跟他的手下开始整顿梅田市场。他描述梅田市场是个外行们的大杂烩,被一小撮恶棍所把持。用森本的话说,"这是个弱肉强食的冷血的时代。我尽己所能阻止它,但在这个年代做日本人真的很可悲"。森本的工作装备包括一件皮夹克、一把揣在怀里的刀和一把挂在腰上的手枪。当警察无计可施的时候,他就自己"照管"局面。不久,有人出大价钱悬赏他的人头。很快,大阪黑市的巨大扩张,就远远超出了他的势力范围。1946 年 7 月,大阪市政官员估计,大约有 10 万人以黑市买卖谋生。其中约 80% 是复员军人和失业工人。在黑市的常规经营者中,60% 是男性,30% 是女性,剩下的 10% 是儿童。[37]

直到 1949 年左右,黑市一直支配着日本的经济。在黑市的组织管理方面,像松田组这样的黑帮扮演了公开的、主要的角色

在这些市场中有一部分生意，是空袭中无数店铺被毁的城市小商贩们经营的，这些买卖是合法的。另一方面，大量的交易是不合法的。东京松田组控制的黑市，在高峰期可达两千人，是这些交易复杂和不稳定的例证。松田组的势力始于"恩主"（这是沿用封建时代的说法）松田义一组织小商贩们在新桥站周围集散货物并开设店铺之际。有东京都政府和当地警察做后盾，松田开始承担批准商贩交费营业的职责，以及提供实际的服务，如照明、提供卫生设备和垃圾收集等。他更多依靠自己的帮派成员而不是警方来维持秩序。[38]

到1946年初，新桥市场一直有十分合理的结构，名义上处于警方的监管之下，通过一个名为"东京露店商同业组合"的协会进行运作。营业执照须由当地警察署签发，而且通常专门供给符合以下条件的各色人等：战争负伤者、战死者遗属、残疾人士、原先的露天商贩，以及战争中失去店铺的零售商。新桥市场大约80%的商贩，是以此方式登记在册的。然而据说在东京其他地方，约有80%的营业者从未进行登记。

市场兼有合法与非法的进货渠道：有来自田舍的农产品，有来自渔村的海产品，还有来自旧时军队的储备品。许多美国货也流入黑市，往往是由"潘潘"从客人那儿得来的。商贩们也跟占领军人员做些私下交易。上野的黑市甚至特辟了一条"美国横丁"，专门买卖这种货物。很快，经纪人的等级制度也出现了：最上层的经销商经手数百万日元的货物，通过两到三级的批发商，转到"卸屋"（批发屋）手中，由"卸屋"直接将货物交付商贩。在这个阶梯的每一层，获利20%到30%是正常的。前期的某些市场上心狠手辣的经营者，每天赚的钱可能达到8000日元。甚至有时被称作"花生豆"的最普通的小贩——这显然是嘲弄他们像卖花生小贩一样的卑贱地位，每天也能赚到50日元。在新桥市场，松田组通常依靠150名手下来维持秩序、收保护费之类。他们得意于被受管辖者按旧时的规矩称为"大哥"，并挣得他们每月的收入600到1000日元。除黑市买卖之外，松田组还插手建筑业，并为占领军配备和监管日常所需的人手。

黑市交易伴随着猛烈的竞争。1946年6月，在"新桥新生活市场"建设计划大力宣传两个月后，松田组的老板松田义一被某位原帮派成员刺杀身亡。更有甚者，由于种族关系紧张，争夺地盘的斗争加剧恶化。

像卖春业一样，黑市也有一大批"第三国人"的代表，他们没有选择遣返归国而是留在了日本。组织精良的朝鲜帮和台湾帮与日本黑帮同台竞争。7月，这些蓄势已久的矛盾终于爆发为大规模的暴力事件。一场涉及数百名台湾商贩和上千名松田组暴徒的暴乱，波及相邻的涉谷区，升级为在涉谷警察署附近的枪战，导致 7 名中国台湾人死亡，34 人受伤。警察一人身亡，一人重伤。

"涉谷事件"引起了多方面的反响。警察和中国台湾人、朝鲜人社团之间早已存在的敌对情绪摩擦加剧。社会针对"第三国人"的偏见加深。公众对黑市弊端和犯罪率增加的许多愤怒，开始指向非日裔的亚洲人。另外，警察在控制黑市方面的无能也暴露出来，使警方受到公众的嘲笑，引发了警察队伍士气的低落。尽管占领军当局在此事件后试图加强对黑市的管制，但是他们的努力在很大程度上是无效的。[39]

警方在黑市问题上的表现的确差劲。如果不是彻底的腐败，至少也是贪污受贿；即使不是完全的无能，至少也是被折磨得焦头烂额。一个老套的传闻小故事——被偷的外套案件，巧妙地反映了这种状况：大阪市政厅的一间办公室里有人大衣被偷了。大衣的主人当时一发现情况，就凭正确的直觉直奔当地的黑市。两个小时后他在那里发现了自己的外套，售价 3500 日元。他召来了两位警探，警探们建议他自己跟黑市老板交涉。于是他只好跟卖自己外套的商贩讨价还价，商贩神态自若地以 500 日元的价格将外套卖给了它的主人。当时外套的主人作为市政府的职员，其基本工资每月只有 700 日元。[40]

这种自上而下的体制腐败，很难培养人们对政治的信任感，也不可能使人们对黑市之外的"民主化"进程产生信心。此外，"自由市场"这种公然的弱肉强食的本质，对于日本民众来说，具有某种类似于休克疗法的效果。日本民众向来被教导相信：作为一个民族和文化，他们具有独特的"家族"意识，这种意识让他们相互扶持，牢牢团结在一起。作为一名作家，坂口安吾当日评述说，这个弱肉强食的世界，实在令人感到不寻常。仅仅在数月前还乐于为国捐躯的人，按照战争年代的教条说法，打算樱花般纯洁、优美地凋谢的人，现在正无情地欺诈自己的同胞。

后来，一些黑市上的小商贩也承认了这一点。正如原来的士兵，无论何时何地回顾起自己见证的恐怖场景或者犯下的暴行,总是满怀敬畏,就像是在说别人的事情。后来做了新闻记者的古沢公太郎,回想起当战争结束,他和他的同学们在临别之际,充满理想主义地发誓要为重建祖国努力工作。而半年多的时间里,他真正所做的只是掠夺弱者。疲惫的母亲领着啼哭的孩子,来找他出卖一件珍贵的和服,而他就会以虫蛀破旧为借口杀价。他甚至对自己的一位亲戚也这么做过,尽管他知道亲戚家被炸毁了,而且母亲卧病在床。"大和民族"的团结无所谓,亲属关系无所谓,政治也无所谓。坂口回忆说:"天皇放弃神圣地位,占领军发布自由、民主方针,所有这一切看起来,跟黑市上聚集的那些黑暗的面孔都毫不相关。"

在这种情形之下,许多男人和女人都饮酒过量,正如许多妓女将挣来的钱浪费在堕落享乐上一样。大阪黑市的一位胆小的商贩辛辣地述说:"我讨价还价地进货,然后讨价还价地卖掉它们。为了麻痹良心和鼓

在每个主要城市,"露天"黑市都繁荣发展。1946年东京上野车站附近,商贩们在售卖家用五金器具。这些消费产品在战时近乎绝迹,当时金属一类的重要资源都挪用于军需生产

起勇气，我们许多商人在做生意的时候都喝粕取烧酒。对我来说，因为胆小怯懦，每天都很艰难，而且受尽了伤害。"一位不那么懦弱的商贩，回忆起一天挣到工人一个月的平均工资时的兴奋。没有人想着为将来储蓄。毕竟，根本就没有明确的未来，有的只是无尽的通货膨胀。因此，从每天挣来的钱中留出够明天做生意的钱，他和他的伙伴们就会将剩下的钱破费在饮酒嫖妓上。他努力地回想那褪色的记忆："我喝酒，试着忘记浮萍般漂泊不定的生活。"

有时黑市人生呈现出一种精致与堕落近乎完美的融合。只要出得起价钱，各种东西都买得到。在一处黑市的一角，定期赚到大钱的商贩们，会聚集在一位"第三国人"周围，那人卖一种邪恶的饮料——飞机润滑剂用的乙醇和人工甜味剂合成的酒。他供应的下酒菜，任何时候在日本也算得上是珍馐美味——海胆沙司拌海蜇。尽管讲述这个故事的人负担不起这样的奢靡，但他在成为黑市商贩之后的半年间，的确想尽办法继续不停地喝酒，而且还能活下来将这些经历告诸后人。[41]

还有许多注定不会出现在日本战后复苏的经典报道中的不光彩故事，也暴露出了完全自私的生存态度。贪婪和颓废的另一面，是胆大无畏的生命力。黑市上无法无天的家伙，穿戴着自己偏爱的"三种神器"，以显示对"良民"社会的反抗精神。他们所谓的"三种神器"——夏威夷汗衫、尼龙腰带和橡胶底鞋[42]，是对天皇佩戴的神圣象征镜、剑、玉不敬的戏仿。黑市商人跑到乡下接收整列车厢的货物，在那里饮酒唱歌直至酩酊大醉。垄断渔产品市场的商人，驾驶自己的船出海，围住捕鱼船，以两到三倍的市场价格直接在海上将捕捞品全部吃进。向来被认为是天皇忠实臣民中最谦卑恭顺的农民，照样毫不留情地回绝那些出不起黑市高价的穷途末路的城里人。这种下乡进行的艰难交易司空见惯，以致城里人都热切地相信，农民们只要将手里的百元大钞攒到一尺厚的时候，就会召集庆祝宴会。[43]

这个市场的生命力是无可置疑的，做什么生意的都有：从叫卖美军兵营和占领军人员宿舍的剩饭做成的回锅菜（"残饭"或"杂烩"），到批发偷盗来的机械和建筑材料，乃至放高利贷。他们没有花费时间奉承美国人，或是进行客套虚伪的闲谈。他们以自己独特的方式，表现得比那些偎依在征服者膝下、装出正义的嘴脸、暗地里却从黑市上大捞好处

第四章 战败的文化

的著名政治家、资本家和前军官们更加诚实。

尽管黑市弥漫着日本人和其他亚洲人之间的紧张气氛,并不时爆发暴力冲突,但是这里也是他们多少能够进行日常平等往来的少数场所之一。以日本历史学家善意的立场看来,穷困的日本人、朝鲜人和中国台湾人,以前所未有的方式聚集到黑市上。诸如阶级背景、教育程度或先前的职业等因素,在个人交往中影响甚小。尽管民族和国籍问题仍然重要,但是不同民族间的交往也比一般民众更为普遍自然。如此说来,身处边缘的黑市商人,或许对社会造成了比他们自身的非法行为更为严峻的挑战。44

更加坦率地说,黑市上劳作的男女,是毫不掩饰的注重实效的物质主义的例证,甚至是勤奋精神的典范。在《朝日新闻》的一封读者来信中,一个男孩认为当黑市商贩没什么不好。他的哥哥是黑市商贩,每天凌晨两三点起床,乘坐拥挤的火车,赚点蝇头小利,勉强维持母亲和四

当胜利者们抵达日本时,他们发现这个国家很少有私人汽车。更有甚者,许多汽车不是用汽油而是用木炭作燃料。1945 年 10 月拍摄到的这位出租车司机,正在给他烧木炭的汽车加燃料

个弟弟的生活。他因此很敬佩哥哥。男孩认为，哥哥比那些东奔西跑搞示威或者破坏活动的劳动者更令人感动。他本人中学毕业后，也打算走哥哥的道路。

大约一周后，一位六年级的女生写信回应说，做黑市生意，并不比参加劳动者抗议活动更令人钦佩。她质疑，如果整个劳动阶级都变成黑市商贩，那将会发生什么？她的结论是"我想，政府会为产生这样的社会而感到有罪。建设新日本的目标，应该是创造一个没有黑市的国家"。[45]

无论如何，黑市/自由市场/露天市场的存在，迫使每个人反省自己所处的社会位置。

"粕取文化"

能使怯懦者壮胆、勇敢者疯狂的粕取烧酒，显然也使反体制倾向的艺术家变得多产。无论如何，它是那些对颓废和虚无主义大加礼赞的艺术家和作家们的特别之选。据说，这种劣酒最好捏住鼻子一口灌下。而一种混乱无序的亚文化圈"粕取文化"，更是由此得名。事实证明，"粕取文化"是妓女和黑市商贩们的世界的一种自然的补充。

粕取文化持续繁荣到1950年代，遗留下了可观的文化遗产——逃避现实的空想主义、性挑逗的刺激和赤裸裸的低级趣味。这是一个性导向的娱乐活动和泛滥的低俗杂志支配的商业世界。然而，正如妓女和黑市商贩那样，粕取文化的拥趸们，也表现出从权威和教条下解放出来，使人难忘的激情和活力。这种打破传统的氛围，由于酒吧知识分子的出现而更为强烈。这种知识分子有个诙谐的绰号，由日文词"粕取文化"和英文词"知识分子"混合而成，叫做"粕取分子"。粕取分子的写作宗旨，是强行赋予狂乱的颓废生活方式以所谓意义，乃至哲学意味。拜低俗杂志以及类似的严肃作家所赐，社会边缘的生活与如下理论纠缠在了一起：颓废是唯一的真诚和信仰，色情的肉体成了唯一值得崇拜的"体"。在某些这一类的理论公式中，性、颓废和"爱"简直就等同于"革命"。

低俗杂志是粕取文化最昙花一现的产物，最终通常成为所谓的"粕取杂志"。这个称谓本身就体现了反体制文化尖刻的幽默态度。粕取杂志的说法,是一个巧妙的双关语,是说大部分这些早期刊物都很短命,就像喝粕取烧酒醉得那么快:三杯烧酒下肚,就会使饮者不省人事;同样,这些逃避现实的杂志很少有出够三期的。(在日文中,尽管"三杯"和"三期"的写法不同,发音却是一样的。由此产生了双关语"事不过三"。)在此之上,还有更重大的双层含义:当"粕取文化"赞扬一个享乐的、甚至是猎奇的、沉溺逃避的世界的时候,他们同时也唤起了对人生无常、朝不保夕、权威放逐、正统不再、绝对价值缺席的现实世界更为清醒的感知。[46]

低俗读物的出版者,否认任何严肃的目的。他们的理念的经典阐述,刊登在一本名为《猎奇》的杂志的创刊号上。这本杂志的编者强调,他们没有"任何启蒙或教育读者诸贤的大胆野心",相反只是想要给那些"努力建设和平国家而身心疲惫"的读者提供暂时的娱乐。粕取杂志的封面,通常是性感女人的特写,偶尔也有成双成对的情侣,绝大多数时候是白人。第一幅女性的半裸体照片,出现在1946年末的《赤与黑》月刊上。到第二年夏季,以裸体或半裸体女人的绘画做封面图案,就已经司空见惯了。

大部分占领军,通过他们的性经历来看待日本,而日本的年轻男性,则通过阅读低俗杂志来进行他们的性幻想。当几十万年轻的美国大兵,将随和友善的妓女看作是这个被征服国家的化身时,大批的日本男性,也正被怂恿着去想象西方的女性,将她们作为色情的对象。从这时起,理想化的、四肢修长身材丰满的西方女性形象,成为日本男人性冲动的对象,也成为年轻日本女性竭力效仿的目标。

这些低俗杂志的名目,通常像它们的封面设计一样五花八门。譬如,《猎奇》杂志引发了一系列的克隆读物,像《オール猎奇》(《猎奇大观》)、《性猎奇》,甚至《猎奇ゼミナール》(《猎奇研究会》)。借用甚至滥用英文做刊名的包括《オールマンス》(*All Romance*,《罗曼司大全》)、《マダム》(*Madam*,《女士》)、《キャバレー》(*Cabaret*,《卡巴莱》)、《グロ》(*Grotesque*,《奇观》)、《Gメン》(*G-Men*,《侦探》)、《血とダイヤモンド》(*Blood and Diamonds*,《血与钻石》)、《ヴィナス》(*Venus*,《维纳斯》)、《スリル》(*Thrill*,《颤抖》)、《フーダニット》(*Who Dunnit*,《谁是凶手》)、《ネオリベラル》(*Neoliberal*,《新自由

"低俗杂志"：与反体制文化结缘的杂志引发了所谓色情、猎奇、荒诞的流行时尚的复兴，在二十世纪二十年代和三十年代初盛行一时

主义者》)、《ピンアップ》（Pinup，《招贴画》)、《サロン》（Salon，《沙龙》)和《ナンバーワン》（Number One，《第一》)。《ナンバーワン》（Number One）是东京大学一些缺钱的学生们办的创收副业。以法文做刊名的有《シック》（Chic，《新潮》)，德文的有《リーべ》（Liebe，《爱》)。

还有一份刊物叫做《セップン》(《接吻》)，在某些美国改革者都将接吻作为摆脱过去封建压抑的自由表达的年代，这实在是一个完美的名目。低俗杂志的编者们，热忱欢迎这个天赐的特别礼物，发表了诸如《キス回生论》(《接吻正名论》)之类的文章。然后就聚焦在那些试探占领军审查机关底线的题目上，继续挑战当今时代的压抑。他们的确常常侥幸过关。一项基于对 1600 期"粕取"刊物的调查发现，这类读物的"关键词"包括接吻、脱衣舞、内衣、"潘潘"和"有闲妇人"、贞节、近亲相奸、自慰行为以及寂寞的未亡人。这并没有什么启蒙意义，但是无可否认，它与直到不远的过去还在左右人们生活的为天皇出生入死的奥义大相径庭。[47]

在被占领的日本，在视觉影像上"为接吻正名"，最初是经由好莱坞完成的。如由迪安娜·达宾（Deanna Durbin）主演的《春之序曲》（Prelude to Spring）和葛丽亚·嘉逊（Greer Garson）主演的《居里夫人》（Madame Curie）都大受欢迎，部分原因是，与投降前的惯例相反，这些电影的接吻镜头未经删节。由于受到这种情形的鼓舞以及占领军的鼓励，日本当地的电影工作室，也开始斗胆在他们的作品中添

第四章 战败的文化　119

更多的低俗杂志：甚至连女科学家（实际上是一位著名女演员）也成了"性问题专号"的封面女郎

加接吻镜头。第一个柏拉图式的吻，出现在大映映画的作品中。这部电影有个奇怪的名字《彼と彼女は行く》（《他与她行走》），于1946年4月中旬公映。此后又有匆匆一吻，出现在另一部大映作品《或る夜の接吻》（《黄昏的一吻》）中，上映于5月23日。翌日，当松竹工作室的《はたちの青春》（《二十岁的青春》）上映时，电影史真正被改写了。此片有一个男主人公亲吻女主角的特写镜头。着迷的观众们不知情的是，这瞬间的热情被进行了净化处理。银幕情侣在接吻时，悄悄地将一块浸透了消毒剂的纱布放在他们的唇间。男主角大阪志郎对于这一伟大事件的回忆，印象最深的就是消毒剂的味道。而女主角几野道子坚决宣称，她只是紧闭双眼完成任务而已。重要的电影杂志《キネマ旬报》（《电影旬报》）拘谨地评论说，就影片的情节发展而言，接吻是不必要的。尽管如此，形势发展已不容逆转。[48]

此后，性商品化的多样性进展相对平稳。在这点上，1947年1月15日，有可能是一个里程碑式的日子。因为在这一天，发生了两起象征性事件。一是，日本历史上首次西洋式选美比赛，因选出"银座小姐"而达到高潮。优胜者身高158厘米，体重50公斤，胸围和臀围分别是95厘米和88厘米。[49]另一事件是，更具有想象力的改头换面的西式表演，"画框中的裸体"表演，于同一天在东京新宿开幕。这种表演的特殊之处在于，让女性摆好姿势站在巨大的仿制画框中静止不动，模仿著名的西方绘画作品。帘幕开启，模特们保持姿势数十秒钟，然后帘幕垂闭，以备模特展示下一幅西洋名画。

"画框中的裸体"表演，表面上是对西洋名画的复制，实际上协助开创了性商品化的战后文化。它是一位大学教授的创举

"画框中的裸体"表演的发起人，是翻译歌德《浮士德》的桀骜不驯的德国文化研究者秦丰吉。而这次初演被优美地命名为"维纳斯的诞生"。据说，热爱西洋美术的男性观众排成了长龙，从表演舞台一直延伸到五层楼梯下的街道上。表演明星是一位颇具雕塑感的年轻的俄日混血女郎中村笑子，在胸前和腰际轻覆薄纱。第二位名声大噪的维纳斯甲斐美和，则真正半裸上阵。她不仅身材高挑，而且由于不同寻常的白皙肌肤而备受赞赏。尽管肤色白皙一直是日本旧时女性美的特征之一，是女性魅力的传统要素，但是现在看来，肤色白皙显然使人更接近白色人种。而身材高挑、胸部丰满则是女性美的新标准。

秦丰吉后来宣称，他采取凝固的表演方式，有其仁慈的初衷。他解

第四章　战败的文化

1947年前，在东京浅草娱乐场所的美式脱衣舞表演，展示了"民主化"新的侧面

释说，身材颀长的"维纳斯"十分罕见，而且他认为让腿短的女性跳舞，是不适宜和不讨人喜欢的。这话有些招人误解。因为在第一次世界大战之后，矮壮结实的合唱团女孩们，早就以其雀跃的舞姿登上了剧场舞台，而在高级旅馆和艺伎屋里，她们有时还脱衣解带，为男性客人表演更为放荡的舞蹈。无论如何，别的经营者并没有秦丰吉这样的骑士精神，很快脱衣舞表演以一出相当平淡乏味的名为《东京フォリーズ》（《东京罪恶》）的轻歌舞剧首演登场了。此剧的高潮是舞者摆好姿势，伸手到背后解开上衣。据说是由一位东京大学的学生引进了这一终场亮相。到1948年，更为通俗化的脱衣舞演出，在东京的浅草最富活力、最庶民化的"下町"娱乐场所出现。由浅草地区开始，脱衣舞向全国各地传播开来。

脱衣舞表演，正如它的前身"画框中的裸体"表演一样，创造出了新的明星。她们不仅成功风靡大众，而且迷住了日本一些最多才多艺、最富创造力的艺术家。例如，浅草的一位脱衣舞明星松原"玛丽"，成了著名作家永井荷风的最爱。"玛丽"的超凡魅力，显然不仅仅来源于她舞台上的舞姿，还在于她不同寻常的经历。她毕业于一所有名的女子高中，先前曾受雇担任国会贵族院（1947年前的国会上院）的秘书。另一位浅草明星志水敏子，被称为日本的"吉卜赛玫瑰"，因美国最为著名的脱衣舞女"吉卜赛玫瑰李"（Gypsy Rose Lee）而得名。"吉卜赛玫瑰"志水敏子几乎完全是因为她的"白种人"特征而受到崇拜：有诱惑力的肉体和有魅力的个性。对于多产的木版画家栋方志功而言，她有着"像女神一样的胴体"。西洋油画家小野泽发现，酒馆里的歌舞表演、轻歌舞剧以及脱衣舞等整个粕取文化的环境，最能激发他的灵感。就像图卢兹-洛特雷克（Toulouse–Lautrec）一般，这些风尘女子成了他艺术的主要题材。[50]

然而"粕取"反主流文化，尽管显而易见有借用自西方的元素，但是其根基是本土的。正如黑市一般，这是个征服者永远也不可能真正进入的世界。这个世界像低俗杂志的封面一样花哨煽情；也像黑白照片拍摄的那些酒吧、舞厅、肮脏的小酒馆、狭窄弯曲的小巷、混乱的后台更衣室一样具有粗糙的质感。征服者的想法对这个世界几乎毫无影响，这个世界在闪耀夺目的美国大众文化潮流中载沉载浮。离开好莱坞与大众流行音乐，"美国"通常只是意味着一支无组织的外国占领军而已，暧昧地在场，以其自身作为日本没落的最终象征。同样，尽管酒吧间知识分子常常欣喜于从欧洲知识分子传统那里引进名词和术语，但是这些名词术语，时常只是像异国的残骸和漂流物一样漂浮在自我放纵的海洋上。例如 apure 这个词，是法语词 après-guerre（战后派）的缩写，起初指代第一次世界大战之后的一小撮年轻的存在主义者和虚无主义作家，他们认为战争劫难包含了所有的绝对价值。然而不久之后，"apure"这个词，开始不加区别地指代任何反抗传统行为规范的青年人。反传统文化来自于内部。

颓废与真实性

放荡与色情在许多层次上皆有所表现。像谷崎润一郎、川端康成这样的大家，在战时受到书报审查制度的压制，战后却成了官能描写的行家里手。处于"文化人"中高尚阶层的其他作家，也开始将个人情感描写放在优先位置。古典诗人川田顺，由于在68岁高龄夺走了自己弟子的年轻妻子而名声远播。他在一首诗中如此咏哦自己的热情："行将就

坂口安吾1946年的评论《堕落论》，作为对战后许多作家和知识分子所信奉的传统价值的最为简洁的批判宣言，时常被引用。这张林忠彦拍摄的照片，其风格颇能体现出坂口混乱与破坏的天分

木的老人，恋爱无所畏惧。"而他也确实有艳福，与自己抢来的恋人又亲密交往了近20年光景。[51]

当这些文学上的爱情、性欲表现，与粕取文化的淫荡色情倾向产生共鸣之时，三位更为年轻的作家——坂口安吾、田村泰次郎和太宰治，戏剧性地将堕落颓废和性爱行为与真实性和个人主义问题联系了起来。坂口安吾发表于1946年4月的评论《堕落论》，对战时体验的"幻影的"本质进行了激烈的批判，将它与战后社会强烈的人性的、真实的颓废做了鲜明对照。坂口的公众形象，正如他的主张一样狂暴放荡而无秩序。在投降后的岁月里，他一直服用肾上腺素和其他各式兴奋剂，并且在几张难忘的照片中为后代子孙留下了他的影像。在这些照片中，坂口坐在矮几旁，几乎完全埋在由旧报纸、书籍、杂志、揉皱的手稿、空烟盒、撕掉的信封以及皱巴巴的毛巾或毯子制造的垃圾之中。他身上反穿着一件汗津津的背心，噘着嘴，眼光越过反光的角质眼镜，悲哀地凝视着照相机镜头。他在写作——当然几乎都是关于堕落的主题。[52]

  堕落是坂口的专业；而且，在某些评论家看来，他有关堕落的随笔抓住了时代的本质，正如日本漫长历史上任何经典文本一样光辉灿烂。依照后来评论家的说法，"《堕落论》将人民从战争的控制中解放出来，让他们回归合理的自我，并给予他们生活的信心"。[53] 坂口的吸引力，部分来源于这样的事实：他坦承战争的心理魅力——巨大的破坏具有的催眠般的庄严肃穆和人民顺从命运的"奇妙之美"。然后，他又以同样激情的文字对此进行批判。正是在《堕落论》中，坂口指责说，先前矢志像散落的樱花般牺牲的神风特攻队飞行员，现在做起了黑市买卖；那些英勇地送丈夫上前线流血牺牲，然后跪在他们的牌位前祈祷的妻子们，其实早就在物色其他的男人了。他宣布，"自战败以来，这个国家的面貌就是纯粹单一的堕落"，而在此之中，孕育着真实、真正人性的回归：

>   与堕落的平凡相比，与它平凡的当然相比，人们顺从命运之美，伟大的破坏中的爱情之美，只不过是像泡沫一样空虚的幻影……
>
>   我们难道不应该承认神风特攻队的英雄只是个幻影，而人性的历史开始于他着手经营黑市生意的一霎。难道我们不应该承认那些献身道义的未亡人只不过是幻影，而人性的历史开始于一张新面孔扑入她怀中的一刻。或许天皇也不过是个幻影，天皇真实的历史始于他成为凡人的瞬间……
>
>   日本被打败了，武士道消亡了，但是人性从堕落、真实的母体中孕育诞生了……
>
>   人性不会改变。我们只不过是回归人性。人堕落了。义士和圣女堕落了。这个进程不可能终止，而终止这个进程就不可能拯救人性。人活着，只有堕落。除此之外，没有捷径能够拯救人性。[54]

  这段批评的冲击力主要在于，它看上去如此单纯而正常。尽管"健康"和"健全"是战争年代的理论家和审查官们非常看重的词汇，但是当时以此为标榜的世界，事实上却是病态的。相反，颓废和不道德是真实的、现实的，是至高无上的人性。只有从对待堕落的谦虚态度开始，人们才能懂憬新的，更名副其实的道德。坂口的结论是，"我们必须以我们的最大能力，发现自我，并且拯救自我"。只有这样做，每个人才能够产生他自己的"武士道"、"天皇制"。坂口以其特殊的方式，确认了道德哲学家和其他知识分子反复衡量的问题：建立在真正的主体性——个人的真正的"主观性"或"自律性"之上的社会，有助于对抗国家权力对民众的教化。[55]

田村泰次郎的作品，则使坂口的思考更加血肉丰满。田村在中国作战7年，对自己祖国"圣战"造成的恐怖现实不抱什么幻想。1946年下半年开始，田村出版了一系列小说和随笔，与抽象"思想"、"观念"的妄想性相对照，颂扬肉体的真实性与可信赖性。其中最引起轰动的作品是小说《肉体の门》。小说的题目成了当时流行的警句，而这部作品也被改编成了戏剧长期上演，于1947年在东京初次登台演出，翌年改编成电影搬上银幕。

通过颂扬肉体，田村以语言进行了强烈的体制破坏行为，因为他所选择的语言等于是亵渎，简直就是彻头彻尾的犯上。自十九世纪后半叶开始，所有的日本人都被教化相信最高的敬意对象是国体，或曰以天皇为中心的"国体"，是以两个汉字"国"和"体"书写的神秘观念。自1920年代中期以来，对于国体进行批评是一项重大犯罪。颂扬肉体，而且像田村写得那么具有诱惑力，简直就是批判"国体"，完全是本末倒置崇拜起"体"（肉体）来了。现在唯一值得崇拜的"体"成了"肉体"，个人感官的肉体。抽象的"国体"或者国家没有意义，而有关的一切爱国的废话，都是口是心非。重要的是，只有个人的孤独的肉体，才是毋庸置疑的真实的、可信赖的和根本的。田村解释说在某种意义上，对于被所谓长期的精神理念传统压抑损害了肉体的民族，"肉体之门"就是"近代性之门"。[56]

由于追随田村肉体论的先见性，产生了所谓"肉体小说"的整个流派。但是即使田村不凡的声望，也没有超越魅力非凡、悲剧性命运的同仁太宰治。太宰治的生活、工作，甚至他的死亡，都是粕取文化迷人堕落的缩影。与坂口安吾一样，他也留下了一些生动的照片。一张照片抓拍到他最有代表性的姿态：他坐在两个而不是一个酒吧凳上，袖子凌乱地卷起，领带松开，手上拿着香烟，后裤袋里半露出一本杂志。他长相俊美,而且易于想见,在他从凳子上掉下来之前,他的谈话必定也是机智诙谐、妙语如珠。[57]

太宰治出生于优裕的家庭,受过良好的教育,在战败之前很久,就开始踏上了通过自我放纵走向自我毁灭的道路。他是在"虚脱"状态被确认为一种集体症状之前,就已经疲惫绝望的那些岁月的一个例证。他甚至在太平洋战争开始之前就染上了毒瘾,而且看起来长期追求并培养那种自我毁灭的艺术家的神秘。太宰治个人的恶魔性,看来成了战后时代混乱与颓废的象征。天赋极佳而又苦恼透顶,他生活得像个堕落者,然而经常写作起来却又像是个天使。他1947年发表的小说《斜阳》,哀叹真正的贵族阶级的消亡,并公开声称要在"爱与革命"的主张中寻找时代的哲学。小说出版一年后,酩酊大醉的太宰治与他的情妇在玉川上水投水自杀,以此作为无所依傍的世界的悲剧象征,成就了自己的不朽。[58]

太宰治在完成小说《斜阳》不久,就在1948年跟他的情妇双双自杀。而《斜阳》却作为战后初期混乱、堕落和不安的浪漫主义难忘的象征,继续长久地流传着

《斜阳》是一部缺陷很多而且有欠均衡的小说。它不时陷入感伤的浪漫主义，并且处处点缀着"粕取知识分子"们惯用的空洞的欧式术语和引文。尽管如此，它几乎一发表就立即成为经典，这不仅是因为它描写的颓废和自杀呼应了著者颓废和自杀的事实而已。没有作品像它一样，如此敏锐地捕捉到了时代的失望感与梦想。无论他欠缺什么，太宰治并不欠缺自怜的感觉，这种自艾自怜与当时社会上弥漫的深深的被害者意识，产生了强烈的共鸣。同时，他发现了没落和隐私之美，尽管柔弱无力，却有可能经由爱超越绝望。尽管是以太宰治式的特有的术语加以表达，这种"爱与革命"的愿景还是使公众产生了共鸣。

在《斜阳》中，"爱与革命"的信条，不是由与太宰治本人十分相似的、年轻的、具有自杀倾向的艺术家身份的弟弟，而是由他的姐姐和子明确说出来的。像她的弟弟一样，和子拒绝像社会要求的那样盲目顺从地生活。然而，与太宰治不同的是，和子决心活下去而非死亡，接受这一点意味着她自己必须与"这个世界进行斗争"的事实。在《斜阳》著名的一节中，和子说过这样的话：

> 我从未渴望过革命，甚至对爱也一无所知。直到现在，我们的长辈还在教导我们，革命和爱是最愚蠢、可鄙的事情。在战争之前和战争中，我们相信情况就是那样。但是在战败之后，我们变得不再信赖我们的长辈们，而且开始感到生活的真正道路，就存在于他们所反对的事物之中。我们开始相信革命与爱，实际上是人生中最美妙的事，而且正因为它们如此美妙，长辈们才顽固地撒谎说它们是酸葡萄。我确信这一点。人是为爱与革命而生。[59]

尽管太宰治曾偶尔涉足左翼活动，但是他对教条的马克思主义或更为自由的"民主革命"议程都没有表现出什么兴趣。在《斜阳》之后的小说《人间失格》中，他无情地奚落了正统的左翼运动。太宰治的半自传体小说的主人公断言，单纯以经济原因很难充分解释人类的行为。他只不过是觉得不合法的左翼圈子的氛围，比"合法的绅士世界"更让人舒服而已。[60]

他对于美国占领日本的态度也同样刻薄。当美国人的形象在太宰治的作品中出现时，通常只不过是一个不受欢迎的、边缘的存在。偶尔，譬如在小说《冬的花火》中，他吐露出更深的爱国的愤慨。尽管占领军的审查官删除了文本中的过激言辞，且请看下面一段出自女性之口的话（括号中是被删掉的部分）：

> 我们说战败了，战败了，但我并不认为是那样。我们是被摧毁了，消灭了。（在每一个角落，日本国都被占领了，而我们每一个人都是俘虏。）那些没有发现这可耻的乡下人的都是傻瓜……

在审查过后的三个月，太宰治悄悄将下面这首含蓄的反美短诗，加进了短剧《春の枯叶》中，算是尝到了一点复仇的乐趣：

> 不是你
> 不是你
> 我们期待的
> 可不是你。

在随后的作品中，他又掺进了"从此在日本，甚至连马和狗也都男女同权了"的句子。[61]

既然太宰治同时背弃了马克思主义和美国式的激进变革，与此相应，那么他在《斜阳》中提出的"革命"图景，当然就非常独特。小说结尾，他的女主人公和子以其散漫的方式宣布，革命只不过是破坏"旧道德"的反抗的爱，一种超越理解的激情，甚或是从这种激情中衍生出来的悲哀。革命和爱是一回事。对于和子而言，革命就意味着，为她那声名狼藉的、有点上了年纪的恋人，生养他们的私生子。她在小说末尾的信中宣称，"那将是我道德革命的完成"。[62]

这并非是每个人都适用的革命信条，太宰治也没有自命如此。毕竟，他不是出于政治目的，只不过是在表达情感，正如他的作品所显露的那样：一种受害者意识困扰下的情感。这是小说显而易见的主题。和子自杀的弟弟，是人生"小小的牺牲品"。她的邂逅、酒精中毒的情人，有着"牺牲者的面容。一个高贵的牺牲品"，而她自己绝大部分时间是在唠叨"活着的极度悲哀"。事实上,小说结束于一封令人吃惊的信函,那是和子写给她那软弱无力的爱人的。在信中她将革命视同于牺牲,而把牺牲与美等同起来:

> 一个私生子和他的母亲。
>
> 无论如何,我们打算与旧的道德斗争到底,而像太阳一样生活下去。
>
> 请你,也继续你的战斗吧。
>
> 革命仍然压根儿也没有发生。看来需要更多、更多珍贵的牺牲者。
>
> 现在的世界中,最美好的事物就是牺牲者。[63]

这个段落不仅感伤脆弱、自作多情,而且使人联想起战争年代,那些赞美为了伟大目标而倒下的牺牲者之美的论调。正如太宰治的许多其他作品一样,这部著名的小说,揭示了"新"、"旧"日本之间痛苦、扭曲的关联。

许多评论者震惊于受大众欢迎的作家,如太宰治、坂口安吾和田村泰次郎等人在文学上的发展。批评家河上彻太郎,猛烈攻击《斜阳》是一部颓废的作家描写颓废的人物而吸引颓废的读者的小说。[64] 坂口安吾对战争强制性的热情,导致批评家们抨击他是肯定暴力。田村泰次郎的《肉体の门》,有关屠杀公牛和折磨妓女场面的逼真描绘,也同样受到了批判,据说是因为表现了与战时的暴行并没有本质区别的暴力的诱惑。在1949年发表的一篇文笔流畅且高度思辨的文章中,政治学者丸山真男不仅设法论证,"肉体文学"与战争年代的异常出版物和以前执著于肉体性的"私小说"同质,而且认为"肉体"文学与当时物欲横流的"肉体"政治的破产是一回事。丸山评述说,尽管肉体文学可能看起来"肆无忌惮地"夸张人生的污秽,"实际上不过是对平凡世界真实彻底的发掘而已"。在丸山看来,这种状况是不祥的征兆。他总结说,"如果我们不想方设法控制肉体文学和肉体政治,那么谈论作为民主和文化国家的日本就是无意义的"。[65] 在占领期行将结束时的1952年,德高望重的文艺评论家中村光夫,对肉体文学的评价也有这样的倾向。他宣称自战败以来，日本尚未产生任何独创性或有价值的文学。[66]

中村这种意气用事的评价令人怀疑。因为，无论其文学评价若何，这些写作逃避现实的小说和肉体文学的作家们，这些"颓废"的传道者和肉体的哲学家们，这些软弱的爱与革命的浪漫梦想者们，这些 *après-guerre*（战后派）的存在主义者和虚无主义者们，的确激发了大众的意识，而且以那些持批判态度的批评家们难以企及的方式，对教条的思维方式发出了质疑。他们充满活力、打破传统，而且相当有影响力，尽管学院派的精英们不愿承认这一点。他们可能尚未构成日本真正革命性变革的基础，但是他们对于旧的价值观念的挑战，实在是令人难以忘怀。

"婚姻生活"

对于大多数人而言，"肉体"只是一个文学方面的概念。另一方面，性欲却不是。对夫妻间肉体关系进行重新审视的主流趋势，并未导致像粕取文化对"健全"的肉体关系的嘲讽和奚落，而是导致了对结婚对象之间"健康的"肉体关系的重新思考。古代日本的诗和散文，讴歌男女之间相互平等分享性爱喜悦的理想。然而，在中世纪的封建时代，封建统治阶层逐渐在爱情和婚姻之间划下了一道鸿沟，性的快乐与婚姻之间也同样如此。"良家"妇女被教导她们天生就比男人卑下；她们整个的人生就是要服从于三代的男性家长（少时从父、出嫁从夫、老来从子）。尽管男人们有性欲可能是再自然不过的事，但同样的欲望和行为，对于有教养的妇女来说是绝对不合适的。现代国家的理论家们，将这些封建时代的规范重新进行了仔细的编排，作为"现代"夫妇的行为准则。在夫妇间尊卑关系的私人世界里，女人至今仍背负着更为沉重的负担。女人的宿命就是要成为"贤妻良母"。她最大的义务是侍奉男性支配的家庭。同理，家庭的义务，则是为天皇的国家奉仕。

毫无疑问，尊重夫妻关系中真正的互惠，不仅包括"爱情"，而且还包括相互的性满足，成了反抗既定权威，并且提升个人情感与个人生活地位的一种方式。战后初期，这种观念开始以各种面目出现，包括大量的大众出版物，不仅强调性交的乐趣的正当性，而且注重获得性交乐趣的适当技巧。粕取杂志及时地将提升性满足的"婚姻生活"话题，确立为一种独特的商业化的文艺类型。然而，这种发展倾向的推动力，竟然来自于一本有关结婚生活的严肃书籍的广受欢迎。此书登上了1946年十大畅销书的排行榜，并且盘踞了一年多之久。

这一令人惊诧的出版现象，是一本名为《完全なる结婚》（《完整的婚姻》）的书。它是一本翻译作品，原作是在1926年以德文出版的一本临床医学手册，由一位德国产科医生T. H. 范·德·威尔德（Van de Velde）所作。这部大作的一部分，实际上曾在1930年以《完全なる夫妇》（《完整的夫妻》）的题目译成了日文。它的首位翻译者是一位共产主义者，首次的出版者是粗制滥造色情书籍的出版社。而这本书很快就以"不健全"为理由，被战前的检查机关禁售了。尽管此书被禁，但是它作为一本"性解放"著作的声望，却在左翼知识分子中保留下来。在二十世纪三十年代和四十年代初，这本书的德文版和英文版，也在医学院的学生和年轻医生中间广为流传。

战后《朝日新闻》的一次读者调查，询问是否有人会对此种书籍感兴趣，引发了一天之内一百多人的回应。此后，范·德·威尔德的著作的完整版，被一群东京帝国大学医学部的学生们重新翻译出来。据一位翻译者的回忆，大学生们抽签决定谁负责翻译有关性技巧的露骨章节。随后一种廉价的、更通俗的删节本出现了，很快跃升到畅销书排行榜的第三位。

毋庸置疑，许多读者受《完全なる结婚》的吸引，是因为它战前"性书"的名声，由于它此前的被禁而增加了诱惑力。这本书是范·德·威尔德的第一本著作，执笔于他50出头，有了20年从医经验之时。此书的预期读者，主要是医学从业者，以及有教养的已婚男士。它的一个基本前提，在当时是非常开明的，即"性是婚姻的基础"。这本书对日本人性意识最大的贡献在于，它引起了对于尤其是女性的"性感曲线"的注意，并强调了前戏、后戏和性高潮的概念与实践。范·德·威尔德的在性交中"男人是老师"的观念，在今天看来可能已经落伍，但是他对于女性在夫妻生活中的性交感受和性欲的敏锐理解，直到近年仍然看起来令人震惊。[67]

1949年，大众对于婚姻性生活进行坦率讨论的需求，被一本新月刊《夫妇生活》开发利用了。这本杂志的创刊号，成了出版业传奇性的范例。首印7万册当日售罄。第二次印刷的两万册，也很快被抢购一空。

那一批杂志赶制得如此匆忙,以至于有许多本只是在封面的空白背景上印上了杂志的名称而已,从而成了收藏爱好者们的珍藏。这通常是集邮者才有的癖好。《夫妇生活》月刊很快达到每期印刷3万册。它的成功引起了如此的轰动,据有的说法,它标志着"粕取杂志"时代的终结与新的大规模出版时代的到来。尽管《夫妇生活》相当部分的文章还是致力于露骨的性技巧的探讨,但是它与先前的低俗色情出版物有了本质的不同。通过将性交与婚姻联系起来,《夫妇生活》使性交成为一种正当行为而不再是偷偷摸摸的活动,而且将男女间的尊重互利和共享性爱乐趣,变成了两性平等的象征。[68]

《夫妇生活》的出版者参考借鉴了《性科学》等美国杂志作为范本,但是他们并非是在日本开拓全新的领域。早在1933年,一本由著名作家菊池宽坐镇的战前杂志《话》,即开始尝试介绍有关性爱实践方面的严肃文章。《夫妇生活》本质上是对战前《话》杂志不成功尝试的复兴,因而也吸收改造了一些与刚刚过去的年代相仿的论调。正因如此,这本新杂志强调家庭是社会的基本单位,听起来与理论家们常年倡导的父权式的"家庭制度"与"家族国家"酷似。然而,通过确认夫妻间和谐互利的性关系对于家庭的必要性,这本杂志也破坏削弱了旧的意识形态。正如在战败后的日本将会一再发生的那样,言语词汇似乎没有什么变化,但是它们的意味却发生了戏剧性的改变。

从《夫妇生活》的读者通信栏可以看到,与低俗的色情杂志不同,这本新刊物也吸引了与男性读者同样多的女性读者。尽管在创办初期,《夫妇生活》收到了许多批评信件——据一位编辑回忆,尤其是来自"知识界"的批判——但是大批表示支持的信件像潮水般涌来,既来自已婚男士也来自已婚妇女。这些信件还透露了一个讯息,正如其他各国的人们一样,很多日本人被性功能不全的担忧所困扰。男性读者最普遍的两种焦虑是性器短小和早泄问题,而女性咨询最多的问题是能否进行缩阴手术。

尽管创刊目的是严肃的,但是事实证明,《夫妇生活》很容易受到粕取杂志病态的影响。认真和煽情之间的界限很快就模糊不清了,单纯的性爱描写逐渐增加,取代了对性爱互利和婚姻幸福的身心两方面复杂性问题的真诚探讨。与此同时,《夫妇生活》的成功,激发了大批跟风

第四章 战败的文化

刊物的诞生，它们并未对此种类型的杂志的实质有何增益，只不过确实强化了渴望夫妇间深入的肉体关系的公众意识。报摊上充斥着标题和内容看起来与新婚夫妇浪漫的生活前景，以及具体的日常生活本身相关的刊物。代表性的杂志包括《夫妇日记》、《モダン夫妇生活》（《摩登夫妇生活》）、《夫妇世界》、《新夫妇》、《夫妇的寝室》、《夫妇的性典》、《完全なる夫妇生活の友》（《完整的夫妻生活之友》）、《爱情生活》以及《ロマンス生活》（《浪漫生活》）等。[69]

166

林忠彦拍摄的一张关于"粕取文化"的照片。照片中的年轻女性身着白色泳装，横陈在高高的护栏上，身下是东京破败的街市。这张照片巧妙地捕捉到了战败的文化气氛

探讨严肃问题与逃避现实之间界限的模糊，总体而言是粕取文化的典型特征。对此，一些批评家尤其是左翼批评家提供了一种阴谋说的阐释。他们认为，"性"是受到占领军当局和保守派政客鼓励的，是用来转移民众不满、转移他们对于真正激进的政治变革与抗议运动的能量的、更为广泛的"三 S"政策的一部分，而其他两个"S"则分别是指"体育"和"银幕"，因为无论国产还是进口的电影都具有逃避现实的本质。[70] 依据严峻的阴谋说的解释，性的商业化已被默许（如果不说是鼓励的话），就像体育赛事和电影一样，被当作是受到饥饿和困乏、混乱和绝望困扰的社会的有效的安全阀门。在一些人看来是革命性的反主流文化，却被另一些人认为是反革命的阴谋。

阴谋说的解释，的确不同寻常地刺耳、自负，带有精英主义以及被迫害妄想狂的意味。对于粕取文化更为不朽的评价，可以在林忠彦 1947 年拍摄的一幅照片中获得。照片中是一位身着白色两件套泳装的模特，横陈在高悬于肮脏的火车铁轨与污黑的城市街道之上的脏污护栏上。时代的苦难显而易见，但同时还有超越苦难的乐观精神，幽默的、简直是挑战般的锐气。这张照片机智而悲哀，既写实又做作，既色情又不可思议地纯洁。数十年后，它仍然是一幅战败文化的难忘的肖像，它所排除在外的和它所描绘的同样都值得纪念。我们看到这里没有美国人，没有民主说教的政治家，没有穿军装的人物，没有怀旧的迹象，没有国家权力的痕迹，有的只是在这战败的国土一隅，苦乐参半的生活氛围。[71]

注释：

1 典型的例子，参见 1994 年 8 月 14 日《朝日新闻》的读者来信；讲谈社编《昭和·二万日的全记录》（东京：讲谈社，1989），第 7 卷，p. 128；此文献下引为 *SNNZ*。

2 安田常雄《記憶という自由》，《思想の科学》130 号，1990 年 7 月，p. 7。

3 流行用语"第三国人"，本身就反映出战后日本值得关注的种族歧视倾向。"外人"是通常对"外国人"的称谓，主要指白人，轻蔑意味较少。"第三国人"主要是指日本人以外的亚洲人，尤其是朝鲜人和中国台湾人。"第三国人"被认为是第三等人，地位处在日本人和第二等的白人之下。

4 《每日新闻》1946 年 9 月 29 日；鹰桥信夫《昭和世相流行语词典》（东京：旺文社，1986）引用，p. 111。

5 文艺春秋社编《〈文艺春秋〉に見る昭和史》（东京：文艺春秋，1982），第 2 卷，pp. 59 – 62；此文献下引为 *SSS*。

6 粟屋宪太郎编,《资料·日本现代史 第二卷 战败直后の政治と社会》(东京:大月书店,1980),pp. 219 – 220。亦可参见 Michihiko Hachiya(蜂谷道彦)著,Warner Wells 译,*Hiroshima Diary*:*The Journal of a Japanese Physician*,*August 6-September 30*,*1945*(Chapel Hill:University of North Carolina Press,1955,1995),p. 194。

7 关于战后日本的卖春问题最重要的文献,是神崎清的《卖春·决定版神崎レポート》(东京:现代史出版会,1974)。尤可参阅此书 pp. 127 – 162,以及卷末详尽的年表;在使用这部颇具价值的"报告"中的某些数据时,则须慎重对待。此处论述还参照了以下文献:吉见周子《卖娼の社会史》(东京:雄山阁,1992),pp. 185 – 215;西清子《占领下の日本妇人政策》(东京:ドメス出版,1985),pp. 34 – 39;*SNNZ* 7:270 – 271,313 – 316;矶田光一《战后史の空间》(东京:新潮选书,1983),pp. 51 – 55;东京烧迹闇市を记录する会编《东京闇市兴亡史》(东京:草风社,1978),pp. 192 – 217,218 – 234。此文献下引为 *TYKS*。

8 前引《东京闇市兴亡史》,pp. 196 – 199;吉见周子《卖娼の社会史》,pp. 185 – 188,197 – 198;神崎清《卖春·决定版神崎レポート》,pp. 131 – 133。池田勇人,后来在占领时期担任大藏相,1960 – 1964 年出任首相,提出日本的所得倍增计划。本文有关池田的记述,参见《サンデー毎日》1949 年 9 月 1 日号。

9 吉见《卖娼の社会史》,p. 189。

10 《东京闇市兴亡史》,pp. 200 – 201。

11 吉见《卖娼の社会史》,p. 188;西清子《占领下の日本妇人政策》,p. 36。

12 神崎《卖春·决定版神崎レポート》,pp. 136 – 138;吉见《卖娼の社会史》,pp. 193 – 194。

13 《东京闇市兴亡史》,pp. 205 – 208;高见顺日记的摘引,参见矶田光一《战后史の空间》,pp. 51 – 52。

14 住本利男《占领秘录》(东京:每日新闻社,1952),第 1 卷,pp. 67 – 68。

15 《东京闇市兴亡史》,pp. 207 – 208;*SNNZ* 7:270 – 271。

16 据统计,在 R. A. A. 营运期间,每天约有 40 起针对日本女性的强奸和暴行,1946 年初当 R. A. A. 关闭之后,这一数字上升到平均每天 330 起;吉见《卖娼の社会史》,p. 198。亦参见福岛铸郎《战后杂志发掘》(东京:洋泉社,1985),pp. 125 – 126。对澳大利亚占领军在广岛强奸和暴行的真实记录,参见 Allan S. Clifton,*Time of Eallen Blossoms*(London:Cassell,1950),第 20 章。

17 *SNNZ* 7:270 – 271;吉见周子《卖娼の社会史》,pp. 196 – 197,210 – 212;神崎清《卖春·决定版神崎レポート》,pp. 384 – 386;鹰桥信夫《昭和世相流行语词典》,p. 226;住本利男《占领秘录》,p. 67。

18 《东京闇市兴亡史》,pp. 212 – 216;矶田光一《战后史の空间》,p. 52。

19 *SNNZ* 7:270。占领期间卖春妇罹患性病的比例,估计为 30% – 60%。

20 *SNNZ* 7:270 – 271,325;吉见《卖娼の社会史》,p. 198;*TYKS*,p. 85;*SSS*,p. 223。对卖春妇数量的保守估计,据《朝日年鉴》1947 年版的数据,1946 年为 16000 人,p. 281;神崎清《卖春·决定版神崎レポート》的统计,1948 年达到 38840 人,p. 386。

21 *SNNZ* 7:271;*TYKS*,p. 320。1948 年 12 月,一名男妓袭击了亲自调查东京上野地

区卖淫事件的东京警察署长,引起关注,参见神崎清《卖春·决定版神崎レポート》,p. 386。男妓问题乃至日本人与占领军人员之间的同性性关系问题,仍有待研究。

22 *VAN*,1947年12月号。收入《战后体验》(东京:河出书房,1981;人生读本シリーズ),p. 67。

23 对这种新的纵欲,尤其是电影表现的女权主义分析,参见 Joanne Izbicki, "The Shape of Freedom: The Female Body in Post-Surrender Japanese Cinema", *U. S. -Japan Women's Journal: English Supplement* 12 (1997), pp. 109 – 153。

24 *SSS*, pp. 223 – 229;*TYKS*, p. 223;《朝日年鉴》1947年版,p. 281;吉见《卖娼的社会史》,p. 210。1947年5月的东京大搜捕中,约有5225名妓女被捕。其中2450人供述卖淫原因为"生活困苦",另有1263人爽快地承认是出于"好奇"。

25 《战后体验》(人生读本シリーズ),pp. 60 – 61;另一妓女的供述,见 pp. 61 – 63。

26 *SNNZ* 7: 301。

27 这是《读卖新闻》记者末次摄子的评论,收入读卖新闻大阪社会部编《终战前后》(东京:角川书店,1984),p. 114。

28 住本《占领秘录》,第1卷,p. 70。这部两卷本的占领"秘史"出版于1952年,是对美军占领期间无法公开谈论的事实的大披露,在当时十分著名。据记者住本利男估算,占领军人员的个人消费总数约18500万美元,其中"几乎半数"通过各种渠道到了潘潘们手中。

29 "从边缘开始的"西化说法的提出,参见 *TYKS*, p. 242。

30 前引《占领秘录》,第1卷,pp. 70 – 72。

31 《漫画》1948年5月号。

32 对黑市最真实生动的研究著作是《东京闇市兴亡史》。黑市情形的概括,参见 *SNNZ* 7: 282 – 284。黑市暗语"ショバ代",见读卖新闻社《终战前后》,p. 138。

33 朝日新闻社编《声》(东京:朝日文库,1984),第1卷,p. 19;亦参见同书中8月15日来信,pp. 25 – 26。

34 *TYKS*, pp. 15 – 17。

35 前引之读卖新闻社《终战前后》,p. 134。

36 *SNNZ* 7: 155, 282 – 284;*TYKS*, pp. 15 – 22。

37 读卖新闻社《终战前后》,p. 132, 137 – 139。

38 此处对松田组活动的概述,是依据一份1946年的报告,收录于《战后体验》,pp. 75 – 79。

39 *SNNZ* 7: 279, 283 – 284。1946年初,估计约有16000名"第三国人"从事非法的黑市交易,其中绝大多数是朝鲜人和中国台湾人。"涉谷事件"也使得对这些亚洲侨民的司法处置问题成为国际争端(中国主张对在日居留台湾人的管辖权,对此台湾人亦表示认可,同时日本政府也试图行使其管辖权)。参见"Problems Regarding the Treatment of Formosans in Japan Raised by the Shibuya Incident", *O. S. S. /State Department Intelligence Reports, II: Postwar Japan, Korea, and Southeast Asia* (Washington, D. C.: Microfilm Project of University Publications of America, 1977), reel 4, document 6。

40 《终战前后》,pp. 135 – 136。

41 《终战前后》，pp. 134，140－146。

42 TYKS，p. 52。

43 SSS，p. 63；《声》第 1 卷，pp. 175，221，292。

44 TYKS，pp. 20－22，33，93－94，251－254。猪野健治尤其强调，黑市反映出了自由解放的基本状态。

45 《声》第 1 卷，pp. 275－277。

46 在 1946 年被称为"粕取（カストリ）杂志"之前，战后的低俗刊物也被称作"ピンク杂志"（桃色杂志）或"エログロ杂志"。"エログロ杂志"的称谓，与二十世纪二十年代末三十年代初流行的颓废的"エログロナンセンス"文化有关。"エログロナンセンス"一词，其实就是英文单词 etoric（色情）、grotesque（猎奇）和 nonsense（无意义）缩写的日文发音。战败后的颓废显然有其战前的根源。对败战后杂志的基本梳理，参见福岛铸郎《战后杂志发掘　焦土时代の精神》（东京：洋泉社，1985 年）。此处对粕取杂志的分析，在很大程度上参考了福岛前引书（尤其是 p. 163 之后的行文）；1967 年 12 月《历史公论》特别号上《カストリ杂志文化》一文，pp. 40－47；以及 SNNZ 8：1－3，36－37。既然"粕取"一词的字面意思是指日本米酒的酒糟，从中酿制提取劣质的"粕取烧酎"，因而英语世界的学者有时也将与之相关联的反主流文化与低俗杂志称为 "the dregs"（渣滓，糟粕）。

47 前引论文《カストリ杂志文化》，p. 42；关于杂志主题更多类型的探讨，参见福岛铸郎《战后杂志发掘》，p. 190。

48 Kyoko Hirano（平野共余子）, Mr. Smith Goes to Tokyo：The Japanese Cinema under the American Occupation, 1945－1952（Washington D. C.：Smithsonian Institution Press，1992），pp. 154－165；TYKS，pp. 155－156；SNNZ 7：257。

49 SNNZ 8：34。

50 SNNZ 8：38－39；尾崎宏次《国破れてハダカあり》，收入文艺春秋社编《〈文艺春秋〉に见る昭和史》（东京：文艺春秋，1988），第 2 卷，pp. 46－47；SSS，p. 284；TYKS，pp. 160－161。对"西洋化"的肉体的向往，在近代日本早已有之。明治维新之后，热衷现代化的森有礼等人，甚至提议通过与白种人通婚改良日本人的体格。明治时代的版画中的理想的日本人形象，不仅着西装，而且拥有西方式的身高以及身材比例。这一点在日中（1894－1895）、日俄（1904－1905）战争的版画中最为突出，这些画作中日本人与中国人形象的体格差异，以及日本人形象与俄国人（或其他西方人）的体格相似性非常明显。同样，民间版画描绘明治皇后身着西式服装的形象，将这位"十分娇小、优雅、纤细"的女性，"作为西方化的体格与着装的庄严而杰出的典范"；参见 Julia Meech-Pekarik, The World of the Meiji Print：Impressions of a New Civilization（Tokyo：Weatherhill，1986），pp. 133，138，以及书中收录的多幅版画。

51 榊原昭二《昭和语·60 年世相史》（东京：朝日文库，1986），p. 99。川田顺诗中的"老年之恋"，也成了当时的流行语。

52 此处坂口安吾的照片，取自林忠彦《カストリ时代　レンズが见た昭和二〇年代·东京》（东京：朝日文库，1987）。这本摄影集是粕取文化的最佳见证之一。

53 《日本文学の历史》（东京：中央公论社，1996），第 12 卷，p. 368。Jay Rubin 在其重要论文中有引述，参见"From Wholesomeness to Decadence: The Censorship of Literature Under the Allied Occupation"，*Journal of Japanese Studies* 11.1（1985）：71–103，相关引述见 p.77。

54 Ango Sakaguchi（坂口安吾）著，Seiji M. Lippit 译，"Discourse on Decadence"（《堕落论》），*Review of Japanese Culture and Society*，1（October 1986）：1–5；原文收入坂口安吾《堕落论》（东京：角川文库，1957），pp.91–102。

55 J. Victor Koschmann 对此"主观性"做过详尽辨析，参见其 *Revolution and Subjectivity in Postwar Japan*（Chicago：University of Chicago Press，1996）；"The Debate on Subjectivity in Postwar Japan: Foundations of Modernism as a Political Critique"，*Pacific Affairs* 54.4（Winter 1981–1982）：609–631；以及"The Japanese Communist Party and the Debate over Literary Strategy under the Allied Occupation of Japan"，收入 Ernestine Schlant 与 J. Thomas Rimer 编，*Legacies and Ambiguities: Postwar Fiction and Culture in West Germany and Japan*（Washington，D.C. and Baltimore：Woodrow Wilson Center Press and Johns Hopkins University Press，1991），pp.163–186。

56 田村泰次郎第一篇深受关注的作品，是短篇小说《肉体の恶魔》，发表于1946年9月。此后，1947年3月他又发表《肉体の门》，5月发表论文《肉体が人间である》。戏剧版的《肉体の门》于当年8月首演，并在接下来的一年中，创造了在东京各剧院700场演出座无虚席的纪录。东宝映画拍摄的同名电影于1948年上映，此后小说《肉体の门》又数次被改编成电影。"近代への门"的说法，在田村泰次郎《肉体の门・肉体の恶魔》（东京：新潮社，1968）一书中，奥野健男的解说曾加以引用，p.221。

57 林忠彦《カストリ时代　レンズが见た昭和二○年代・东京》，p.144。

58 《斜阳》曾于1947年连载发表，当年12月出版成书。到1948年6月作者自杀时约卖出3万册，此后"太宰热"兴起。此书的畅销成功，参见朝日ジャーナル编《ベストセラー物语》（东京：朝日新闻社，1967），pp.44–52。《斜阳》收入9卷本《太宰治全集》（东京：筑摩书房，1989），并由 Donald Keene 译为英文，参见 *The Setting Sun*（Rutland，Vt.：Tuttle，1981；New Directions 1956年初版）。下文中对太宰治作品的翻译，出自本书作者之手。

59 《太宰治全集》，第9卷，pp.180–181（参照 Keene 的译文，pp.114，124–125）。

60 《太宰治全集》，第9卷，pp.414–420。亦参见 Donald Keene《人间失格》的英译文，*No Longer Human*（Rutland，Vt.：Tuttle，1981；New Directions 1958年初版），pp.65–70，73。此处的关键词"illegitimate"（不合法）与"legitimate"（合法），Keene 教授翻译为"irrational"（非理性）与"rational"（理性）的意思。

61 矶田光一《战后史の空间》，pp.37–38；Rubin 前引之论文，pp.95–96。

62 《太宰治全集》，第9卷，p.236（参照 Keene 的译文，pp.129，131，172–175）。

63 《太宰治全集》，第9卷，pp.208，218，237（参照 Keene 的译文，pp.142，150–151，174–225）。

64 河上的话，尾崎秀树曾在分析公众对《斜阳》的接受程度的文章中引用过，收入朝日ジャーナル编《ベストセラー物语》上卷，pp.44–52（引文见 p.47）。

65 Masao Maruyama（丸山真男），"From Carnal Literature to Carnal Politics"，*Thought*

and Behavior in Modern Japanese Politics（Oxford：Oxford University Press，1963），pp. 245-267。当时其他著名的自由主义和进步批评家的批判，参见清水几太郎《机械时代》一文，载《思想》1950年8月号。1951年8月《思想》关于大众娱乐的特别号上，还刊有清水的另一篇文章。对这些发展脉络的概述，见 Toshihiro Tsuganezawa（津金泽聪广），"Postwar Trends of Studies in Japanese Popular Culture"，*Occasional Papers*，East-West Center，University of Hawaii（1966）：19-23。

66 中村光夫的论文，载《文学》1952年6月号，文章概述参见 Rubin 前引文，pp. 75-76。

67 对《完全なる结婚》的分析，参见朝日ジャーナル编《ベストセラー物语》上卷，pp. 16-24。德文原书名为 *Die Volkommene Ehe：Eine Studie uber ihre Physiologie und Technik*。

68 驹込公平《〈夫妇生活〉始末记》，收入《〈文艺春秋〉に见る昭和史》，第2卷，pp. 322-331；此文概述，参见 *SSS*，pp. 288-292。亦参见福岛《战后杂志发掘》，pp. 180-186。

69 福岛《战后杂志发掘》，p. 189。

70 同上书，pp. 105，177-178。

71 此照片见林忠彦《カストリ时代 レンズが见た昭和二〇年代・东京》封面。

第五章
语言的桥梁

语言是重要的。如同堤坝毁于惊涛,战败的日本被语言的狂潮所席卷。粕取杂志与颓废文学,不过是这条信息大河中的几股涌流。语言使人们活跃生动起来。他们跨越语言的桥梁,从过去走向未来。

熟悉的语言和口号缓和了战败的冲击,使人感到一种与过往相连的宽慰,即便这些语言的意思与战前相比已经完全颠倒。讽刺战败的笑话十分流行,成了消除绝望感的武器。欢快、深情的抒情歌曲照亮了人们的生活,鼓舞着未来的希望。收音机普及到每个家庭,带来了由美国改革者精心引导、丰富多彩到令人吃惊的新节目。然而不协调的政治宣传也充斥其中。严肃出版物盛行,传播着自由主义和左翼的思想,还有各式各样的译著,足以使旧日的思想理论家们气急败坏、咬牙切齿。

从战争用语到和平用语的转换,成为整个社会从战争向和平转变的混乱过程的一部分,往往揭示出"从战争到和平"的本质。先前的刀剑武器制造者开始生产刀叉餐具,钢盔被改造成了煮锅。一个制造机关枪的工场,进行了重新设计以便生产缝纫机。出版商们,面对严重的纸张短缺,想出了利用以前制造风船爆弹(气球炸弹)的工程,生产廉价的再生纸。到1946年末,神户元町著名的商业街,利用以往飞机制造场的金属和防弹玻璃等原材料,进行了充分的再建。

在这个过程中,昔日的敌人完全成了新的目标。原来一直为生产军用镜头服务的光学技师,设计了一种以占领军士兵为目标顾客的"ベビー・パール"(Baby Pearl,小珍珠)相机。先前为中岛飞行机(现在更名为富士重工业)制造战斗机的设计师,根据美国的军用摩托模型,并利用"银河"轰炸机尾翼的机件,生产出了一种小型摩托车"ラビット"(Rabbit,兔子)。昨天被目为怪异、不适的美国式的嗜好习惯、礼仪风俗,今天在日本小企业家们眼中却大放异彩。在日本投降后一年之间,大约就有400家公司在生产口香糖。

战败后仅数月间,迎合征服者节日需求的新买卖就开张了。到1945年11月,小企业家们已经通过配给系统获得了足够的纸张,来满足美军士兵对异国情调的圣诞贺卡的需求,以便他们发出"来自东京的问候"。大约总共印制了550万张贺卡,大多都是日本传统木版画冬日景色的复制品。对美国大兵以及他们在美国的亲友们来说,现在的情形与几个月前相比,简直是天壤之别。现在的日本风景处处点缀着寺院神社,不再到处是烈焰硝烟;雪中撑着阳伞的优雅艺伎,替代了藏在热带丛林中的猿人。

美国士兵对香烟的需求,几乎立即得到日本政府的满足,因为政府有烟草专卖权。政府特地生产了三种占领军专用的新品牌,都是用罗马字做招牌:Rose(玫瑰)、Salon(沙龙)和Gion(祇园,京都著名的歌舞伎町)。本土的酿酒商,几年前还在为最初日本大胜"鬼畜米英"举杯相庆,现在也很快推出了一种醇香的美酒,贴着友善、可靠的标签:"白兰地六年佳酿·占领军用特别酿制"。[1]

家庭主妇们也热诚欢迎进驻,哪怕不是占领军大兵们本人,至少也是他们的词汇和食物进驻了厨房。1946年中期,大米配给取消,宣布了"食面粉时代的到来"。大阪的一家电气公司响应挑战,推出了一种广受欢迎的用具"ホームベーカー",即(日式英语)"家用烤炉"。这种器具由一个内镶金属薄板的粗糙木箱连接电线而成。倒入奶油面糊或者玉米粉(这可是承蒙美国的粮食援助,使日本人获得新口味的大事件),然后就成了——尽管家用烤炉有时出人意料地飞溅蓝色的火花,那也会被认为是美的享受。最初的广告词宣称,这是"厨房文化的第一步——一台不需要木炭、瓦斯或电炉的面包机"。[2]

当然,做面包是生存所必需的。同时,它也是日本民众社会的西化渗透于每个角落的小小例证。另一个例子是制衣业的繁荣。很快,裁制西式服装不仅成了一门吸引人的实际技能,而且成了从战争年代的单调贫乏与反西方主义中解放出来的象征。裁缝学校、时尚杂志、五花八门的服装设计书,像花朵在废墟中绽放。1946年初,当设计师杉野芳子决定重新开办她的女子缝纫学院时,她只准备了30张报名表。到了学员报到的那一天,她震惊地发现,在学校的大门外,"一千多名"妇女正耐心地在寒风中排队等候。像杉野这样的连锁学校,迅速遍及全国。美国妇女色彩艳丽、样式大胆的"醒目服饰",成了许多有能力消费时尚的日本女性风行的装束,以及那些仍然穷困的日本女性的梦想。[3]

对战败的嘲弄

随着对和平生活的迅速适应,出现了许多机智诙谐的说法。日本军服,在战败数年后依然是日本男子的穿着,被重新命名为"败战服"。同样,军靴成了"败战靴"。到1945年10月,日式的黄铜烟斗已经在黑市上出现了。烟斗,据说是日本战后生产的第一样产品,大约10厘米长,有一个很小的烟锅,是用机关枪的子弹夹和高射炮的炮弹壳做成的。它们流行的名称叫什么?当然是——"败战烟斗"。[4]

这种冷嘲热讽,帮助日本人减轻了战败的痛苦和耻辱。而且,嘲笑战败的确成了即席的日常功课。没有什么是神圣的。感伤的童谣被歪曲传唱,最甜美的童谣"夕烧け小烧け"(大落日,小落日),歌词被篡改成了"大闇小闇"(大黑市商人,小黑市商贩)。一篇十四世纪著名的落书——《现在京都流行什么》,被改头换面,变成了东京眼下不安定生活的写照:从持枪的歹徒和变色龙式的官员,到"一削就断的铅笔"和"一拧就弯的螺丝"。[5]众所周知的陈词滥调,被恶意地进行废物利用。"感谢我们的战士",这句战争年代最虔诚的话,一夜之间成了对日本陷入今日之困境的怀恨的、憎恶的批评。以一种不寻常的、冷酷的旧瓶装新酒的做法,《朝日グラフ》周刊在1946年正月号上刊登了一幅照片:广岛上空的蘑菇云,附上了一个现成的老标题:"从谎言中浮现出真实"。这种对不讲信誉的意识形态理论家与军部领导人显而易见的蔑视,十分典型。[6]

每年的新年庆典,成了嘲笑战败的绝好时机。因为自古以来,日本有新年玩纸牌游戏的习俗。伊吕波纸牌,就像是字母和单词的配对游戏,如A是apple(苹果),B就是boy(男孩),然而却有更加宽泛巧妙的对应。比如,A对应"所有(All)发光的不一定是金子"。按照发

第五章 语言的桥梁 143

音,日语可以被划分为大约50个基本音,这就意味着,每个新年,语言滑稽大师们可以对当今世相进行多达50种的讽刺挖苦。

这些笑话、双关语和谚语很难翻译成英语,但是它们却为艰难时世中的许多人带来了轻松快乐,尤其是战败后的伊吕波纸牌的游戏规则,与战争年代的庄严隆重相比,形成了如此具有讽刺意味的对照。有几个例子或许可以传达出些许这样的感觉。对"す"这个音,战时的伊吕波纸牌,用一句口号"前进日本,光耀地球"来对应,并配上一幅在晴空下迎风飘扬的太阳旗图案。与此相对照,战败初期,代表"す"这个音的成语是"道义低下,战争喧哗",纸牌图案是两个衣衫褴褛的遣返士兵在相互斗殴。与此类似,战时代表"お"音的,是爱国标语"母亲参加国防妇人会",纸牌图案是一个男孩跟妈妈挥手再见,手里举着一面小国旗。在战后的版本中,与"お"音相配的话是"父母和孩子全都营养失调",纸牌图案是一对瘦弱的母子,手拉手。谁看到这样的语句和图画,都会流露出悲哀、苦涩的笑意。

随着日本被占领的延续,这种战败笑话的语言游戏迎来了一个又一个新年。譬如,1946年的一套漫画纸牌,用一句大胆放肆的"神风(特攻队)吹不起来了"表示"か"音。一年之后,在失控的通货膨胀过程中,出现了"か"音的另一富于灵感的对应版本:"穷时偷盗,富时挥霍"。1948年的新年,"れ"音也有精妙的谚语配对:"知礼方为文化人",其中的玄机在于相配的插图中,画中一位美国大兵正在神社前鞠躬。[7]

从天上投下礼物的胜利者们,从没有真正想到,会有如此流行的关于战败的玩笑存在。但是这种讽刺的智慧本身,并非一定是针对胜利者的目标。当然,这样的破旧立新,也绝非是对某些"民主"讯息的敌视。只不过是发出自己独有的声音罢了。

光明、苹果和英语

在裕仁天皇战争动员下的国度里,是不能容忍讽刺文学的,也很少有轻松娱乐的空间。这可以帮助解释,为何战败后对解脱和希望最初的、最受欢迎的表达,竟然涉及对一只苹果——禁果的绝对轻浮的赞歌。

战败后数周内，一种乐观的情绪就浮现在出版业、电台、流行音乐和电影当中。媒体继续在谈论"虚脱"，但是同时开始关注当今和想象中未来的"光明"。的确，对"光明"和"新"的强调，成了对所有黑暗和失望最普遍的修辞疗法。当"粕取"文化的提供者和消费者，谈论通过颓废寻找到真实性的时候，其他人则通过强调"光明"、"纯粹"、"解放"的"新生日本"的前景，来批判刚刚逝去的往昔。

在这些年来的许多回忆中，当时希望降临的那一刻，可以被精确地追溯到1945年10月11日。那天又一部不引人瞩目的电影上映了。这部电影有一首旋律轻快的主题曲《リンゴの歌》（《苹果之歌》），抓住了每个人的心。这首歌开始的歌词很空洞：

> 我唇边的红苹果，
> 蓝天默默地望着。
> 苹果不说一句话，
> 但苹果的感觉明白不过。

然后是反复句"苹果可爱，可爱的苹果"，随后是三小节极为拖沓、更加空洞的歌词。歌曲结尾：

> 让我们唱苹果之歌好吗？
> 如果两人一起唱，多快活。
> 如果每个人都唱，就会越来越快乐。
> 让我们彼此传递苹果的感觉——
> 苹果可爱，可爱的苹果。

《苹果之歌》，开启了一位年轻的女演员并木路子的演艺生涯。路子在战争年代的经历，跟她的许多崇拜者一样不堪回首。她的母亲在1945年3月15日的东京空袭中，被燃烧弹烧死。而她本人在空袭之后，被从隅田川救起。她的父亲和兄长一去战场而不归。她在松竹电影剧团是个新人，对她本人来说，永远也忘不了拍摄现场时那个苹果的滋味。当时，一个苹果5日元，而一个年轻女演员的月薪只有100到300日元。

并木路子的突然成功,使她成了从艰难时世中挣脱出来的偶像。在演唱会上,她边唱歌边向她的观众们抛掷苹果,而观众们会想方设法接住它们,就像是伸手接住幸福一样。观众们的热情被激发出来,当食物是高于一切的考虑时,看到有吃的东西而精神振奋,一点也不令人吃惊。当然,除了美味的暗示之外,这首歌以其轻快无聊放松了人们的心灵,那令人难以忘怀的红苹果、蓝天空的意象,给人们沉闷单调的心理状态增添了一抹亮色。事实上,这首歌的每一位评论者,都提到了歌曲力图传达的"明快"的感觉,甚至是"非凡的明快"。《苹果之歌》的狂热,作为战后乐观主义的催化剂,是否应当得到如此过度的赞扬,已经是题旨之外的事情了。它作为光明浮现(伴随着精疲力竭一道)的完美例证,成了那个时代的符码。对于千百万日本人来说,过去是黑暗的,现在是严酷的,未来则会倍加光明。[8]

有时,这种乐观主义的表达是精心炮制的。战后的出版商,通常会特意供给他们的读者欢快、娱乐的书籍。电影和严肃文章的文体风格,也从黑暗转向光明。甚至有些实际工作,比如教英语,也被精心地与强调积极性的哲学结合起来。《カムカム英语》(《来,来,学英语》)是一档非常著名的日间广播节目,始播于1946年2月1日,不仅是因为它的会话课程,而且由于它欢快的主题歌而出名。下面是它的歌词,配合着欢快的日本旧童谣的旋律:

> 来,来,每个人——
> 你好,你好吗?
> 你吃点糖好吗?
> 一、二、三、四、五,
> 让我们一起唱支快活的歌,
> 唱啊,啦啦啦。

此节目的讲解人平川唯一后来解释教育节目采用此主题歌的不同寻常的决定说,其动机在于一种热切的渴望,希望这首歌有助于培育新日本的自信心。他回忆说:"在战后黯淡的日本社会里,我们不可能唱军国主义歌曲,我们需要一首唱起来自信的英语歌,使每个人感到更光明。"

平川唯一的课程，设计初衷是在传达一种好心情的同时，在日常生活中培育对民主实践的欣赏。这种教学法，也几乎还是停留在黑暗和光明二元论的见解之上。正如他自己所言，"我想在那些岁月里，只有当光明到来，人们的心变得亮堂，而且开始积极乐观地看待未来，才可能重建日本。我真的害怕日本会垮掉，假使情况继续下去，人们甚至忘了怎么笑，不知道要做什么……所以，当我被要求做一档英语节目的时候……我把它当成是上帝给我的一次庄严的机会，使日本变得光明"。一切证据表明，《来，来，学英语》达到了平川的期望。节目连续播出了 7 年，而且有 570 万个家庭经常收听，随同节目印制了 50 万套课本。从 1946 到 1952 年间，节目收到了 50 万封听众来信。平川唯一本人，成了非常受人尊敬的名人。[9]

这些光明、民主的社会景象，与战争年代意识形态理论家们的沉闷说教形成了鲜明的对比。然而战时说教和价值观的某种弹性，使得人们有可能在追求光明的新希望的同时，不至于目迷五色。语言——暧昧、感性和召唤式的最为俗套的话，实际上成了人们从军国主义的过去向和平的未来过渡的桥梁，同时又仍然保持了亲切感、连贯性，甚至是某种一体性。

"光明"本身就是一个好例证，无论是其词汇、意象还是含义——明亮、光辉，照耀的旭日、明晰的目标、纯粹的动机，在战争年代曾无处不在。比如，1941 年 7 月，对中国开战的 4 周年之际，政府以数不清的标语口号，激励日本人民坚持到底。这些口号包括："一亿人战，光明强大。"1943 年一句更为简洁有力的口号，号召日本人"消灭美英，建立光明的世界版图"。层出不穷的标语口号，试图在战场和后方灌输光明的姿态和信心，并将日本塑造为全亚洲光明的希望。（"亚细亚之光"，就是日本在东南亚使用的宣传口号之一。）当尾津组的老板开设"新宿之光"黑市时，他对于从战争到和平时代的过渡，真可谓驾轻就熟。[10]

作为日本最大的出版商和战事的热心支持者，讲谈社同样通过强调积极的方面应对战败。据一位编辑回忆说，讲谈社决定，人们真正想看和需要读的，不是关于战争正面的、深刻自我反省的大部头，而是"娱

第五章　语言的桥梁　147

乐的小说、愉快的小说、明快的小说"。然而讲谈社的班子，不过是在重蹈它长期以来的出版方针路线而已，避免严肃认真的社会批判和政治批判。1931 年，日军侵占"满洲"后，正是这家出版社，采用了这样的口号："光明正义，尽我所能"。[11]

战时的修辞用于战后的客体对象时，被证明相当富于弹性，因为它们在很大程度上，本来就是建设性和理想主义的。日本人尚未出发去打仗时，高喊着"军国主义万岁！侵略万岁！"他们宣称，他们是为和平与安全、共存与共荣、他们自己的国家和全亚洲更加光明的未来而战。胜利的同盟国、粕取分子阶层和政治左翼通常宣布，这些全是谎言。然而，更为普遍的反应则是：战时的宣传说教，反映了正当的甚至是高尚的理想，但是在追求理想的过程中，我们悲惨地被领导者欺骗和误导了。以这种观点看来，这样的想象成为了可能：或许那么多人曾愿意为之献身的理想，也可能会协助一个繁荣与和平的新国家诞生。至少可以辩解说，这些为国奉献的言论主张，并不仅限于战争中为国尽忠而已。[12]

1947 年初，一位小学一年级老师提供了如下例证：同样的词语或文本，在战败前后可以有如何不同的解释。他向新闻界描述，儿童文学经典、战时宣传家们喜爱引用的"桃太郎"故事，如今在他的课堂上是如何被运用的。在战争年代，桃太郎被看作是一个国家主义的寓言：一位神圣、精干的日本英雄，从魔鬼（英美敌人）的手中拯救了国家，并且带着战利品——敌人的宝物凯旋。这位教师写道：战后的孩子，相比魔鬼而言，更关心的是宝物；而且由于战后的课本里没有插图，使得他们总在揣测宝物是什么。孩子们推断说，肯定是钱和食物。当被问到该如何处置宝物时，他的学生们讨论得不亦乐乎，这本身就与战争年代的课堂形成了鲜明对比。最终 38 票赞成，2 票反对，孩子们讨论决定，宝物应当平均分开，并且分发给穷人。[13]

这些战争年代遗留下来的政治宣传标语、政治意象，甚至是完整的文本，在本质上既非进步也非反动。然而，这种熟悉的语言的连续性传达出某种稳定感，在沉重的压力之下与不寻常的巨变面前，它起到了心理安慰剂的作用。有时刚刚过时的言语措辞，与战败后新的议程十分吻

战后最流行的政治宣传标语是"建设和平国家",这句话当然也是学童们书法课上必须练习的。这是当年12岁的皇太子明仁的书法。明仁亲王于1989年承袭了他父亲裕仁天皇的皇位

合,可以精确地合榫。战败初期最常见的两个口号:"建设和平国家"与"建设文化国家",复活了战时宣传的两大关键性主题——"建设"与"文化",并且将其转化为创建民主主义、反对军国主义原则之国家的召唤。全国各地的学童们,将这些口号作为书法课作业的一部分,不断重复摹写。甚至年轻的皇太子明仁也加入了这种训练。[14]

由于这些反战观点,反映了成千上万为战争所苦的日本老百姓的心声,"建设"和"文化"这样的字眼,是如何牢固根植于战时言论的,就很容易为人所忽略。尽管第二次世界大战中,日本最大的战斗口号,就是"建设大东亚共荣圈"。日本对中国和西方同盟国的战争,也一直伴随着这样的口号,譬如"集大和一心为建设","人人奉献为建设"。同样,二十世纪三十年代与四十年代早期的标语口号炮制者们,也大打"文化"牌,通常与明亮、光辉的意象相联系。"日出之国,优秀文化",

第五章 语言的桥梁 149

是中日战争中的典型口号。珍珠港事件之后，意识形态理论家们甚至更加直白地强调，日本发出强大的、新生的文化之光。1942年，"皇道文化，东亚之光"的战斗口号登场。同年，另一口号宣称，日本正处于创造"与光荣历史联结的新文化"的过程之中。[15]

政治宣传的标语，就像一只手提箱，总是等待着腾空旧玩意儿，装入新物件。

熟悉的新世界

战时标语口号最常用的恳切字眼，比如"协力"、"竭力"等等，也成了战后为重建、和平、民主或者新日本而奋斗的政治宣传的主要用语。然而，这种"崭新"的措辞本身，却最多地暴露出了许多"新的"口号和说教，实际上是多么陈旧和熟悉。这种对新的崇拜无处不在。仅在出版界，战后的头三年就有超过一百家新出杂志，在它们的刊名中使用了代表"新"的字眼，不管是"新"这个字，还是其形容词形式"新しさ"（新的）。许多杂志，在刊名中甚至使用了表示"新"的英文词"new"。从这些杂志感兴趣的话题中，可以揭示它们是如何热切憧憬"新"的祝福。其中，读者们可以迎来一个新时代、新文化、新民主、新教育、新地理、新历史、新希望、新劳动、新生活、新电影、新会社员工、新学校、新诗、新体育运动、新路、新女性、新世界、新生民主佛教、新文学、新俳句、新式婚姻、新自治、新世纪、新自由、新自由人、新社会、新科学、新农民、新农村、新青年、新警察、新式家族、新式美容，甚至新的幸福之星。[16]

然而，正如战时口号"与光荣历史联结的新文化"所显示的，"新"，像文化和光明一样，一直是日本帝国意识形态的核心概念之一。但是这种对于变化的重视，由于西方宣传和日本自己竭力强调战前文化和政策的"古老"、"传统性"或者"不变"的方面，而往往被遮蔽了。事实上，革新是战争年代的核心理想之一，正如迅速变革一直是千百万日本人自十九世纪中叶以来的口号。

从日本的立场看来，战争岁月是一种摆脱现状的尝试——克服世界经济恐慌并赶超西方更先进的工业经济。1931年后，由于国家动员"总力战"（全面战争），而且战时倡导的"建设"目标明显是革新主义的，人民生活发生了急剧转变。在国际方面，这种观点，正如纳粹的"新秩序"，被凝练地概括为"东亚新秩序"，或者是"新东亚"。在内政方面，革新主义的观点，体现在1940年第二次近卫文麿内阁提出的"政治新体制"和"新经济体制"的理念之中。理所当然地，天皇陛下的臣民被期望欢呼雀跃地拥护新的政策。正如1941年的一句口号所言："新体制——永展笑颜"。[17]所有这些，为战后改革的必然性甚至需求提供了理由，使得人们接受起来更加容易了。

总而言之，"变化"本身具有惯性。日本人并不习惯于维持现状。相反，从1860年的明治维新时代起，他们就卷入了变化的风潮。战争年代在各个方面，都表现出加速的进程。危机感增强了，对现状的不满也加深了。当战争在灾难和彻底战败中结束，显而易见"新秩序"和"新体制"的构想是完全失败了。不言而喻，看来对新民主体制和在世界政治经济格局中新的地位的追求，还得继续下去。

这一点并不复杂难解，只是通常被忽略了：革新和破除旧习的力量，与对传统的敬意、对权利的顺从一样，都深深植根于日本人的意识当中。几乎整整一百年，日本人被训练着要预见并适应急剧的变化。当第二次世界大战结束时，他们已经准备停当——不仅是由于战争的恐怖和显而易见的失败，而且是过去长期训练和战时猛烈的国民教化的结果——以继续对"新"日本的探索。换言之，这完全是日本"传统"的做法：在投降后不久就集结有识之士，参与到"'改变世界'的座谈会"中来。[18]与先前大不相同的是，人们将会选择如何定义这个新的世界。

在其他的许多方面，将以前熟悉的言辞和先入之见加以转化，也缓和了从战争到和平的过渡之紧张。战后对于"忍所不能忍"的坚守，源于日本的弱国意识和受害者意识，先前曾出现于中日战争和太平洋战争中，抛开其现代化的伪装，可以追溯到西方列强的炮舰外交和不平等条约强迫日本摆脱封建的闭关锁国时代。战时妖魔化的"鬼畜米英"的提法，使人能够轻易理解战后新妖魔化的转移——改革主义早期激进的"军国主义"、"极端民族主义"和"封建余孽"提法，或是此后"邪恶的共产主义者"，以及左翼眼中"邪恶的美帝国主义者"的说法。战时对"至纯"的强调，则导向了战后净化、清除和矫正的价值趋向。正是在这样的社会情境中,不但对于最高层战争罪犯的审判和军国主义、极端民族主义分子的清查,而且全面的改革主义政策对政治和社会上"封建的"和"军国主义的"残渣余孽的清除,都获得了民众广泛的支持。甚至"阴谋论",在战争与和平年代之间,也具有某种安慰的,至少是熟悉的连贯性。战败之前,日本人被灌输说,他们的痛苦一方面源自西方帝国主义的阴谋,另一方面则是由于狡猾的共产主义者。只需稍微转念一想,日本民众就不难得出结论,真正的阴谋家是日本自己的军阀而已。

更多显而易见的过去的,尤其是军国主义时期之前的遗产,促进了民众情绪微妙的转换,有助于民众怀着某种延续性和希望考虑未来。例如,保守派与进步的反军国主义者,都会指出许多战前时期的"民主"先例:1868年的《五条御誓文》,明治新政府宣誓一扫封建时代的"陋习"。受英美激发的"文明开化"和"自由民权"理念,在十九世纪七八十年代繁荣昌盛起来。君主立宪的实践早在1890年就已经开始,二十世纪一二十年代出现了政治上更为多元化的时代,即裕仁天皇父亲的统治时期"大正之春"。对更为激进的人来说,战败和保守派暂时的混乱局面,为左翼传统的复兴提供了契机。1946年5月1日,当25万人在皇居前的广场上集结,宣言庆祝日本的第17个劳动节,也不过是对1936年以来被压制的传统的恢复而已。

以各种各样的方式,语言和历史,功莫大焉地成了协助民众投身于"新"日本前景的资源。

出版狂潮

尽管投降后的数月甚至数年间,真实的饥饿占据了多数人的心思,但是其他的饥渴也困扰着他们。其中引人注目的,是超出标语口号的炮制之外的对言论的渴望。在军国主义和极端民族主义分子的统治下,言论自由受到了激烈的压制。通过审查的精神食粮少得可怜。尽管有巨大的困难,出版业是战败后日本最初复兴的商业领域之一。

这一领域的发展令人印象深刻。出版业的繁荣表现了知性精神和企业家精神的胜利,因为审查制度和物资匮乏仍然困扰着出版者们。在军事占领下,相当可观的题材皆被划为禁区,包括对同盟国及其政策的批判,以及对任何被胜利者视为军国主义或极端民族主义价值观的赞美。许多印刷工场被毁,启动资金又短缺。资金不足,是想要从事出版行业的人最常见的难题。直到1951年,纸张仍然严重短缺,并且受制于复杂繁琐的配给制度。尽管如此,出版业的复兴仍然迅速而充满活力。[19]

枯燥无味的统计数据,传达出对印刷铅字的饥渴感。战争结束时,日本大约有300家出版社。8个月之后,上升到将近2000家。1948年达到巅峰,大约有4600家,半数以上没有挨过第二年的行业不景气。虽然如此,1951年当军事占领接近尾声时,仍然大约有1900家出版社在营业,超出1945年8月的6倍。[20]

至于杂志,由于出版状况实在混乱,确切数字无法统计。许多期刊在战败的混乱中暂时停刊,但数周或数月之后,又重新摆上了报摊。另外有些刊物,曾被军国主义者禁刊,战后又恢复起来。还有些杂志,通过迅速地改头换面,实现了从战争到和平的转变。例如,昔日的《战时女性》,成了《妇人画报》;《战时青年》重新命名为《建设青年》;《战时经济》干脆利落地解除管制,成了《投资经济》;而《战时医学》依照战后惯例,成了《综合医学》。本着同样的精神,《经国》变成了《新时代》;《兵器技术》快速转化成了《和平产业》;而《机械工之友》经历了不可思议的改换,以《新论》的名目重新登场。一家战时宣传机构"青年文化协会东亚文化圈社",当然需要有技巧地变脸,竟然以"新日本建设文化联盟"的名义重新露面,并且将它本社的帝国主义旗舰刊物《东亚文化圈》换掉,给新刊取名为《文化》。它敦促读者加入遍布全世界的"同志"行列,"驱逐"身外和心内的"文化之敌"。[21]

有些杂志名称的变更,就像是女性在婚姻解体后,重新用回少女时代的娘家姓名。1943年,当讲谈社决心尽全力获得"思想战"的胜利时,它的发行量很大的杂志《キング》(King),被改成了《富士》(最富于召唤性的国家主义的象征之一)。投降之后,《キング》的刊名又重新启用。这种现存杂志的停刊、复刊和改名引起的混乱,加上真正的新兴刊物的遽然出现和同样突然的消亡,使情形变得愈加复杂。同时,许多以地方读者为目标的小型杂志,在全国的出版统计中受到忽视,其实有些质量颇高。[22]

据估计,从日本投降到1945年年底,有近200种不同的杂志出现在全国各地的报摊上，其中有六七十种是新创刊的杂志。1946年上半年，至少增加了400种刊物，其中大约85%是新刊。此后，刊物的数量呈指数性增长。单是1946年一年，就约有114种专门的女性杂志。从日本投降到1949年末，占领军总司令部的审阅部门，审查了大概13000种不同的刊物。同期，日报的发行量从1400万份，增加到了2660万份。在这一领域，盟军最高统帅部热心的审查官们，在1945到1949年间，共计审查了大约16500种不同的报纸。²³

书籍的出版，同样未受"虚脱"状态的影响。到1945年底，将近出版了1000种新书，其中包括许多在军国主义时代受到镇压的作者的书和题材有禁忌的书。截至1949年下半年之前，被呈交盟军最高统帅部审查机关的书及小册子的总数，接近45000种。据盟军最高统帅部的统计，1945年11月到1948年4月间，约有1367种外文著作被翻译出版，达到每两天出版三种以上译本的速度。与人们的预期相反，在美国主导的占领体制下，美国作者的书只占全部书籍的一小部分（7.6%）。作者名单真正是世界性的，法国作者的著作有350种，德国294种，俄国251种，英国194种，美国104种，中国43种，意大利37种。余下的94种著作，来自其他多个国家。²⁴

尽管相当一部分的战后出版物逃避现实而且昙花一现，但是也有许多严肃和理想主义的刊物。从这一点看来，战后的新杂志和复刊杂志的"发刊辞"，颇具史料价值，因为多数时候，它们的表述早于占领军当局改革议程明确之前。"民主"仍然悬而未决，人们的认知，仅限于泛泛了解《波茨坦宣言》和麦克阿瑟将军初期的政策声明而已。然而，正如对这些早期"发刊辞"抽取的随机样本所揭示的那样，出版界超越政治立场，毫不浪费时间地推出了他们自己对于仍然模糊的民主理念的展望。

在这方面，《协力新闻》的编者们相当典型，他们在战后处女号上开始着手重新定义国家的目的。这是一份可以追溯到大正时期的面向劳动者的刊物，原先的刊名是《奖工新闻》。它在战争时期，致力于鼓吹劳动者协助支持国策。更名后的首期《复兴指针号》，发刊于9月1日，即在"密苏里"号上举行投降仪式的前一天。以旧形象为新目的服务，它的封面上复制了4年前日本发动对美作战时的一幅画面：人民跪拜在皇居前的广场上。当然，它打出了新的字幕："我们已经哭够了，现在让我们微笑着站起来吧。"本期的特写纪事是编辑与一位著名的众议院议员鹤见佑辅的对谈，直率而刺激的标题是：《世界改变了！一问一答——对日本作为伟大的文化国家之再生与对过去总忏悔的思考》。

作为保守派对战败的典型反应，《协力新闻》告诉它的读者们，没有什么经验是没有价值的，甚至包括战败的跟踉尴尬的现实。日本，美国，全世界都应当从大东亚战争中吸取教训。的确，为着未来的和平与繁荣着想，整个世界都必须进行"反省"（这是当时流行的词汇）和忏悔。至于日本人，只能战栗敬畏于天皇结束战争的宽仁之心。同时，必须承认"一亿国民"的全体性，而不只是让东条英机等军国主义者承担"战争犯罪者"与"战败责任者"的罪责。

《协力新闻》的编者激励读者倾注全心于未来。他们认为，"首先，我们需要比美国人多工作三到五倍的时间"，更加努力学习，更加善于创造。战前，据说日本在科学与工业领域比美国落后20年。现在，科技的差距可能扩大到了30到50年，同时在"政治、经济和文化"领域也存在着巨大的差距。

尽管面对追赶美国的艰难任务，但是只要一亿国民能够成功将万邦无比的历史和文化与适应现实的灵活性相结合，就有希望到达光明的未来。在这里，这份先前的战时宣传刊物的编辑们发现，保留一些他们旧时的宣传言论是可行的："我们的神国日本，在三千年的青史与冠绝世界的国体之下，拥有头脑聪明、绝对忠诚和道义的人民。尽管我们的环境、素质堪为典范，但是有必要吸收美国和世界其他国家的长处。同时我们也必须摆脱过去的'模仿追随主义'，尽量做到日本的、日本人的。于此，我们确信战败的日本，能够在文化上胜过战胜的美国，甚至在许多方面能够教导英国。"[25]

这种在战败的屈辱中，妄图保住一点儿名誉和自尊的态度，在当时是常见的。同样平常的，是坦率地承认失败和必须重新开始。面向年轻女性的杂志《艺苑》，1945年9月复刊号的编辑后记，其坦白和真诚就十分典型："我们曾经确信是正义的战争失败了，我们编辑的关于胜利的文章成了废纸，而我们年轻的编辑人陷入了绝望。你们读者肯定也是如此。既然你们相信战争，献身于后方的事业流血流汗，不计寒暑、青春和梦想,想必你们受到的打击更大。"此后编者便直接宣告,"明日之日本"的紧迫要求,不允许沉沦于困惑混乱之中。年轻人尤其面临这样的任务和职责,建设"新日本文化",建立一个"文化的、和平的国家"。其他的女性杂志则有点五花八门。翌年3月创刊于大阪的地方杂志《新椿》,强烈支持《波茨坦宣言》建设民主和平国家的理念。其"发刊辞"欢呼,从日本放下武器的那一刻起,女性"从一切中"解放了出来。并且号召,从学问中剔除非科学因素,从社会行为的方方面面消除不合理。[26]

战前一份标题平淡的《经国》杂志,战败后跃跃欲试地更名为《新时代》,也积极探讨日本今后面临的难题。编辑宣称,是昭和不负责任的领导者,背叛了明治和大正的光荣传统。民族道义的颓废和民族骄傲的丧失,是战败的主要原因,正好藉此进行真切的反省。这次的战争可以被看作是反映国民美与丑的一面镜子,最显而易见的丑恶,是封建残余、不合理性与反科学态度,这倒是很符合美军声明中对日本弊病的指摘。尽管如此,《新时代》再生的编辑者继续指出,日本国民未能完全理解和吸收"近代文明"。现在到了他们实行的时候了,而且他们应当以自身的能力——自治的创造力赢得自由,而不是仅仅依靠占领军。编辑们的结论是,"即使是在这条布满荆棘的艰难之路上,也有光明和希望,在这一意义上来说,新时代是解放的时代"。[27]

其他的杂志甚至更加激烈地批判过去。《新生》,一本典型的新生刊物,宣布"虚伪和狡猾的借口在今天再也不起作用了。旧日本被完全彻底地打败了。我们必须心中铭记这一点,并且从这里迈向一个新生的日本"。《新生活》,事实上正是一本新杂志的名字,创刊于11月,封面画是一个高大的美国兵,正在帮助一位上了年纪的日本妇女背重担。杂志的卷首语号召脱去旧的桎梏,直视"战败日本真实的姿态",并且以真正的批判精神直视一切社会现象,但是同时又重申对祖国的热爱绝不动摇。[28]

到战败当年的年底,在赞美变化的合唱声中,左翼出版物声音嘹亮。12月创刊的《人民》,一份最不遗余力地批判战时知识界参与战争合作的刊物,辛辣地公开抨击军阀、地主、财阀和以天皇为中心的官僚体系。它的编辑宣言,"日本人民正在战争的废墟上受苦受难,但这也是有史以来他们第一次从压迫中解放出来。他们付出了巨大的牺牲，但是头一次，日本的历史转移到了人民的手中，如此，那么一切都是值得的"。同盟国对日本统治者的痛击，被形容为"世界送给热爱和平与民主的日本人民的珍贵礼物"。像当时大多数评论者一样，《人民》的编辑认为，探寻日本本土的民主萌芽，从政治上和精神上来说都势在必行。他们呼吁，关注明治初期"自由民权运动"以及二十世纪初无产阶级运动中"对民主的热望"。29

大多数声援这些见解的年长的编辑和著作者，都是战前折衷的知识分子传统的产物，他们曾经认真吸取马克思主义和自由主义思想。对他们来说，战败意味着对战时被打断的批判主义传统的恢复，在有些情况下，这一传统比日本的大部分敌人所认为的还要长久。《改造》月刊就是如此，它与同样著名的《中央公论》一起，一直坚持到1944年中期，被天皇政府处分停刊。当1946年1月《改造》复刊时，它的卷首论文是著名的马克思主义者森户辰男的《平和国家の建設》。复刊的评论说，尽管人们很自然地会将自己国家的行为视为正当，但从客观的立场看来，显然日本过去的态度和行动是"一大团黑暗的野心"，尤其是在对待中国问题上。30

《改造》的复苏，与另一本由岩波书店出版的优秀进步月刊《世界》的出现相得益彰。讲谈社出版面向大众消费的读物，而岩波书店则是以知识阶层为对象，出版严肃书籍的书店。的确，"岩波文化"和"讲谈社文化"，已经成为区别精英出版与大众出版分野的常用语。西方许多伟大作家的作品，包括马克思和十月革命前的俄国作家的作品，战败前都曾经由岩波书店翻译出版。它们中的有些书在战时被查禁了，而大多数作品在战败后重新成为岩波书店的畅销著作。相当数量的日本最尖锐的批评家和进步知识分子，已经成为岩波书店稳定的作者群体，或者很快聚集到了岩波书店周围。

即便是在新旧杂志创刊、复刊的洪流之中，《世界》的面世也是引人注目的，它的发刊辞很能代表自由主义与左翼的见解。这份新刊物认为，投降是有史以来未曾有过的耻辱，前途的黯淡、混乱和痛苦显而易见。同时，战败暴露出战争的"无理、虚伪、欺骗和非正义"，为日本人民在立足现实、直面真理的基础上新的开始提供了可能。解除了武装，

对铅字的渴望，被生动地捕捉在了1947年7月的这幅照片之中。读者们睡在东京神田的岩波书店门外，等待购买哲学家西田几多郎的新版全集。人们在发售预定日之前三天就开始排队，两天之中，排队人数增加到大约200人

丧失了土地，经济自由受到限制，国民被隔绝，他们别无选择，只有努力创建一个"宏大光明的道义和文化"的世界。联想到《圣经》中的比喻，《世界》的编者描述这是"突破窄门"。他们说，前方的路崎岖坎坷，但同时却是条光荣之路。如果战争经验暴露出"我们国家文化的无力，道德的空虚，文化人知识阶级的怠慢、怯懦和不负责任"，那么前方的救赎的任务则是，发展出让全世界都为之赞赏的文化和道义。

到《世界》创刊之时，美国的占领目的已经公开阐明。《世界》的编者将其总结为民主、对个人的尊重、言论宗教自由与世界和平。然后着意强调追求这些理念，不是由于胜利者的命令，而是"因为它们是建立在人性和普遍的正义的要求之上"。虽然任重道远，但最重要的任务是建构一个基于社会公正和国民意志的社会。只有这种社会能够防止专制和独裁再次在日本出现。[31]

这些观点和情绪——痛苦，热诚，严于自我反省，燃烧着理想主义的激情，在投降之后的数百种杂志中都有所表达。

畅销书与死后成名的英雄

战后最初评价很高的畅销书，是一本英文会话小册子，构思于天皇玉音放送的当日。主意是一位叫小川菊松的出版人想到的。这一令人惊

异的成功故事，很快在出版界传为佳话，并且将全国最畅销出版物的纪录，一直保持到 1981 年。

据说，当小川菊松听到天皇玉音放送时，他正在一次商务旅行的途中。来不及擦干眼中的泪水，他就登上了返回东京的列车，立即开始盘算如何在变化的新形势下发财致富。等到火车停靠东京站时，他突然想到了好主意。正如无数灵感降临的情形一样，事情说到底就是如此简单：日本一被占领，人们将会急需一本日常英语会话的小册子。他就卖这个。

小川菊松本人显然没有出众的英语才能，他将创意卖给了出版社。然后他和他内行的合作者们，选取了两本战争年代的会话书作为底本。一本是曾被证实在许多不同的占领情形下都很有效的中日文手册（似乎没有人理会这一情形的黑色幽默）。第二本是日泰文手册。究竟是在一天之内还是三天之内完成了这本小书的全部底稿，说法不一。总之无论如何，这本《日米会话手帐》确实是在小川菊松流泪的一个月之后就问世了。它有 32 页，而首印 30 万册几乎立即告罄。

到 1945 年底，这本小册子卖出了 350 万本。在全日本，人们都翻开了这本手册的第一页，准备迎接他们的征服者。上面写道：

Thank you!
Thank you awfully!
How do you do!

这些英语词句，不仅配备了日语译文、用罗马字标注了读音，而且还用日文片假名进行了注音。这倒挺有灵感，片假名注音不是精确的、正规的注音方法，却是为日本人的发音习惯着想。手册付梓之前，小川菊松倒是和他的合伙人在酒吧里跟一位喝得醉醺醺的英美人士交流了一个晚上（一说，是三个晚上）。因而，当遇到第一位美国大兵的时候，日本人就能够准备好用日式英语说道：

San kyu!
San kyu ofuri!

　　　　Hau dei（或者是 Hau dei dou）

　　最后这句，很明显，是从英语口语的"Howdy"与"Howdy-do"来的。[32]

　　对日本文学界来说值得庆幸的是，这本令人惊诧的小小出版物，并没有成为后来畅销书的典范样式。尽管文艺批评家倾向于认为这一时期的文学作品价值低，但当时出版界的状况，却被证实是一个不同寻常的开放时期，不乏对根本性问题进行的广泛探讨。在曾被军国主义者禁入的各个领域，学术气氛都大为增强，包括马克思主义学术研究，也经历了强大的复兴。曾受到军部压制或审查的优秀文学家，诸如永井荷风、谷崎润一郎、川端康成、大佛次郎等人，重新声名大噪。

　　从1946到1949年的"十大"畅销书，全都传达出这样一种印象：作者的世界性和主题的严肃性都是无与伦比的，普通市民也表现出对思考人性和社会的责任等永恒问题的作品的关注。正如一位评论家所言，这些作品在最广阔的意味上表现出对"生"的关心。[33]即便回顾起来，早期的畅销书排行榜总是令人称奇。例如，战后的读者，立即群体转向了最伟大的近代作家夏目漱石（他逝世于1916年）。夏目漱石的作品集的几个新版本，都位列1948年的"十大畅销书"排行榜。在这不稳定的岁月里，夏目漱石的主要魅力在于，他在探询亲密的个人关系中的坚定的坦白直率。爱情事件构成了夏目漱石许多小说的精髓，包括受人尊敬的《こころ》（《心》）。

　　夏目漱石热，看来反映的并不是战争前后的近代历史时期的怀旧之情，而是对新兴的个人的痛苦和安慰的向往。在1914年的一次著名演讲中，夏目已经有力地论说了保持与国家相对的"个人主义"精神的需求。作为一位小说家，他是一个有力的描绘者，描述在遭受无情的狂热变化的国家中，保持个人的平衡和完整是多么不易。在他短暂而又惊人多产的写作生涯中，男人与女人之间的爱恋——痛苦、冲突而又不可抗拒，是他后期作品最为关注的问题。

　　在夏目漱石的世界里，爱总是被放在比社会需求更高的位置上，即使它意味着社会放逐，个人的苦恼，或是自我的毁灭。比如《之后》的主人公，通过将自身完全投入到"顺从天意，却违背人定之恋爱"中，成了英雄（而且是悲剧的）人物。[34] 描述一对离群索居的夫妇的婚姻生活的《门》，告诉读者，"当寒冷难以忍受，他们在彼此的怀抱中找到了温暖，只能相互依存"。[35] 在这一点上，这位文学巨匠的写作，契合了现在占据许多日本人心思的对私生活的关切。它们也是一个有力的提醒，现在男人和女人们面临的知识和心理危机，并非完全是前所未有的。相反，这只是一个持续的困境的最终阶段——如何在一个创伤的、不可抗拒的"现代化"和"西方化"的时代，定义和断言个人的身份和个性。夏目漱石以无与伦比的敏锐细腻，探讨了这些问题。

夏目漱石绝非是唯一在这些畅销书排行榜上保持超过一年纪录的作者。引人注目的是，有几位其他作者也有类似情况。除了范·德·威尔德关于婚姻关系的书之外，"十大畅销书"还包括其他三种外国作品的译本：让·保尔·萨特（Jean Paul Sartre）的《呕吐》（*Nausée*）、安德烈·纪德（André Gide）的《架空会见记》（*Intervues Imaginaires*）和艾瑞克·马里亚·雷马克（Erich Maria Remarque）的《凯旋门》（*Arc de Triomphe*）。有趣的是，没有美国作者进入"十大"排行榜，直到1949年玛格丽特·米歇尔（Margaret Mitchell）的《风と共に去りぬ》（*Gone with the Wind*，中译名《飘》）出现。萨特和纪德是仅有的两位没在1947年"十大畅销书"排行榜上再次出现的作者，尽管对于存在主义的兴趣在知识分子中间仍然火热。雷马克的小说，像夏目漱石的作品集一样，在接下来的3年中，始终是最畅销的书。

除了夏目漱石的作品之外，1946年畅销书排行榜上的日本著作，还包括森正藏的《旋风二十年》，是对日本的战争和破灭道路的新闻式的记录；永井荷风的《腕くらべ》（《掰腕》），一本描写花柳界竞争的小说，写于战争中，当时却未能出版；马克思主义学者先驱与早期的日本共产党员河上肇的自传，河上在战争结束后数月就辞世了；一位著名的哲学家、死于狱中的三木清的评论集《哲学笔记》，由他先前出版过的随笔构成；还有被以间谍罪处死的尾崎秀实的狱中书简集。畅销书榜上有四位日本作家已经过世，他们当中只有夏目漱石亲眼目睹了自己的作品大受欢迎的景象。

悲惨的战败带来了特殊的文化危机：旧的、国家主义的英雄被颠覆了，但是谁能取代他们的位置呢？教科书不得不重写。邮票不得不重新设计。出版界必须提供新的祖国之子的典范。在这个问题上，河上肇、三木清和尾崎秀实的畅销书协助满足了要求。这三人有不少共同之处。他们都与马克思主义和共产主义有联系，尽管他们的知识背景并不相关。他们每人都因为政治原因坐过牢。他们都是有原则的人，体现出独立思考与自治的品性，这种品质在一个大多数人都完全甚至是狂热臣服于独裁政府的国家中，十分罕见而且令人崇敬。

幸运的是，他们的文笔都相当好。河上肇和尾崎秀实尤其是优秀的文体家，而三木清在他的遗著《哲学笔记》中，以他的哲学家同侪们罕见的深入浅出的语言，传达了他对传统、天才、领袖、道德、"意识形态与病理学"、"构筑世界的视点"的见解。此外，这三位作家的确对日本读者有吸引力，因为他们是牺牲者，即使在某种意义上，他们正是现在发现他们有魅力的同一批人的牺牲品。

三人中最年长的河上肇，早在1916年就广为人知。当时他发表了一篇尖锐抨击经济剥削的《贫乏物语》，这一主题在30年后重又引起了强烈的兴趣。由于从事共产主义活动，在1933到1937年间河上肇被捕入狱，在8年的中日和太平洋战争期间，他从公众的视线中消失了。他并没有大声反对他国家的侵略行为，但是他也没有像他往日的许多左翼同志们那样，积极呼应天皇的事业。本来，他已经不见了，当战败之后他再次通过写作大声疾呼的时候，就像是一位传奇人物突然的死后复活。一小股"河上肇热"出现了，包括文章、诗作、书信、狱中回忆以及杂文等都相继出版。

其中最引人注目的是多卷本《河上肇自传》的问世。这部自传秘密写于1943到1945年间，1946年2月开始在一本进步刊物上连载，最终分四卷出版。这部自传被不遗余力地赞扬为在日文世界前所未有，堪与卢梭的《忏悔录》和歌德的《少年维特之烦恼》等史诗媲美。但是这位老革命没有机会见证他自己被完全神化，正如一位批评家所称扬的"选择了困难道路的真理的追寻者"。他死于1946年1月31日，享年67岁，恰好就在他自传的首次连载问世之前。[36]

48岁的三木清之死，则更为令人震惊。1945年9月26日，他因病死于狱中。三木清死于战争结束6周之后，美国占领军当局释放政治犯生效之前。作为一名折衷主义的哲学家和社会批评家，他因窝藏共产主义友人于1944年被捕入狱。1922到1925年，三木曾在德国学习，在那里与卡尔·曼海姆（Karl Mannheim）相识，并且受到马克思主义思想与马丁·海德格尔（Martin Heidegger）方法论的影响。1930年，他曾因同情共产主义被暂时逮捕过。他的知识追求，使他试图将存在主义与宗教信仰调和起来，日益关注日本的思想体系，尤其是与他同时代的杰出的哲学家西田几多郎的思想（西田寻求将西方哲学理念与佛教禅宗的洞察结合起来），并且倾倒于十三世纪果敢挑战习俗的宗教领袖亲鸾的教义。然而1930年代末，三木清以日本"泛亚主义"使命的辩护者的形象出现，1942年赴菲律宾任日本陆军报道员。他致命的决定——庇护逃亡的共产主义友人，更多是个人行为，而非意识形态行为。像河上肇一样，三木清对于战败后读者的魅力，多半来自他对知识的探求、他的思想境界，以及他人格的力量。[37] 192

在遗著畅销书的三部曲中，当然最有意味的莫过于尾崎秀实。尾崎曾是位有名的新闻记者，尤其精通亚洲事务。然而在战后将他捧上天的著作，却是很私密性的——他在狱中写给妻女信函的选集，从1941年10月被作为共产国际的间谍逮捕，到1944年11月43岁时被处以死刑为止。尾崎曾是著名间谍理查德·佐尔格（Richard Sorge）在日本最主要的联络人。在珍珠港事件之前，佐尔格的报告曾经供给苏联有关日本战略思想的无价情报。尾崎是战争期间唯一因叛国罪被正式审判并且处死的日本人。1945年8月15日之前，他在国人眼中是一个可恶的叛国者，而此后则成了更具传奇色彩的英雄与殉道的烈士。

愤世嫉俗者可能会将尾崎的遭遇，作为公众情绪轻浮无常的例证，但是没人能够否认这些书简本身出奇的魅力。它们所营造的奇妙氛围，被浓缩在了这本集子饱含感情的题目之中：《爱情はふる星のごとく》（《流星般的爱情》），这个题目是由一封书简而得名。在信中尾崎写道："我活着深深感受到了无处不在的人类之爱。真挚的爱就像是明亮闪耀的星星，映照在我的生命之中。"被处死的间谍的魅力，显然是在共产主义学说本身之外。

尽管尾崎秀实曾经通过与佐尔格的联络为共产国际服务，但是他从未加入过日本共产党。这并未阻碍战后日本共产党将他看作一位"钢铁般的共产主义者"。然而当日共试图宣称尾崎是自己人时，却遇到了强 193

劲的竞争。尾崎具有革命与乌托邦思想，认为从这场战争中将会产生新的社会主义的世界秩序，这一点毋庸置疑。狱中书简中对此说得很清楚，同样这些作品也很容易使其他景仰者将尾崎视为一位伟大的"人道主义者"，这可根本不是令共产主义者愉悦的标签。

尾崎的信从罕见的亲密距离，揭示了一个世界主义者对知识与道义的深思。被捕后，他贪婪地广泛阅读文学、政治、经济和历史著作，包括歌德的著作和马基雅维利（Machiavelli）的《君主论》（*Prince*）。司法当局曾经准备让他起草改变信仰的"声明"，由此尾崎将自己浸淫于日本的经典之中。当行刑日临近，他变得日益对禅宗发生兴趣。然而，毫无疑问，这些出版的书简最大的魅力在于，他对于妻子、女儿所贯注的爱，对与天皇制的"家族国家"相对的真实的、小家庭的热爱。

在被捕之前，尾崎秀实并非是个忠实的丈夫，他从不跟妻子英子分享他的思想，或者告诉她自己的行动。英子对丈夫的间谍工作毫不知情，直到尾崎被捕入狱。在狱中书简中尾崎自己承认，由于他的秘密工作，他并不想要孩子。[38] 夫妇两人只有一个女儿杨子，在父亲被捕时杨子12岁。当然，锒铛入狱导致尾崎追逐女性生涯的结束，却使他与妻子和女儿开始了智力与感情上的亲密联系。3年之中尾崎的数百封狱中书简，都是写给妻子和女儿的。在这些书简中，尾崎毫不隐瞒地传达他的思想和情感，坦率地表达他的爱情。这可不是典型的"日本"男人的行为，但是这些书简公开分享情感和智慧的程度，却使许多男人和女人钦佩与羡慕。

事实上，这些书简广受欢迎也表明了另外一种迹象，即战争和战败如何为提升珍视私人情感打下了基础。直到日本投降，国家及其意识形态理论家们一直在指示，个人主要的爱应当是爱国心或曰对国家的爱，最终表现为效忠天皇陛下。直到投降之前，父母、妻子以爱国热情高高兴兴地送儿子和丈夫去打仗、男人乐于为天皇献身的官方神话，一直长盛不衰。后来才有材料逐渐披露：陆海军士兵在兵营收到家乡来信，在黑暗中哭泣；将死的士兵用尽最后一口力气，大声呼唤的是母亲的名字，而不是天皇陛下。在这样的社会情境下，尾崎的狱中书简，即便是在描绘全球革命与世界和平的宏伟图景时，仍然可以被解读为对私生活重要性的确认。这些狱中书简的坦率、挚爱和睿智，成了夫妇、父女之间吸引人的"技巧"的典范，简直就是与范·德·威尔德迥然不同而又同样解放地强调分享和互惠的互文。

尾崎的出版商，正如威尔德的出版者一样，并未自视清高到对战后出现的爱与浪漫的大众市场视而不见。《流星般的爱情》的出版商小森田一记，其本人就在战时的审查制度中深受其苦。他凑巧还做过3年的女性杂志编辑，敏锐地了解"爱"这个词在女性中至高的召唤力。书的标题，跟当时的许多流行歌曲完全合拍，显然是小森为吸引女性读者特意而为。另一方面，共产主义理论家们，强调尾崎对自由、和平和无产阶级革命的爱，尽管他的写作，显然也包括思想，实际上与工人阶级少有关涉。尾崎被处死3年后，共产党人举行了纪念集会，他们将纪念演讲录命名为《伟大的爱情》。[39]

然而，除了共产主义者所强调的革命的爱，与尾崎在家庭关系与知识探求中所呈现的更为私人的、人性的爱，还有第三种更微妙的爱，与尾崎联系在一起。对一位往日的叛国者来说，这蕴涵了一种引人入胜的变形：尾崎日益被视为一位真正的爱国者，一位比自以为是的极端民族主义者和狂热的爱国主义分子更加深沉、更加真实地热爱自己祖国的人。毕竟，那些叫嚣热爱日本的人，实际上却把日本引向了灾难，然而尾崎却是极少数足够明智、足够独立并且有足够勇气，与他们对抗到底的人之一。尾崎对祖国的爱，超越了对天皇崇拜的教条，超越了对剥削人的、心胸狭隘的统治精英们的政策的默认。那些在战后强调尾崎爱国的人发现，有一位不可思议的人物，曾经早于他们做过类似的评价。1944年宣判尾崎死刑的法官高田正，在秘密审讯后私下里说起，他不仅视尾崎为一位有理想、有道德的人，而且是一位爱国者的榜样。很难想象，这些话会出自一位死刑宣判官之口。[40]

通过不同的方式，尾崎非凡的品格展示了一种榜样，一种在非常时期日本人的榜样。他满足了大众的需求，一面是日本苦难的偶像，另一面则是希望的象征。从自由主义或者左翼的立场看来，尾崎像两百万士兵和千百万平民一样，是杀人如草芥的、军国主义国家的牺牲品。然而，相对于受害者的具体身份而言，受害者的具体感受显然不那么受人关注。此后，尾崎的妻子和女儿，将会在保持尾崎的声名方面起到积极有效的作用。作为烈士的遗孀和遗孤，她们仅凭自己的身份，就能提升公众对牺牲的关注度。

同时，像任何真正的殉道者一样，尾崎对他的景仰者来说，成了希望的象征。他关于世界革命与终极的"大同世界"的观念，带有惊人的乌托邦性质。在战败的绝望中，他极易被当成是许多日本人正在摸索向往的那个"光明的"新世界的动人幻象，以致3年间，《流星般的爱情》始终位于畅销书排行榜上。[41] 尾崎的未亡人在为1946年初版简写本《狱中书简》作序时，凝练地传达出了这种情绪。她序言的题目，就像这部书名本身，唤起了时代的梦想和希望：《我坚信黎明即将到来》。[42]

女英雄与牺牲者

女性作家也为早期的畅销书榜增辉不少。战败后日本放映的最早的好莱坞电影之一，是《居里夫人》，由葛丽亚·嘉逊主演，根据这位著名科学家的女儿伊芙（Eve）所写的传记改编。1947年，由于影片广受欢迎，传记本身的译本，也登上了"十大畅销书"榜。居里夫人在一个迄今为止"男性的"知识分子领域所取得的辉煌成就，本身对女性就是极大的鼓舞，她成功的故事，对渲染性别平等问题，具有不可估量的效果。然而这故事还是可以想见的最高尚的罗曼司，不仅包括玛丽·居里与科学家丈夫皮埃尔之间的夫妇之爱，还有他们对伟大思想的平等分享。

1947年，一位真正的日本女性的名字，也出现在畅销书排行榜上。宫本百合子，是位多产的作家与不屈不挠的激进活动家。她年轻的丈夫宫本显治，是少数拒绝放弃信仰的战前共产主义者之一，因而自1933年到1945年10月，一直被监禁狱中。作为被独裁政府逼迫与丈夫隔绝的女性，宫本百合子成了牺牲和苦难的化身。作为一名忠实的妻子，她不仅等待丈夫获释，而且积极分享丈夫激进的政治见解，她同时是男女爱情与女性解放的具体体现者。

超越她著名的婚姻之上，宫本百合子的惊人才华与巨大能量，使她仅凭借自身就成为一位具有超凡魅力的人物。1916年，年仅17岁的大学生百合子，就是一位有名望的作家，她出版了一部名为《贫しき人々の群》(《贫困的人群》)的小说。从1927年起，百合子在海外度过了3

年,大部分时间是在苏联。1932 到 1942 年间,她因左翼活动 5 次被捕入狱,在狱中的时间超过两年。1942 年,由于发热虚脱并且陷于昏迷,她才获释出狱。后来百合子身体状况一直欠佳,导致 1951 年她过早离世,年仅 52 岁。

战后,尽管宫本百合子身体虚弱,还要无休止地为共产党的组织活动操劳,她仍然设法写出了一连串广为人知的文章、故事和小说,生动体现了左翼人士对战败以及混乱的旧政权予以回击的狂热能量。《播州平野》,是百合子对日本投降后自身活动少有掩饰的记录,一直是对战后景象最著名的描摹之一。这部中短篇小说在主题和风格上,皆是由黑暗转向光明,由绝望转向希望,由混乱无序转向目的坚定。《风知草》,这部最畅销的作品,描写了百合子与宫本显治重新团聚后的激情岁月,他们以极大的乐观主义投身到共产主义活动中去,为创建一个真正的新日本而奋斗。数年后,百合子写给她狱中丈夫的数千封信件的选集出版了,受到评论界的好评,题目为《十二年の手纸》,堪称尾崎秀实《狱中书简》之女性主义与人权运动的翻版。[43]

随着时间的推移,占领军当局的审查官开始允许出版者在出版战争资料方面享有更大的自由。希望的想象与和平的梦想,找到了更为煽情的新的表述方式。1948 年,当甲级战犯审判终于接近尾声,出现了 3 本畅销书,万花筒般地提供了关于牺牲者意识问题的不同的图景。一本是太宰治的《斜阳》;一本是陀思妥耶夫斯基(Dostoyevsky)的《罪与罚》的日译本;第三本是永井隆的《遗孤人间》,后者是占领军当局最早允许出版的有关原子弹爆炸的书之一。永井隆,一位年轻的科学家,因长崎的核辐射而生命垂危,以他对核毁灭与未来救赎的反省打动了日本人。他对自己死后年幼的儿女将何遭遇的沉思,成为了第二年的另一本畅销书《长崎の钟》的内容,该书在经过盟军最高统帅部审查官反复删改之后终于出版。

像长崎的许多日本人一样,永井隆是一位基督徒。讽刺性的巧合是,他还是一位放射医学的大夫,在长崎原子弹爆炸之前就曾受过辐射沾染。他的妻子死于原子弹爆炸,而他自己则于 1951 年去世,年仅 43 岁。因而他作为科学家、基督徒和受害者,能够以一种独一无二的视角对核时代进行书写,他在生命后期直面"原爆"痛苦的耶稣受难般的经历,

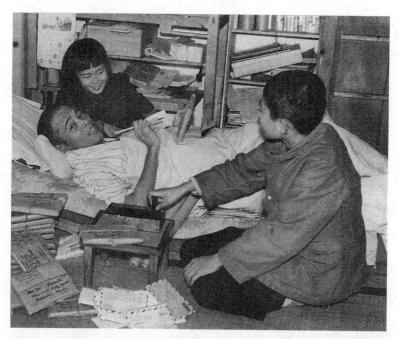

信奉天主教的科学家永井隆,1951年因核辐射去世。永井由于撰写了思考核时代意味的众多著作,被推崇为"长崎的圣人"。永井的妻子死于长崎的原子弹爆炸。在永井留下的照片中,他经常躺卧病榻,身旁是年幼的儿女

使他在有生之年,赢得了"长崎的圣人"的称号。罗马教皇曾嘉许过他。海伦·凯勒(Helen Keller)曾到他的病床前慰问,裕仁天皇也曾亲自驾临探望。1950年,《长崎の钟》被拍成电影,电影主题曲流行一时。

永井隆的看法接近于神秘。本质上,他将广岛和长崎的原子弹爆炸,看作是耶稣基督想要使世界恢复理性的行为。第二颗原子弹落到一个有长期基督教传统的城市,只能使他更为确信神的干预。在一段典型的启示录风格的文字中,他质询道:"难道长崎不正是被选择的牺牲者,正如没有瑕疵的羔羊被宰杀,作为完全烧毁的祭品放上神坛,以弥补第二次世界大战中所有国家的原罪么?"

激进的日本人发现,这样的宗教宿命论虽然说不上昏庸愚昧,但是并不合口味,然而即便是他们也不能否认,永井隆对和平主义情绪在日本崛起的贡献。同时,永井隆饱含感情的文章,他戏剧般地殉道式的慢慢死去,以及这些有关"原爆"体验的作品的迟迟出现,恰好是在胜利者对日本的反和平、反人类罪行展开审判裁决之时,实质上助长了日益

增强的受害者意识。在此情境下，战争本身成了最大的"施害者"，当日本人具体化身为在"原爆"毁灭的城市中濒死的圣人般的父亲/医生/科学家之时，就以现代战争最典范的牺牲品的面目出现了。这就为日本人悲惨受害与高贵牺牲的熟悉意识，找到了新的象征。那么在这样的氛围中，电影版《长崎の钟》的主题曲，交由创作感伤军歌的著名作曲家古关裕来完成，就并不令人吃惊了。[44]

1950年，当诺曼·梅勒（Norman Mailer）《裸者与死者》的日译本出版并迅速成为畅销书时，日本读者首次获知了一位美国军人对于太平洋战争不加掩饰的看法。然而，梅勒这部粗犷坚毅的杰作，却在一部战争中死亡的大学生们的遗书选集面前黯然失色。这部遗书集由进步知识分子编选，题目很有召唤性：《きけ　わだつみのこえ》（《听，海神之声》）。这一将战争语言转化为和平语言的非凡实践，其灵感源于一种信仰：这些从战争内部发出的隐秘的信息，将会被解读为对和平的动人的呼唤。这部书信集很快上升到排行榜的前几名，而且几乎立即成为了一部同名电影的脚本。

《听，海神之声》及时开启了一扇双向的大门，敞开过去，又通往未来。战死者家属成立了"わだつみ会"（海神会），这本书也在接下来的数十年间一再重印。全书总共包括约75通信函，由自由主义与左翼的学者组成的编辑委员会精心挑选。它们有文采，有反思，有内涵，而且出奇地哀婉动人，因为读者知道这些年轻人将在实现他们显见的诺言之前就会死去。尽管他们是在军事审查下写的信并且过了关，有时还刻意迎合为祖国献身的使命，但是在他们的信中，仍然透露出潜在的生之渴望，而非对死亡的向往。这本选集压倒一切的基调，是一种生命的浪费感和悲剧的损失感。《听，海神之声》被辑录为一篇反战宣言，由于它的出现正当朝鲜战争爆发、美国决定让日本重整军备以及反美"和平运动"在日本兴起之时，大大提升了其反战的冲击力。

表面看来，将战时书写转化为和平宣言，很像是将"再建"、"光明"、"文化"、"新"等战争口号继续运用于和平年代。其实，这种选集的出版情形要复杂得多。无论编辑者的意图为何，《听，海神之声》使一种十分接近于军国主义者虚构的牺牲形象变得不朽。他们都是纯洁的年轻人。他们的死是高贵的。他们不应当被挑剔，的确不该指责他们没

第五章　语言的桥梁　169

有反抗军国主义。是他们的死，而不是那些可能被他们杀死的人，博得了关注，而且真的是悲剧性的。其实，在这个对战争的封闭性视野中，没有非日本人的受害者在场。更有甚者，正是由于学院派编辑们的阶级偏见，凸现这些年轻人的文采，他们作为精英大学生的社会地位，才使得他们的死如此引人瞩目。这些年轻人被选做哀悼的对象，因为他们善于表达，而且因为很容易联想到他们是日本未来的领导者。

在永井隆的作品中，主要是依据战争对日本的破坏性后果，而对战争进行理解和批判。《听，海神之声》的编辑者们从一开始就明了，他们所承载的意识形态的暧昧含混，因为他们的选集向有前例。这不是第一次，甚至不是第二次出版精英的学生兵们的书信了。一部相似的选集，被命名为《はるかなる山河に》（《在远方的山河》），于1947年出版，曾经销售约7万册，后来因受到使战争思想永存的批判而绝版。这本选集，专门拣选了日本顶尖大学——东京帝国大学学生们的信件，来源基本上是1944年间定期发表在东京帝国大学报纸《帝国大学新闻》上的信函。

事实上，尽管1950年书信集的编者，也留心在他们的选集中收录其他大学学生的信件，尽管他们有热切的反战和反军国主义的意图，但是他们都不能真正摆脱过去的历史。甚至是书信集的题目，也传达出对过去的暧昧不明的、无言的回响。《听，海神之声》，就是一句军国主义者喜好引用的召唤性的名言，出自八世纪的一部伟大诗集《万叶集》[45]。这些语言的桥梁，对于维持身份认同和生活目标是如此至关重要，的确可怕，因为它们承载了一种暧昧不明的转换。人们利用它们来逃避过去，并且向新的目标迈进。同时，它们也包含了某种可能性，甚至是诱惑，那就是——重蹈覆辙。

注释：

1 讲谈社编《昭和・二万日の全记录》（东京：讲谈社，1989），第7卷，pp. 155, 167, 227, 237, 267, 281, 287, 325；东京烧迹闇市を记录する会编《东京闇市兴亡史》（东京：草风社，1978），pp. 16, 34－35, 112－113。这两种文献下引为 *SNNZ* 与 *TYKS*。感谢曾为占领军工作的 Herbert Passin，向笔者讲述有关酒的趣闻。
2 *SNNZ* 7:281.
3 *TYKS*, p. 43；*SNNZ* 7:198－199.

4 *TYKS*,pp. 34 – 35;*SNNZ* 7∶167。

5 朝日新闻社编《声》(东京:朝日文库,1984),第 1 卷,pp. 253,264 – 265。亦参见 *TYKS* 所引"东京的写照",pp. 55 – 57。另一首被歪曲篡改的歌曲是《元寇》(这首歌在黑泽明爱国主义的大后方电影《最美》中意义重大),歌词由抗击外国侵略者变成了斥退乞丐。

6 例如,可参见《协力新闻》1946 年 1 月号对各式谚语的运用。

7 败战后充满寓意的纸牌游戏,有些纯粹就是政治讽喻,参见《别册太阳 いろはかるた》1974 年冬号,pp. 85,87,102 – 104;《协力新闻》1946 年 1 月号(尽管刊名像报纸,其实这是一份"短命"的进步刊物);《漫画》1947 年 1 月号;《日本ユーモァ》1948 年 1 月号;收入每日新闻社编《昭和漫画史》(东京:每日新闻社,1977),1936 – 1945 年及 1946 – 1950 年部分,未标注页码。

8 有关战败初期的所有文化史著作中,几乎都提到了《リンゴの歌》。例如,参见平凡社编集部编《昭和世相史 ドキュメント 战后编》(东京:平凡社,1976),pp. 265 – 278 [下引为 *SSS*];*TYKS*, pp. 50 – 51;*SNNZ* 7∶155,203;《战后体验》(东京:河出书房,1981;《人生读本》系列之一),pp. 55 – 59;日本ジャーナリズム研究会编《昭和"发言"的记录》(东京:东急エージェンシー,1989),pp. 104 – 105。

9 竹前荣治《战后デモクラシーと英会话——〈カムカム英语〉の役割》,收入思想の科学研究会编《共同研究・日本占领》(东京:德间书店,1972),pp. 131 – 146。竹前荣治是占领时期日本学界的资深学者,他本人深受这一广播节目的影响。亦参见 *SNNZ* 7∶207。

10 战前与战时标语口号的概览,参见森川方达《帝国ニッポン标语集 战时国策スローガン・全记录》(东京:现代书馆,1989)。

11 讲谈社编《讲谈社の步んだ五十年(昭和编)》(东京:讲谈社,1959),p. 562;森川《帝国ニッポン标语集》,p. 81。亦参见福岛铸郎《战后杂志发掘 焦土时代の精神》(东京:洋泉社,1985)一书对讲谈社 1945 年 11 月号《讲谈俱乐部》杂志的摘引,pp. 102 – 103。

12 例如参见遣返士兵的来信,朝日新闻社编《声》第 1 卷,pp. 102 – 103,107 – 108。

13 《声》,第 1 卷,p. 262。对战争年代的"桃太郎故事模式"的分析,参见 John W. Dower, *War Without Mercy*∶*Race and Power in the Pacific War*(New York∶Pantheon,1986),pp. 251 – 257。

14 对战后"文化"概念的引申论述,参见平野健一郎《战后日本外交における〈文化〉》,收入渡边昭夫编《战后日本的对外政策》(东京:有斐阁,1985),pp. 339 – 366。

15 森川《帝国ニッポン标语集》,pp. 14,15,45,93;亦可参见同书 pp. 17,41,84。

16 此处借鉴了美国马里兰大学 McKeldin 图书馆 Gordon Prange 文库中,有关占领期出版物的未公开发表的期刊索引。

17 森川《帝国ニッポン标语集》,p. 18;亦可参见同书 pp. 15,24,33,80,85。

18 《协力新闻》1946 年 1 月号。

19 本书第十四章将探讨出版审查制度。有关出版物资匮乏的问题,参见讲谈社编

《讲谈社の步んだ五十年（昭和编）》，p. 559；亦可参见塩泽实信《昭和ベストセラー世相史》（东京：第三文明社，1988），p. 114。

20 *SNNZ* 7：192 - 193；福岛《战后杂志发掘》，p. 52；塩泽《昭和ベストセラー世相史》，p. 114。

21 福岛《战后杂志发掘》，pp. 40，260 - 262。

22 《讲谈社の步んだ五十年（昭和编）》，pp. 509 - 510；福岛《战后杂志发掘》，pp. 90 - 97。

23 福岛《战后杂志发掘》，pp. 23 - 24，53 - 55；*SNNZ* 7：192 - 193；奥泉荣三郎编《占领军检阅杂志目录·解题　昭和二十年—二十四年》（东京：雄松堂，1982），此文献是对美国马里兰大学 McKeldin 图书馆所藏日本占领期受占领军审查出版物文库的导读。

24 《日本统计年鉴 1955/1956》，p. 459 图表 257；奥泉荣三郎编《占领军检阅杂志目录·解题　昭和二十年—二十四年》，pp. 23，25。有关译著的数目，参见 Nicholas J. Bruno 未公开发表的会议论文，"Press Reform in Occupied Japan（1945 - 1952）"，1989 年 10 月 21 日 Mid-Atlantic Region Association of Asian Studies 第 18 次年会。数据报告的出处，见 Press and Publications Branch, Civil Information and Education Section, in the SCAP archives in the National Archives（Box 5256, folder 12）。

25 福岛《战后杂志发掘》，pp. 199 - 201。这一珍贵文献，收录了战后初期许多杂志的发刊辞和目录（pp. 199 - 527）。

26 福岛《战后杂志发掘》，pp. 202 - 203，376 - 379；有关《女性》杂志的论述，亦可参见同书 pp. 55 - 57。

27 福岛《战后杂志发掘》，pp. 218 - 223。

28 同上书，pp. 242 - 247。

29 同上书，pp. 264 - 267。

30 福岛《战后杂志发掘》，pp. 279 - 282。1944 年，对《改造》与《中央公论》的压制，参见同书 pp. 82 - 85。

31 《世界》1946 年 1 月号，pp. 4 - 6。有意思的是，《世界》的发刊辞，并未像进步派与左翼通常那样提及战前的抵抗运动，而是引述了保守的明治《御誓文》，作为日本本土存在民主传统的重要例证。

32 塩泽《昭和ベストセラー世相史》，pp. 97 - 100；*SNNZ* 7：155；朝日ジャーナル编《ベストセラー物语》（东京：朝日新闻社，1967），上卷，pp. 7，145。1981 年，这本会话手册的畅销纪录被黑柳彻子的《窓ぎわのトツト》所打破。1946 - 1987 年间的十大畅销书目，收录于塩泽《昭和ベストセラー世相史》，pp. 264 - 274。

33 见田宗介《现代日本の精神构造》（东京：弘文堂，1965），pp. 72 - 85，尤其是 pp. 77 - 79。亦可参见植田康夫《现代の出版》（东京：理想出版社，1980），pp. 156 - 159。

34 参见《之后》英译本，Norma Moore Field：*And Then*（Putney Vt.：Tuttle，1988），p. 187。

35 参见《门》英译本，Francis Mathy：*Mon*（Putney Vt.：Tuttle，1972），p. 34；对照 pp. 61，127，134 - 136，169。

36 前引之《ベストセラー物语》，上卷，pp. 25 - 34。

37 1947 年，三木清初版于 1941 年的另一部文集《人生论笔记》，取代《哲学笔记》登上了畅销书的排行榜。

38 Chalmers Johnson, *An Instance of Treason: Ozaki Hotsumi and the Sorge Spy Ring* (Stanford: Stanford University Press, 1964), p. 36。这部著作是对尾崎秀实的思想与活动的透彻研究。

39 《ベストセラー物语》，上卷，pp. 36 – 37；Johnson, pp. 205 – 206。

40 Johnson, p. 198；对照 pp. 201, 214, 286。

41 尾崎秀实的乌托邦理想的绝佳例证，参见 Johnson, pp. 195 – 196。

42 《ベストセラー物语》，上卷，p. 35。尾崎秀实是黑泽明战后第一部影片《我对青春无悔》的主人公的原型。

43 对宫本百合子《播州平野》的"女性主义—人道主义"视角的深入分析，参见 Susan Phillip, "Beyond Borders: Class Struggle and Feminist Humanism in *Banshū Heiya*", *Bulletin of Concerned Asian Scholars* 19.1 (1987): 56 – 65；亦参见 Noriko Mizuta Lippit, "Literature, Ideology and Women's Happiness: The Autobiographical Novels of Miyamoto Yuriko", *Bulletin of Concerned Asian Scholars* 10.2 (1978): 2 – 17。

44 《ベストセラー物语》，上卷，pp. 71 – 80。永井隆的《长崎の钟》有英译本。参见 William Johnston, *The Bells of Nagasaki* (Tokyo: Kodansha International, 1984)。亦可参见 Paul Glynn, *A Song for Nagasaki* (Hunters Hill, N. S. W., Australia: Catholic Book Club, 1988)。永井启示录式的宣言，见 Glynn 前引书，p. 117。

45 《ベストセラー物语》，上卷，pp. 108 – 117。本书第十六章将对这些书信集进行深入分析。

第三部
革　命

第六章
新殖民主义革命

在日本人看来,"自上而下的革命"并非史无前例。自十九世纪中叶以来,统治精英们就一直在敦促民众进行产业化、现代化和西方化,诀别过去,成为新的男人、新的女人,成为新诞生的民族国家的新国民。从 1868 年开始,政府就明确以欧洲导向的"文明开化"为目标,贯彻了广泛的改革措施。自 1880 年代起,国家在天皇制更为保守的、自

麦克阿瑟将军的超凡魅力,在战败的日本人心中,正如他的权威一样崇高

上而下的庇护之下，积极推进现代国家的形成。甚至二十世纪三四十年代的军部和文官的独裁者们，也曾在革新主义与革命的名义下，实行他们的帝国主义与军国主义的政策。

依靠强制下达的专制主义指令而戏剧化地改变现状，这并非是什么新鲜事。这一点有助于解释——尽管只能部分地解释——为何美国人的改革措施能够奏效。麦克阿瑟将军，作为典型的美国人，轻易成为了日本政治盛典中的主要角色：新的君主，蓝眼睛的幕府将军，家长式温情的军事独裁者，浮夸而又极度真诚的歌舞伎男主人公。麦克阿瑟以全副精神扮演着这一角色。正如天皇和江户时代的将军们一样，他安坐在他的司令部里，从不与人民大众接触，仅允许高官贤达前来晋见，骄横地颁布法令，而且绝不容许批评。

作为殖民总督的胜利者

这位最高司令官从未真正看到过他所莅临主政的日本。自他到达东京的那一刻起，他的活动就限定于每日早晚的通勤路线：从他位于旧美国大使馆的住所到附近的前第一生命保险大厦里的盟军最高统帅部的办公室。他从不与日本人交际，而且，据他亲近的一位人士观察，"只有16 位日本人跟他说话超过两次，而且他们之中的任何一位职位都不低于首相、最高裁判所长官或是最大的大学的校长这一类的人物"。麦克阿瑟将军的傍晚，大部分都在观看好莱坞电影中度过，尤其是西部片。间或他也观看一些由美国军方摄影师拍摄的关于日本的新闻纪录片，使他至少在银幕上跟他所统治的国家保持关联。

5 年中，麦克阿瑟将军的活动就像一架节拍器那样可以预知。在 1950 年 6 月朝鲜战争爆发之前，他仅离开过东京两次，对马尼拉和汉城进行了短期访问。正如 1946 年以前的明治天皇一样，麦克阿瑟以亲切的、家长式的语气谈起，上千万日本人在他的庇护之下的感受与成就，却从未与他们有过哪怕是最轻微的有意义的接触，从未亲自观察过他们实际的生活情形。这位将军凭借崇拜发迹，深信"东洋的精神"乐于"奉承胜利者"，并且假定只要他一说人民就会相信，民主就会落地生根。而事实的确如此。大批日本人的反应是，最高司令官真伟大，民主真伟大。[1]

麦克阿瑟在被占领的日本是无可争议的最高领主，他的下属们则都是小小的殖民总督。总司令部活动的核心，位于东京市中心未被轰炸的地段，在那里美国的军事和文职官员们（1946年早期大约有1500人，1948年1月上升至3200人），操纵着由充满活力的参与者西奥多·科恩（Theodore Cohen）恰如其分地概括的"新的政府之上的政府"。这一超级政府解释并推进基本的政治、经济、社会和文化政策，同时推行"非命令与命令具有同等强制力"的斡旋艺术。即便是总司令部的中层人员向日本官员所作的提议或者劝告，虽然从理论上来说并非命令，但是仍然会被有效地执行。麦克阿瑟的副官法比昂·鲍尔斯（Faubion Bowers），如此描述这位专横的将军：实际上他专心致志于"要求、主张、强制、禁止与刺激"的政策与时常"变得滑稽"的基本行为模式。[2]在占领过后，当日本官僚当局表现出擅长这种"行政指导"之时，美国人反而指责，这种习惯是日本人的癖好。这种新殖民主义革命的独裁主义的遗产，是很难被承认的。

总司令部超乎寻常的中央集权，不仅依靠遍布全国的文职与军职人员实现，而且还由教育体制和日常文化直接干涉，因而更加完备。胜利者敏锐地意识到，富于意义的民主化，不仅仅涉及简单地促进法律和制度的改革。同样重要的是，正如最初的一位占领方针的规划者所言，要"触及每一位日本人，重塑他的思想与感情的方式"，以提升对自由与民主更为深刻的认识。[3]

为达成这一目的，占领当局设计创造了一套教育网络，以触及日本的每一个男人、女人和孩童。他们派遣美国人组成的小队，主要由男人组成，间或也有一些妇女，深入各地社区，提供民间的美式公民教育。到1950年左右，他们要求所有学校的教科书必须译成英文，以备他们审查认可方能使用。[4]他们极力影响大众媒体，消极的办法是通过审查制度，积极的办法是主动在报刊发表的文章、电台广播的节目以及电影院放映的国内外电影中进行宣传。

显而易见，以专制的方式实现民主，在每一个层次上都十分困难，而且很容易被占领军当局人员所滥用，因为他们突然发现自己拥有了在自己的国家永远不可能梦想掌握的权力。一桩接一桩的案例，证明了这种权力可以多么诱人。只举一个小小的例子：为确保在广播电台这一至关重要的媒体中只有"民主"一种声音,占领军当局选择由国营广播电台(当时命名为"NHK",效仿 CBS 和 NBC),永久性地垄断全部广播频道。他们对这种自上而下的统筹规划如此固守己见,以至于到了 1950 年,总司令部还在故意妨害作为竞争对手的商业电台的发展。改革者们相信,只有通过这样严密的控制,典型的"日本佬"才能被塑造为美式民主上好的复制品。[5]

这种殖民总督角色的职责,远远超出了制定政策本身。庞大的占领军部队——包括军官和他们的家属,最高统帅部的文职人员及其家属,加上最终接近 100 万的普通美国大兵——构成了一个特权集团、特权阶级和特权种族。他们组成了一个在日本的"小美国",的的确确地存在于东京的中心地带;而且他们实行明确的种族隔离政策。岁月荏苒,当冷战升级、核军备竞赛加剧,欧洲列强努力在东南亚重建自己的势力范围,共产主义者在中国显然已经获胜,而战争在朝鲜爆发——美国人在战败国日本的统治却岿然不动。1947 年新宪法生效,日本人从理论上成了公民,不再只是他们天皇陛下的臣民。然而事实上,他们却继续是占领当局的臣民。

毫无疑问,许多占领者表现出感人的理想主义与慷慨大度的精神。美国大兵们因为他们随时的友善与自发分发巧克力和口香糖的举动而闻名。有些美国人表现出对日本文化严肃认真的兴趣,以及对陌生人的责任感,这是他们的日本邻居所不熟悉和感觉吸引人的地方(或者有时只是感到古怪)。他们送不相识的人去医院,而且做好事不图回报。他们单纯地施行善举,不计报酬,实事求是。[6]

占领者还给予他们的新臣民以可观的实惠,例如:青霉素、链霉素、血库以及名副其实的公众图书馆。还有比如教授一些实际的技术与质量管理的统计方法等,这些终将对日本的经济重建产生极大的价值。在彼此尊重的基础上,一些美国人和日本人建立起了各式各样亲密的个人关系。然而说到底,这样的关系之所以令人印象深刻,恰恰部分是因为,这是对军事占领下不可避免的不平等双边关系的挑战。而且即使是这样亲密的个人关系,也通常有赖于美国文化优越性的假定。极少有例外,所有交际几乎都是以征服者的语言界定和进行的。

对美国人优越性的日常提醒是无处不在的。在战败国出现最多的一句话,往往张贴于公众场所,并在无数的公共或私人场合中被重申,那就是"根据占领军的命令"。事无巨细都要由总司令部的训令管理支配,并且被冗长繁琐的文书工作以及相关的具体处理所拖延。众多的商店、剧院、宾馆、建筑物、列车、地区以及像高尔夫球场这样的休闲设施,被标明日本人"禁止入内"。最高统帅部的普通军官和文职官员,他们在美国只可能过着平凡的中产阶级生活,在日本却住着从房主那里征用来的高级住宅,这实在算不上尊重别人权利和财产的令人信服的例证。他们可以雇佣三个、四个、五个甚至六个仆人,都由日本政府掏腰包(厨师、男仆、女仆、花匠、保姆以及洗衣女工,被认为是一份理想的仆役名单)。法比昂·鲍尔斯,这位狂热的歌舞伎迷恋者,设法得到了两位私人厨师,一位做西餐,另一位烹饪日本菜。他后来沉思说:"我和我认识的几乎所有占领军人士,都极端自大和傲慢,并且对我们的权力无所不用其极。"[7]

东京市中心几平方公里未被轰炸过的地区,成了众人皆知的"小美

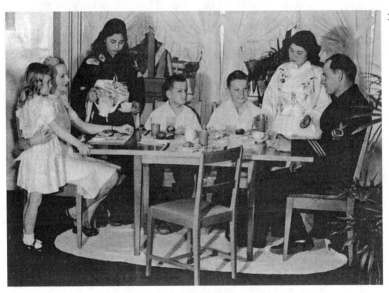

这张1947年8月美国海军的照片,是表现占领军人员舒适生活的一组照片中的一张。文字说明如下:"没有人议论在日本横须贺的125个海军家庭高昂的生活费用。每月支付27美元,他们就拥有5到7个房间的住所,全套家具、电器、电话、冰箱和仆役。"日本人可能会发现这个早餐场景有点奇怪,因为右边的女仆身穿在这个场合显得太过隆重的和服

国"。从1945年12月开始，圣诞节的装饰每年都出现在那一片街道，几乎是与最高统帅部的指令命令日本国教神道教与国家彻底政教分离的同时出现的。美国国旗在外国人接管的无数大厦上飘扬，与此相反，悬挂日本国旗日之丸（美国大兵俗称的"肉丸子"）却被严格限制，而且唱日本国歌也是被禁止的。1948年6月，横滨的一位日本男子因为不适当地悬挂国旗，被判处拘役6个月。[8]

成千上万的美国人，在小美国地区工作和娱乐。他们将街道和建筑重新命名（例如，那儿有一条麦克阿瑟林荫大道和一座Ernie Pyle戏院），到处塞满了吉普车、军用汽车以及从美国舶来的新式轿车。一幅日常图景完全反映出了日美之间的关系：在繁华的日比谷街头，一位美国军警和一位日本警官共同指挥交通，日本警察总是跟在美国警察之后打信号。据一位美军上校的妻子回忆，在小美国地区"我们可以从一端走到另一端，总是有美国面孔或是美国汽车映入眼帘"。这赋予占领者们一种亲近感和安全感，而且与周边"残灰冷烬、破铜烂铁绵延堆积数十里的荒地"，形成了鲜明的对照，在那里他们的臣民正尝试着重建自己的生活。[9]对有些人来说，这两个世界之间的鸿沟无可逾越，而且理当如此。一位在占领当局担任文职雇员的女士，肆无忌惮地回忆说："对我来说，在我们光辉明亮的占领军宿舍、办公室和铁路客车之外的世界，挤满了从尼伯龙根式的东方魔界中钻出来的扭曲丑陋的生物。我时常想，自己必定是狠狠地盯着他们，就像他们目瞪口呆地注视着任何一位征服者主子一样。"[10]

当日本人仰赖黑市得以生存，美国人却在美国陆军消费合作社与物资供应所购买琳琅满目的日用百货乃至奢侈品。那位上校的妻子回忆道："在消费合作社门外，总是挤满了日本人。他们观察顾客们进进出出，将鼻子压扁在橱窗上朝里张望，静静地、敬畏地凝望着陈列的货物：纪念品、糖果、照相机、奶昔、鞋子、羊毛衫、丝质和服以及货真价实的东方古玩。"衣衫褴褛的旁观者们，静静地看着美国人满载着"十五磅重的肉块、五十磅重的米袋以及大大小小的水果和蔬菜罐头"摇摇摆摆地走出来。偶尔，这位官员的妻子在往吉普车上装食物时，会故意将几块新鲜的烤面包碰落在地，以便于那位好像总是在场的、瘦小而眼神空洞的男孩，捡起来并匆匆逃离。甚至连芥末也是一加仑罐装的,显然超出了一个普通美国家庭的需求。但是"仆人们会拿勺子舀着吃掉,而不会让它坏掉"。法比昂·鲍尔斯每天清晨都会被一位仆役长造访并被问到:"您需要什么吗?"在他花样翻新的重述中,他是这样回答他的仆役长的:"十八只鸡和三整只火腿!"鲍尔斯解释说,他的应酬款待很多,但是许多供应也"填进了那些饥饿的歌舞伎艺人们的腹中"。[11]

正如在任何殖民飞地一样,占领军中的某些人士拥有过分的权力。麦克阿瑟深为器重的助手考特尼·惠特尼(Courtney Whitney),战前是他的私人律师,以陆军上校的军衔竟然担当起盟军总部民政局局长之职,而且在以下方面都发挥了决定性的影响力:监督日本政府公职人员的整肃、天皇与帝制政策、宪法修订以及一切有关内阁、国会、选举制度、法庭和行政的事务。与之相匹敌,甚至有过之而无不及的是威廉·马夸特(William Marquat)少将的权力。在作为麦克阿瑟仰赖的助手崭露头角之前,他曾是一位职业拳击手、新闻记者和专攻防空战略的下级军官。被任命为经济科学局局长之后,马夸特担当的职责不亚于全面指

在胜者与败者之间的每一次实际接触中,人种和特权的等级关系都显而易见。这些美国大兵,坐在昔日战场上的敌手拉的人力车上,正摆好姿势配合一位美国军队的摄影师在日本皇宫前照相

挥财政、经济、劳动和科学的发展，包括解散财阀控制的公司以及促进经济发展的非集中化。日本政府的各个主要财政和经济机构都要向他的部门汇报，包括大藏省、商工省、日本银行、经济安定本部、新设立的劳动省、商工会议所乃至于新成立的通产省。[12]

211 在这个命令系统的末端，二三十岁的美国年轻人，既缺乏实际经验又不懂日语，却被授权教导年长很多的日本人如何履行职责并且重整思路。这些根本不懂外语的人，依据英语水平判断与他们交往的外国人的智力，并嘲笑别人说英语的瑕疵。被控告对日本人犯了罪的美国人，交由他们自己的政府审讯，不必在地方法庭出庭，而他们的罪行也不会在媒体披露。当然，对于外国领主们的任何批评都在被禁止之列。公众媒体既不允许对最高统帅部的政策方针提出异议，也不允许对任何同盟国进行负面报道，甚至不许提到自身是在这样的限制之下运作的。

尽管与日本军队在其亚洲占领区的行为相比，胜利的同盟军通常要自律得多。但不可避免的是，袭击和强奸事件仍有发生。此类事件都未在媒体曝光，甚至不少案件也没有报警。受害人根本就不相信可能得到公正的赔偿。占领期结束后，发行量庞大的杂志纷纷刊登文章揭露美军人员的强奸罪行，而日本男人们也愤恨地回忆起在公众场合无端遭受的暴行。[13] 占领军有关人员，包括外国记者，通过赠与日本女人罐头、巧克力、尼龙丝袜、香烟和酒等礼物去享受性的乐趣，羞辱并激怒着日本男人。美国大兵们自以为是深谙"贝贝桑小姐的世界"的行家里手，而且他们认为这个带有种族色彩的称呼很有趣，开玩笑说这使他们对日本有了独特的"见解"。还有一些人以蔑视的口吻说起"东洋妞"。混血儿成了占领时代一种无法言说的悲惨故事——既难以得到外国父亲的承认，又总是被日本人排斥和放逐。[14]

正是在如此种种罄竹难书的情形之下，自上而下的民主革命的矛盾清晰地显现出来：虽然征服者鼓吹民主，事实上他们却依仗律令行事；虽然他们拥护平等，自己却组成了神圣不可侵犯的特权阶级。他们改革主义的议程建立在如下假设之上：西方文化及其价值，实质上一律要比"东洋的"高级。同时，征服者与被征服者之间几乎所有的交流，都发散着白人至上主义的气息。尽管占领日本是在独特的"美国式"的打破旧习的历史氛围中进行的，然而在某种意义上，这不过是一直伴随着西方列强的世界扩张、带有种族差别的家长式的温情主义的新形态而已。像他们的殖民主义者前辈一样，胜利者们满怀着显而易见的"白人的义务"的使命感。他们谈论着对臣民们进行启蒙教化的职责。在他们看来，自己承担着种族、信条和文明的重任。他们傲慢自大，而且令人羡慕地没有自我质疑的烦恼。

胜利者和失败者之间的关系当然不会对等，但是这种不平等混合了独裁主义的习惯，这是美国行事惯例的重要部分，根本无视日本的现状。首先，日本承受的占领军美式的行政组织，本身就是以难以想象的、极其严格的等级方式建构起来的。毕竟，麦克阿瑟的司令部，是一个军事官僚机构，与民主制衡的原则根本对立。官兵之间的阶级区分明确，而每个人在司令部的指挥系统中的"固有位置"，都有精确的规定。妇女被排除在这个统治机构的中枢之外。黑人则被隔离并且归入下级职位。

独裁主义统治的工作模式与占领军政权贯彻指令的方式相结合，则使问题变得更加复杂。与在战败德国采取直接的军事统治相反，占领日本是"间接"实现的。也就是说，通过现有的政府机构进行操作，从而蒙受了日本战败之前两种最不民主的政治体制相互依存所造成的影响：官僚体制和天皇制。就改革的基本议程自身而言，依靠已经存在的政府机构的决定，是在最后关头才正式形成的。直到占领军到达前夕，麦克阿瑟和他的班底还在代号"黑名单"的秘密指令下运作，以便建立直接的军事统治。这些计划在《日本投降后美国的初期对日方针》文件中改变了，文件明确规定"最高司令官将通过日本政府机构及诸机关，包括天皇陛下在内，行使权限，以便满意地达成促进美方目标实现之目的"。[15]

这种根本方针的改变背后的基本宗旨，是出乎意料的实际理由：占领军缺乏语言能力和专门能力进行直接统治。原则上，假使得到华盛顿上司们的正式许可，最高统帅保留改变现存政府机构、让天皇裕仁退位，甚至废除天皇制的权力。实际上，这些选项从未被认真考虑过。尽管日本的军事组织被消灭，镇压性质的内务省解体，但是官僚体系本质上被原封不动地保留了下来，天皇也被保全了下来。美国殖民总督们如此倚重本土的官僚阶层来贯彻他们的指令，以至于在盟军最高统帅部的庇护下，日本的官僚机构实质上获得了比它们在战时的国家总动员的巅峰时期还要大的权限和影响力。[16]

最终，作为这个新的民主国家至高无上的象征，麦克阿瑟专横的个人角色，将被转移回那位天皇身上，他的统治贯穿起这些年的压抑、战争和残暴；而且即便是在占领军撤离之后许久，最高司令部的"超级政府"式的操作方式仍然会延续，终将通过官僚机关的那些官僚们保留下来。尽管如此，当这些以锐意改革的总督大人的姿态莅临的胜利者们离去之后，日本终将成为一个不同的国家。只有像乔纳森·斯威夫特（Jonathan Swift）（《格列佛游记》的作者）那样充满想象力的人，才能做到对这样不可思议的政治和意识形态的回环往复进行正确的理解。而这还只是事情的一个方面而已。

对"猿人"的重新评价

对日实行民主化的设想，是对战时的美国宣传进行大大修正的结果，当时美国媒体无一例外地将所有的日本人描述为孩童、野蛮人、虐待狂、疯子或是机器人。在最普遍的非人化比喻中，日本人被描绘成猿，"患黄疸病的狒狒"，或者最常见的就是"猿人"（monkey-men）。不像有所谓"好的德国人"的说法，公众意识中缺乏所谓"好的日本人"的概念。战时美国对超过十万日裔美国公民和居民的强制收容，几乎没有引发什么抗议，就是此种敌意的明证。当德国被打败，纳粹集中营曝光之后，在美国陆军部拍摄的教育影片《向东京进发》（On to Tokyo）中，美国陆军总参谋长乔治·马歇尔（George C. Marshall）将军，特意强调日本人的"野蛮行径甚至超出德国人之上"。仅仅在日本投降前数周，美国陆军部《了解你的敌人——日本》（Know Your Enemy—Japan）一片中，日本人还被无情地描绘为毫无个人特征的民族，就"如同一张底片洗出来的照片一模一样"。[17]

这些事实，使得一场民主革命并不那么令人充满希望。一旦美国的政策从杀掉"猿人"转而变为将他们改造成民主国家的公民，那么，就不仅需要对日本人进行再教育，也需要对美国公众进行再教育。战争时期贬低性的和非人化宣传的陈词滥调必须加以纠正。例如，当美国仍然假定在战败的日本将强制实行直接的军事统治时，在加州民政事务驻军

基地受训的美国人使用的教材,其中有这样的内容:

> 在战争的白热化阶段,日本人通常被视为背信弃义、残酷暴虐和狂热盲从的"猿人"。
>
> 在不同的时期,他们的个人甚至是集团,的确曾表现出这样的特性,南京大屠杀、巴丹死亡行军和偷袭珍珠港事件就是证明。这里并非是想为日本人辩护或者开脱,需要强调的是,如果想象所有的日本人主要都是"猿人"类型,则是错误的。这就如同将所有的美国人描述为通常都参与暴民的私刑、黑帮犯罪和种族骚乱一样。

民政事务指导员继续解释说,"对日本人性格较为现实、平衡的认识",不妨将他们的背信行为视为一种西方观念的极端体现,即"爱情和战争是不讲手段的"。在这点上,日本人只不过是走得太远了,而且他们不理解或不赞赏西方式的公平竞赛的精神。至于说到战争中日本人的残暴行径,可以理解为长期受压抑者的突然爆发。用军用手册上的话来说,就是"温顺、谦恭的小日本,一旦穿上军装,受过无情的训练并任其发泄的话,由于生平第一次有机会表现自我,很可能就变得完全疯狂,沉溺于脱离常轨的恐怖凶暴的放纵之中"。然而事实上,被轻蔑的"猿人",与其他民族的差异并非如此之大:

> 他们还有其他的性格特征:诚实、有创造性、勤劳、节俭、勇敢、好斗、正直。当然也有例外,个体之间依据性格、性别、年龄、社会地位、收入以及职业等的不同会有所差异,日本人平均表现出的性格特征,则与其他国家的其他民族大致相同。[18]

美国读者尤其是被赋予占领使命的军人使用的其他教材,也同样尽力传达"小日本"是跟他们自己差不多的人的观念。1945 年 11 月,当美国陆军部发送一部教育短片《我们在日本的任务》(*Our Job in Japan*)给盟军最高统帅部,以便为占领军部队放映时,占领军军官们要求删改影片,因为它还是蹈袭战时对日本人危险而不值得信任的描绘。此片的修订版于 1946 年初上映,日本人发动的"令人厌恶、猥亵的"战争的恐怖影像被削弱了。影片结尾数分钟的一组镜头，拍摄的是友好的美国人与有魅力的、真诚的日本妇女和孩子们在一起交流的场景。[19]

《我们在日本的任务》是以这样的观察开始的：日本人是"被训练遵从领导者"的民族。胜利者遇到的麻烦，可以用一句话表述：日本人的头脑，既可以"制造麻烦"也可以"明白事理"。观众们先是看到一位日本男人头部剖面图的特写镜头，然后看到头盖骨中充满了海绵状的大脑，这个影像逐渐放大，直到巨大的人脑占据银幕的中心，飘浮在无数其他更小的大脑所组成的背景之上，就像是挤在盒子里的许多豆子。解说员的画外音："我们的问题存在于日本人的头脑里。日本有七千万这样的头脑，在物理性质上与世界上的其他大脑没有区别，实际上都是与我们头脑的同样材料构成的。这些头脑，就像我们的头脑，可以做好事（此时，画面出现一位白胡子老人，看上去像是在基督教堂里），或是做坏事（这时银幕上是一幅著名的战争暴行照片：一个日本人将一个跪着的金发士兵斩首），这些都取决于输入头脑中的思想观念。"

贯穿影片的始终，那个巨大的人脑反复浮现，告知美国大兵观众们这样的信息：战争中日本人可怕的行为模式，都是"军阀"和"军事集团"的教导所致。通过将古老的神道教信仰变成现代教化的武器，军国主义者们使那个头脑中充斥着"古老的噩梦"和"古老的仇恨"、"血腥的神话传说和异教的迷信"、"黑暗的过去的咒语"。当解说提到"一个古老、退化、迷信的国家"时，画面上出现了民众在佛寺外烧香的场景。

在战时的宣传片中，标准的做法是通过表现日本人"最为奇特的"行为所造成的不和谐的蒙太奇镜头，传达出敌人的异质性。譬如拍摄季节祭祀和传统舞蹈场景，人们穿着奇异的服饰，伴奏音乐使西方人听起来既单调又刺耳。《我们在日本的任务》沿袭了这一惯用技法，但是解说者顽强的声音，持续强调的却是另外的一个基本主题：所有的日本人都被灌输相信，"天照大神创造日本人，去统治世界上其他所有的民族"。此观点被认为是如此重要，以至于也被打印在了银幕上。事实上，尽管日本领导人从未企图"征服全世界"，这却是美国战争时期最主要的宣传，而且他们也不打算此时加以更正。与此相反，它被断定是"贩卖到日本人头脑中的"最基本的理念。然后接下来，这一点又明确了胜利者的任务。解说员吟诵道:"今天,这个同样的头脑中还存在着这一问题,我们的问题。这需要我们的时间,这需要我们的努力。但是我们决心让他们了解这样的事实:这是日本最后的战争。"作为强调,最后的这句话再次占据了整个银幕。

对战败国日本转而实行非军事化的方针政策已经在进行之中,影片突然变得抒情起来,这的确反映了盟军最高统帅部对更为积极的见解的需求。影片中放映着微笑的美国大兵与身穿和服的女子交谈,她们不再在奇异的舞蹈中旋转,也不再用鼻音歌唱。大兵们与诚挚认真的日本男孩一起读书,从娃娃般漂亮的日本女孩手里接过鲜花。解说员宣布,美国人会警惕并且强硬地对付狡诈的骗子,"但是对于那些正直的人、真诚的人、的确想要明白事理的人而言,他们将会获得所需的每一个机会。同时,这些民众,这些正直的好人,正指望我们帮助他们证明,我们的观念比日本的观念更好"。美国大兵们被告知,他们的任务是只需要显得自然真诚即可:

> 通过自然真诚的展示,我们就能证明什么是我们所说的美国方式,或曰民主,或曰简单的、古老的金科玉律般的常识,是一种多么不错的生活方式。我们就能证明,大多数美国人并不想摆布别人,即便是当我们恰好处于领先地位之时。我们就能证明,我们确信每个人都应当得到公正的待遇,无论种族、信仰或是肤色(这时,两位美国黑人士兵的形象掠过银幕,黑人形象在此前或此后的影片中再未出现过)。

《我们在日本的任务》简直是对美国"白人的义务"式的正义使命的完美诠释,更不用说那种高洁的宣教精神了。影片概括说,这是美国的使命,让日本人读到、谈到和听到真理,而且"当他们读到足够的真理,当他们听到足够的真理,当他们对真理有了足够的亲身体验,他们就能以一种建设的、和平的方式自己生活"。当银幕上自由的钟声敲响,解说员做了总结陈辞:

> 我们来,是为了让日本人的头脑清醒地认识到,从现在起,我

们已经再也不能忍受这些血腥野蛮的行径。我们来，是为了让日本人的头脑清醒地认识到，现在是明白道理的时候了——现代的、文明的道理。这就是我们在日本的任务。

这部电影的许多胶片，除去结尾一片废墟的被占领的日本的影像，都是从以前的战时影片中剪辑出来的。与《了解你的敌人——日本》这样的宣传片比较，显而易见本片删除了对天皇的批判，显示出盟军最高统帅部的信心——天皇的头脑也是能够进行民主化改造的。然而这部电影的最惊人之处，除了它不断怪异浮现的大脑图像，则在于它根本性的乐观信念：既不是血统、文化，也不是历史驱使日本走向战争，而是近年来政府的社会统治和思想教化使然。因而，再教育事实上看起来也就不是那么难以达成的任务了。日本投降后 4 个月，周刊《星期六晚邮报》（*Saturday Evening Post*）上一篇文章的题目，简洁地捕捉到了这一新的观念："The G. I. Is Civilizing the Jap"（《美国大兵以文明教化日本佬》）。[20]

专家与顺从的畜群

通过将日本人刻画为"被训练遵从领导者"的民族，美国陆军部的影片，接续了对日本的民主发展颇有微辞的保守派观点。在那些声称对日本有专门了解的英美精英人士看来，这一观察实质上就是真理。这些专家中的许多人拥有这样的逻辑：任何自上而下推行民主革命的观念，都是荒唐可笑的。几乎毫无例外，这些"旧日的日本派"都轻视普通日本人自我统治的能力。

在华盛顿，迄今为止最著名的战时日本问题专家是副国务卿约瑟夫·格鲁，他是 1931 年到 1941 年间的驻日大使。1945 年 5 月，格鲁告诉杜鲁门总统，不可否认天皇制是封建制度的遗留物，"长远看来，我们在日本最好的期望是发展君主立宪制，过去的经验表明民主在日本不会成功"。尤金·杜曼（Eugene Dooman），一位日语专家以及格鲁的日本事务的关键性顾问，同样强调日本是"一个共同体社会，是一个阶层社会，社会结构的上层确定意图和目标，下层民众遵从之"。天皇处于社会阶层的最高位置，作为"日本民族人种连续性的活证明"，担任着提供社会一体性的凝聚力的至关重要的角色。约瑟夫·百伦坦（Joseph Ballantine），美国国务院另一位颇具影响力的精通日语的专家，认为提出新的日本政治领导的理念是滑稽可笑的，因为普通日本人只不过是"惰性的并且受制于传统"。[21]

英国的亚洲问题专家们也同样倨傲。例如，在日本投降之前，享有盛誉的英国皇家国际问题研究所（Royal Institute of International Affairs），发布了一份有影响力的报告，将日本民众称为"顺从的畜群"——这是当时的标准说法，并且表达了对"日本人运作民主制度的能力深切的疑虑"。在占领日本的初期阶段，以讲一口完美的英语而闻名的日本前驻英大使币原喜重郎组阁。驻日的英国代表趁此时机，向英国外务部拍电报说，日本人"像任何非洲部族一样，完全不适于在现代世界中实行自治，然而却更加危险"。[22]

这种观点，在新闻记者和学者的著述中流传甚广，他们也都是有名望的亚洲事务专家。这反映出问题的复杂性，而不仅只是对"顺从的畜群"或者"巨大的蜂房"（这是对日本民众的另一种宠物式的比喻）的自我种族中心主义的轻蔑而已。许多西方专家，尤其是外交官，在自己相当一部分的职业生涯中，周旋于日本的上流社会圈子。当他们轻蔑地谈论普通日本人的自治能力时，不仅反映出他们自己的精英主义倾向，而且也反映出他们的日本友人们反复表达的对天皇制的崇敬之情以及对"大众"的可怕的轻视。[23]

假使这些昔日的亚洲专家当道的话，引入民主革命的理念早就会因嘲笑而夭亡。实际发生的是，这种嘲笑被另一派专业人士的见解拨转了方向。他们是强调日本"民族性格"的"适应力"的行为科学家，以及自由派与左派的策划者和政策制定者。他们真诚地相信民主价值的本质和要求的普适性。尽管行为科学家与自由派以及左派之间的观点有对立，前者强调"日本人的独特性"，后者注重民主的"普遍性"，但是二者都为民主制度可以真正在日本扎根提供了乐观的依据。

战争时期对行为科学家的动员，吸引了相当一批英美的人类学家、社会学家、心理学家和精神病学家进入情报分析和心理战争的研究领域。到战争的最后一年，他们的工作已经推导出如下结论：日本人的性格是钟摆式的，可以从一个极端转向另一个极端，从而能够由狂热的军国主义，转向某种真正的民主主义。有关这一主题，在秘密机关的谍报书中有无穷无尽的阐释，所有报告本质上都是在想方设法将个人的临床心理学发现，强行推广为对日本民族的整体性见解。

有一个典型的例子，可以证明此种思想将会导致何种后果。1944年12月，美国作战新闻处（OWI）准备的一份例行公文评述说，"日本的文明模式，看起来最接近于神经强迫症的临床症状"。据说，这种强迫症明显表现为日本人对"仪式与禁忌"的关注、受虐狂、受挫折的暴力性反应，以及"全体性的行为僵化"。涉及占领军未来的政策问题，这份诊断书最为意味深长的"实际的结论"，包含在 OWI 调查员提出的疑问之中："是哪些个人和社会集团设定了思考和行为的模式，以利于其他日本人加以模仿？"[24]

对这种疑问的现实反应有几种类型。最有名的当数 OWI 的情报组成员、文化人类学家鲁思·本尼迪克特（Ruth Benedict）的分析：日本人据说依照境遇状况或者特殊的伦理而行事，这与所谓的西方传统的普遍价值有悖。同一个人在某些情境中可能是礼貌宽容的，而在另外的情况下则可能粗暴冷酷。关键取决于社会关系和个人在每个情境中的指定任务。而在例外的境况中，任务和限制未被规定，个人没有价值核心，没有明确主体化的自我可以凭依。

分析进一步指出，更为显著的是，日本人对权威的顺从反应。这是社会科学家对"顺从的畜群"更为谨慎的说法，而且这将很快为在天皇的庇护之下推进民主政策的合理化提供良好的基础。OWI 的分析家们，比如后来学术声名卓著的克莱德·克拉孔（Clyde Kluckhohn）和亚历山大·莱顿（Alexander Leighton），他们主张，作为日本至高无上权威的天皇，根本上就是个空虚的容器而已。就像天皇可以作为极端民族主义的化身被供奉一样，他也可以变身为某种帝制民主的象征被追随。这一切似乎都已经被美国处置日本战俘的经验所证实。许多日本战俘都是被强行抓捕，或是在伤重、失去知觉的情况下被俘，因而无法顽抗到底或者实施自裁。然而，作为战俘，他们很快对逮捕他们的人表现出驯良和顺从，甚至协助向他们昔日的战友起草劝降书。这些经验使分析家们更加确信，通过一种权威、实例和象征操作的巧妙组合，胜利者们可以提供一种"民主"模式，尽管温和，却可能是战后日本人所寻求仿效的目标。

这种修正过的谨慎的乐观主义很快就受到了挑战。以事后诸葛亮的眼光回溯起来,太平洋战争的最后半年,不仅充分暴露了天皇政府的残暴愚行,而且无益地延长了冲突,反而激起了华盛顿方面出台更为激进的占领政策。假使日本在1945年初就投降的话,就像天皇被身边某些顾问所强烈敦促的那样,日本不仅可以躲过空袭、原子弹爆炸以及超过百万民众的死亡,还很可能避免自上而下的占领期革命。在1945年初,并没有在战败的日本引进民主革命的计划。那些当时仍然控制投降后计划的旧日的日本派,顶多期待的是稳健的改良议程而已。

更为进步、更少种族歧视和文化侮辱意味的建议,最终形成了对日本投降后的政策。这些建议来自于几个相互间有所交叠的集团:拥护罗斯福新政的自由主义者、左翼和更为亲中而非亲日的亚洲事务专家。随着战争进入最后阶段,罗斯福新政的拥护者们,在国内事务上的影响力逐渐式微,因而将他们的信念寄托于民主理想、民主渴望和民主政策的普适性上。这种"普适性"认定,各国的民众在根本上都是一样的,而理想的政府只有一种,即所有人在法律面前一律平等。同时,拥护新政者支持的民主化的基本原理所包含的要素之一,就是经济民主。实际上也就意味着,积极鼓励劳工组织,反对经济力量的过分集中,并致力于确保更为公正的社会财富的分配政策。另外,当然新政的拥护者们也不介意支持干涉主义的政策以达成他们的目标。[25]

正当拥护罗斯福新政的自由主义者们尽力淡化日本文化的局限性之时,一种更为激进的分析思路,引起了对日本底层存在的真正的民主潜力的注意。这种观点见诸左翼出版物比如《美亚》(*Amerasia*),还有太平洋问题调查会(Institute of Pacific Relations)的期刊《远东文摘》(*Far Eastern Survey*)和《太平洋事务》(*Pacific Affairs*)上。左翼人士公开谴责支持天皇和保守派官僚的绥靖政策。同时,他们为下层社会群体的革命潜力鼓掌欢呼。而在旧时的日本派眼中,下层民众不具备民主能力,更坏的是,却很容易受到共产主义的煽动影响。

按照《太平洋事务》著述颇丰的编辑者毕恩来(T. A. Bisson)的观点,真正的"自由主义者"是这样的日本男女:"他们曾经领导过1941年前被镇压的政党、工会和农会",而且"曾经公开地、毫不含糊地反对战争，可能由于鲁莽坐过牢，饱受摧残。"毕恩来强调说，只有这样的日本人，才能够建立真正"植根于民众意志并致力于民主和平"的新秩序。[26] 年轻的左翼研究者安德鲁·罗斯（Andrew Roth），于1945年9月出版《日本的困境》一书，这本书有时被称为占领初期激进改革者们的"圣经"。罗斯在书中同样强调，真正的民主潜力，在于工人、农民、被征兵入伍的学生、小店主、政治犯、曾经被变得残忍而又醒悟的退伍老兵，以及从前在中国的战俘，他们受到过日本共产主义者，如延安的冈野进（野坂参三的化名）和重庆的鹿地亘等人"反法西斯主义"再教育的影响。[27]

随着太平洋战争进入最终阶段，这样的观点在政府和新闻界更加突出。同时，日本专家日益被视为日本保守派主张的代理人，以及被战前日本的特权阶层过分优雅柔顺的手段灌醉和迷惑的人。在美国国务院，这种对"日本派"的批评，首先来自与中国事务相关的人士的发难。这些"中国派"，对日本文职官僚的批判更加严厉，对打破日本统治阶级掌控的组织制度，释放下层的民主力量的可能性更为乐观。除了其他的保守观点，他们还断然拒绝日本派将财阀领袖描述为"稳健的"实业家，并强调现存的经济制度本身就是"战争根源"之一，应当被连根拔除。

最广为人知的"中国派"观点的公共发言人，是欧文·拉铁摩尔（Owen Lattimore）。他是一个卓越的、有点辛辣的中国与中亚问题的学者。拉铁摩尔是个背景显赫的人物：在约翰·霍普金斯（Johns Hopkins）大学任教，战前是《太平洋事务》的编辑者，珍珠港事件后为美国作战新闻处工作，而且是美国国务院的常备顾问。普通读者对他的了解，是由于1945年他出版的一本简短的、带有论争性的著作《亚洲的解决》（Solution in Asia）。在书中，他痛彻批判了"日本派"。在他看来，战后亚洲"唯一"的解决方案，就是日本彻底的民主化，连同全亚洲领域的经济实力最大化。不然的话，日本迟早会重蹈剥削掠夺式的帝国主义政策。日本赔偿是提升全亚洲经济水平的手段的第一步，日本经济的非集中化则是另一重要手段。[28]

当然所谓"日本派"和"中国派"，只是在展望日本民主前景的复杂斗争中，使用的象征性的称谓。大部分论争是在华盛顿的幕后发生的，而且直到大战结束前数周，事情才发展到紧要关头。当时，对格鲁以及他的追随者们的批判派，在美国国务院取得了胜利，并获得了美国陆军部的支持。一位陆军部长助理约翰·J. 麦克洛伊（John J. McCloy）与批判派有同感，由他主持对日基本方针的修改和定稿工作。这种势力消长的变化，反映出官僚体制内部更为广泛的政策斗争，也部分地与罗斯福总统逝世后的权力交替有关。[29]

标志着保守的日本专家失去权威的时间，可以被精确锁定。1945年8月11日，迪安·艾奇逊取代格鲁成为副国务卿，而艾奇逊旋即发表的关于根除将日本导向"战争意愿"的势力的评论，反映出他对于更为激进的改革主义者们的认同。日本派视为奇耻大辱的是，美国国务院为麦克阿瑟指定的第一位政治顾问，是一位中国问题专家小乔治·艾切森（George Atcheson Jr.），而非国务院的资深日本事务专家，比如杜曼或者百伦坦。此后数年间，定期往返于华盛顿和东京之间的顾问团，总是由精选的情报专家构成，其中却难觅日本专家的身影。

在东京的盟军总司令部，日本专家也同样显著地缺席。最高司令官本人，以他独特的方式给出例证。从许多方面来看，麦克阿瑟都是一个最具种族优越感的人，喜好不同寻常地概括所谓"东方"人格。1945年10月中旬，一位访问东京的特使向杜鲁门总统报告："（麦克阿瑟）将军声明说，东方人具有一种自卑情结，使得他们在战争胜利时会'像孩子般的残忍'，在失败时则会像奴隶般地顺从和依赖。"然而与此同时，麦克阿瑟也能慷慨豪迈、不着边际地赞扬"种族的特性"，甚至在战争中，他也经常从容地阐述"在此后的一万年间，太平洋周边国家的十亿居民，将会决定人类的历史进程"。

这位最高司令官除了战争之外，并没有对日本像样的直接经验。也没有证据表明，他广泛涉猎过有关日本的书籍，除了情报机关的报告书以外。他的确跟学识渊博的、非精英主义的学者交谈过，比如加拿大历史学家和外交官诺曼（E. H. Norman），但是多数"交谈"，最终都会变成他的个人独白。鲍尔斯观察到，麦克阿瑟几乎从不询问他的部下有关日本的问题，而且他当然也不从日本人那里寻求情报。麦克阿瑟经常宣布，他仅有的领路人，是华盛顿、林肯和耶稣基督（前两位的画像装饰在他东京办公室的墙上)。而且从本质上看来,他是以这样的假定进行操作的:他们4个人一起,再加上天皇的帮助,就能将日本"民主化"。尽管可以将麦克阿瑟的这种信念归为偏见、假设和陈腐的豪言壮语的混合,但是它却没有受到日本或亚洲问题专家们的干扰。事实上,它的确使麦克阿瑟以一种近乎救世主的热诚,全身心地投入占领初期"非军事化和民主化"的课题之中。[30]

麦克阿瑟在东京的"超级政府",彻底反映出对特定的地域专家的嫌恶。查尔斯·凯德斯上校,是一位在盟军总部民政局担任要职的、典型的新政拥护者,他所在的民政局干系重大,参与新宪法的起草等要务。凯德斯后来坦率地谈起自己有关这方面的背景,他回忆说:"我根本没有任何关于日本历史、文化或神话的知识。我对日本一无所知,除了知道战争中的暴行,以及他们在中国和东南亚的领土扩张。我所知道的知识,绝不比一个人从报纸上的日本新闻中所能了解到的更多。"[31]

虽然也有例外,但是基本上凯德斯的情况是典型的。确实,在日常运营层面,统帅部似乎刻意排斥那些哪怕是对日本事务具有些微资格的人。数千名在战争中为担任军政任务而受过日语和日本文化训练的美国人,常常发现自己被派遣到了日本以外的地方。麦克阿瑟和他的手下不想要他们。而那些实际到达了日本的人,有的被调遣到冲绳,简直是美国版的被流放到古拉格(gulag)集中营,在那里美国的策略是回避改革,取而代之的是尽力将曾经战争肆虐的群岛,改建为牢不可破的军事基地。再不然,这些会说日语的聪明而热心的家伙,会被派往横滨的第八师团,担任最基层的占领军任务:地方民间事务。无论他们的最终任职如何,他们都被排除在了制定政策的重要岗位之外。正如最高统帅部内的通天人物西奥多·科恩所言,"他们被完全排除出了东京"。最高统帅部没有利用这些新进的日本问题专家,而是操作了一场集中的"内部的"人员补充运动,将战争结束时滞留日本的无数"律师、银行家、经济学者、产业技术人员",以及其他专业人士罗至麾下。[32]

一位在德国出生并且在德国受教育的法学家阿尔弗雷德·欧普勒(Alfred Oppler),应聘监督日本全部民法和刑法修订的棘手任务。他本人的任职,足可视为这一排除法则的完美产物。当被一位陆军上校接见时,欧普勒主动坦承,"尽管我精通欧洲事务,但是我对日本的情况毫无所知"。

他的情形真是再幸运不过了。上校回答说:"噢,那样正好。如果你对日本了解得太多,你可能就会有成见了。我们不喜欢日本问题的老手。"[33]

注释:

1 Faubion Bowers,"How Japan Won the War",*New York Times Magazine*,1970 年 8 月 30 日;Bowers,"Japan,1940 - 1949:A Tumultuous Time Remembered",*Japan Society Newsletter*(New York),1995 年 10 月;Geoffrey Perret,*Old Soldiers Never Die:The Life of Douglas MacArthur*(New York:Random House,1996),着重参见 p. 488。麦克阿瑟有关"奉承胜利者"的言论,是在 1951 年 4 月美国参议院联席会议的听证会上发表的,全文刊载于 1951 年 5 月 6 日的《纽约时报》。

2 Bowers(1970);Theodore Cohen,*Remaking Japan:The American Occupation as New Deal*,ed. by Herbert Passin(New York:Free Press,1987),pp. 100 - 101。据 Cohen 观察,最高统帅部的高层行政人员到 1946 年 4 月约有 500 人,1948 年 1 月则接近 900 人。

3 Edwin M. Martin,*The Allied Occupation of Japan*(New York:American Institute of Pacific Relations,1948),p. 47. Martin 在早期改革方针起草中的重要作用,参见 Cohen 前引书,pp. 34 - 36,42 - 47。

4 例如,可参见大阪府编《大阪百年史》(大阪:1968),p. 1257。

5 NHK 放送文化调查研究所,《GHQ 文书による占领期放送史年表(1946)》(东京:NHK,1989),p. 67;日本放送协会编《放送夜话(续)·座谈会による放送史》(东京:日本放送协会,1970),pp. 13,23,27;讲谈社编《昭和·二万日の全记录》(东京:讲谈社,1989),第 9 卷,pp. 176 - 178(此文献下引为 *SNNZ*)。关于"日本佬"与占领军的媒体方针,参见 Marlene Mayo "The War of Words Continues:American Radio Guidance in Occupied Japan"一文,收入 Thomas Burkman 所编 *The Occupation of Japan:Arts and Culture*(Norfolk,Va.:Douglas MacArthur Foundation,1988)一书,pp. 45 - 83。

6 有一部不为人知的富有洞察力又机智诙谐的回忆录,即 Margery Finn Brown,*Over a Bamboo Fence:An American Looks at Japan*(New York:William Morrow,1951;由 Charles Tuttle1954 年在东京出版),尤其可参见此书第 5、6 章。

7 Faubion Bowers,"Discussion",见前引之 Burkman(1988),pp. 203 - 204。戏谑模仿"被解放的"日本人对"占领军命令"的任何要求都奴性地顺从,可参见 1948 年 2 月的幽默杂志《漫画》,pp. 4 - 5。

8 悬挂日之丸事件,参见鹤见俊辅等编《日本の百年》(东京:筑摩书房,1967),第 1 卷,pp. 279 - 282。

9 Cohen, p. 101；Brown, pp. 15 – 20。

10 Lucy Herndon Crockett, *Popcorn on the Ginza：An Informal Portrait of Postwar Japan*（New York：William Sloane, 1949）, p. 186。这部日本占领期当事者的回忆中，充斥着罕见的种族主义的谩骂，尤其是此书的第 19 章。

11 Brown, pp. 16 – 17；Bowers（1988）, p. 203。

12 在 *Remaking Japan* 一书的第 5 章，除此之外，Cohen 还简明概括了总司令部的其他特征。

13 例如，可参见朝日新闻社编《〈周刊朝日〉の昭和史》（东京：朝日新闻社，1989），第 2 卷, p. 296。

14 "Babysan"（贝贝桑），是 Bill Hume 在 1950 年代初创造的广受欢迎的漫画人物，目标受众是在日本的美国大兵。Hume 在占领后出版的漫画集，名为 *Babysan's World：the Hume'n Slant on Japan*（Tokyo and Rutland, Vt.：Tuttle, 1954）。日美混血儿的最大的保护者是沢田美喜。沢田是出身日本上流社会的女性，1947 年 2 月她在火车上看到了一个具有半黑人血统的死婴。此后，沢田矢志抚养日美混血的弃婴。1948 年 2 月，沢田开办了一所这样的孤儿院，名为 Elizabeth Sanders Home，主要通过变卖私产维持运营。最终，她帮助许多孩子移居巴西。参见鹤见等编《日本の百年》，第 1 卷, pp. 293 – 296，以及 Elizabeth Anne Hemphill, *The Least of These：Miki Sawada and Her Children*（New York and Tokyo：Weatherhill, 1980）。

15 1945 年 8 月 2 日，麦克阿瑟的司令部接到最初的"黑名单"指令，要求日本投降后实施直接的军政统治，直到 8 月 30 日美军登陆日本时才变更指令。参见 Walter Kreuger 将军对相关军事计划的披露，*From Down Under to Nippon：The Story of the Sixth Army in World War II*（Washington, D. C.：Combat Forces Press, 1953）, pp. 335 – 338。麦克阿瑟可能在数日前得悉指令变更，参见 Marlene Mayo, "American Wartime Planning for Occupied Japan：The Role of the Experts"，收入 Robert Wolfe 编, *Americans As Proconsuls：United States Military Government in Germany and Japan, 1944 - 1952*（Carbondale：Southern Illinois Press, 1984），着重参见 pp. 470 – 472（注 97）。

16 T. J. Pempel 在 "The Tar Baby Target：'Reform' of the Japanese Bureaucracy" 一文中，探讨了改革对日本的官僚机构无甚影响的观点，此文收入 Robert E. Ward 与 Yoshikazu Sakamoto 所编 *Democratizing Japan：The Allied Occupation*（Honolulu：University of Hawaii Press, 1987）, pp. 157 – 187。对官僚机构的延续性乃至占领期内权力扩张的经典个案研究，参见 Chalmers Johnson, *MITI and the Japanese Miracle：The Growth of Industrial Policy, 1925 - 1975*（Stanford：Stanford University Press, 1982）。

17 关于"二战"中日本与美国敌人相互间的想象，参见 John W. Dower, *War Without Mercy：Race and Power in the Pacific War*（New York：Pantheon, 1986），以及 Dower, "Race, Language, and War in Two Cultures", *Japan in War and Peace：Selected Essays*（New York：The New Press, 1993）, pp. 257 – 285。

18 这一指南，在 John La Cerda, *The Conqueror Comes to Tea：Japan Under MacArthur*（New Brunswick：Rutgers University Press, 1946）一书中有详细引述, pp. 31 – 33。

19 盟军最高统帅部对原影片的批评，参见 La Cerda 前引书, p. 48。

20 与影片 Our Job in Japan 相呼应，美国陆军部还拍摄了一部 Your Job in Germany, 由 Theodore Geisel（后来因创作儿童读物"Dr. Seuss"而闻名于世）编剧。这部影片对战败敌人的描绘，是从惯常的"坏的德国人/好的德国人"的套路出发，立场十分严厉。在此片中，德国人的历史而不是德国人的大脑，被认为是德国侵略之根源：这个现代国家的历史，就是不断地发动战争，并且向其他民族制造田园牧歌式的文化假象。影片强调说，事实上，每个德国人都支持纳粹；而且每个德国人，尤其是青年人，都是将来潜在的复仇主义分子。这种对德国人及其未来复兴的更为严峻的描述，与 Our Job in Japan 一片中的日本人形象，形成了典型对比。这种处理上的差异，部分是因为影片 Your Job in Germany 拍摄于德国战败后不久，而 Our Job in Japan 的最终版本，则是在日本投降后半年才完成的。此外，还可能有 Geisel 本人的影响（他曾为美国陆军部创作过一部关于日本的更为冷酷的影片 Design for Death）。Saturday Evening Post 上的文章，发表于 1945 年 12 月 15 日。

21 关于 Grew, 参见美国国务院, Foreign Relations of the United States, 1945, vol. 6, p. 545（May 28, 1945）；关于 Dooman 与 Ballantine, 参见 Mayo（1984）, pp. 32 – 33, 50。Grew 与"日本民众", 参见 Cohen 前引书, pp. 16 – 20。Waldo Heinrichs, Jr., American Ambassador: Joseph C. Grew and the Development of the United States Diplomatic Tradition（Boston: Little, Brown, 1966）；以及 Howard B. Schonberger, Aftermath of War: Americans and the Remaking of Japan, 1945 – 1952（Kent, Ohio: Kent State University Press, 1989）, 第 1 章，尤其是 pp. 21 – 28, 38。Cohen 注意到许多美国的日本问题专家，都对日本成为民主国家的能力表示怀疑，着重参见 Cohen 前引书, p. 478（注 13）。

22 Royal Institute of International Affairs, Japan in Defeat: A Report by a Chatham House Study Group（Oxford: Oxford University Press, 1945）。强调日本人"顺从的畜群的本能"的观点，总是出现在情报部门的评估报告中；参见"Anglo-American Outline Plan for Psychological Warfare Against Japan"（C. C. S. 539/4）of May 1944, box 3, Bonner Fellers papers, Hoover Institution, Stanford University。有关"非洲部族"的评价，在不少论著中皆有引述，可参见 Roger Buckley, "Britain and the Emperor: The Foreign Office and Constitutional Reform in Japan, 1945 – 1946", Modern Asian Studies 12.4（1978）: 567。

23 Grew 的多部在日日记以及其他文献，对此表露无遗。本人也曾经探讨过这一问题，参见 Empire and Aftermath: Yoshida Shigeru and the Japanese Experience, 1878 – 1954（Cambridge, Mass.: Council on East Asian Studies, Harvard University, 1979）, pp. 104 – 112。对日本下层民众抱有同情态度的"昔日的日本问题专家", 是加拿大外交官、历史学家 E. H. Norman。"巨大的蜂房"的说法，出自一本供美军占领军人员"内部"使用的、长篇大论式（双栏，103 页篇幅）的极其有趣的指南：U. S. Army, Guide to Japan（CINCPAC-CINCPOA Bulletin No. 209 – 245; 扉页上署期 1945 年 9 月 1 日，但是可能印刷于 1946 年 4 月），p. 65。

24 H. M. Spitzer, "Considerations of Psychological Warfare Directed Against Japan", December 9, 1944, Office of War Information files（美国作战新闻处档案）, Record

Group 208, Box 443, entry 378, National Archives（美国国家档案）, Washington, D. C。感谢 Amy Richards 使我有缘得见这份文件。有关"民族性格"的分析, 参见 Dower (1986), 尤其是 pp. 118 – 146。

25 Theodore Cohen 在其回忆录中将新政的影响作为主线, 而且将回忆录之副标题拟为 *The American Occupation as New Deal*, 尤可参照此回忆录 pp. 32 – 48。Charles Kades 后来总结说, 做一个"彻底的新政拥护者", 要坚信政府应当干预危机, 必要时引入激进措施, 但是必须在自由、竞争的资本主义社会框架下进行。Kades 的这些言论, 见于 Gibney 与 Jigsaw Producions 摄制纪录片"Reinventing Japan"时对 Kades 进行的访谈（未发表）, program 5 in the 1992 Annenberg/CPB series *The Pacific Century*; 非常感谢 Alex Gibney 向我展示这些访谈记录。参见 Kades 与 Gibney 的访谈, 第 2 册, pp. 15 – 16。

26 T. A. Bisson, "Japan as a Political Organism", *Pacific Affairs*, December 1944, pp. 417 – 420。亦参见"T. A. Bisson: the Limits of Reform in Occupied Japan", Schonberger 前引书, pp. 90 – 110。

27 Andrew Roth, *Dilemma in Japan* (Boston: Little, Brown, 1945)。Roth 和 Bisson, 以及新闻记者 Mark Gayn, 对占领初期的分析颇有洞见, 曾经皆被牵连进 1945 年中的所谓"《美亚》间谍案", 此事涉及窃取美国政府的机密文件; 参见 Harvey Klehr 与 Ronald Radosh, *The Amerasia Spy Case: Prelude to McCarthyism* (Chapel Hill: University of North Carolina Press, 1996)。随后, 太平洋问题调查会, 成了美国政府在二十世纪四十年代末期与五十年代初期反共迫害的主要目标。

28 Owen Lattimore, *Solution in Asia* (Boston: Little, Brown, 1945)。1945 – 1946 年, Lattimore 作为赔偿使节团的重要顾问赴日。1950 年代初, 他成了麦卡锡主义者在亚洲调查的主要目标。

29 美方在日本投降前的计划和政策的复杂斗争, 参见 Cohen 前引书, 第 2、3 章 (pp. 14 – 48); Akira Iriye, *Power and Culture: the Japanese-American War, 1941 – 1945* (Cambridge, Mass.: Harvard University Press, 1981); Mayo (1984), pp. 3 – 51, 447 – 474; 亲历者 Hugh Borton 的两篇重要记述: "Preparation for the Occupation of Japan", *Journal of Asian Studies* 25. 2 (1966): 203 – 212, 以及 "American Presurrender Planning for Postwar Japan", *Occasional Papers of the East Asian Institute*, Columbia University (1967)。战时与战后初期许多有关日本的情报书和意见书, 颇具分析价值。

30 Edwin A. Locke, Jr., Memorandum for the President（总统备忘录）, October 19, 1945, box 182, President's Secretary file（总统秘密档案）, Papers of Harry S. Truman, Truman Presidential Library; 关于"种族的特性", 参见《纽约时报》, 1951 年 5 月 6 日; 有关麦克阿瑟"在此后的一万年间"的引述, 参见 Walter Millis 编 *The Forrestal Diaries* (New York: Viking, 1951), pp. 17 – 18; 麦克阿瑟办公室墙上所挂照片, 参见 Bowers (1995); Perret 前引书, p. 482。

31 Kades 与 Gibney 的访谈, 第 2 册, p. 61。

32 Cohen 前引书, p. 104。

33 Alfred C. Oppler, *Legal Reform in Occupied Japan: A Participant Looks Back* (Princeton, N. J.: Princeton University Press, 1976), p. 12.

第七章
拥抱革命

战败后,小林正树受到美国军方的拘留,在冲绳服了一年的劳役。当他终于被遣返之后,眼前的政治景象让他大吃一惊。他回忆说,"日本变得极端民主化,每个人都朝着民主化的方向前进。每个人都奔向民主化的人道主义的自由与组织活动。"小林正树,后来成了一名卓越的反战的、人道主义的电影导演,他对日本人这种突发的拥抱民主的热情,有着深刻的疑虑。他评论说:"这种盲目因袭的态度,看上去就跟战前一样,只是那个时候人们是热烈地追随军部。我并不认为日本人的意识的变化必然是恶的,而是变化的方式有问题。"[1]

从不同的角度,吉田茂也表达了对"民主革命"深刻的保留态度。强硬的、能讲英语的吉田茂,在战后不久担任了日本外务大臣和盟军最高司令官的主席联络担当官。1946 到 1947 年间,吉田茂曾经组织了一届不幸的联合内阁,1948 年下半年,他又以更为稳定的权力基础和效率,重掌首相之职。由于在占领期说过的一句保守主义者的名言,吉田茂获得的名声比他掌权的时间更为长久。这句妙语是,吉田茂一旦想到盟军总司令部(GHQ),他心中的念头都是:"快点回国去吧(Go Home Quickly)!"[2]

与吉田茂的愿望相反,美国人继续留驻日本。而且与吉田茂的预期相反,他和他的保守派同僚们发现,彻底取消改革议程也是不可能的。新殖民主义的革命,确实强制日本的统治机构引入了进步的改革,并且以制度固定下来。即使保守派和进步派都在怀疑,民众力量却因为占领军的民主化政策得到解放,表现得活力旺盛、多姿多彩、不屈不挠,甚至有些激进。尽管吉田茂直到1954年末都在执政，并且为战后日本保守主义的复活立下了汗马功劳，但是他在回顾自己的政绩时却心怀懊悔。吉田茂在评述他的内阁无可避免地默认改革议程时说："我自忖曾有这样的想法：无论需要修改什么，等到日本恢复独立之后都能改正。然而一旦事情已经决定，想改变可就没有那么容易了。"³

拥抱最高司令官

小林正树所担忧的、外国人所嘲讽的"顺从的畜群"的心态，用日本人的话说，更像是个褒义词。尤其是在农村地区，这个大多数人赖以生存或者根基所在的地方，这种顺应大势的态度完全是"淳风美俗"。一种强烈的对上下等级和自身地位的敏感，是这种意识的要素之一，但不是全部。顺应意识，还应该指向一个由价值、行为和象征构建起来的令人熟悉而且感觉舒适的文化世界。被盟军总司令部禁止的日之丸和国歌，就是与这个"淳风美俗"的世界联系在一起的。此外还有村祭、盆踊、传统的婚丧仪式、感伤的流行歌曲、茶道、武道、孝行、勤勉、对长者的敬意、女性的美德、对"义理"与"人情"间纠葛的传奇美化，外表和"面子"的顾虑以及对"和"的尊重等等。对天皇感伤而卑屈的态度，就是这种民众意识的一部分。因而在许多情况下，这也是质疑过度西化或过分无为的知识阶层的一种健全的民众精神。⁴

当获悉这种态度和习惯可能会妨碍某些计划中的改革时，一位盟军总司令部的科长回应说："让他们改变社会习俗好了。"⁵当然，这说起来容易，做起来难。但是更大的问题是，需要何其广泛地改变"社会习俗"，才能为胜利者自上而下的革命打好真正的草根基础。正如学者日高六郎所言，尽管这种"古老的意识"看起来对民主化而言，并不一定特别适合，但是它也不是天生就反动到不可救药。结果是，对胜利者和他们政策自发的民众响应，要比任何人预料的更加充满活力，在意识形态上也更加暧昧不明。

这一点，戏剧化地反映在直接寄给麦克阿瑟将军或者盟军最高统帅部的民众来信中。在整个占领时期，每天都有数百封的民众来信，尽管有些涉及有组织的请愿或是写信活动，但是绝大部分都是自发的个人行为。实际上，所有这些通信都被占领军人员阅读和分析过。许多信件被翻译，或者至少概括成英文，而最终有三千到四千封信进入了麦克阿瑟将军的个人档案。被普通日本人热诚欢迎的总司令对和平与民主的乐观精神，相当部分可能就是来源于阅读这些不寻常的（并且被仔细筛选过的）信件。

这一通信事件有一个短暂的序曲。1945年8月31日，在对麦克阿瑟抵达日本进行铺天盖地的新闻报道的同时，东久迩首相的言论几乎引起了同等的关注。东久迩敦促他的同胞，通过直接给他本人写信，表达他们的希望和关注的问题。尽管这是政府为了平息怒火、抑止抗议的措施的一部分，然而却是对民众意见空前的征求活动。数天之内，每天有四五十封信和明信片直接寄到首相官邸。10月1日，据《每日新闻》报道，信件最高达到了每天1371封。

228

1948年，当麦克阿瑟被作为共和党候选人，提名竞选美国总统时，许多日本人，包括这家乐观地起名为"瞬间建筑社"的老板，抓住时机表达他们对最高司令官及其政策的爱戴

第七章 拥抱革命 203

10 月 5 日，东久迩内阁的倒台，阻断了涌向首相的信件洪流，但是信件的洪流本身并未停息。相反，它很快直接涌向了最高司令官和他的班子。盟军最高统帅部的记录，并没有统计占领第一年收到的信件情况，当时的信件数量最为庞大。据官方记录，从 1946 年 9 月到 1951 年 5 月，同盟国翻译通译局（ATIS）阅读并处理了 441161 封信函和明信片。这些信件来自各行各业，有些是用英语写成，绝大部分是用日语写就。大多数来信者都具名，而且写得感情热烈。袖井林二郎教授对一些通信样本进行了意味深长的编辑和分析，评价说这是历史上被征服者与征服者之间无与伦比的交流。最终，自发的来信者，约占到日本成年人口的 0.75%。[6]

当最高司令官审阅这些通信时，确实能满足他的虚荣心，因为写信者都满怀崇敬，而且信中充满对他的慷慨大度的各式各样的感谢。致信者颂扬他"神一般高尚的仁慈"，并且称呼他是"活着的救世主"。青森县的一位老人来信说，他每日早晚都膜拜麦克阿瑟的肖像，就像他以前膜拜天皇的神像一样。神户地区的一个地方文化协会，制作了一幅日式风格的"基督山上垂训图"，呈献给麦克阿瑟，并且附信说，将军的领导，就如同画上庄严神圣的时刻。[7] 麦克阿瑟被颂扬有佛祖般的慈悲心肠，被比作孔子《论语》中的"有朋自远方来"。他因为从战争的梦魇中解放了日本人民而备受崇拜，由于为外国占领下心怀忐忑的国民带来希望和幸福，而受到顶礼膜拜。[8] 普通男女向他忏悔自己过去军国主义的罪孽，仿佛他是牧师一般。他们向麦克阿瑟吐露心底最深切的恐惧和希望，仿佛是面对心理医生。他们将麦克阿瑟视为这些年来一个伟大的、变幻莫测的词汇——"爱"的化身。他们的信一再地谈到和平与民主，仿佛这两个词汇本身就是护身符，会带来好运。最高司令官可能会由于他令人敬畏的权力，而被人与天皇相提并论。然而，显然他被认为更平易近人，更可能直接拉近关系。这对于许诺民主愿景的独裁主义统治来说是自相矛盾，同时也是挑战。

麦克阿瑟还收到许多礼物，他往往都欣然受之。尽管向长者或是恩人送礼是日本的传统习俗，但是向这位外国大君主进贡的数量，远远超出从前军部高官们收受的赠礼。有些赠品质朴而迷人。一位渔夫在 1948 年仲夏的暑热中写信给麦克阿瑟说，他一直冥思苦想如何向将军表达衷心的感激之情："由于你卓越的思想和才能"，才使日本人有可能达成"甚至是长年血战都不可能实现的成就"。在信的结尾，渔夫自忖他所能做的，只有分享他所知道的最棒的美味——鲇鱼。他以捕鱼为生，现在正是鲇鱼"最肥美"的季节。渔夫盼望着收到回信，以便麦克阿瑟何时方便跟他一起捕鲇鱼并且同尝美味。与此相比，献给麦克阿瑟的最精心、最正式的礼物，是一套手工的织锦和服与腰带。从1946年11月起，刺绣匠人独自在京都的下鸭神社内，穷三年之功完成了这件作品。他每日祈祷，最终织了七千万针完成了他的杰作。这次，随礼物附上了神道的祈祷文，"作为我们七千万国民纯洁的心的象征"，献给麦克阿瑟将军。显然，织物的每一针就代表着一个日本人。⁹

在活蹦乱跳的鲇鱼与奢华绚丽的织锦缎的映衬之下，令人眼花缭乱的各式各样的礼物和邀请函向最高司令官涌来。他收到过玩偶、灯具、陶器、漆器、竹制品、古书、书籍、盆栽、盆景、动物毛皮、铠甲、刀剑，还有绘画和雕塑，有时包括他个人的肖像或者雕像。当占领开始时，麦克阿瑟65岁了，他的年纪不仅为他增添了贤者的光环，而且使来信的人们都真诚惦念他的健康长寿。他收到了数不清的藤条和手

1951年1月，为庆祝麦克阿瑟71岁寿辰，神奈川县的官员和士绅，站在以县民的名义献上的半身铜像前。将军收到的礼物不计其数

杖,还有一条束腹带。人们送来当令的水果和鲜花,还有各种各样的吃食:蘑菇、茶、小豆、莲藕、山芋、腌鲑鱼、风干栗子、大豆、蜂蜜、稻米和年糕。

231 　　一位日本面包师乞求准许前往,为最高司令官烤制生日蛋糕,他的请求被接受了。日本北海道的一群原住民阿伊努人,捕杀了一头鹿,向麦克阿瑟献上鹿皮和鹿茸,"作为对他为我们国民保卫疆土,并给日本带来建立在法律与秩序基础上的民主社会的感激之情的象征"。一打活的母鸡被送来了,成了"大使馆农场"的一部分。一只头上羽毛有黑色十字架纹样的金丝雀,被作为吉祥的礼物送来了。两卷制作于1935年的挂轴,据说是用汉字草书写就的整本《圣经》,也被作为礼物送上。一位因新宪法颁布而欣喜不已的国民,寄给将军一把扇子,他用蝇头小字将整部《宪法》写在了扇子的正反面。一位10岁的少年,天天给美国种子繁育的南瓜记生长记录,并为麦克阿瑟将军手抄了一份。他父亲画了一幅成熟了的南瓜的油画,他母亲写了信,全家人一起表示谢意。大多数情况下,这些礼物都是对最高司令官感激之情的朴素表达,并不是在纯粹的日本社会关系中,准备特定赠仪精心表达互惠与信赖的意思,也不像是日本皇家或者政界、财界的名人,向麦克阿瑟及盟军总司令部的其他官员赠送礼物,背后有着精明的政治考虑。[10]

　　大多数寄给麦克阿瑟及其司令部的信函、明信片与陈情书,除表达来信者的希望之外,也写下了他们关心的具体问题。半数以上的信件,涉及家人或熟人的海外遣返问题。许多信件关注特定的经济问题和政策。一少部分然而百分比惊人的直接寄给总司令部的信件中,涉及指认写信人确信应当被逮捕、肃清甚至是应当作为战争罪犯受到审判的人。当地居民揭发在战争中压制民众的官员。高中生和大学生指责军国主义的教师。前帝国军人自发揭露曾经虐待盟军战俘的人员。某些组织,包括宗教派别,被指责为助纣为虐的极端民族主义团体。告发他人不仅包括过去的行为,还延伸到了现在的问题。他们抱怨对地方警察行动的不满,揭发与囤积居奇、黑市买卖、贪污腐败和暴力行为有关者的姓名。未按照盟军最高司令官命令上交私藏家传刀剑的人遭到举报,怀有"反

232 美"或"反民主"情绪者被告发。如果仅凭这些无情的信件推断,很可能会得出这样的结论:昨天爱国的日本人,现在变成了向占领军告密

的眼线。另一类令人吃惊的信件,是迫切要求日本被吞并,或者成为美国的永久殖民地。一些这样的来信者断言,否则民主改革将很快破灭。[11]

有时候情形看起来并不美妙。一位 ATIS 的翻译,是祖籍冲绳的日裔美国人,他告诉袖井教授,阅读这样的信件,真的使他轻蔑日本人。许多人觉得,他们看起来就像是风向标,随风倒。然而,他们也倒向了各自不同的方向。千百万人愿意向新的当权者公开表达他们观点的事实,本身就是一个不容忽视的转变。尽管来信通常对占领政策表示支持,这些普通民众也毫不犹豫地提出批评和建议。许多来信都恳求保护天皇。少数信件写的是血书,或者至少摁上了血手印。更少数的人,建议废除天皇制。一位来信者写道,天皇是日本最大的利己主义者。另一位断言,天皇是个"吸血鬼"。一位小学教师直率地抱怨说,审判战犯,暴露出美国明目张胆的双重标准。一位极度怨恨的来信者说,审判无论如何都不过分,他相信至少有十万军国主义分子应当被处以绞刑。一位警察认为,应当仅限于清查先前的特别高等警察(思想警察)的高官。相反,另一位来信者敦促,对公务员的清查,应当扩大到市、町首脑一级。旧地主阶层,公开非难最高司令官的土地改革没收土地充公的本质。有些人建议,改革议程应当在地方一级更加积极有力地推行。赞同占领当局理念的人,认为有必要注意美军的暴行。一位贫穷妇女鼓起勇气向最高司令官抱怨:不间断地飞往美国的航班,在她们居住区的上空飞过,噪音带来的恐怖的空袭记忆,都快把她逼疯了。有些写信者的确疯狂,比如一位艺术家,他献给麦克阿瑟一幅描绘了耶稣、圣诞老人、天狗和山林小妖精的共同特征的绘画。还有些再清楚不过的马屁精或是心术不正的家伙。但无论如何,这一信件的洪流,至少树立起又一个以自我表现的新方式,填充不寻常的战败"空间"的活力榜样。

这些信也暗示了占领的潜在的——有时也不那么隐蔽的——性的维度。正如美国本身一样,麦克阿瑟被日本男女民众认为是虽然宽大却占据优势的男性的存在。甚至被认为是具有启蒙精神的《朝日新闻》,也以某种天主教式的说法,称麦克阿瑟为"我们的父"。麦克阿瑟的司令部也分享了这种男性的身份。在写给最高司令官与总司令部的信中,不难分辨出那种持久的依赖心理。而许多写信者显然分不清楚接受麦克阿瑟、接受家长制的权威与接受民主之间的区别。在这点上,最露骨的是一些女性写给麦克阿瑟的独特来信,它们被困惑的专家们分析为"我想给你生孩子"的类型。在这里,拥抱征服者的愿望,如果不能在现实中达成,至少是在字面上实现了。[12]

知识分子与悔恨共同体

与普通民众的这些时常很不成熟的自我表达相对照,知识分子对战败的反应,则是以明显的理论思考展开的。尽管内部存在许多冲突的差异性,但是知识阶层少有例外地采取了"进步的文化人"的姿态,并且在民主与解放的大旗下重新集结起来。他们当中最有影响力的一位人物丸山真男,唤起了对他与他的同行们特异身份的关注。"进步的文化人"不仅是一种新的提法,而且在日本来说也是独一无二的,并没有"反动的文化人"或者"中立的文化人"的相对应的说法。[13] 在这个时代做一名受人尊重的知识者,就需要成为一名民主革命的传道者。

这对知识阶层来说,是一次戏剧性的转变,因为他们之中曾经反战的仅是凤毛麟角。尽管占领当局对军国主义者和极端民族主义者的清洗,最终只涉及数百名学者和作家,但是事实上到1930年代中期,战前大多数的自由主义者和左翼知识分子放弃了他们的信仰。无论如何,他们支持过战争。[14] 为数不多的几百名共产党员拒绝脱党变节,继续保持了对日本帝国主义的批判立场——在狱中,偶尔是在苏联或者中国共产党控制的区域。只有屈指可数的几位学者,在战争年代没有被极端民族主义潮流冲昏头脑,声望大增,比如经济学家有沢广巳与大内兵卫。1930年代后期,有沢和大内因为左翼思想被帝国大学开除。与在德国坚持原则、反抗国家社会主义(纳粹主义)的少数精英知识分子、左翼人士、教会人员和军官们相比,同时期的日本并没有对应者。实际上,在1945年8月15日之前,日本知识分子的作为鲜有值得称道之处。

对许多受到"淳风美俗"教化的普通日本人而言,投降之后突然出现的知识分子、政治家和许多其他公众人物对民主与非军事化胜利滔滔不绝的赞美,带有伪善和投机主义的意味。"进步的知识人"显然对他们新的激进主义有不同的讲述。他们不无道理地强调说,这表现了1920

日本政府对征服者的欢迎仪式,有时看起来就像是吉尔伯特(Gilbert)和沙利文(Sullivan)的歌剧。上图为1947年日本艺伎欢迎在环游世界飞行途中降落在横田空军基地的美军飞机

年代后期与1930年代早期受到镇压的自由主义与马克思主义的复苏。然而除此之外,许多知识分子进步与激进的政治实践,反映出后来丸山真男所谓的"悔恨共同体"形成的特征。

对许多像丸山真男这样的学者和文化人而言,战败与被占领,包含着对未来欣喜的期待,还掺杂着对过去深深的悔恨,一种政治上和智识上的解放感,伴随着未能抵制哄诱、未能反抗可怕的国家权力的良心自责。在知识阶层中间,政治和意识形态问题,就这样彻底地与悔恨和自我批评纠缠在了一起。无论集体或个人,许多人公开忏悔他们未能坚持立场、反对镇压和侵略的罪责。正如丸山真男所言,他们决意重新开始,并且将占领军当局"配给的自由",变成对非军事化和民主化的自发的拥抱。[15]

无论在智识方面还是心理方面,马克思主义都对悔恨共同体的知识分子具有特殊的魅力,甚至是对像丸山真男这样的人来说也是如此。尽管他们折衷取舍欧洲的知性传统,并且与共产党人保持一定距离。对大多数进步的文化人来说,马克思主义提供了理论与"科学"的框架,看起来通过运用封建主义的残余、资本主义的矛盾、虚伪意识和统治阶级阴谋的观点,就能够深入洞察并且阐释近期的这场灾难。这与美国关于

1952年初，日本女性表演传统舞蹈，欢迎载有美军家属的舰船抵达横滨港

236 日本"战争意志"的结构分析一致，并且给出了更为准确和公式化的见解。马克思主义也支持革命的乐观主义。在马克思主义者看来，战争暴露出明治"革命"的不完善性，而战败和盟军对日本的解放，无疑加速了向民主的、最终是社会主义社会的不可避免的转变。

对战争最有原则的抵抗，来自于执着的共产主义者，这一事实使得战后这些共产主义者具有了相当高的社会地位。德田球一与其他数百名共产主义者从狱中获释后，成了这个旧日英雄形象皆轰然倒塌的社会里，一夜成名的英雄。同样，1946年1月野坂参三从中国归来，吸引了大批民众。他也得到了英雄般的欢迎，据说甚至有保守派们参加。数月之内，野坂就在占领军主导下实施的战后第一次总选举中当选为国会议员。战败赋予了这些共产主义领导人超凡魅力，使他们沐浴在高洁和敏锐的政治性的光辉之中。基于同样的原因，战败帮助确立马克思主义与共产党自身成为明确的、现世的、普遍的理论源泉，超越了帝国主义国家破坏性的、排他的价值。

社会各个领域中的人们都以某种形式接受马克思主义，成了战败初期日本社会景观的生动特色，并且使大多数占领政策的美国规划者们惊诧不已。他们未曾料到，拥有特权的整个知识阶层有如此强烈的热情，会尝试推进超越资产阶级民主界限的革命。这些知识分子中，有些人追求更为激进的解放，结果陷入了论争的泥潭，但是许多人超越了公式化的马克思主义，开始提出根本性的问题："近代的自己"、"近代的自我"或者"近代人之确立"。这些问题被认为是任何真正的民主革命的基础。他们热心主张，没有明确的自我意识或者"自律的主体性"，就不可能期待个人与国家对立，保护民主的价值。既然日本文化未能确立起自律的近代自我的典范，知识分子便转向欧洲、俄国和苏联，以及美国，寻求可资效仿的个人和理念。[16]

日本在寻求"近代的自己"的身份的过程中，可谓屡受创伤：承认自己的失败经验，否定自身的历史和文化，向本身实行压制、资本主义和战争行为的西洋世界找寻效仿的典范。纵然如此，对于悔恨的知识阶级而言，外国的效仿对象依然有无穷魅力。在不同程度上，许多普通民众也感受到了这种魅力，同样分享了这种坚定不移走向"不可避免的"历史进步的陶醉之感。然而正如常见的情形，知识分子本身唤起了对他们世界大同的激进主义与那种安于现状的平民情绪之间出现的鸿沟的注意。一位显而易见的"进步文化人"清水几太郎，批评有关战败的论著，总是趋向于"或多或少以社会科学为立论基础，并且传达出'万事现在皆能解决'的乐观主义的基调"。在清水几太郎看来，普通读者通常会感到与这些认识大有距离，而且对罪与责问题的认识更加矛盾。[17]

无论他们的象牙塔看起来距离老百姓多么遥远，知识分子对社会却是影响深远。许多战后最有影响力的经济学家，包括享有盛誉的有泽广巳与大内兵卫，都是在马克思主义或者新马克思主义的理论框架之内运作。劳资关系研究的顶尖专家也是如此，例如未来的东京大学校长大河内一男。战后历史学、经济学和政治经济学领域最激烈的学术论争，是在战前马克思主义经济学论争的两个主导学派所建立的基础上展开的。整个学术体系，比如权威的东京大学经济学部，向全国的优秀学生实行马克思主义与古典派经济学、新古典派经济学折衷混合的教育。[18]

在自然科学界，著名物理学家坂田昌一等研究者和理论家，在诸如"民主主义科学者协会"这样的新组织中变得十分活跃。这一组织的成员，致力于利用科学达成民主主义与和平主义的目标。此协会宣称，"研究并且普及对民众有用的真正的科学"，"竭诚协助国民诸斗争。全国民众正热切期盼这样的协助"。几乎在顷刻之间，科学家们开始出版诸如《我们的科学》和《民主主义的科学》这样的读本，向更为广泛的大众开展普及教育。[19]

文艺界也刮过"革命"意识的狂风。最著名的事件是，1945 年末，大约一百位作家在东京有名的神田书店街集会，宣布"新日本文学会"的成立。许多著名作家都是发起人之一，而且他们立即制定出激进的活动方针。新日本文学会的宗旨是"团结所有民主主义的文学者，为民主主义文学的发展而奋斗"。它清楚地强调，曾经与"帝国主义战争"积极协作的作家不受欢迎。组织者邀请了 322 位政治审查过关的作家入会，其中有 173 人同意入会。

这些作家想象"民主主义文学"本质上应当是国际性的，尤其是应当对这些年来受到日本侵害的中国和朝鲜民众作出回应。新日本文学会发行的月刊《新日本文学》的创刊号，成了"8 月 15 日的记录"特辑。在稍后的一期上，批评家小田切秀雄宣称，25 位著名作家负有"战争罪责"，引起了大骚动。其他的新文学杂志也参与了揭露和批判。例如，1946 年间，《文学时评》开设了一个固定专栏《文学界的纠弹》，致力于揭发著名文学家的战争责任。像中野重治这样的著名作家，率直表达了在外国占领体制下利用既存的国家机构进行统治以期实现革命转变的困难，但是仍然对民主基本框架的确立与新的"民众文化"的形成抱有乐观态度。[20]

正是在这样的思想氛围中，迎来了严肃出版物的复兴。"悔恨共同体"的世界大同主义的倾向，在出版者匆忙推出的外国著作的广泛性上反映出来。仅试举一例，在新创刊的杂志《世界》的早期刊号上，就宣传介绍过包括托尔斯泰、高尔基、契诃夫、陀思妥耶夫斯基、歌德、巴尔扎克、纪德、马尔罗、法朗士、司汤达、柏拉图、康德、斯宾诺莎、卢梭、亚当·斯密、黑格尔、马克思、恩格斯、列宁、斯宾格勒，以及其他许多作者在内的新版和重新发行的旧版译著。以这种方式，马克思主义，在深深根植于马克思主义本身并且由此受益良多的日本知性传统的公共议论场域中重新登场。

知识界对战败与民主化反应的多样性和热情，远远超出英美"旧日的日本派"所能相信的限度。实际上，这些专家们的表现，跟一小撮日本的"老自由主义者"没什么两样,日本的老自由主义者们曾被期望积极协助民主改革,但是他们的通常所为却如同吉田茂一般,并非如此。这些专家对日本知识阶级的构成、他们的个人背景与学术背景,以及他们对战败和解放可能的反应都毫无头绪。在这一点上,为战后政策引入更为激进路线的非专家们,以他们对民主改革的"普遍"魅力的更加抽象和意识形态化的假想,倒是与日本知识界同气相求。

然而,即便是支持罗斯福新政的自由主义者和左翼人士也未能预见,许多日本知识分子会深受"悔恨共同体"感情的影响,也许他们会发现欧洲的思想,包括马克思主义,对重新定义知识分子的责任是如此关键。同样也没有人真正预料到,知识分子的思考,如此迅速地通过媒体渗透到了广泛的民众中间。这种"进步的"知识人的热情超出了美国的预期,并且与美国主流知识分子的行为大相径庭。占领当局因而也做出了回应。当总司令部中更为激进的改革论者培育并且支持左翼知识分子之时,警惕的反共主义者却将左翼知识分子打入黑名单并且等待时机,直到冷战情绪使得总司令部内部的改革论者不再信赖他们。

草根的参与

更为教条主义的左翼观点认为,全体日本国民确实必须经由他们指导,才能实现民主革命。这一左翼的或曰共产主义的前卫观念,建立在民众是落后的并且需要指导的前提之上。在这一点上,左翼精英主义者与征服者,或者想要在天皇的庇护和光环之下保持权力的保守派,没有多大差别。麦克阿瑟的总司令部、不情愿附和麦克阿瑟的改革议程的日本保守派势力、"进步的文化人"以及日本共产党,他们都以不同的方式,成为天皇制民主的实践者。

谈到知识者对共产主义的忠诚态度,事实上悔恨共同体有其特定的天然的心理成因。正是因为如此之多的知识分子感到自己战前的变节以及对军国主义的迎合有罪,所以他们通常抱着绝不重蹈覆辙的忠诚信念,来对待战后要求与党中央委员会的见解保持严格一致的共产党。像麦克阿瑟及其总司令部一样,共产党坚决要求党员无条件服从本党民主革命的正确路线。这种纪律性压制了党内批评,并且将许多悔恨共同体的知识者变成了新的教条和权威的信奉者。[21]

尽管左翼有关辩证法否定与矛盾的言说,可能会使普通民众敬而远之或者昏昏欲睡,但是知识分子倡导解放和个人价值的人文主义见解,的确引起了民众意识与文化的共鸣。全国性报纸的读者来信,反映出全国性的对"民主化"意义的关注。占领初期《朝日新闻》的一封读者来信,经常被后来的著述所引用。这封信暗示了当外国的日本问题专家将他们在东京上流社会不可能见识到的日本民众当作"顺从的畜群"不屑一顾时,他们对日本现实的理解是多么荒谬不实。信的内容如下:

> 看样子美、英、中、苏四国,尤其是美国和英国,强烈希望日本成为民主国家。如果将民主理解为人类理想主义的解放,那么没有人会反对。然而问题是,作为一个有三千年的历史传统和后进的资本主义国家,日本将会有什么样的民主形态。
>
> 仅略观美国和英国的政治体制就可看出,有不同的民主形式是不可否认的。这也适用于苏联和中国。因而,主持占领事务的美国瞄准事事遵从美式民主的目标并非好事。
>
> 必须承认,甚至是日本的封建领导者,也不会单靠封建性来维持自己的权力。他们也会考虑到日本国情的发展,并适应形势做出调整。很可能只视美式民主为民主的美国的好意,会将日本引入不幸的境地。我们已经受够了言论桎梏的束缚,如果在摆脱旧枷锁的同时,又加上了美国式的新桎梏,日本将会十分可悲。这样的担心也许太婆婆妈妈,但是我希望能促成各位有识之士对此的思考。[22]

一些接受占领军改革议程的日本人,严厉批判他们的日本同胞拥抱"民主"时的浅薄姿态。有名的佛教禅宗解说者铃木大拙致信《朝日新闻》,让读者警惕先前支持军国主义的著名佛教领袖,现在突然以民主的传道士自居。[23] 一位家庭妇女来信表示担忧,妇女选举权被赋予得太快,妇女们还不能完全领会它的意义所在。[24] 一位女性作家受到别人奚落,因为她先是对战时的军国主义领导者不吝赞美,然后突然转向去赞扬美国军人。[25] 电台的讽刺节目,用先前战后纸张短缺的笑话,极力讽刺翻新政治招牌的人导致了纸张短缺。一位喜剧演员惊呼,情形如此糟糕,人们在旧的宣扬"八纮一宇"(四海一家)的战时布告的反面,就

刷上了"民主"的标语。²⁶

如此之多的人几乎一夜之间，成了美国的崇拜者以及"和平"与"民主"的使徒。这种仓促转变当然有大量可笑可叹之处。玩世不恭者玩起这种转变的游戏很是拙劣，只是翻新招牌、更换包装，很容易成为讽刺的对象。更麻烦的是，日本民众对胜利者的反应，看起来都有些不可救药的天真、随遇而安或曰浅薄。甚至在遭受原子弹轰炸的长崎，居民们也是带着礼物欢迎第一批美国人的到来。（他们将玻璃匣子盛着的日本偶人，赠给了放射能影响科学调查团的领导者。）稍后他们又协助驻留美军举办了"原爆美人"选美赛。有一套连环漫画，以给两位漫画人物起名"小民主"（与此相反，保守派的语言游戏，则是利用日语的谐音，将 Demo-cracy 变成了"民主—苦"）的方式，欢迎民主的到来。有个请愿团体写信给麦克阿瑟，感谢他为日本带来了民主，并请他命令当地一位颇有资格却不愿参选的公民竞选。²⁷

尽管这些插曲很容易被视为民主革命无根无源的证据，但是同样容易注意到的是，持续的、令人着迷的关于"民主的传说"开始出现。媒体不知疲倦地讲述这些生动的事件，使得草根民众思考拥抱民主到底意味着什么。有时这些故事简直就是喜剧。譬如，一位澡堂老板由于燃料短缺，只能隔天轮流开放男浴室和女浴室。有一天他发现自己的计划破产了。在男澡堂开张的当天，来了一位老年妇女，她开始更衣并且拒绝出门，因为日本现在男女平等。她通俗泼辣地叫骂着："你说什么呢！跟过去不一样啦，现在可是男女平等啦！"²⁸

有些个人对自己权利的坚持，则不同寻常地严肃认真。战后不久，水户市高等学校的学生引发了全国的关注。他们联合抵制授课，迫使实行"军国主义的恐吓教育"的校长辞职。在东京，一所高等女校的女学生制造了轰动性的事件。她们公开谴责男校长贪污腐败，并要求课程改革。她们的行动是一种双重挑战：不仅是学生对老师，还有女性对男性的反抗。这一事件带动了多所高校的自发抗议，要求军国主义的学校当局和教师辞职，并且增加学生的权利。1945 年 11 月，东京、京都、名古屋和九州的大学生，开始成立学生自治组织，奠定了战后学生运动的基础。²⁹

1945 年 8 月 25 日，战前的妇女运动的领导人召开会议，检讨运动方针。一个月后,她们向政府请愿,要求妇女参政权,恰巧是在麦克阿瑟将军颁布这项基本的人权指令之前。11月的第一周,首个全国性的妇女运动组织成立了。战后消费者运动可以追溯到当年的10月9日,当时大阪的15位妇女成立了"主妇会",这是大米消费要求的发端。同月,东京警察病院的护士们,成立了最初的女性劳工组织,并且获得增加工资交涉的胜利。1946年4月,首次妇女具有参选权的国会选举举行,有69位女性候选人,其中39人当选。[30] 10月,战败后最初的男性工人的自发暴动,发生于朝鲜人和中国人的煤矿工人中间,旋即被日本煤炭工人跟进效仿。[31] 自10月开始,全国的新闻业界也发生了剧变,普通雇员向高层经营者和编辑者施压,要求他们辞职,以谢战争罪责。在全国的44家新闻机构发生了大规模的组织改革,包括读卖、朝日和每日新闻社。[32]

许多新的民主化的尝试是在地方上发生的,并未引起新闻报道的足够重视。例如,1946年夏天,横滨因为战事中断了五年的夏祭活动恢复,妇女破天荒第一次被准许加入扛抬御舆的行列,从而进入了男性垄

许多日本人热烈拥护最高司令官自上而下的革命。时为1949年1月总选举,这位女性候选人正在向路边的群众演说,听众中包括许多照看弟妹的儿童

断的祭祀活动的核心，由此进入了传统上妇女因为被认为身心不洁净而被摒除在外的神道领域。以这样的方式，一向受到珍视的惯例与过去的"淳风美俗"一起，从社会下层开始发生微妙的改变。[33] 同时，关于民主革命热烈的草根议论，也在不引人注目的出版物上进行着，如地方报纸、学校校报、企业或社团通讯。大量的政治意见交流活动，也在地方集会、小组座谈等新的美式讨论会以及民意测验中展开。就像《每日新闻》所言，民意测验是"加速新生日本的民主化"的又一途径。在数月之内，人们被征求了从天皇制到町内会等各种问题的意见。然而，他们却从未被问及对占领本身的看法。[34]

收音机也使大众对政治的参与达到了新的水平。1946年3月，一般的家庭平均每天收听节目5小时，使得无线电波成了至少像报纸铅字一样重要的信息工具和政治化的手段。战争年代曾经饱受争议的一档广播节目《真相箱》，在巅峰时期，每周收到1000到1200封读者问询信件。人气很高的《放送讨论会》节目，其特色是各领域的专家就特定话题在全国各地巡回，回答听众提出的数以千计的问题。[35]

政治选举的候选人，通常由NHK提供广播时间宣传政见。1946年4月总选举前夕，约有两千名候选人利用了这一机会。1949年的一项民意测验揭示，压倒多数的选举权人，都是"通过广播来选择候选人的"。[36] 所有广播节目的新策划中，反响最热烈的是"のど自慢素人音乐会"（"业余歌手音乐会"）。这个节目不太可能带来什么名利，但是它的创办是基于空前的、纯粹的、相当善意的平等精神。在战败之前，普通人能够在国家电台上一展歌喉是不可想象的。现在，参赛者从4岁孩童到耄耋老人，都汇集到一起向全国民众展示自己。[37]

这样的草根行动，以进步的知识者所理解的概念来衡量，可能未必是"革命的"，甚至未必是"政治的"，但是它们却悄悄地推翻了旧的等级体制，反映出民众对往往是具有自发创造力的更为开放的社会的接受能力。而谈到拥抱民主的表现，它们还只不过是冰山的一角。

改革的制度化

给最高司令官写信并且参加当地座谈讨论的男女民众，并非是在脱离现实的"真空状态"中谈论和平与民主。他们生活在一个直接触及日常生活的激烈的制度变革的世界中。旧的法律被废止，包括民法和刑法在内的新的法律被颁布。独裁统治的基础结构从根本上遭到破坏。农地改革几乎摧毁了地主与佃农的剥削制度。选举制度改革强化了参众两院制的立法机构的政治权限。宪法修改第一次确立了主权在民的原则，提供了甚至比美国宪法更加广泛的人权保障，并且将反对军国主义的理想作为国家宪章的核心。劳动法改革，使劳动者获得了前所未有的基本权利。教育改革使学校课程自由化，促进了男女同校的平等主义，并且扩大了上大学接受精英教育的机会。民法典的改革结果，消除了家长制的家族制度的合法基础，并且加强了女性在离婚和继承权等重要领域的地位。

245 　　这些变革，不仅为民主的繁荣发展创造了舞台，而且使日本人自身参与了建造这一舞台的过程。事实上，所有基本的改革，都是由大批日本的官僚、专家以及外围顾问贯彻执行或者鼓动提议的。他们的努力常常是创造性和建设性的。日本改革推进派的自发的贡献，可以得到方方面面的证实。例如，监督修订民法典的阿尔弗雷德·欧普勒（Alfred Oppler），放权让日本人自己决定是否完全废止得到法律认可的男性占支配地位的"家族制度"。欧普勒回忆说，他的部下从未命令或是敦促彻底废除古老的家长制，只是"热切关注日本人如何将其与新的宪法原则相适应。他们做的比我们期望的更彻底"。

　　与其他占领军官员一样，欧普勒发现，战败的打击刺激了日本人对"根本的价值观的重估"，甚至激起了一种"亵渎先前所崇拜的，崇拜先前所亵渎的"彻底破除旧习的欲望。在占领初期，美国方面的改革热情，与日本方面"开明地容许改革"的积极姿态互为呼应。在这样的大环境下，欧普勒与他的同事们宣称，他们"尽最大的努力不把日方命令得团团转，而是与他们平等地一起工作。自由地讨论、相互说服和达成妥协，而不是命令与服从"。[38]

　　这样的宣言当然不能单从字面上理解。日美关系实质上是不平等的，甚至是表面上的自由交换意见，总司令部官员的建议不容忽视的默契也依然存在。然而，就连西奥多·科恩，这位善于运作"任何命令都不得强制执行"的高手，也承认日本人的积极协助起到了非常重要的作用，偶尔甚至还超出他们主管部门的职责范围。1945年12月的《劳动组合法》，第一次使劳动者获得了组织工会、团体交涉和罢工的权利。这一法律的制定，几乎全部是著名法学家末弘严太郎领导的一个特大型咨询委员会的功劳。委员会的构成如下：三位厚生省官员和两位学者组成的作业委员会；包括热诚的共产主义者德田球一在内的 30 位成员组成的运营委员会以及代表大学、企业、政党、官员、社会事业家和劳动者的 130 人构成的全体委员会。同样，1947 年 9 月设置的劳动省，"从一开始，就是日本人自己的规划"。甚至第一饭店的一位女侍应生，也在劳动实践史上留下了自己的足迹。她成功地建议将战时称为"劳动奖励事务所"的劳动者雇佣机构，变更为"职业安定所"。她与总司令部的政策制定者之间的确切关系无考，或许不寻根究底就是最明智的做法。[39]

246

战后有关劳动的立法中，最有进步意义的一桩，是 1947 年的《劳动基准法》。这部规定劳动条件的法律的制定过程，首先要归功于一位有些不可思议的发起者——昔日的思想警察寺本广作。1946 年夏天，寺本未经通报就出现在素不相识的科恩的办公室，带来了一大部劳动保护法案的草稿。原来，寺本广作是厚生省劳动基准课的课长。他和他的部下们已经为这一草案工作数月。这一法案并非总司令部管辖的职责范围，同样它在日本政府的课题中也不占据重要位置。在科恩对这一故事的生动描绘中，《劳动基准法》的制定，成了日本中层官员支持民主化改革的光辉例证。

其实，寺本利用了战后的混乱状况，说服方方面面的实业家、官员和政治家相信，总司令部要求有强力保障工作条件的规定。在这样的掩护下，他和数名部下组成的小小团队，在恢复被军部搁置的战前劳动法规以及详细分析国际劳工组织规定惯例的基础上，几乎独力起草了全面的劳动保护基准法。直到寺本广作出现在科恩的办公室之前，总司令部对此法案一无所知。然而一旦这位意料之外的主动者取得了占领军劳动局的支持，寺本广作就能够告知日本方面的利害关系者，他们没有选择的余地，只能赞同附和美国人的愿望。有时候情况很棘手，看起来这游戏就要露馅儿了，但是最终这个偷偷摸摸的改革者小团体达到了目的。这一法案甚至包括一项女性生理休假的条款，被科恩的"工资与就业条件科"的美国女主管认为是史无前例，有些多余而琐碎。但是条款规定

第七章 拥抱革命　219

保留了下来。新基准法的第一条强有力地传达的个人价值观念,成了今日大家公认的民主革命的基础。它宣布,"工作条件,必须满足劳动者作为有价值的人的生活的必要需求"。这似乎并不是人们能够期望从一位昔日的思想警察口中听到的话语。[40]

一方面是命令与"说服"手腕的复杂较量;另一方面则是真诚的合作与自发的协助。这种情形在教育领域尤其突出。直到占领结束,最高统帅部的"民间情报教育局"一直严密监视教育领域的民主化推进。结果,文部省从战前的天皇制极端民族主义的严格监督者,变成了战后日本最系统和最热心的"和平与民主"的拥护者之一。没有人翻新招牌比教育家们更为狂热,当然这伴随着文部省内部不绝于耳的责骂之声。在这里,占领当局通过允许自由意见的表达和对真正解放的追求,又一次打开了压抑体制的缺口。这对教育者和被教育者双方的影响都是不可估量的。

在可以使用新的教科书之前,学生们一直被要求在他们老师的指导下检查教科书,并且将所有被认为是赞美军国主义、国家主义或者不太民主的章节,统统用墨笔涂掉。这种"涂墨"作业,其实在占领军进驻日本之前,就由日本政府自己开始了。对学生们和老师们来说,这是一项内心感受复杂的任务:既是对昨日的神圣教导的否定仪式,又是对广泛认可之事进行思考批判的实践锻炼。在战争中失去了父亲、哥哥和叔叔的ゆり・はじめ(由利初),战争结束时才13岁,他像许多孩子一样,永远难忘这种"涂墨"的经验。在横滨的家被空袭炸毁之后,由利初被疏散到了乡下,在当地上中学。学校很穷,需要学生自己抄写上课用的国语课本。占领军进驻之后,被认为最具有国家主义色彩的三门功课:修身、日本国史和地理(授课中赞扬日本帝国的海外扩张),被中断授课数月。同时,文部省和出版社正适应时代需求,加紧赶制新课本。其间,由利初被要求将他自己辛辛苦苦抄写的国语课本"涂墨"。这种经历令他饱受创伤。被涂黑的课本,让他觉得"反常而怪异",但是这一插曲留给他持久的思考:接受了的知识可以动摇,而教育本身并不是绝对的事情。数十年后,栗田亘回想起同样的经历:"我们将涂黑的书页,对着太阳照,如果还能看出字迹,我们就再涂上一层墨水。那天,我第一次被互不相容的价值观的混乱状态所困扰,从那之后这种感觉就一直存在。"[41]

激烈的教育民主化运动的要旨，体现在《新教育方针》之中，1946年5月由文部省颁布。多位学者应召起草原文，然后由文部省整理简化，颁发给全国的教育者。此方针声明，新制度的目的，是为建设"民主和平的文化国家"做贡献。为此，发展"教育者之间自律的、合作的态度"就势在必行。基于此精神，教师和教育管理者被号召，要对导致战争和国家悲惨现状的社会缺陷进行深刻反省。

《新教育方针》指出，明治时期以来的近代化，注重西方文明的物质方面，但是忽略了其背后的基本精神。日本人"学会了如何使用火车、轮船和电器，却没有充分发展制造出这些器物的科学精神"。同时，战争和战败的发生，是由于日本人没有对"人性、人格和个性"适当尊重，未能培养出理性的批判精神，导致军国主义和极端民族主义抬头。而"在此意义上，战争责任必须由全体日本人承担，必须为他们的罪行向世界深刻道歉"。谢罪只有通过贯彻执行《波茨坦宣言》和占领军当局的命令而实现，从而建设一个新的民主国家。在实现这一任务的过程中，教育者担负着重要职责。《新教育方针》详细阐述了"建设新生日本的根本问题"，教育者的使命共分六章：（一）日本的现状与国民的反省；（二）去除军国主义与极端国家主义；（三）对人性、人格和个性的尊重；（四）提高科学水准及哲学的、宗教的教养；（五）彻底的民主主义；（六）建设和平的文化国家与教育者的使命。第七章则详细阐述了教育者的任务：个性尊重的教育、公民教育的振兴、女子教育的提高、科学教养的普及、体育的改善、艺术文化的振兴以及勤劳教育的革新。

尽管许多文部省官员可能是被迫阐明和推进这项改革议程，但是《新教育方针》中贯穿的"反省"（那个年代喜爱使用的词汇）的说法，也带有他们自身思考的启示。比如，此方针提出，日本是个国家，然而并未形成真正的社会。因为日本人对国家秉忠诚之心，懂得如何做好家庭的一员，但是个人的感觉较弱，缺乏更广泛意义上的公共道德。这与当时"进步的文化人"确立自律的主体性的论争相一致。只是在《新教育方针》中，这一表述以更为平实的语言，进入了日本的课堂。[42]

这本占领初期的手册的彻底的改革主义风格，被文部省支持或批准

第七章　拥抱革命

的其他出版社大批复制，包括学校教科书在内。一本典型的小学课本《少年少女のための民主读本》指出，在当今世界，民主主义的理念超越了政治，延伸到经济和日常生活的领域。学生们被教导，自由应当被尊重，但是要与自私自利相区分。自由必须与责任一起行使。平等是民主主义的核心概念，但却不应与"同一性"相混淆。平等意味着机会均等。

《少年少女的民主读本》，直率地记述日本的被占领状态。"日本现在促进民主，是因为同盟国的命令我们不得不这样做吗？"这是课本上的是非题，以小学生易于理解的话表述出来："与《波茨坦宣言》相一致，同盟国正尽力使日本早日实现民主，并且重回世界的怀抱。然而，即便没有同盟国的说法，如果我们看看人类的历史，成为民主主义的国家、民主主义的国民，也是人们真正应该走的道路。"课本接下来介绍，和平主义，是日本和其他国家促进文明并且成为"学问、艺术和道德"兼备的文化国家的最佳手段。[43] 这与高深的知识分子杂志《世界》在其创刊号上所阐述的思想，并无二致。这毫不奇怪，因为这些新教科书的许多作者，都是自由主义和左翼的学者，他们就是"悔恨共同体"的成员。

几百万学生日常接触这样的思想观念，并且在与他们经历过的军国主义秩序大不相同的、自由洋溢的课堂氛围中吸收这些思想。教师们所受到的战败打击，往往异常惨痛。直到投降的瞬间，他们一直是天皇制正统的教练军人。现在一夜之间，他们被告知不但要改变思想，而且还要以过去同样的热情教授新的正统教义。自然，个体的反应千差万别。一些老师通过讽刺挖苦和苦恼的自嘲，用师生间更加民主的交流方式，介绍新的课本内容和思想。有人回忆起他的中学老师说，"我们今天学习什么呢？既然我们有民主，我必须问问你们的意见"。[44] 然而，大多数教师都能很快适应新的境遇。他们中的许多人，面对失败的战争有一种切肤之痛的责任感，因为如此之多的人死去了，白白死去，都是他们的学生。

许多教师心中充溢着对年轻学生死亡的悲痛，常常被自己鼓励他们走上毁灭道路的罪恶感所压倒，因而热心拥护和平与民主的理念。他们新产生的激进主义思想，又被眼前面临的贫困悲惨的生活环境所强化。

教师们大举成立工会组织，似乎是对过去盲目服从国家的弥补，他们普遍采取与国家权力对决的姿态。最强大的教师工会组织——日教组，与共产党关系密切。到1948年，满怀焦虑的最高统帅部官员，巡回于全国各地的学校之间，消除"红色"运动的影响。[45]

战后初期教育改革的理想主义氛围，在一本1951年出版的、受到高度评价的学生作文集《山びこ学校》（山音学校）中可见一斑。编辑者无着成恭，是山形县一所小型中学20岁出头的年轻教师。这本畅销书收录了43位学生三年间写作的散文、诗和报告。无着老师和他的学生们，成了著名的师生间理想关系的象征。而他的学生们的作文，成了全国普及"日常生活的作文"的教学运动的著名例证。

作文集出名之后，媒体群集于无着老师的小学校，众口一词地报道那里开明、民主的教学氛围。那里的中学生只有大约10%能够继续升学，但是每个人都赞扬年轻的老师对他们的好奇心与进取精神的培养。这些贫穷的乡村少年和他们的良师益友，感动了整个日本。一位学生后来回忆，当这位新来的老师第一次谈起"现在日本的民主萌芽是从美国借鉴而来，还不是我们自己的产物"的时候，他是多么地震动。无着老师对日常生活的作文的重视，是基于他的信仰：教育的目的就是"培育社会变革的力量"。从前的学生回忆说，由于背负着农地改革引发的混乱和严酷的日常生活的重担，当地的学生家长并不总是感激无着老师的所作所为，但是他对学生和当地民众总体上的影响和冲击，却是长久存在的。[46]

日常语言的民主化

日本教育制度的美国化，从大量新的借词的出现中就可见一斑。カリキュラム（curriculum，课程）、ガイダンス（guidance，指导）、ホーム・ヘーム（home room，本班教室）、ホーム・プロジェクト（home project，家庭作业）、コース・オブ・スタディ（course of study，学习课程）、クラブ・アクティビティ（club activity，社团活动），所有这些混杂的外来词和概念，都成了日本教育界的日常语言。[47]然而，这些输入词汇不过是新的课堂环境的一小部分，就像正规的学校制度的改革，只是当时彻底的民主主义的教育改革的一部分。1947年开始，在帮

助成年人"学习民主的意识、习惯和生活方式"的明确目的下,成人教育项目被引入。[48] 更有甚者,伴随理解战败与民主化的新世界的精神而来,数以百计的借用语进入了日本社会,日语的总体性质也发生了永久的变化。

日常语言的革命在日本历史上有两大先例。古代和中世的日本社会,曾经由于采用汉字书写系统以及大规模借用中国的文献和概念,产生了深远的变化。十九世纪中叶,封建的日本对外实行门户开放,导致另一个贪婪借用知识的时代的到来。这次主要是借用欧洲,还有美国。现在,对外国思想和习惯的第三轮消化吸收又开始了。出版社以其固有的活力,立即着手编写外来的新概念的目录,每年刊行流行新语的解说手册。

通常这些手册都是东拼西凑、编排平庸,涵盖了各个领域,既包括意义重大的词条,也有无足轻重的小词。大众文化领域的美国化,在日本化的英语借词词条中一目了然,如 pinup(招贴)、jitterbug(爵士乐迷)、boogie woogie(摇摆舞)、whodunit(侦探小说)。1948 年的版本包括下面这些重要的英语借词,alibi(借口)、"casting vote"(决定票)、ecstasy(入迷)、scandal(丑闻)、up-to-date(最新的)、Achilles' heel(阿喀琉斯之踵)以及 Amen(阿门),还有 4 个意味深长的俚语词:baloney(胡扯)、corny(粗俗)、hot(热门)、phony(假冒)。"Dark horses"(黑马)不经翻译就直接进入了日语,"ハバ・ハバ"(Hubba-hubba)一词很流行,虽然它的本意是男女之间眉目传情,但在日语中却有了迥然不同的"快点,快点"的意思。

奇异的和制英语新词汇,也不时跃然纸上。マネー・ムーン(Money-moon)就是这样的创造,意思是"以金钱为目的结婚者的蜜月"。英语借词"bestseller"(畅销书)也有一个对应词セックス・セラー(sex seller),指的是色情书籍。新的辛辣的俗谚成语也层出不穷。其中奇妙的"五せる",即对官员有怀柔意味的"五让"辞曰:"让他们吃,让他们喝,让他们抓钱,让他们抱女人,让他们装腔作势。"这个朗朗上口的俗语,如此不敬而且直白,是对传统的"尊官"说教的露骨讽刺,传达出当日痛快淋漓的打破旧习的风气。

1950 年初的街头风景。有人装扮成漫画人物白朗黛（Blondie）与大梧（Dogwood），为广受欢迎的连环漫画 *Blondie*（《金发女郎》）的电影版进行宣传。从 1946 年开始到占领期结束，*Blondie* 一直在全国性报纸上连载，它描绘了一个"典型的"美国中产阶级家庭，在推动日本民众对消费主义和物质享受的美式"民主"的羡慕方面，其影响难以估量

    这种新语详解手册多数是袖珍版本，携带方便。它们整体上生动地展示了流行的言语是如何被匆忙而又根本性地修订着。读者可以查询大量的借用语、翻译语、日本自造的新语以及复活语（军国主义者禁用语），它们不同程度地捕捉到了变化的新时代的精神。在这些新语词典中，"Open shop"（自由雇佣企业）、"Closed shop"（工会会员雇佣企业）与"picket"（纠察）、"scab"（工贼），"class consciousness"（阶级意识）与"social revolution"（社会革命），"feminism"（女权主义）与"feminist"（女权主义者），"public opinion"（民意，舆论）与"popular sovereignty"（主权在民），"four freedoms"（四大自由：言论的自由、

253

信仰的自由、免于匮乏的自由和免于恐惧的自由）与"transgression of human rights"（践踏人权）等词汇成对出现。[49]

时髦新词层出不穷的另一面，是先前随处可见的言论和标语口号的蓦然消失，如"八纮一宇"、"报国"等。直到战败，"报国"一直是使用频率最高的词汇之一，几乎可以跟任何行为沾边，如"产业报国"让人联想起"爱国的产业奉献"，"言论报国"则意味着"为国尽忠的公开言论"等等。现在，"报国"与许多说法一起被悄悄埋葬。不知何故，1948年的一本新语手册的编辑竟能躲过占领当局的审查，谈到这些战时的常用语，已经"随着广岛和长崎的居民一起"让原子弹炸成了死语废语。编纂者还说，迄今为止，最为流行的新词是"民主化"。实际上，"如此民主的状态，如果不穿着民主化的制服，甚至得不到定量配给"。[50]

显然，这些辛辣的时代记录的产生，是"民主化"自身的结果。但是这本身也说明，占领军自上而下的革命的制度化，的确存在某些问题。

注释：

1 引自1994年Peter Grilli制作纪录片 *Music for the Movies*：*Toru Takemitsu*（武满彻）时对小林正树的访谈，参见Linda Hoaglund的译文，*Positions* 2.2（Fall 1994）：pp. 382 – 405。

2 袖井林二郎、竹前荣治编《战后日本の原点——占领史の现在》（东京：悠思社，1992），上卷，p. 184。

3 吉田茂《大矶随想》（东京：雪华社，1962），pp. 42 – 43。亦可参见吉田茂，"Jūnen no Ayumi"，《每日新闻》，1955年8月9日。以及 J. W. Dower, *Empire and Aftermath*: *Yoshida Shigeru and the Japanese Experience*, *1878 – 1954*（Cambridge, Mass.：Council on East Asian Studies, Harvard University, 1979），第九章，pp. 305 – 368。

4 以"淳风美俗"意识为核心的战后保守主义的梳理，参见日高六郎《现代イデオロギー》（东京：劲草书房，1960），pp. 229 – 259。

5 Harry Emerson Wilds, *Typhoon in Tokyo*：*The Occupation and Its Aftermath*（New York：Macmillan, 1954），p. 19.

6 此处有关日本民众来信的论述，主要是参照袖井林二郎，《拜启マッカーサー元帅样　占领下の日本人の手纸》（东京：大月书店，1985），第一章。同时也参考了美国国家档案馆所藏信件："Subject File 1945 – 1952"，Civil Intelligence Section, Security Division, Assistant Chief of Staff, G – 2, RG331（boxes 232 – 236）；以及麦克阿瑟纪念馆（Norfolk, Va.）所藏信件："Personal Correspondece from Japanese,

Koreans and Others, 1945 – 1950", RG10（boxes 172 – 174）。关于 1949 年 12 月到 1951 年 6 月间日本民众致信最高统帅部的分析，参见冈本公一、塚原哲也，《占领军への投书に见る占领末期の日本》一文，收入日本现代史研究会编《战后体制の形成》（东京：大月书店，1988），pp. 251 – 274；文中有依据信件主题编制的详细分类（p. 252）。日本民众写给麦克阿瑟的一些早期信件，为当日的美国记者获悉；参见 Richard Lauterbach，"Letters to MacArthur"，*Life*，1946 年 1 月 14 日，pp. 4，7。

7 参见袖井林二郎前引书，pp. 171，191，261。

8 例如，参见袖井前引书，pp. 84，256。麦克阿瑟收到许多佛教徒的绘画和雕像，描绘其神性、智慧与仁慈。

9 袖井前引书，pp. 49 – 51，174 – 175。

10 关于送给麦克阿瑟的礼物，参见袖井前引书，第七、八章。这些礼物的数量和种类惊人，远远超出了此处所提到的。

11 有关这些来信的详细的分析统计，散见于最高统帅部内部的情报报告书中，如民间情报局（CIS）的定期刊物 *Occupational Trends*：*Japan and Korea*；如其中的 no. 25（June 2，1946），pp. 13 – 14。其他类型的信件，还包括表达反共或反朝鲜的情绪；参见前引之冈本、塚原《占领军への投书に见る占领末期の日本》，pp. 258 – 260，266 – 268。

12 此处所举的各种例证，多引自袖井教授的《拜启マッカーサー元帅样》一书。"我想给你生孩子"的归类，出自 Grant Goodman，他当时担任这些信件的译者（袖井前引书，pp. 141 – 142）。

13 丸山真男，《后卫的位置から——〈现代政治の思想と行动〉追补》（东京：未来社，1982），pp. 120 – 121。

14 据估计，在受清洗的 20 万人中，仅有 268 名学者与作家；参见袖井前引书，p. 24。

15 参见丸山前引书《后卫の位置から》，pp. 113 – 119。

16 关于"近代的自己"的论争的早期证例，是 1946 年 4 月 1 日《人间》杂志上的讨论，pp. 150 – 166。本书第五章论述夏目漱石、河上肇、三木清、尾崎秀实等人，相当程度上是源于对他们明确的自我意识和自律的主体性的认识。

17 清水几太郎的评论，见载于《东京新闻》1946 年 4 月 17 日，收入日高六郎前引书，p. 249。

18 关于有沢广巳等人的重要作用，参见 Laura Hein，*Fueling Growth*：*The Energy Revolution and Economic Policy in Postwar Japan*（Cambridge, Mass.：Council on East Asian Studies, Harvard University, 1990）。有关战前马克思主义的论争，参见 Germaine Hoston，*Marxism and the Crisis of Development in Prewar Japan*（Princeton, N. J.：Princeton University Press, 1986）。

19 引自金原左门、竹前荣治编《昭和史·国民のなかの波乱と激动の半世纪》（东京：有斐阁选书，1982），p. 290。《我们的科学》等书名，出现在 1946 年 3 月《文学时标》杂志的广告中。

20 《新日本文学》1946 年 3 月号，尤可参见其发刊宣言，pp. 62 – 65；小田切秀雄《文学における戦争责任の追及》，《新日本文学》1946 年 5、6 月号，pp. 64 – 65；中野重治《批评の人间性（その二）》，《新日本文学》1947 年 6 月号，pp. 2 – 9；

福岛铸郎《战后杂志发掘》(东京：讲谈社，1985)，pp. 110 – 112；讲谈社编《昭和·二万日の全记录》第 7 卷，p. 225。末文献下引为 *SNNZ*。

21 丸山真男在《后卫的位置から》一书中，详细论述了对共产党纪律"教条般的"遵从，是由于战前变节的经历，p. 117。

22 《朝日新闻》1945 年 9 月 12 日。江藤淳曾引用过这封信，参见他对占领的保守的批判著作《忘れたことと忘れさせられたこと》(东京：文艺春秋，1979)，pp. 58 – 59。

23 朝日新闻社编《声》(东京：朝日文库，1984)，第一卷，p. 158；这一《朝日新闻》的读者来信选集，下引为《声》。

24 《声》，第一卷，pp. 116 – 117 (1945 年 12 月 24 日)；亦参见 pp. 70，132。

25 读卖新闻大阪社会部编《终战前后》(东京：角川文库，1984)，p. 114。

26 平凡社编集部编《昭和世相史　ドキュメント　战后篇》(东京：平凡社，1976)，pp. 307 – 311。总司令部忽略了这个笑话的讽刺意味，竟审查认定此节目是"右翼的"。同样，可参见 1946 年 4 月号《人间》杂志对 1941 年 12 月 8 日鼓吹"圣战"者的讽刺，以及对 1945 年 8 月 15 日的"民主"的嘲弄，《昭和世相史》，p. 156。

27 Stafford L. Warren, M. D., "The Role of Radiology in the Development of the Atomic Bomb", 收入 Kenneth D. A. Allen 编, *Radiology in World War II* (Washington, D. C.：Surgeon General's Office，1966)。此书是 *Medical Department of the U. S. Army in World War II* 系列中的一部，该书第 890 页有调查团和偶人的合影留念；Joanne Izbicki, "The Shape of Freedom：The Female Body in Post-Surrender Japanese Cinema", *U. S. -Japan Women's Journal*：*English Supplement*，12 (1997)，杂志第 109 页刊有"原爆美人"选美赛的照片；东京烧け迹闇市を记录する会编《东京闇市兴亡史》(东京：草风社，1978)，p. 137；袖井前引书，pp. 285 – 286。

28 鹤见俊辅等编《日本の百年》(东京：筑摩书房，1967)，第一卷，p. 197。

29 *SNNZ* 7：160，263 – 264；历史学研究会编《日本同时代史　第一卷　败战と占领》(东京：青木书店，1990)，pp. 230 – 231。

30 *SNNZ* 7：154；《日本同时代史　第一卷》，pp. 231 – 232。战败之后，内务省的男性官员立即主张引入妇女参政权。这一事例，被认为是当日最少引起日方抵制的改革之一。参见草柳大藏《内务省対占领军》(东京：朝日文库，1987)，pp. 40 – 41；《朝日新闻》1995 年 5 月 25 日。

31 Joe Moore，*Japanese Workers and the Struggle for Power*，1945 – 1947 (Madison：University of Wisconsin Press，1983)，pp. 33 – 41.

32 前引之《日本同时代史　第一卷》，pp. 263 – 264。

33 前引之平凡社编集部编《昭和世相史》，p. 266。

34 如参见《每日新闻》的民意测验：1945 年 11 月 12 日 (政府选举)，1945 年 12 月 23 日 (町内会)，1946 年 5 月 27 日 (新宪法)，1946 年 12 月 16 日 (吉田内阁)；以及《朝日新闻》的民意调查：1945 年 12 月 5 日 (农地改革)，1945 年 12 月 9 日 (天皇制)，1946 年 8 月 5 日 (吉田内阁与政党支持)，1946 年 12 月 9 日 (家庭收入与日常开支)。

35 NHK 放送文化调查研究所，《GHQ 文书による占领期放送史年表》(东京：NHK，1989)。关于每日收听时间，见 p. 25；《真相箱》节目，见 pp. 38，44，47，64，

69,76,78,93,118－119,127;《放送讨论会》,见 pp. 35,65,75,107。亦可参见 Russell Brines,MacArthur's Japan (Philadelphia:Lippincott,1948), pp. 243－246。

36 日本放送协会编《放送夜话(续)·座谈会による放送史》(东京:日本放送协会,1970),pp. 85,89。

37 SNNZ 7:201.

38 Alfred C. Oppler, *Legal Reform in Occupied Japan:A Participant Looks Back* (Princeton, N. J.:Princeton University Press, 1976), pp. 116－117, 318;还可参见 pp. 74,149,156,172,222,233。

39 Theodore Cohen, *Remaking Japan:The American Occupation as New Deal* (New York:Free Press, 1987), pp. 100, 214－215, 236－239.

40 Cohen, pp. 231－233。有关这位日本中层官员(寺本广作)此举的动机,科恩的分析道出了事情的真相。Cohen 总结说,寺本广作"在战争结束数周后,就考虑起草全面的劳动保护法。哪怕当时破败的经济能够承受得住,此事也似乎根本不在日本政府的考虑之列。但是寺本认为那正是时候,当时极端保守派受挫,自由派的雇主明白必须保障工人将来有更好的生活,而许多企业正停工闲置,任何事情都不可能使情况更糟糕了。最终,只要我们真的想使日本民主化,寺本就可能得到 SCAP 的支持。这真是深谋远虑"。一位前内务省的"思想警察"竟然怀有如此进步的改革思想,事实上并不像初看上去那样反常。其实战时的官僚机构中有一批所谓的新官僚,或曰"革新官僚",他们拥有坚定的改革志向,其中许多人在战后的劳动改革、农地改革、财阀解体、地方自治以及教育改革等领域做出了贡献。他们对劳动政策改革的贡献,参见 Sheldon Garon, "The Imperial Bureaucracy and Labor Policy in Postwar Japan", *Journal of Asian Studies* 43.3 (May 1984):pp. 446－448;Gardon, *The State and Labor in Modern Japan* (Berkeley:University of California Press, 1987), pp. 235－237。更详尽的评述,参见 John W. Dower, "The Useful War", *Japan in War and Peace:Selected Essays* (New York:The New Press, 1993), pp. 9－32。

41 参见ゆり·はじめ的文章《教科书の败战体验》,载《思想の科学》1969 年 4 月号;收入《战后体验》(《人生读本》特别号,东京:河出书房新社,1981), pp. 39－44;Wataru Kurita (栗田亘), "Making Peace with Hirohito and a Militaristic Past", *Japan Quarterly* 36 (1989), p. 188。日本政府下令从教科书中删除军国主义的内容,始于 1945 年 8 月 26 日;参见 Yoko Hirohashi Thakur, "Textbook Reform in Allied Occupied Japan, 1945－1952" (美国马里兰大学博士论文, 1990), p. 146。

42 文部省,《新教育指针》(东京:文部省,1946 年 5 月)。此文献之节选,收入海后宗臣、清水几太郎编《战后二十年史 第五卷 教育/社会》(东京:日本评论社,1966), pp. 9－15。本人还要感谢明田川融教授提供给我《新教育指针》的前言与开头章节的副本,他是从曾经担任公立中学教师的祖父的文件中找到上述材料的。在尚未受到美方明显的直接影响之前,日本文部省的战后方针,由新任命的前田多门文相于 1945 年 9 月 15 日颁布。彼方针强调三大目标:护持国体、建设和平国家与发展科学;前引之《战后二十年史 第五卷 教育/社会》,p. 2。对战后初期教育发展的概述，参见 SNNZ 7：298 - 299。相关的学术著述，多强调日方在战后教育改革中的主动性之重要。参见 Gary H. Tsuchimochi，*Educational Reform in Postwar Japan*；*The 1946 U. S. Educational Mission*（Tokyo：University of Tokyo Press，1993）；亦参见 Edward R. Beauchamp 与 James M. Vardaman，Jr. 编，*Japanese Education Since 1945：A Documentary Study*（Armonk，N. Y.：M. E. Sharpe，1994）。

43 篠原重利《少年少女のための民主读本》（东京：国民学芸社，1947 年 7 月），pp. 1 - 32。此文献见于美国马里兰大学 McKeldin 图书馆的 Prange Collection 文库。

44 前引之《教科书の败战体验》，p. 43。文学者渡边一夫在 1945 年 9 月 12 日的日记中记录，听说一位小学教师告诉他的学生长大后要当兵向美国人复仇。这位老师教导说，如果美国大兵给他们糖果，他们应当把仇恨埋藏在心里并说"谢谢"；参见串田孙一、二宫敬编《渡边一夫败战日记》（东京：博文馆新社，1995），p. 85。

45 对教师们的反应的总体性批判，参见《日本同时代史　第一卷》，pp. 228 - 230。

46 左藤藤三郎，《山びこ学校をめぐって——その顷の村と教育》，《历史公论》1977 年 12 月号，pp. 50 - 56。作为当时对山びこ学校积极反响的例证，可参见《朝日新闻》1951 年 6 月的文章，收入朝日新闻社编《〈周刊朝日〉の昭和史》（东京：朝日新闻社，1989），第 2 卷，pp. 223 - 238。

47 大阪府编《大阪百年史》（大阪：1968），p. 1257。

48 大阪府编《大阪百年史》（大阪：1968），p. 1260。"成人教育"的释义，参见《现代用语の基础知识　一九四八年》（东京：时局月报社，《自由国民》特别号十四号），p. 134；新ジャーナリズム协会编《时局新语辞典》（东京：精文馆，1949），p. 100。

49《战后の新语解说》（该书出版者不明，出版日期应为 1946 年 11 月，藏于马里兰大学 McKeldin 图书馆的审查制度档案中）；前引之《现代用语の基础知识　一九四八年》；《时局新语辞典》；新语研究会编《新语辞典　时の言葉》（东京：テンリュウドウ，1949）；《战后用语辞典》，载《历史公论》1977 年 12 月，pp. 153 - 168。

50《现代用语の基础知识　一九四八年》编者前言。

第八章
实行革命

战后流行的大杂烩式的新词语，许多都与激进的政治活动有关。最早出现的两个术语"统一民主战线"和"民主人民战线"，指的是构想中的日本共产党与社会党的携手联合，最终却未能实现。这种语言风格与富有煽动力的表现，引起胜利者的震惊完全可以理解。日本之外的人，很难想象战败的敌手除了对胜利者屈从之外，还能有什么其他作为。更何况，大多数美国人从自己国内的民主经验出发，真诚地认为激进的政治运动完全超出了界限。

"粮食五一节"，似乎是另一项由左翼发起、对精心控制的自上而下的革命造成威胁的运动。这是发生于 1946 年 5 月 19 日的一场抗议政府陷入危机的粮食配给制度的全国性示威游行。自 1920 年起，日本的劳动者每年都庆祝"五一国际劳动节"（1889 年由国际社会主义者劳动联盟，即第二国际所设立，作为对劳动者团结的呼吁），直到 1936 年被政府禁止。战争结束后，庆祝活动在传统的 5 月 1 日这一天恢复，而"粮食五一节"，则是这种表达团结与抗议的传统活动连带的创举。同月，大学生们也宣布了他们自己的"学生五一节"。这一切都使征服者们感到困惑。

"生产管理斗争"也使他们感到困惑。从 1946 年开始，这种情况月复一月地持续。在这项大多是自发的工厂运动中，白领与蓝领劳动者一度掌握了企业的经营权，在经营者不在场的情况下，继续坚持生产。

回顾说来，胜利者由于未在日本经济重建中承担积极的角色，显然无意之中助长了旨在推进政治的自由化和社会改革的激进行动的风行。

实际上，在这种放任政策下，生产停滞、物价飞涨。工人阶级当然易于接受左翼的一系列诉求，而一大批学者和媒体也匆忙表明对激进改革的支持。如果说，战败的破灭，后果之一是导致了精疲力竭的虚脱状态，那么另一后果则是对"和平"与"民主"的衷心希求，而第三个结果则是对由启蒙先锋领导的自下而上的革命的期待——这种革命正是马克思主义者长期以来所倡导的。据辩称，这一目标可以无须暴力和流血就能实现。其挑战则是如何将征服者的民主革命和平地转换为社会主义革命。

可爱的共产党与激进化的劳动者

在战败后的混乱之中，早期的改革举措，比如释放政治犯、共产党的合法化以及制定像1945年12月《劳动组合法》这样强烈同情劳工的法律，在实质上都保障了比胜利者所预见或希冀的更为激进的运动的出现。由于获得了组织结社的自由，社会党和共产党迅速登上了政治舞台。由于获得了成立工会、团体交涉和罢工的自由，劳动者以令人震惊的速度和活力投身其中。无论社会党的左派还是中间派，都在选民和劳工运动中获得了重要的支持，重组的日本共产党，博得了无数媒体的关注，而且在工会组织中势力大增。

1946年1月中旬，众望所归的领袖野坂参三，从他长期逗留的中国共产党的根据地回到日本，日本共产党的诉求变得更为宽泛。野坂归来立即冷静地表示，顺应占领军的改革议程与人民的愿望，推进和平的革命。当野坂还在博多港至东京的列车上时，他就发表了著名的创建"可爱的共产党"的声明。"可爱的共产党"的说法，如此矛盾搭配的修辞使一些在场者深感骇异，同时却令更多的人感到魅力无穷。野坂参三抵达东京的共产党本部，被看作是一件名人盛事。（一家报纸困惑地报道说，无论是身着和服还是西装的年轻女性，都像追星族在剧场门口守候明星一样，等待野坂的到来。新闻报道复述当时热情的场面："太棒了！每个人都挥舞着红旗！真是妙极了！"）在野坂归国后的首次公开演说中，他谈到了目睹日本遍地废墟所造成的冲击。他警告说，特权阶级、保守官僚与"军国主义者和战争罪犯"仍然是民主化的极大障碍，并向他热心的听众们强调：创建民主的人民战线，"在今天，绝不只是意味着试图通过颠覆资本主义来实现社会主义"。作为将战时的军国主义宣传用语转而用于战后新的意图的绝好例证，野坂严厉谴责了"所谓的爱国主义者"毁灭了国家，并宣布"我们共产主义者是真正的爱国者和真正的民主主义的护卫队"。翌月通过的共产党纲领，显然受到了野坂的影响，纲领宣称"日本共产党，将通过和平与民主的方法，实现现在进行中的我国资产阶级民主革命，作为当下和根本的目标"。

野坂参三本人还缓和了共产党先前关于天皇制的强硬立场，他提出，尽管有必要反对作为"国家制度"的天皇制，但是天皇作为宗教领袖的更为广泛的问题，可伺真正的人民民主体制建立之后，交由民众投票选举解决。野坂最初于 1945 年 4 月，在延安与中国共产党人在一起时，提出了这一主张。是年 2 月，约 4 万人出席听取了野坂对民主人民战线本身（而不仅仅是日本共产党）作为"新的意味的爱国战线"的构想。[1]

尽管在 1946 年 4 月的总选举中，野坂参三与其他 4 位共产党人当选为议员，但是日本共产党的最大影响力并非在于议会政治场合，而在于组织工会和动员群众的抗议运动。共产党、社会党左派与右派，三方之间发生了争夺主导权的激烈斗争，最终共产党成功掌握了大约 2/3 的工会劳动者。考虑到工会运动的迅猛扩展，这的确是一次重大的胜利。到 1945 年底，工会会员达到 38 万人。一个月后，这一数字又增加了超过 100 万人。到 1946 年底，加入工会组织的工人数量上升到大约 560 万人，1948 年中，这一数字达到约 670 万人的峰值，当时非农业劳动人口中超过半数都加入了工会组织。[2]

由于通货膨胀同样深刻地影响着白领和蓝领劳动者，当时这两个阶层之间的工资差距正在缩小。其后果之一就是白领阶层广泛地加入工会组织。因为公共部门的工资级别比起私营部门要落后得多，所以公务员们对共产党的较具攻击性的主张更易接受。新加入工会的劳动者们，毫不犹豫地利用他们新获得的权利进行团体交涉并举行罢工，导致在整个占领期劳资纠纷事件频发。从 1946 年初到 1950 年底，劳资纠纷记录约 6432 起，涉及 1900 万劳动者，其中包括 3048 起罢工事件，有近 500 万劳动者参与。大多数纠纷集中于薪酬问题，并且得到了相当迅速的解决。[3]

工会迅速组织起来的社会基础，实际上是由于战争年代劳动者作为"总力战"动员的一部分，被按照会社、产业乃至全国的层面组织起来。一旦战争年代爱国奉仕的理由被摧毁，这些既存的工会组织和全国的联合团体，很容易被政治左翼动员起来。同时，更令人震惊的是，生产现场劳动者的激进化，推动了正式工会组织以外"生产管理斗争"的过激运动。由于缺乏共产党或是社会党方面的正式支持，"生产管理"运动，看来代表了草根层面真正激进的反资本主义思潮的出现。单个企业的雇员们，大多自主行动起来，接管他们所在的事务所、工厂或矿山，抛开企业主或管理层继续经营。

当初，"生产管理斗争"是一种激进的战略，其本身并非目的所在。劳动者们通过夺取生产的控制权，而不是通过罢工或停业，要挟管理者答应他们的要求。最初轰动一时的"生产管理斗争"事件，包括《读卖新闻》、京成电铁和三井美呗煤矿事件，都发生于1945年后半年的数月间。结果是劳动者的要求得以实现，从而也就放弃了他们所夺取的管理权。然而，事情很快变得明显，这一战略具有爆炸性的含义。夺取企业常常反映出劳动者方面相信：企业主和经营者们暗中蓄意破坏经济复兴，希冀这会促使美国人放弃他们的民主计划。通过维持生产，工人们把自己看作是渴望协助解决经济危机的人。除此之外，他们的接管行为也显示出日益成长的信心：他们能够做出基本决策，而先前这被视为管理者独有的特权。对某些激进主义者来说，在战败的日本，生产管理运动似乎是新生"苏维埃"出现的信号。

毫无疑问，这一运动戏剧性地挑战了资本主义关系中劳资双方泾渭分明的界限，在投降时期的混乱和匮乏中，极大地吸引了旁观者的注目，而并非仅仅是像看上去那样简单：工人接管一批工厂。工人们维持生产的努力，往往获得公众的支持。在许多事件中，他们居然成功地增加了产量，从而既证明了自身的管理才能，又证实了被他们排挤到一边的经营者和所有者的不称职或者蓄意破坏。成功自有后来人。1946年1月，有13起"生产管理"事件被报道，2月20起，3月39起，4月53起，5月56起。每月有成千上万的工人参与其中，主要集中于东京地区和机械工业领域。此后事件的数量开始下降，但还未达到使政府和企业界安心的水平。从1946年6月到1947年2月，每月平均约有30起"生

产管理斗争"事件发生。⁴

日本政府与盟军统帅部,不失时机地谴责劳工和左翼严重干扰经济复兴。这一招十分阴险。工人们的要求几乎始终是合情合理的,只不过是想在经济混乱时期获得最低生活保障。尽管工会组织善于利用新获得的罢工权利,然而大多数罢工持续期都很短。实际上,他们最流行的战术是"二十四小时罢工"。盟军最高司令官(SCAP)的统计资料显示,到1948年7月,仅有一个月例外,罢工中"人日"(即一个人一天完成的工作量)数量的损失,从未超过全部可用人日总数的1%。⁵另有些许作业时间由于生产减速或其他战术而损耗,但较之于资本方囤积战略物资、向黑市转移货物和故意的延迟行为,简直可以忽略不计,更不用说与政府处理财政和经济危机的无策无为相提并论了。无论如何,真正的问题在于,"自下而起的革命"的威胁,是否真正超出了旧有的劳工运动和选举政治的界限。

"红旗的海洋"

1946年春,革命浪潮更加高涨。经过曲折复杂的幕后操纵,吉田茂于5月22日首次组阁。后来他满怀感慨地谈起,自己在"一片红旗的海洋"中就职的情形。⁶吉田的回忆实在是毫不夸张。他所崇拜的"日之丸"旗被占领军当局所禁止,短时间内取而代之的,就是街道上飘扬的红旗。

吉田清楚记得的红旗,主要是与工人而非共产党联系在一起的,从4月10日总选举前夕开始飘扬在大街小巷。妇女首次获得投票权,选民们面对的是至少代表363个政党的2770名候选人。数百名保守派政治家被清理出局。尽管半数以上的候选者隶属于五大政党之一,但是95%的候选人是从未担任过公职的新人。保守派候选人有明显的优势,他们继承了被清除的前任政治家们的选举地盘,而左翼候选人还在为建立新的支持基础而努力。⁷

总选举前3天,由69个工农团体和45个文化团体发起的集会,吸引了大约7万人聚集到东京市区的日比谷公园。这次集会是旨在推翻反动的币原政权而召集的"人民大会"。由运输业工会提供的50多辆大卡车,将参加集会者从东京各区载往会场。国铁工会的成员安排临近县的

被禁10年之后,国际劳动节纪念活动于1946年恢复。劳动者们尝试用英语口号呼吁社会党和共产党的"人民战线"。(照片背景中要求保护工作的母亲们的标语,有拼写错误。)妇女参加群众和劳工示威活动的传统,可以追溯到战前军国主义分子上台之前

1946年5月中旬惹人注目的"粮食五一节"示威活动,其背后的动力,就来源于这样的邻里集会。当地的家庭主妇们抗议政府匮乏的粮食配给体制。她们打出的草席标语"让我们吃饱饭好干活",具有鲜明的本土质感,使人回想起第一次世界大战之后席卷日本的"米骚动",那次风潮也是由家庭主妇们领导的草根抗议活动引发的

农民免费乘车前往。朝鲜人劳动者有自己的工会组织，他们派遣了数千人与会。据《朝日新闻》报道，日比谷公园甚至连树上都站满了人，到处红旗招展，标语"林立"。

《朝日新闻》感情洋溢的报道，使得示威活动听上去更像是日本中世纪战争纪事中的战斗场面，尽管标语布告上的口号明显是当代的："打倒币原内阁——有钱人的拥护者和人民之敌！""建立人民政府，结束饥饿！""经由人民之手的民主宪法！"自由主义者如石桥湛山，也加入了共产党和社会党的演讲者中间。他后来很快升任为吉田茂内阁饱受烦扰的大藏大臣。民众激烈地质问他，叫喊着他应当下台，除非是与保守派断绝关系。各项决议在鼓掌和欢呼声中通过，包括经由"民主革命"推翻政府。

受此次集会的激励，约5万民众继续行进到首相府邸请愿。警方声称，在后来发生的混乱对抗中，有几名警察负轻伤。当民众冲破大门，开始向首相官邸进发时，警察也开枪了。尽管未造成严重伤亡，但还是导致配备有装甲车和架设在吉普车上的机关枪的美国宪兵队介入，以恢复秩序。由德田球一率领的13人代表团，最终被允许进入首相官邸并且提出要求。但是币原首相本人直到第二天下午才召见他们。在会见中，德田告诉币原，说他如此肥胖，绝不可能是靠政府限定的每月500日元的国民收入限额过活。抗议者们的言辞变得如此严苛，上了年纪的币原首相惊惶失措，最终逃离了会见室。[8]

总选举的结果是将一批所属各异而又毫无组织的议员选举到国会，直到最终吉田茂才拼凑成立联合内阁，致使即将去职的币原留任达6个星期之久。当政治家们忙于争论、讨价还价之时，粮食配给制变得更加混乱无章，民众的不满在"五一国际劳动节"的纪念活动中得到了创造性的宣泄。5月1日，全国各地的主要城市都发生了集会游行。据警方记录，参加集会的人数是125万人，但据组织者方面推定，集会人数是这一数字的两倍。东京的参加者人数令人震惊，多达50万的男人、女人和孩子，涌进了皇居前的广场。

此前一天，一位横滨的工人在日记中简短记述："昨天是天皇的生日，并非节日。但明天的国际劳动节，我们将休假一天……世界变化真大啊！"新闻报道传达出同样的认识变化。《朝日新闻》的版面，上面的标题是"与世界一致的、历史的国际劳动节";中间的标题是"百万劳动者大团结";下面的标题则是"向民主日本努力前进"。一位富于同情心的美国左翼记者马克·盖恩(Mark Gayn),目睹了这一事件。在日记中,他将其描绘为连续不断地歌唱和不同寻常地洋溢着热情和欢乐的一天。盖恩写道:"尽管天空是灰色的,但这是一次欢快的集会。到处充满了热情和我在日本从未见到的自信。"在别的场合,他也提到"充满不可思议的欢乐的一天,或许是战争囚徒重获自由时的那种明亮的喜悦"。盖恩评论说,红旗使人联想到劳工运动,而不是叛乱。当他通过翻译询问一位工人为什么示威时,被告知"因为我相信民主国家的主权应当属于人民"。诸如"让我们吃饱才能工作"的标语口号,一如既往地唤起着对粮食危机的关注。其他人则呼吁"即时结成民主人民战线!"性别平等的新认知,在诸如"男女同工同酬"等标语口号中体现出来。[9]

对《朝日新闻》备感兴奋的时事报道员来说,这些事件表现出"向建设民主日本迈出的强有力的一步,像凤凰从战争灾难中重生"。组织国际劳动节庆典的执委会,自认为是承袭《波茨坦宣言》和同盟国对日政策的精神进行活动。而这一点,事后被证实过于天真。在显然是为SCAP和同盟国准备的信函中,组织者们以这样的言辞开篇:

> 我们向同盟国采取解放日本国民、赐予他们自由、保障工农权利的措施,表示最深挚的谢意。
>
> 受此鼓舞,我们希望根除封建的、独裁的压迫;基于日本国民的真正意愿建立人民政府,绝不再次破坏世界和平;实现政治、经济和社会环境不再威胁国民的生活;并且成为世界公认的和平民主国家。

信函接下来逐条详细说明"官僚、资本家、地主和其他的利益集团"如何妨害这些目标的实现,从而揭露他们是"民主革命真正的敌人"。[10]

5月12日,东京世田谷区下马一带的居民举行了小规模的索要大米配给的"区民大会"。这成了本月第二个"五一节"——"粮食五一节"

的灵感来源。野坂参三出乎意料地出现在现场，或许是被"可爱的"革命的新精神感染而过于兴奋，他令人震惊地宣布，除了直接向天皇请愿别无他法。这一想法得到了其他演说者的赞同。一系列决议被通过，并将作为"国民之声"一同呈交给裕仁天皇。于是下马的示威活动参加者分为两队，一队向世田谷区政府请愿，另一队则向皇居进发。

在皇居他们与皇宫卫士发生了小型的非暴力冲突，此后113名举着零星的红旗的男人、主妇和孩童，被准许进入皇宫地界，向一位宫内省的代表递交他们的要求。时代真是变了！在这次史无前例的闯入事件中，他们真的检查了皇宫的御膳房，在那儿他们自然发现了一般家庭的饭桌上看不到的食物。他们的行为，鼓舞了面临配给问题的东京其他地区的"粮食示威"活动，并成为引燃一周后"粮食五一节"的星星之火。

当世田谷区被指派的地方官员谦卑地上书天皇，请求对此次无礼事件的原谅时，当地居民则迫使他们辞职，并要求继任者当由选举产生。这是草根民主意识的一次重大表现。因为在战前的政治体制下，甚至早在军部掌权之前，独裁控制就通过指派官员形成的密集网络，贯彻到每个居民区。现在当地居民，包括强大的家庭主妇军团，不仅不服从权威，还竟然要求改变它。

"粮食五一节"当天，大约25万人聚集在皇居前的广场上。后来，由于这一事件此广场被命名为"人民广场"。尽管一直有女性参加这样的示威活动，这次出席的家庭主妇和孩子们，与教师率领的女学生队伍，仍然格外引人注目。一位背着婴儿的虚弱的母亲，向群众诉说她所在的居民区已经两周得不到大米配给了。她说由于只能"喝米汤和吃野菜做的团子"，她根本没有乳汁给孩子哺乳。当她向群众讲话的时候，孩子的哀泣声通过扩音器阵阵传来。一位五年级的男孩也同样发自内心地控诉。他告诉人们，他渴望补上被战争打断的学校功课，但由于粮食危机导致授课时间缩短，这变得不可能了。德田球一对天皇的揶揄赢得了喝彩："我们在挨饿。而他怎么样呢？……可能天皇只会说，'啊，是那样吗？啊，是那样吗？'"[11]

然而，5月中旬发生的这些事件，其意识形态矛盾混乱。最大的原因是，民众的抗议运动，竟然采取了上奏天皇的形式。5月19日通过的决议，很快整理成向天皇的正式请愿书。在请愿书中，天皇依然被传统地尊为"君主"、"最高权力者"，被恭请对民众的意愿进行适切处置。请愿者们申述，请求天皇采取措施，排除导致日本濒于饥饿和毁灭边缘的腐败的政治家、官僚、资本家和地主。作为对他们的取代，天皇应当支持包括工人、农民、社会主义者和共产主义者的联合战线。[12]

自下而起的革命，其思想观念的混乱状况，在这次陈情书中生动地体现出来。天皇当然毫不令人意外地拒绝接受。正如在写给麦克阿瑟将军的私人信函中，经常矛盾地混合着对自由民主的赞颂与奉承话一样，自认的左翼们，也以其不可思议地向绝对的权威天皇进行传统请愿的方式，玷污了这次要求创建民主的人民政府的运动。德田球一可能会因为他对天皇的小小揶揄而自得其乐，但更大的讽刺则是，共产党在激烈冲突的时刻，竟然选择了拥戴君主制的做法。

考虑到请愿发生的时代背景，对"最高权力者"天皇的请愿活动，就更加显出异样：宣告国民主权的新宪法草案刚刚颁布；第一次承认男女平等普选权的总选举刚刚实施；在产业领域工人们公然挑战传统的劳资关系；女性作为一支政治力量登上历史舞台；学生们则要求扩大自治；人们第一次自由地公开谈论、传播关于天皇的玩笑。而左翼的领导者们却选择了在此时机，谦恭地向天皇请愿，恭请他解决粮食危机，批判腐败官僚，并对民主革命事业进行指导。世界民主革命运动史上，鲜有如此滑稽荒唐的一幕。

裕仁天皇最后的反应早在意料之中。5月24日，在他自划时代的投降时刻以来的首次广播中，他重申对国民团结的要求。正如他在战争中一直所做的那样，天皇表达了他对人民疾苦的深切关注。他总结说，值此艰难境地，"朕切望国民实行家族国家的传统精神，来应对困境，勿念一己之利害，在重建祖国的道路上努力前进"。这完全是老套的言辞，20年来的战争和压抑期间一贯如此。当日天皇的广播重播了三次。[13]

对于战后初期的大众运动来说，其意识形态的矛盾混乱是意料中事。出人意料并且带来比示威者错位的维护君主制的做法或是天皇了无新意的空泛言辞更为严重的后果的，则是最高统帅的严厉态度。在日本建立民主政府的过程中，日本人民可以一定程度"采用武力"的问题，在《投降后初期的对日方针》的政策文件中，就已经明确阐释，是有章可循的。这保证了当发生针对根除封建的专制主义倾向的行为时，只有在威胁到占领军安全或者其他基本的占领目的之场合，最高统帅才能干预其事。[14]

1946年5月的示威活动，远未达到如此界限。的确是发生了一些混乱的行为：首相的官邸连同他本人的尊严都受到了些许伤害。当然皇宫的御厨房也被平头百姓的闯入玷污了。尽管最终有数百万人参与了遍及全国的集会和抗议活动，却没有发生破坏和严重的暴力行为，没有发生死亡事件或者严重的伤害事件。更没有对占领军的安全和权威造成任何的威胁。尽管如此，但是5月20日麦克阿瑟认为时机已到，他警告日本人民"日益增长的有组织领导的集团暴力行为的倾向，造成了对日本未来发展的重大威胁"。

最高司令官的警告令，谴责了"少数捣乱分子的过激行为"，这一在日语中被译为"暴民デモ"的字眼，带来了对半年前由最高统帅下令废除的《治安维持法》中所使用语言的冰冷记忆。字典对"暴民"的定义为"暴徒，聚众闹事者，叛乱分子"，"デモ"则是来自英语的借词，即"demonstration"（示威）。4、5月间发生的民众风潮，尽管自身充满矛盾，但仍然是民众反抗腐败无能政府的历史性的象征，却被以这样恐吓性的字眼，蒙上了暴民统治的污名。

马克·盖恩在他的日记中写道："这一声明产生了令人震惊的效果，我回想不起任何美方的动作曾招致过如此巨大的反响。它使工会本部和左翼政党事务所大为惶恐，也使保守派阵营毫不掩饰地欢呼雀跃。"第二天，麦克阿瑟召见还在苦苦思虑组阁事宜的吉田茂，并许诺额外的美国粮食援助以抵制饥饿。翌日，一直以来意气消沉的吉田茂宣布组阁成功。[15]

这只是胜利者在实现民主革命是否许可的手段之间划下明确界限的一个信号，而他们最终倾向了保守派一边。当麦克阿瑟和裕仁天皇一前一后发表声明之际，对日理事会东京会见的美国代表，同样抓住5月抗议运动的时机，打响了同时针对苏联与日本民众运动的反共战役，认定它们之间密谋勾结。甚至是对五一节集会组织者呈交同盟国方面的信件，美国代表也毫无理由地断言，有从一种"外国语言"翻译而来的痕迹，即暗示这是俄国人写的信。这种轻慢、污蔑的方式，很快成了拒绝任何真正激进的民意表达的惯常做法。[16]

这种严厉打压的保守倾向,在有名的"标语牌事件"中表露无遗。在此事件中,"粮食五一节"的许多暧昧之处都有所展现:来自社会底层的自发运动,向天皇哀告的同时对天皇绝妙的嘲弄以及美国人自身对天皇的崇敬之情。涉案的标语牌,是一块由精密机械厂工人、共产党员松岛松太郎书写并带到示威现场的粗糙的布告牌。布告以半文半白的语言,戏仿天皇庄严的口吻写道:

诏书
国体得以维系,
朕饱食终日。
你们人民,饥饿死去。
——钦此

标语牌的另一面,有一段不太经常被引用的话:"为什么不管我们怎样拼命工作都得挨饿?答案就是,裕仁天皇!"[17]

这份天皇诏书的仿作诙谐放肆,无论松岛与其工厂的共产党团体是如何想出来的点子,都表明了一种迹象,即经过数十年的以天皇为中心的思想统治之后,人民表现出来的有益健康的破除偶像的精神。但是政府却不这么认为,而是于天皇"家族国家"敕语发表的当天,以不敬罪(旧刑法第七十四条)签署了对松岛的逮捕令。值此之际,刑法典的修订正在盟军司令部主持下进行,而是否保留战前不敬罪的条款仍然争执不下。标语牌事件,成了保守派政府能够在何种程度上隔绝对天皇批评指责的试金石。[18]

对大多数接受了国民自由权利思想的日本人而言,事情总是出人意表。这一事件再次让人回想起《治安维持法》的恐怖年代。占领军当局竟然允许开庭审理此案。当美国人最终要求日本政府将不敬罪的条款从刑法中去除之时,他们却允许对松岛进行审判。松岛于6月22日被起诉。10月,显然是迫于最高司令部的压力,起诉的罪名改为"损毁名誉"。11月2日,东京地区法院判定松岛松太郎有罪,并处8个月监禁。但在第二天,松岛就由于新宪法颁布和天皇实施恩赦被开释了。

松岛松太郎对有罪的判决提起了上诉。1947年6月，上诉法庭裁定，松岛的确犯有不敬（而非毁损名誉罪），但是已经因为天皇恩赦被免于执行。当这位倒霉的举标语牌的人，试图向最高法院提起上诉时，诉状却于1948年5月被驳回。理由是恩赦使他的公诉权无效。从天皇方面看来，这不失为展示天恩宏大惠及最不知恩义的臣民的绝妙例证。但是对大多数民众而言，标语牌事件，更像是暗示新的天皇制民主边界的指示牌。[19]

取消自下而起的革命

当麦克阿瑟以申斥"少数捣乱分子"为大众运动降温之时，民众运动并未完全冻结。"粮食五一节"一周之后，东京地区约20所大专院校和专门学校的上千名学生，以"学生五一节"的名义，发起了第三轮"五一节"示威。他们不仅呼吁教员、学生和职员的大学自治，还号召学生们在搜查"战犯教授"活动中发挥积极作用。以某种傲慢的姿态，这些天之骄子们也证实了他们与"大众"在民主革命中的团结一致。[20]

"学生五一节"所选择的日期，体现出日本民主化进程中一项持久不变的特征，即出于运动成功的考虑，以某种方式与日本国内运动的先例联系起来。5月1日的集会，是借日本庆祝"国际劳动节"17周年之际举行的。导致粮食五一节达到顶点的"索米"运动，使人回想起第一次世界大战后的米骚动，当时由家庭主妇们抗议粮食不足引发的全国规模的抗议运动，宣告了"大正民主时代"的到来。与此相似，"学生五一节"所选择的日期，是著名的"滝川事件"13周年纪念日。在那次事件中，京都帝国大学的滝川幸辰教授，因为自由主义思想遭到驱逐。在这些学生示威运动中，涌现出的反军国主义思想和对既定权威的怀疑姿态，导致了翌年激进的"学生组织全学连"（全日本学生自治会总连合）的创立。

尽管美国的食品输送避免了5月中旬预期的严重的粮食危机，但是其后持续破坏性的通货膨胀，无情地抵消了工人们赢得的每一次工资增长。1947年初，据国铁工会推算，国铁工会成员的平均工资只够承担家庭生活费用的1/4。[21] 在此情形之下，工会活动家即使是在麦克阿瑟发布警告之后，仍然在工会组织方面获得了惊人的成功。反共产党系的社会党领导下的日本劳动组合总同盟，以及对手共产党系的全日本产业别劳动组合会议（简称产别），皆创立于1946年8月。两个月后，产别领导动员了全国范围的"十月斗争"。在这次运动中，由于劳动争议损失"人日"（劳动者一人一天的作业量损失），首次也是唯——次，超过了理论上全劳动产出量的1%。这次斗争的一个契机，是由于政府解雇大量国铁工人和其他部门的公务员。继之而来的是，日本劳动史上最大的事件——1947年2月1日的总罢工计划。

起初，由于受到共产党系工会所代表的300万工人与中立派及反共系势力的支援，总罢工计划是"和平革命"激进构想的分水岭；最终这一事件却成为了左翼反美主义的转折点。依照计划，罢工期间政府机关和主要产业都将关闭，除占领体制赖以运营的必要部门以外，通信业务也将停止。罢工策划者承诺，将不会妨害粮食输送，而国铁也将继续为占领军提供服务。当2月1日逐渐临近，全国的紧张气氛愈加浓厚。甚至连偏远的乡村地区，也出现了支持罢工的布告。"青年队"组织起来以保护罢工；对共产党的支持日增；在国铁的列车上，出现了号召打倒吉田政权的标语。

1月30日，当劳动组合指导部与政府之间的交涉完全决裂时，总罢工的趋势看来在所难免。翌日午后，麦克阿瑟将军进行干预，宣布他不允许"诉诸如此致命的社会武器"。由此，"二·一总罢工"变成了政治传说。保守主义者们在5月20日麦克阿瑟警告"少数捣乱分子"时，还只是欣欣鼓舞，至此则欣喜若狂。工会领袖公然洒泪，他们中的激进者，现在已经苦涩地将美国视为善于欺骗的真正的"人民"民主之敌。

左翼对美国胜利者是伪善者大于解放者的新见解，由伊井弥四郎令人难忘地传达出来。伊井是日本全官公厅劳组共同斗争委员会（简称全共斗，意即全国政府机关和公共企业机关职员工会）议长，他关于最高统帅干预的见证说明，成了战后日本劳工运动史上无法磨灭的痕迹。据伊井所述，他于1月31日夜，被盟军司令部经济科学局长马夸特（William Marquat）少将召见，并被命令签署中止罢工的声明。伊井反问道："这叫什么民主？"他声称日本的工会组织是民主的，政策决议由大多数人投票决定。因而他没有权力取消计划好的罢工。伊井徒劳地向马夸特尽力保证，罢工者并未企图妨害占领军事务或是粮食输送。此时，马夸特明显发怒地拍着桌子,七八个美国宪兵冲了进来,挥舞着手枪以示威胁。这时轮到伊井被激怒了。他质问美国人为何以暴力相要挟,并大喊:"日本工人不是美国人的奴隶!日本工人不是傻瓜!"当冷静下来之后,马夸特命令宪兵离开,并找来另一位工人领袖,劝告伊井说,许多工会已经决定放弃罢工了。伊井此时才同意起草声明中止总罢工。声明当场就被翻译成英文并且得到了马夸特的批准。当身影总是无处不在、热情洋溢的、激进的德田球一突然出现在NHK放送局,喃喃说出"停止罢工"的时候,伊井弥四郎虽不情愿然而别无选择的结论得到了确认。

在伊井弥四郎最为黯然的时刻,他仍然尽力传达出诚实和希望的印象。在广播取消罢工的声明时,伊井对马夸特批准的文本进行了改动。伊井昭告他的劳工支持者们,人常常不得不进二退一。他向"工人和农民"高呼万岁。他声音嘶哑、饱含深情地流泪。身穿军用短上衣的伊井,一只手拿着眼镜,擦去眼中泪水的照片,将他极度的苦闷留在了民众的记忆之中。他的许多听众也哭泣了。当然,这也被后来的左翼叙事建构成了神话:"无尽的愤怒的泪水,工人们本能地对日本政府和美国人感到愤怒。"数年后,伊井弥四郎将此称为重要的时刻,由此,美军占领当局"只是在口头上拿民主欺骗日本民众"变得一清二楚。尽管1947年4月的总选举产生了短暂的社会党领导的联合内阁,而且工会成员的数量持续增长,但是对"二·一总罢工"的镇压,却标志着劳动者作为平等的一员分享"民主"权利的可能性开始终结。[22]

并非只有盟军司令部和日本保守派对共产党抱持不信任的态度,工会和左派的领导人也相互对立,从而分裂为共产党员、同情共产党者、各色社会民主主义者和充满敌意的反共主义者等各种帮派。至少,日本共产党对占领初期"和平的民主主义革命"运动的贡献,具有双刃性。毫无疑问,共产党人在鼓舞和组织民众力量、对抗反对改革的日本政府和拖改革后腿的企业方面,比任何其他势力团体发挥出了更加有效的指导力量。然而与此同时,激进的左翼也常常蔑视政治民主的"资产阶级"性,并且表现出贬低由最高统帅推进的政治和公民权利重要性的倾向。

"粮食先于宪法",是1946年5月大众斗争中日本共产党打出的旗帜。考虑到饥饿和飞涨的物价，对于平民生死攸关的状况，这种主张是可以理解的。然而，它却反映不出对政治民主制度化的积极承担。与其战前的立场相一致，日本共产党更加倾向于关注打倒"封建遗制"或"反动政府"，而不是对权利的创造和扩张。无论在党外还是党内，日本共产党都很难说是多样性见解的支持者。这一自命为真正的人民民主运动先锋队的集团，实际上却损害了真正有效的、具有广泛支持基础的民主联合政权的出现。而另一方面，任何其他的进步团体，无论自由主义者或是社会主义者，其拥有的激情勇气和使命感都无法与这个时代"可爱的日本共产党"相提并论。[23]

当时经济形势继续恶化，可预见的恶性循环相继发生。共产党人和工会的激进派变得更加具有战斗精神，对盟军总司令部日渐敌视，使得美国人越发倾向于放弃改革、接纳保守派官僚。占领体制日趋保守化，反而驱使激进派的斗士发表更加强硬的声明和采取更为敌对的行动。起初，最高统帅部开始在公职人员内部搜集不受欢迎的"赤色分子"名单，很快这些名单引起了高度重视。1948年夏，占领当局的劳动政策逆

日本共产党在战后合法化，从最初欢呼占领军为"解放军"，转而成为批判占领政策"倒行逆施"的重要力量。日本共产党强大的号召力，在此照片中可见一斑。这是1949年2月，人们正在听极富魅力的日共领袖德田球一演讲

转,取消了公务员的罢工权利。而公务员由于在薪金低廉、解聘危机方面首当其冲,往往站在激进工会最前卫的位置。与此同时,占领军当局在幕后不懈策划,在工会工人内部推出恶毒的反共主义的"民主化"运动。

到了1949年,"赤狩"(逮捕赤色分子)成了占领下新的流行语,以日本式的英语恰如其分地表达为"レッドパージ"。起初占领军内部称之为"排除捣蛋分子",在占领当局官员、保守派政治家、日本政府官僚和企业经营者的密切协助下进行,主要目的是在企业和产业层面解散激进的工会组织。为此,1949年末至1950年6月25日朝鲜战争爆发期间,公共部门大约有11000名工会活动家被解雇。战争开始后,"赤狩"扩展到了民间私营部门(包括大众传媒),至1950年底导致另外10000到11000名左翼雇员被解雇。与"赤狩"并行的是"赦免",那些先前由于积极支持军国主义和极端民族主义而被"永远"开除的对象,重新恢复公共活动。[24]

1950年1月,野坂参三自认作为"可爱的共产党"政策的责任人,甘愿受到苏联控制的"共产党和工人党情报局"(1947—1956)严厉的公开批判,日本共产党陷入一片混乱。5月18日,日本共产党中央委员会经政治局批准,发表了富于战斗精神的52页长文。对共产党抱有敌意的记述者,恰如其分地将其概括为举行"'可爱的共产党'的葬礼"。对共产党员和激进派而言,其后的事态发展迅速而且具有灾难性。5月30日,美军阵亡将士纪念日典礼在皇居前的广场上举行,由于共产党的示威而被迫中断。在构成占领印象速记的富有象征性的行为中,这一次走得最远。在意图破坏占领的日美间的首次暴力冲突中,4名美国人遭投掷石块和殴打,为此8名日本示威者被逮捕。共产党机关报不计后果地刊登了他们的照片,并赞誉他们是"爱国者"。6月6日,麦克阿瑟命令日本政府将日共中央委员会24名成员全部"开除公职"。翌日,他将开除对象扩大到了共产党机关报的17位编辑人员。尽管共产党及其机关报未被查禁,但主要领导人包括德田球一和野坂参三在内,在占领期间都被迫转入地下活动。德田球一设法逃亡中国,6年后在北京逝世。[25]

尽管最终被边缘化,但是左翼以重要而持久的方式,对勾画日本民主化的轮廓做出了贡献。正如在欧洲的大部分国家,各种版本的马克思

第八章 实行革命 247

主义已经成为政治思想和政治实践活动的有机组成部分,而激进的或者异端的观念,已经在日常生活中见惯不惊。考虑到工会和左翼在动员大众运动方面大获成功,尽管他们遭到了削弱,但是仍然成为不可小觑的政治力量。在经济方面,其后果之一就是产生了与美国模式迥异的资本主义形态。日本有影响力的经济政策决策者,往往在精英大学中受过马克思主义或新马克思主义的著名经济学者的熏陶,赞同国家积极干预经济的必要性和诉求。保障工作安定和消除经济差距的政策目标,在日本被广泛接受。而企业的经营和管理者,虽然避免激进的、独立自主的工会运动的出现,但是他们与工会领导人合作,促进与"企业内工会"之间劳资关系的协调,正面应对工会方面的诸多要求。

尽管占领军当局的"倒行逆施",帮助确立起日本国内保守派的政治家、官僚和企业家的统治权,致使他们的支配地位一直持续到二十世纪末的今天,但是共产党和社会党人继续在国会当选,并且在有关公共政策的议论场合获得注目。他们成为日本默从美国冷战政策的最为明确的批判者,同时也是(此处绝无反讽之讥)其后数十年间,占领当初非军事化和民主化理念的最为坚定的拥护者。

注释:

1 藤原彰编《日本民衆の歴史 第十卷 占領と民衆運動》(东京:三省堂,1975),pp.61-62;野坂参三《野坂参三选集 战后编》(东京:新日本出版社,1976),pp.3-19;社会运动资料刊行会编《日本共产党资料大成》(东京:黄土社,1951),pp.52-56;历史学研究会编《日本同时代史 第一卷 败战と占领》(东京:青木书店,1990),pp.221-223。

2 这些官方数据见于多种文献。如大河内一男《战后日本の劳动运动 改订版》(东京:岩波新书,1961),p.75;亦参见日本共产党调查委员会编《占领下日本の分析》(东京:三一书房,1954),pp.205-207。后一文献是日本共产党对占领的正式批判。

3 大河内《战后日本の劳动运动 改订版》,p.41;日本共产党调查委员会编《占领下日本の分析》,p.207。

4 有关生产管理斗争的基本英文文献,是 Joe Moore, *Japanese Workers and the Struggle for Power, 1945 – 1947* (Madison:University of Wisconsin Press, 1983),本书第104页对此有全面统计。还可参见大河内《战后日本の劳动运动 改订版》,p.48,以及《朝日年鉴》1947年版,pp.234-235。

5 Miriam Farley, *Aspects of Japan's Labor Problems* (New York:John Day, 1950),

pp. 82 – 85, 97。

6 Shigeru Yoshida（吉田茂）, *The Yoshida Memoirs*: *The Story of Japan in Crisis*（Boston: Houghton Mifflin, 1962）, pp. 75, 200, 228。有关吉田茂惧怕左翼的更为宽泛的背景，参见 J. W. Dower, *Empire and Aftermath*: *Yoshida Shigeru and the Japanese Experience*, *1878 – 1954*（Cambridge, Mass.: Council on East Asian Studies, Harvard University, 1979）, 第八章。

7 Junnosuke Masumi, *Postwar Politics in Japan*, *1945 – 1955*, Japan Research Monograph 6（Berkeley: Center for Japanese Studies, University of California, 1985）, pp. 96 – 97。

8 讲谈社编《昭和·二万日の全记录》（东京：讲谈社，1989），第 7 卷，pp. 238 – 239；此文献下引为 *SNNZ*。亦可参见 Moore, pp. 170 – 177，以及原始文献 Mark Gayn 的 Japan Diary（New York: William Sloane, 1948）, pp. 164 – 169。

9 Gayn, pp. 196 – 200；*SNNZ* 7：250 – 251；历史学研究会编《日本同时代史　第一卷》, pp. 226 – 227。

10 书简的全文，参见队日理事会的议事录，收入 Moore 前引书，pp. 178 – 179。

11 *SNNZ* 7：260；Gayn 前引书，pp. 226 – 231。

12 文件的全文，参见朝日ヅャーナル编《昭和史の瞬间》（东京：朝日新闻社，1974），第 2 卷，p. 160。亦参见 *SNNZ* 7：258 – 260。

13 朝日ヅャーナル编《昭和史の瞬间》, p. 166。天皇玉音放送的全译文，见载于 SCAP 盟军司令部, *Summation*: *Non-Military Activities in Japan* 8（May 1946）, p. 31。

14 美方《投降后初期的对日方针》中的关键部分如下："此方针乃利用而非支持日本现有之政府形态。日本人民或政府发起的旨在消除其封建专制倾向的政府形态之改变，将得到允许和支持。如果上述改变之完成，涉及日本人民或政府对反对者动用武力，最高统帅将只在必须确保占领军安全及其他一切占领目标达成之时，进行干预。"

15 Gayn, p. 231。麦克阿瑟的声明之全文，收入 Moore 前引书，p. 184；亦可参见盟军司令部民政局, *Political Reorientation of Japan*, *September 1945 to September 1948*（Washington, D. C., 1949）, 第 2 卷，p. 762。GHQ 内部制作的机密然而广为散发的谍报报告书中提到，"五一节庆典盛况空前。它们展示了占领当局给予日本人民的新的自由与工人阶级的政治活力，倘以适当引导，可以成为日本民主重建的潜在力量"。在 "法律与秩序" 的条目下，此报告书记录 "尽管示威者人数众多，内务省报告说全日本绝无暴乱或秩序混乱发生"。至于麦克阿瑟的警告令，据说 "民众整体的情绪十分平静。发生了零星的暴力行为，但是性质皆不严重。然而不能排除形势恶化的可能性。于是 5 月 20 日，最高统帅为防止极少数捣乱分子发动暴乱与进行人身威胁而发出强烈警告。警告令占据了日本媒体的突出位置，并且收效显著。此后群众游行的数量大幅减少"；*Summation*: *Non-Military Activities in Japan* 8（May 1946）, pp. 29 – 30, 37。

16 Moore, pp. 179 – 180.

17 *SNNZ* 7：260。根据某些记录，松岛所在的会社与 "日本共产党" 的字样，也出现在标语牌上，如参见朝日ヅャーナル编《昭和史の瞬间》, p. 166。标语的最后一行("钦此")是手写体,因而并未仿冒天皇的玉玺。

18 并非只有松岛的标语牌嘲弄天皇。一名年轻的女示威者,当时挥舞着一条制作粗糙而又措辞粗鲁的标语,大意是说"嘿老头,如果我没的吃就得死,可我不买快死的";*SNNZ* 7:257。

19 《战后史大事典》(东京:三省堂,1991),p. 804;*SNNZ* 7:260,266,281,302,308,312。总司令部在这件事情上的立场,参见 Alfred C. Oppler, *Legal Reform in Occupied Japan:A Participant Looks Back*(Princeton, N. J.:Princeton University Press, 1976), pp. 74, 165–168。

20 三一书房编集部编《资料战后学生运动》(东京:三一书房,1968),第 1 卷,pp. 51–52。亦参见 *SNNZ* 7:263。

21 历史学研究会编《日本同时代史 第一卷》,pp. 193–198, 213。

22 Moore 对中途夭折的"二·一总罢工"前后工人运动的发展有详尽论述,参见 Moore 前引书, pp. 185–243。关于总司令部的敌对立场,参见 Theodore Cohen, *Remaking Japan:The American Occupation as New Deal*(New York:Free Press, 1987), pp. 277–300。有关日文文献,参见劳动运动史研究会编《占领下の劳动争议》(东京,劳动旬报社,1972), pp. 9–69,尤其是 pp. 48–55;以及左藤一郎《二·一スト前后》(东京:社会评论社,1972), p. 241。伊井对事件的回顾,参见《世界》1951 年月号"二·一总罢工"回想特集。其中的一幅著名照片,收入 *SNNZ* 8:45。

23 《朝日年鉴》,1947 年版, p. 103;历史学研究会编《日本同时代史 第一卷 败战と占领》, pp. 220–228, 236–238。

24 与此相关的背景,参见 Dower 前引书, pp. 306–368。1948 年,"赦免"一词已经成为当时的基本用语;参见《现代用语の基础知识 一九四八年》(东京:时局月报社,《自由国民》特别号十四号), p. 29。

25 日刊劳动通信社编《战后日本共产主义运动》(东京:日刊劳动社,1955), pp. 55–60;社会运动资料刊行会编《日本共产党资料大全》, pp. 391–395;Rodger Swearingen 与 Paul Langer, *Red Flag in Japan:International Communism in Action 1919–1951*(Cambridge, Mass.:Harvard University Press, 1952;Greenwood Press 再版, N. Y., 1968), pp. 199–212。

第四部
民　　主

第九章
天皇制民主：楔入

直到日本投降，天皇一直是国民教化的最高的献身对象。每个奔赴战场的士兵都随身携带着《战阵训》，开篇是："夫战阵者，乃基于大命，发挥皇军之神髓，攻必取，战必胜，遍宣皇道，使敌仰御稜威之尊严而感铭之处也。"袭击珍珠港之前4个月，一本重要的小册子《臣民の道》出版。执笔的御用理论家不厌其烦地强调，天皇是天照大神的直系子孙，日本是神统治的国家。"皇国臣民之道需排除自我功利之思想，第一要义乃奉仕国家，以扶翼天壤无穷之皇运。"忠与孝是帝国最高之美德，《臣民の道》极力谴责"个人主义、自由主义、功利主义和唯物主义"败坏了淳风美俗。天皇裕仁神圣不可侵犯。天皇领导的战争是圣战。天皇所体现的德行是唯一的而且是永恒不变的。[1]

然而事实证明，天皇裕仁也善于随机应变。当他身边忠心不二的臣子纷纷被问责、开除公职、追诉战争罪行乃至处以极刑之时，天皇本人却仰赖天助，具体而言是有赖于麦克阿瑟将军相助，终能全身而退，毫发无损。天皇在日本侵略行径中所扮演的角色，从未被认真追究。甚至连为以天皇的名义或者在天皇准许下进行的镇压和暴力行为承担道义上的责任，都受到了美国人的劝阻。当天皇身边的人提出天皇退位的可能性时，最高统帅也断然拒绝。实际上，占领军当局选择了不仅将天皇个人从以天皇的名义进行的圣战中解脱出来，而且将天皇重新置于新生民主国家的中心。

天皇的这种魔法般的变身，在政治和思想上产生了深远的影响。正义被肆意抛弃。有关战争责任问题的严肃追究被引入歧途：既然国家政治和精神的最高领袖对最近的事态发展都不负责任,那么何以指望他的普通臣民能够自我反省?战后的政治意识变得混乱不堪。尽管由最高统帅部起草的新宪法,将天皇重新定义为"国家的象征与国民统合的象征,其地位是基于行使主权的日本国民之总意",但是维持天皇制与重新神化裕仁个人——这本来是两回事,尽管经常被混为一谈——却严重损害了国民的主权地位。通过这位"象征的"君主,世袭特权得到了重新肯定,同时天皇依然是这个国家父权制至高的标志。尽管在日本早期也曾有过女天皇的统治,然而战胜者仅准许日本延续男子继承王位的近代传统。此外,天皇仍然是所谓的人种的纯粹性与文化的同质性的体现者。

从这一角度看来,"国民统合"实际上是表达旧有"家国"思想的新形式。和谐与等级被认为在价值上高于竞争和个性,新的天皇象征仍然体现着十九世纪和二十世纪初所发明的"大和民族"的特性,从而排斥朝鲜人、高加索人、中国大陆和台湾人等一切外来人种成其为"日本人"。抛开宗教和国家的正式分别不谈,天皇仍然是日本本土神道教的大祭司,在皇宫中举行深奥的仪式,并前往伊势神宫向他的神的祖先禀告。所有这一切仍然让他成为种族隔离和血统民族主义的最高偶像,体现着想象中的、使日本人有别于并优越于其他民族和文化的所谓永恒本质。

以君主统治年数来纪年的年号制,在当今日本一直保留了下来(这一特殊"传统"始于十九世纪中叶)。因而始于1926年裕仁天皇即位的"昭和"时代从未中断,无疑是过去的根基的连续性的历法宣言。[2] 昭和时代一直持续到1989年才终结,直到这位战前意识形态理论家们供奉的从前的"现御神"(以人的姿态存在的神),终于在89岁高龄过世。以日本历法计,裕仁天皇逝于昭和六十四年,占领期(昭和二十年到昭和二十七年)不过是他统治时期中短暂的插曲。对于保守派而言,这是贬低战败时期重要性的绝好方法,而天皇本人晚年也一直强调,日本的价值观没有变化。[3]

天皇制具有不可否认的巨大魅力。即便是日本共产党,一涉及天皇问题,也会跌跤、出丑。然而当日本战败之时,天皇制,当然还有裕仁本人,正处于极端的危机状态。日本的精英分子们在其一生中,目睹了世界上许多看起来伟大强盛的君主制的崩溃，这通常发生于战争结束之时。而在日本国内，破除旧习者也敢于公然嘲笑天皇。在战胜的各同盟国内，要求将裕仁作为战争罪犯进行起诉的呼声很高而且持续不断。甚至是强力拥护天皇制的外国人士，如前驻日大使约瑟夫·格鲁也确信，至少天皇无法推脱签署宣战诏书之责。日本投降后数月，格鲁仍然设想"裕仁将不得不退位"。[4] 天皇近侧的许多顾问也畏惧这确将成为现实，因而到1946年，日本政府主要致力于不但护持"国体"，而且确保现任天皇在位。

吉田茂在其自传中，赞扬麦克阿瑟是日本的"伟大恩人"，这不是指他带来了民主的礼物（对此吉田抱有相当的保留态度），而是指最高司令官在空前的危难之中，维持了君主制并拥护令人敬畏的现君主。[5] 吉田是对的：盟军最高统帅在这些事务上的影响力是决定性的。回想起来这也是可以预见的，因为最高司令官有关处置天皇的政策，早在投降之前就确立了。

心理战与"天子"

麦克阿瑟战时司令部的心理战专家们，自然是全神贯注于当前的军事目标，而非战后的计划。虽然如此，他们提出的加速前线日本军队投降并破坏日本本土士气的建议，却是建立在对战后也不曾变更的敌人行为模式分析的基础之上。战时研究的几位关键人物，将会陪伴麦克阿瑟抵达东京，并继续为有关天皇的事务出谋划策。

在这一点上，没有人比邦纳·费勒斯（Bonner F. Fellers）准将的影响力更为重要了。他是麦克阿瑟的军事秘书和心理战行动的负责人。费勒斯早年是位日本人心理分析专家，1934—1935年以陆军上尉衔，进入设立于Fort Leavenworth的司令部与总参谋部的幕僚学校。在那里，他完成了一份名为《日本兵的心理》（*The Psychology of the Japanese Soldier*）的研究报告，此报告颇具先见之明，而费勒斯本人也一直坚守此立场。在报告中，费勒斯早在4年前就预见了日美战争的爆发，甚至预言了一旦战争形势恶化，日本将采取自杀式的神风特攻队战术。日本人的忠心和军纪的严明使他感铭于内，尤其是与第一次世界大战中美军临阵脱逃的高比率形成了鲜明对照。他总结说："在思想方式上，今日之日本人与美国人差异如此之大，宛如一直生活于不同的世界，分隔了数百光年之远。"他顺便述及，日本人将西方式的民主看作是"一时的性格"。1944年夏，当麦克阿瑟的司令部开始严正敦促日本人在战场上投降时，费勒斯制定了《日本解答》(Answer to Japan)，这份报告实际是他的"心理学"研究的修订版，并被用作同盟国情报人员的指南。另外，费勒斯继续向军界的熟人们散播他昔日的论文。1944年他向其中一位提及："今天我仍然可以对此研究一字不改。"[6]

尽管费勒斯可以接收到大量的原始的和经过加工处理的情报素材，包括在战场上缴获的日军公文、信函和日记，报纸和广播的译稿，战俘的供词，此外更不用说还有各式谍报机关的报告，然而他在很大程度上却依赖于随手可得的英文出版物。实际上，他宣称"现有的关于日本人心理研究最好的书"，是十九世纪末二十世纪初的一部经典著作：小泉八云的《日本——一个解释的尝试》(Japan—An Attempt at Interpretation)。[7] 费勒斯及其研究人员依据这些内部资料与公开出版物对日本人心理描绘的轮廓，至少在内容上具有一致性的优点。因为依据大多数官方文件，一旦麦克阿瑟的部下们将观点写成了报告书，就会不断地在其后的报告中蹈袭。单单通过不断的重复，早期的不确定的看法，很快就会被罩上真理的光环。

到1944年中期，费勒斯阐明了对天皇的角色的看法，此后这一说法在本质上一直没有变更。麦克阿瑟有关天皇的政策，显然不是对战败后日本真实状况的任何严肃调查的结果，而是来源于他自己司令部的一位业余的心理学家和人类学家所作的战时分析。他后来在占领初期的声明和决定，最早的脚本都可以在费勒斯及其部下的政策建议中发现。

作为一条基本规则，麦克阿瑟的宣传专家们注意实行避免因为攻击天皇而激怒敌人的战时方针。[8] 这与一般的美国战争方针相一致，后者禁止针对皇宫的军事袭击，甚至是口头上中伤裕仁天皇的宣传。虽然这种克制表面上的理由是：日本人对天皇具有宗教性的敬畏，如果天皇受到攻击，日本人甚至更易于顽抗到死，其实除此之外还有其他考虑。1944年7月，战略作战局（O.S.S.）的一份内部报告称，"除掉现任天皇的意愿值得怀疑。天皇个人更倾向于稳健派，将来可能会产生有用的影响"。[9]

像 O. S. S. 与其他情报机关一样，在战争的后半期，麦克阿瑟的司令部相信天皇掌握着不仅是日本投降而且还有战后变革的关键。如费勒斯及其部下所言，目标就是要通过说服日本人"军国主义分子"不仅愚弄了他们，而且背弃了他们的圣主，从而在军部领导人和天皇（及其臣民）之间"钉入楔子"。一句话，西方的宣传家们预备介入重新建构天皇的形象，将天皇与近二十年来以其名、在其治下并且由其积极协力的日本帝国的诸政策相分离。

有一次，费勒斯坦承"作为天皇和公认的国家首脑，裕仁不可能逃避战争罪行。他是太平洋战争的一部分，而且必须被看作是太平洋战争的挑起者"。[10] 然而在他的《日本解答》的结论中，他发出了迥乎不同的声音。他指出，天皇将不仅对影响日军投降不可或缺，而且还是战后组建和平倾向政府的精神核心。这一政府被假设将由现已年长的保守派精英们组成，包括那些早在军国主义分子上台之前就已执掌大权的贵族的袭承爵位的子孙们。这一结论值得大段征引，因为历经一年时间和数百万人的战死之后，将由费勒斯重提这些见解，以助麦克阿瑟论证保留天皇制和裕仁在位的正当性：

> 对于东方的持久和平而言，日本完全的、无条件的投降是不可或缺的因素。只有经过彻底的军事灾难和由此带来的混乱后果，日本人民才能从他们是高人一等的优越民族、注定要成为亚洲霸主的狂热说教中醒悟过来。只有战败及巨大伤亡的刺痛，才能使人民相信军国主义体制是可以被打倒的，是他们狂热的领导阶层将他们引向了灾难之路。
>
> 日本人在肉体和精神上都是顽强坚忍的。但是在对日本本土人民极端痛苦折磨过程中的某一时刻，希望冷静的保守派能够顷刻之间看到光明，并及时拯救自我。
>
> 一败涂地的战争结局将使所有人明了，军国主义分子愚弄了他们的人民。
>
> 但这不是全部。要让民众意识到，军国主义分子背弃了他们神圣不可侵犯的天皇的信赖。他们将天子，帝国的神圣统治者，引向了毁灭的悬崖。那些欺瞒天皇的人不能在日本存在。当这种意识出

现，长期潜伏的保守派，日本的宽容的势力，将可能会发挥出真正的价值。他们可能会有充分的领导能力掌握政府，做出必要的让步，以保有残存的日本列岛、日本人民和他们的天皇。由天皇许可的和平，将会得到全体的接受。以这种方式，我们的对日战争，有可能在必须完全毁灭日本之前得以终结。

在和平条款上绝不能手软。然而，废黜或是绞死天皇，将会引发全体日本人极大的激烈反应。绞杀天皇对他们而言，就相当于对我们来说把耶稣钉死在十字架上。所有人将像蚂蚁一样奋战到死。军国主义分子的地位将被无限巩固。战争将会过度拖延。我们将不得不付出更为惨重的伤亡代价。

我们中有些人鼓吹对全体日本人的屠杀，这实际上是种族灭绝。亚洲战争已经带来了如此之多的痛苦，带走了如此之多的生命，对日本人而言任何命运已皆不足惧。可是，一旦日本的武装军队被摧毁，军阀倒台，人民彻底知悉战争的恐怖，就有把握停止屠杀。无辜受死的平民越多，生者的感觉就会越痛苦、越持久。我们执行屠杀的青年一代将会精神失衡。这将有悖于我们的基督教信仰。

美国人必须引导而非追随事态的发展。在恰当的时机，我们将允许在天皇及其臣民与东京的军国主义分子双方之间"钉入楔子"。如果我们对敌人了若指掌并巧妙处置，将会避免数年的浴血奋战。当日本被完全打败之后，美国式的正义必须应当成为道义和光明所在。

只对天皇负责的独立的日本军队，是对和平的永久威胁。但是天皇对其臣民的神秘掌控和神道信仰的精神力量，如适当引导则不一定造成威胁。如果日本完全战败，军阀倒台，天皇可能成为促进善与和平的力量。

日本政府必须要有权力分散、相互制衡的组织体系。天皇周围的领导层必须是非军人的自由主义倾向的文官。武装组织必须仅限于维持国内治安的警察部队，由非军人的当局负责。（中略）

一旦东京的军国主义势力灭绝，日本军队被摧毁，天皇治下的自由主义政府成立，极度悲伤、人数减少但是更为贤明的日本人民，就能开始他们人生的重新定位。[11]

这种对天皇潜在的正面作用及其事实上对日本人心理极端的"精神"支配力的满怀敬意的评价,将成为战后对日政策的基石。1945年春,麦克阿瑟的司令部在马尼拉召集了英美联军心理战人员会议。在那里,费勒斯和他的部下们将可资联军利用的"日本人行为模式",扼要归纳为十五条要点:"自卑情结、轻信、群体型思维、歪曲事物的倾向、自我吹嘘、强烈的责任感、超常的攻击性、野蛮、顽固、自我毁灭的传统、迷信、重视体面、多愁善感、对家国的忠爱和天皇崇拜。"[12] 马尼拉会议没有在讨论天皇问题上耗费时间,但却提出了诸如"将天皇归还于人民"的对敌宣传口号。"楔入"政策得到了认可,并同意在"适当的时机",利用天皇"促进达成我们的目标"。一次,英国太平洋舰队的海军情报官员郑重提议,将联军战舰外舷绘上天皇的肖像,以阻止神风特攻队的自杀式袭击。[13] 仅是想象一下如此这般联军舰队的景象(以及在英美本土放映的新闻纪录片中这将会是如何情形),就足以令人打退堂鼓了,但这却足以说明天皇问题在这些人心目中的重要性。

有关天皇的最为激情的评论,来自陆军上校西德尼·马士伯(Sidney Mashbir)。他是同盟国翻译通译局局长,也是费勒斯信赖的副手之一。在一次口头发言的记录(注:此记录中包含以括号补足的部分,然大意不变)中,马士伯宣称"杀掉天皇是极大的愚蠢行为,天皇仅是两千五百年来的渎神行为(近亲结婚)的产物。你不可能通过杀掉天皇消除日本人的天皇崇拜(天皇只是日本人祖先崇拜体系的一环而已),正如你不可能通过否认耶稣的神性而毁灭基督教一样"。针对某一提问,马士伯的回答强调,"的确要依赖他们对天皇的盲目追随"。[14]

马尼拉会议上,参与者被直言不讳地告知,"西方逻辑组织严密,与日本人的心理不调和",日本人完全没有能力理解美国式的民主。在这次会议上费勒斯分发的一份秘密资料,明确表述了这一点:

> 日本人自认为是神,不知道也完全不能理解以下所列的民主或美国的政治理想:
>
> (1)我们的《独立宣言》。
>
> (2)我们合众国的宪法。
>
> (3)大西洋宪章。

(4) 对人种、宗教的宽容精神。

(5) 无公正裁判就不可处罚的原则。

(6) 反对奴隶制。

(7) 个人的尊严。

(8) 对人民绝对的信赖。[15]

日本投降的前月,麦克阿瑟司令部的心理作战部门,有机会通过短波广播直接向日本本岛实行楔入战术。马士伯上校在起草和发布一系列日文广播中起了关键作用,而他的方式直率到了粗暴的地步:"军国主义分子"或曰"军阀"打破了他们对天皇的"神圣誓言","并陷祖国于灾难"或是"允许灾难降临天皇的国度"而受到嘲讽痛骂。马士伯的提问富于煽动性:"日本的军官是否能够像要求战士那样,完璧般地忠诚奉仕于天皇?"同盟国的使命是"驱逐一度掌控日本人民的军阀魔鬼",让臣民们达成重新接触了解天皇的意愿。(马士伯的广播,有时听上去就像是他要向天皇的核心集团求职一般。)[16]

费勒斯的日本观要比他的副手精练、复杂得多。在日本投降后的一封私人信函中,他倾吐自己"从1922年就爱上了日本"。这种情绪对于经历过太平洋战争的美军军官而言自然十分难得,而费勒斯对那场可怕战事的反应很能说明问题。1945年1月,当有位陆军上尉报告说,美军通常在战场上杀死企图投降的日本人时,费勒斯以战术理由对此进行了谴责。既然美国人空投传单敦促日本人投降,他觉得"事关国家的荣誉,我们要实现我们的承诺,尤其是对待敌人。另外,我们需要俘虏,因为他们总能吐露实情,而情报能够救人的命"。然而,当谈到美军对日本城市的密集轰炸时,他对此进行了无条件的批判。在1945年6月17日的一份内部备忘录中,费勒斯将此形容为"全部历史上对非战斗员最残忍和野蛮的屠杀行为之一"。[17]当亚洲战争迫近其悲惨结局之时,他仍然直率地认定这是一场种族战争。他在日本投降前一周写道:"欧洲的战争是政治的和社会的战争",然而"在太平洋地区则是种族战争"。要实现和平的构想,必须认识到"白种人作为东方领主的时代结束了"。他坚持"美国人在东方的地位,不能建立在白种至上论的基础上"。"东方人必须被置于与我们完全平等的地位……必须打破以人种为理由的禁

忌。"¹⁸

　　费勒斯与日本的上层阶级有个人关联。最亲密的联系是他的堂姊妹格温（Gwen）嫁给了日本外交官寺崎英成。在日本战败之后，寺崎受日本皇室托付，为费勒斯及其他 GHQ 官员充当联络员，极大地推动了天皇周边与占领军最高层之间的意见协调工作。麦克阿瑟没有这样的私人纽带，但是他在珍珠港事件之前作为现场指挥官驻留菲律宾的经验，同样使他相信，未来亚洲将会对世界局势的制衡起到支配作用，因而对西方人来说，着手纠正过去的不平等关系至为重要。既然他有这种先见之明，同时又认定亚洲在文化和政治上落后，麦克阿瑟理所当然地认为，远东国家仍然得由他这样的权威人物引导而进入这一新的时代。至于说到战败的日本，这种见解自然就会导致利用天皇实行强有力的双重统治的设想。

　　麦克阿瑟在实际被任命为同盟国占领军的首脑之前许久，就已经接受了楔入策略。据他的私人医生、有时也是他倾吐心事的知己罗杰·埃格伯格（Roger Egeberg）回忆，1945 年 5 月在马尼拉，将军指着自己的胸膛，"说他想实现为日本带来民主的和平。更有甚者，他认为天皇不过是被东条英机和军阀们所俘虏，他们才真正应当为战争负责，而裕仁天皇则有助于永远改变日本的统治结构"。8 月 6 日，广岛原子弹爆炸当天（但在原爆消息抵达之前），麦克阿瑟在一次非正式的记者招待会上，描述天皇是"名义上的元首，但却不是傀儡"。当还在马尼拉为他的日本新任使命做准备时，麦克阿瑟告诉马士伯上校，"我绝不想在日本人心目中贬低天皇，因为通过他，有可能维持完全的统治秩序"。他还希望天皇于他抵达日本之后来访。而"密苏里"号投降仪式的次日，就由马士伯向日方转达了这一邀请。¹⁹

净化天皇

　　天皇的终战广播，事实上是日本宫廷和政府联手"护持国体"的一系列宏大战略发动的信号。7 个小时之后，铃木贯太郎首相向全国广播演说："陛下为拯救万民并为人类的幸福和平做贡献计，圣裁决断终止战争。陛下仁慈之圣明，本身就是对国体的护持。"这位老迈的退役海军大将继续发表宣言，举国应向天皇"真诚谢罪"，这是因未能赢得战争而谢罪。"无论何种境地,不管生死与否,我们作臣子的本分,就是辅佐天壤无穷之皇运。"[20]

这出以天皇为主角的新戏,其华丽的主旋律在战败之后的声明中有细致的演绎。当天皇被描绘为一位宽宏大量的和平使者之时,他的全体臣民则承担罪责,不为军国主义的兴起与侵略,却为未能赢得圣战而歉疚。日本人被分成了天皇与其他全体国民两部分。当论及战败责任,突然之间最低贱的草民与身上挂满勋章绶带、最显赫的官员们变得平等了。在追究责任问题上,守旧派急匆匆地支持可以想象得到的最纯粹的民主。

在麦克阿瑟抵达日本之前的两周,公众人物不断重申这些主旋律,公众媒体则大加唱和。8月28日,全体(天皇除外)责任论发展到了完美的表述。铃木贯太郎之后继任首相的东久迩稔彦亲王,在记者招待会上宣布,"一亿国民总忏悔"是重建国家关键的第一步。9月4日第88回帝国会议开幕,东久迩首相不惜盛赞天皇"为拯救国民出离苦境而树立恒久和平"铺平了道路。首相大叹"为引起陛下如此忧心操劳我们深切反省"。[21]假使外星人听到这样的演说,将很容易认为裕仁天皇是在1945年8月才登基,正好及时终止了可怕的战争。何况除了天皇,任何其他人的感觉都无关紧要。

外务大臣重光葵,代表天皇和政府签署投降文书,在占领军进驻之后的8月末的惨淡日子里,为天皇尽忠不遗余力。在美国人面前,他赞扬天皇是天生的和平主义者(正如费勒斯在战时报告书中所言),并警告说,任何废除天皇制的企图,都会招致国民革命蜂起。同时,他向天皇深思熟虑地建议,顺应不可避免的改革浪潮。9月1日在长时间拜见天皇时,重光葵以"臣 葵"之名上奏了一份备忘录,其内容相当于"楔入战略"的日本版。

重光葵向天皇保证,《波茨坦宣言》的要求具有灵活性,不包含任何妨碍日本重建的事项。近来日本的失误,是由于明治维新之后,天皇之心与国民之心的一体性丧失,而军部乘机插入天皇与臣民之间所致。真正的"我国本然之精神"本质上是民主的,包括尊重基本人权以及思想、宗教和言论自由。《波茨坦宣言》要求的民主,将在天皇之思与臣民之心重归一体时实现。"帝国"应当以比明治初期加倍的热情致力于民主改革。翌日，重光葵为自己忠臣的角色写了两首短歌。其中一首，他以君主的"盾牌"自况。在另一首中，他期待一旦国家繁荣，由于他是投降文件的签署者而受人们轻蔑的日子终将会到来。[22]

诚然，重光的议论有些让人难以相信的感觉。似乎天皇的忠良臣仆昨日还在宣扬的反对民主的"臣民之道"，不过是一时失言而已。假使一个月前，重光有勇无谋地公开宣称国体与西方式民主是和谐一致的话，十有八九他会被送进监狱（或者精神病院）。而且十有八九天皇会默认他的消失，正如天皇默认弹压那些以其名义批判政府政策、教义的人一样。然而，在战败的新形势下，天皇对他的外务大臣的见解表示同意，并记在心上以备将来之用。

9月3日，重光葵将他要做君主的"盾牌"的新誓言付诸行动。在秘密会见中，重光当面向麦克阿瑟提出了天皇无罪和军国主义分子阴谋论的主张。这次会见重光葵的直接目的，在于说服最高统帅放弃对日本实行直接的军政统治。他告诉将军，"我皇室在历史上始终是和平主义者"，裕仁天皇也不例外。天皇反对近来的战争，一直致力于寻求和平，并为终结战争起到了决定性的作用。重光葵强调天皇理解《波茨坦宣言》的诸条件，并完全支持其用意。另外，天皇享有他的臣民的"绝对崇拜"。由此，盟军最高司令部实施《波茨坦宣言》最简易的方法，即"奉天皇之命由日本政府"实行间接的统治。[23]

重光葵的话立即得到了麦克阿瑟的认可，当这位外务大臣还坐在将军办公室里的时候，麦克阿瑟就已下令放弃直接军事统治。（重光不知道，最高司令官已然接到华盛顿准许间接统治的指令。）这是一场"协议计划"的开端。日本政府的旧高官和高级军人向占领军当局"简要说明"天皇起先并未介入战争，正如后来流行的说法，天皇直到出席御前会议的6位文武大臣僵持不下时，才插手打破僵局，并成为投降的决定性因素。而占领军方面也加以呼应，积极鼓励天皇的近臣们继续将天皇塑造为和平主义的统治者形象。[24]

重光葵随后被以"甲级"战犯嫌疑起诉，他因推进日本的侵略外交的罪名成立，被判处监禁，最终成为了保卫天皇皇位的盾牌。

信函、照片与备忘录

昭和天皇并非是一位雄辩之人，他甚至连普通会话也未能应付裕如。他有智慧，但似乎并不善于反省。他作为王位继承人所受的教育，显然是严苛而教条的，或许这正是因为他的父亲大正天皇心智无能的缘故。他向来非常自信，但从不显露出过分的傲慢。他总是小心谨慎，神经质地关注细节。战败之前没有证据表明，"民主"会引起他任何真正的兴趣，除了可能使局势失控的威胁之外。另一方面，有充分证据表明，他倾向于专断。无论战前还是战后，遇有必要他总是包揽施政的主导权。

天皇对于战争的缺乏自省，在9月9日他写给其长子、12岁的皇太子明仁的一封罕见的短信中流露出来。外人可能会想象，在这种时刻，这样的交流应当既有深刻思考又富于实效。这种反省在日本传统著作中不乏先例，但是却并非裕仁天皇所长。他写给儿子的信既晦涩难懂又枯燥无味。正如当时大多数的官方说教一样，他关注的不是战争的起因，而是"战败的原因"。在这非常时刻最私密的信件中，天皇强调的是军部近臣的失策，根本就没有提到重光葵热切鼓吹的所谓民主理想。

裕仁解释说，日本战败是因为"我们国人"太轻视英美人了。军部过于强调精神而忽视了科学的力量。尽管明治天皇手下不乏得力的名将，而当今时代他自己的大臣们却未能把握大局。他们只知进却不知退。天皇总结说，如果战争继续，他将无法保全"三件神器"（镜、剑、玉），而大多数国民将遭杀戮。因而，他忍悲吞声，接受战败"以保留国民之种"。[25]

这看上去或许有些怪异：天皇在批评军部不理性的同时，却如此动情地关注三件神器。但他确曾在为投降苦恼之时，不厌其详地谈论这些神器，而且在次年春天向侍从口述他的战争记忆时又如法炮制。神圣的镜、剑、玉让裕仁如此着迷，看来不仅因为它们是正统和威严的象征，而且还是维持建国神话、追溯皇统起源的神器。三件神器是具体体现日本精神的最珍贵器物，而谈论它们与前述"国民之种"的难堪表达一样，是传达天皇作为神圣皇统继承人的表达方式。天皇从未，即便是在4个月后著名的"人间宣言"中，也未曾否定自己是天照大神子孙的神话。[26]

从另一份珍贵的私人文件——皇太子日记中，我们可以找到当时宫廷周边有关战败原因的更为神秘有趣的解释。在其父皇的终战广播不久，明仁尽职尽责地记录了日本战败的两个根本原因：物质的落后，尤其是科学发展的不足，与个人的自私自利。年轻诚恳的皇储明白写道：单个比较起来，日本人要优于美国人，但在团体较量上，美国人占优势。因而未来的关键在于发展科学，以及学习像美国人那样整个国家融洽合作。对于利己的西方人与集团性的日本人，其文化误读竟至如此！[27]

天皇的信和皇太子的日记都是私人记录，多年来公众对此并不知情。而另一方面，"楔入策略"的伟大计划、妖魔化军部、将天皇塑造为和平主义者并建立天皇制民主，却是大肆公然的行为。美日双方都利用公众媒体，实现他们最终趋同的目标。例如9月21日，麦克阿瑟告知美国合众国际社，由于保留了天皇，从而"使美国无数的生命、金钱和时间免于损失"。[28] 3天后，《纽约时报》头版以《裕仁在会谈中谴责东条英机偷袭珍珠港并表示现在他反对战争》为题，破天荒地刊登了对天皇的"访谈"。此访谈主要是基于天皇对事先提问的书面答复而成。这些答复中最引人注目的一条，实际是由重光葵的外务省起草的，让天皇坚称"他无意使自己的宣战诏书在日本袭击珍珠港时，被前首相东条英机以如此方式使用。他说自己希望东条在必要时以正常、正式的方式宣战"。在此访谈的补充纪要中，天皇最信赖的顾问木户幸一解释声明说："裕仁事先并不知道袭击珍珠港，他是后来从宫中的收音机广播上听说的。"[29]

这是掩饰之辞，但却正是麦克阿瑟司令部的"楔入策略"论者想要听到的。数周后，呈交给天皇机敏的侍从次长木下道雄的一份秘密报告，表明了这样的回答实际上是多么地误导他人。写报告的军部武官总结说："显然，作为统治者，他（天皇）应当为国家的战争负责，除非他是机器人。"这位武官指出，关于开战问题，裕仁天皇知情并下令战争准备、舰队部署、舰队任务，决定最终时刻与美国的外交斡旋一旦成功则开拔舰队并制定开战时间等等，正是天皇责任的证据。

天皇没有想到的只是（包括东条英机，任何人都没有料到）：在美国政府接到华盛顿的日本大使馆正式断交的通知之前，珍珠港袭击就发生了。断交通知没有及时送达的原因，竟然是荒唐的人为过失：大使馆职员打字的时间太长了。除去这个未能预料的、无疑使突袭看起来尤为"卑劣"的缘故，裕仁预先十分明了珍珠港作战概要，这正是选择星期天("安息日")发动奇袭的原因。与广为引用的《纽约时报》"访谈"传达的印象相反,他是在完全了解军部企图的情况下,签署了开战诏书。[30]

然而,据泄露的实情却是,一些政府机构并未参与拯救天皇的战略,尤其是内务省。内务省在投降后6周、美国人到达1个月后,仍然支配警察机构和施行审查。9月29日,当天皇在《纽约时报》的会谈被日本媒体报道时,内务省官员试图压下这些冒犯性的新闻报道。他们反对国内报刊登载天皇有关珍珠港事件的声明,并非是以失实为由,而是因为挑出自己的近臣之名使之承受公众批判,有损天皇的尊严。据主管审查的官员的说法是"不昧"(不适当)。

就是在如此的背景之下,整个日本遭遇了下面的这幅照片。刊登在同一张报纸上的这幅照片,堪称整个占领时期最著名的视觉影像。它使天皇的"访谈"大为失色,使内务省的审查官大为震惊(这真是让检查人员足够难受的一天),也成了他们试图召回这些报纸的另一原因。照片拍摄的是麦克阿瑟与天皇并肩站立在将军府邸,谁更大权在握,从照片上看起来一目了然。最高司令官身穿卡其布衬衫,敞着领口,未佩戴勋章,双手放在臀后,双臂略微叉腰,姿势有点随意。他的个子高出天皇不少,天皇则身穿常礼服,僵硬地站在他的左侧。甚至是两位领导人年龄上的差距,也增强了将军资历上的优势。麦克阿瑟当时65岁,裕仁天皇44岁,是年轻得足以做他儿子的年纪。

这次发生在9月27日的会晤,其提议通常被归功于吉田茂。另一方面,马士伯上校宣称,是他在投降仪式的第二天向日本外务省的冈崎胜男转达了邀请。[31] 无论如何,拍照是由麦克阿瑟提议的,而决定将其公之于众,则显露出他长期致力于公共关系的敏锐触觉。这张照片建立起了麦克阿瑟广为人知的权威形象,同时也表明了他对天皇的接纳。还有一个未曾料到的效果,最高司令部禁止内务省试图召回刊登照片的报纸,使新闻自由藉此得到确认。

当时总共拍摄了3张照片。其中两张由于两位主角未摆好姿势而不能用(其中一张,麦克阿瑟闭眼了,而天皇张着嘴;另一张天皇还是张着嘴)。快门一闪所摄下的偶然情形,往往记录了我们对于重大事件的理解。僵化的天皇崇拜者,如内务省的审查官们,立即将报上登的照片

这张著名的照片，摄于 1945 年 9 月 27 日麦克阿瑟将军与裕仁天皇初次会见之时。在日本报纸上发表时，曾引起轰动。快门一闪，确定了麦克阿瑟的权威以及他将支持天皇的事实

视为骇人的犯上不敬。实际上从任何方面看来，照片上所显示的身高、姿势、年龄和场所，的确使天皇处于下风。审查官们对画面的解读是正确的，但是缺乏想象力。这张照片标志着一个重要时刻的到来：大多数日本人彻底理解了他们已经被打败，现在是美国人说了算了。同时，还有一点被审查官们和过度紧张的极端爱国主义者所忽略，照片明白地展示了最高司令部对天皇的接纳，他们将会站在天皇的一边。[32]

会见安排低调，并未在麦克阿瑟的办公地点举行，而是在原美国大使馆建筑中他的私人寓所。天皇乘坐他那辆定制的劳斯莱斯，身着正式的燕尾服、头戴礼帽于 10 点准时抵达，还出乎意料地随行带来了几车

卫兵和侍从。而美方仅有少数几个人目睹了天皇的到来,其中包括费勒斯和狂热的歌舞伎爱好者法比昂·鲍尔斯(Faubion Bowers)。据鲍尔斯后来描述,两位"帝王"的初次会见,有点像歌舞伎的场面,或者英国剧作家吉尔伯特(Gilbert)和作曲家沙利文(Sullivan)的轻歌剧《日本天皇》中的场景。费勒斯和鲍尔斯向天皇敬礼,天皇陛下鞠躬还礼,并与他们握手。然后鲍尔斯接过了天皇的礼帽,此举似乎是向怀着可怕的预感到来的天皇发出警示,他的一切都将要被拿走了。

正在此时,麦克阿瑟突然出现,"用他那打动所有在场的人的闪亮的金子般的洪亮嗓音说道,'非常、非常欢迎您的到来,先生!'"这是鲍尔斯第一次听到将军称别人为"先生"。最高司令官伸出手紧握天皇的手,同时天皇深深地躬身还礼,以至于握手礼就在他的头顶上方结束。然后麦克阿瑟火速将天皇请进室内,仅有皇室通译奥村胜藏同行,留下费勒斯和鲍尔斯两位尴尬地招呼束手无策的宫廷侍卫们。鲍尔斯提起歌舞伎的话头,后来他还可能谈到了牛仔竞技表演。费勒斯提到自己曾作为埃及国王法鲁赫的随行人员,并说起沿着尼罗河猎鸭的经历,一位侍从问他是否愿意到皇宫地面上猎鸭。这几句闲谈,后来竟引出向盟军司令部高官们连连发出参与"皇室猎鸭"的邀请。[33]

将军与天皇在一起大约待了40分钟,而原则上双方都同意对会谈的详细内容保守秘密。后来这两位又会见了10次,每次会谈内容都保密。显然,麦克阿瑟一方甚至对会谈内容都未作记录,而日方翻译的记录除去三次例外,一直都未公开。[34]通过这些举动,最高司令部有效维护了围绕着天皇宝座的"菊幕",甚至增强了天皇的神圣超越之感。事实上,此后的数月间,占领军当局通过拒绝批准对天皇战争责任的认真调查,甚至禁止询问天皇本人他的忠良臣下们将被审判的相关事由,从而将"菊幕"拉得更为紧密。

对9月27日重要会见内容的保密,使得双方可以提供各自的说法。麦克阿瑟利用此机会,美化天皇的形象,称其为"日本第一的绅士"。他告诉副手们,裕仁曾提出由自己承担战争的责任,后来又将这种英雄主义的叙事在自传中公开发表。[35]数日之内,日本方面公布的消息也有唱和同工之妙。内务省的发言人,巧妙地夺回了因天皇照片事件丢失的颜面,声称麦克阿瑟给天皇留下了"极其深刻的印象",天皇自称对迄今为止的占领进程"十分满意"。发言人还强调,麦克阿瑟将军"表示占领的平稳进行,实有赖于天皇的领导能力"。此说法及时在西方媒体上加以披露,而且从未受到盟军司令部的反驳。[36]

正如麦克阿瑟常常讲到的许多故事一样,他宣称天皇自愿承担战争责任的说法,看来至多是对天皇实际发言的有创意的修饰。因为,天皇的通译奥村胜藏随后的详细记录,终于在30年后问世了。会见记录与日本内务省发布的情况相近。从这份在非公开前提下做成的会议记录看,天皇从未提出自己承担战争责任,反倒是最高司令官的表现有逢迎之嫌,满怀敬畏地对"陛下"表示亲善,并在言谈之间表现得格外关切。

根据奥村的记录,很难说清是谁拜会谁,尽管麦克阿瑟显然主导着谈话。在彼此交换过开场的客套话之后,将军切入了通过原子弹爆炸生动展示现代战争之恐怖的冗长独白。然后,简直像天皇终战诏书的回声一般,他赞扬裕仁终止战争的"御英断",使日本人民免遭了不可估量的灾难。显然是针对那些呼吁天皇应作为战争罪犯受审的世界舆论,麦克阿瑟悲叹那些从未真正经历过战争的人们的"仇恨和复仇的情绪",尤其指出美、英、中国媒体的公众舆论"令人遗憾的"刺耳之音。

依据奥村的记录,此处天皇插话声明,他曾想极力避免战争并遗憾最终发生了战争。麦克阿瑟抓住时机强调说,他十分理解天皇如此希望和平,并体谅天皇在公众强烈地倒向另一方向之时,将其引向正确方向的困难。麦克阿瑟庄严说道,只有历史能够评价他们——等他们过世许久之后。考虑到天皇周边对裕仁在世即将受审判的忧惧,这确实安慰人心。此时天皇再次开口。不用说,天皇声明他和他的臣民深切理解战败的事实,他将尽其所能履行《波茨坦宣言》的约定,在和平的基础上重建新日本。

于是,最高司令官向天皇表示了敬意,并确保在占领政策方面的协助以为回报。麦克阿瑟赞赏天皇的"御稜威"(这是奥村的翻译,意即天子广大无边之威德),一声令下,兵士皆放下武器投降,是为明证。麦克阿瑟说,这对于天皇面对今后的目标而言是种鼓舞。奥村引用麦克阿瑟的话,"不用说,没有人比陛下更了解日本和日本人民了"。将军鼓励天皇将来通过他的侍从长或是亲自选定的其他官员,向他传递任何建议，并保证为这些沟通保密。在略微谈了一些其他话题之后，天皇告辞并表示希望此后有更多机会与麦克阿瑟会晤。最高司令官也表达了见到天皇的荣幸。

据宫中侧近的人士所言，会面之前，裕仁一直紧张不安。鲍尔斯注意到，当他抵达的时候一直在发抖（前一天《纽约时报》的记者采访时，也观察到了同样的情况）。会见结束离去的天皇精神振奋，明显更加放松自信，他当然有理由如此。天皇立即告知木户幸一有关麦克阿瑟对他的赞扬，木户也感到无限欣慰。正如事后木户的记载，如果没有这次会见，维护天皇免受战争罪行的指控将非常困难。翌日，皇后将宫内栽培的菊花与百合花束赠予麦克阿瑟夫人。到下一周，麦克阿瑟夫妇收到了天皇夫妇赠送的精美的饰金漆器文箱。[37]

假使皇室私下对盟军最高司令部的消息知情的话，他们定会狂喜不已，因为宫中的愿望与司令部的意图，没有根本的分歧。10月1日，麦克阿瑟通过费勒斯准将收到一通简短的诉讼摘要书，清楚表明最高司令部无意认真追查裕仁在以其名义进行的战争中的真正角色。摘要认定以下"事实"：天皇签署宣战诏书并非是行使自由意志；天皇当时"欠缺对实情的正确认识"；他冒着生命危险促成投降。摘要以蹩脚的法律措辞，得出一句"结论"，即"如果欺瞒、威胁或强迫的存在，足以证明（天皇对战争的）否定意图，则民主法庭不能宣告天皇有罪"。摘要以如下"劝告"收尾：

  a. 为了和平占领、日本复兴、预防革命和共产主义，必须收集一切围绕宣战诏书及其后天皇的立场而开展的欺瞒、威胁或强迫的事实；

  b. 如果这些事实足以确立对天皇的辩护，但是仍然无法打消那些常规的疑虑的话，则应采取积极行动，避免将天皇作为战争罪犯提起控诉。[38]

第二天，费勒斯准将为麦克阿瑟单独准备了一份长长的备忘录，更为详尽地说明，为何收集这些减轻罪行的"事实"势在必行。费勒斯备忘录的提出，早于总司令部的《人权指令》，早于日本言论自由的许可，早于政治犯获释,早于对"战争责任"的最基本问题的明确规定,早于对舆论动向的认真调查,也早于日本人"国民主权"提法的合法化。备忘录全文如下:

  日本人对他们天皇的态度通常让人难以理解。不像基督徒,日本人没有上帝可以交流。他们的天皇是民族活的象征,体现着他们祖先的美德。他是民族精神的化身,不容许犯错或是犯罪。对他的忠诚是绝对的。尽管没有人怕他,所有人都对他们的天皇虔诚地敬畏。他们不接触天皇的圣体,不直视他的天颜,不与他对话,不践踏他的影子。他们对他卑屈的臣服,是由宗教的爱国感情支撑的自我牺牲,其深度对西方人来说是不可思议的。

  接受天皇与国民或官吏同等的观念,是一种亵渎。将其作为战争罪犯审判,不仅是对神明的不敬,而且是对精神自由的否定。

  1941年12月8日,天皇签署开战诏书,是他当时作为主权国家的元首拥有签署之权利,是其职责使然。来自最上层的可靠情报,可以确定战争并非出自天皇本意。他亲自说过,他无意将开战诏书像东条英机那样使用。

  任何国家的人民都拥有选择自己政府之固有权利,这是美国人的基本观念。如果日本人有此机会,他们将选择天皇作为国家的象征性元首。大众特别热爱裕仁。他们觉得他亲自向民众讲话,使他前所未有地与他们贴近。他愿在和平的终战诏书,使他们满怀喜悦。现在他们知道他不是傀儡了。他们感到天皇的存续,不是得到他们有资格享有的自由政府的障碍。

  在实行我们不流血的进驻之时,我们在军事上利用了天皇。天皇的命令,使七百万士兵放下武器并被迅速解散。天皇的行动,使数十万美国人避免伤亡并使战争之终结比预定大为提前。因而,在大大利用了天皇一番之后,让他因战争犯罪受审,对日本人来说,无异于背信弃义。此外,日本人觉得《波茨坦宣言》中无条件投降的要点,意味着保存国体,包括天皇。

  如果天皇因战争罪行受审,政府机构将会解体,大规模暴动在所难免。国民将默默忍受除此之外的其他任何屈辱。尽管他们被解除了武装、混乱和流血还是会发生。那就必须派遣大规模的军队与数千名的行政官员。占领期将被延长,而且我们会失去日本人的信赖。

美国的长远利益,需要与东方保持在相互尊重、信任和理解基础上的友好关系。最终从至高无上的国家利益的重要性看来,不能使日本怀有持久的怨恨。[39]

总司令部对拯救、利用天皇的承诺是坚定的。燃眉之急是打造利用价值最高的天皇形象。

鉴于当时同盟国阵营中公众舆论的反对声浪,看起来这是个棘手的挑战。总司令部十分清楚美国国内对天皇的深切憎恶。当华盛顿的决策者们倾向于将天皇视为具有号召力的"摆设",既可以利用于战争,也可以轻易为和平所用之时,舆论主流对这些主张却不见容。终战前6周进行的一项盖洛普(Gallup)民意调查显示,70%的美国人支持绞死或是严惩天皇。9月18日,美国参议院也加入了国民的呼声。10月16日,麦克阿瑟接到参谋长联席会议指令,"迅速展开对裕仁参与并导致日本侵犯国际法的所有证据的收集工作"。直到1945年底,美国对改革甚至完全废除天皇制的政策问题,尚未有定论。同时,由多国组成、作为占领日本之顾问委员会的"远东委员会",延迟到1946年初才成立。由在战争中日本敌对方的中国、澳大利亚、菲律宾和苏联代表组成的远东委员会的成立,使反对天皇制的紧急协调行动成为可能。东京的占领军当局,深切关注事态进展,感到在外部压力使他们束手之前,迫切需要改变天皇的形象。[40]

在此氛围下,费勒斯以及其他人,毫不犹豫地向皇室拥护派提供个人的鼓励和建议。接近10月底,费勒斯竟然提醒一位私交甚密的日本中将,天皇对偷袭珍珠港的责任,对美方而言仍然是"最重要、决定性的"问题,敦促他拿出为天皇"全面辩护"的好办法,帮助麦克阿瑟应付美国及其他国家的公众舆论。显然,这一接触立即被报告给了内阁书记官长:"麦克阿瑟与费勒斯都对陛下极有好感",并将"设法在不使天皇困扰的情形下解决难题"。假使这些左右历史的暗箱操作建议在当时为人所知,将会成为一时之丑闻。[41]

在接下来的数月间，保皇派和他们的美国支持者，为如何最好地保护和利用天皇笨拙地奔波起舞，有时听错节奏，经常踏错节拍。然而最终他们的勾结合作卓有成效，为天皇披上了新的衣装，保证了他的人身安全，并将天皇的宝座安置于新的民主国家的中心位置。在此进程中，皇室周边与占领军上层之间，培育出公然的、惊人的亲善深交。日本皇室带头行动，善于发挥长才，很快就抓住了美国人对贵族华丽排场的热爱之情，定期邀请占领军高官们参与宫中优雅的娱乐消遣。由艺伎陪侍的宴饮成了与占领军中级官员交往的最佳场所，但是招待占领军高层的上流活动，则优雅精致得过分。捉萤火虫、到皇宫看樱花、挖竹笋，欣赏宫中传统的御前武道表演，甚至偶尔的猎野猪。然而最受欢迎的，莫过于被邀请参加宫中的猎鸭活动。11 月 4 日，20 位 GHQ 高官首次被邀请前往猎鸭。此后数年间，有时这样的猎鸭招待多达每周两三次。麦克阿瑟将军本人，从未屈尊参与猎鸭或任何其他此类活动，但是其夫人和幼子阿瑟却欣然前往。正要将天皇最忠诚的臣仆处以绞刑和监禁的东京战犯审判的审判长与美方的首席检事也欣然前往。⁴²

日本皇室的猎鸭，与西方用猎枪将野鸟毙命的活动完全不同。客人们在皇室的猎鸭场集合，在那里野鸭（绿头鸭）、水鸭和其他猎禽已经被引诱到下过米饵的狭窄沟渠和水道。宫廷侍卫出迎来客，转达天皇的热忱欢迎，并简要说明如何捕捉野鸭。每位猎人手持一张看上去像是捕鱼的大网埋伏等候，直到猎场看守人给出信号，大家就进入满是进食的野鸭的水道。客人们网住受到惊吓试图飞走的禽鸟，然后再集合移入另一条水渠。

正如一位美军少将所描述，"我们四五个人从水渠两侧突进，高举着网。这时鸭子们直往起飞。我们猛扑下去，当鸭子经过的时候，手中的网嗖的一声挥过去，通常就能逮到一只。我个人的平均击中率是 60%。跟谁比都是好样的"。从猎人手中逃脱的鸭子，有时会被猎鹰扑中，那可真是与宫廷气氛相称的优雅高贵的一击。等到挥网运动结束，客人们转到附近的建筑中休憩，坐在日式的矮桌旁，品尝日本米酒。宫中的大厨，为他们在小巧的木炭火盆上烤着片好的鸭肉。⁴³

对许多盟军将校和文职高官而言，日本皇宫中的猎鸭，是他们在异国土地上短暂的贵族生活中最值得回忆的瞬间。在这种活动中或者其他场合，他们甚至可能期望得到一件饰有日本皇室菊花纹章的小礼物。当美国媒体得意并热心于将日本"美国化"之时，日本人正静静地、巧妙地使美国人日本化。

这是征服征服者的挑战。

注释：

1. 《战阵训》于 1941 年 1 月向日本军队全体士兵发布。此书所引的英文译本，是日本在菲律宾的军队发放的官方（英文）译本。《国民の道》的官方（英文）译本，作为附录收入 Otto B. Tolischus 的 *Tokyo Record*（New York：Reynal & Hitchcock, 1943）一书, pp. 405 – 427。

2. 1946 年 12 月 5 日，日本政府宣布继续使用年号制。参见讲谈社编《昭和·二万日の全记录》（东京：讲谈社，1989），第 7 卷, p. 324。此文献下引为 *SNNZ*。

3. 可参见高桥纮，《陛下、お寻ね申し上げます》（东京：文春文库，1988）, pp. 212, 217。

4. Grew 的见解，见于其 1945 年 10 月 25 的信。在 Masanori Nakamura 的 *The Japanese Monarchy：Ambassador Joseph Grew and the Making of the "Symbol Emperor System", 1931 – 1991*（Armonk, N. Y.：M. E. Sharpe, 1992）一书中有全文引述, p. 85。

5. John W. Dower, *Empire and Aftermath：Yoshida Shigeru and the Japanese Experience, 1878 – 1954*（Cambridge, Mass.：East Asian Studies Research Center, Harvard University, 1978）, p. 321。

6. 除非另行注明，此处所引 Bonner F. Fellers 的论文，现藏美国斯坦福大学的 Hoover 战争与和平研究所。"The Psychology of the Japanese Soldier" 与 "Answer to Japan" 两篇论文，存于此文献档案 box 1, Fellers 的谈话见于 box 3。

7. 摘自 Fellers 1944 年 12 月 31 日信；见 Fellers 文献 box 3。

8. "Psychological Warfare Against Japan, SWPA, 1944 – 1945", p. 6。亦参见 "Basic Military Plan for Psychological Warfare Against Japan", 1945 年 4 月 12 日, p. 18；见 Fellers 文献 box 3。

9. Office of Strategic Services（战略作战局），Research and Analysis Branch, R & A No. 2395, "Objective H"（1944 年 7 月 28 日）。这份简短的备忘录的影印件（出自 U. S. National Archives, Diplomatic Branch），存于日本大藏省的档案中。

10. Fellers, "Basic Military Plan for Psychological Warfare Against Japan"（4 月 12 日）, p. 19。

11. Fellers, "Answer to Japan", pp. 22 – 23。

12. Fellers, "Basic Military Plan for Psychological Warfare Against Japan, with appendices and minutes of the Conference on Psychological Warfare Against Japan", Manila, 1945 年 5 月 7 – 8 日, pp. 2 – 3, 7 – 10, 14；Fellers 文献 box 4。关于早期 10 条要点的版本，参见战略作战局（O. S. S.）文件 "Basic Military Plan for Psychological Warfare in the Southwest Pacific Theater", 署 1943 年 6 月 9 日, 出处同上。亦可参见

1944 年 8 月 2 日重新修订的"Basic Plan", p. 1, 出处同上。（许多的此类文件，也被归入 Hoover 研究所 Fellers 文献 box 1 的"U. S. Army Forces in the Pacific, Psychological Warfare Branch"中。）

13 Fellers, "Basic Military Plan for Psychological Warfare Against Japan"（5 月 7 - 8 日），pp. 10, 11, 13, 18, 22, 31 - 32。

14 Fellers, "Basic Military Plan", p. 32。Fellers 将 Mashbir 视为他的三位"最杰出的日本心理与语言权威"之一；参见 Fellers 文献 box 3 中 1944 年 12 月 19 日信函。Mashbir 怪异言行的记录，见 Sidney Forrester Mashbir, *I Was an American Spy* (New York：Vantage, 1953)。

15 Fellers, "Basic Military Plan for Psychological Warfare Against Japan"（4 月 12 日），pp. 7, 15.

16 这些广播稿的英文版，播送于 1945 年 7 月 19 日 - 8 月 13 日之间，收入 Mashbir 前引书，pp. 354 - 368。

17 这些关于爱上日本、如何对待企图投降的日本兵的评论，参见麦克阿瑟纪念馆（Norfolk, Va.）所收藏 Bonner Fellers 文献，前者见于 RG 44a, box 4, folder 23；后者见于 box 1, folder 5, 及 box 6, folder 9。Fellers 批评轰炸日本的备忘录，见于 Hoover 研究所所藏 Fellers 文献，box 3。

18 Fellers1945 年 8 月 7 日的备忘录，现存于 Hoover 研究所的"U. S. Army Forces in the Pacific, Psychological Warfare Branch"分类文献中，box 1。

19 Robert O. Egeberg, "How Hirohito Kept His Throne", 1989 年 2 月 19 日《华盛顿邮报》；亦收入 Stephen S. Large, *Emperor Hirohito & Shōwa Japan：A Political Biography*（London and New York：Routledge, 1992), pp. 135 - 136。D. Clayton James, *The Years of MacArthur*（Boston：Houghton Mifflin, 1975), vol. 2, pp. 773 - 774。Mashbir 前引书, pp. 308, 333。1946 年 1 月末, 英国外交官与日本问题专家 George Sansom 密报 MacArthur, 天皇"自始至终都是傀儡, 完全是个'Charlie McCarthy'（美国大受欢迎的广播节目 *Edgar Bergen and Charlie McCarthy* 中的木偶），他既非宣战者也非终战者"；参见 Roger Buckley, "Britain and the Emperor：The Foreign Office and Constitutional Reform in Japan, 1945 - 1946", *Modern Asian Studies* 12. 4（1978), pp. 562 - 563。

20 引自 Herbert P. Bix, "The Shōwa Emperor's 'Monologue' and the Problem of War Responsibility", Journal of Japanese Studies 18. 2（1992)：302。这篇颇有价值的文章，利用了 1989 年裕仁去世之后披露的许多日本资料。

21 引自 Ōkubo Genji, *The Problem of the Emperor System in Postwar Japan*（Tokyo：Nihon Taiheiyō Mondai Chōsakai, 1948), p. 9；亦可参见 Bix 前引文, p. 303。

22 重光葵的谈话，参见鹤见俊辅、中川六平编《天皇百话》（东京：筑摩书房, 1989），下卷, pp. 27 - 29。

23 前引之《天皇百话》，下卷, pp. 33 - 37。

24 对天皇在终战时所担当的更为暧昧的角色之分析，见 Herbert Bix, "Japan's Delayed Surrender：A Reiinterpretation", *Diplomatic History* 19. 2（Spring 1995)：pp. 197 - 225。

25 《天皇百话》，下卷, pp. 39 - 40。

26 天皇关于王权的苦恼,参见寺崎英成与 Mariko Terasaki Miller 编,《昭和天皇独白录——寺崎英成御用挂日记》(东京:文艺春秋社,1991),p. 126。亦参见藤原彰、粟屋宪太郎、吉田裕等,《彻底检证·昭和天皇"独录"》(东京:大月书店,1991),pp. 16 – 17。

27 木下道雄《侧近日志》(东京:文艺春秋,1990),pp. 48 – 49。此书是天皇的侍从次长木下道雄的日记,价值难以估量。

28 《纽约时报》,1945 年 9 月 22 日;可比较 Buckley 前引书第 562 页注释所引《伦敦泰晤士报》。

29 《纽约时报》,1945 年 9 月 25 日;《天皇百话》下卷,p. 47。当时,《纽约时报》记者 Frank Kluckhohn 通过翻译与天皇交谈了十分钟。Frank 发现,在这次史无前例的访谈中,竟然规定他"不许提问"。

30 木下《侧近日志》,p. 34。木下在 11 月 8 日的日记中记录了这份报告。亦可参见藤原彰《统帅权と天皇》一文,收入远山茂树编《近代天皇制の展开》(东京:岩波书店,1987),p. 219。实际上,当时日本新闻界已经明确报道,裕仁天皇批准向同盟国宣战并知悉袭击珍珠港的计划;可参见 1945 年 10 月 9 日、27 日《朝日新闻》。

31 《天皇百话》下卷,pp. 42 – 44;Mashbir 前引书,p. 333。松尾尊兊《象征天皇制の成立についての觉书》,载《思想》1990 年 4 月号,p. 8。亦参见松尾关于天皇与麦克阿瑟首次会见的深入分析:《昭和天皇——マッカーサー元帅第一回会见》,《京都大学文学部研究纪要》二九卷,1990 年 3 月,pp. 37 – 94。

32 《天皇百话》下卷,p. 47。这次会见及照片如何成为彻底投降与战败的象征的例证,参见渡边清《碎かれた神——ある复员兵の手记》(东京:朝日选书,1983),p. 32。

33 Faubion Bowers, "The Day the General Blinked",《纽约时报》,1988 年 9 月 30 日;Bowers 访谈的日文版与英文版,分别参见《读卖新闻》1988 年 1 月 27 日的日文版与英文版。

34 日本宫内厅和外务省对天皇与麦克阿瑟 11 次会见记录的公开非常慎重;参见秦郁彦《天皇の亲书》,载《文艺春秋》1978 年 10 月号,pp. 381 – 382。尽管如此,日方有关 1945 年 9 月 27 日(下文将论述)、1946 年 10 月 15 日以及 1947 年 5 月 6 日会见的记录已经公开发表。

35 Bowers, "The Day the General Blinked"; Douglas MacArthur, Reminiscences (New York: McGraw-Hill, 1964), p. 288.

36 《纽约时报》,1945 年 10 月 2 日。

37 奥村的会见记录,参见儿岛襄《天皇とアメリカと太平洋战争》一文,《文艺春秋》1975 年 11 月号,pp. 115 – 119。天皇的反应,参见木户幸一《木户幸一日记》(东京:东京大学出版会),下卷,p. 1237。亦参见前引松尾论文(1990 年 4 月),p. 10。

38 10 月 1 日的摘要是由 John Anderton 起草的,亦收入麦克阿瑟纪念馆的 Bonner Fellers 文献中;见 RG 44a, box 1, folder 1。

39 1945 年 10 月 2 日 Fellers 致最高统帅备忘录,藏于 Hoover 研究所的 Fellers 文献,box 3。此备忘录亦收入 William P. Woodard, *The Allied Occupation of Japan, 1945 –*

1952, and Japanese Religions（Leiden: E. J. Brill, 1972），pp. 360 – 361。

40 有关天皇的国际舆论状况，参见 Kiyoko Takeda, *The Dual Image of the Japanese Emperor*（New York: New York University Press, 1988）。美方的考虑，参见 Nakamura 前引书。与此相关的美方档案，见 U. S. Department of State series *Foreign Relations of the United States*［FRUS］。尤其参见 *FRUS 1945*, vol. 6, pp. 497 – 1015, 及 *FRUS 1946*, vol. 8, pp. 85 – 604。有关民意调查，亦可参见 Buckley 前引文，p. 554；Hadley Cantril 编，*Public Opinion, 1935 – 1946*（Princeton, N. J.: Princeton University Press, 1951），p. 392。

41 太田健一编《次田大三郎日记》（冈山市：山阳新闻社，1991），p. 118；前引 Bix（1992）文章中亦有引述，pp. 329 – 330。文中提到的日本中将是原口初太郎。这段插曲一直不为人所知，直到昭和天皇去世之后，原内阁书记官长次田大三郎的日记发表。亦可参见 Herbert P. Bix, "Emperor Hirohito's War"，*History Today* 41（December 1991）: 18。

42 高桥纮、铃木邦彦，《天皇家の密使たち・占領と皇室》（东京：文春文库，1981），pp. 53 – 58。

43 Wm. C. Chase, *Front Line General: The Commands of Maj. Gen. Wm. C. Chase: An Autobiography*（Houston: Pacesetter Press, 1975），pp. 146 – 147。关于猎鸭活动的照片，参见 "Imperial Duck Hunt"，*Life*, 1946 年 1 月 7 日，pp. 96 – 98。

第十章
天皇制民主：从天而降的途中

当普通的日本人被直率地问及他们是否想要保留天皇和天皇制时，压倒多数的回答都是肯定的。最初，大多数人单是被问及这个问题都会深感震惊。因为在1945年10月之前，这一质问本身就是大不敬，更遑论否定性的回答。后来的民意调查继续显示出对存续天皇制度的强烈支持，但是这具有误导性。因为如果依照费勒斯的解释，与战时普遍存在的狂热崇拜与深切敬畏相比，情形已经大不如前了。以一种奇妙的方式，天皇的投降诏书刺破了对天皇的崇拜。当"圣战"结束时，对天皇这位大司祭和往昔的"现人神"的崇拜也终结了。当时的警方报告以及其他证据表明，许多人对天皇制的态度，仿佛已经只是其命运的旁观者了。

成为旁观者

使费勒斯和其他西方分析者如此迷醉的天皇崇拜，看来很大程度上只是事情冠冕堂皇的表象，即日语所说的"建前"。一旦战败成为事实，军事国家崩溃，普通日本人流露出的对于天皇制和所谓国体的"本音"（真实情感），更近乎和缓的依恋、听任甚至是漠不关心。这种对天皇制的超然，反映在战时及战后内务省完成的机密报告之中。投降之前的警方报告，揭示出警方不断上涨的忧虑：随着战况的恶化，不敬事件增多了。报告书显示，甚至孩童都被认为是煽动言行的肇始者。在某个案例中，警察认定犯了不敬罪的少年，从报纸上剪下天皇的照片，仿照战死者骨灰盒的模样，将它挂在自己的脖子上。警方卷宗中另一神经质的记录,则是在东京空袭开始后不久,警方注意到孩子们在快乐地唱一首期待皇宫也被烧掉的童谣。[1]

这些不吉的预兆使人神经紧张,不仅由于其自身的原因,还因为保守派们清楚,历史并不站在他们一边。十九世纪中叶,就像是脱去破旧的衣服一般,日本人轻易抛弃了 700 多年历史的封建幕府将军制和武士社会。从 1868 年开始,从裕仁的祖父明治天皇开始,日本只经历了不到一个世纪的近代天皇统治。在日本历史上,还没有其他政权、其他领导人,历经裕仁统治时期这样的毁坏与灾难。其他任何人,都没有为外国的占领军打开大门。这些顾虑可使人心神不安。

具有世界视野的保皇者们,也十分清楚二十世纪君主政体的死亡率之高。中国的帝制,据说顺应"天命"且历经两千年之久,于 1911 年垮台。第一次世界大战,见证了一度强盛、令人敬畏的德意志帝国、奥匈帝国、沙皇俄国以及土耳其帝国的倒台。当日本人考虑他们天皇制的命运时,在战败的意大利,君主政体正风雨飘摇。1946 年 6 月,意大利萨伏伊王室,据称是欧洲最古老的王室(而且是以"神的恩宠人民的意志"进行统治),其存续被全民公决所否定。环顾日本国内外,考察历史与现实,天皇拥护者们有足够的理由惧怕,战败即便不导致对天皇制的公然敌对,至少会使大众对皇宫里那个遥远的人物的命运不再关注。

占领者的活动开展之后,思想警察继续运作了相当一段时间。8 月、9 月以及 10 月初的内部报告,有充足迹象表明,尽管对大规模反对天皇制的恐惧并无必要,漠不关心的情形则又另当别论。这并不意味着过去的担忧很快就会烟消云散。9 月初,宪兵队的一份机密报告,预见到了各种各样的"意识形态混乱"问题,包括西方自由主义影响下的"主权在民思想"和"金权万能思想"。滋贺县的警察报告称,"战争结束前后,一般民众对军队、当政者的不信任和反感增强,尤其是对天皇的不敬言行有增加倾向,正在锐意视察取缔之中"。9 月的一份报告,在处理东久迩首相声称裕仁对偷袭珍珠港没有责任的民众反应时,总结说有见识的人都怀疑这种说法。民众发现很难将天皇无责任的景象,与天皇下令开战或是当时大肆宣扬的天皇是终战的关键人物的说法调和起来。[2]

卷帙浩繁的警方报告也详细记录了有关天皇的谣言:他在战败广播后因心力交瘁而驾崩;他因面部神经痉挛卧病不起;他自杀了。有谣言说他已经退位,有些说法还挺详细逼真:由于是战争责任人,他让位给了年轻的皇太子明仁,但明仁已赴美深造。明仁不在位期间,由裕仁之弟秩父宫亲王摄政。皇宫前已竖起了绞刑架,显然是为天皇准备的。更令人吃惊的是,国民情绪调查的结果显示,对大多数国民而言,天皇在他们关心的视线之外,等于不存在。没有迹象表明,一般老百姓会注意他。如果注意到了,也不过是漫不经心地看热闹的心态:皇宫前面有绞架?后来呢?³

尽管警方报告表达了对普遍的"针对军方和官方领导人的严重不信任、失望和反感"的关注,实际上天皇却罕见地不被包括在批评对象之列。一旦提到天皇,甚至是社会主义者和共产主义者也表现克制,敬意就更别提了。⁴对执迷于维持"国体"的天皇制支持者而言,情形因而既充满希望又潜藏着不祥。正好借民众"对军部的憎恶"(警方文件中的另一用语),自然轻易地实施费勒斯及其助手们鼓吹的在天皇与"军国主义者"之间楔入的政策。同时,各阶层民众迅速坠入贪欲、反社会的行动以及宿命论的心理状态表明,日本人的效忠之心,实际上真的可能是"时过境迁"。就连最老实的无家可归者,也挤住进了神社寺庙,据说就在神殿上晾晒尿布。⁵尽管他们可能没打算否定天皇制,但是多疑之人可能会认定,神圣之所已荡然无存。

美国的一些田野调查分析者,对形势有类似的评价。1945年12月中旬,东京首都圈管辖的情报部队得出了这样的结论:"据观察家判断,尤其是日本的中产阶级认为,关于天皇退位对日本人产生的影响,同盟国是担忧过度了。据称,至多可能会发生一些示威游行,特别是在农村地区,但是很快就会过去。相比于天皇的命运而言,人们更关注粮食、住房的问题。"12月29日,天皇发表"人间宣言"的前两天,同一支情报部队报告说:"有消息来源称,许多人已经达到这样一种状态:无论天皇在位与否,对他们来说都无关紧要。"天皇发布元日诏书的4天后,他们评述说,"国民普遍正在接受天皇只是凡人的观念。据收到的报告显示,受过高等教育的年轻一代,不再以从前那样强烈的尊敬态度看待天皇。过去3个月来,天皇甚至成了许多笑话中的'笑料'"。此后不久,美国战略轰炸调查团做了一项调查,询问日本人听到日本战败时的感受。比例惊人的普通民众对天皇持旁观态度,只有4%的人选择了

"为天皇担忧,为天皇感到耻辱,为他悲哀"。[6]

有关天皇的笑话和无礼言辞,是表明对天皇的敬畏并非像天皇的支持者或费勒斯和麦克阿瑟所认为的那样的又一小小征兆。将军与天皇的著名合影问世之后,裕仁甚至成了占领期最淫秽的笑话中的笑柄。这个笑话基于天皇不宜被提及的一个双关语:事实是天皇自称的"朕",与俚语中"鸡巴"(チン)的说法同音。这个粗俗的笑话说,为什么麦克阿瑟将军是日本的肚脐眼呢?因为他就在天皇(チン)上面嘛。[7]

民众层面上的其他事态发展,也表明天皇大约并非不可替代。例如2月份,SCAP的地方情报员报告说,下关地区流行一种谣言,大意是天皇的祖先来自印度,因而他"不是日本人"。据说岛根县的寺庙里有记录可以证明。"真相揭露"的后果是,"一些下关居民表示他们希望有一位日本的总统,而不是有印度祖先的天皇"。[8]

这是有趣还是令人不安,得看是站在何种立场而言。这一时期还有一件更加广为人知的真实事件:十几个自称是皇位的正当继承人和天照大神真正子孙或化身的人出现。关注这一系列天皇或女神的冒充者,成了那个穷乏年代使人们轻松的消遣之一,而竟有这么多五花八门的自称天皇或女神的人士引人关注:在冈山出现的"酒本天皇",鹿儿岛的"长浜天皇",新潟的"佐渡天皇",高知的"横仓天皇"。爱知县竟出现了两位自称天皇的人,"外村天皇"和"三浦天皇"。

1945年9月,自称是菊花纹章的天皇宝座所有者的最有趣的一位,首次将其主张提交了总司令部(GHQ),并于翌年1月成了街谈巷议的话题。此人是来自名古屋的56岁的杂货店老板熊沢宽道。他特别引人注目的原因是,其主张基于可追溯到十四世纪早期的皇统谱系之争,当时皇统分裂为南朝和北朝。裕仁源于北朝系统,但有重要证据表明,熊沢自称所属的南朝更具合法性,应当继承皇室正统。

很快,熊沢宽道的三位亲属声称熊沢是真正嫡系的事实,为熊沢的挑战加油助力,而媒体对这一事件的持续关注,似乎也成了裕仁的权威失落的另一表现。熊沢宽道巡回全国,得到了一小撮人的支持并引起相当多的人的好奇。他博得的人气,加上他精神振奋的公开演说表明,至少对于某些日本人而言,占据着第一生命大厦的胜利者,比现在正占据着皇位的天皇更有魅力。这位自称天皇的人说,"我认为裕仁是个战争

第十章 天皇制民主:从天而降的途中

罪犯"，很快他又接上一句（不知是出于政治家的精明还是真正的信仰）："麦克阿瑟是神国派来日本的使者。"在这些自封的"天皇"中，熊泽宽道的挑战，向现代天皇制赖以存在的所谓太古以来连绵存续的"万世一系"的神话，投下了深刻的怀疑。[9]

这个万世一系的神话可以追溯到天照大神——天皇许多独有的祭祀仪式都是围绕此进行，却很快受到草根们以另类方式的挑战。神道作为国家宗教的废止指令，为民众宗教的复兴敞开了大门。战前被《治安维持法》以不敬为由压制的一些宗教，重新成为精神皈依的活力中心。创价教育学会重建为创价学会，大本教复兴为爱善苑，天理教以本道之名再兴。被边缘化了的神道系的诸分支团体，也以各种形式开始重新独立活动，其中有从战前的灵友会分裂出来的立正佼成会和长生之家。

尽管这些复兴的宗教许多都充满活力，但是它们却在两种战后新兴宗教面前相形见绌。这两种宗教都由女性创立，她们自称与天照大神有特殊关联，并许诺她们的信众以现世的利益。玺宇教由长冈良子创立，她自称为玺光尊，声称自己是天照大神再生，并预言将发生一系列的天地变异，以纠正世界的混乱。玺光尊引入了传统的"世界新生"的千年王国说，她的信徒中有相扑界的传奇人物前横纲双叶山和围棋大师吴清源。1947 年，长冈的新宗教引发了新闻界的瞩目。当时警方以违法私藏粮食为由，搜查玺宇的设施，有不少警察被双叶山撂翻在地。

另一种新宗教，是天照皇大神宫教。战争结束之前三天，由山口县的一位农妇北村小夜创立。1944 年北村声称有神灵附体，使她能够直接收到天照大神的神谕。北村通过吟唱说教，推行一种忘我状态的"无我之舞"。她严厉批判包括天皇在内的一切权威者，数年之内就吸引了 30 万以上的信徒。[10]

按照日本的说法，战后宗教的繁盛期，最终被称为"神最繁忙拥挤的时期"。天皇的支持者们继续坚持天皇是国民信仰不可动摇的中心，但无数的人却在别处找到了精神的慰藉。

回到人间

为天皇穿上新衣并将他转换和平与民主之象征的运动，在几个方面同时展开。为避免天皇在日益逼近的东京审判秀中受起诉，他们进行了莫大的努力。尽管天皇正式被免于战争罪责的起诉直到 1946 年才真正实现，但是在此之前，天皇已经脱去了他大元帅的军服换上西装，开始了一系列最终几乎遍及全国的巡幸。有关天皇退位的提议，其中有些就来自宫中，很快被压制下去了。宪法对天皇的地位做了大幅修订，剥夺了他的公职权力。在一份顺应时务的宣言中，天皇对自身神格的否定，成功满足了外国批判者的预期。[11]

这一系列行动中的最后一项，是以元旦全国报纸登载《新日本建设に关スル诏书》（《关于新日本建设之诏书》）的形式完成的。这是自 8 月 15 日以来，天皇首次正式向臣民讲话，但其强大的冲击力则是发生在海外。这就是众所周知的"人间宣言"，发表之后立即受到英美的热烈欢迎。天皇的"神格的否定"，被看作是他对构成战前天皇崇拜与极端民族主义核心的神的血统的虚妄性的真诚否定。[12]

发表宣言的主意，并非如预想是出自天皇的贴身顾问或 SCAP 高官之手，而是源自一位移居国外的英国唯美主义者和一位美国中层军官。另外，作为传统的日文文本，宣言也缺乏西方人所期待的那种全面的"神格的否定"的内容。运用深奥难解的谜一般的语言，裕仁天皇巧妙地仅从天国下降了一半。主要是由于天皇亲自干预起草宣言，宣言为天皇制攫取了主动权，将其与"民主"等同起来，这种"民主"既不是植根于胜利者的改革政策，也不是源自于民众的积极能动，而是溯源到了裕仁的祖父明治初期的《五条御誓文》。元旦宣言精彩地预示了，天皇的新装将会是如何五彩杂糅。他将会被如何看待，那就全凭观赏者的眼光了。

对西方人尤其是基督徒而言，"天皇崇拜"的观念是亵渎神明的。将天皇说成是"天子"，通常在英语中的说法即"神之子"，大有将天皇与耶稣等同的嫌疑。美国人对此深表关注。早在 1944 年，著作繁多的传教士威利斯·拉莫特（Willis Lamott）在其畅销书《日本的罪与罚》（*Nippon: The Crime and Punishment of Japan*）中，就探讨过天皇需要"否定其神格"。美国作战新闻处的分析家们，也在战争结束之前得出了相似的结论。在美国哥伦比亚大学实施民意调查的专家们同样得出结论，必须废除"天皇崇拜"。1945 年 11 月，一位有传教士背景的会说日语的年轻军官奥蒂斯·卡里（Otis Cary），趁天皇之弟高松宫访问之际，大胆向其提出个人建议,天皇应公开否定自己是神。12 月中旬,另一位传教士家庭出身的年轻专家,在国务院以此为题做成备忘录。赖世和(Edwin O. Reischauer),这位后来的著名的日本研究者与驻日大使,向最高司令官建议说:"应当尽一切努力使天皇自愿以言行向其臣民证明,他是与其他日本人或者外国人无异的普通人,他自己并不相信皇族神的起源或是日本与其他国家相比具有不可思议的优越性,而且除了政府的政策之外,并没有什么另外的'圣旨'。"[13]

此外,宗教和国家、神权和世俗的权威关系问题仍然悬而未决。最高司令部禁止将神道作为国教普及的禁令,明确指的是"将神道教义和信仰歪曲为军国主义和极端民族主义的宣传,以蒙蔽日本国民并将其诱向侵略战争的意图"。这种有害的思想包括"由于家世、血统或特殊的起源",因而认定天皇比其他国家的首脑优越,日本国民比他国国民优秀的信仰。[14]虽然神道禁令打击了极端民族主义的核心天皇崇拜思想,但它并未引发批评,事实是,平民对此没有多大兴趣。当然宫内更关注其暗示的含意。12 月 22 日,天皇与少数身边人士听取了一位日本学者的阐释,被告知,像禁令那样企图用现世的语言来谈论神鬼之事,就如同想"用剪刀剪断烟雾"一样白费力气。从而他说服天皇相信,发布声明平息天皇的神格问题,有助于消除外来的干扰。[15]

有一小队人马已经为这样一份声明工作了数周之久,这一计划源于民间情报教育局(CI&E)的特别咨询委员陆军中校哈罗德·亨德森(Harold Henderson)与英国的雷金纳德·H. 布莱斯(Reginald H. Blyth)博士的一次偶然交谈。这两位都是日本问题专家,对日本的文学和文化都有着学术关注。亨德森生于 1889 年,1930 年代曾旅居日本,学习日本语言和艺术。他曾在哥伦比亚大学教授日语,出版过一本颇受瞩目的介绍俳句的书《竹帚》(*The Bamboo Broom*)。战争期间,他为美国政府管理日语教学项目,并参与制作新几内亚与菲律宾战线敦促日本士兵投降的宣传传单。

布莱斯比亨德森小 9 岁。第一次世界大战期间,布莱斯因反战而拒服兵役,度过了两年铁窗生涯。他第一次卷入与日本有关的事务是在 1926 年。当时,他在朝鲜汉城的日本殖民大学京城帝国大学任教。布莱斯日语流利,与英国妻子离了婚,娶了一位日本妇女,出版了独创性的比较文学研究《英语文学中的禅与东洋古典》(*Zen in English Literature and Oriental Classics*)。战争期间布莱斯滞留在日本。在其 1941 年的著作中,曾评价亨德森的俳句选是"一本小小的杰作"。这两位显然有许多共通之处。10 月,布莱斯前往 CI&E 谋求翻译职位。然而,很快他就发现了更为合适的机会:在负责皇族和贵族教育的东京名校——学习院得到了教职,并担当日本宫廷与 GHQ 之间的联络人。[16]

日本政府官员相当倚重与 GHQ 人员的非正式接触,以此探知占领军的政策风向。无论皇室还是其他省厅机构,尽皆如此。由于占领军当局的民间情报教育局事务,涉及民主化推进的思想观念问题,成了宫中情报收集和游说活动的主要对象。有时,通过奢侈的游兴节目和高价的礼物达成意见交换与获得美方的支持活动之间,很难划清界限。通常这种互动都是光明正大的,然而,对于日本宫廷来说,没人能比得上布莱斯的才干。[17]

布莱斯的活动是每周访问 CI&E 一两次,总是乘坐政府的公车前往。亨德森是布莱斯定期的联络者之一。11 月下旬,亨德森显然是在无意中开启了那次决定历史命运的谈话。当时就 1930 年代成为以天皇为中心的军国主义的支柱的 1890 年《教育敕语》,他谈了自己的看法。亨德森评论说,在和平与民主能够生长之前,必须清除日本的国家优越和天皇神圣的错误观念。他沉思着说道,或许,这可以通过新的天皇敕语来实现。

第二周布莱斯再次拜访 CI&E 时,出人意料地告知,他已经将建议传达给了宫中的联络人,并得到回话说天皇非常愿意遵从。但日方希望在宣言的确切内容方面得到进一步的指示。当时 CI&E 局长肯·戴克(Ken R. Dyke)准将不在,因而在布莱斯的坚持下,亨德森同意亲自起草一份宣言的样本。于是午休时间,在第一生命旅馆自己的房间里,亨德森躺在床上手拿拍纸簿和铅笔,想象自己是否定自身神格的日本天皇写下了宣言。无人见证这创造性的场面,但是这种美国人奇妙的冒昧放肆和漫不经心,听上去却很真实。

亨德森和布莱斯都将这份匆忙草就的"午休文本",完全看作是非正式的意见。然而,让亨德森震惊的是,一两天后布莱斯带回了一个"可笑"的要求和一枚"重磅炸弹"。首先,应宫内大臣的要求,亨德森和布莱斯烧掉了亨德森的草案。然后布莱斯自己提供了一份草案，要点基本都是依照亨德森的草稿，并要求亨德森提交给他的上司。亨德森将它拿给了戴克准将，戴克又立即呈交给麦克阿瑟。两位将军都对宫内官员考虑发表这样的声明，表示既惊且喜。而布莱斯火速回转，将他们的欢迎态度回馈给他的宫中联络人。实际上，亨德森和布莱斯都成了天皇的枪手，但此后所发生的事情，更令人震惊。[18]

布莱斯的草案被他学习院的同事们译成了平易的口语体日文，而这成了日本方面秘密商讨天皇"人间宣言"的基础。直到年终，整个内阁被召集评议诏书草案，从学习院院长到天皇本人，共有十余人参与其事。由于害怕极端民族主义者的激烈抗议，他们警觉地保守机密。有一次，其情景比烧掉亨德森的备忘录还要滑稽。当时的外务大臣吉田茂，在男厕所里秘密收到仅供内阁成员参阅的未完成的宣言稿。看来没有人对在这样的场所交换有关天皇神格的物件是否合适提出过质疑。[19]

元旦颁布的天皇诏书，显然就是布莱斯草案的日文译本。它保留了亨德森和布莱斯提议的精髓，但却以更加含蓄、庄严的形式巧妙地展示出来。当把最终声明与以布莱斯草稿为基础的最初文本加以比较时，其微妙之处就显而易见了。布莱斯的文本以"有新的理想的新世界，以人性高于国民性为伟大目标"的希望开头。在第二段，它以一段几乎是逐字照搬亨德森草稿的文字对天皇的神格进行否定，声明"我们国民与国家之间的纽带，不是基于神话和传说，不是基于日本人继承了神的血统、比其他民族优越、注定要统治他们的错误观念。而是凭借千百年来由献身与爱铸造的信赖和忠诚"。

在第三段，布莱斯的草案强调对家族、国家的忠诚，"在所有宗教的、政治的信条中，一直是日本国民最显著的特征"。然后继续阐释，"正如我们对国家的忠诚要高于对家族的忠诚一样，让我们对人性的忠诚超越我们对国家的忠诚"。第四段是直面今日之苦难，并寄希望于日本重建为自由国家，将"为人类的幸福与繁荣做出自己独特的贡献"。总之，布莱斯的文本明确宣布，"陛下完全否认对他自身人格的任何神格化或神话化"。[20]

两位外国人起草的文本受到宫中肯定的理由是显而易见的。肯定天皇与其臣民之间存在"千百年来的献身与爱"，简直就与1930年代广为流传的天皇神话无甚差异。直到十九世纪的后半期，普通日本人对天皇还几乎毫无意识，而皇室则对普通百姓不是漠不关心就是瞧不起。布莱斯赞扬忠诚是日本人至高、永恒的美德，简直就是对历史的误解，尽管显而易见，他之所以选择强调忠诚，不过是号召超越纯粹的民族主义、"忠诚于人性"的手段。

当时天皇的正式地位仍然悬而未决，宫中不可能期待 SCAP 的友善意愿有更加明确的表示了。但这并未阻止他们对布莱斯的草案做出实质性的修改。最终版本保留了布莱斯对家国的传统忠诚以及谈到有必要扩展这种精神为"人类之爱"的说法。这样，保留了英文版的基本观点，但又有微妙的保留：不再将对国家的忠诚的地位，明确置于对人类的义务之下。

另外，修改草案还增加了对近来的"危险思想"、现在更发展为触目惊心的"思想混乱"的警告。天皇强烈批评了这一点。"拖延的战争以失败告终，我国民有流于焦躁或沉沦失意之倾向。诡激之风渐长，道义之念颇衰。为思想混乱之兆，甚堪忧之。"布莱斯的草稿中并无此言，但这却是天皇的支持者们心头所想。

最富戏剧性的改动，是元日诏书的开头。它全文引用了1868年明治天皇统治之始发布的《五条御誓文》。明治天皇之孙裕仁现在宣布，这将成为舍弃"旧有之陋习"、创造致力于追求和平与丰富文化的新日本之基础。（诏书中没有提到民主。）对许多保守派而言，这才是元日诏书的精髓所在。《五条御誓文》将会成为基准和护身符，它是历史的和心理的支柱，他们可以通过它宣告"新日本"坚实地植根于过去之中。[21]

将诏书的重心从"否定神格"转换为强调明治时代的御誓文，是天皇个人的授意。[22] 通过这简单的改订，他达成了许多目的。他模糊了明治国家独裁的、神权政治的、帝国主义的本质；他为新生的战后体制增添了日本固有的（十九世纪中叶的）古老色彩；他无视（除了模糊提到"旧有的陋习"之外）植根于其祖父时代，并形成他自身统治特征的压制和以天皇为中心的有害的国民教化；他公然与以币原、重光、吉田为代表的"稳健派"和"旧自由主义派"结盟，正如他曾公然与军国主义分子结盟一样。更重要的是，他削弱了诏书否定神格的公开目的。在此过程中，天皇使自己成为了《五条御誓文》的拥护者，而在其统治的前

20年间,他绝少提及、也从未将其提升到国体的基准的高度。

在天皇此后的宣言中,肯定《五条御誓文》的理想成了"首要目的",而神格问题成了"次要目的"。他的强调不仅被麦克阿瑟所支持,还得到了加强。据裕仁说,他只不过是打算以提到御誓文为开场白,因为所有受过教育的日本人对此都很熟悉。然而当麦克阿瑟看到这一草案时,裕仁被告知将军(御誓文发布时麦克阿瑟14岁)不仅赞赏明治天皇"达成之伟业",还敦促全文引用《五条御誓文》。[23]

剪不断,理还乱

现在御誓文成了诏书的开头,"人间宣言"被湮没在文本之中。在天皇的亲自参与下,文本被重新改写为文言,删除了布莱斯草案的早期白话译本中明确提到的"神化"天皇与明确否定天皇和日本人是"神的子孙"(最初草案为"神之子孙",暂定案中为"神之末")的信仰的部分。在最终宣言中,先前的关键段落被删减了3/4,正式的英文版本如下:

> 朕与国民同在。朕永远乐于分享国民之喜与悲。朕与国民间的纽带始终由相互的信赖和爱而形成。它们并非基于单纯的传说和神话,也并非基于天皇是神、日本国民比其他种族优越并注定统治世界的错误观念。

天皇极力淡化"否定神格"的重要性,因为他说这实质上是安抚西方人的必要的语义游戏。1945年末,他曾在问题浮现的时候,争辩说他从不是西方观念中全知全能的"神",也不是日本人通常对"神"的暧昧观念所理解的"神的存在"。当然他此前也从未反对被当作神来看待。例如,裁缝们从不敢碰触他威严的身躯,未戴上手套的医生或其他人也是如此,除了他的妻子。他与通常的人类接触几乎完全隔绝。事实上,天皇日常的举手投足之间,都昭示了他的超凡之处。

天皇现在选择与阁僚们以最拐弯抹角的方式讨论这件事,就是其典型做法。他借听来的逸闻趣事,尤其是十七世纪初期后水尾天皇的事例做参照。这是个简单的、近乎过分简化的故事,天皇是从担任他的神道教义顾问的学者那里听来的。后水尾患了水痘，但作为在位的"现御神"，不允许有人对他实行艾灸（一种用燃烧物体的尖端烙灼皮肤的流行疗法）。于是他只得退位。（皇家典籍中许多类似的逸闻之一，是说有位天皇退位是为了纵情吃他喜爱的荞麦面条，而不必总吃专供君王食用的"神圣"的白米饭。）裕仁显然向币原首相和文部大臣前田多门都复述过后水尾的故事，以证明自己对亨德森和布莱斯提案的支持是正当的。裕仁天皇认为，是应当平息这些荒唐事的时候了。[24]

所有这一切的含意，当然要比水痘和面条复杂深远得多。然而事实上，问题又并非如此神秘难解。天皇乐于否认他从来不是西方意义上的"神"，甚至也不是日本人更加暧昧地理解的神，但他不愿意否认他是天照大神的子孙，正如八世纪的古代神话历史所叙述、明治天皇的宪法所宣言、他作为神道的最高神官执行的全套仪式所象征以及二十世纪天皇制倡导者令人作呕地所重申的那样。[25]

在"人间宣言"不得不提交新闻界的前两天，事情发展到了顶点。除了建议全文引用《五条御誓文》之外，麦克阿瑟还对呈交给他的英文版草案做了一处明确的改动。针对文本中"日本人是神的子孙的错误观念"，最高司令官说，不应当是指"日本人"，而是"天皇"。现在，在这千钧一发的时刻，天皇周边的人士不得不考虑，应当如何措辞以表达此意。事实证明，还需要更多的"障眼法"式的修正。

在这点上，布莱斯草案的修正版，宁可保留了直截了当否定天皇和日本人是"神的子孙"（神之子孙、神之末）的说法。然而，天皇的侍从次长木下道雄认为这难以容忍。12月29日，他劝说天皇，即便否定日本国民是神之子孙或许还可接受，但是说天皇源自神的血统是"错误的观念"则完全不能容忍。为能自圆其说，他提议采用深奥难解的表达方式，否定天皇是"现人神"或"现御神"。天皇全心全意地赞同这一改动。

初期草案中"神的子孙"的字句现在被删除了。最终版本只是否定了日本人比其他民族"优越"和天皇是"现御神"或"现人神"。"现御神"并非全然是个意味不明的字眼，但也不是个日常用词。它自然比正式的英文译本中"deity"（神，神性）这样平实的字眼深奥得多。战时的军国主义者用这个古色古香的复合语（"现御神"这三个字，字面意义就是"看得见的尊贵的神",日语发音很特殊)来神化天皇,即使是受过高等教育的人也难以认识这个词,或者了然其含意。

比如,据木下道雄日记载:外务大臣吉田不知"现御神"的意思,被木下愤然斥为愚者。侍从次长还困惑地发现,12月30日当诏书的准最终版本被提交内阁之际,"现御神"的汉字旁边被标注了读音,以助阁僚们理解其意。简而言之,日文版中的"神格的否定",要比正式的英文版或是早期版本中模糊得多。无论当日或以后,天皇从未明确地否定他所谓神的血统。他不可能这么做,因为他的整个世界都是建立在这个神话理论的谱系之上。[26]

天皇没有广播元日诏书。诏书发表在报纸上,并附有币原首相的谨识。纵然受过教育的人可以理解诏书的内容,诏书的最终文本还是典型地经过了古典学者的修改润饰,以天皇诏敕专用的艰深文言表达出来。另一方面,首相的注解则是口语体,依照惯例,将会被当作对天皇诏书的官方解读。这也是"障眼法"式的修正的又一例证,因为首相特意强调了明治时代日本的民主存在。他总结说,"谨奉圣谕,建设彻底的民主主义、和平主义与理性主义的新日本,以慰圣怀",其重点不过是老调重弹:迄今为止,国民未能顺应天皇的期盼。首相竟然对天皇否定神格只字未提。[27]

美国人对元日诏书的反应相当积极。《纽约时报》发表社论说,裕仁天皇以此宣言"使自己成为了日本历史上伟大的改革者"(而且在此过程中,对"混乱的宗教"神道教给予了致命的打击)。麦克阿瑟将军也同样不吝赞美。他昭告天下,天皇以其宣言"担负起了指导日本国民民主化的责任。他将会牢固遵从自由主义的路线"。突然之间,最高司令官把裕仁看作了民主化的领袖,并暗示"未来"他将继续如此。[28]

私下里,一些曾经真诚相信战时说教的忠诚臣民,震惊于天皇披上的新衣装,感到被出卖了。然而,却没有发生一起诏书的起草者们所恐惧的右翼暴力行为。文部大臣前田吃惊地发现,自己只听到一位来访的老者向他诉苦。[29] 看来绝大多数人都能从容应对"人间宣言",并未加以重大关注。现在媒体可以用从不被允许的方式自由评论天皇的人格了,而通过这种渠道,裕仁的确以更加亲密、更加"人性"的方式贴近大众了。

许多读者可能会在天皇的《新年和歌》中，发现比元日诏书更为重要的讯息。为迎接每年的新年到来，皇家依惯例将举办命题和歌咏习会，皇室与庶民皆可参加，由宫中召集专家评审。新年之初，评价最高的作品将会与天皇以及显贵们的和歌一同发表。这确实是业余歌人的最高荣誉。体味苦涩战败的那年10月，发布的翌年的歌题是"松上雪"，一个关于忍耐之美的经典意象。天皇自己的和歌，于1月22日在全国发布，全诗如下：

> 英挺的松树
> 承受着积雪重压
> 然而其颜色
> 却并不会被改变
> 人民就像它一样[30]

这是反抗意愿的绝妙表现，读到它的人很少会忽略其中的含意。当一切尘埃落定之后，天皇的"颜色"并未"改变"。他的臣民们的颜色也不会改变。[31]

注释：

1 这首童谣唱道："第一座桥塌了/第二座桥塌了/皇居下面的二重桥塌了/最后皇居也烧了"；鹤见俊辅、中川六平编《天皇百话》（东京：ちくま文库，1989），上卷，p. 571。其他冒犯天皇的例证，参见同书上卷，pp. 566 – 579；亦可参照 John W. Dower, "Sensational Rumors, Seditious Graffiti, and the Nightmares of the Thought Police", 收入 Dower, *Japan in War and Peace：Selected Essays*（New York：The New Press, 1993）, pp. 101 – 154。

2 粟屋宪太郎编，《资料・日本现代史　第二卷　败战直后の政治と社会》（东京：大月书店，1980），pp. 87, 246, 336 – 337；亦参见 pp. 40, 194。

3 《资料・日本现代史》第2卷，p. 248；粟屋宪太郎、川岛高峰，《玉音放送は敌の谋略だ》，《THIS IS 读卖》月刊，1994年11月号，pp. 64 – 65。有关绞架的谣言，参见1980年10月粟屋宪太郎与渡边清的谈话，《资料・日本现代史》第2卷插页。反皇室思想的其他案例，散见于警方的报告中，参见粟屋编《资料・日本现代史》第2卷，pp. 198, 205, 218, 229, 246 – 248, 251 – 252, 同书第3卷，p. 169。政府对此情形十分警戒，特地增员4000人守卫皇居；《朝日新闻》1945年10月27日。

4 粟屋编《资料・日本现代史》，第2卷，pp. 38, 197；第3卷，pp. 89 – 94。

5 Masanori Nakamura（中村政则）, *The Japanese Monarchy: Ambassador Joseph Grew and the Making of the "Symbol Emperor System", 1931 – 1991* (Armonk, N. Y.: M. E. Sharpe, 1992), p. 176。

6 Civil Intelligence Section, SCAP, *Occupational Trends: Japan and Korea*, January 9, 1946（pp. 4 – 5）; January 23, 1946（p. 18）; January 30, 1946（p. 18）. U. S. Strategic Bombing Survey, *The Effects of Strategic Bombing on Japanese Morale*（Washington, D. C.: July 1947）, p. 149; 粟屋《资料·日本现代史》, 第 2 卷, pp. 121 – 135。

7 袖井林二郎、福岛铸郎编《マッカサー——记录·战后日本的原点》（东京：日本放送出版协会, 1982）, p. 158; 鹰桥信夫《昭和世相流行语辞典》（东京：旺文社, 1986）, p. 89; Akira Iwasaki, "The Occupied Screen", *Japan Quarterly* 25. 3（July-September 1978）: 320。即便是在战争年代, 也有军人对天皇言辞不敬。例如, 武藏丸战舰上的老水兵, 公开抱怨天皇视察军舰时只赏赐给每个士兵少许米酒"太小气"; 参见前引之粟屋与渡边的谈话, 《资料·日本现代史》第 2 卷。无论在战败前还是战败后, 称裕仁为"小天皇"的都大有人在, 这是个亲切的称谓, 但却显然不敬。

8 Civil Intelligence Section, SCAP, *Occupational Trends: Japan and Korea*, Febuary 27, 1946（p. 15）。

9 讲谈社编《昭和·二万日の全记录》（东京：讲谈社, 1989）, 第 7 卷, p. 200; 此文献下引为 *SNNZ*。"熊泽天皇"的故事, 刊登于 1946 年 1 月 18 日的美军报纸 *Stars and Stripes* 以及 1 月 21 日的 *Life* 杂志, pp. 32 – 33。熊泽自称是南朝后龟山天皇的第十八代子孙。1951 年 1 月, 熊泽曾试图与裕仁天皇打官司, 但是他的诉讼请求遭到驳回, 理由是天皇不能成为诉讼的对象。南朝与北朝的皇统合法性之争, 曾经在 1911 年成为争论的议题。解决方式是政府做出了一个暧昧的决定, 似乎承认南朝皇统的主张, 但却维持裕仁祖父明治天皇所在的北朝皇统的合法性。

10 *SNNZ* 7: 190 – 191。

11 1946 年 4 月 3 日, 远东委员会免除对裕仁天皇的战争犯罪起诉; 6 月 18 日, 远东国际军事法庭公开做出同样的裁决。同年 6 月 12 日, 美国国务院·陆军部·海军部协调委员会正式撤销有关"裕仁处理"方针的议程。

12 此诏书的官方英译本, 参见 U. S. Department of State, *Foreign Relations of the United States 1946*, 8: 134 – 135。

13 William P. Woodard, *The Allied Occupation of Japan, 1945 – 1952, and Japanese Religions*（Leiden: E. J. Brill, 1972）, p. 251; 这份包含文献附录的颇有价值的资料, 出自负责占领军宗教事务的前 SCAP 官员之手。Otis Cary, *War-Wasted Asia: Letters, 1945 – 1946*（New York: Kodansha International, 1975; 随后再版为 *From a Ruined Empire: Letters—Japan, China, Korea, 1945 – 1946*, pp. 272 – 288）; 12 月 18 日 Reischauer 的备忘录, 参见 Nakamura 前引书, pp. 109 – 110。战时美国人对天皇以及日本人心理状态的一般性分析, 参见 Willard Price, *Japan and the Son of Heaven*（New York: Duell, Sloan & Pearce, 1945）; Alexander H. Leighton, *Human Relations in a Changing World: Observations on the Use of the Social Sciences*（New York: Dutton, 1949）; Alexander Leighton 与 Morris Opler, "Psychiatry and

Applied Anthropology in Psychological Warfare against Japan", *American Journal of Psychoanalysis* 6 (1946): 20 – 34, 收入 Robert Hunt 编, *Personalities and Culture: Readings in Psychological Anthropology* (Garden City, N. Y.: Natural History Press, 1967), pp. 251 – 260; Clyde Kluckhohn, *Mirror for Man: The Relation of Anthropology to Modern Life* (New York: McGraw-Hill, 1949);《天皇百话》上卷摘录五百旗头真所言, pp. 581 – 603。

14 关于废除神道教为国教, 参见 Wilhelmus H. M. Creemers, *Shrine Shinto After World War II* (Leiden: E. J. Brill, 1968)。 12 月 15 日的神道禁令, 收录于 Creemers 前引书, pp. 219 – 222。亦可参见 Helen Hardacre, *Shintō and the State, 1868 – 1988* (Princeton, N. J.: Princeton University Press, 1991), pp. 167 – 170。

15 Hardacre 前引书, p. 137; 木下道雄《侧近日志》(东京: 文艺春秋, 1990), pp. 83 – 84。

16 关于 Henderson 与 Blyth, 参见高桥纮所写木下道雄《侧近日志》编后记, pp. 333 – 341。

17 Blyth 的角色, 在木下的日记中清晰地浮现出来。宫内与美方的某些"联络", 是由过去曾深深卷入军国主义与极端民族主义活动的人担任的, 现在这些人物又竭诚向 GHQ 高官们提供宴饮游乐、女人和日本的刀剑、和服、珍珠以及照相机等礼物。其中的两位后台老板, 在木下的日记中, 自称是所谓"美国清教徒俱乐部"(American Puritan Club) 的成员, 与 CI&E 上层有着切实紧密的联系; 参见木下《侧近日志》, pp. 91 – 97, 352 – 355, 以及吉田裕《昭和天皇的终战史》(东京: 岩波新书, 1992), pp. 65 – 72。

18 见 Creemers 前引书, pp. 121 – 132, 尤可参照 pp. 223 – 225 ("Henderson 的草稿"); Woodard 前引书, pp. 250 – 268, 315 – 321 (这份资料依据的是 "Henderson 的草稿" 及访谈)。

19 尽管日方的文献, 无论是原初的记录还是事后的追记, 都乐于对草案的起草过程进行描述, 但是这些历史叙述之间有时是相互矛盾的 (有些追忆, 是故意混淆视听), 已经不可能复原当初的历史情形。除上文引述的文献之外, 还可参照松尾尊兊《象征天皇制の成立についての覚え书き》,《思想》1990 年 4 月号, pp. 11 – 18; 高桥纮、铃木邦彦,《天皇家の密使たち・占领と皇室》(东京: 文春文库, 1981), pp. 81 – 84; 1962 年的文章, 收入《天皇百话》下卷, pp. 199 – 210; 前田多门 1962 年的回忆, 收入同书下卷, pp. 211 – 226, 亦参见文艺春秋社编,《〈文艺春秋〉にみる昭和史》(东京: 文艺春秋, 1988), 第 2 卷, pp. 18 – 25; 木下《侧近日志》, pp. 88 – 96。

20 Blyth 草案的英文版, 收入松尾尊兊前引文, pp. 13 – 14, 内有少许语法错误, 应当不是正式版本。

21 《五条御誓文》全文如下: "一、广兴会议, 万机决于公论。二、上下一心, 盛展经纶。三、官武一体, 以至庶民, 各遂其志, 勿使人心倦怠。三、破除旧有之陋习, 一本天地之公道。五、求知识于世界, 大振皇国之基业。"至此, 强调《五条御誓文》的重要性被完全确立起来。1945 年 8 月 29 日, 在广受瞩目的记者招待会上, 新任首相东久迩宫曾吟诵五条御誓文作为结语; 记者招待会的记录, 收入日高六郎《战后日本思想大系》(东京: 筑摩书房, 1968), pp. 53 – 58。

22 《天皇百话》下卷, pp. 208, 218 – 220; 木下《侧近日志》, p. 89。
23 1977 年 8 月 23 日会见记者时裕仁的回忆, 收入高桥纮《陛下、お寻ね申し上げます——记者会见全记录と人间天皇の轨迹》(东京:文春文库, 1988), pp. 252 – 254。亦参见高桥纮所写木下道雄《侧近日志》编后记, pp. 345 – 346。
24 木下《侧近日志》, p. 84;参见《天皇百话》下卷前田多门的叙述, p. 218; Woodard 前引书, pp. 253 – 254, 266。
25 参与起草"人间宣言"的日本人都认为, 宣言无损于天皇的地位, 而且他们准备好了反驳的说辞, 即外国人完全误解了日本人对其君主的看法。他们主张, 天皇从未被看作西方意义上的"神"。这种说法是真实的, 但也十分诡诈。从历史上来看, 天皇(以及早期的女天皇)曾经充当过各种变幻的角色:最早的巫师与农耕仪式的司祭;八世纪时达到权力巅峰的宗教领袖;此后的高度文明的权威, 尽管在漫长的封建时代, 天皇经常无权、无钱且被挟持。八世纪成书的《古事记》与《日本书记》, 是日本最早的神话纪事, 记录了从天照大神以降的天皇世系, 而皇家典范也巩固了天皇大祭司的地位。登基仪式是为了表明天照大神与后继的统治者之间的神圣关联, 而天皇前往拜谒天照大神的伊势神宫或传说中首位天皇神武天皇(天照大神的子孙)在奈良的陵寝, 则被看成是向皇家的神圣先祖致敬。直到十九世纪中叶, 普通的日本人假使真的知道天皇的存在, 其实也漠不关心。除了一小撮知识分子外, 多数精英人士也对此少有关注。

这一切在裕仁的祖父明治天皇统治的漫长时期(1868 – 1912)内发生了改变, 因为此时天皇制被创造性地"复兴"为现代民族国家意识形态的"机轴"。在明治时期伟大的政治家伊藤博文的直接指导下, 现代天皇制被明确地创造成了西方犹太教—基督教传统在日本的对应体系;八世纪的神话历史被复活成了政治信仰;迄今仍广为流布的民间宗教神道教, 当时成为国教, 约有 12 万座神庙被置于皇室的直接控制之下。(例如, 可参见英文文献 Emiko Ohnuki-Tierney, "The Emperor of Japan as Deity (Kami)", *Ethnology* 30. 3 (1991): 199 – 215。) 最具重要意义的是, 明治天皇被宣布为活着的神("现人神"或"现御神")。对明治时期的政治家们而言, 他们打造这位新的崇拜对象, 并且仔细体察西方的模式, 显然是要野心勃勃地创造与西方犹太教—基督教传统中"全能的上帝"类似的偶像(参照 Ohnuki-Tierney 前引文, p. 204;Woodard 前引书, p. 370)。这些伪宗教性的表述, 皆被写入 1890 年的明治宪法。此宪法宣布天皇"神圣不可侵犯"。这一规定的确切含义, 在与宪法同时颁布的权威性的《宪法义解》(伊藤博文著) 中阐释如下:

开天辟地之时, 确立神圣皇位。天皇实乃天神至圣。英明神武超乎全体之臣民。须崇而敬之, 不可亵渎。天皇当尊重律法, 然律法无权约束天皇。非惟不得对圣躬不敬, 指斥言议亦不可犯之。

在裕仁天皇统治期间, 明治宪法中神权统治的独裁理念才得以充分实现。裕仁所受之教育乃信仰国家主权, 而且私下里他赞同将他本人喻为国家的最高"头脑"(这一比喻也用在伊藤博文的《宪法义解》中)。从他 1926 年即位到"二战"结束, 无论其个人想法如何, 昭和天皇确乎顺从地接受了神格化的仪式与说辞。效忠天皇的哲学家们庄重阐明, 与欧洲的君权神授或中国的"天命"不同, 天皇本身就是"神君", 他的旨意乃"神谕"(参照 Creemers 前引书所引哲学家和辻哲郎的说法, p. 118)。天皇忠诚的臣僚们在人人必读的官方文本, 如 1937 年文部省发行的著名的《国体の本义》中对此进行了阐述,谨慎而明确地解释了天皇不是西方意义上的全知全能的神(上帝),而是具有独特的日本式的含义:

天皇乃以皇祖皇宗之御旨统治我国之现御神。供奉现御神(明神)或现人神,非如所谓绝对的神、全知全能的神之意味,乃昭示天皇为皇祖皇宗之神裔,天皇与皇祖皇宗御一体,永久为臣民・国土生成发展之本源,当示以无限之敬畏(参见 Creemers 前引书, p. 123)。

不同的日本人对此中含义的理解千差万别,但是无人不晓"天子"不仅统治臣民而且超凡入圣。在裕仁替他有精神疾患的父王摄政期间,依据1925年通过的《治安维持法》,否认天皇是神是大不敬的罪名。天皇虽然对各项事务广泛发表意见,却从没有为那些因此而入狱的人说过只言片语。"二战"期间,日本的许多基督复临安息日会教友与圣洁会基督徒因为拒绝承认天皇不同于常人而被捕。1942年的内阁秘密会议上,东条英机首相曾严肃声明"天皇是神……而我们,无论如何位极人臣,不过是常人而已"。与以往的说辞一脉相承,天皇8月15日的投降广播(玉音放送),亦被称为终结战争的"圣断"。

带头保卫裕仁天皇与"维持国体"的高官,大部分都是 Joseph Grew、George Sansom 等英美权贵所欣赏的亲西方的"稳健派"。他们无一例外都将天皇看成神。当重光葵在狱中得知天皇将被免于战犯起诉时,高兴地大叫"日本国民将天皇当作神来崇拜是完全正确的"(《天皇百话》下卷, p. 130)。币原喜重郎首相即便是在起草"人间宣言"之时,还虔诚地提到天皇的"神格"(参见 Woodard 前引书, p. 254;"神格"一词,确曾出现在布莱斯草稿的早期日译本中,尽管这正是天皇陛下所应当否定的)。

26 木下《侧近日志》, pp. 89 – 91;《天皇百话》下卷, p. 202。
27 松尾尊兊前引文, p. 17。
28 1946 年 1 月 2 日《纽约时报》。关于麦克阿瑟,参见 Government Section, Supreme Commander Allied Powers, *Political Reorientation of Japan*: *September 1945 to September 1948* (Washington, D.C.: 1948), vol. 2, p. 471; Woodard 前引书, p. 268。麦克阿瑟私下里也喜欢给天皇戴高帽。他曾告诉民政局长也是他最信赖的助手惠特尼准将,"天皇对民主理念的领悟,比任何跟我打过交道的日本人都要彻底";参见 Courtney Whitney, *MacArthur — His Rendezvous with History* (New York: Knopf, 1956), p. 286。幸好麦克阿瑟没跟多少日本人打过交道。
29《天皇百话》下卷, p. 224。
30 加濑英明《天皇家の战い》(东京:新潮社, 1975), p. 207。
31 1947 年天皇的新年和歌,恰好描绘了重建的意象。全诗如下:"天欲晓/晨曦沐水户/依稀传来捣砧声。"当 1948 年新年来临之际,裕仁天皇重拾战败后他首篇诗作的主题。这一次,天皇陛下发表了两首诗作。一首吟诵海岸边的松树,迎着四季猛烈的海风傲然挺立。另一首描绘孤独的园中四季常青的松树,即便冬日来临也不变色(天皇诗作的英译版,见 1947 年 1 月 24 日、1948 年 1 月 2 日《纽约时报》, 收入 Arthur Tiedemann 编, *Modern Japan* 修订版 New York: Anvil/Van Nostrand, 1962, pp. 184 – 186)。

天皇"人间宣言"的发表,并未立即终止战后教育体制中有关天皇崇拜教育的某些举措。例如直到1946年4月6日,文部省才颁令声明,无须再向学校中供奉的"御真影"(天皇像)敬礼；7月才正式废除学校中供奉"御真影"的圣所(奉安殿)。到了1946年9月29日，文部省才决定停止在学校典礼上颂读1890年的《教育敕语》。尽管如此，仍然规定学生在课上学习《教育敕语》(以天皇为核心的德育之重要文献)，因为它包含"真理之言而并非只是出自天皇之口"。参见美国国务院之秘密报告"Progress in the Field of Education in Japan since the Surrender", December 9, 1946, pp. 27 - 28；此秘密报告之缩微胶卷，见 *O. S. S. / State Department Interlligence and Research Reports*, *II — Postwar Japan*, *Korea*, *and Southeast Asia* (Washington, D. C.: University Publications of America, 1977), reel 3, number 28。

第十一章
天皇制民主：回避责任

在天皇自天而降的途中，对日本领导人的战争罪行进行审判的机构也在缓慢形成。起诉和逮捕在难以预料的时间一波波到来。9月11日，宣布了对第一批战犯嫌疑人的逮捕，接着是不祥的平静，直到11月19日第二批逮捕令发布。12月的第一周，许多军部高官和官僚们被添加到了"甲级"战犯嫌疑人的行列，包括前首相近卫文麿和天皇身边最亲近的内大臣木户幸一等人。12月6日，杜鲁门总统任命的首席检察官约瑟夫·基南（Joseph Keenan），带领40名部下抵达东京。两天后，麦克阿瑟为日益临近的审判设立了国际检察局（IPS）。依照日本历，这一天正是珍珠港袭击4周年。1946年1月19日，盟军最高司令官宣布，远东国际军事法庭正式成立。至于哪些被告将首先被带上法庭接受审判，直到3月11日才宣布。审判开始于5月3日。直到此时，最高统帅部和国际检察局在理论上仍然有可能起诉裕仁天皇的战争罪行。

面临退位

在宫廷圈内，天皇是战争罪犯的观念自然是不可想象的，但是天皇应当对战争和战败承担一定责任的想法，却是被认真考虑的。在最高统帅部表明其立场——坚决反对除利用裕仁之外的任何政策之前，天皇本人曾有过这样的考虑。8月29日，在胜利者踏上这片神国的土地的前一天，天皇对木户幸一谈到了退位的问题，认为可以将此作为免除他忠诚的大臣和陆海军将领们的战争责任的方法。木户告知天皇这并不可取。9月中，在天皇知情的情况下，天皇的内叔父东久迩宫率内阁秘密讨论其退位事宜。尽管有些阁僚力争天皇对战争并不负有宪法责任，但有其他大臣强调，天皇对国家、战死者和战争遗属负有战败的道义上的责任。[1]

10月的第一周，东久迩宫首相私下会见了他的侄婿裕仁，并劝其退位。东久迩宫表示，愿意放弃自身的皇族地位。据称他的提议被驳回了，理由是"时机未到"。几周后，裕仁语调平淡地告诉他的侍从次长说，万一退位的话，他希望找到一位有才能的研究者，协助他的海洋生物学研究（这是数年前，天皇为树立其真正"现代人"的形象，自己选择的学问领域）。[2]

1月4日，有关战争罪行的公众舆论升温，对煽动军国主义和极端民族主义的任职者开始大范围的"彻底的"清查。天皇让木户幸一的继任者侍从长藤田尚德调查，时下最高司令部是否希望他退位。藤田对此表示反对。裕仁一直热心于研究历代天皇的先例，1月下旬他让学者为他讲授宇多天皇让位之事。宇多天皇887—897年在位，于31岁时退位。裕仁还将英王室看作是现代皇室礼仪的参考典范，让官员扼要汇报英王退位的惯例。[3]

天皇退位的话题很快泄露给了媒体。1945年10月下旬，近卫公爵公然提起天皇退位的可能性，然后又迫于内阁压力发表了修正声明，引起骚动。近卫公爵不同寻常地直率表示，天皇在未能回避与美国的战争以及未能尽早终结战争两方面，都负有重大的个人责任。翌年2月27日，这一话题再次跃入公众的视野。据《读卖报知》报道，前首相东久迩宫向一位美联社记者透露，最高层正在认真讨论天皇的退位问题。如果裕仁自己选择退位，将会得到皇室全体的支持。数日后，东久迩宫直接告知日本新闻界，他个人曾经敦促侄婿裕仁考虑退位的三个"适当时机"。尽管第一个时机"当投降文件签署之时"已经错过，另外两个适当的时机还未到来。照东久迩宫看来，裕仁应当在宪法修正之时或是占领期结束、和平条约缔结之日考虑退位。新闻界甚至推测最有可能的是天皇之弟高松宫摄政，直至皇太子成人。[4]

《读卖报知》耸人听闻的报道，倒是与宫内省枢密院的紧急会议上提出的观点一致。会上，天皇31岁的幼弟三笠宫，间接敦促天皇为战败负责。三笠宫力劝，政府和皇室总体上必须超脱"旧式的思考"，"于今采取大胆的行动"。厚生省大臣（后来的首相）芦田均当时在场，他在日记中写道，"似乎每个人都在思考"三笠宫的话，而"天皇陛下忧虑的脸色从未如此苍白"。[5]

尽管如此忧虑，天皇显然大约正是此时决定不退位。他对侍从次长木下道雄说，他怀疑任何人有资格接替他的位置。他的三个兄弟，高松宫曾是公然的"参战派"，秩父宫体弱多病，三笠宫太年轻缺乏经验。（三笠宫现年31岁，比裕仁1921年摄政时的年龄大11岁）。天皇告诉木下，他遗憾叔父不大注意面对新闻界的言辞。[6]

政治和思想领域的著名人士们，开始发言支持天皇退位。新近任命的东京帝国大学校长、自由主义者、基督教教育家南原繁，在总体上对天皇制进行了善意的评价，但是主张裕仁应该因道义原因退位。辅佐近卫起草明治宪法修正案的保守的宪法学者佐佐木惣一，也以道义的理由赞成天皇退位。严格的保守派哲学家田边元，对佛教概念"忏悔"进行了深入的阐释，希望天皇引退而成为贫与无的象征。他还敦劝将皇室财产用于救济贫困的人。[7]

对裕仁退位最轰动的公开呼吁，是著名诗人三好达治的一篇文章。这篇文章发表于1946年6月号的《新潮》杂志。三好达治解释说，他并非是认同东京战犯审判的支持者们对战争责任的看法，即天皇对侵略和暴行负有直接的、政策决定上的责任，但是也不接受天皇支持者们所推出的热爱和平而又无助的仁慈君主的形象。他强调说，问题在于，"这并不仅是战败的责任问题"。三好以不同寻常的强硬口气，谴责天皇"对自身职责甚为怠慢"，并且"负有对战场上为他捐躯的忠良将士背信的责任"。

三好宣称，天皇曾是大元帅，却未能制止军阀者流的横行。天皇以家长的口吻呼臣民为"赤子"，却驱策明知道将会失去控制的陆海军士兵赴死。作为国家元首，他现在应当由自己承担起这场灾难的责任，树立道德的典范。天皇在战时的统率，无论在大势判断、临机应对、起用人才、体察民情，还是把握时机终止战争方面，都是无能的。既然天皇已经宣布自己不是"现人神"，那么他现在就应当按理像个凡人那样退位。[8]

假使占领军当局选择敦促裕仁退位的话，显然不会有任何不可逾越的障碍存在。天皇近侧的人士也承认这一点。而且可悲的是，公众将如同接受战败本身那样，轻易接受天皇的退位宣言。保守派则会将天皇的退位正当化，并且借此对天皇制的道义的高洁再次加以确认。天皇制民主仍然会在新君主的统治下发扬光大，而裕仁悲惨的昭和时代（如此反讽的命名，"昭和"两字原本意味着"光辉与和平"）将会落幕，"战争责任"问题则会显得一片光明。

当然，麦克阿瑟及其助手对局势有不同的理解，并且对日本方面表明了自己的立场。11月26日，原海军大将、总理大臣、天皇的心腹米内光政，恳请麦克阿瑟对天皇退位发表见解，最高司令官回复说，此举并无必要。[9] 一个月后，宫中与最高司令部之间的日本联络官报告说，民间情报教育局局长戴克准将建议，为转移公众注意，天皇可以离开东京，将宫廷移到京都。十九世纪中叶以前，那里一直是皇家的传统地盘。翌日，三位与民间情报教育局有关系的日本人，给侍从次长木下道雄带来了一份值得注意的、长长的备忘录，总结了戴克准将有关"皇室的问题"的见解。文件开篇就坦率主张，维护天皇对于建设民主的日本是绝对必要的。[10]

1946年3月初，侍从次长被告知，费勒斯将军担心天皇周围的"可笑之人"，给予天皇坏的建议。这大概不仅是指皇室的异端人物东久迩宫和三笠宫，还包括给天皇安排关于宇多天皇退位与英国国王退位讲义的宫廷顾问们。[11] 在麦克阿瑟有关天皇的阴谋中，经常作为重要的解围人物出现的费勒斯，曾经露骨地告知日本方面，他们可以保留天皇制并且应当让裕仁在位。当时费勒斯告诉前任海军大将米内光政，天皇是占领军当局"最好的协力者"，"只要占领继续，天皇制就应当存续"。费勒斯还对此进行了进一步的阐释，强调天皇对于阻止苏联领导的"全世界的共产主义化"的重要性，并且告诉米内大将，"非美国的思想"正甚嚣尘上，甚至在美国上层，要求逮捕裕仁接受战犯审判的呼声依然具有影响力。

依照日本方面的会谈记录，费勒斯此后敦促米内，对迫近的战犯审判中被告们的证词进行敲定，以确保天皇无虞。据记录，费勒斯说了以下的话："如果日本方面可以向我们证明天皇完全无辜，则最合适不过。我想即将到来的审判，为此提供了最佳时机。尤其是要使东条英机在审判时承担一切责任。换句话说，我想让你们使东条说下面的话：'在开战前的御前会议上,我已经下决心力争开仗,即使陛下反对向美国宣战。'"以东条为首的"甲级"战犯被告,被切实要求誓死捍卫他们的天皇,当然并非在战场上,而是在法庭上。米内欣然答应前去通报信息。[12]

3月20日,费勒斯邀请寺崎英成、寺崎的妻子(费勒斯的堂姊妹)格温(Gwen)和他们的小女儿晚宴。饭后,身为天皇近侍的寺崎,直率地询问麦克阿瑟对天皇退位的想法。费勒斯先是指出自己不能为麦克阿瑟代言,然后强调说,麦克阿瑟是天皇"真正的朋友"。他告诉寺崎,麦克阿瑟将军近来已经知会华盛顿方面,假使天皇被起诉,日本将陷于混乱,届时就需要大幅度增加占领军的规模。即使天皇对战争负有"技术上的"责任,他仍然抱持这样的观点。至于说到退位,可能还会围绕继位的各种问题引发混乱。因此,费勒斯相信麦克阿瑟不希望裕仁退位。寺崎询问,最高司令官是否可以公开表达自己的立场,以制止新闻界"不谨慎的所谓天皇退位论",从而使日本国民感受到"乌云"散去,重见"天日"。费勒斯回应说,这将甚为困难。[13]

费勒斯向天皇的近侍透露的,是麦克阿瑟发给美国陆军参谋长艾森豪威尔(Dwight D. Eisenhower)将军的机密电报的要旨。在这封回应华盛顿要求调查天皇战争责任的电报中,麦克阿瑟全力以赴地为天皇辩护。1月25日,最高司令官致电艾森豪威尔,"调查已经实施",未发现过去10年间裕仁与日本的政治决策相关联的证据。麦克阿瑟将天皇描述为"日本国民团结的象征",并且警告说,如果天皇被起诉,日本将遭受"极大的动乱"、"分裂","数百年都难以完结的……民族间的仇杀"。政府机构将会崩溃,"开明的实践将会停止",游击战将会打响,引进现代民主的所有希望将会破灭。而一旦占领军离去,"将会由被损害的大众中产生某种共产主义路线的强力统治"。

这可不是令人欣慰的前景,而且想要在此混乱中维持秩序的话,麦克阿瑟宣称,在未来的若干年中,他需要引入数十万名行政官员,此外还至少需要一百万人的军队。如果说这份热切的电报是对10月2日费勒斯呈交最高司令官的备忘录的重述,那么这种世界末日论式的描述口气,则是他人无法效仿的。尽管直到4个多月后,远东国际军事法庭才公开免除天皇的战争责任,但是麦克阿瑟的电报,事实上标志着日本国内认真考虑这一问题的终结。[14]

在战犯审判正式开始之前，最高统帅部、国际检察局（IPS）和日本官僚们在幕后操作，不仅防止裕仁被起诉，而且歪曲被告们的证词，以确保没有人会牵涉到天皇。原海军大将和首相米内光政，遵照费勒斯的建议，显然警告过东条英机不要以任何方式归罪于天皇。然而，这种决定审判性质的日美协作还远不止此。日本宫廷和政府的高官与最高司令部协作完成战争嫌犯名单，最终以"甲级"战犯嫌疑逮捕百名著名人士（其中仅有28人被起诉），并且在公判期间监禁于巢鸭拘留所，让他们独立宣誓保护其君主不负任何战争的责任。[15] 1947年12月31日，这种紧密维持的日美协同作业，为东条英机的法庭证言所证实。东条暂时偏离了天皇无辜的既定协议路线，提到了天皇的最终决定权。美国主导的"检察当局"立即做出安排，秘密指导东条，让其撤回证言。[16]

与这种积极干预相应的，则是最为简单的战术：不作为。尽管收到了指令，无论最高统帅部还是国际检察局，都未开展有关天皇推动侵略战争的调查，也未针对天皇的政治、军事和意识形态作用，对文件证据进行细密的文本分析。没有人认真拷问天皇辩护者所宣称的，天皇的行为受到他作为"立宪君主"的自觉的严格限制。实际上，明治宪法规定了天皇在军事上的"统帅权"，多数的日本侵略行为，都是在阁议之外，仅由军部和最高司令官（天皇）参与的会议所决定。[17] 尽管最高统帅部的大门始终为天皇的辩护者们敞开，但是却禁止对原日本政府的高官进行涉及天皇的严肃审问。当宫中最坚持真相的近卫公爵批判天皇的战争责任时，美国方面反应恐惧。一位英国官员报告说，"一位美国将军会晤近卫数次，对我描绘他就像是只耗子，准备出卖任何人以保全自身，甚至不惜将他的主子天皇称为'主要的战争罪犯'"。事实上，由于麦克阿瑟司令部的全力支持，检察当局发挥了天皇的辩护人的职能。[18]

这些将天皇剥离于任何战争责任的努力，超出了天皇自身的期望，导致失去了利用他澄清历史记录的机会。当甲级战犯审判的正式开端日益临近，天皇显然以为，他将最终被要求亲自说明战时的政策决定过程。无论出于何种动机，3月18日至4月8日期间，他花费8个小时向近侍口述"独白"，讲述在他的统治下主要政策的决定。这些回忆绝不是承认他个人的战争责任。相反，他趁机将灾难性决策的责任推到了他的臣下身上。与此同时，这份空前的独白，提供了天皇对最高层人物之性情、决策程序和具体决策的详尽信息。

当时,除天皇之外的每位日本高层领导人,都遭到了国际检察局的审讯。看起来,胜利者自然也想探知天皇独一无二的内部情报,而"独白"事实上是天皇为预期的询问准备的彩排。当独白透露之时,首席检察官约瑟夫·基南已然通告他的各国任职人员,天皇是禁区,如果他们不同意这一点,那就"立马回国"。麦克阿瑟的反间谍头目费勒斯和查尔斯·威洛比(Charles Willoughby)将军,看来只是将宫中提供的有关天皇告白的资料掩藏了事。[19]

成功赦免天皇战争责任的行动毫无限度。裕仁不仅以无辜的面目出现,摆脱了任何可作为战犯起诉的正式行为,他还被打造成了近乎圣洁的人物,甚至对战争不负有道义责任。对于玩世不恭的现实政治家们来说,这是轻而易举的任务。埃里奥特·索普(Elliott Thorpe)准将,一位负责天皇人身安全及编制最初的战争嫌犯名单的情报专家,困惑地回顾起自己过往的行动。他回忆说,自己全力支持保留裕仁天皇在位,"因为不然的话,我们就只剩下混乱了。宗教没了,政府没了,他是唯一的统治象征。现在,我知道他曾经有所染指,他并不是无辜的小孩子。但是他对我们有极大的利用价值,因为这样的理由我才建议老头子(麦克阿瑟)留下他"。对于思虑更深的内部人士来说,这样的实用主义就更令人苦恼。例如,在1946年初写给杜鲁门总统的长篇报告中,美国国务院驻东京代表乔治·艾切森(George Atcheson)直率地陈述他的主张:"天皇是个战争罪犯",而且"如果日本想要实现真正的民主,就必须废除天皇制"。尽管如此,艾切森也相信,在当前的局势下,维持天皇制、免除裕仁的战争责任,才能避免社会的混乱和最好地发挥民主。他大胆进言,天皇退位可能是将来的善策,但是最好推迟到宪法修正实现之日。[20]

此后不久,艾切森就在一次飞机失事中殒命,没能见证后来的天皇退位风波。尽管1946年9月日本政府正式宣布天皇现时无意退位,但是他退位的可能性在此后两度重现。1948年,当东京审判临近判决之时,天皇的道义责任问题被旧事重提。早在宣判之前就已经明了,裕仁的忠良臣仆们显然将被处死或监禁。天皇将会作何反应?在一本大众杂志发表的讨论中,日本最高裁判所(最高法院)长官三渊忠彦与宪法学者佐佐木惣一、自由主义评论家长谷川如是闲坦率交换了意见。三渊和佐佐木一致认为，天皇应当在败战后就承担起战争责任。在大阪进行的民意调查显示，1/4以上的被调查者赞成裕仁立即或在适当时机退位。据其他推测，假使举行投票，大约将有50%的民众支持天皇退位，如果天皇自己表示出退位意愿的话，这一数字将会高出许多。事实上这些事情正在政府高层进行讨论，谣传裕仁本人也甚为矛盾心情所苦。[21]

美国人照常要压制天皇退位的主张。1948年7月，尽管费勒斯已经退休，并且于一年多之前就离开了日本，他还是火速给寺崎写了一封私人信函，表达他对"美国新闻频繁言及陛下退位"的警戒。他断言，天皇退位"将会是所有共产主义者的胜利，尤其是俄国人，他们认为号称只要天皇在位就能实现日本民主化的主张是天真幼稚的"。天皇退位"将会是对麦克阿瑟占领当局的沉重打击，因为元帅的占领政策，最大限度地成功利用了天皇个人的威信和领导力"。更有甚者，裕仁的退位，还会揭露精心培育起来的天皇无罪的整个奥秘：

> 他的退位，尤其是与战犯宣判的时机重合的话，在世人眼中，将会视陛下如同军阀。这当然是完全不正确的。它将会使这个国家（美国）刚刚开始抱持天皇没有战争责任的印象的公众舆论发生逆转。退位，会将陛下在历史上的地位固定为同情战争罪犯的立场，放弃王位，则成了他同情他们的姿态……
>
> 今天日本正在接受西方文明的巨大影响。它需要，实际上是必须，只有陛下下能够给予的安定的力量。天皇是必将出现的新生日本的重要组成部分。他必须帮助日本重归世界大家庭。

日本的保皇派也不可能超过这份对"陛下"的敬意，但是费勒斯对此问题的热情在美国人中间并不罕见。10月末，前首相芦田均告知艾切森的继任者——美国国务院驻东京代表威廉·西博尔德（William Sebald），天皇确实在考虑退位。西博尔德立即使麦克阿瑟关注此事，并在一封"个人的极其机密的"信中，向华盛顿的上级转达了令人吃惊的信息：麦克阿瑟担忧，在日益迫近的军事法庭判决的压力之下，裕仁可能不仅考虑退位，甚至会自杀。他和麦克阿瑟一致认为，无论如何，退位

"将会直接有利于日本的共产主义并导致动乱",而且麦克阿瑟声明,一旦他见到天皇,"他将会告诉天皇任何退位的想法不仅荒唐可笑,还会导致对日本国民的严重伤害。"西博尔德急速向寺崎传达了同样的信息,声明他相信这是"华盛顿的立场",也是最高司令官的见解。

认为裕仁可能在东京审判判决之时自杀的想法,是由于对裕仁天皇的性格不甚知之。(西博尔德同意裕仁有自杀的可能性,"尤其是因为天皇既是东方人又是日本人"。)不管怎样,11月12日在一封极端机密的私人信函中,天皇让麦克阿瑟安心。他告诉最高司令官,他已经重新决定,打算与国民一道,为日本的国家重建与推进世界和平而努力。[22]

当占领期于漫长的三年半之后结束时,天皇面临他的心腹老友木户幸一曾经告诉他要一直准备着的时刻。木户在1945年12月离别天皇入狱之时强调说,皇室的荣誉,要求裕仁负起败战的责任,但是只有当占领军撤退、和平条约缔结、日本恢复主权之日,才是履行责任的适当时机。1951年10月,仍在服刑期间的木户幸一,在日记中记录了他曾经给天皇写信,重申以上观点。他忠告说,退位是"服从真实"的行为。它将安慰包括被处刑的战犯家人在内的战争遗属,并且"对以皇室为中心的国民团结做出重大的贡献"。木户写道,如果天皇未能把握此次时机,"最终结果将是唯独皇室不承担责任,这将导致莫名的情绪滋生,可能会种下永久的祸根"。[23]

木户幸一对天皇的战争责任的见解,与大多数日本人一样,是内心的真实想法。天皇应当"为战败"承担责任。他应当清算历史,并向以他之名发动的战争中受苦、死去或失掉亲人的臣民谢罪。以此方式,他将会清除在日本历史上最恐怖的时期中沾染在天皇宝座上的血迹。

然而时运往复,这次并没有麦克阿瑟这样的铁杆儿人物撑腰。11月,消息传回木户那里,天皇正认真考虑退位,并且再次受到周围人士的鼓励。结果什么也没有发生。在迎接盼望已久的主权回归的致辞中,天皇表明了他继续在位的意向,丝毫也没有提到他个人的战争责任,尽管在原先的文本中包含了"朕为败战的责任向国民深为致歉"的表示。为何谢罪的言辞最终被删除?因为,据说天皇被一位顾问的巧妙设问所说服:"现在陛下还何须以如此强烈的语气谢罪呢?"[24]

天皇的巡幸与"现人"

当有关天皇退位的阴谋逐渐显露,保守派精英与最高司令部协同展开了大规模的宣传活动。借用一句现成的话,就是将天皇由"现人神"转变为"现人"。天皇被认为应当巡游全国,真正纡尊降贵到他的臣民中间,与贫穷、饥饿、悲惨不幸的人打成一片。这种巡游,日语称为"巡幸",不可避免地带有天子巡行或是"威严的天皇的访问"的色彩。它们还标志着所谓"与大众沟通的天皇制"的开始,从此,天皇由君王转变成了名人。

天皇花费不菲的地方巡幸贯穿整个占领时期,最终裕仁涉足了除冲绳之外的所有都道府县。这位先前仅作为"现人神"供千百万人瞻仰的君主,跨着有名的白马、身上挂满勋章的大元帅,现在突然出现在他们身边,拼命地试图跟从未打过交道的各色人等交谈,穿着新式服装(身着西装打着领结、头戴呢帽)曳脚而行。到1954年8月巡幸结束时,天皇一行共费时165日,行程33000公里。这些巡幸背后是精明的筹划。因为事情不可能如此凑巧:天皇莅临广岛的时间,恰好是珍珠港袭击的6周年。这大概是玩了一个双重象征的小把戏,以某一行为抵消另一行为的影响。后来他还访问过长崎,出现在因核辐射而奄奄一息的畅销书作家永井隆的床前。

对刻板、拘谨的裕仁而言,巡幸是一次不同寻常的重大任务。以计划之中以及意料之外的方式,它们对确立新的天皇形象贡献巨大。有关"君臣一致"的炫耀说辞,从未看起来如此可信。在那些贫乏的岁月里,天皇将富贵繁华抛诸身后,穿着打扮就像是一名会计师或者小镇的校长,尽力与民众对话。当然,这是巡幸的目的:钉入楔子,使天皇与国民融合在一起,并使大众对天皇的崇拜世俗化。同时,裕仁天皇对巡幸任务的淡定和任劳任怨,也使他意想不到地成了国民痛苦和牺牲的亲切象征。他们时常对他充满了同情。

尽管巡幸确切由谁发起已经无从查考,但是后来宫内省的高官入江相政指出,战败后不久,裕仁个人考虑要到臣民中去。那年的12月8日,一些普通民众自发地帮助清理皇宫的地面,后来竟然发现天皇跟他们有了些许交谈。元月1日,在关于天皇元日诏书的新闻报道中,《朝日新闻》形容天皇为"温柔的绅士",并且提出天皇有必要与公众进行更为有效的交流。两天后,《朝日新闻》又发表了关于英国王室与公众有效互动的报道。[25]

裕仁自从1921年以皇太子的身份访问英国以来,就对英国王室的风格印象深刻。1945年底,他的顾问给他提供了一本英文插图版的有关英国王室的书。其中有国王与民众在一起,甚至下到矿井参观矿工工作的照片。这本书是由学习院院长山梨胜之进介绍给宫内省的,山梨胜之进还是雷金纳德·布莱斯进入宫廷圈的介绍人。[26] 不知这本书是否来自那位热心信奉禅的英国人布莱斯,但是他很快就成为让天皇证明其人间性的行动中的主要中介人物。

这位远离祖国的英国人写了一份备忘录,在1月13日翻译并呈交天皇。他陈述现在时机已成熟,是天皇向麦克阿瑟积极建议,提出自己未来行动方案的时候了。布莱斯强调:"天皇必须在精神上统率国民,而不

从1926年登上皇位到战争结束的20年间,裕仁天皇担任了日益显著的公共角色:脱缰的军国主义国家的大元帅和牢不可破的意识形态核心。他最难忘的公开露面,是骑着他那匹骏马"白雪"检阅帝国军队

是仅仅在政治上统治他们。他必须表现出对国民的真正关注,不仅是颁布诏救,还要亲自与国民接触,告诉他们自己的见解,激励他们的自豪感,鼓舞他们的爱国心。"具体而言,天皇应当巡幸全国,访问煤矿(插图本的魅力!)和乡村,倾听民众,与民众交谈,向他们询问。

他应当吐露心情,释放出人性的声音,并且要求品尝他们的食物……他应当告诉日本人,他们仍然具有伟大民族的潜力,并将为世界文化做出自己独特的贡献,尤其是就文学、宗教和生活方式而言。[27]

日本有句谚语:"你可以看藩主,看将军则会瞎眼,而天子根本看不见。"对于拘泥古板的宫内官员来说,让君主屈尊真正与庶民融合的想法是不雅的,更别提天皇还有可能遭到共产主义者刺杀的恐怖想法。但是天皇积极接受布莱斯的提议,而麦克阿瑟将军则在背后给予巡幸以热心的支持。[28]

明治时代再次提供了先例。1872 到 1885 年间,明治天皇在全国各地先后 6 次出巡,动员民众支持以天皇为中心的近代国家的建设。明治与裕仁两位君主的公开出行,有一点惊人的相似,都是在国内动荡混

裕仁天皇的巡幸始于 1946 年,足迹最终遍布除冲绳之外的所有都道府县,使他与臣民有了空前的接触。他谦逊的平民服饰和对民众举帽致意的习惯(这样的手势在战败之前完全不可想象),成了天皇作为往昔的"现人神"宣告"人性"的新形象的重要组成部分

乱、激进思想高涨而天皇制岌岌可危的情形下进行的。无论裕仁从祖父的出巡先例中看出了什么，这样的全国巡幸在他自己的治内都是从无先例的，更不用说这与裕仁内向的性格以及他刚强超然的教养不符。[29]

裕仁天皇完全没有准备好与普通人交际，结果反而成了极大的公关优势。他尝试交谈时如此结结巴巴而且不安，激起了公众对这个与世隔绝而又脆弱的灵魂的同情。近乎窘迫的笨拙，也强化了他无与伦比的纯洁无罪的形象。天皇尽管明显地不适应却仍然想要甚至渴望巡幸的心意，更加证明他是一位真正献身于臣民的君主。他的不擅交际，使他显得如此人性化，同时又超凡脱俗，真正是"精神的"存在。[30]

天皇的不安还引起了民众的罪恶感。直到战争结束，日本人一直受到教化，要为推进国家理想的每个失败向天皇谢罪。天皇的巡幸以奇妙的方式，使自我批判与谢罪的大众心理复苏并且重新聚焦。显然，天皇巡幸是为民众着想。同样明显的是，这对天皇来说并非易事。一种情绪

对于急速变化的皇室状况感到困惑，这位站在天皇身边的老年妇女，正在打量天皇新的人间姿态

罕见的天皇巡幸照片,占领军武装士兵担任天皇的侍卫

油然而生:人们应当像过去那样,因导致了陛下的困窘和不便而谢罪。这是对天皇崇拜的变形,尽管究竟是否与"民主"相关完全是另外一回事。正如一句陈腐的比喻,通过从"云端"降下,踏上他的臣民所立身的这同一片烧焦的土地,天皇也将曾经骄傲的国家之衰落的困境个人化了。他几乎是有些奋不顾身地,尽力去拨响民族主义悲哀而屈辱的心弦,至少是触发国民的悔恨之情。正如他在压倒优势的白人占领军中,保持一个日本人的权力的鲜明形象。

带有偏见的西方记者却很少同意这样的看法。他们更着迷于先前超凡入圣的天子与现在的普通人之间的对照。正如美联社的拉塞尔·布莱恩斯所描述,天皇的臣民们突然发现"他个头矮,瘦弱,削肩膀,协调性很差,好像经常要跌倒的样子。他下巴很小。他说话的调门很高,谈话内容毫无意义。他的脸上有很多痣,日本人认为这是幸运之印。除了短硬的口髭之外,他的胡须散乱,时常需要剃除。厚厚的角质眼镜保护着他虚弱的视力。他衣服凌乱不整,鞋子已经磨损。他实在需要一名机灵的男仆"。布莱恩斯注意到,天皇向欢呼的人群致意,时常举起他的软呢帽,不断点头,"仿佛唯恐再次面对沉默"。[31]

天皇的笨拙尴尬,显然从他最初的巡幸开始就是如此。1946年2月19日,他访问了横滨的工厂和黑市。他说,黑市"有趣"。翌日,他访问了遣返者援护局,询问了官员两个问题。第一个是,"当军人和平民遣返者回到日本,他们有何感受?"第二个问题是,如何做才能使中国台湾和朝鲜半岛的旧殖民地臣民"带着真正的感谢"回到家乡。这些"对话"由NHK公共电台录音,于2月22日播出。节目录下了天皇独特的口头语,对任何回答他的回应都是:あっ、そう(啊,是那样吗?)。正如NHK的新闻解说员所言,天皇的动作和语言如此僵硬,就好像刚从箱子里出来一样。[32]

天皇吸引了大批群众。他们茫然地望着他,在个别场合还会流泪。他们将充满感情的信和诗歌寄给报纸。他们为"冲破乌云重见天日"喜出望外。他们将天皇的浴汤装进瓶子保存,捡拾他走过的地面上的鹅卵石。甚至号称共产主义者的人,也发觉自己挥舞着当时已经被禁止的日之丸旗。[33]尽管随着时间的推移,据说天皇与庶民在一起的不适应得到了缓解,他的言辞也变得更为流畅,但是事情并非一帆风顺。巡幸开始近两年后,他到广岛的发言竟然是"这里看起来遭到了相当大的破坏"。[34]

簇拥包围天皇的人群不仅仅是日本人,外国记者和美国军人也醒目地点缀其间。这种情景在天皇初次访问横滨时就出现了。当时美国大兵包围了天皇的汽车,爬上车盖,争着跟他握手。"靠近天皇"显现出对美国人也像对日本人一样具有传染性。如果说日本人和美国人潜在的感情有所不同,他们确实如此,但是他们仍然具有共同的特性:面对君主的敬畏与面对名人的陶醉。

更加令人震惊的是,美国人在巡幸仪式中扮演的正式的、几乎是封建的角色。无论天皇走到哪里,他都有美国兵的保护,包括做先导的美国宪兵队,就像是天皇的仪仗兵。这种保护是应日本政府的要求安排的,担心激进的左翼或右翼会对天皇发动袭击,其实那些袭击从来也不曾实施。然而最高统帅部应邀提供的,远远超出了对天皇身体安全的护卫。美国以最具体可见的形式,证明了对天皇制和裕仁个人的支持。所有这一切,是从退位议论甚嚣尘上以及天皇理论上依然可以被起诉战争罪行时就开始的。一位三年级小学生写的作文,捕捉到了天皇巡幸中的这一特殊的方面。这位小学生写道,欢迎的人群挤在道路两旁,首先出现的是一辆吉普,接着是肩扛来复枪的美国宪兵……然后才是天皇。有时群众陷入混乱,天皇的美国护卫兵就将吉普车开到混乱的人群中,或是朝天放空枪以清理道路。[35]

在所有的惊奇和兴奋之中,天皇的巡幸还引发了某些健康的不敬行为。天皇的"啊,是那样吗",成了无所不在的口头禅,而巡幸本身也成了著名的"救世的三コウ"之一。这个笑话是源于"コウ"这个日语发音,在当时极有影响的三个新闻事件中同时出现:一是"玺光尊"的狂喜的新宗教;二是最初由国会议员世耕弘暴露出来的军需物资隐匿丑闻;三是天皇巡幸本身。1946年10月,天皇的名古屋之行,竟然添加了滑稽的随行者。当时在天皇车队的末尾,出现了一辆不明身份的车辆。它的乘客不是别人,正是当地自称真正的皇统继承人的"熊泽天皇"。[36] 狂欢的因素总是潜伏在庄严的表象之下。

在巡幸过程中,天皇成了闻名遐迩的"扫帚",而且在左翼漫画中被描绘成了鬃刷头——因为天皇预期的所到之处,皆被打扫得干干净净。当天皇认为自己正在视察民生疾苦之时,他其实只是被带到了整洁漂亮的地方参观。在天皇预定经过之地,房屋重建、道路重修。河流被疏浚清理。天皇的留宿之处一尘不染。通道上铺设了席子,在预定视察的稻田旁搭起了看台。最高司令部的一份报告说,在天皇仪仗经过的道路沿途,"拱廊梁柱上常常装饰着花枝"。为确保不使天皇看到真实情况不惜花费巨资,有时甚至到了使地方财政破产的程度。[37]

当巡幸逐渐成为常态之时,地方上的政治家为提高威望,开始恳请天皇前往巡幸。在巡幸行列的队尾,有时多达上百名宫内省官员会追随这位新的民主的象征同行。随员中的腐败分子,会利用巡幸地方之机,索取黑市大米或者其他的"礼物"供己私用。(即使贵族阶级也感受到了粮食的短缺。)[38] 部分是由于这样的放纵和腐败行为,天皇巡幸于1948年初一度暂停。到此时,天皇已经毫无疑问地成为与战争年代的"现人神"不同的人物,尽管他仍然具有某些非凡的特质。英文的《日本时报》(*Nippon Times*)发表了《天皇裕仁——他统合了日本》("Emperor Hirohito—He Holds Japan Together")一文,传达出这样的讯息。文章为如下事实拍手喝彩:"十分幸运,现在天皇自身的人性化的努力,没有被任何困难所妨碍。"在列举了人间天皇的众多才能之后,报纸指出"并不是每个人都能够用脚趾头给自己扇扇子。裕仁天皇不仅展示了这样的绝技,而且能够在游泳的时候这样做。他还能在雨中单手打着伞游泳"。[39]

天皇的巡幸在1949年春再度开始。即便在当时,情形也不尽由皇家的威严所支配。宫中的侍医小岛宪陪同天皇巡幸四国的时候,就发现了这一点。在宇和岛市,天皇的随行人员住宿在为天皇此行修葺一新的旅馆中,由于天皇偶感风寒,决定不进行沐浴。在此情况下,按照惯例随行人员可以使用为天皇备好的浴汤。于是小岛宪和另一位医师同僚泡进了浴盆。正当他们泡澡的时候,水突然排干了,剩下他们两人在空澡盆里瑟瑟发抖。这是桩古怪的意外事件,实情是旅馆企图把泡天皇浴盆的机会卖给当地的显贵们,来收回修缮费用。因为当地的显要们如市长、议长之流,都希望在天皇泡过澡的热汤中沐浴一番。当天皇因故未能洗浴时,焦急地等候在外面的地方政要们甚为愤怒,于是他们拔掉了浴盆的塞子。小岛宪冻感冒了,并且发了好几天的烧。[40]

1951年11月,天皇巡幸京都就没那么有趣了。当时占领期临近终结,对冷战状态下日本的再军备以及与美国结盟的问题正展开激烈辩论。京都大学激进的学生们,准备了一封尖锐质询的公开信呈交天皇,并在天皇面前不唱国歌而唱起了《和平之歌》。这是对天皇巡幸的首次公开的抗议行动。学校拒绝将学生们的请愿信递交给天皇,并以行动缺乏节制为由,对8位学生实施了无限期停学的处分。[41]对于任何回想到一二十年前压制"危险思想"的人来说,新的天皇制民主,看来的确植根于过去的历史之中。

一个男人的《破碎之神》

1983年,一本名为《砕かれた神》(《破碎之神》)的书出版,这是一本对天皇突然从神变身为凡人、从圣战的至高象征转而成为"民主"的暧昧象征,进行独特而辛辣的批判的书。这是一本从1945年9月到1946年4月的日记,著者渡边清,当时是一位没有受过什么正规教育的复员兵。在战败那年的11月,渡边刚满20岁,但是他并没有开心地庆祝自己的生日，他是一个由于被天皇出卖的愤怒而毁掉的人。[42]

渡边15岁时加入海军。1942年，战争局势开始对日本不利，他参与了导致日本大败北的马里亚纳海战。渡边从正在沉没的战舰武藏号上奇迹般地生还，而他的战友们大多已葬身海底。他属于最早一批解散的日本军人，大约在天皇玉音放送的两周后，回到了故乡神奈川县的乡村。与别的复员兵不同，他两手空空地回到家，没有带回什么抢掠的军用物资作为战利品。他因此备受母亲的责备，拿他跟邻居家更务实的退伍兵们相比。

作为一名年轻的战士，渡边热切地、无条件地崇拜天皇，正如麦克阿瑟的心理战专家们在行动分析表中对一切"天皇崇拜者"的描述一样。他坚信天皇说过的关于"圣战"的每一个字，并且期望战死疆场。当战败之时，在他服役的战舰上以及后来家乡的村里都有谣言说，天皇将被处死。渡边想当然地以为天皇会自杀。在他看来，这是为战败负责并免受敌人之辱的当然的做法。当此事并未发生时，渡边猜想天皇可能是在等待时机，以免加剧战败的混乱。或许天皇打算等他的陆海军士兵们大都复员之后再退位。天皇不以某种方式对那些因为服从他的命令而战死沙场的人负责，实在是令人难以置信。

渡边的日记始于9月2日，东京湾举行投降仪式的当天。渡边看到甚至连日本舰艇上都飘扬着敌人的旗帜，不禁心痛欲裂。他写道，没有什么比这更屈辱的了。回家已经4天的他几乎不愿动弹。他甚至不跟家里人一起吃饭。当盟军部队涌入东京，他感到那些泥泞的军靴，就践踏在他的心上。东条英机的自杀未遂令他感到厌恶，而天皇初次访问麦克阿瑟，更给予了他难以承受的打击。看到那张著名的照片上，两位领导人像朋友一样并肩站立，他只想呕吐。打击他的还有最终的事实："和天皇一道，我们真的战败了。"他的绝望超乎寻常，因为他只是想不明白，为什么天皇没有羞耻感。渡边写道："天皇自己丢掉了神圣和权威，在敌人面前像狗一样点头哈腰。"因而，对他来说，"天皇陛下今日已死"。

其后数月间，渡边成了个鬼迷心窍的人：被出卖的感觉折磨着他，他为自己的愤怒而恐惧。他发现自己无法再相信任何事、任何人，包括他自己。如果天皇真的不想打仗，那他为什么签署宣战诏书？为什么他试图将珍珠港事件的责任转嫁给东条英机？为什么他不直说是他命令这样做的？新闻媒体也使他震惊。报纸昨天还在鼓吹"圣战"的口号，现在却谈论什么军国主义者、官僚和财阀的共谋。渡边赞同地写道，有人说新闻当中只有讣告是真的。

突然之间，媒体赞扬美式民主与"昨日之敌变今日之友"蔚然成风，使渡边感到备受捉弄。假使友谊真的如此重要，为什么起先他们还要开战？为什么他还得冒死去打仗？面对政府宣传的"一亿总忏悔"（当时是10月初），人们该做如何感想？因为每个日本人都对战败进行忏悔没有意义。另一方面，那些对战争负有直接责任的人，包括天皇，向国民忏悔才会有意义。

一位女性的熟人告诉他，他完全错了。天皇曾经是个傀儡，不应该为以他之名所做的一切负责。与麦克阿瑟的合影，不过是"表演"。然而，渡边像许多没受过多少教育的年轻士兵一样，从未怀疑过天皇是神、是可以完全仰赖的至高德行的化身，对他而言，这样的真相太难接受。到了10月中旬，渡边如此怒火中烧，以至于开始幻想烧掉皇宫，将天皇倒吊在皇宫护城河边的松树上，用橡木棍殴打他（就像帝国海军中惩罚水兵那样）。他甚至想象将天皇拖到大洋之底，让他看看自己命令开战的结果：那数千具葬身海底的尸骸。他看到自己抓着天皇的头发，将天皇的脑袋往海底的岩床上撞击。他觉得自己就要疯了。

10月下旬，渡边考虑应当对天皇制进行公民投票表决。他承认，大多数日本人会支持天皇。渡边全然反对逮捕天皇，因为那只是由胜利者进行的复仇审判。在渡边的村子里，人们已经开始将麦克阿瑟当作新天皇或是凌驾于天皇之上的新的君王来谈论。他们的善变使渡边厌恶。他的日本同胞们只管眼下谁最有权力就向谁靠拢。人们不断地唠叨"时代变了"，但是渡边不想跟这样浅薄的实用主义沾边。

11月7日，渡边记录下了他对人人迷恋的、甜腻的《苹果之歌》的嫌恶。数日之后，他发现天皇穿上了看起来像是铁道员工的新制服。他想，这预示着皇室确信，天皇不会再被逮捕或是退位。但是天皇自己是怎么想的呢？渡边揣测道。月中，他听到一位村官宣讲"圣战"实际上是如何变成侵略战争的，不由得回想起这位先生从前支持战争的演说。

当最高司令部开始逮捕主要战犯时，渡边记录下了自己的反对意见：日本人应当自己进行这样的审判。11月下旬，他听闻天皇去了靖国神社，参拜以天皇之名发动的战争中死亡的将士。他猜想那些死者的灵魂会如何出迎天皇，然后他下结论说，不可能有这样的灵魂存在。因为如果有的话，他们早就将天皇诅咒至死了。几天后，渡边听说新的天皇像将分发到各个学校。这让他忆起"武藏"号沉没的那天，他眼看一位军官将沉重的、神圣的天皇像紧紧抱在怀中，跃入了大海。圣像的重量肯定使他葬身海底。

当渡边看到一位共产党人张贴海报，号召推翻天皇制的时候，他不禁嘲笑语言的变幻莫测。战争中，通常将对天皇的忠诚之心称为"赤心"。现在，他发现自己同意张贴海报者的意见，他意识到自己开始拥有一颗完全不同性质的"赤心"。12月初，他决定一切由自我判断，再也不毫无批判地接受他人所言。

12月15日，废除神道为国教的指令发布当天，渡边被5个歹徒痛打了一顿，他们轻蔑地叫他"老退伍兵"。负伤在床，他幻想自己又回到了"武藏"号战舰上，以46厘米口径的炮弹对着全日本狂轰滥炸。他记下了这样的诅咒：

  什么是天皇？
  什么是日本？
  什么是爱国心？
  什么是民主？
  什么是"文化国家"？
  所有这些，所有这一切都去吃屎。
  我呸！

12月21日，一位从横须贺来的熟人看望了渡边，并质问他自己如此盲目相信天皇的责任。那人留给渡边两本书，是马克思主义的人道主义者河上肇写的《近世经济思想史》与其经典著作《贫乏物语》。他还给了渡边三包鸿运（Lucky Strike）香烟。渡边将美国烟卷扔进了河里，但是这两本书却带他进入了一个新的世界。

1945年的最后一天，渡边在日记中写道：最高统帅发布了日本民主进程报告书，宣称神道国教废止令摧毁了支持天皇制的最后的邪恶之根，从而一个个地清除了封建要素。渡边评论说，只要天皇还在，这就是个谎言。最高统帅的声明，使他联想起战时日本大本营发布的宣言。元月1日，天皇发表"人间宣言"之日，渡边读完了河上肇的经济思想史。他发现写马克思的那一章尤其发人深思。

当渡边读到他原以为是退位声明的天皇元日诏书时，他再次变得怒不可遏。他感到头晕目眩，"冷血"从脚下直往上冲。他感到像是要"吐出"他的愤怒。他尤其感到激愤的是，天皇否认他自己曾是"现御神"。裕仁就像是在跟国民做游戏，仿佛这只不过是"狐与狸的变身比赛"（译者注：狐与狸是日本民间故事中的狡猾者形象，善于变幻成人的形象来骗人）而已。

诏书对"诡激之风"与道德的衰退发出警告，也使渡边震怒不已。343 如果不是天皇，谁该为引发这样的状况负责呢？渡边评述说：封建领主会在城池陷落时承担责任，船长会在船只沉没时负起责任。他备受打击：无论是8月15日还是元月1日的诏书，都没有一行字提到"朕应当承担责任。朕谢罪"。当报上发表麦克阿瑟赞扬天皇在日本的民主化进程中扮演了领导角色时，渡边反驳说这是自相矛盾，就像没有甜味的糖一样。真正的民主化只能由人民创造。这就是为什么 democracy 被译为民主主义（这四个汉字的字面意义是，人民—主权—主义）。对一名只受过8年正式教育、不久前还热烈崇拜天皇的人来说，渡边在愤怒的驱使下，经历了漫漫征途。

"人间宣言"一经发表，渡边就开始深入思索自己盲信天皇的责任。他表达了对共产党放弃"打倒天皇制"的失望。同时，他厌恶地听到一位邻居告诉他的父亲，日本应当成为美国的第49个州。他回忆，这个男人曾经东奔西跑，催促周围的人与"鬼畜米英"战斗。1月下旬战犯审判的正式通告使他困惑，尽管中国人和东南亚人审判日本人看起来是正当的，然而一旦牵扯到美国人，情势就不那么明确了。他同意袭击珍珠港是错误的，但他纳闷：投放原子弹的人，为何能够轻易地指责日本是"和平与人道之敌"。

1月下旬，渡边读完了河上肇的《贫乏物语》。他非常赞赏这本书，但对其中的某个观点有异议。河上在书中提到，有商店向贫苦的佃农女儿们销售昂贵的化妆品，以此为例批判对穷人的剥削。但是对渡边这样的乡下孩子而言，贫穷的乡村女孩，完全可以有变得像其他年轻女孩一样漂亮的愿望。2月1日，他记录了听闻河上肇讣告所受到的冲击。这位老学者是一位真正的导师，他使渡边看清了自己曾经盲从的道路。渡边写道："无知是最可怕的事情。"

2月初，渡边震惊于最高司令部所公布的皇家的巨额财产。他从未将天皇与金钱财货联系在一起。他感到这是对自己无知的另一揭示。渡边继续对自身的战争责任问题进行着激烈的思想斗争。他开始承认这场战争是侵略战争的事实。尽管他当时没有意识到，他确信他的无知并不能抵消他的责任。经历了数百万人的死亡、流血牺牲以及此后的战败，才使他认识到了这一点。现在渡边考虑的不仅是曾在他身边死亡的战友，还有他射杀美国人的那无数发炮弹。2月中旬，一位亲戚鼓励他重返校园，他对此进行了嘲讽。"学问、艺术和文化"，既然不能阻止这样一场侵略战争的发生，那么一切看起来都毫无意义。

2月22日，渡边读到或者听说了天皇与一位从塞班岛复员的士兵的谈话。"仗打得激烈吗？"天皇问。"是的，很激烈。"士兵答。"你干得很卖力。当时可真艰难，"天皇接着又说，"今后继续努力。好好做人，沿着正确的道路前进。"渡边又一次陷入了失望之中。他想，或许天皇完全缺乏他人所具有的正常的责任感。他就不能至少说一句，"我很抱歉使得你如此艰难"？

使渡边迷惑的是，人们如此轻易就接受了天皇挥动帽子的巡幸，他将之部分归罪于媒体未能坚定地直面天皇的战争责任。流行的做法，是将战争责任归罪于军国主义者和大财阀，而将天皇视为他们的牺牲品——一个"可怜的机器人"，或是一个"真正的和平主义者"。渡边推测，既然新闻界自身曾经追随逢迎军部，那么或许这正是他们推卸自身责任的策略之一。他继续揣度天皇的行为对全体国民造成的"心理影响"。渡边担忧，如果全国都效法天皇，国民最终的指导准则就成了"连天皇都逃脱责任，无论我们做过什么，我们也没有必要承担罪责"。

3月8日，渡边记录了他对新发表的宪法修正草案的思考，对天皇有能力如此迅速地完成从"神"到"人"再到"象征"的转变大为惊奇。他苦涩地叫喊，一个沙丁鱼头也许是更好的象征。几天后，他与一些从中国战区回来的比他年长得多的退伍老兵有过交谈。他吃惊地听到其中一个在中国犯下的暴行，而且显然毫无悔恨之意。是否这个人的不负责任，正是天皇不负责任的反映？假使他曾被送到中国，是否他也会满不在乎地参与如此行径？

3月中，渡边在路上与一个美国大兵发生了争执，那个美国大兵挽着一个穿红衣、涂鲜艳红口红的日本女人。由于不肯让路，渡边碰了女人的胳膊，于是美国兵踢了他，两人动了拳脚。人群聚拢来，4个日本警察终于将他们拉开。渡边被带到警察署受训诫。他以前从未距离敌人这么近。美国人的体味就像是野兽，他得出结论，"毛唐"（多毛的野蛮人）的称谓真是恰如其分。第二天，他仍然怒气冲冲，回忆起那些拒绝日本男人的菲律宾妇女，有些甚至开枪射击日本兵。她们令人难以忘怀。而那些时髦的英语词——thank you, hello, good-bye, okay, I love you——使他厌恶。

4月初，渡边以前的小学老师告诉他，尽管日本战败令人悲哀，但是在某种程度上输掉战争也是好事。否则，日本人哪里能够梦想得到民主呢。先前正是这位老师鼓动他年轻的学生们踊跃参战，渡边怀疑老师是否想到了这些。几天后，渡边记录了一起事件：一位早已被认定死亡的士兵返回家乡，发现妻子和他的弟弟在一起，已经有了7个月的身孕。眼泪和暴力继之而起，这个男人只好逃到亲戚家去了。

4月20日，渡边离开故乡的村子，前往东京工作。他听说现在谁都可以给天皇写信了，于是出发前就写了一封。渡边称呼天皇用的是普通人称"アナタ"（你），这在战败前是不可想象的。渡边写道，他曾经遵照天皇的命令浴血奋战，但是自从战败以来，他失去了对天皇的所有信赖和希望，因而他希望断绝他们之间的关系。他呈上了一张明细表，列出了服役期间他从帝国海军得到的所有军饷以及他能够记得的所有物品——明细表很长，逐条记录了食品、服装和其他的物品。据他计算，总价值为4281日元零5钱。在信中，他附上了一张4282日元的支票。

"这样，"信的结尾说，"我就什么也不欠你的了。"

注释：

1 木户幸一《木户幸一日记》（东京：东京大学出版会，1966），下卷，pp. 1230 – 1231；Herbert Bix, "The Showa Emperor's 'Monologue' and the Problem of War Re-

sponsibility", *Journal of Japanese Studies* 18.2（Summer 1992）: 304。

2 木下道雄《侧近日志》（东京：文艺春秋，1990），pp.12, 160。

3 高桥纮、铃木邦彦《天皇家の密使たち・占领と皇室》（东京：文春文库，1989），pp.40-45。侍从次长木下道雄在他的日记中对此表示反对。参见木下《侧近日志》，p.225；亦参见 Bix（1992），p.333。

4 《朝日新闻》1945年10月25日；秦郁彦《天皇的亲书》，载《文艺春秋》1978年10月号，p.376；*New York Times*（《纽约时报》），1946年3月4日。

5 芦田均《芦田均日记》（东京：岩波书店，1986），第1卷，p.82；此节日记被详细征引于 Herbert Bix, "Inventing the 'Symbol Monarchy' in Japan, 1945-1952", *Journal of Japanese Studies* 21.2（summer 1995）: 338。

6 木下道雄《侧近日志》，pp.160, 163-165。

7 天皇退位问题，参见 Masanori Nakamura, *The Japanese Monarchy: Ambassador Joseph Crew and the Making of the "Symbol Emperor System", 1931-1991*（Armonk, N.Y.: M.E. Sharpe, 1992），pp.118, 175。久山康"Postwar Japanese Thought: 1945-1960"一文，对田边元的观点有所概括。此文摘录自久山康《战后日本精神史》（东京：创文社，1961）。亦可参见本书第16章对田边元的论述。

8 三好达治的这篇名文，收入鹤见俊辅、中川六平编《天皇百话》（东京：ちくま文库，1989），下卷，pp.323-331。英文版的详细摘要，可参见前引书 Bix（1992），p.314。

9 高桥纮、铃木邦彦《天皇家の密使たち》，p.35。

10 木下《侧近日志》，pp.94, 97-99。戴克还提出了其他的建议，如送皇太子去美国学习；一旦粮食危机减缓，公民对天皇制进行投票表决等。

11 木下《侧近日志》，p.167。

12 3月6日费勒斯与米内光政的会谈备忘录，大概是由米内的翻译 Mizota Shūichi 所记录，在前引之 Bix（1995）中有引述。3月22日，Mizota 还为另一会谈做了记录，会谈中费勒斯指认"非美国思想"的头子就是 Benjamin Cohen，"犹太人和共产主义者"。Cohen 曾是罗斯福新政的顾问之一，当时与国务卿 James Byrnes 走得很近。

13 木下《侧近日志》，pp.222-224；高桥、铃木《天皇家の密使たち・占领と皇室》，pp.38-39。

14 U.S. Department of State（美国国务院），*Foreign Relations of the United States, 1946*, vol.8, pp.395-397。

15 例如，可参见重光葵对"巢鸭帮"的论述，鹤见、中川编《天皇百话》，下卷，pp.123-128。

16 田中隆吉《かくて天皇は无罪になった》，初发表于《文艺春秋》1965年8月号，后收入文艺春秋编《〈文艺春秋〉にみる昭和史》（东京，文艺春秋，1988），pp.84-91。日本前陆军少将田中隆吉在东京审判中作证，他与首席检察官 Joseph Keenan 的个人关系密切。田中是说服东条英机改动证词的中介人。亦可参见东条英机有关天皇的审讯证词的摘录，《天皇百话》，下卷，pp.115-122。还可参见本书第15章。

17 藤原彰《统帅权と天皇》，收入远山茂树编《近代天皇制の研究 二》（东京：岩波书店,1987),pp. 195 - 226;家永三郎《战争责任》(东京:岩波书店,1985),pp. 37 - 47。这一问题的论争,可参见秦郁彦与小岛升关于"天皇'独白录'的彻底研究"的谈话,1991 年 1 月号《文艺春秋》,pp. 142 - 144。

18 引自 Roger Buckley, "Britain and the Emperor: The Foreign Office and Constitutional Reform in Japan, 1945 - 1946", *Modern Asian Studies* 12. 4 (1978): 565 - 566。最高统帅部与国际检察局开脱天皇的热情,竟然发展到了审查或是故意忽略可能触及天皇战争责任的材料。例如,法庭起诉的主要原始材料之一,就是前掌玺大臣木户幸一的日记,此日记是了解日方内情的宝典。当日记被译成英文供审判之用时,有些章节被认为可能对天皇构成伤害而删除了事。更为臭名昭著的是,对木户的多次秘密审讯,获得了累计达 800 余页的英文审讯记录,最终却未被检方提交。原因是唯恐这位小心谨慎的天皇心腹对昔日决策过程的某些供述,无意中牵连到天皇。参见粟屋宪太郎《东京裁判と天皇》一文,收入日本现代史研究会编《象征天皇制とは何か》(东京:大月书店,1988),pp. 35 - 36。

19 美国弗吉尼亚州诺福克(Norfolk)的麦克阿瑟纪念馆关于 Bonner Fellers 的文献中,藏有寺崎英成(Terasaki Hidenari)的一份 12 页的备忘录,未注明日期。此备忘录概括了裕仁天皇对自 1927 年以来所有事件的看法,显然出自天皇向近侍口述的"独白录";RG 44a, box 4, folder 23("Terasaki, Terry & Gwen")。亦参见 Arnold C. Brackman, *The Other Nuremberg: The Untold Story of the Tokyo War Crimes Trail* (New York: William Morrow, 1987), p. 78; Bix (1992) pp. 358 - 360。1989 年裕仁天皇去世后,长期未公开的天皇"独白录",与有关裕仁的其他史料、论著纷纷出版面世,前引之 Bix (1992) 对此有切实分析,此书征引了许多其他的日语文献。天皇"独白录"及其评注,参见寺崎英成与 Mariko Terasaki Miller 编著,《昭和天皇独白录——寺崎英成·御用挂日记》(东京:文艺春秋,1991)。从独白录看来,裕仁对在他的支持下出台灾难性的政策应担负的个人责任缺乏反省,但也显示出他对某些臣子十分信任,如在战犯审判中被诉为"共谋说"首犯的东条英机。

日本历史学界对裕仁"独白录"的自我粉饰以及 SCAP 开脱裕仁责任的观点,进行了矫正。参见藤原彰《昭和天皇の十五年战争》(东京:青木书店,1988);藤原彰《天皇と战争指导》,载《科学と思想》71 号 (1989 年 1 月), pp. 676 - 693;秦郁彦《裕仁天皇の五つの决断》(东京:讲谈社,1984);千本秀树《天皇制の侵略责任と战后责任》(东京:青木书店,1990);山田朗《昭和天皇の战争指导》(东京:昭和出版,1990)。亦参见 Kentarō Awaya (粟屋宪太郎), "Emperor Shōwa's Accountability for War", *Japan Quarterly* 38. 4 (October-December 1991): 386 - 398。此外,关于这些问题的英文论著,可参见 Peter Wetzler, *Hirohito and War: Imperial Tradition and Military Decision Making in Prewar Japan* (Honolulu: University of Hawaii Press, 1998)。

20 "Oral Reminiscences of Brigadier General Elliott R. Thorpe", May 29, 1977, RG 49, box 6 (麦克阿瑟纪念馆, Norfolk, Va.), p. 8; U. S. Department of State, *Foreign Relations of the United States*, 1946, vol. 8, pp. 87 - 92, 着重参考 pp. 90 - 91。

21 《怅然たる世相の弁》,《周刊朝日》1948 年 5 月 16 日,收入朝日新闻社编《〈周刊朝日〉の昭和史》(东京:朝日新闻社,1989),第 2 卷,pp. 110 - 121,重点可

参看 p. 112。吉见义明《占领期日本の民众意识——战争责任论をめぐって》一文，载《思想》1992 年 1 月号，pp. 91 - 93。秦郁彦《裕仁天皇の五つの决断》，pp. 386 - 387。亦可参见 1948 年 6 月的原始文献，收入麦克阿瑟的侍从武官 Laurence E. Bunker 的文献，RG 5，box 77，folder "OMS Correspondence"，麦克阿瑟纪念馆。

22 费勒斯写给寺崎英成的信，署 1948 年 7 月 8 日，见于 RG 44a，box 4，folder 23，麦克阿瑟纪念馆。关于 Sebald，可参照 1948 年 10 月 26、28 日信，RG5，box 107，folder 2，麦克阿瑟纪念馆；William J. Sebald 与 Russell Brines，*With MacArthur in Japan: A Personal History of the Occupation*（New York: Norton, 1965），pp. 161 - 165。亦可参照秦郁彦《裕仁天皇の五つの决断》，pp. 386 - 392；Nakamura 前引书，pp. 114 - 115。鹤见、中川编《天皇百话》，下卷，pp. 141 - 150（摘自 Sebald 回忆录），383，405 - 409，414。

23 木户的这一材料是由粟屋宪太郎发现的，初次披露于 1987 年；英译文参见 Bix（1992），pp. 315 - 316。

24 Nakamura 前引书，pp. 114 - 117；粟屋宪太郎《东京裁判论》（东京：大月书店，1989），pp. 37 - 38，160，195 - 197。占领后废除了冒犯君主罪（不敬罪）的律法，但是禁忌仍然存在。随着裕仁年事已高与日本国运的昌盛，质疑裕仁个人的战争责任，似乎更加"不合时宜"。当然曾经与裕仁有过密切接触的许多人，都等到裕仁过世才公开他们的日记或备忘录。因而，1989 年初裕仁去世后，学术界与新闻界对其战争角色与责任问题的公开探讨上升到了新的高度。

　　裕仁本人对这些问题极其草率的看法，在 1975 年 10 月 31 日他首次访美归来的那次著名的记者招待会上表露无遗。当时一位日本记者询问他对"战争责任"问题的看法，裕仁回答："考虑到今天发言的场合，我并未对这些问题多做准备，因此不太明白你的问题而不能作答。"天皇还表达了迄今未能巡幸冲绳的遗憾（冲绳曾因其战争策略被毁，后来又在他的积极支持下，在占领结束后沦为新殖民地性质的美国军事基地）。裕仁温和地说，冲绳"过去曾经有各种各样的问题"，但是他希望冲绳居民未来能够做得好。记者招待会上最恶名昭著的时刻，或许是当天皇被问及如何看待广岛的原子弹爆炸之时，广岛迄今他已经巡幸过三次。裕仁对原子弹空投表示遗憾，他为广岛的民众感到难过，但是既然这发生在战争期间，是"无法避免的"。昭和天皇至死都未在道义上有所忏悔。此次记者招待会的实录，参见高桥纮《陛下、お寻ね申し上げます》（东京：文春文库，1988），pp. 226 - 227；亦参见前引之《天皇百话》，下卷，pp. 636 - 637。

25 前引之高桥、铃木《天皇家の密使たち》，对天皇的巡幸有详尽报导，pp. 210 - 261（尤可参见 pp. 210，213，216，241）；亦可参见 Bix（1995），pp. 346 - 359。木下《侧近日记》11 月 29 日之条目，提到天皇说起近来的关西之旅（在那里裕仁拜谒了他传说中的祖先"神武天皇"之陵墓，"神武天皇"乃天照大神天孙之孙），并且欣喜于此行极大改善了他与国民之间的关系，p. 64。亦参见讲谈社编《昭和・二万日の全记录》（东京：讲谈社，1989），第 7 卷，pp. 218 - 219；此文献下引为 *SNNZ*。

26 高桥、铃木《天皇家の密使たち》，pp. 211 - 212。

27 布莱斯备忘录的英文原文，收入木下《侧近日志》，pp. 111 - 113。

28 岸田英夫《战后巡幸のプロモーター》，载 1956 年 6 月 26 日《周刊朝日》，收入朝日新闻社编《〈周刊朝日〉の昭和史》（东京：朝日新闻社，1989），pp. 14 - 15。据日方的巡幸策划人大金益次郎说，麦克阿瑟将军是唯一的完全支持天皇巡幸的权势人物。

29 明治时期，天皇的巡幸是为了平息"自由民权运动"。1880 年代早期发生的一系列暴动，使"自由民权运动"达到高潮。昭和天皇身边的人士，也早就强调了他巡幸的"任务"性与对民生的真切关注；参见大金益次郎的言论，鹤见、中川编《天皇百话》，下卷，p. 294；*SNNZ* 7：218；高桥、铃木《天皇家の密使たち》，p. 218。

30 参照大金益次郎所言，前引之鹤见、中川编《天皇百话》，下卷，pp. 295 - 297，309。当时的众多文献都确证了这一印象。

31 Russell Brines, *MacArthur's Japan* (Philadelphia：Lippincott, 1948), pp. 82 - 83。

32 高桥、铃木《天皇家の密使たち》，pp. 219 - 221。

33 大金益次郎所述，《天皇百话》，下卷，pp. 296 - 299。民众的各种反应，参见吉见义明《占领期日本の民众意识》，pp. 94 - 99。朝日新闻社编《声》（东京：朝日文库，1984），第 1 卷，pp. 85，102 - 104，239，254 - 255。

34 布莱恩斯前引书，p. 91。

35 前引之岸田英夫《战后巡幸のプロモーター》，pp. 10，14。

36 有关熊泽天皇的趣闻，参见 Bix（1995），p. 348。

37 "天皇是扫帚"的漫画，载《真相》1947 年 9 月号，收入 Sodei Rinjirō（袖井林二郎）的文章，"Satire under the Occupation：The Case of Political Cartoons"，此文见于 Thomas W. Burkman 编，*The Occupation of Japan：Arts and Culture*（Norfolk, Va.：General Douglas MacArthur Foundation, 1988），pp. 93 - 106。GHQ 的报告，参见 Bix（1995），p. 352。一位投身于地方女性事务的占领军人员 Carmen Johnson，在其日记中记录了她对地方上洒扫以待天皇巡幸的惊异（"人们忙着清理河道。石头移走了，垃圾清除了。我认为石头将被洗刷干净并且重新放好"）；参见其著述 *Wave-Rings in the Water：My Years with the Women of Postwar Japan*（Alexandria, Va.：Charles River Press, 1996），p. 113。Justin Williams 及其他学者，注意到了天皇巡幸给地方财政带来的灾难性影响；见 Justin Williams, *Japan's Political Revolution under MacArthur：A Participant's Account*（Athens：University of Georgia Press, 1979），pp. 55 - 56。

38 高桥、铃木《天皇家の密使たち》，pp. 234 - 236。

39 此文献收入 Lucy Herndon Crockett, *Popcorn on the Ginza：An Informal Portrait of Postwar Japan*（New York：William Sloane, 1949），p. 239。

40 前引之《天皇百话》下卷，pp. 419 - 422。

41 《天皇百话》下卷，p. 429。

42 渡边清《碎かれた神——ある复员兵の手记》（东京：朝日选书，1983）。不清楚渡边的日记在出版前是否经过删改以及做了哪些删改。感谢高尾利数教授向本人推荐了这一非同寻常的文本。

第十二章
宪法的民主：GHQ 起草新的国民宪章

1946 年初，事实上是突如其来地，麦克阿瑟将军开始着手所谓"或许是占领中最重要的一项成就"，即以新的国民宪章取代 1890 年施行的《明治宪法》。[1] 美国人早就对《明治宪法》不以为然，认为它与负责任的民主政府的健康发展相抵触。这种批评见解在美国政府的内部调查与政策文件中多有阐发。日本投降前后，美军所使用的《日本指南》（Guide to Japan）中，对该观点也有难得的生动表述。《指南》告诉读者，初期的明治政府由旧萨摩、长州藩出身的旧武士阶级所支配，这些寡头执政者向西方寻求宪法范本，并产生了这样的杂交产物。《指南》断言："《明治宪法》是以普鲁士专制政治为父本，英国议会政治为母本，由萨摩和长州的助产士接生的雌雄同体的生物。"[2]

1946 年为这个双性生物变性的手术，包括舍弃它以之为基础的德国独裁主义的法的模式（这也是向来大多数日本法律专家所受的训练），并置换为植根于英美法传统的基本理念的宪章。1946 年 3 月 6 日，新宪法草案作为日本政府的自创性成果被公布，随后提交国会审议采用。实际上，宪法草案原本是由 GHQ 民政局人员，在东京的"第一生命"大厦为期一周的秘密会议上以英文拟就的。参加这项非同寻常任务的美国人，称它为我们的"宪法制定会议"。如 GHQ 的内部备忘录所指出，他们将旧的明治宪法掏空，仅留下"结构和标题"。然后将旧壳重新填入英美和欧洲的民主理念——甚至不止如此。在新的宪法下，日本还放弃了发动战争的国家权利。

从未有现代国家建立在如此外来的宪法基础之上，也没有比这更为奇特的君主制、民主理想与和平主义的结合。更少有像这部宪法一样，外来文献被完全内化吸收，并将得到强烈拥护的例证。尽管它带有征服者的清晰印记，而且使日本的保守派们大为震惊；尽管实际上它也有自己的两面性，但它以令人瞩目的方式，植入了民众对和平与民主的热望。[3]

为雌雄同体的生物变性

宪法修正的根据，是《波茨坦宣言》中几项含意不明确的条款。其中第六项声明，"必须永远消除那些欺骗和误导日本人民征服世界者的权力与势力"。首先，这为战犯审判与大规模开除参与军国主义和极端民族主义活动和团体者的公职提供了依据。然而，它还可以解释为，要求确立防止将来政府滥用权力的宪法保护。第十项要求"日本政府为日本国民间民主倾向之复兴强化去除一切障碍。应当确立言论、宗教和思想自由，以及对基本人权的尊重"。相关的第十二项还许诺"只要前项诸目的达成，并建立顺从日本国民自由意志、有和平倾向与负责的政府，同盟国占领军即从日本撤离"。[4]

麦克阿瑟与他在东京的班底，以这些条款为基础，并受到华盛顿后来重申占领的总体目标是"修正日本政府封建的、独裁的倾向"的指令所激励，得出结论：如果不根本改变日本的宪法体系，他们的任务就无法达成。[5] 1946年1月初，华盛顿的决策者们向麦克阿瑟拍发了批判日本宪法体系缺欠的机密电报，要求改革日本"统治体系"，实现真正的参政权、国民对行政的支配权，加强民主选举的立法机构（议会），保障基本的人权、扩大地方自治。意味深长的是，华盛顿的意见，比SCAP内部的主流观点还要激进得多：电报劝告"应当鼓励日本人废除天皇制，或是沿着更为民主的方向对其进行改革"。[6]

尽管在东京的美国人确信宪法修正的必要性，但是当初麦克阿瑟的方针是，旧宪法的任何修正案须由日本政府自行提出。即便如此，仍然存在着明显的矛盾：美国人命令日本人通过宪法修正，以他们"自由表达的意志"采纳民主。此外，他们还假装战后的保守派内阁就是真正代表国民意志的政府，其实任何人，包括SCAP、日本民众，以及走马灯般更迭的日本政权本身，谁也不会相信这一点。

　　SCAP当初仍然做出了此情形下最适宜的举措。到1945年10月，美方私下和公开告知日本方面，希望进行宪法修正。后数月间，占领军官员等待日方回应，并未试图强行干涉。结果是民众迅速领会了美方的意图。私人团体和政党都着手起草和发表宪法草案，有些草案内容相当自由开明。媒体怀着兴趣追踪报道这些活动，而GHQ也紧密关注新闻报道的动向。与此形成对照，日本政府的行动像乌龟一样迟缓，即便是当美国人向他们重申之时，也对《波茨坦宣言》的表述不予理睬。在日本方面提出的所有宪法修正案中，政府草案的公布日期是最迟的，内容也是最遮遮掩掩的。日本国民对内阁宪法调查委员会的草案颇多嘲讽，而GHQ借此时机自己召集了大胆创新、秘密的"宪法制定会议"。关于宪法修正案问题，日本保守派是自掘坟墓。

　　正式而言，美国人实际上分别着手了两起宪法调查。一起成了悲剧，另一起则成了一场闹剧。悲剧始于10月4日，当时麦克阿瑟亲自鼓励时任东久迩内阁国务大臣的近卫公爵，实施关于宪法修正的调查研究。数日后，乔治·艾切森与近卫详细商讨了这一计划。尽管东久迩内阁在近卫会见麦克阿瑟的翌日辞职，近卫仍然认为自己是受任命的宪法修正问题的推进者。在艾切森和最高司令官的热情支持下，他与天皇探讨了宪法修正问题，在皇室的庇护下推动调查，并召集了一小队宪法专家进行协助。近卫对待他的新任务很认真。以贵族讲求舒适的一贯排场，他甚至自己出资租下了箱根一所旅馆的三楼，以确保他的团队不受干扰地工作。显而易见，宪法修正现在成了天皇的事业。新闻界报道说，宪法修正是由天皇主导推动的。

　　尽管近卫的官方立场暧昧不明，但他本人实在是一位极有影响力和个人魅力的人。从1936到1941年的关键时期，他两度出任首相，极大地提高了威望，最终也导致了他个人的覆灭。1937年，在近卫首相任内，日本发动了对中国的"歼灭战"。1938年还是在他任职期间，日本宣布所谓的"东亚新秩序"。1940年近卫政权使日本缔结了与纳粹德国和法西斯意大利的轴心国同盟。1945年近卫被指定为战争犯罪嫌疑人实在并不出奇，令人惊讶的是麦克阿瑟和艾切森——美国在日本的军方和官方的两位最高代表，最初都将他作为推进宪法民主化的最适当人选。

11月1日，麦克阿瑟的司令部公开宣布与近卫的项目脱离关系。这么做有实际的理由，但却不能减轻背叛的痛楚。近卫成了包袱，因为他将被作为战犯起诉正日益明确。GHQ内部的秘密备忘录和舆论对近卫批判的高涨，都使这一点显而易见。另外数周以来，币原内阁变得难以驾驭且心怀怨恨，正对在内阁的权限之外进行重大的宪法修正的事实加以指责。

近卫公爵的公关与自我宣传的才能，导致了事态的危机，而在此过程中，透露出了天皇政治的错综复杂。10月末，在一次激发事端的记者会见中，近卫暗示天皇可能退位。近卫还提及他与麦克阿瑟的会谈，并揭露最高司令官曾以"十分决然的口气声明自由主义宪法的必要性，并建议我在此运动中担当指导"。SCAP曾经乐于造成天皇主导宪法修正的印象。近卫直率的揭露，颠覆了这一伪装。

尽管出现了这次失态，近卫的调查仍然继续进行。11月22日，他上奏天皇《帝国宪法改正纲要》，详细列出了22项具体问题和待决事项。他首要关注的是，明确天皇的权限以及防止以天皇之名滥用权力的方策。但近卫的建议也显示，他仔细倾听了由助手或是美方线人处获悉的许多具体问题。他的首要观点是："天皇有统治权并行使之，但须特别明确是依万民翼赞之旨而行。"既然"今日战败之灾难"，主要是由军部滥用权力而起，在近卫看来，还有必要明确军部从属于内阁和国会，因而从属于"国民的意志"。

至于人权问题，现行的宪法下，人权总是被"在法律规定的范围内"这样的字眼所限制，近卫对这样的批判表示理解。他建议，"应当明确表示，国民的自由优先于法律"。近卫进一步提议，删除非常事态下暂时停止国民权利的特权条款。迄今为止仅对天皇负责的国务大臣，今后应当也对帝国议会负责，并应确立选举首相的固定程序。公爵还提案废止精英式的、超出议会权力之外的贵族院（枢密院）。

实际上，这是近卫宪法调查的终结。近卫《纲要》的官方版本从未发表，尽管一个月后，《每日新闻》登载了其精确文本。看来近卫的提案并未给SCAP官员们留下深刻印象。纵然曾有过关于天皇退位的挑拨性发言，近卫公爵仍然为天皇履行着微妙的职责。他出色的公共宣传活动，协助重新打造了天皇献身和平而非致力于军事的形象。

SCAP对近卫自作主张的暂时容忍，强化了美国人将满足于稳健的宪法修正、打算在天皇特权与选举政治之间搞平衡的印象。这种印象是误导性的。此后承担宪法修正的日本政府官员，由于未能领会SCAP比近卫的构想更激进的变革要求，付出了惨重的代价。近卫公爵本人没能等到游戏的结束。12月6日，他的名字与其他8人一起，出现在正式的甲级战犯嫌疑人名单上。10日后，预定逮捕日当晚，近卫服毒自杀。[7]

"明治男"们的难题

日本政府更为滑稽的宪法修正闹剧，始于10月25日，当日币原内阁设立了自己的宪法问题调查委员会。一位具有广泛政治与行政经验的极端自信的法律学者松本烝治，被任命为委员长。作为一名商法而非宪法的专家，松本是由吉田茂外相极力推荐上任的。尽管在未来动荡激变的数月间，松本的公正尚且完整无损，但其自信却遭受到了意想不到的试练。[8]

对币原、松本和吉田这样的权威人士而言，宪法修正是个轻率的概念，不过是美国人一时冲动的想法，而起初他们也并未拿麦克阿瑟的声明认真当回事儿。私下里，币原首相对近卫公爵和木户幸一都说过，宪法修正既不必要也非所愿。在他看来，只要对明治宪法做出更加民主的解释就足够了。在公开场合，首相的说法也是一样。10月11日在会见过最高司令官之后，他迂阔地告诉新闻界，宪法修正并无必要。[9]"宪法问题调查委员会"的名称，本是故意回避提及"修正"、"改正"等字眼，松本还特意提醒每个人不要忽略这一暗示。他宣布："委员会的意图不一定是要修正宪法，它的调查目的是决定是否需要进行修正，如果是的话，则明确修正的诸要点。"[10]这可不仅仅是虚张声势。数年后，当一切尘埃落定，松本沮丧地吐露真情，"我们以为可以按照自己所愿处理问题。我们甚至以为可以对（既存宪法）不作更动"。毕竟，《波茨坦宣言》不是说过嘛，日本可以顺应"日本国民自由表达之意志"选择将来的政府形态？[11]

这种想法的天真幼稚很快就带来了切肤之痛，但在当时，这是上层阶级的男人们的性格理所当然的反应。像近卫公爵一样，他们都是生于明治时代的特权阶级男性。对他们而言，明治宪法的精髓，即主权在于

"神圣不可侵犯的"天皇，那是不容亵渎的圣域。另外，从第一次世界大战开始后的十年间，这些守旧派们见证了议会政治与"大正之春"的繁荣，根本无须任何宪法的修正。由此他们认为，既存宪法是足够灵活变通的法律文献。尽管军国主义者滥用了宪法，反军国主义的文官当然还可以重新加以纠正，而无须篡改基本的原理。事实上，他们的想法也并非一无是处。在新宪法实际生效之前，包括农地改革、妇女参政权、劳动组合法以及经济民主化等广泛的改革政策，已经在现有宪法体系下付诸实施。但问题的症结在于，真正可能实现日本民主化的，既非旧宪法，也非"稳健派"的旧式文官精英，而是新的改革主义的盟军领主，外来的美国人。在他们眼中，一旦他们离去，缺乏阻止系统重蹈覆辙的宪法保障。这是日本的保守派们完全未能领会的。

尽管对宪法修正持怀疑态度，币原和松本仍然设置了包括 17 位委员的权威委员会，其中有多位著名的法律学者。虽然独断的松本倾向于一个人背负重责，经常独立运作，但在 10 月 27 日到翌年 2 月 2 日期间，委员会召集了 22 次秘密会议。[12] 就这样一支权威云集的团队而言，它也集合了惊人的缺陷。币原首相显然没有给他的咨询委员会任何有关宪法修正的基本原理或是政治利害方面的认真指示，而委员会成员自身似乎也完全不受军事占领下明白无误的权力现状的影响。他们完全未能把握美国修宪思想背后的法律和哲学根据，甚至拒绝询问。除了不顾《波茨坦宣言》和投降条款的存在，他们还未能考虑到胜利的同盟国阵营中众多国家是如何看待日本的，并将在日本恢复主权之前对日本有何要求。

最有趣的是，这些饱学之士表现得根本不关心千百万普通日本人将如何理解"民主"，以及期望或接受什么。实际上，他们宪法修正的唯一参照，就是明治宪法本身。他们不仅无视其他的宪法模式，而且也未屈尊检视当时民间发表的宪法草案。[13] 松本委员会的天真认识和精英意识，被证明是自身的灾难。委员会作为岛国的自满心态和短视的专家意见的可悲例证，在历史上留下了自己的身影。

1946 年 2 月中，在延迟地认识到漫不经心态度的愚蠢并为重新获得宪法修正进行了徒劳努力之后，松本尝试说服占领当局，在此问题上东西方之间存在根本的分歧。他在致 GHQ 的备忘录中写道："法律制度非常像是某种植物。如果从本国的土壤中移植到外国，就会退化甚至死亡。欧美的有些玫瑰品种，在日本种植，就会完全失去香气。"[14] 这种东是东、西是西的即席论调，看似对玫瑰评头论足，不过是些转移注意的话，因为这里面牵涉的问题，绝非白人的植物不适合种在东方的土壤这么简单，也非是"西方"与"东方"文化简单冲突的问题。这是欧美两种法的思想体系之间的基本对立问题。简而言之，这些专家基于德国立法和行政法与德式的"国家机构论"的立场，在很大程度上对美国的重视人民主权和人权不感兴趣。[15]

松本管理委员会十分得力。一旦他和他的同事们接受了宪法修正不可避免的观念，他们就采取了有名的"松本四原则"作为指导方针。12月8日在众议院答辩公布如下：(1) 天皇总揽统治权的大原则不可变更；(2) 扩大议会的决议权，并相应对天皇大权进行限制；(3) 国务大臣承担一切国务责任，同时，国务大臣对议会负责；(4) 强力保障人民的自由和权利，考虑对自由和权利侵害的赔偿方法。

委员会提议对明治宪法中有关天皇的条款仅作一语之更改，由"神圣不可侵犯"改为"至尊不可侵犯"。委员会采用的所谓松本草案，最终增加了十项修正条款，但这处关乎天皇的微小的语言变动，虽然在委员们的心目中十分重大，但对其他人来说不过是形式而已，成为这些修正案极端保守性的象征。[16] 至于《波茨坦宣言》一再强调的基本人权，松本委员会只是提出修正案，宣布日本臣民的自由与权利除"法律规定情形之外"不得侵犯。正如GHQ内部的批评家很快指出的，这正好是战败前日本执行的"依法"对人权和自由施行压制。[17]

与近卫不同，松本坚决拒绝了解SCAP的希望。一位未被纳入松本委员会的精通英美法的学者高木八尺，警告松本其草案将会被拒绝。当高木敦促松本与GHQ协商时，他被唐突地打发了。松本回应说："宪法改革应当是自发的和独立的。因而我看没有必要探明美国人的意图或达成事先的谅解。"[18] 币原首相也从未费心去询问麦克阿瑟的确切想法，这本来是件容易的事。在至关重要的宪法修正问题上，胜者与败者根本未作沟通，直到从保守派的立场看来，一切都太迟了。

这些政府高官和著名学者未能揣测美国的要求，可以说是1946年之前日本精英人士对美国认识局限性的颇具启示意味的注解。因为他们显然是具有世界大局观的人物。币原首相是亲英派，他的英语好得出奇。据说，他手头常备的是莎士比亚与弥尔顿的著作。吉田茂担任外交官的最终职务是驻英大使，同样作为"老自由主义者"而闻名。松本也英语娴熟，先前不仅在学术领域（东京帝国大学）享有盛誉，而且还在议会政治（贵族院）、官僚行政（南满洲铁道与法制局）、内阁（商工大臣）担任过要职。依照他的一位崇拜者的说法，他甚至"在年轻时颇有点像是社会主义者"，最终成了"全心全意的自由主义者"。[19]

然而，被称为亲英派或"老自由主义者"，并不意味着他们也强烈亲美或是对美国有深切的了解。实际上，有几位在美国研究过宪法的法律专家，并未被邀请参加松本的委员会。而最著名的关于"自由主义"宪法理论和美国宪法的日本参考书，对《波茨坦宣言》特意强调的人权问题，只是顺带做了泛泛的解释。战败前日本最有名的"自由主义"宪法理论家美浓部达吉的著作，是这一盲点的绝好例证。在1930年代，美浓部被极端民族主义者攻击，从东京帝国大学退职，并被剥夺了帝国议会的议席。原因是他的理论——天皇是政府"机关"而非神圣超越的存在，被认定是对国体本质的歪曲。然而美浓部的著作，也透露出对美式自由主义思想至关重要的人权问题缺乏关注。他有名的明治宪法研究著作第五版，出版于1932年，仅以27页的篇幅（总篇幅626页）论述臣民的权利义务问题。在稍早的一本专门研究"美国宪法的由来及其特质"的书中，美浓部只用8页篇幅略述了整个《权利法案》。[20]

没有必要揣测一旦有参与宪法修正论争的机会，被迫害的美浓部会如何行事，因为他的确获得了这样的机会。他是松本委员会的一员，而且时刻都在独立发表个人见解。他激情而直白地争辩说，没有必要急于修改明治宪法。而且无论如何，国家在外国占领状态下，这么做是不合适的。在他看来，近年来诸问题的发生不是由于明治宪法有缺陷，而是由于宪法的真正精神被扭曲。他根本不认为明治宪法下的天皇地位是什么问题，他指出西洋宪法也称君主是"神圣的"和"不可侵犯的"。[21]

民众对新国家宪章的积极性

松本委员会被扫进了历史的垃圾桶，主要是因为文官精英们坚持专制与反民主，而大多数的普通人却表现出善于接受美国人推进的民主。

譬如，许多人乐于放弃明治宪法神格化的天皇崇拜。松本委员会修正案确定之际发布的调查，只有16%的受访者希望不变更天皇的地位。[22] 明治宪法下被否定了人权和主权的民众，欢迎改善自身状况的机会。GHQ的高官已经认真指明，这有两种方式。第一，由民间团体和个人提交多种宪法修正案，包括自由主义的和进步的提案；第二，当松本委员会的修正案发布之时（当时那可是轰动一时的独家新闻），媒体在民众的强力支持下，批判其反动性。

除近卫与松本的修正案之外，在1945年秋到1946年3月间，至少还有其他12种宪法修正案提出。其中4种来自于政党，按发表时序为：共产党、自由党、进步党和社会党。大日本辩护士会联合会（日本律师联合会）参加了宪法论争，提倡限制天皇特权、扩大议会权限、废除贵族阶级并导入国民投票制度。民间团体和个人也提出了几种修正案。其中最有影响的当属宪法研究会提案。宪法研究会由自由主义和左翼知识分子构成，包括两位杰出学者大内兵卫和森户辰男。在战争年代二人因异端见解从东京帝国大学被开除。另一民间团体宪法恳谈会，是以稻田正次的个人思想为基调，尽管它还包括其他成员，如令人尊敬的富于经验的国会议员尾崎行雄。[23]

某些个人也参与了这些宪法审议，最有影响力的莫过于高野岩三郎。进步的知识者高野参与社会党和宪法研究会草案的制定，还个人发表了重要的宪法草案。社会党长老，受严重歧视的贱民群体（战败前称为"秽多"，战后称为部落民）的领导者松本治一郎，给出了更为激进和异质的提案。他提议"日本共和国联邦"，各"共和国"（九州岛、关西、关东、东北）都将有自己的总统和内阁。[24]

这些提案中仅有共产党和高野的提案，提倡全面废除天皇制。然而，即使支持保留天皇制的其他一些提案，也要求大幅削减天皇的权限。宪法研究会的草案明确提出，主权所在由天皇转移到国民，将天皇的职能限定为"国民委任的国家礼仪之专司"。[25] 社会党人在是否废止天皇制问题上有分歧，最终支持天皇制的存续，其所支持的天皇权限事实上皆为礼仪之范畴。尽管社会党直到2月中旬才公布其宪法草案，但"作为象征的"天皇的基本概念，在GHQ的美方官员采用此概念之前，就已经纳入社会党的审议之中。[26] 宪法恳谈会本质上采用英国"议会"

的概念,规定"日本国的主权源于以天皇为首的国民全体"。[27] 保守派团体如大日本辩护士会联合会和日本自由党,强调保留天皇,但也表示支持限制天皇特权。甚至名实相违的进步党,日本主要政党中的最右翼者,也要求"扩大和强化议会的权限,使议会参与运用大权"。[28]

　　一些非官方的提案,包含了自由主义的人权条款。1945 年 11 月日本共产党公布七项《新宪法构成纲要》,其中第五项规定"人民享有政治的、经济的、社会的自由,并确保其监督批评议会及政府的自由"。第六项规定"人民的生活权、劳动权和受教育的权利,应当由具体设施加以保障"。这些颇有深意的条款,显然是根据 1936 年苏联的"斯大林宪法"改写而成。[29] 社会党的提案,与高野岩三郎的个人提案以及他帮助打造的宪法研究会草案一样,不仅明确保障"言论、集会、结社、出版、信仰和通信的自由",还保障经济权利,诸如"老年人生活受国家保护",以及性别权利,如保障婚姻中"男女享有同等权利"。[30]

　　由于公布时间早和自由主义的内容,宪法研究会的提案得到了 GHQ 民政局的特别关注。毕竟,它代表了比"稳健派"或"老自由主义派"显然更为民主的日本人自身的观点。它的作用还在于,引起了对明治宪法形成的契机和思想根源的注意。宪法研究会的提案指出,在绘制日本的未来构想时,并没有单一的日本历史、传统或文化可资利用。日本的近代经验可以有多样化的解读,关于创造日本自身的民主,也可以得出各种各样的教训。民众对新宪法的积极热情,透露出他们对过去和未来的想象,与旧宪法的维护者们所拼命捍卫的大相径庭。

　　那些崇拜明治宪法的人,自然倾向于将其作为万世不灭的以天皇为中心的价值观的体现。事实上,明治宪法诞生尚不足 60 年,代表的是一小撮精英求助于德国为他们新兴的单一民族国家寻求宪法模式的结果。天皇成了德国式的专制主义日本化的载体。在选择这条道路时,明治时期的政治寡头们拒绝了政府之外提出的更为自由主义的宪法草案,如最著名的"自由民权运动"产生的草案。

　　宪法研究会从明治时期的反政府运动中汲取灵感,受到了引入日本的更为自由、激进的西方思想传统的影响。高野岩三郎本人就是典型的例证。高野生于 1871 年,比明治宪法和现代天皇制的存在年长 18 岁。他始终认为这一新"国体"是悲剧性的事件。他在公布个人的宪法草案之际发表的评论《囚われたる民衆》(《被囚的民众》)中,明确指出了这一点。高野在这篇文章中,详述了在明治宪法下,民众如何成为天皇制的囚徒。他认定自己的思想受到了自由民权运动的重要影响。高野在唤起对明治初期激进运动的注意方面并不孤独。宪法研究会参与者中唯一可称为宪法专家的铃木安藏,也颇受明治初期共享民主制运动的启迪。1927年,铃木因激进思想被清除出京都帝国大学经济学部,此后他致力于自由民权运动思想的研究。其实,高野和铃木所做的,也是保守派文官们以截然不同的方式在做的:唤起对十九世纪末期日本固有的"民主"传统的关注。[31]

对占领军当局而言,这种对历史的批判的利用,比玫瑰移植的议论要有说服力得多。尤其是当局这些改革推进者中,至少有某些人通过加拿大外交官诺曼的学术研究,曾经知悉过这样的观点。诺曼是西方历史学家中研究日本近代国家形成的先驱。诺曼恰好作为在此重要时期加拿大政府驻日本的代表,于1945年9月初会见了铃木安藏,并鼓励他展开对"国体"的批判研究。[32]

民政局对宪法委员会草案的赞成倾向,在迈洛·罗威尔(Milo E. Rowell)中校为民政局长惠特尼准将准备的机密备忘录中表露无遗。罗威尔后来成为新宪法起草的重要参与者。罗威尔评述宪法研究会的提案仍然忽略了某些权利,包括对法律执行机关的制约和对刑事被告人的保护。然而,他在总体上赞扬了草案的"显著的自由主义的诸规定",包括人民主权,禁止因"出生、身份、性别、人种以及国籍的歧视",贵族制度的废除以及对劳动者广泛的利益保障。有些条款尚需补足,但草案是"民主的和值得接受的"。[33]

数星期后,与此情形相对照,松本委员会的草案以出人意料的形式发表,引发轰动。1月份的最后一天,《每日新闻》记者西山柳造在松本委员会召开秘密会议的房间见到了宪法修正草案。他"借"走了草案并迅速回到报社。他和同事们将草案拆开,赶忙分头抄写。然后他将草案重新装订好并悄悄地还了回去。他倒是做得礼数周到,但松本的团队已经不再需要它了。现在委员会成员们想要多少份秘密草案都没问题,只要买到2月1日的《每日新闻》就可以了。

当时对《每日新闻》的独家报道性质有一些误解。民政局官员认为是日本政府故意走漏消息。惠特尼准将向麦克阿瑟描述这是吉田外相的"观测气球"。[34] 通常《每日新闻》偷窃、公开的版本（记者们在抄写之际有些细小的错误），还被误认为是委员会最终提交的版本。事实上，这一版本的私下反应并不像委员会实际预备提交给 GHQ 的草案那么保守。

即使这样的一个版本，也被广泛嘲弄为虚饰、象征性（做做样子）、反动与完全脱离时代的氛围和要求。《每日新闻》的社论是对这一问题的公平看法的范例。社论说，大多数人确实对政府的草案深感失望，它"只是寻求维持现状"。草案像是"见习律师草拟的文书……全无新国家构成所必需的识见、政治才能与理想主义"。宪法修正"不仅是个法律问题"，还是"极端重要的政治行为"。松本和他的同事们表现得完全"不理解日本正处于革命时期"。[35]

SCAP 的接管

日本政府为执迷不悟、不知变通付出了代价。经过 2 月 1 日至 3 日间的一系列迅速决议，麦克阿瑟及其民政局的顶级助手们做出结论，日本政府没有能力提交满足《波茨坦宣言》要求的宪法草案。SCAP 不得不亲自指导。[36] 这一大胆决定，再次表明与日本人和美国政府相比，麦克阿瑟所行使的非同寻常的权力。2 月 1 日，元帅的部下完成了一份备忘录。他们在一周内斟酌有关日本投降的基本文件，得出结论：最高司令官具有"为变革日本的宪法构造可以采取任何自认为适当措施的无制约权限"。[37] 翌日，麦克阿瑟指示民政局准备修正事项大纲，以指导日本政府。2 月 3 日，他判断说，日方的顽固官员更适合由详细的宪法典范做指导。

这些步骤不过是民政局不同寻常的一周的序曲。2 月 4 日，根据秘密记录，惠特尼召集部下并告知他们，"下周民政局将召开宪法制定会议。麦克阿瑟将军委托民政局担负为日本国民起草新宪法的历史重任"。日本的新宪法将基于麦克阿瑟宣称的三项重要原则。惠特尼将这三项原则草草记下，带到了会上。三原则如下：

I

天皇处于国家元首的地位。

皇位世袭制。

天皇的职务和权能将基于宪法行使,并为宪法所示的国民基本意志负责。

II

废止作为国家主权的战争权力。日本放弃以战争为手段解决本国纷争乃至保持本国的安全。日本的防卫和保护,依靠的是打动当今世界的崇高理想。

不批准成立日本海陆空军。日本军队不被授予交战权。

III

日本的封建制度将终结。

贵族的权力除皇族外,以现存者一代为限。

华族今后不再享有国民、市民之外单独的政治权利。

预算模式仿照英国制度。[38]

那么将这几条稀疏的指导方针制定成宪法的时限是多久呢?惠特尼告知他的部下,草案将于2月12日完成并准备供麦克阿瑟审批。

占领期再没有哪个事件比这更能体现麦克阿瑟的宏伟手段了。他的助手们巧妙地分析盟军和美国政府的基本文件,以确认他囊括无遗的权限。他抓住关键时机,以谁也梦想不到的方式下达了指令。换了与他实力相当或是相近的任何人,也不会建议甚至想象得到,美国人会代日本起草宪法。这些豪言壮语式的原则:君主立宪制、绝对和平主义与废除封建制度的宣言,与他委任部下的细节一样具有典型性。在麦克阿瑟心目中,最高司令官与最高的存在(上帝)之间向来仅有一线之隔。而在2月初的重要时刻,他几乎将二者之间的差别完全消除。[39]

但是为什么,在数月谨慎控制,不对日本政府施压之后,麦克阿瑟如此迅速果断地决定采取行动?他为何不让日本人建立自己的民主政府,尤其是当日本人独立的民主之声鼎沸、大有希望之时呢?就在麦克阿瑟指示民政局制备宪法的当日,民意测验显示,大多数日本人支持修正宪法,并希望选举自己的组织研究这一问题。[40] 假使如《波茨坦宣言》所言,占领的目的是为创造与"日本国民自由表达之意志"相一致的更为民主的社会,那就不应当无视这些调查表明的草根民主发展的前景。

为什么在这个节骨眼上，SCAP 要代替日本政府制定宪法草案呢？

答案在于数月来频繁出现的有关天皇地位的考虑。麦克阿瑟的立即行动是因为他相信，这样主动出击对保护天皇至关重要。也就是说，他的动机在很大程度上，与他采取行动所对抗的极端保守主义者的基本考虑是一致的。天皇的地位问题，作为最高司令官原则的第一条出现，并非偶然。这是他的首要考虑。放弃战争和废除封建制度是第二位的，是麦克阿瑟认为获取世界各国支持、保留天皇制度和天皇本人的必要条件。这不是否认麦克阿瑟对日本"非军事化和民主化"的承诺，因为他在这些方面也以救世主自居。然而，这出宪法修正匆忙上场的高潮戏剧，其动机在于麦克阿瑟感到，日本政府的极端保守主义倾向，正危害到保守主义者最为珍视的目标。[41]

惠特尼准将在 2 月 4 日下达指令时，向部下点明了这一点。他解释说，GHQ 推出宪法草案的最终期限是 2 月 12 日，是因为日本高官预定当日与他进行非正式会谈，商讨还未正式提交 GHQ 的宪法草案。2 月 4 日的会议记录记述，"惠特尼将军预计日本方面的草案将会具有十分强烈的右翼倾向。无论如何，他打算说服日本外务大臣及其同僚，保住天皇和他们自己残存权力的唯一可能，就是接受和批准一部决定性的向左转的宪法"。[42]

这一论点成了其后与日本政府代表多次磋商的主题。日方被一再告诫，接受"麦克阿瑟草案"的基本模式，他们就能够避免可能完全废除天皇制的更为激进的修正案。此时是 1946 年初，麦克阿瑟确信皇室正面临来自两个方面的深刻威胁：首先是来自日本国民的威胁。高野岩三郎和共产党宪法草案体现出的"共和"思想，随着时间的推移只会越来越强大。其次是来自日本外部的威胁。胜利的同盟国阵营中具有强烈反天皇倾向的各国，很快就会干涉到宪法的修正。

外部威胁的问题突然提上了日程，多国组成的"远东委员会"（FEC）即将成立。事实上，1 月 30 日，筹备"远东委员会"的"远东咨询委员会"委员们在东京会见了麦克阿瑟，并询问了宪法修正的进展状况。FEC 预定在 2 月末正式开始运作，而在 2 月 1 日其部下预兆不祥地向麦克阿瑟报告说："您对宪法修正的决策权，在远东委员会公示自己在这一问题上的决策之前，尚不会受到实质性削减。"这份备忘录还提到,此后麦克阿瑟关于宪法改革的指令,还可能被四国联合的对日理事会的任一成员国所否决。对日理事会预定在 FEC 成立稍后开始在东京运作。突然之间,对天皇及天皇制抱有敌意的国家,其权限将有可能凌驾于麦克阿瑟之上。[43]

在此情势之下,麦克阿瑟面对突如其来的挑战所要做的是,在 FEC 真正开始运作之前,制定出宪法草案公开审议,既要满足《波茨坦宣言》的要求,又要存留天皇制。在民政局完成宪法草案之后,惠特尼准将及其部属试图向松本和他震惊的同僚们解释草案背后的根本原因,天皇制的存续一直是他们关心的首要问题。因而,当美方草案首次向日方披露之时,惠特尼不厌其烦地强调了这一点。他告诉松本及其同僚:

> 最高司令官顶住让天皇接受战犯调查的日益增强的外部压力,坚决地捍卫天皇。他如此保卫天皇是因为,他认为这是正义的事情,并将在此过程中继续竭尽全力。但是,先生们,最高司令官并不是万能的。无论如何,他感到接受这些新的宪法条款,将可能确保天皇安然无恙。他感觉这将使你们从同盟国手中获得自由的日子尽早到来,还能使日本国民尽早获得同盟国要求的国民的基本自由。[44]

这些重要意见最终甚至得到了吉田外相这样的人物的接纳,而吉田被惠特尼和其他人视为"内阁中最反动的分子"。5月吉田就任首相,后来他特意向保守派的同僚们解释说,在战败与被占领的状况下,宪法修正不是个法律观念问题,而是关系到国家存亡、皇室安泰以及占领尽早结束的实际的政治问题。[45]

GHQ 的"宪法制定会议"

民政局立即召集"宪法制定会议"。第一生命大厦第六层的跳舞厅成了他们集体作业的场所,点缀着几组办公桌。24 位官员——16 位武官和 8 位文官,被指派在一周之内将麦克阿瑟的三项基本原则扩充为血肉丰满的国家宪章。

工作组很快分成了 1 个指导委员会和 7 个专门小组,其中包括 4 名女性。他们在随后的数天内高强度地工作，通常早晨 7 点到 7 点半左右开始，一直持续工作到午夜。用一位参与者的话来说，被借用的跳舞场就像是"一个巨大的牛栏"。专门小组与指导委员会之间持续不断地进行沟通。惠特尼以及通过他获知情况的麦克阿瑟听取工作组的进展情况直到深夜。时间如此紧迫，以至于没有谁真的有空闲去思索一下，他们正在承担如此大胆创新的任务。[46]

尽管起草委员会的许多成员都是穿军装的，但是却没有一个职业军人。他们之中除惠特尼准将外，还有 4 位律师：陆军上校查尔斯·凯德斯，指挥官小阿尔弗雷德·哈西（Alfred R. Hussey, Jr.）、陆军中校迈洛·罗威尔和陆军中校弗兰克·E. 海斯（Frank E. Hays）。另外还有波多黎各的前众议员和地方长官盖伊·斯沃普（Guy J. Swope）司令，刚在普林斯顿大学取得行政学博士学位的米尔顿·埃斯曼（Milton J. Esman）中尉，北达科他州的报纸编辑和发行人、海军中尉奥斯本·海格（Osborne Hauge），华尔街的投资家、陆军上尉弗兰克·瑞佐（Frank Rizzo），民间谍报机关专家、海军少校罗伊·马尔科姆（Roy L. Malcolm），社会学教授、陆军中校皮耶特·鲁斯特（Pieter K. Roest），商学教授、陆军中校西塞尔·蒂尔顿（Cecil Tilton），驻外事务官员、海军少尉理查德·普尔（Richard A. Poole），中国史专家赛勒斯·匹克（Cyrus H. Peake）博士以及有战前滞留日本经历的新闻记者亨利·爱默生·怀尔兹（Harry Emerson Wildes）。[47]他们的政治立场，从保守的共和党支持者到民主党的新政支持者，颇有分歧。惠特尼坚定地站在前者的队伍中，指挥委员会的头儿和这个团队的真正领导者查尔斯·凯德斯上校，则是自豪的新政拥护者，他在罗斯福政府中具有丰富的实务经验。

起草委员会中的少数人曾经接受过军政训练，而且对日本稍有了解。然而除了匹克与怀尔兹之外，委员会中真正对日本有认识或经验的人是比特·西罗塔（Beate Sirota）。西罗塔是一位 22 岁的犹太女性。她出生于维也纳，在孩提时代随父母迁居日本。当时她的钢琴家父亲在东京音乐学校任教职。直到 12 岁，西罗塔在东京上了 6 年德国学校。后来她的父母认为德国学校"太纳粹"，让她转学到了美国学校。15 岁高中毕业时，她的日语已经相当流利，并且还懂其他 4 门外语。到她进入第一生命大厦六层的"牛栏"里的时候,她已经从米尔斯学院毕业。战争中她曾在美国对外广播新闻处和美国作战新闻处工作过,在那里她写日文稿甚至亲自播送日语的宣传广播稿。她还担任《时代》杂志的特约日本通讯员。战争年代,她的双亲滞留在轻井沢度过了穷乏的岁月。西罗塔从儿时与日本孩童和仆人的接触中,还有那些时常来拜访她父母的女性、艺术家和知识分子身上,切实地感受到了既存宪法下个人自由受侵害之苦。战败后回到日本时,她在民政局得到了对弱势政党和政治中女性地位进行调查研究的工作。[48]

西罗塔分配到了关于人权的小组,而她几乎偶然的在场,为 GHQ 的"宪法制定会议"提供了罕见的视角:一位年轻的、勇敢的、理想主义的、相当具有世界视野的欧洲犹太女性,调和了日美两种文化背景,尤其是她对压抑和迫害问题有着敏锐的感觉。另一个更难以捉摸的偶然性的例子,是关于年轻的海军少尉理查德·普尔(Richard A. Poole)的任命。他是掌管起草有关天皇新条款任务的两人之一。尽管普尔没有什么特殊的资格,但是他出生在横滨,而且他的生日跟天皇是同一天。[49] 松本及其同僚对这样的分派和行动毫无所知。假使他们能够向这个热情狂乱的舞场偷窥的话,他们焉能不悲从中来,哭得肝肠寸断。

这支美国团队的非军事背景,造成了完全不分等级的工作氛围,身处其中军衔被忽略了,大家畅所欲言。凯德斯几乎得到了所有部下的高度评价。据大家所言,他是个倾听意见的天才,能够最大限度地引人发挥才能,并能明确把握大局。他还对"日本问题老手们"的精英论调抱持新政拥护者的怀疑态度。这种态度在他与普尔之间的一个小玩笑中显露出来。既然普尔年仅 6 岁半时就离开了日本,凯德斯告诉他说,"我猜你还行"。这种有所指的讽刺挖苦,很可以说明为何美国人能够如此打破旧习,推出激进的宪法修正案。正如普尔后来所言:"大体而言,让那些在旧日本文化中浸淫未久、有完全新鲜的一套或许因此而不怕尝试新观念的人,来实施对日本的占领是健全的做法。"[50]

比特·西罗塔在批判 GHQ 的行动"傲慢自大"时,其观点甚至更为坚定。她回忆说,她从未感到自己是在试图通过协助修宪教导日本人。她和周围的每个人宁可强烈地相信,他们是在参与创造一个大多数日本人渴望而从自己的领导者那里得不到的更少压抑的社会。就西罗塔而言,这种良知是基于对日本妇女不同寻常的共鸣,再加上对她们法律上和婚姻生活中所受压抑的个人经验。她也见识过"思想警察"的活动,因为他们经常光顾她父母的家,从佣人和厨子那里榨取有关客人的信息。(甚至从他们那里收集参加晚宴的日本客人和外国客人的座位名牌)。尽管西罗塔的个人经验不同寻常,但她的态度却是典型的。在第六层的"牛栏"里,理想主义的集体精神超越了政治上的分歧,参与者们后来称其为"人文"精神,即一种身负特殊使命以消除压抑并实现民主制度化的共通判断。[51]

这种精神具有感染力。虽然无法被精确计量,但是此种精神的存在至关重要。他们的起草作业,往往按照君主立宪制的完美形式可能具有的最宽容、最自由主义的向度做出解释。同时,民政局的宪法制定会议还受到最高司令官三大原则之外的许多声明与规范的宽松指导。《波茨坦宣言》是其中之一;编号为"SWNCC228"的关于"日本统治体制改革"的美国官方指导方针,也是其中之一(SCAP 于 1 月 11 日收到此指令)。[52]与联合国创设相关发布的诸原则以及民间团体和个人发表的各种宪法草案也受到关注。数年后,凯德斯特意驳斥了那种认为GHQ草案"完全是从庞大的民政局产生的庞大固埃式的巨人"的看法。相反,他坚持认为,"日本方面提供的情报最为有益"。[53]另外,起草委员会还在匆忙之间征集了所有能够得到的外国宪法的英文版本。比特·西罗塔征用了一辆吉普车到各大学的图书馆四处借书,以免让人注意到她从单一的地方借用过多的资料,她总共大约借阅了10 到 12册文献资料。[54]

在这至关重要的一周当中,麦克阿瑟的帝王气概以最微妙的方式表露无遗:他完全不插手部下每日的起草工作,但却总是清楚他们在做什么。他允许部下自由裁夺对他申明的基本方针的具体解释。在此过程中,他的三大原则得到了重新审议和进一步的提炼。这样的时刻,职位低下的部属担负起了将麦克阿瑟的抽象思考具体化的责任,生动地展示了无名之辈可以像著名人物一样刻下自身的历史业绩。

例如,凯德斯的团队将麦克阿瑟有关天皇的生硬指示做了根本性的转换,写成了新宪法序言之后的第一章。负责重写这一节的二人起草小组——海军少尉普尔和另一位下级军官小乔治·纳尔逊中尉,简直

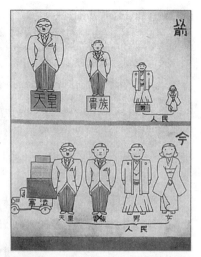

作为教育公众认识新宪法运动的一部分,占领军当局发布了一系列"之前与之后"的布告画,其中包括对诸多民主原则的描绘,如:(左上1)政府公务员的角色是国民公仆而非作威作福的官僚;(右上2)消除等级制,法律面前人人平等;(左下3)内阁取代军部当政;(右下4)家长制终结,男女平等确立

忽略了麦克阿瑟含意不明的头一句话:"天皇处于国家元首的地位"。这些年轻人与指导委员会一起,还以最高司令官从未提及的方式对天皇进行了重新定义。他们将天皇描述为国家和人民团结的"象征"。随后凯德斯及其团队明确申述了主权完全在于国民的理念。在日本的语境中,这是一个革命的观念。[55] 以这样的方式,民政局团队不仅加强了

最高司令官的指示，而且推行了这些指示可能具有的最自由主义的解释。同时，他们还将有关天皇的核心问题做出了与宪法研究会草案提议相类似的表述。

以与此相类似的方式，只是含糊命令"日本的封建制度将终结"的麦克阿瑟的第三条原则，成了保障代议制与广泛的国民自由和人权详细条款的基础。新宪法明确列举"国民之权利与义务"的章节，迄今仍然是世界上最自由主义的人权保障规定之一。主要是由于比特·西罗塔的努力，新宪法甚至保障了"两性的本质的平等"，这一点在美国宪法中都未给出明确规定。[56] 起草委员会还不揣冒昧地缓和了麦克阿瑟有关日本非军事化的措辞和意图。凯德斯个人承担起了此项条款的修正责任，他认为将军断然放弃"作为国家主权的战争权力……乃至保持本国的安全"过于武断。他解释说，任何国家都有权维持自身的安全，通过保有某种形式的宪兵、海岸警备队等，抵御内在的纷争与外来的威胁。于是凯德斯毅然将放弃战争条款的第一项修正为"废止作为国家主权的战争权力。永久废弃以威吓或使用武力为手段解决与他国的纷争"。同条款的第二项否定了交战权以及保持海、陆、空军，基本上遵从了麦克阿瑟的指令所言。凯德斯故意暧昧地保留了"为保持自身安全"适度再军备的可能性，并由此埋下了此后数十年论争的火种。[57]

宪法放弃战争的条款是 SCAP "楔入战术"的辉煌例证，昨日还与战争结合的国家主权，今天却成了正式与激进的反军国主义关联的国家主权。然而，这其中包含的不仅仅是政治操作的技巧，还有放弃战争的理想本身巨大的吸引力，以及近年历史上的确切先例。它反映出近20年前当世界还未陷入灾难性的战争之时，以 1928 年的凯洛格—白瑞安公约（Kellogg-Briand Pact，巴黎和约）为标志的世界性的和平构想。正式以"关于抛弃战争的条约"而闻名的凯洛格—白瑞安公约，为 GHQ 草案放弃战争的言辞提供了最为明确的范式。

凯德斯上校早就是凯洛格—白瑞安理想的崇拜者，币原首相与芦田均、吉田茂等阁僚皆为外交官出身，不可能不熟悉放弃战争条款的惯用语言。[58] 实际上，和平的构想正在他们的周围复兴。1928 年日本曾参与签订凯洛格—白瑞安公约，而日本对其原则的违背，正由当时东京战犯审判所起诉的被告人的主要罪状显露出来。在此情形之下，凯洛格—白瑞安公约放弃战争的和平表述，在言辞和法律方面都成了一柄双刃剑：新宪法草案中的放弃战争条款，在保护天皇的同时，却也拔剑出鞘，砍倒了他往昔的文武高官。

理想主义与文化帝国主义的考察

SCAP 突然决断制定一部"典范"宪法，意味着对旧宪法"修正"设想的全面否定和废弃。现在突然之间，既未经内部讨论也未向公众发表，既存宪法就被宣布缺陷如此严重，以致必须捐弃其全部内容。只有"修正"的说法保留了下来。新的现实是要以新宪法取代旧有宪法，这简直与松本委员会的观点完全对立。与松本委员会完全是在明治宪法的框架内修修补补的作业相反，民政局团队仅仅感兴趣于将现存宪章作为反面教材，提醒日本的误入歧途。他们根本未浪费时间对既存宪法做逐项仔细的研究。

然而，美国人在第一生命大厦舞厅内彻底改造的日本，并不被认为是美国的小型复制品。凯德斯后来坚持说，在起草委员会拼凑新宪章之时，并未过多参考美国宪法。[59] 毕竟，这是天皇制包装下的英式内阁制度的代议政体。即便如此，美国式民主的政治理想与同盟国的诸项宣言，最终也在新宪法中留下了鲜明印记。日本宪法的序言部分尤其如此。这是对美国独立宣言、葛底斯堡演说、美国宪法以及战时的两大宣言——《大西洋宪章》与《德黑兰宣言》的回应与共鸣。[60]

很难想象还有比这更振奋人心的任务，可以交付给这些满怀政治理想的聪明（大多数也很年轻）人了。实际上，美国人得以书写的是全新的历史，尽管其背景上雕刻着日本皇家的菊花纹章作为装饰。而日常审议的秘密议事录也显示出，他们不仅具有强烈的共同目的意识，还具有高度的技术才能和专业的讨价还价的能力。起草委员会的律师们没有一位是宪法方面的专家，正如松本是一位商法专家一样，这并未使他们踌躇不前。但是，他们却不允许自己阵营内部基本的意见分歧，这一点很快就显现出来。当他们的行政管理专家、陆军中尉埃斯曼干扰宪法起草进程、批判起草计划执行的草率性和秘而不宣时，忽然发现自己收到了一张为期 5 天的"休息与娱乐"休假许可证，而且立即生效。在同僚们秘密地突飞猛进铲除封建残余之时，埃斯曼却在日光下消磨时间考察德川幕府创始者宏伟的陵庙。等他返回之时，起草工作已接近尾声，尽管他还来得及为最终草案尽绵薄之力。新宪法采纳了埃斯曼关于行政省厅之上设立法机关的提案。[61]

埃斯曼关于宪法制定过程的保留意见未能见容，不是因为这些意见太保守，而是由于它们不现实。没有人会表示异议：一周时间对于达成目前的任务来说过于仓促，但是这一时间表是最高司令官下达的命令。埃斯曼批评起草计划的秘而不宣，他希望通过积极征集"致力民主的日本学者"的支持和专门意见，使此任务的日美合作更加名副其实。他相信，由此产生的草案将真正反映大众的民主情绪，并能更加坚实地植根于日本文化和社会。然而，正如起草时间的仓促一样，秘而不宣也是麦克阿瑟的命令。在最高司令官更为宏大的构想下，制定中的宪法不仅要向日本政府保密，还要向全世界保密，包括华盛顿的决策机构、占领当局内部的反对者，以及集结于远东委员会的同盟国阵营的多个国家。

尽管埃斯曼的日光之旅有利于其他人宪法草案起草作业的加速，但是他们的确自认为满意地解答了后世评论家将提出的质疑：他们是否种族中心主义者？他们是否文化帝国主义者？经过争论，他们的答案是：在现代世界中，主张"政治道德法则的普遍性"是适当和必要的。这一说法最终添入了 GHQ 宪法草案的序言当中。那么，试图强加给日本如此自由主义的思想是否贤明和切实可行？对于这个特定的问题，他们的回答是日本政府而非日本国民在抵制这样的变化。如果日本国民不情愿美方的提案，稍后他们总可以对宪法加以变更。[62]

在"宪法制定委员会"的指导委员会审议各起草小组反馈的各种提案时，上述议论时有抬头。当有人指出，"基于美国政治经验和思维的理想宪法与日本现政权的运作和过去的经验之间的显著差异"时，凯德斯承认这种差异的存在，但其立场却是："美国政治的意识形态与最良好或最自由主义的日本宪法思想之间"不存在同样的差距。另有一次，委员会中两位最为行事谨慎的成员提议，应对宪法修正设定严格限制，1955 年之前不许可任何宪法修正案。他们的理由是"日本国民尚未做好民主政治的准备，我们陷入了为想法难以理解的国民制定自由主义宪法的令人不安的境地"。凯德斯及其指导委员会很快驳回了此项主张。他们声称，宪法的前提是负责任的选民，而且宪法被规定为"不仅是合理的、永久的同时还是易于变通的文件，具备简明而非复杂的修正程序"。[63]

对于他们正在完成的事业，起草者们的认识无疑有些暧昧。大多数人（并非全部）似乎理所当然地认为，他们是在为日本起草真正的宪法——一部理想的"典范"宪章，而并非只是样本或指南。但他们谁都不清楚，他们的草案在得到帝国议会承认之前，将会做出怎样的变更。有一次，他们甚至表达了对日本政府可能"全盘"否定 GHQ 草案的忧虑。[64] 从一开始，几乎每一位参与宪法制定的美国人都假定（事实证明并非如此），无论日本国会最终采用什么样的宪法，都得经由日本人的审阅。而且即便是被采用，也要随着时间的推移，在必要时加以修正。[65]

2 月 10 日，在召集宪法制定会议 6 天之后，惠特尼准将把全新的宪法草案呈交给了最高司令官。惠特尼指出，草案是民政局成员深思熟虑的共通见解的具体表述，"几乎全面代表了美国的政治思想"，而且是考虑到日本宪法的历史发展过程并对美国和欧洲宪法的基本原则进行认真考察的结果。他评述说，草案展示出对宪法相关事项的先进思考，但同时并未打破既有之惯例。GHQ 宪法草案不仅确立了政治的民主，还确立了经济的、社会的民主，而且可以说具有强力的、健全的中庸特征。正如惠特尼所言，"它构成了政治思想从极右向左派的大幅度回转，然而却未屈从于极左的激进观念"。[66]

麦克阿瑟以其特有的高姿态，仅对呈交的草案做了一处变更，删除了对《国民基本人权宣言》（人权法案）的修正限制。2 月 11 日，恰逢日本的纪元节（建国日），麦克阿瑟批准，将 GHQ 的草案成果提交给了对事态发展一无所知的日本政府。[67]

注释

1 Douglas MacArthur, *Reminiscences*（New York：McGraw-Hill, 1964），p. 302.

2 *Guide to Japan*（CINPAC-CINPOA Bulletin No. 209 – 245, September 1, 1945），p. 35.

3 关于战后日本宪法制定的文献数量庞大。有关的珍贵的日英双语史料集，是高柳贤三、大友一郎、田中英夫编《日本国宪法制定の过程》（东京：有斐阁，1972），全二卷。此文献收录了 Milo Rowell 文件的英语原文。Rowell 是最高统帅部的官员，曾参与宪法起草并在最高统帅部承担起草新宪法的过程中，汇总与实际进程相关的大多数内部文件。以下的许多论述都是基于这些原始资料。此文献下引为 TOT/RP。

1957 到 1964 年间，日本著名法学家高柳贤三领导日本的宪法调查会，对战后宪章的起源、问题和前景进行了大量的听证。调查会公布了约 4 万页篇幅的记录和档案。调查会的大部分调查报告有英文版本。参见 John M. Maki 编译，*Japan's Commission on the Constitution: the Final Report*（Seattle: University of Washington Press, 1980）。对宪法制定过程的种种看法的概述，参见此书 pp. 220 - 231。此文献下引为 JCC/FR。高柳贤三对调查结果的简要回顾，参见其"Some Reminiscences of Japan's Commission on the Constitution"一文，收入 Dan Fenno Henderson 编，*The Constitution of Japan: Its First Twenty Years, 1947 - 1967*（Seattle: University of Washington Press, 1968），pp. 71 - 88。对二十世纪五六十年代保守派修宪运动的概括，参见 Henderson 此书中 H. Fukui 的论文"Twenty Years of Revisionism"，pp. 41 - 70。

西方对 1946 年日本宪法起草的开拓性研究，是 1952 年美国哥伦比亚大学 Theodore H. McNelly 的博士论文，"Domestic and International Influences on Constitutional Revision in Japan, 1945 - 1946"；此论文有许多对日本基本史料的有价值的翻译。经过此后多年的研究，McNelley 教授对日本宪法制定过程的解析，集中体现在他的"'Induced Revolution': The Policy and Process of Constitutional Reform in Occupied Japan"一文中，收入 Robert E. Ward 与 Yoshikazu Sakamoto 编，*Democratizing Japan: The Allied Occupation*（Honolulu: University of Hawaii Press, 1987），pp. 76 - 106。此书还收录了其他三篇相关论文：Robert E. Ward，"Presurrender Planning: Treatment of the Emperor and Constitutional Change"（pp. 1 - 41）；Tanaka Hideo（田中英夫），"The Conflict between Two Legal Traditions in Making the Constitution of Japan"（pp. 107 - 132）；以及 Susan J. Pharr，"The Politics of Women's Rights"（pp. 221 - 252）。在早期的一篇文章中，Robert Ward 极端苛刻地批评了强加宪法给日本人的专横姿态，得出结论说此宪章"完全不适合绝大多数日本民众的政治理想或经验"；参见"The Origins of the Present Japanese Constitution"，*American Political Science Review* 50.4（1956）: 980 - 1010。亦参见 Hideo Tanaka，"A History of the Constitution of Japan of 1946"，Hideo Tanaka 与 Malcolm D. H. Smith 编，*The Japanese Legal System: Introductory Cases and Materials*（Tokyo: University of Tokyo Press, 1976），pp. 653 - 668；以及 Tatsuo Satō（佐藤达夫），"The Origin and Development of the Draft Constitution of Japan"，分两次发表于 *Contemporary Japan* 24.4 - 6（1956）: 175 - 187 和 24.7 - 9（1956）: 371 - 387。宪法修正过程中，佐藤在日方内部扮演了重要角色，他的日文著述被 McNelly（1952）和 Ward（1956）所征引。

Alfred Hussey 参与了 GHQ 的宪法起草过程，他的记录熟谙内情、颇有见地，收入 Government Section, General Headquarters, Superme Commander for the Allied Powers, *Political Reorientation of Japan: September 1945 to September 1948*（Washington, D. C.: U. S. Government Printing Office, 1949），vol. 1, pp. 82 - 118；几份重要文件亦收入此书，vol. 2, pp. 586 - 683。此文献下引为 PRJ。本章及本书第 13 章，还利用了 Alex Gibney 对美方参与宪法起草者的访谈记录，以及他本人 1992 年的纪录影片 *Reinventing Japan*（Program 5 in the Annenberg/CPB series *The Pacific*

Century）的成果；这些有趣的访谈，由 Gibney 先生慷慨提供，以下引为 *GI*。Charles Kades 在 "The American Role in revising Japan's Imperial Constitution" 一文中，提出了他个人对当时事件的看法，文章载 *Political Science Quarterly* 104.2 (1989)：215 - 247。Kades 对往事的回忆，还见于与竹前荣治的长篇访谈录："Kades Memoir on Occupation of Japan"，《东京经大学会志》一八四号（1986 年 11 月），pp. 243 - 327；尤可参见 pp. 272 - 285 有关宪法修正的部分。Gibney 的访谈系列中，也包括与 Kades 颇有意味的长篇访谈。Justin Williams 虽未参与宪法起草，但是负责 GHQ 与日本国会之间的联络，他的回忆录中有几章专门谈到新宪法问题，*Japan's Political Revolution under MacArthur：A Participant's Acoount*（Athens：University of Georgia Press, 1979），pp. 98 - 143。

关于新宪法的制定过程，近来日本学界最优秀的研究成果是古关彰一的《新宪法の诞生》（东京：中央公论社，1989）。这部力作的英文版，由 Ray A. Moore 编译，参见 *The Birth of Japan's Postwar Constitution*（Boulder：Westview Press, 1997）。该书英文版出版于本书定稿之时，故本书所引皆为日文原版。本书还借鉴了 Shoichi Koseki（古关彰一）教授的两篇英文著述："Japanese Constitution Thought：The Process of Formulating the 1947 Constitution"（1987 年 12 月美国历史协会年会提交论文，未发表）；以及 "Japanizing the Constitution"，*Japan Quarterly* 35.3（July-September 1988）：234 - 240。有关新宪法是胜利者向日本人强加外来的宪章的见解，最有影响力的著作，是江藤淳《一九四六年宪法的拘束》（东京：文艺春秋，1980）。对宪法日语文本与英语文本差异性的考察，参见 Kyoko Inoue，*MacArthur's Japanese Constitution：A Linguistic and Cultural Study of Its Making*（Chicago：University of Chicago Press, 1991）。该著作附有日英双语的参考文献目录，虽不尽完全但是颇有价值。

4　Ward (1956)，pp. 982 - 983；*PRJ* 1：89 - 90。
5　《波茨坦宣言》之后，美方支持宪法修正的基本指令有三：(1)《投降后美利坚合众国的初期对日方针》（1945 年 9 月 6 日）；(2) JCS 1380/15（1945 年 11 月 3 日）；(3) SWNCC 228（1947 年 1 月 7 日）。末一指令于 1 月 11 日交付 SCAP，参见 U. S. Department of State，*Foreign Relations of the United States*，1946，vol. 8，pp. 99 - 102；此文献系列下引为 *FRUS*。亦参见 the February 1, 1946 memo to MacArthur in *TOT/RP* 1：94。GHQ 内部对日本既存宪法的批判，参见 "Rowell report" of December 6, 1945, in *TOT/RP* 1：2 - 25；*PRJ* 1：82 - 88，92，112。
6　*FRUS 1946* 8：99 - 102（SWNCC 228）。
7　近卫 22 条纲要的英译，参见 McNelly (1952)，pp. 382 - 386。对近卫行为的详细考察，参见 McNelly (1952)，pp. 22 - 61；古关彰一《新宪法の诞生》，pp. 8 - 29；以及 Dale Hellegers，"The Konoe Affair"，收入 L. H. Redford 编，*The Occupation of Japan：Impact of Legal Reform*（Norfolk, Va.：General Douglas MacArthur Foundation，1977），pp. 164 - 175。与当时日本国内的事态发展遥相呼应，1945 年 10 月 26 日，《纽约时报》发表了著名的远东专家 Nathaniel Peffer 的来信，信中指出 SCAP 与近卫文麿的关系十分"奇特"。几乎与此同时，E. H. Norman 正在起草一份全面指控近卫战争责任的内部报告。
8　有关松本委员会的论述，参见古关彰一《新宪法の诞生》，pp. 59 - 80；McNelly

(1952), pp. 62 – 117。至于松本的背景与个性, 参见 Tanaka (1987), p. 112; Koseki (1987), p. 25 (注 23)。

9　Hellegers, p. 170; McNelly (1987), p. 77。

10　Tanaka (1976), p. 656。

11　*JCC/FR*, p. 69; Tanaka (1987), p. 107; *TOT/RP* 1: xxviii。

12　关于松本的独断专行, 参见 Koseki (1987), p. 6。委员会召集了 7 次全体大会和 15 次工作会议; 古关彰一《新宪法の诞生》, p. 64。有关委员会的成员, 参见 *PRJ* 2: 603 – 604。

13　古关彰一《新宪法の诞生》, pp. 75 – 76。

14　*TOT/RP* 1: 358; 亦参见 *PRJ* 1: 106。

15　对此问题的犀利分析, 参见 Tanaka (1987); 亦参见前引之 Satō, p. 371。

16　Satō, pp. 180 – 181; Tanaka (1987), p. 110。

17　*TOT/RP* 1: 84; 亦参见 *PRJ* 1: 100。

18　Tanaka (1987), p. 130 注 48; *JCC/FR*, p. 69; 古关彰一《新宪法の诞生》, p. 75。

19　*TOT/RP* 1: 338。本人曾在以下两种著述中, 论述过吉田茂与亲英派和"老自由主义者"的问题: *Empire and Aftermath: Yoshida Shigeru and the Japanese Experience, 1878 – 1952* (Cambridge, Mass.: Council on East Asian Studies, Harvard University, 1979); 以及论文 "Yoshida in the Scales of History", 收入 *Japan in War and Peace: Selected Essays* (New York: The New Press, 1993), pp. 208 – 241。

20　Tanaka (1976), pp. 656 – 657; Tanaka (1987), pp. 112 – 115。Tanaka (田中英夫) 教授业已论述, 此种情况十分典型。战前有关美国宪法的另一基本文献, 是藤井新一 1926 年的巨著, 808 页的篇幅中仅有 6 页谈到人权问题。

21　例如, 参见 1945 年 10 月 15、20、21、22 日《朝日新闻》上美浓部的见解, 亦参见前引之 Williams 的回忆录, pp. 119, 131; McNelly (1952), pp. 144 – 145, 275 – 276。

22　前引之古关《新宪法の诞生》, p. 153。

23　起初, 稻田正次提出使日本成为"解除武装的文明国家"的宪法条款, 但是后来又遗憾地取消了; 古关《新宪法の诞生》, p. 57。

24　McNelly (1952), pp. 149 – 150。各种宪法提案, 参见 McNelly (1952), pp. 118 – 153, 387 – 403; 古关《新宪法の诞生》, p. 30 – 58; *PRJ* 1: 94 – 98。

25　McNelly (1952), pp. 145。

26　古关《新宪法の诞生》, p. 51; McNelly (1952), pp. 139 – 140。

27　McNelly (1952), p. 152。

28　McNelly (1952), pp. 132 – 134。

29　McNelly (1952), p. 120; Koseki (1987), p. 3。

30　McNelly (1952), p. 141, 401 – 402。

31　古关《新宪法の诞生》, pp. 35, 46, 58; Koseki (1987), pp. 3 – 5。

32　高野岩三郎与其同人还研究了美国、苏联、魏玛和瑞士的宪法。对宪法研究会的全面考察, 参见古关彰一《新宪法の诞生》, pp. 32 – 45; McNelly (1952), pp. 144 – 146。至于 Norman 的作用和影响, 参见 John W. Dower 编, *Origins of the Modern Japanese State: Selected Writings of E. H. Norman* (New York: Pantheon,

1975)。

33 *TOT/RP* 1：26 - 41；备忘录并未指明是宪法研究会的提案，但实际上是。对照 Koseki (1987)，p. 8 注 18；Tanaka (1976)，p. 655。

34 *TOT/RP* 1：42；Tanaka (1987)，p. 128（注 16）。

35 古关《新宪法の诞生》，pp. 68 - 74；Tanaka (1976)，p. 658；Tanaka (1987)，p. 120；*TOT/RP* 1：xxiv。《每日新闻》的文章与发表的宪法草案的译文，见 *TOT/RP* 1：44 - 75。

36 当时 GHQ 内部对松本委员会案的绝密评论，见 *TOT/RP* 1：40 - 44，78 - 90；*PRJ* 1：98 - 101，2：605 - 616。

37 *TOT/RP* 1：90 - 98 - 44；*PRJ* 2：622 - 623；Kades (1989)，pp. 220 - 222。只有天皇退位的情况，才会使麦克阿瑟的职权受限。他将被要求与参谋长联席会议协商解决。

38 麦克阿瑟的指示，在许多文献中都有记述；参见 *PRJ* 1：102；*TOT/RP* 1：98 - 102；*JCC/FR*，pp. 72 - 73；Kades (1989)，pp. 223 - 224；Kades (1986)，pp. 277 - 278。惠特尼用铅笔在一本黄色拍纸簿上记录下了这著名的"三项原则"，凯德斯随后打印了出来。凯德斯以为这是麦克阿瑟的手迹，但也认为有可能是惠特尼所写，因为他们的笔迹很相似。

39 凯德斯后来的评论十分精辟："假如不是麦克阿瑟的魄力，可能根本不会起草这样的文件"；凯德斯访谈（*GI*）2：19。麦克阿瑟对自己的行为进行了正当（而不坦白的）辩护，声称他是"小心翼翼地"遵从美国政府的指示，参见 1946 年 5 月 4 日麦克阿瑟致参谋长联席会议的冗长电文，*FRUS 1946*，8：220 - 226。当 GHQ 宪法草案随后以日本政府提案的面目出现时，美国国务院驻东京代表大为震惊，见 *FRUS 1946*，8：172 - 174。GHQ 开明的宪法草案，自然对认为日本人不能实行民主的英美保守派的日本通们造成了冲击。华盛顿的决策者也表示担忧：日本人民在政治上还不够成熟，无法担当新宪法赋予的责任并且可能由此导致混乱，从而助长"官僚政府的回归"；参见美国国务院秘密报告复制的缩微胶片集：*O. S. S. /State Department Intelligence and Research Reports*（Washington, D. C.：University Publications of America, 1977），reel 2, entry 23。英国外交官 George Sansom 是优秀的日本文化史学者，他对宪法草案的酷评为"idiotic"（白痴般的）；参见 Roger Buckley，*Occupation Diplomacy：Britain, the United States, and Japan, 1945 - 1952*（Cambridge：Cambridge University Press, 1982），p. 68。

40 *JCC/FR*，p. 68。

41 *TOT/RP* 1：xxv, xxix - xxx。占领终结后，麦克阿瑟本人着重强调这一点。例如，在回应日本宪法调查会领导人高柳贤三的质询时，麦克阿瑟直截了当地回答"维护天皇制是我不变的目标。对日本政治、文化的留存而言，它是内在的和必要的。妄图消灭天皇个人从而废除天皇制的邪恶举动，是对日本成功复兴最危险的威胁。"参见 *JCC/FR*，pp. 73 - 74；高柳贤三前引书，p. 79。日美研究者一致认为，宪法第九条背后的主要动机，是为缓和因维持天皇制所招致的批判。例如，参见秦郁彦、袖井林二郎编，《日本占领秘史》（东京：朝日新闻社，1977），第 2 卷，pp. 8 - 11；秦郁彦《史录·日本再军备》（东京：文艺春秋，1976），pp. 47 - 78；Theodore McNelly, "General Douglas MacArthur and the Constitutional Disarmament

of Japan", *Transactions of the Asiatic Society of Japan*, third series, vol. 17 (1982), p. 30。

42 *TOT/RP* 1：102 – 104。

43 *TOT/RP* 1：xxv，xxix – xxx，90 – 98（esp. 94 – 98）；*PRJ* 2：622 – 623。

44 *TOT/RP* 1：326 – 328。此后，这些意见被再次明确地传达给日方；出处同前，1：334 – 346，372。

45 *TOT/RP* 1：374；古关《新宪法の诞生》，pp. 204 – 205；吉田茂《世界と日本》（东京：番町书房，1963），pp. 94 – 99。

46 关于起草委员会与人员安排，参见 *TOT/RP* 1：110。Kades 谈到了相关工作日程，*GI* 2：22。"牛栏"的比喻，出现于 Milton Esman 的访谈（*GI*），p. 20。有关 GHQ"宪法制定会议"的主要文献为 *TOT/RP*。许久之后（1947 年 12 月 16 日），Ruth Ellerman 根据当时官方秘密的会议记录，整理了一份详细的日程摘要，参见 Williams 的回忆录，pp. 108 – 113。

47 Kades（1989），p. 225。

48 Beate Sirota Gordon 于 1997 年 10 月 7 日在哈佛大学的公开演讲："Present at the Creation：Women's Right Under the Japanese Constitution"；Beate Sirota 访谈（*GI*），pp. 20 – 23，27 – 28。对 Sirota 在民政局"宪法制定会议"中角色的详细考察，参见 Ward 与 Sakamoto 前引书中 Pharr 的论文。相关日语文献，参见土井たか子、B. Sirota Gordon，《宪法に男女平等起草秘话》（东京：岩波ブックレット四〇〇，1996）。

49 Kades 访谈（*GI*），2：69；Sirota 访谈（*GI*），p. 34；Richard Poole 访谈（*GI*），p. 5。

50 Poole 访谈（*GI*），pp. 5 – 7。

51 Sirota 访谈（*GI*），pp. 7 – 8，20 – 23，29 – 30，40 – 42。在前引 *PRJ* 文献对民政局观点的总结中，此种态度十分清晰：他们对"民众要求更多参政权的压力"之重视，超出绝大多数主流的亚洲事务专家。

52 民政局宪法起草委员会的整个做法，使人联想到他们不过是走过场地对待那些所谓的指令。例如，尽管 SWNCC 228 指导方针是华盛顿官僚政治殚精竭虑的产物，却遭到 GHQ 的草率对待；如参见 McNelly（1982），pp. 16 – 17。

53 Kades（1989），pp. 227 – 228。亦参见 Kades（1986），pp. 274 – 275；Kades 访谈（*GI*），1：9 – 10，2：23 – 25。

54 Sirota 访谈（*GI*），pp. 24 – 25。亦参见 Esman 访谈（*GI*），pp. 11 – 12。

55 Poole 访谈（*GI*），p. 17。民政局草案定稿的第一款为"天皇乃日本国之象征，亦为日本国民统合之象征，其地位唯基于国民之主权意志"；*TOT/RP* 1：268。日本国会最终采纳的宪法行文为，"天皇乃日本国之象征，亦为日本国民统合之象征，其地位是基于主权所存在之日本国民的总意"。对英美"象征"君主制思想的详尽考察，参见 Nakamura Masanori，*The Japanese Monarchy：Ambassador Joseph Grew and the Making of the "Symbol Emperor System"，1931 – 1991*（Armonk, N. Y.：M. E. Sharpe, 1992）。

56 关于妇女权益，参见 Ward 与 Sakamoto 前引书中 Pharr 的论文。

57 1986 年，在与竹前荣治的令人瞩目的访谈中，凯德斯谈起他起草的修正条款针对麦克阿瑟指令的变化，说假使当时他考虑更为周全的话，"我可能会修正为：'除非抗击侵略或者镇压叛乱'。但是你知道，我们是在极大的压力下工作的"；Kades（1986），pp. 277 – 282，尤可参见 p. 279。亦参见 Kades（1989），pp. 236 – 237；TOT/RP 1：272。关于是谁首先提出在新宪法中体现放弃战争的理念，众说纷纭。McNelly（1982）前引文中对此问题有详尽论述。McNelly 令人信服地反驳了此理念是由币原首相首先提议的观点。有可能是凯德斯或者惠特尼向麦克阿瑟提出了此类建议，但最终肯定是麦克阿瑟的决定。然而必须谨记，战争时期英美方的许多公告，曾以不同的表述方式呼吁，一旦德日战败，必须"彻底且永久"解除武装。这种措辞在包括《波茨坦宣言》、参谋长联席会议致麦克阿瑟指令（JCS 1380/15）等在内的对日方针文件中，得到重申。

58 芦田均《芦田均日记》（东京：岩波书店，1986），第 1 卷，pp. 78 – 79；可参照《宪法调查会第七总会议事录》1957 年 4 月 15 日芦田均的证言。

59 Kades 访谈（GI），2：76。

60 McNelly（1952），pp. 203 – 206。

61 Esman 访谈（GI），pp. 10 – 11，14 – 15，21，47。

62 有关内部争论，参见 TOT/RP 1：248 – 252。

63 TOT/RP 1：128，134 – 136。

64 TOT/RP 1：206。

65 Poole 访谈（GI），p. 20。此后对宪法的评论状况，可阅 JCC/FR，pp. 15 – 16，84；FRUS 1946，8：267 – 273，342 – 347，350 – 353。

66 TOT/RP 1：258 – 260。

67 TOT/RP 1：262；McNelly（1952），p. 165。麦克阿瑟所做的修改，得到了宪法制定指导委员会的完全支持。

第十三章
宪法的民主：美国草案的日本化

2月13日，惠特尼准将与三位随从造访了日本外务大臣的官邸，并向松本烝治和吉田茂提交了GHQ的宪法草案，当时在场的有吉田茂的侍从白洲次郎和一名官方翻译。日本方面确信他们的会见是为讨论松本的提案（此提案最终于2月8日提交），当惠特尼以断然的态度对此置之不理时，日方着实大为惊愕。除了在场的翻译之外，松本、吉田和白洲也都懂英语。惠特尼字斟句酌而且故意语速很慢。那天他还患了流行性感冒，正发着高烧。这或许使惠特尼在表达自己见解时变得罕见的激烈和锐利。[1]

他开口道："前几天，你们提交给我们的宪法修正草案，在最高司令官看来，完全不可能作为一份自由和民主的文件被接受。"随后他分发了GHQ民政局起草的宪法草案，并解释说，麦克阿瑟赞成这份"以他的观点看来体现了日本局势所要求的诸项原则"的草案。会晤后，立即由惠特尼的三位助手共同完成的详细会议记录提到，日本官员"显然惊呆了"，"此时整个气氛充满了戏剧性的张力"。[2]

美国人退到庭园里，留给他们的对手阅读英语文件的时间。当白洲走出来加入他们的行列时，惠特尼刺耳地说道："我们刚才颇为享受了一番你们原子能的阳光。"这句刻薄的闲话，勾起了到底谁是胜利者和战败者的令人触目惊心的记忆。在1956年出版的麦克阿瑟传记中，惠特尼添油加醋地描述了这一插曲，还添加了一个细节：此时，一架B–29轰炸机恰好从他们的头顶飞过。[3]

惠特尼准将认为自己放的冷箭颇具心理威慑力，而他的箭囊中还另有储备。在松本和吉田对草案做了大约半小时的文本细读之后，双方重新会合，惠特尼再次拉弓放箭。他指出接受 GHQ 宪法草案的诸项规定，是确保天皇"安泰"的最佳选择。他声称，假使日本政府拒绝此方针，最高司令官准备将草案向日本国民直接公布。尽管这一宣称超出了惠特尼本人的权限，但是麦克阿瑟随即对这一威胁给予了强力支持。正如美方的会议记录所示，惠特尼补充说：

> 麦克阿瑟将军感到，这是许多人认为反动的保守派集团保留权力的最后机会。唯一的办法是急速向左转。如果你们接受了这个宪法草案，你们就大可放心，最高司令官将会支持你们的立场。我不可能更过分地强调这一点，你们接受宪法草案是你们残存下来的唯一可能。最高司令官坚决认为，日本国民应当有权在这一宪法和不体现此诸项原则的任意宪法之间自由取舍。

日本人并未借助翻译就理解了这些话，他们掩饰不住苦恼之色。惠特尼回忆说："白洲先生好像坐到了什么东西上，一下子站了起来。松本博士倒抽一口冷气。吉田的脸色阴云密布。"当这些带来不幸消息的人准备起身告辞之际，吉田才从满天阴云中回过神来，敦促他们一定要对此次会晤完全保密。

"保守派的最后时机"

惠特尼在 2 月 13 日的会见中，为日方提供了一根救命稻草。他明言，尽管草案的基本原则没有商量的余地，但是日方无须全盘接受 GHQ 的宪法草案。松本确实想抓住这根救命稻草，而数日之后他才完全明白，自己已处于绝境之中。私下里，他先前曾嘲讽 GHQ 草案的"业余"水平，对国会一院制的不切实际加以指摘。最终他发现，这是美国人作为议价筹码唯一愿意让步的所在。[4]

日本政府在最高统帅眼中显而易见地完全丧失信用之前，白洲和松本最后一次尝试说服惠特尼：日本保守派精英实际上拥有与美国人一样的民主理念。他们争辩说，问题只在于二者的方法不同。白洲在致惠特尼的信中说，美国人的方法是"直线的和直接的"，而他们的方法则是"迂回、曲折而细致的"。他甚至在信中附上草图，来解说日本人从起点到达目标的途径是山间的一条蜿蜒道路，而美国人直达目的就像坐飞机一样。惠特尼不为这种文化图解所动，他回复白洲说，最高司令官将允许对草案进行小的改动，但是其"原则和基本形态"不容变更。[5]

松本主张，如果宪法不符合国情，将招致专制和暴政（日本近几十年的专制和暴政，倒显然没让他在这个问题上有所踌躇）。难以置信的是，即使面对盟军总司令部的最后通牒，他仍然继续坚持日本国民在民主方面需要长期、和缓而且慎重的政治监护，而松本委员会的宪法草案正应当照此理解。他致函惠特尼，"比方说"，他的草案是"为了民众的利益而裹上糖衣的苦药"。任何更加激进的主张都会吓坏稳健派、刺激过激分子，使日本国内陷入大混乱。[6]

对GHQ民政局的人来说，这不过是令人厌烦的老调重弹。无论美方提出何种改革提案，保守派都无一例外地回应说，那将诱发"无序、混乱和共产主义"。凯德斯后来评述，他们如此频繁地抛出赤化危险，使"我们对共产主义的威胁都免疫了"。甚至是忠实的共和党支持者惠特尼，也表现出对这种末日论调门的不耐烦。他简洁地向松本交代，如果内阁在48小时内不对此采取行动，最高司令官将如约定的那样，直接将草案公之于日本民众。[7]当松本最终意识到，其他人或许输掉了战争，而他却输掉了明治宪法的时候，显然是肝肠寸断。

盟军总司令部原本期待日方会对2月13日的会晤立即进行内阁审议。为推动进程，惠特尼及其助手甚至准备了超过15份的草案副本，发放给吉田和松本认为适当的人选参阅。然而，日本政府并不像美国人想当然的那样以集体决断的方式处理重大问题。直到2月19日，日本内阁才被告知2月13日的会晤，当时松本苍白而颤抖地做了首次陈述。他告诉同僚，惠特尼准将发现他的草案无法接受，并代之以GHQ提议的草案。据松本总结，惠特尼的立场认为，美国人并未将此草案强加于日本政府，但是麦克阿瑟将军确信这是保护天皇"圣体"（显然松本使用的是英语单词 person）不受反对者攻击的唯一方法。[8]

数位阁僚的即时反应是，美国人的立场绝对不可接受。币原首相同意此看法，但芦田均提出了令人信服的理由赞成接受草案，他后来在国会的审议中成了关键人物。芦田警告说,如果内阁回绝了 GHQ 的要求,美国人将如威胁所言把草案公之于众,随之一系列厄运就会降临。"奴颜婢膝的"媒体将会支持美国人。内阁将被迫辞职。美国草案的支持者将被期待有所作为,并可能在即将到来的总选举中获胜。总之,保守派必须谨防被人气高涨、支持民主的势力夺去议席。⁹

他们一致同意此事应当从长计议。2 月 22 日,在币原与麦克阿瑟进行了 3 个小时的会晤之后,内阁审议重新开始。这次审议,首次配发了 GHQ 草案前两章关于天皇与放弃战争问题的大致译文。(由于被打击得晕头转向,日本政府直到 2 月 26 日才分发全部译文。) 币原报告说,最高司令官并非不讲道理。麦克阿瑟宣称自己是全心全意地为日本着想,并强调自己"不惜一切代价确保天皇安泰"的内心意愿。如币原所述,麦克阿瑟对苏联、澳大利亚这些国家的想法做了可怕的暗示,"其令人不快的程度超出你们的想象"。币原首相还引述了将军表达的信念,"日本应当通过声明抛弃战争、担负起道德上的领导地位"(币原是用英语 moral leadership 传达这个字眼的)。¹⁰

币原首相仍然对大幅修改 GHQ 宪法草案寄予希望,但在当天松本发现,即便想要抢救明治宪法的一小部分也已经不可能。折磨人的美国方面直率地告知他,使用既存的明治宪法作为修改基础是"不可能的"。当这位自负的学者官僚切齿问道:"你们到底认为新宪法草案中有多少条款是基本的而且不容变更?"惠特尼回答说:"写成的整部宪法都是基本的……概而言之,我们将此文件看作是一个整体。"罗威尔上校还唯恐对此有所误解,他补充说:"新宪法的结构相互交织,每章之间相辅相成,因而不能删削任何章节。"应松本的请求,美方同意国会两院制,条件是两院都必须经国民投票选举产生。¹¹

2 月 22 日,币原与数位政府高官,就美方草案向裕仁天皇做了概要说明。这天是民政局给出的日本内阁"原则上"承认 GHQ 草案的最终期限,据说天皇答复得很果断。在这件事情上,可以理解,天皇或许不像他的内阁大臣们那么犹豫不决。他意识到自己的"圣体"得到了保护,所以他的立场也就更简洁明了。裕仁天皇不像他的忠实臣民,他可以自由地考虑对明治式的天皇制的变更,而不必担心大不敬。无论如何,天皇对 GHQ 草案的承认,使得内阁大臣们减轻了良心上的歉疚,并且使他们能够遵从盟军总司令部的要求。[12]

与此事件相关的日程安排，多少有点儿爱国主义的迷信色彩。正如惠特尼准将高兴地表示，盟军总司令部完成草案的最终期限2月12日，正巧是亚伯拉罕·林肯的生日。币原内阁接受草案的回复期限又与乔治·华盛顿的生日重合。[13] 然而，即便在日本政府屈服于最后通牒之后，民政局还是被告知，币原内阁的阁僚间仍然存在"激烈的斗争"。政务大臣兼书记官长楢桥渡，是就这些问题向盟军总司令部提供消息的主要人物之一。他以严峻的语气描述了这些后台斗争。据楢桥说，旧天皇体制顽固的捍卫者，在官僚、前军官和财阀领导人当中仍然为数众多。官僚由于其权力来自于身为天皇忠实仆人的精英地位（而非"公仆"或者人民的仆人），唯恐失掉自身的权威。楢桥还观察到，更倾向于自由主义的阁僚们真心忧惧，一旦天皇的特权被剥夺，将会引发恐怖活动和暗杀。[14]

翻译马拉松

这些事态的发展，与东久迩宫关于天皇应当退位的令人震惊的公然暗示同时发生。"天皇'圣体'"与天皇制，突然间前所未有地岌岌可危。正是在这样的情形之下，3月4日，日本内阁向盟军最高统帅正式提出最终被称为"最初的日本政府草案"的宪法修正草案。[15] 从表面上看来，这份草案完全无异于是GHQ草案的日译本。实际上，松本与助手们用多种方式冲淡了GHQ草案的建议方针，包括玩弄术语变更草案的意图。

3月4日上午10时，松本及助手佐藤达夫，由两名翻译陪同，向GHQ民政局递交了他们的草案文本。这次他们交给美国人的，是没有任何相应英文翻译的日文版草案，就像是2月13日"原子能的阳光"会见只有英文草案的重演。接下来是30小时的马拉松会晤，日美双方合作将日文草案重新译为英文。其间，美方不停地参阅日英词典，并将日本草案新的英译文与他们的GHQ初版本对照检查。在此漫长的无眠无休的艰苦奋斗中，双方以军用应急干粮补充体力，从5加仑的咖啡罐中分倒咖啡提神。在此情形下，对日本人来说，味道不佳的食物，似乎成了被迫接受GHQ宪法草案苦恼的象征。

无论如何发挥想象力，这都不是令人愉快的场面。尽管如此，颇具戏剧性的场面还是时有所见。松本和凯德斯对天皇与内阁的关系问题发生了激烈的争论。孤立无援的保皇派松本，指控新政拥护者凯德斯企图不仅将国体甚至是日本语进行重新改造。正午过后，松本怒气冲冲地离去，将宪法草案的翻译和修订工作留给佐藤和两名翻译，佐藤他们不得不单独应付至少16位美方官员及其日裔翻译人员。

此后，当凯德斯将自己的两个拳头交叠在一起，比划着说明将内阁明确置于天皇之上的重要性时，佐藤和凯德斯之间也一度剑拔弩张。佐藤倒不甚留意凯德斯阐述的观念，而是被凯德斯拳击般的紧张姿态所激怒。随后凯德斯得出结论，日本人不能想象在政治上任何人比天皇优越，是一种既神秘又矛盾的态度。正如凯德斯所见，一方面，日本人主张在明治宪法下天皇本质上是无权的，这是使天皇与战争责任完全分离的重要论据；另一方面，他们又坚持天皇作为最高统治者的特权不可侵犯。[16]

比特·西罗塔的双语技能，使她在交换意见时发挥了重要作用。她发现自己对日本人古风犹存的善意，竟然能够推进男女平等的大业。正如凯德斯对她的描述，这位瘦高个的女孩，在许多问题上反而都支持日方的立场。随后，当商议到西罗塔起草的有关女性权利的条款时，凯德斯不失时机地提议说，既然西罗塔先前对他们很友善，日方现在也应当善待她。通过这种友好的互惠，日本现代宪法中最强有力的男女平等条款被保留了下来。另一个戏剧性的场面，则是吉田外相的助手——受英国教育、沉着稳重的白洲次郎的登场，使美国人经受了一次小小的心理打击。午夜刚过，马拉松会议进行到半途，白洲不经意间译出了每个人都在努力翻译的日本草案大概的英译文，因为此前他就一直将日语草案揣在口袋里。[17]

在这次令人精疲力竭的会议过程中，美国人发现，日本人在GHQ草案的"翻译"中，掺进了许多实质性的变更。例如，英语的"建议与同意"（advice and consent），在日文版中变成了"辅弼及协赞"（advice and assistance）。日本政府所谓的翻译，还将GHQ草案的序言省略，而序言中强调了"人民意志的主权"。他们删除了废除华族制度的条款，提出创设限制众议院权威的参议院，以及改变有关地方自治的条款并加强中央政府的控制。另外，他们削减多项有关人权保障的条款，有时重新插入明治宪法中使用的套话。言论、著作、出版、集会、结社的自由，只有"在不妨害安宁秩序的范围内"才得以保障。同样，"除去法律规定的场合外"，禁止书报检查才能够实行。劳动者组织、团体交涉和集体行动的权力，同样受到"依照法律规定"的限制。日本政府的草案还删除或削弱了许多特定权利，包括外国人的权利，理由是这些权利更适宜在宪法之外进行立法措置。[18]

最后，尽管睡眼惺忪、精疲力竭，顽强的佐藤终于成功说服美国人：特定的权利，最好留待宪法之外的立法解决。他还成功保留了对一些关键词翻译的微妙差别，如"people"（人民）和"sovereignty"（主权）。立足于这些微妙的基点，通过政治、意识形态、语言和文化机能的综合作用，使得日方宪法草案几乎不可避免地成了与美国草案不同的文本。

最明显的莫过于"the people"（人民）的概念，它是美国人民主权观念的核心，能够唤起植根于美国经验的"we the people"（我们人民）所有的历史和文化意蕴。日本人没有可与此相比的人民主权传统。明治宪法所说的"臣民"（subject），与"people"（人民）的概念不可同日而语。松本及其助手面临的问题是，用哪个词汇来对应翻译"people"（人民）。一种选择是翻译成"人民"，这个词通常是用来翻译美国宪法或是亚伯拉罕·林肯的经典表述："government of the people, by the people, for the people"（民有、民治、民享的政府）。然而，现在"人民"一词的用法，却带有社会主义和共产主义的暗示，并传达出对抗权力的意味。

尽管外务省准备的 GHQ 草案的译文，当初将"people"译作"人民"，松本和佐藤却弃之而采用了本质更为保守的"国民"一词。以"国"和"民"这两个汉字表示的词汇，是个日常用语，其含意是人民与国家的融合，不存在对人民与国家、政府或包括天皇在内的最高权力之间潜在的敌对关系的暗示。相反，正如日本政府随后的特意说明，"国民"的概念包括天皇本人，从而表明天皇与国民的一体性。战争年代，"国民"是个常见的宣传用语，本质上与"日本人"甚至"大和民族"是同义词。

佐藤达夫后来坦率地说明，新宪法为何选用约定俗成的、具有民族主义意味的"国民"概念。他陈述他与助手们"采用'国民'一词是因为：(1)我们想要强调人人是国家的一员的意思；(2)我们想'人民'的说法，可能会造成对天皇加以排斥和敌对的感觉"。尽管民政局顾问提请注意"国民"一词的保守意味，惠特尼准将和凯德斯上校并不认为此间的差别有多么严重，并且许可了这一译法。[19]

"sovereignty"合理的对应是"主权"。然而，在币原首相的劝说下，日本政府草案以另一用语"至高"（supreme height）取而代之。与"主权"不同，"至高"是一个含意模糊而古旧的词语。"至高"这两个汉字的字面意义是"最高的高度"，但这个词汇并不具有政治意味。实际上可以说，对于生活在二十世纪中期的日本人而言，这个词没有什么意义。当然，重要的是，通过这种暧昧的词语，保守派希望能够钝化和模糊美国"人民主权"观念本身激进的推动力。他们一想到与天皇同等甚至于高于天皇的主权形式，就吓得目瞪口呆。[20]

3月份的第一周，这些故意歪曲的翻译，能够历经美国人30小时的仔细推敲而过关，对日本政府来说真是令人欣喜的胜利。但就事件的全过程而言，这一胜利则是甘苦参半。因为"至高"的译法，未能进入日本国会最终采用的宪法草案，取而代之的是"主权"一词。3月5日下午4时左右，经马拉松会议诞生的草案，与日方前一日提交的草案有10点以上的实质性差异，而这些差异使这份草案更接近于GHQ草案的原初版本。[21]

3月5日，当佐藤终于步履艰难地挺过马拉松式的考验之后，日本政府也迎来了自己的最终结局。其后再未回到盟军总司令部的松本，于当天早晨向内阁详细说明了自2月22日以来所发生的事情。阁僚们午休之后，于下午2时继续开会。其间发生了一件小小的象征事件，简直就像是某种仪式。10份英文版的GHQ草案，显而易见是民政局数周前发放的副本，初次呈现在全体阁僚们面前。在这最后时刻做什么都已经回天乏力，而它此刻出现在阁僚们中间，成了外国势力支配内阁大臣们命运的鲜活证明。

大约4点半，币原和松本前往皇宫，与天皇商讨局势并为翌日日本政府草案和天皇敕语的发布做准备。他们于傍晚8时返回内阁会议。币原传达天皇的话说，"于今形势之下，一切毫无办法"。皇室侍从次长木下道雄的日记，清晰表明了当时宫中是如何悲伤乃至混乱的情形。他写道，天皇正感到巨大的退位压力，而"全世界的气氛"都在"反对天皇制"。麦克阿瑟的司令部发了疯。日记复述了天皇给币原内阁留下强烈印象的那句话。木下记录道，如果不接受美方原来的草案，就不可能保全天皇本人。[22]

盟军总司令部要求日本内阁决定当天是否接受与佐藤达成的宪法草案。经天皇批准，全体阁僚开始进行相关程序。晚上9时许内阁散会之前，币原做了简短演说。芦田均在其日记中有详细记述。币原首相说："接受这样的宪法草案是极其重大的责任，必将累及子孙后代。当我们发布这份草案之时，一部分人会拍手喝彩，而另一部分人则会保持沉默。但是在他们的内心深处，无疑会对我们心怀愤恨。然而从大局着眼，今日之场合，我们别无他途。"

听到这些话，内阁大臣们都悲叹流泪，而首相本人也禁不住擦拭泪水。[23]

宪法草案的发布

3月6日，新宪法以天皇与民主和平理念并重的形式，大张旗鼓地向公众发布。以天皇的名义，币原首相发表了宪法修正事项的详细"概要"，还附带发表了一篇支持各项新理念的雄辩的短文。很少有人能够猜到，数小时前首相和他的阁僚们还曾相对涕泣。裕仁天皇同时颁布敕语，简明宣布对国家既存宪章进行"根本性"修正的必要性，并要求政府遵从他的希望。同一天，麦克阿瑟宣布"天皇和日本政府决定向日本国民提交开明的新宪法……对此我深表满意"。[24]

币原、天皇和麦克阿瑟三位的表态，为创造新的天皇制民主的后续论争奠定了基调。币原以对天皇的赞辞套语作为开场白，他对天皇"喜授内阁权力修宪"的敕语表示由衷的敬意。币原宣布，"为使我国国民与他国一道向世界人类的理想同一步调进发，天皇陛下非常决断地命令对现行宪法加以根本的修正，为建设民主和平的日本打下基础"。

币原首相随后令人感动地谈起，人类由战争步入和平、由残虐转向慈悲、由奴役迈向自由、由专制混乱走向秩序的道路。他以暗示性的语言话锋一转，表示宪章提案的和平主义本质，将把日本推向世界的前卫地位。"如果日本国民在多国大家庭中占据了荣誉性的位置,我们必须注意日本宪法的意图在于,在国内确立民主政府的基准,对外领导世界他国废除战争。也就是说,我们必须全面放弃发动战争的国家权力,并且向全世界宣布,我们决心以和平手段解决与他国的一切争端。"接下来,币原首相表达了自己对全体日本人将会尊重天皇的慈悲意愿的信念。末尾他表示,宪法草案是在"同盟国司令部的紧密联络之下"才得以公布。

宪法草案大纲发表之际,裕仁天皇的敕语全文如下:

> 朕曩受波茨坦宣言之诺,日本国政治之最终形态,依日本国民自由表明之意志而决定。朕顾念日本国民正义之自觉、享有和平生活之热望、文化向上之希求,及抛弃战争、修万邦之谊之决心。乃依国民总意之基调与尊重人的基本权利之原则,将宪法加以根本之修正,庶几以定国家再建之基础。政府当局其体克朕意,必期达成其目的。

事实上,天皇是在命令他的臣民们支持新宪法的推出。天皇的这种姿态,与他从未行使真正权力的说法难免自相矛盾。从此时起,"宪法修正"的公布过程,沾染了旨在强调天皇慈悲为怀、授予更民主的国民宪章的陈腐敕语的气息。[25]

像币原首相一样,麦克阿瑟将军也以一种庄严的语气讲到和平、民主和文化。他将宪法提案形容为"与人类关系最进步的观念完全对应……一种折衷的宪法、由知性的正直者提倡的、数种不同政治哲学的切实的结合"。他还决定强调而非弱化法案起草过程中盟军总司令部的紧密参与。他声明,"宪法是遵照5个月前我对内阁发布的命令,经日本政府阁僚与本司令部间的辛苦调查与频繁会议之后草拟完成的"。显然,这份声明并非完全属实,但关键是点明了盟军最高统帅密切参与了宪法的起草过程。

另一方面,承认宪法草案源自于民政局则是禁忌。不允许日本政府的高官提及GHQ草案,媒体也被严禁对此公然揣测。此后的国会审议,也被同样虚伪的氛围所笼罩。盟军总司令部在幕后密切关注国会审议,并且抓紧各种时机解释宪法的基本原则——改宪后天皇的地位、放弃交战权、国民主权和理想高远的宪法序言，都像明治宪法下的天皇一样，神圣不可侵犯。必要时，总司令部还秘密干预促进或者压制日本国会的某些议案。正如秘密参与其事的一位美国人所言，民政局的人"仍然是在紧闭的大门后运作的官僚机构的成员"。[26]

这是又一次的暗箱操作。然而，所有的日本人都知道暗箱的存在，宪法取决于美国人的介入是公开的秘密。首先，每个人对2月1日公布时被嘲笑殆尽的松本草案与日本政府如今号称亲自打造的进步的新草案之间的天壤之别，都大为惊诧。正如《读卖新闻》所言，"反动的松本草案"已经"被风吹散"。[27] 没人相信币原的"老人内阁"会经历如此的集体转变。这两份草案出自同一批人之手是难以想象的。

其次，日文版草案无论是基本的原则还是拙劣的文体，到处都有外国人染指的痕迹。扭曲的句法夹杂着古怪的措辞。贵族院议员中有不少学者，但是有的人在翻阅日文版草案时，甚至得参照官方提供的英译本。英文版与日文版草案的同时发布泄露了天机。贵族院议员高柳贤三是位哈佛大学培养的专攻宪法的法律学者，他后来评述，"译文要比（日语的）原文容易理解"。[28]

阻止媒体议论新宪章的真正出身的责任，落在了GHQ的民间审阅部肩上。在审查官使用的审阅指南中，"对SCAP起草宪法的批判"正式列入了所谓禁止发表的内容名单，而且明确规定禁止对SCAP角色的一切指涉。[29] 然而，新闻记者仍然尝试引发对草案的"奇特日语"和"可笑用语"的关注。有一句被GHQ审阅官用蓝铅笔删掉的话直言不讳地说，日语草案的"翻译不是很好"。[30] 可是，操劳过度的审阅官们不可能万无一失。甚至连一般抱支持态度的刊物，也设法将嘲讽的话语掺杂进社论当中。例如，《朝日新闻》描述政府草案"不大合身，就像是借来的洋服"。《时事新报》将其最初的反应比喻为：有人闻到了从厨房飘来的日本料理的香味，结果发现端上桌的却是西餐。于是不得不放下筷子，拿起刀叉。[31]

在此情形下，不乏冷嘲热讽和混乱局面，公众议论纷纷。但是宪法草案作为遭受战火洗劫的战败国的希望和理想的指路明灯，仍然具有极大的魅力。日本人被告知，他们应当考虑，采用体现二十世纪中叶最先进和开明的"折衷"思想的国家宪章。正如币原首相所言,只要放弃国家的战争权,日本就甚至可能看到自己领导世界。对据说已沦为四等国家的骄傲民族而言,这是值得抱紧的新的民族主义的安慰。

无论如何,公众对新提案的反应,都与对松本草案压倒性的否定,形成了强烈的对比。只有日本共产党表示反对。共产党的立场直截了当:天皇制的存续是反民主的,尽管共产党本身在国内曾受到军国主义分子最严酷的镇压,但是否定任何国家的自卫权利,是不现实的也是歧视性的。所有其他的主要政党,都认可3月份的草案。社会党甚至声称,政府新的立场本质上就是他们自身的主张。

构成币原联合内阁骨干的两大保守政党,当然没有立场批判政府发布的公告,但是他们表明支持的高姿态却令人惊讶。自由党赞赏被他们当作草案特征的三大原则:保存天皇制、尊重基本的人权和民主原则以及通过放弃战争建立和平国家。甚至是极端保守的进步党也戏剧性地变脸,宣称"衷心"欢迎新宪法草案。进步党现在主张,历史上天皇从未直接施行统治,因而新宪章提案下的天皇地位,实际上符合历史和现实。[32] 只要经常重申,这种合理化的借口就很容易变成新的真理。许多保守主义者心情沉重,不得不承认草案,但是到了3月中旬,大多数的保守派也开始分享麦克阿瑟的信念:危机时期为守护天皇和皇室,新宪章确有必要。[33]

数周过去了,普通公众对新宪法提案的意义有了更多的理解。3月6日内阁颁布的详细"概要",仍然是以沉闷的、正式的文言体书就。大选一周后的4月17日,日常口语体的文本取代了文言"概要"。被称为"政府第四草案"的最终版本,于6月21日正式提交国会。

水流走,河还在

由于技术操作上的原因,新宪法被作为明治宪法的"修正案",由天皇提交国会。无论对麦克阿瑟还是日本的天皇支持者而言,这都是幸运的:宪法的制定与对天皇的拯救合而为一,成了同一项任务的重大使命。因而,天皇参与了宪法制定过程的每一个重要阶段。6月20日,依照既定程序,天皇宣布临时国会召开,提交宪法修正草案及其他法案,并且希望国会以"协调的精神"审议这些议案。[34] 尽管新宪法规定主权在民，但是这实际上表明了，主权是天皇赠予国民的礼物。"自上而下的革命"与"天皇制的民主"，在这一仪式中融合在了一起。

到宪法草案提交国会之际，最极端民族主义的和最反动的政客已经被清洗。新当选的众议院议员的阵容，是个多样化的群体，其中包括女性议员。保守派仍然在众议院占据支配地位，总体上比起前任者更加灵活通融。众议院同僚中，也不乏相当数量的自由主义者和社会主义者。贵族院由于占领当局的清洗政策空出的议席，被新当选的学识丰富、具有世界性视野的杰出人士所填补。既然最喧器的保守派被强制沉默，那么应当说，立法机关并不完全具有代表性。但是国会发出的新的声音，确实与真正的民主热情的显现相吻合。

显而易见，此后的国会审议是充满活力和实质性的。两院的全体会议和委员会讨论，共计历时 114 天。国务大臣金森德次郎，继松本烝治之后担任有关宪法问题的内阁首席发言人，大约答复了 1300 个正式质问，有些回答十分详尽。两院的国会审议笔录，最终合计超过 3500 页篇幅。[35]

国会议员们最关注的问题是，宪法草案是否变更了"国体"，尤其是它牵涉到了天皇。假使回答是肯定的，那么国体是如何变更的？其次关注的问题是，令人震惊的宪法第九条"放弃战争"之含意。然而，议员们及时将注意转向了每一项条款。代表日本政府出席马拉松翻译会议的佐藤达夫后来承认，总司令部"看来对民意的最高代表国会充满敬意"。他认为，国会的审议"没有遗漏草案的任何部分"。佐藤推定，议会提出的修正案（必须经过盟军最高统帅的认可），其中"80% 到 90%"都获准采用。[36]

日本政府对新宪法是否根本变更了"国体"的问题，其回答是绝对否定的。金森德次郎和新任首相吉田茂，几乎用上了表演杂耍的精力，来对付这一最敏感的问题。一位带有传奇色彩的女权主义者加藤静江当选为国会议员，她后来绝妙地描述了金森和吉田当时的行为。她说，吉田就会大声嚷嚷："国体得以维持！让国务大臣来说明！"于是金森就会站上讲台，"叽叽咕咕地"说些拐弯抹角和令人费解的话。[37]

加藤的说法不够厚道，但是涉及天皇和国体，吉田和金森的解释就被感情的逻辑所支配，而不是基于精密的法律或者正确的历史认知。吉田总是宣称,"皇家与国民之间全无区别……天皇与臣民是一家……新宪法不会使国体变更哪怕一丝一毫。新宪法只是用不同的话语,表达日本自古以来的精神和思想"。仿佛连歌顶真的搭档一般,接着金森指出"水流走,但是河还在。这里蕴涵着我们关于宪法草案的基本观念",[38]以此揭示变动不休的题旨。

尽管这种对新宪法不可思议的肯定方式不过是种愿望,但是却引起了民政局内部的惊惶。惠特尼于7月中旬报告麦克阿瑟,日本官方关于新宪法没有变更国体的主张,贬损了新宪章的民主精神,并为独裁主义、沙文主义、军国主义以及日本人"独特性"和种族优越论的复辟铺平了道路。凯德斯由此进一步要求金森德次郎澄清宪法人民(国民)主权的纯粹性。实际上,就在此时,"主权"这个词取代了"至高"的译法。[39]然而,在许多国会议员看来,新宪法可以被接受,仅仅是由于它保留了天皇超凡的地位。由芦田均任委员长的众议院宪法修正小组委员会的最终报告,证实并且承认了如下观点:

> 宪法修正的第一章明确规定,万世一系之天皇基于国民至高之总意愿,以确保其君主地位,团结统一国民与天地同在,直到永远。由此以确认俨然之事实:天皇虽处国民之中,然身在实际政治之外,仍保有其作为国民生活之中心及精神指导之源泉的权威。绝大多数之委员以最大之欢喜与意愿达成此项目的。[40]

这些恭恭敬敬的陈述中,情感的流露与民族主义的挑战势头十分明显。然而,对许多人而言,这些主张使他们能够问心无愧地转向他们数月前仍难以想象的立场。一旦考虑明白不可思议的已经成为不可避免的,他们甚至可能说服自己,在新的天皇制民主下,天皇的地位得到了升华,因为现在他超越了政治。1947年在新宪法生效后不久,吉田茂给他的岳父原内大臣牧野伸显写了一封私人书简,提到天皇与政治明确分离的后果,是天皇的"内在地位"——大概是指天皇的精神职能——"将更为扩大,天皇之地位的重要性和微妙性也将增加"。[41]

即使是在这些皇室崇拜的议论中,一些内阁大臣和国会议员也能保持冷静而不失幽默的看法。例如,内部人士将新宪法称为"山吹宪法"。

这个笑话是说，在新的宪章下，天皇现在就像山吹之花一样，尽管花开得漂亮，却不结果。同样，在表面上庄严肃穆的论争之际，两首咏金森的狂歌在国会中流传。这两首狂歌都是关于"宪法"和"剑法"谐音的双关语。一首歌问道，金森用的是什么奇怪的宪法程序（剑法流派）？另一首答道，金森是二刀流国体派，一刀变一刀不变。金森见招拆招，印证了自己确实是位娴熟的剑士。金森反击的方式极有技巧，他自己写了一首歌作答：名士之一剑看似二刀。无论其政治策略如何，他们的确都是机警聪敏之人。[42]

民主的"日本化"

当国会审议之际，凯德斯上校访问了贵族院并告诉议员们，总司令部"很遗憾国会未能提出更多的修正案"。[43]他说这话是真心诚意的。美国人花费了大量的时间，鼓励议员们积极参与修宪过程。毕竟，这是民主实践的样板，是《波茨坦宣言》建立反映人民"自由表达之意志"的政府的高迈理想的体现。国会可以自由做出所希望的一切改变，只要不违反 GHQ 的基本原则。

有关国会审议问题不那么显而易见的是，盟军最高统帅那只看不见的手的长度，以及有时日方的修正案所反映的盟军总司令部或者经由总司令部反映的远东委员会（FEC）的秘密指令的程度。那年夏天，远东委员会对宪法问题相当关注。美方小心掩饰他们对两院每日活动的介入。指示通常是口头而非书面下达。由于盟军最高统帅的坚持，众议院宪法修正小委员会的会议秘密进行，以便美方秘密传达指示。这些秘密会议的记录，也不准提及美方的干预。原本鼓励国会和媒体对宪法的自由讨论，但是直到 1949 年，所有触及盟军最高统帅对新宪章起决定性作用的言论皆被禁止。[44]

盟军最高统帅无所不在的不容置疑的权威，在占领结束之后被一语道破。按照 1957—1964 年间进行调查的权威的日本宪法调查会的说法，即便美方并未直接干预国会审议进程之时，他们也要求日方能够通过"心灵感应"揣测其意。[45]贵族院议员、原内务省高官沢田牛麿，以异乎寻常的热情抵抗占领当局的强制做法。沢田对宪法草案的采用投反对票的理由是，宪法修正的适当时机，应当在国家恢复主权之后。他主张，急于采用新宪章根本毫无意义。他借用《朝日新闻》此前的比喻说,"实际上,新宪法不过是借来的洋服,打满了太多的补丁,而且根本就不合身"。[46]

据说,国会对政府的6月草案做了大约30项修正。[47]然而,许多重大的实质性变更,多来自于盟军最高统帅部或者远东委员会的指示。例如,远东委员会通过盟军最高统帅部施压,导致国会强化了重要的诸项民主条款:普遍选举权、立法机构优先权以及首相与半数以上的内阁阁僚从国会议员中选举产生。在远东委员会的坚持下,国会还附加了一项条款,规定全体内阁成员必须是"文民"。[48]

最终,由日方主导的重要变更数量很少。令人震惊的是,国会表决通过了社会党的动议,立即废除华族制(皇室除外)。美方反而只要求停止将来再赋予华族任何特权。社会党某种程度上受魏玛宪法和1936年苏联宪法的影响,还成功引入了如下条款:"所有国民有保持最低限度的健康文明生活之权利"、"所有国民皆有劳动之权利和义务",劳动条件由法律保障。[49]

草根压力奏效的一个有意味的事例是,成人教育学校与夜校的教师联盟,成功地说服国会,取消了6年制初级义务教育的限制规定。教师联盟直接向文部省、盟军司令部和政治家们进行游说,主张教育不能仅仅使精英人士受益。最终的条款保障全体国民"按照法律规定,依其能力接受平等教育的权利",成为此后立法确立所谓六三制九年义务教育制度的基础。[50]

宪法最终草案中最为民主的方面之一,也是由草根提议发起的,并且影响到了此后正式官方文件使用的语言性质。此前,包括宪法在内的法令和文书,都是以文语体书就,这种古旧晦涩的文体一般民众难以理解。4月中旬之后,政府呈交的文件使用口语体书写。这一变化,具有极大的实践和象征意味。它表明法律和全部的公文,不再仅仅属于特权阶层掌控的领域。结果是,随后民法和刑法的全部文献也变换为口语体。引入这一影响深远的变更的决定,完全来自于日方。其动议不是源于日本政府内部,而是源于游说语言改革的学者和知识阶层。[51]

至于反动性的修正案,日本政府和国会成功废除了《在留外国人法》为外国人提供平等保护的条款,从而有损于盟军总司令部的初衷。

利用旧有的民众娱乐和教育手段——纸芝居,街头的群众受到了有关新宪章意义的教育。标牌和纸幌上写的是"新宪法施行纪念"

其基础工作是由佐藤达夫在马拉松翻译之后数小时内完成的,当时他向民政局递交了一项看似无关紧要的请求,要求以重复累赘为由准许削除有问题的条款,另行在宪法草案之外提供法律保障。美方予以批准,当时并不知晓日方的文字游戏是将外国人排除出受保护之列。在这里日方使用的关键词是"国民",故意用这一更具民族主义色彩的词汇,来翻译对应宪法草案的"the People"(人民)。实质上,保守派使用"国民"一词,不仅是要削弱人民主权的含意,而且要将国家保障的权利局限于持有日本国籍者。当美国人试图肯定在法律面前"人人"平等、GHQ草案明确规定禁止基于人种或国籍的歧视时,佐藤及其同僚却通过玩弄语言游戏抹去了这些保障。通过将"国民"解释成"所有持有国籍的人",日本政府成功否认了包括中国台湾(地区)的人尤其是朝鲜人在内的数十万旧殖民地出身的在日外国人的平等公民权。这种露骨的种族主义性质的修正条款，随后在国会审议中以"用语上的"修正为名加以强化，并为1950年通过有关国籍的歧视性法案打下了基础。[52]

也许……放弃战争

全方位看来，宪法草案中最具冲击性的部分，是序言和第九条中提到的"战争的放弃"。毫无疑问，这遭到了国会的集中轰击。最终，议员们对第九条的措辞进行了修正，使得无人能够理解其确切含意。由此造成的含糊其辞将遗留下去，成为占领期最为复杂困惑的遗产：宪法第九条究竟是允许还是禁止出于自卫目的的限定武装？

呈交国会的第九条全文如下：

国家主权之发动战争，与武力之威吓或行使，作为解决与他国间纷争的手段被永久抛弃。

陆海空军及其他战力的保持，将不被许可。国家的交战权将不予承认。

这是否意味着日本发誓成为不安定的世界中非武装的国家？许多国会议员表示忧虑：这将使日本处于危险之中。另外那些被日本可能加盟联合国的想法所吸引的议员质问，如果日本不能满足成员国对集团安全做贡献的要求，是否就不可能加盟联合国？对"第九条是否禁止甚至是出于自卫目的的武装？"这一直截质问，日本政府通常回答是，但有时却回答不。当这些弯弯绕的审议完成之时，任何人都可以回头找出当日的记录，征引一番以支持各自的立场。

4月4日，在宪法草案提交国会之前，松本烝治出席枢密院的秘密会议，并被直截质问放弃"交战权"是否意味着禁止自卫战争。他回答说并非如此。松本声称，"'交战权'指的是宣战，并不旨在禁止自卫行为。"[53]另一方面，在国会召开之际，吉田首相有相反的表述。6月26日，吉田指出宪法第九条放弃交战权，也随之放弃自卫权。他评述说，所有的侵略战争，包括日本近来自1931年开始的侵略战争，都是以自卫的名义发动的。

两天后，当野坂参三质疑这一宪法制约时，吉田首相趁机做出了详细说明。共产党领导人宣称，有必要区分正义战争与非正义战争，当牢记这一点时，显然每个国家都有自卫的权利。自诩"现实主义者"的吉田，发现自己在为理想主义的现实态度而辩护。他反驳说，"战争有被国家合法的自卫权正当化的可能，但是我认为那种想法是有害的"。日本今后的安全保障，将有赖于国际性的和平组织。此后的数年间，吉田以不同形式重申了对第九条的这一解释。[54]

在审议的最终阶段，众议院采纳了由芦田均领导的颇具影响力的宪法改正小委员会提出的对第九条文辞的变更。经贵族院认可，以下为新宪法的最终文本：

> 日本国民出于对正义和秩序为基调的国际和平的诚实希求，永久放弃作为国家权力的战争权与以武力威吓或武力行使作为解决国际纷争的手段。
>
> 为达前项之目的，陆海空军及其他战力，将不得保持。国家的交战权，将不予承认。

因提案的变更须经盟军司令部的承认，芦田均事先请求司令部对新措辞的许可。凯德斯上校和惠特尼准将立即予以批准。显然三人并未讨论修正背后的缘由。[55]

在此后的岁月中，所谓的芦田修正案，被用来论证第九条最终之形式并未禁止自卫目的之再军备。其主张为，第一款论证了维持国际和平是第九条之目的。既然如此，第二款的导入句（"为达前项之目的"）必须放弃"战力"，指的是保持侵略战争的能力，将会妨害世界和平。芦田均自己后来声称，他从一开始的目的，就是通过这一变更为未来自卫目的之再武装开道。然而，这种观点却从未出现在国会审议当中。而芦田均率领的小委员会此后多年间仍被视为机密的议事录，揭示了无论芦田或是其他委员，从未以容许"自卫"的视角来议决他们的修正案，也没有任何证据表明有此种暗示或理解。当时大部分的国会审议，意见相当分散，经常不甚连贯。但是有一次，芦田均的确解释说，他只想使第九条有关日本不保持战力的约定，不像是那么"被动"的承诺。[56]

国会议决宪法最终草案之时，政府首席发言人确认，第九条禁止保持一切战力。数度参加众议院秘密讨论的金森德次郎，应邀向贵族院宪法特别委员会说明第九条的新文本。他强调了对武装的绝对放弃。9月14日，金森向委员会解说，"第九条的第一款并未放弃自卫权，但此权利在第二款事实上已经放弃"。换言之，他说"第二款的实际宗旨是，即使自卫战争也不能进行"。前首相币原同样向此委员会毫不含糊地断言，在第二款下，"日本不能拥有任何战力与外国开战的事实是非常明白的"。[57]

在此时刻，远东委员会以令许多议员震惊的异乎寻常的方式介入。7月份，远东委员会敦促麦克阿瑟增加宪法条文，规定只有"civilians"（文民）才能担任内阁职务。麦克阿瑟将军无视这一要求，但是9月21日在华盛顿参加会议的远东委员会的中国代表，注意到第九条的新措辞，指责这样含混暧昧的语言，事实上可能为今后某种形式的再武装留下缺口。然而，远东委员会并未敦促严密第九条之行文，而是再次要求内阁成员必须限于文民之身份。麦克阿瑟与盟军总司令部感到，为避免远东委员会的责难，他们必须遵从其要求。

9月26日，在贵族院提出这项迟到的修正案时，当然引起了混乱：因为如果第九条禁止陆海空军，那么从逻辑上可以推定，不可能有常设的军事组织可以选出内阁成员。议员们质问，提案规定的意图，是否可能是要防止原军人担任内阁职务？那么对近年来曾经为国家服役的年轻人而言，这自然是歧视性的。贵族院特别设立了委员会，以检讨远东委员会的要求，结论是此项条款没有必要。这次轮到麦克阿瑟传话了，他提出务必要使远东委员会满意。贵族院议员别无选择，只得集中精神创造出新词汇以对应英文词"civilian"。在新造的复合词"文民"被采用之前，大约有7个以上的词汇曾作为候补。[58]

无论远东委员会用意何在，奇妙的"文民"条款成了新宪法的第六十六条，无意间削弱了第九条禁止保持任何战力的主张。毕竟，从内阁中排除军事人员，即是假定军人的存在是国家机能的一部分。10月21日，当金森德次郎向枢密院秘密说明新宪法之时，他提供了与一个月前他在贵族院委员会的版本全然不同的解释，使得这种暧昧状况变得更为复杂。特权组织枢密院（新宪法下将予以废除）的议事录记载，金森

"解释容许保持军队以维持国际和平"。[59] 11 月 3 日,新宪法公布日刊行的《新宪法の解释》读本中,芦田均初次公开做了同样的解释。他声明,第九条"实际意图指的是放弃侵略战争。因而,此条款不放弃自卫目的之战争与武力的威吓或武力的行使"。[60] 盟军司令部对此见解未加驳斥,然而此立场从未得到日本政府的明确支持。

事实上,此后数年间,吉田首相发表的见解与此大不相同。1950 年 1 月,他明确声称,"日本的自卫权将是不诉诸军事力量的自卫权"。同月,在参议院(取代了原先的贵族院)的即席发言中,吉田竟表示,"假使我们心中存有以武力自卫的念头,或是万一在战争中以军事力量来自卫的念头,那么我们自己将会妨害日本的安全保障"。这位年事已高的首相建议,真的安全保障,在于赢得他国的信任。[61]

"放弃战争"的理想,表现在小册子《新宪法的故事》中的这幅著名插图中。此书于 1947 年由文部省发行,数年间被作为中学教科书使用

吉田的这些说法确有讨好听众的因素。他确信尽早结束占领，使世界各国重新接受日本的最佳途径，就是强调彻底放弃军国主义。[62]然而与此同时，第九条对饱受战争之苦、在多国间背负军国主义者和不讲信义者恶名的战败的日本人民而言，还有难以抗拒的心理魅力。放弃战争、成为凯洛格—白瑞安公约理想纯粹的体现者的可能性，在战败之后为日本人提供了肯定自身独特价值的道路。

这些事件发生35年之后，查尔斯·凯德斯反观第九条日文解释的矛盾之处，不由回想起十五世纪一位英国法官的话："不要以魔鬼的恶意揣测人心，因为那并非人心所想。"[63]就宪法第九条而言，最初的混乱，更多是由于草案措辞的拙劣，而并非出于阴险的企图。此外，在继续被占领的状态下，自卫问题很难成为紧迫性的关注所在，直至1950年6月以朝鲜战争爆发为契机开始重新武装之时。当时保守派和美国人同样在芦田修正案的暧昧言辞中找到了漏洞，而再军备的反对者们捍卫着非武装中立的理想，他们确信他们的"和平宪法"，坚实地植根于这一理念。宪法第九条，成为其后数十年间使国家深受其害的论争之试金石。

对既成事实的反应

国会议员可自由投票反对宪法草案，但是最终很少有人这么做。众议院投票表决的结果是，421票赞成8票反对。对贵族院而言，通过草案意味着华族制本身的立即废止。结果却是以全体起立、一致同意的票数，通过了对新宪章的采纳。（据GHQ计算，300票中仅有2票反对。）在国会投票中，反对宪法草案的主要是共产党议员。

愤世嫉俗者会说，这种近乎全体一致的对征服者理念的拥护，只能证实高人一等的英美研究者向来的观点：日本人对追随权威，具有"根深蒂固的封建主义的倾向"。正如1946年初美国国务院的乔治·艾切森所言，"日本模仿美国——不仅模仿美国的机械还有美国的理念——的时代"正在到来。[64]

对某些人而言，情况可能确实如此。当时日本的怀疑派和焦虑的自由主义者，都有这样的说法。然而，当时的政治和思想动态十分复杂，并非如此简单化的大众心理认识所能说明。实际在很大程度上，对采取新宪法一致投赞成票，反映出的不是体制顺应主义或者封建的"日本的"价值观，而是任何地方民主的政党政治通常的特征：维护政党的纪律。除共产党之外，各个党派的领导者都支持宪法修正，党员自然保持一致。

许多务实的保守党领导人还相信，尽管此刻他们少有选择只得附和征服者，但是以后有可能撤销已经做出的决定。采用民主的、和平主义的国民宪章，有可能会加速占领的终结。一旦重获独立，宪法可以被修正。吉田茂后来后悔地解释说，这一直是他对付美国改革者议程的哲学。他坦承："我总是下意识地有这种想法，无论有何修正的必要，等日本重获独立后都能修正过来。然而一旦做出决定，再改变就困难了。"[65]

1946年11月3日，明治天皇诞辰94周年之际，裕仁天皇颁布新宪法，于6个月后施行。（在挑选爱国主义的纪念日方面，战败者与胜利者同样乐此不疲。）全国各地都举行了庆典。在东京，10万人聚集在皇居前纪念这一重要事件。作为皇恩浩荡的又一证据，天皇颁布大赦，33万服刑者得到恩赦。这是天皇最后一次如此浩大地行使皇权的机会。[66]

一个月后，日本政府还发布了将继续使用天皇纪年的历法的决定。12月5日，为回应国会的质问，日本政府声明维持"元号制"，意味着纪年继续以现任天皇的元号与其在位年数计算。依此算来，宪法颁布于昭和二十一年。这是保守派备感欣慰的胜利。因为这是以冠冕堂皇的日常方式重申，由于他们的天皇制，日本人是独特的，生活在他人无法分享的王国。当任何人看到出版物上印制的日期，他们就会记起天皇的存在。[67]

1947年5月3日，宪法生效之日，这是一个几乎谁都可以根据自己选定的方式来纪念的日子。皇居前的广场上，一支日本铜管乐队的庆祝方式，是吹奏起《星条旗永不落》。[68] 枢密院的最后一任议长、裕仁天皇的明治宪法个人教授清水澄，如此苦恼于天皇制的民主化，以致在数月后自杀。[69] 而枢密院是最终议决采用新宪法的实施机关。另一方面，天皇的幼弟三笠宫，向东京帝国大学发行的报纸寄去了令人注目的评论，严厉批评天皇和政府当日举行庆典方式的非民主化。三笠宫因染恙未能出席庆典，但是庆典的某些问题使他困惑。为何给他的请柬上只有他的名字，而没有他妻子的名字？为何请柬只提到了天皇而没有提到皇后？三笠宫评论说，他感到尽管日本妇女最近首次入选国会，但是她们无疑仍然面临艰难的斗争。

三笠宫收听了庆典广播，对继续使用专为皇室保留的特殊敬语大为震惊。如果要实行真正的民主化，语言也必须民主化。语言的民主化应该就从改革迄今仍为天皇保留的特殊用语开始。三笠宫还震惊于这样的事实：天皇在庆典开始时并未到场，而是举行了盛大的入场式。三笠宫被吉田首相迎接天皇入场时三呼"天皇陛下万岁"的行为吓了一跳。据三笠宫评述，如果是天皇的即位仪式，这么做可能合适，但是对于主权移交国民的庆典而言，就不那么合适了。

这实在是破坏偶像的有趣评论。裕仁天皇在考虑退位之时，排除将其幼弟作为可能的继任者或让他为皇太子摄政，看来确有原因。事实上，三笠宫的反思远未结束。他口出狂言，而此时读者很容易联想到他得意地大笑——假使庆典的策划者们将高呼"天皇陛下万岁"改为天皇带头欢呼"全日本国民万岁"，就合适多了，或者由首相率领包括天皇在内的全体人员欢呼万岁也行。又或者，要求天皇代表热爱和平的新日本，带头为全世界的人民欢呼万岁。三笠宫总结道，无论如何，皇室的民主化，将是日本真正民主化的开端。[70]

新宪法的采用，迫使盟军司令部与日本政府都慌忙行动起来。民法、刑法、民事诉讼法、亲族法、皇室典范，全部都被迫进行实质性修正，并以口语体重新起草。同时，开始推进大规模的教育运动。新宪法生效当天，政府发行了 2000 万册题为《新しい宪法，明るい生活》（《新的宪法，光明生活》）的袖珍小册子。这一惊人的发行量，是为保证每个日本家庭都有一册。

《新的宪法，光明生活》仅有 30 页篇幅：芦田均（众议院宪法改正小委员会委员长）的发刊辞一页，包括几幅插图在内的充满光明的序文 13 页，以及宪法全文。小册子是应 GHQ 的坚决要求发行的，与宪法本身同样是被强制书写的文本。同时它也传达出许多日本人真心拥护的理想主义精神。尽管对"麦克阿瑟宪法"的修正，甚至在占领结束之前就已经成为某些保守派集团的民族大业，但是《新的宪法，光明生活》单纯、乐观的语言艺术，在此后的数十年间一直保持着足够的大众魅力以挫败任何修宪的企图。

芦田均简短的发刊辞以平实而动人的陈述开始:"旧的日本被投进阴影之中,新的日本诞生了。"今日之国民将基于人性彼此尊重。他们将实践民主主义。与他国之关系将以和平的精神践行。新宪法大胆宣言"我们不再发动战争",表达了人类的崇高理想,而建设和平世界是日本新生的唯一途径。

序言以 1947 年 5 月 3 日为新日本的诞生日开篇,旋即宣布宪法最大的"赠予"是民主,即意味着"民治、民享、民有的政府"。天皇不再是神,而是国民统一的象征,正如富士山象征着日本的风光明媚,樱花象征着日本美好的春天。新宪法被描述为绝不再次发动战争的誓言(此处配有插图:一只垃圾桶里装满了大炮、炸弹、战车、军用飞机和军舰,另外还有一条死鱼和两只嗡嗡叫的苍蝇)。平等、人的尊严、幸福、"自由的喜悦"得到强调。重要的是人活着要合乎自己的良心。还有男女平等。(此处插入一幅浪漫的素描:一对年轻夫妇手拉手跪坐在一起,在他们相握的双手上方,画着交叠的爱心和一个惊叹号。背景中是一对震惊的老夫妻。)官吏如今成了公仆。国会是人民的喉舌。司法机关是宪法的守护者。新宪法的精髓是"国民的政府与国际的和平"。[71]

这无疑是征服者要求的宣传,而且是极端单纯化的表达。它拨动了国民的心弦。然而,宪法既成事实的强制力之强大,寓于如下事实:即便是起初顽固支持明治宪法的日本政府高官,竟也及时认同起新宪法的许多基本原则。前内阁首席发言人金森德次郎,就是思想产生显著变化的绝好例证。在 GHQ"宪法制定会议"之前,金森协助起草了自由党保守的宪法修正案草案。作为吉田内阁的宪法问题担当大臣,他被迫不情愿地将 GHQ 草案作为日本政府自身的提案成果。这些艰巨的工作完成两年之后,金森主动写了一本儿童读物《少年と少女のための憲法のお話》(《少男少女读宪法故事》)。他仍然浪漫地美化天皇,但也有力地书写了和平、国民主权和基本人权等伟大理想。金森告诉他的小读者们,对于宪法修正,必须极其谨慎。他的结论如下:"我们务必要尊重和保卫宪法。尽管道路漫长,让我们坚定地、一步一步,向着理想的光明共同迈进。"这些话可不是他被迫说的。[72]

金森的前任宪法问题担当大臣松本烝治,却不能如此安然顺应宪法的既成事实。在体味屈辱的十多年之后,松本已是八十高龄,他傲然宣布自己从未屈尊读过新宪法的最终版本。[73] 另一方面,前首相币原曾泣告阁僚,他们只会受到后世子孙的蔑视,后来却自豪地宣称,最初是他自己向麦克阿瑟将军提出放弃战争的理想。此事十有八九是这位老者记忆有误。然而,无论事实还是虚构,币原真心接受"反战"的理想,使这样的主张变得令人信服:终究,新宪法确实反映了日本的理想。[74]

裕仁天皇内心对新宪法作何感想无从知晓,但是凯德斯上校及其数位同僚接到了天皇表达的谢意。他们每位收到了一只小小的银杯,杯上饰以皇室纹章十六瓣菊花的金浮雕,而且铭刻着新宪法施行纪念的标记。[75]

注释:

1 Kades (1986), pp. 282-283。〔本章引文出处沿袭第 12 章的标示。〕

2 这三位助手是 Kades 上校、Hussey 中校和 Rowell 中校。官方的会谈记录,参见 *TOT/RP* 1:320-336。亦参见 Kades (1989), pp. 228-230; Kades interview (*GI*), pp. 34-40。

3 Courtney Whitney, *MacArthur: His Rendezvous with History* (New York: Knopf, 1956), p. 251; *TOT/RP* 1:324。

4 古关彰一《新宪法の诞生》, p. 127。

5 *TOT/RP* 1:336-340, 346; *PRJ* 2:624。

6 *TOT/RP* 1:352-364。在某些方面,松本委员会与盟军民政局之间的冲突,再次上演了第二次世界大战末期华盛顿方面"中国派"与"日本派"之间的对决。

7 Kades (1986), p. 288; *TOT/RP* 1:366-370; *PRJ* 1:106。随后 GHQ 的最终期限延长到 2 月 22 日。

8 有关这些阁议的最重要的日文史料,是芦田均的日记,直到 1986 年才发表。参见《芦田均日记》(东京:岩波书店) 第一卷, p. 77 (1946 年 2 月 19 日)。1954 年,松本公然提出对惠特尼的立场更为苛刻的说法。他声称惠特尼将军曾经说过,如果日本政府不接受 GHQ 草案,将无法保全天皇的"圣体"。通过这样的表达,惠特尼似乎是在恐吓日方:如果他们不接受 GHQ 草案, SCAP 本身可能会对天皇采取不利行动。这一令人质疑的证言,可能造成对历史事实的误解,引发论争。参见入江俊郎《宪法成立的经纬与宪法上的诸问题》(东京:第一法规, 1976), p. 199; *JCC/FR*, pp. 75-77; Takayanagi (高柳贤三), pp. 77-78; 古关《新宪法の诞生》, pp. 129-131; Kades (1989), pp. 229-230; 江藤淳《一九四六年宪法的拘束》, pp. 33-38。

9 《芦田均日记》第一卷, p. 77 (1946 年 2 月 19 日)。

10 《芦田均日记》第一卷, pp. 78-79 (1946 年 2 月 22 日)。亦参见芦田均的证言,

《宪法调查会第七次总会议事录》,1957年4月5日;*TOT/RP* 2:392(2月22日 Whitney对松本的声明);McNelly(1982),p.23。

11 *TOT/RP* 1:380-398。

12 古关《新宪法の诞生》,pp.134-135;*TOT/RP* 1:460。至于天皇到底说了些什么,看法不一;参见 Bix(1995),p.339。

13 Whitney,pp.250,253。

14 *TOT/RP* 1:402-410。

15 日本政府总共制定了4种草案,均收录于 *PRJ* 2:625-648。

16 Kades interview(*GI*)1:11-12,2:45-47。佐藤达夫对此事件发生时间的说法稍有出入,参见 Inoue, *MacArthur's Japanese Constitution*, pp.172-173。

17 Kades interview(*GI*)2:34-35,40-45;古关《新宪法の诞生》,pp.144-146。

18 Williams,pp.115-116;古关《新宪法の诞生》,pp.138-151,尤其参见 pp.140-144;McNelly(1952),pp.171-194;*PRJ* 2:625-636(可对照参看各草案)。关于外国人的权利,参见古关彰一的日、英文著述:Koseki(1987),pp.11-13;Koseki(1988),pp.235-236;《新宪法の诞生》,pp.148,160。关于地方自治,参见 Akira Amakawa,"The Making of the Postwar Local Government System", Ward与Sakamoto前引书,pp.259-260。

19 Inoue在书中较为详细地辨析了这些语言问题,并在其分析中援引佐藤达夫,pp.184-205,尤可参照 pp.188-190。民政局的三名顾问 T. A. Bisson, Cyrus Peake和Kenneth Colegrove,向 Whitney和Kades强调了"国民"一词的可疑性质;参见T. A. Bisson的手稿,"Reform Years in Japan, 1945-1947: An Occuption Memoir",此手稿出版了日译本,但未有英文本出版;参见中村政则、三浦阳一译《日本占领回想记》(东京:三省堂,1983),pp.188-193。

20 Inoue的 *MacArthur's Japanese Constitution* 一书,对随后有关"国民主权"的国会辩论做了多处摘录,pp.205-220。亦参见古关《新宪法の诞生》,p.151。

21 这两份草案收入 *PRJ* 2:625-636。对12点差异的概括,参见 McNelly(1952),pp.192-193。

22 木下道雄《侧近日记》(东京:文艺春秋,1990),pp.163-164(1946年3月5日)。

23 《芦田均日记》第一卷,p.90(1946年3月5日)。亦参见佐藤达夫的回忆,《ジュリスト》1955年8月15日号,p.34。

24 *PRJ* 2:657;日本文献的英译,参见 McNelly(1952),pp.195-199。

25 对宪法修正过程中天皇的权威的影响力的分析,参见矶田进《新宪法の感觉を身につけよう》,《世界》1947年8月号,pp.22-27,尤可参见 p.24。

26 "紧闭的门后"的说法,见于 Bisson未发表的手稿,p.196。

27 《读卖新闻》1946年3月8日;引自 Williams, p.134。

28 Takayanagi(高柳贤三),p.77;对照 Tatsuo Satō(佐藤达夫),p.385。

29 例如,参见1946年11月25日的审阅日志,收入 Etō Jun, "One Aspect of the Allied Occupation of Japan: The Censorship Operation and Postwar Japanese Literature", occasional paper of the Wilson Center, Smithsonian Institution(Washington, D. C., 1980), pp.17-20。

30 据 GHQ 审阅部前官员 Robert Spaulding 的回忆，参见 L. H. Redford 编，*The Occupation of Japan: Impact of Legal Reform*（Norfolk: Douglas MacArthur Foundation, 1977), p. 58。

31 当日新闻界的反应，参见 Williams, pp. 133 – 142; McNelly（1952), p. 271。外务省的秘密调查发现，当时公众的反应多少有些困惑。参见古关彰一《新宪法の诞生》, p. 162; 江藤淳《一九四六年宪法の拘束》, pp. 60 – 61。

32 McNelly（1952), pp. 271 – 276。

33 例如，参见 *JCC/FR*, p. 78。

34 参见 McNelly（1952), p. 317。

35 Inoue, pp. 32 – 35; Williams, p. 142。

36 Satō, p. 384。亦参见佐藤达夫的证言，Tanaka（1987), p. 124; Takayanagi, pp. 80 – 81; Yoshida Shigeru（吉田茂), The Yoshida Memoirs（Boston: Houghton Mifflin, 1962), p. 143。

37 1996 年 1 月 25 日，99 岁高龄的加藤静江接受《朝日新闻》采访时，发表了此番评论。时过境迁，当这篇访谈提到"国体"一词时，《朝日新闻》不得不附加说明，向今日的读者解释何谓"国体"。半个世纪过去了，这一战争年代最具意识形态意味的词汇，曾经动员了整个国家、此后保守派又曾经为之斗争哭泣的概念，在当今语言中早已消亡。1946 年的国会辩论，是"国体"作为公认的核心概念的回光返照，研究此后这一概念的边缘化，将是一个有趣的题目。最终"国体"成了只与极端右翼的思想家相关联的语汇。

38 对议会中"国体"质询的论述，参见 Dower（1979), pp. 318 – 329; 亦参见 *PRJ* 1: 93。

39 Dower（1979), p. 327; Inoue, p. 206; 古关《新宪法の诞生》, pp. 213 – 221; McNelly（1987), pp. 90 – 91。

40 Dower（1979), p. 326。

41 Dower（1979), p. 329。

42 古关《新宪法の诞生》, pp. 210, 212。

43 Takayanagi, p. 80; 对照 Kades interview（GI), 1: 15; Kades（1986), p. 277。

44 McNelly（1987), pp. 84, 89 – 90, 96 – 97; Etō Jun, "The Constraints of the 1946 Constitution", *Japan Echo* 8. 1（1981), pp. 44 – 50; Satō, p. 384。1949 年 SCAP 的记录 *Political Reorientation of Japan* 公刊，坦率承认了占领军对筹备日本宪法草案的作用，使许多人大为震惊。众议院宪法改正小委员会（即所谓芦田委员会）的议事录，直到 1995 年才披露，此时速记记录已有 6 处脱漏。参见众议院第 90 回帝国议会《帝国宪法改正案委员小委员会速记录》（众议院事务局，大藏省印刷局，1995)。但当时新闻报道并未将脱漏原因断定为占领军的干涉；参见《朝日新闻》1995 年 10 月 1 日。

45 *JCC/FR*, p. 81。领导宪法调查委员会的高柳贤三，尽管强力支持日本宪法是日美合作产生的理论，但是提出了重要的两点: 一是，日方对宪法制定的直接和间接输入，比通常所承认的更具实质性；二是，宪法确切地反映了日本人的希望。参见 *JCC/FR*, pp. 224 – 225; Takayanagi, pp. 71 – 88。

46 参见 Satō, p. 387。沢田对明治宪法的激情辩护的英译文，见 Inoue, pp. 199 – 200。

贵族院议员、法学者佐佐木一也反对新宪法；McNelly（1952），p. 364。

47 这些修正仅为列举，未加评论。参见 U. S. Department of State, *Foreign Relations of the United States*［下引为 FRUS］，*1946*，vol. 8，pp. 359 – 364。

48 《朝日新闻》1996 年 1 月 22 日（p. 12）；此报道披露了有关"文民"问题新公开的史料，以及新解密的金森德次郎的陈述，内容是 GHQ 要求日本国会所做的修改。亦参见 McNelly（1952），第 7 章（尤其是 pp. 267 – 269）。与 2、3 月份忧虑远东委员会将对天皇制形成"国际性"的威胁的预期相违背，远东委员会并未对天皇制采取批判立场。与此相反，1946 年 4 月 4 日，远东委员会免除对裕仁天皇进行战争罪行的起诉。

49 比较 McNelly（1987），p. 92；Koseki（1987），p. 15；古关《新宪法の诞生》，pp. 225，233；Kades（1986），pp. 284 – 285。社会党的片山哲（曾参与众议院的宪法制定审议，1947 – 1948 年日本首相），对那些主张宪法是外国强加给日本的人进行了简练的反驳。他说，宪法是强加给反动派的，而非强加给民众；引自 McNelly，"The New Constitution and Induced Revolution"，p. 159。

50 古关《新宪法の诞生》，pp. 228 – 233；《朝日新闻》1995 年 10 月 1 日，p. 17。当 1995 年众议院宪法改正小委员会（芦田委员会）的秘密议事录（本章注 44）公开之时，有关教育的条款，被评价为宪法中最直接反映"民众之声"的规定。

51 Koseki Shōichi, "Japanizing the Constitution", *Japan Quarterly* 35. 3（July-September 1988），pp. 239 – 240。宪法转换为口语体的主张的推动力，来自游说团体"国民的国语联盟"，其成员包括小说家山本有三、原法官三宅正太郎，后者曾遭 SCAP 开除公职。

52 Koseki（1988），pp. 235 – 236；古关《新宪法の诞生》，pp. 160 – 161；《朝日新闻》1996 年 1 月 22 日（p. 12）。古川敦提示，佐藤达夫"非同寻常地"关注日本宪法平等对待外国人的可能性问题；参见袖井林二郎、竹前荣治编，《战后日本の原点——占领史の现在》（东京：悠思社，1992），上卷，p. 168。

53 1946 年 4 月 24 日，枢密院审议委员会第二次会议记录：关于向帝国议会提交宪法修正草案的议题；引自 Charles Kades，"Discussion of Professor Theodore McNelly's Paper, 'General Douglas MacArthur and the Constitutional Disarmament of Japan'"，*Transactions of the Asiatic Society of Japan*，third series，vol. 17（1982），pp. 35 – 52；尤可参见 p. 39。

54 吉田茂对第九条的态度，参见 Dower（1979），pp. 378 – 383。

55 Kades（1982），pp. 39 – 41；Kades（1989），pp. 236 – 237；Kades interview（GI），2：66 – 68。

56 1995 年 9 月 30 日、10 月 1 日，《朝日新闻》曾对解密的芦田委员会议事录做过详细报道。芦田委员会的议事内容，自 1983 年起就为日本学界所了解，因为当时在美国的档案中发现了大多数秘密听证会的英译。芦田均本人当日并未明确意识到，修正案将为自卫目的之再军备提供可能性，这一印象可从记述翔实的《芦田均日记》（1986）中得到印证，芦田的日记中并没有这样的说法。还可参见 Koseki（1988），pp. 237 – 238。

57 贵族院宪法特别委员会会议事录，1946 年 9 月 14 日，第 12 号，pp. 36，78 – 82；参见 Kades（1982），pp. 41 – 42。

58 贵族院宪法特别委员会的听证会，在第66条的"文民"规定问题上达到白热化程度，相关议事内容直到1996年1月21日才解密。1996年1月22日的《朝日新闻》有详细报道。

59 1946年10月21日，枢密院审议委员会第二次会议的记录；参见 Kades（1982），p. 45。

60 Koseki（1988），p. 237。

61 Dower（1979），pp. 382–383。

62 古关彰一指出，早在1947年4月新宪法实施之前，吉田茂的亲信朝海浩一郎就曾私下向加拿大和澳大利亚的外交官谈起，重新组建一支约10万人的日本军队；Koseki（1987），pp. 19–20。

63 Kades（1982），p. 46。

64 *FRUS 1946*，8：92。

65 吉田茂《大矶随想》（东京：雪华社，1962），pp. 42–43；亦参见吉田茂《十年的步ми》，《每日新闻》1955年8月9日。

66 *SNNZ* 7：312。

67 *SNNZ* 7：324。

68 Mark Gayn, *Japan Diary*（New York：William Sloane, 1948），p. 488。

69 Koseki（1987），pp. 20–21；*SNNZ* 8：109。

70 三笠宫的反思，载《帝国大学新闻》1947年5月8日。收入《复刷版·帝国大学新闻》（东京：不二出版，1985），第十七卷，p. 354。

71 宪法普及会编《新しい宪法，明るい生活》（1947年5月3日发行）。这本小册子分发到了各家各户，参见大阪府编《大阪百年史》（大阪：1968），p. 912。

72 金森德次郎《少年と少女のための宪法のお话》（东京：世界社，1949）。

73 Koseki（1987），p. 20。

74 McNelly（1982），pp. 1–7。高柳贤三对币原主张的考证，参见 *JCC/FR*，pp. 74–75；Takayanagi，pp. 79，86–88。

75 Kades interview（GI），2：72。

第十四章
审阅的民主：新禁忌的管制

1946年4月，盟军总司令部获悉，东京的剧场有位艺人自弹自唱具有颠覆意味的歌曲。侦探们前去观看演出，结果大为震惊。他们听到了这样的歌词："引诱日本女人很容易，只要巧克力和口香糖。"更令人震惊的歌词是："每个人都在讲民主，但是有两个天皇我们怎么可能有民主？"一句歌词竟然同时愚弄了民主、裕仁天皇和麦克阿瑟！美国人取缔了这个节目。[1]

身处演艺剧场圈外的无数日本人都可以证实，这绝不是占领当局偶然的举措。他们以审查机关审阅这个国家新的自由，深入公众表达的方方面面。在此过程中，日本人很快学会了识别新的禁忌，并且相应地实行自我约束。人们知道向终极权力挑战，没有什么好结果。

通过1946年10月的所谓"权力者崇拜"事件，作者和编辑们清楚地认识到了这个国家的第二位天皇——麦克阿瑟将军的神圣不可侵犯。《时事新报》针对麦克阿瑟受到的阿谀奉承发表了一篇温和的社论，警告"过去两千年来一直浸染日本人心理的统治者崇拜"。社论因麦克阿瑟传记的出版畅销，以及麦克阿瑟的崇拜者向报纸杂志汹涌投书而起。在这些来信中，人们以裕仁天皇的专用语来形容麦克阿瑟，将他描绘成"活生生的神"、"密云冲破"现"天日"，乃至"神武天皇再生"。《时事新报》的评论，随后在英文版的《日本时报》（*Nippon Times*）上发表，其部分章节如下：

政府是由卓越的神、伟人或者领袖强加于国民的，如果这个观念不加以纠正的话,民主政治迟早会破灭。我们担忧,在麦克阿瑟引退之后,我们还会找到某位活着的神,为我们带来曾经引发太平洋战争的独裁政治……日本国民感激麦克阿瑟战后在日本的贤明统治以及对日本民主化的努力之方式,并非是将他作为神来礼拜,而是应当抛弃奴性心理,获得不向任何人低头的自尊。

尽管这一不同寻常的合情合理的议论,在发表前得到了GHQ当局的认可,但是其英译转载却立即被美国宪兵队扣押。命令是民间谍报局局长查尔斯·威洛比少将发出的,理由是"很不得体",而且有损于占领军与最高司令官的声望。² 这是极端保守派威洛比罕见的公开的权力展示。同时,他以高压手段的介入,暴露了审阅制度的日常控制状态,显示出占领军对所谓"左翼"言论乃至对美国政策极微小批判的控制的强化,成为民主化议程严密计划与调控本质的象征。

幽灵官僚机构

从1945年9月到1949年9月,审阅制度通过GHQ内部精心设置的机构执行,并且继续变相实施直到日本恢复主权。占领初期曾预定,实行此项控制直到确保外国驻军安全以及改革政策成功贯彻之际。1945年9月10日,盟军最高统帅首次发布关于"言论及新闻自由"的正式指令,明确宣布"应当对言论自由施行绝对最小的限制",只要言论表达坚持"真实",不妨害"公共治安"。³

实际上,审查机构很快有了自己独立的生命。在民间谍报局内的民间审阅部(CCD)名下产生了交错蔓延的官僚机构。民间审阅部的审阅官们受到民间情报教育局内"积极的"民主推进派的强力支持。⁴ 审查范围覆盖各种媒体形态与表演形式:报纸、杂志、普通书籍、教科书、广播、电影以及包括古典艺术在内的各种戏剧。⁵ 巅峰时期,民间审阅部在全国各地的审阅官超过6000人,绝大多数是会讲英语的日本人,他们识别可疑的资料并且加以翻译或者概括,然后提交给上司。直到1947年末,许多出版物,包括近70份主要日报和所有的书籍杂志,在正式出版之前都要接受审查。仅民间审阅部的出版·演艺·播送处(PPB),月平均审查材料数量之巨,高达"报纸26000号,通讯社刊物3800份,广播稿23000本,印刷快报5700份,杂志4000期,书籍和小册子1800种"。在4年的监控过程中,CCD审阅官还抽查了3亿3千万件邮件,监控了80万次的私人电话通话。[6]

被审查的对象,既包括日语资讯也包括外文资讯。对外文资讯的审查,意味着日本人不被准许阅读胜利者掌握的所有信息。美联社与合众国际社的电讯,有时在翻译成日语之前,都要经审查确认是否"安全"。譬如沃尔特·李普曼(Walter Lippman)这样的专栏作家的文章,被美国各大报业辛迪加争相采用,但是在横渡太平洋之后也遇到了同样的障碍。全面的审阅活动,最终产生了关于禁止事项的一长串清单。而最具极权主义色彩的是,这些事项包括禁止公开承认审查制度的存在。审查制度确立伊始,编辑和出版者就都接到了如下秘密通告:

  1. 此通告之目的,在于确认本审阅局管辖区域内之全体出版者达成共识,不得公开有关审阅手续。

  2. 全体出版者应当明了编辑出版物时,不得出现任何关于审阅的具体暗示(例如涂黑、空白、粘贴覆盖、文句不完整、使用〇〇、××等),以及其他不易明确理解的符号。

  3. 不得发表涉及审阅人员或者行动的评论。此规定不仅适用于有关新闻出版物的审阅,亦适用于有关广播、电影和演剧的审阅。

  4. 不得出现例如"通过审阅"、"占领军出版许可"或者任何其他提及、暗示CCD审阅的字样。

既然审查制度的存在从未被公开承认,因而在1949年末,审查制度随民间审阅部的解体,也就悄无声息地终止。正如幽灵一样,民间审阅部的官僚组织,在"不得发表有关民间审阅终止之报道"的秘密告别方针下,从历史的舞台上消失。[7]

与当初审查制度将很快逐步停止的期待相反,随着时间的推移,民间审阅部的监控,反而变得更加严厉而琐细。在这一点上,投降约一年后对刊载"权力者崇拜"评论报纸的扣押事件,昭示了盟军司令部审查政策的强硬,以及对旨在排除军国主义和极端民族主义思想的初衷之背离。在民间审阅部历任数份要职的罗伯特·斯伯尔丁（Robert Spaulding），后来谈到威洛比的行为带来了三重后果：它导致了 CCD 审阅官的增员；在审阅官中培育出了极端谨小慎微的心理；并且导致繁杂的"检查"手续蔓延，使得 GHQ 各个部门的人员，加紧了对新闻言论的控制。[8]

尽管占领当局的审阅，绝不像日本投降前 15 年间实行的审查制度那么普及和压抑，但是许多杰出的文学家，从太宰治（《斜阳》的作者，1948 年自杀引发轰动）到后来的诺贝尔奖获得者川端康成，都尝过作品被审阅官蓝铅笔删改的滋味。令小说家谷崎润一郎震惊的是，他的一篇短篇小说彻底被查禁，查禁理由竟然是因为作品是"军国主义的"。谷崎应当感到与有荣焉的是，托尔斯泰《战争与和平》的日译本，也受到了 CCD 审阅官的质疑。然而，即便是中村光夫这样辛辣的文艺评论家，也在占领终结之后得出结论，尽管战后日本的文学大多没有什么价值（中村认为性的描写过多），但是总体上作家享有了与战前不可同日而语的大得多的自由。[9]

对战败前和战败后不同的审查制度都有体验的新闻记者，对战后的"自由"不那么乐天派，但是通常也承认征服者较为手下留情。稳健派月刊《文艺春秋》的原编辑池岛信平，表达了被甚至不懂日语的人审阅的反感。但是他也承认，GHQ 的监控比起日本军部的高压还差得远，彼时一旦越界就可能性命攸关。[10] 左翼杂志《改造》的编辑者松浦总三，是民间审阅部注意的目标。他写过一部有名的关于占领时期审阅制度的著作。松浦觉得，即使是在严酷的"赤狩"后期，美国人吹毛求疵的审阅，也绝不像帝国主义的日本"天皇制专制主义"那样压迫深重。同时，他将 1948 到 1951 年视为曾经受到占领当局鼓舞而又希望幻灭的进步和左翼作家的黑暗时代。[11] 广播节目的制片人间或说起美国人监督下漫长的间隔时期，"依然是言论不自由的时代"，某些方面比战时管制"更加麻烦"，至少在自家思想警察的审查下，他们不必为接受审阅官审查而将广播脚本翻译成英语！[12]

盟军总司令部高官敏锐地认识到，他们达成民主化的讨价还价的手段，要讲求微妙的平衡。起初，审阅政策更积极强调言论自由和解除政府对媒体的控制。10 月 4 日盟军最高统帅颁布《人权指令》之后，编辑和出版者受民间情报教育局召集,被鼓励积极进取地阐释这一"基本法"。他们被告知,与过去相反,现在允许批评政府、议论天皇制甚至支持马克思主义。¹³ 然而,这将是一个精神分裂的世界。因为胜利者的审阅制度,有时就是以离奇的方式复制先前帝国政府镇压"危险思想"的行为,从一开始就残害着战后的民主。实际上,在向作者和出版者传达《人权指令》的同时,新闻界就被逐渐置于民间审阅部的出版物审阅制度之下,并且完全明白了现在需要遵守的新禁忌。

禁止披露审查制度自身存在的审阅政策,反映出美国人的伪善,并且使之在与军国主义者、极端民族主义者的旧制度的对比中相形见绌。直到1930年代末,仍然允许文本的删除部分,在发表时以〇〇或××标示。至少战前的读者知道某些内容被删除了。他们甚至可以通过计算〇〇或者××的数目推测其意。因而有些经历过这两种审查制度的作者,在评价盟军最高统帅版的"表达自由"时大加嘲讽,显然不足为奇。有一位引用古老的成语,比喻最高统帅部的伎俩为"作茧自缚";另一位则不计前嫌地评论说,至少战时日本内阁情报局的审阅官,还会给被审查者倒杯茶喝。¹⁴

不容许的表达

对出版、广播、新闻报道、电影和文学创作的从业者而言,最高统帅部审查的实际操作并不透明,使得如何把握不触怒新思想警察的界限十分具有挑战性。这部分是由于民间审阅部审阅官的操作,基于从未公布过的有关禁止事项的秘密议事录。换句话说,不容许表达的确切标准,并未传达给那些受审阅者。结果是,参与任何形式的公开交流者,不得不依靠两种模糊暧昧的指标,来判断什么内容不被允许。一是,占领之初数月间最高统帅部发布的有关出版、广播和电影的相当概括的"法规":"新闻必须严守真实原则。不得发表有可能直接或间接妨害公共治安的报道。不得对同盟国进行虚假或者破坏的批评",等等。二是,借助经验的想象。就是说,在审阅官迄今所准许表达的内容基础上,推测什么内容可能通过审查。¹⁵ 这不仅容易误入歧途,而且一旦错误地估计审阅官的容忍限度,还会遭受惨重的经济损失。这种状况培育出了令人不安的流言氛围,很容易使人陷入病态的自我审查。

民间审阅部作为月度清单的秘密记录，随政治动向的变化而改变。初期，它们包括 30 多件禁止事项。1946 年 6 月，民间审阅部的秘密记录中全部的"删除和禁止出版的对象类别"，包括如下事项：

批判 SCAP

批判军事裁判（即东京战犯审判）

批判 SCAP 起草宪法（包括任何涉及 SCAP 担当的角色）

言及审阅制度

批判美国

批判苏联

批判英国

批判朝鲜人

批判中国

批判其他同盟国

对同盟国的全部批判

批判日本人在满洲的待遇（指日本投降后，苏联人和中国人对日本战俘或者平民的处置）

批判同盟国的战前政策

言及第三次世界大战

评论苏联与西方各国的对立

拥护战争的宣传（表现为"任何直接或间接为日本的战争行为和战争中的行为辩护的宣传"）

神圣国家的宣传

军国主义的宣传

民族主义的宣传

赞美封建的价值观念

宣传大东亚共荣圈

全部的（日本）宣传

对战争罪犯的正当化或拥护

亲善（尤其是指同盟国士兵和日本女性间的性交往）

黑市活动

批判占领军

对饥饿的夸大

煽动暴力或社会不安（在实际审阅的材料上，常记作"扰乱公共治安"）

虚假报道

不适当地言及 SCAP（或地方军政部）

发表尚未解禁的报道[16]

当审查印刷校样时，审阅官用蓝铅笔删改有关章节，同时附上一张标准表格，简单提示这些章节有违数十项出版规定中的哪些项目，然后将涂改得令人心烦的材料交还给出版者。[17] 这样一来，琢磨被删除内容的具体性质，成了日本人揣测占领当局不明确的法规指令之真实意图的主要手段。回顾起来，有些脱离常轨甚至荒唐可笑的审阅官审查过度的事例，竟然成了受审阅的一方判断战胜国容许表达的界限的标准。

正如这些内部清单所示，不容许表达的内容范围十分广泛。不得批评战胜的同盟国（当初包括苏联在内）或者最高统帅及其政策。这意味着在6年多的时间里，最高权力机构一直超越责任而存在。敏感的社会问题，比如日本女性与占领军士兵的性交往、涉及占领军的卖淫、混血儿，更不用说包括强奸在内的美军士兵的犯罪行为，都不得谈论。公开评论冷战的紧张气氛，起初也是被禁止的。甚至对黑市严肃的批评分析，大致也在被禁之列。不得对"封建的"价值观表示赞赏。任何类似于战争年代宣传的观点表述，皆为禁忌。

占领伊始，对胜利者而言，控制对刚刚结束的战争的议论，自然极其重要。他们认为，关键是要压制任何可能重燃日本人战时暴力热情的煽动言论，以防危及占领军人员安全或者动摇占领当局的改革计划。美国人还主动出击，认为有必要教育一般国民认识日本的侵略行为和暴行的方方面面，而此前，这一直被日本本国的审查机构所压制。

这是一项合乎情理的使命，一项艰巨的挑战，也是一件微妙的任务。因为它有将被征服者的宣传简单置换为胜利者的宣传的危险，实际上最终也未能幸免。之前所有谈论战争的方式，都成了不正确和不可接受的。对战胜的同盟国战前政策的批判，被全面禁止。所有过去的宣传,似乎都有违新闻报道的规则。即便见仁见智而又完全在情理之中的、对日本发动战争之时世界局势的议论(大萧条的冲击、世界资本主义的崩溃、保护主义与独裁政治的世界趋势、欧美帝国主义的榜样和压力以及对抗种族主义和反殖民地主义的泛亚主义思想),也被视为既煽动社会不安定因素,又有悖于"真实",遑论对占领军政策及诸战胜国的批判。

当然,现在的"真实",是同盟国一方的战争见解。新闻报道不得不以遵命发言或者保持沉默来予以响应。出版者和广播电台,被要求按照总司令部尤其是民间情报教育局的授意发表看法。不得对战犯审判进行批判。这意味着,正如机密目录所示,不得公然"正当化或拥护"被作为战争罪犯起诉的人物。与此相反,尽管东京审判的被告有指定的辩护律师,实际上媒体被要求不加批判地支持检方主张和法官的最终判决。

最高统帅部的战犯审判活动,对日本人心理的去军事化,起到了重要作用。尤其是同盟国的A级战犯审判,以卷帙浩繁的证据和口头证言,最有效地揭露了隐藏阴谋与暴行的历史。这些是绝好的反面教材,但是透过审阅机构,它们也给予了媒体和一般大众一些不那么值得肯定的教训:例如,不得质疑法庭的构成和操作,而且被告将被推定有罪除非被判无罪。在法庭之内,被告的辩护人被允许申辩日本的领导人是在追求合法的国家利益,而"胜利者的正义"对这些行为有根本的偏见。而在法庭之外,媒体既不被准许支持这样的主张,也不被允许批判审判未能在更大范围内起诉更多的战争领导人。同样自相矛盾的是,日本国民从对战争的了解中获益匪浅:他们认识到,审阅制度和自己国家政府的机密都是不允许民众参与的,同时也都不许民众自由议论。

然而,有关战争的不容许表达的内容范围更广。不用说战时泛亚主义和针对"支那匪贼"、"鬼畜米英"的圣战宣传都不可容忍,与此相伴的对"大和民族"优越性的赞辞也不得出现。至于公开谈论死、破坏、败北也大有问题。在这里,审阅制度甚至妨害了合理的、有治愈作用的对悲伤的表达。公开面对广岛和长崎之意义的困难,最为生动地揭示了这一点。

书写"原爆"体验并未被明确禁止。投降后一两年间,尤其是广岛周边的地方刊物,发表了许多作家关于"原爆"的散文和诗作。然而与此同时，像永井隆这样的幸存者发现，他们初期的著作被查禁，许多与原子弹爆炸有关联的作品，被大幅删削。有关原子弹爆炸最动人的英文作品，是约翰·赫西（John Hersey）的《广岛》（Hiroshima）对6位幸存者的素描，在1946年8月的《纽约客》（The New Yorker）上发表时，曾产生过深远影响。虽然日本媒体对此有所提及，但是直到1949年之前，其日文译本都未能出版。"原爆"体验是禁忌主题的说法传播开来，直接的审阅制度和广泛的自我审查的联合作用，导致了"原爆"体验书写的完全消失。直到1948年末，永井隆的著作出版，标志着"原爆"文学的姗姗来迟。在这样的状况下，"原爆"的幸存者发现，想寻求彼此的安慰或是告诉他人核战争对于人性的意义，都极度困难。除此之外，公然的审查延伸到了科学著作。许多关于原子弹爆炸和后继的核辐射影响的报告，直到占领终结之际才得以公开。在6年多的时间里，日本的科学家和医生，甚至包括一些在广岛和长崎从事放射性影响研究的美国科学家，竟然无权使用他们所需的档案资料，从而无法与"原爆"受害者沟通并且帮助他们。[18]

"原爆"破坏的视觉记录，甚至被更为彻底地屏蔽。1945年8到10月间，大约30位日本摄影师组团在广岛和长崎拍摄的纪录片，于1946年2月被美国人没收并送往华盛顿，而且被严令不得留一个拷贝在日本。[19]直到1950年，才首次有绘画呈现原子弹爆炸对人的影响。画家丸木位里和丸木俊夫妇，当时出版了一本小画册，收集了他们对广岛见闻的描绘（标题为《ピヵドン》，是特指"原爆"的术语，字面意义为"闪光—爆炸"）。同年，丸木夫妇还获准展出了令人悚然动容的题为《幽灵》的绘画，此画作成为丸木夫妇合作、强力描绘"原爆"受害者的系列壁画（《原爆之图》）的首幅作品。丸木位里后来解释说，他们夫妇作画的动机，是担心对"原爆"破坏的恐怖经验，永远不再会有本土的视觉记录。[20]直到占领终结之后，1952年8月原子弹爆炸7周年之际，一般国民才有机会看到有关广岛和长崎灾难照片的展示。正因如此，唯一的核战争体验国的国民，在核时代的早期岁月里，比起其他国家的人民对"原爆"的后果更为无知，也更少有自由公开讨论它们的意义。[21]

在同盟国看来，日本人完全是自食其果。以广岛和长崎的原子弹爆炸为顶点对日本城市的恐怖轰炸，被视为对日本在亚洲和太平洋地区向他国所施暴行的正当报复。1949年初,当占领当局最终缓和对"原爆"感受的个人叙述的出版限制,他们的确流露出"正当惩罚"的意识。在威洛比准将的坚持下,永井隆的《长崎の钟》初版本,被迫附录了美方提供的有关1945年日本军队"马尼拉大屠杀"的长文。这样的胜利者逻辑是愚蠢的。因为这很容易被当作暗示,揭示出长崎和马尼拉暴行的相似性,这可不是美国人的初衷。对绝大多数普通民众而言,感情上无论如何也难以接受:家人亲友的死亡和他们自身所受的苦楚,都是应得的报应。[22]

公开表达悲痛之情、哀悼和称扬死者的要求,有时会超越审阅官容许的界限,这也不足为奇。最有名的例子,是前帝国海军少尉吉田满写的哀婉的散文诗。吉田从东京帝国大学应征入伍,在注定毁灭的超级战舰"大和"号上服役。1945年10月中旬,受痛苦灵感的强烈激发,吉田详细叙述了1945年4月驶往冲绳途中,"大和"号与近三千官兵葬身海底的记忆。吉田百感交集,他希望从记忆中抹去对战友们无谓的牺牲的印象,将他们从耻辱中解救出来,纪念他们的忠诚和勇气,哀悼死者,而且像任何国家的海军士兵一样,向伟大战舰的沉没默哀。

23岁的吉田也陷入痛苦的思想斗争:为何死亡夺去了如此众多战友的生命却没有选择他。作为"大和"号上的少数幸存者之一,此外还作为船桥上最后战斗始终的目击者,吉田以写作此文为己任,实际上是在同时书写战斗报告、讣告和悼文。其结束语如下:

> 乘员数三千余名,生还者仅二百数十名。至烈之斗魂、至高之炼度,其死也天下愧之。[23]

吉田满的《战舰大和ノ最期》(《战舰大和之末日》),现在被公认为日本战争体验产生的少数重要的文学记录之一。当时的审阅官承认其感人的质量,却担心这种对"日本军人精神"的个人召唤,可能诱发读者悔恨和报复之念。结果,此书在1946年和1948年两度被禁,只在1949年中出版过删节版,直到占领结束后才发表全文。

比《大和》更为温和审慎、将战死者作为悲剧的牺牲者公开悼念的行为,也遭到非难。1948年中,审阅官从长与善郎的一篇小说中删除了如下句子：（据审阅官译文）"目前的状况，她不可能为失去唯一的宝贝儿子而公然哭泣或是表达哀思，她的儿子在所罗门群岛的海战中光荣战死。"审阅官举出的理由是"对占领军进行批判"。[24] 同年早些时候，诗人矢野又吉题献给他孩子们的歌集，其中多数诗歌未能获得审阅官的许可。矢野很晚才知道，他出嫁的女儿战后在满洲饿死，他的儿子则被扣留在西伯利亚死于苏联人之手。他的许多诗歌都因"反苏"情绪被查禁。他的一首俳句，提到将儿子的生命"献给胜利，绝非是献给战败"，结果被认为是"右翼宣传"。在另一首俳句中，他感叹"战败之鞭太严酷"，质问道这些年轻人何罪之有，则被审查为"煽动社会的不安"。[25]

著名诗人壶井繁治，引起了审阅官们更为复杂困惑的反应。审阅官们用蓝铅笔删削壶井出版的诗集。除了删除描写孤独、饥饿的人们在日本资本主义的"蜂窝"中呻吟以及战士战斗、死于"纯血色的旗帜"之下的诗句外，审阅官还面临一首题为《历史》的诗作带来的尴尬，原诗未加标点，译文如下：

> 旗坠地
> 从收音机中
> 神的声音传来——
> 空洞、颤抖、哀伤
> 此刻必定被记入历史
>
> 虚假创造的神话之页
> 今日闭合
> 人民的眼睛重新睁开
> 直视周围的现实
>
> 惨淡的废墟之街
> 尸体已被移走无迹可寻
> 只有怨恨残留
> 怀抱业火中毙命之人的怨恨
> 杂草在废墟上蔓延

八月十五日之上重叠起八月十五日
亡国者
与将重新建国者
一年间的激战
三百六十五日的历史
流入明日的时间
明日的二十四小时
充实历史的时间
　　（后略）

这或许既是诗人本人也是审阅官不能确定的象征，审阅官们只否决了诗作第三段的"历史"，而保留了开头将天皇呼为神的提法，以及第四段对"亡国者"的暧昧的暗示。[26]

另一方面，审阅官们在完全否定有才华的女诗人栗原贞子的《握手》时，却毫不迟疑：

"哈罗，美国兵"
小军国主义者们大声叫道
扔掉了他们的玩具枪
直到昨天
他们还在忙着玩战争的游戏

"哈罗，美国兵"他们叫道
在他们小小的心中
突然涌出
对未知民族的渴望

"哈罗，美国兵！
昨天是你们在跟我们的父亲打仗吗
但是你们朝我们笑得多灿烂啊
你们一点儿也不像是

大人教我们相信的魔鬼"

我们想摸摸你们的大手
我们想跟你们握手[27]

有时，审阅官对触及战争之语的反应异常过敏，简直缺乏头脑。川端康成小说中，偶尔提到一位特攻队员之死的部分被查禁。同样，广受欢迎的坂口安吾的一篇短文，赞赏自愿为国捐躯者的爱国热情，希望受挫沉沦的老兵们现在把这种无私的精神转化为和平的动力，也被以"军国主义的"理由查禁。审阅官以"民族主义宣传"为由，将下面这段朴素、自然的话从英语教科书中删除："如果战争教会了我们和平的价值，那些我们今天仍怀念的人就没有白死。"下面这首俳句，歌咏的是在遭受轰炸的都市地区人们种植蔬菜的常见景象，被以"批判美国"的罪名查禁：

烧毁的菜园
街边雨水敲打着
嫩绿的菜叶

一本少年杂志的文章，以长崎土地上萌芽的植物，来比喻年轻人投身于废墟之上新日本的建设，基于同样的理由被删除。

下面的这首诗也被认为是越轨之作：

就像是一个遥远的，遥远的梦
我们挥舞一元二十钱的竹枪
对抗巨舰和大炮

1947年，一位美国记者在天主教杂志《コモンウィール》（Commonweal）上发表文章，认为这首短歌被查禁的具体事例，是最高统帅部审查过敏的典型例证，认为实际上这些谨慎适度的诗句，恰好反映了"现在的日本人嘲弄自身政治和军事不成熟的倾向，从常识和人性的观点看来，这都是值得表扬的态度"。这一批判，激起了民间情报教育局新闻出版处主任丹尼尔·伊伯顿的猛烈反击。他认为，日本人是"莫名其妙不可理解的国民"，并疾呼"感谢上帝，麦克阿瑟将军建立了审阅制度"。[28]

关于战争的最重要的审阅政策之一，不过是所用术语的变更：日本人被禁止将其在亚洲的战争称为"大东亚战争"，而代之以"太平洋战争"的称谓。此项变更由最高统帅部于1945年12月中旬引入，是旨在消除宗教和民族主义教化的广泛命令之一环。这种相当于语义学帝国主义的行为，却产生了预料不到的后果："大东亚战争"的提法，具有其侵略主义的排外性，明确地将战争中心置于中国和东南亚；"太平洋战争"的新名称，则将战争的重心转移到太平洋地区，明白无误其首要所指是日美之间的冲突。对此事件的更名并非出自任何阴谋，而只是征服者自发的种族中心主义的反映。他们根本将日本在亚洲的对手排除在占领格局中任何有意义的角色之外，现在又直接将他们从战争命名的字面上删除。这种不得要领的更名，非但不能提醒日本人对战争罪行的自觉，反而推动他们逐渐淡忘对亚洲邻居们所犯下的罪行。

净化胜利者

一旦涉及对占领当局和同盟国的批判，审阅官们有不少事例是接近荒唐可笑的。拍摄占领军行进的照片要删去画面中的一只小狗，理由是有损于部队的尊严。更常见的是，军队本身以及一切军队的象征物（吉普车、英语标识之类）都被从视觉记录中删除，似乎从影像资料中消去占领的印记，就能以某种方式帮助日本人忘记他们失去主权的事实。[29] 由于被查禁，公众无缘看到一幅描绘美国大兵占领东京的惊人效率的漫画，作为这小小压制行为的后果，他们也无缘得见那惊人的评论标题"口香糖的无穷威力"。审阅官甚至也不允许公众阅读这样机智诙谐的川柳（一种诙谐讽刺的俳谐诗）：

> 只有吉普车
> 似乎沐浴着五月
> 明媚的阳光[30]

另一层面上的压制，是数年来禁止媒体直接提及日本政府必须支付的巨额占领军维持经费，此项经费通常高达国家预算的三分之一。1946年，新闻界一旦必须言及占领军经费，即被要求以"终战处理费"呼之。翌年，遵审阅官之命，此项支出，更被轻描淡写地称为预算中的"其他"费用。[31]"不许批评占领军"的可笑禁忌，还意味着日本人不得唠叨和探究此类矛盾：一面是民主自由的高谈阔论，另一面则是痛苦的忍饥挨饿。下面这首原定发表于《改造》1948年2月号上的诗，由审阅官英译后旋即遭到查禁：

> 每当时间到了
> "饭做好了，爷爷
> 饭做好了，奶奶"我们说
> 变味的饭菜端到了他们的面前
> 只有那么一点"定量配给"
> 一旦有任何反对的表示
> 他们被告知闭上嘴只管吃
> 这样一来
> 他们的生存正如国家的生存
> 国家在享受自由的盛宴
> 好像它在试试看
> 不管怎么说到底能撑多久
> 这就是"定量配给"
> 一天清晨
> 吃饭还太早
> 庭院里的桃花开了
> 爷爷奶奶进了院子
> 他们伸展着弯曲的腰背
> 向天上打着哈欠[32]

这并不能算是不朽的文学作品。但在战败两年半之后，作家竟仍被禁止表达如此观点的事实，正如文艺评论家江藤淳所言，的确对占领时代"封闭的言说空间"揭示良多。那些对昨日的军国主义和极端民族主义者迅速变身为今日热爱和平的国际主义者提出讽刺疑问看法的人，不时（绝非总是）感觉到审阅官设下的圈套；那些指摘政治在占领下被阉割的人往往被迫保持沉默。投降3年后，日本著名报人马场恒吾，仍然无法发表如下内容的评论文章：战后内阁凡庸，因为历任首相不得不唯唯诺诺。[33]

这种软性独裁的一个微小受害者，是尖锐的政治漫画。十九、二十世纪之交，出现了一群干练的社会和政治漫画家，以深受西方影响、颇有才气的插图画家北泽乐天为首。北泽一伙常在题为《パック》（*Puck*，意为恶作剧的小精灵）的幽默杂志上发表漫画，对日本文化的弱点、社会的不公与政治的腐败和弊端进行尖锐的讽刺。1930年代以来，对世相的辛辣讽刺遭到禁止，新世代的漫画家纷纷登场。为首的近藤日出造富于才华、风格多变，在政治潮流中乘机而起，却从未停止特立独行地贯彻自己的目标。在近藤的领导下，漫画家们起初宣布政治中立，声称不过是受到"一种健全的虚无主义"的激发。他们夸耀只制作"无意义的漫画"，但是不久之后，他们几乎毫无例外地成了日本对外战争热切的宣传者。[34]

与电影工业（映画产业）的情形相同，漫画家们事实上安然无恙地逃脱了投降后的清洗，并且宣称自己一贯是民主的倡导者。作为这种迅速转变的表征，战时宣传的主要媒介——《漫画》月刊于1946年1月复刊。封面是近藤日出造的漫画，描绘倒霉的东条英机被关在监狱的铁栅栏后面。近藤他们还在《民报》等新的左翼出版物上发表了不少作品。然而，这些漫画家很快明白了民主是有界限的。近藤为《漫画》战后的创刊号描绘的穿和服的女子与大块头美国兵跳舞的漫画，被不准付印。两个月后的3月号，审阅官又禁止了另一位有名的漫画家杉浦幸雄的作品发表。在杉浦的漫画中，一位做美国兵生意的、抽烟的妓女，站在一位无家可归者的旁边。相比之下妓女更走运的原因一目了然：她身穿和服，披着一件有星条旗标志的羽织。"找份工作"，妓女教训那位流浪者。在她身后的墙上贴着左翼的标语："打倒天皇制"。

杉浦的谐谑犯了民间审阅部的三重禁忌：攻击天皇、凸显了经济危机并且唤起对美国兵与日本女性"亲善"的注意。胜利者们也不能容忍另一本杂志上的巧妙漫画，嘲讽日益迫近的战犯审判将天皇排除在外：画面上，一位大个儿军警将日本战时的领导人都逮进了监牢，漫画有一行冷嘲热讽的说明文字："只留下了天皇，其他人都进去了。"[35]

天皇并非正式禁止讽刺的对象。实际上有些杂志，尤其是左翼月刊《真相》，的确敢于将他作为漫画的题目。[36] 然而，1947 年之后，即使是对天皇温和的讽刺，也在很大程度上消失了。关于讽刺权威的更为重大的官方限制，涉及实际统治这个国家的外国人。麦克阿瑟将军神圣不可侵犯，正如降临人间之前的裕仁天皇。一位担任 CCD 审阅官的欧洲人，私下将 SPCD 部门解释为"道格拉斯批判防止协会"（Society for the Prevention of Criticism of Douglas）的缩略语以自娱。[37] 道格拉斯·麦克阿瑟麾下的占领军，从最高级的将校到最下级的士兵或文员，实际上同样与赞辞之外的批评绝缘。原则上，占领军将校也不接受媒体采访。最高统帅部的政策方针，主要通过记者招待会和散发文件来传达，要求媒体对此进行顺从的报道。这种权威式的"导向新闻"，被外国记者们认为是开创了危险的先例。[38]

嘲讽麦克阿瑟统治下日本的民主前景或其本质，是一项冒险的企图。当 1947 年 10 月号的几幅漫画遭命令删除时，幽默杂志 VAN 学到了这样的教训。其中一幅漫画，小麦克阿瑟面对着一只庞大而友善的龙，龙身上写着"日本"，龙的脖子上拴着缰绳，背鞍上写着"民主"。麦克阿瑟低声咕哝道，"唔，不知怎地我已经驯服它了"。对当时任何的美国报刊而言，这无疑是对占领军面临的棘手挑战以及麦克阿瑟仍未完全做好准备的平常写照。然而，民间审阅部的审查官们，将此漫画解释为对麦克阿瑟的批评，通过描绘他无法骑上龙鞍，从而"在日本民主化的过程中度日艰难"。[39]

这并非表示，占领时期没有机智有趣的漫画。战后最伟大的连环漫画，长谷川町子的《サザエさん》（《阿螺》），于 1946 年初次登场。连环漫画以女性主义的视角，机智、动人地描绘了一位具有超凡勇气的女性阿螺，作为妻子—母亲—女儿—姐妹，在日常家庭生活中的喜怒哀乐。在《あんみつ姫》（《豆馅公主》）中，年轻女孩们见识了一位中世的活泼开朗的漫画公主，她傻乎乎的名字说明她非常喜欢吃甜豆馅。日本最有创造力、最受崇拜的漫画家手塚治虫，于 1946 年在战后初次亮相，超越日本的现实局限，创造出一个人形机器人和类人生物的想象世界，对科学、人性、个人的身份以及善与恶提出了挑战性的问题。[40]

正如这些例证所揭示，最好的漫画往往在政治领域之外才能发现。报纸漫画家，比如在《朝日新闻》连载作品的清水崑等人，的确由于他们对政治家（如吉田茂首相）滑稽言行出神入化的描摹戏仿而声名大著。尽管如此，据清水崑自己所言，即便是他和像他这样的漫画家，创作的也不是真正的政治漫画，而仅仅是"政界漫画"[41]。鲜有例外，他们没有特定的政治观念，没有对滥用权力和权威的尖锐批判，也没有世界性的视野。占领当局的手法，使这样的批判视野的公开发展几乎没有可能。假使我们仅依据漫画留下的视觉记录来判断的话，占领期看上去就像是没有占领者在场的占领。

对占领政策的根本性批判遭到禁止，基于同理，此禁令亦适用于对同盟国的全面批判，因为说胜利者的坏话，会贬损他们的道德权威。这意味着，日本人所消费的外部世界也必须被净化。有关评论胜利的同盟国及其世界会被视为违反新闻出版法的问题，左翼月刊《改造》提供了一个小小的研究个案。根据古川纯教授对《改造》月刊的研究，《改造》曾被要求删除以下内容：提及西方同盟国内部对有色人种的歧视；言及日本军队向中国国民党而非共产党军队投降；对美国黑人被剥夺选举权的影射；将苏联描述为"社会主义的"，将美国和英国描述为"资本主义的"，将中国描述为"半殖民地的"；提及"民主的"苏联和"反动的帝国主义的"美国之间的紧张关系；表达对日本可能从属于国际资本的担忧；将法西斯主义描述为"资本主义矛盾"的表现；对资本主义的全面批判（譬如，著名的马克思主义学者羽仁五郎等人的批判）。

《改造》的违规事例还不止于此。1946 年中，《改造》还被要求从美国记者埃德加·斯诺（Edgar Snow）关于朝鲜的文章的译文中，删除如下字句："某位美军高官私下向我透露，'现在朝鲜是新的美国前线的一部分'，而这反映了统帅部大多数人的思考。"审阅官的理由为"所言不实"。在占领当局新的历史逻辑下，"对同盟国的全面批判"，甚至追溯到了中世和近世。1947 年 8 月，《改造》上一篇题为《但丁与哥伦布》的随笔，被命令删去相关段落。这篇随笔述称，在欧洲国家如西班牙、葡萄牙、荷兰和英国的历史发展中，有一种获取新的土地作为殖民地的支配性倾向。1948年10月,《改造》正式被列入民间审阅部关注名单上的"极左"刊物,当时《改造》被禁止提及日本计划仿照美国众议院"非美活动调查委员会"(House Un-American Activities Committee),设立"反日活动"调查委员会。尽管这一委员会最终并未付诸实施,但是当时的确是在酝酿之中。⁴²

其他刊物也遭到类似的严格审查。世纪之交著名的基督徒内村鉴三,其自传体作品于身后再版时,亦遭到了审查处分。所谓冒犯性的内容,不过是提到了他早期在美国时,纽约的凶杀案和酗酒者比东京的多。对此 CCD 的审阅官回答,尽管这可能是实情,但是让日本人知道这一点现在太早了。⁴³甚至连顺便提及前美国国务卿科德尔·赫尔(Cordell Hull)牌技不佳这类的琐事,也被命令删除。一位被扣留在威斯康星州麦考伊兵营(Camp McCoy)的前日本战俘的自传体记录,通过了审阅官的详细审查,仅删除了如下字句:"美国人给人的印象颇有教养,但是却惊人地无知。他们真的相信从报上读到的新闻。即便日本人这么容易被愚弄,我们当中也没人相信现在的新闻了。"一本日英辞典的编纂者,未能将如下例句,偷偷添加到动词 denounce (谴责) 名下:"今天美帝国主义比任何帝国主义更应受到谴责。"⁴⁴

这些异常绵密而神经质的审查,延伸到了偶尔提及的对之前战争中美国的同盟国的批评。禁止"对中国的批判"包括:涉及中国国共内战中对日本投降军队的利用,言及对日本残留人员的虐待,以及将中国描述为"半殖民地或殖民地状态"的国家。谈论国共内战本身并非禁忌,但是生动细致地描绘中国的动乱局面,则有可能被视为超越了适当的界限。⁴⁵

有段时间,这样的压制连对苏联的否定性评论也包括在内。1946年1月,哲学家田边元因表达对占领军中苏联角色的忧虑而遭到审查。1946年4月,国会元老尾崎行雄在《创造》发文,因顺便提及苏联国内的压制,也遭禁止。关于雷恩霍德·尼布尔(Reinhold Niebuhr)的著作《光明之子,黑暗之子》的一篇文章,发表于1946年11月号的《思想的科学》,因为批评斯大林的专制独裁,遭到大幅删节。甚至到了1948年9月,"冷战"的紧张氛围在被占领的日本已然确凿无疑,《世界》月刊上的这段文字还因"批判苏联"而遭到删除:"苏联以绝对的独裁的

政策统治自己的国家,因而它以同样高压的独裁态度对待其他小国。"⁴⁶

这种不容许同盟国有任何污点的神秘氛围,促进了非现实的、有时几乎是超现实的公共世界的形成。与外部世界相隔离,战败的日本人被假定无视战胜国同盟的崩溃、中国的国内分裂、亚洲对西方帝国主义和殖民主义斗争的复活、冷战紧张的决定性的出现,以及核军备竞赛的开始。可以说,他们被置于扭曲的时间经度之内,尽管往昔的战胜国已经开始新的斗争与论战,在这里胜利方的"二战"宣传仍然被一再重申。

在此世界中,日本人不能表达对战胜国之间"有关原子能的竞赛从确立世界和平的立场来看,并不是值得欢迎的现象"的顾虑(1946年5月以"对同盟国的全面批判"为由被查禁);在此世界中,不允许警告"今日之朝鲜成了美国和苏联之间的连接点,与美苏两国的国际命运关系深重"(1947年1月被查禁);在此世界中,尽管西方久已采信铁幕之说,但是日本作者仍然被禁止报道"美苏之间的意见冲突现在广为人知",或者表达希望这不会导致未来的公开对抗(1947年12月以"扰乱公共治安"为由被查禁)。⁴⁷

电影管制

在6年半的占领期,日本电影摄影所制作了大约1000部长片。直到1949年,每部电影剧本都得事先向最高统帅部的"顾问们"提交两份英语文本。在数不清的场合,在剧本使美国人满意之前,会有大量的意见交换和妥协发生。有些电影导演,譬如黑泽明,无视这些限制的存在而创作活跃;而其他导演,如龟井文夫,则在战后始终未能获得稳固的立足之地。⁴⁸

对于黑泽明而言,总司令部的控制,与战时审阅官的压制比较起来微不足道。他将那些战时的审阅官视为天皇崇拜与性幻想压抑所导致的变态白痴。黑泽明在战时执导了自己的首部影片,而他所有的4部战时影片——《姿三四郎》及其续编,《一番美しく》(《最美》)以及未完成作品《虎の尾を踏む男达》(《踏虎尾之男》),均被列入1945年11月盟军统帅部命令销毁的236部"封建的与军国主义的"电影。⁴⁹这并未阻止黑泽明迅速成为新日本最有影响力的电影革新者。1946到1952年占领期间,他制作了8部影片。开篇是纯真的理想主义的"民主电影"

《わが青春に悔いなし》(《我对青春无悔》,1946),第二部则是在废墟中逆境生存与委婉纡徐的浪漫故事《素晴らしき日曜日》(《美好的星期天》,1947)。

随着占领的推进,黑泽明继续演绎时代的主题,但是一种更为阴郁的视角,取代了他早期电影中的希望与理想主义。他的电影的主人公也由《我对青春无悔》和《最美》中的女性,转为了男性角色——通常是具有人文主义精神的个人,不时被过去所诅咒,而且几乎总是身陷拜金主义的、奸险的社会困境。在一部又一部影片中,这位男主人公总是一成不变地由三船敏郎所扮演,穿越于日趋阴暗的境遇之中:黑社会(《醉いどれ天使》,1948),复员兵的犯罪者(《野良犬》,1948),贪赃枉法的新闻记者(《丑闻》,1950)以及绝望的、错乱的无辜者(《白痴》,改编自陀思妥耶夫斯基的同名小说,1951)。即便他1950年上映的杰作《罗生门》,虽然故事的发生背景是在中世,却通过描摹性、犯罪、暧昧的双关性以及人们讲故事的相对性,成为同时代场景的镜像写照。[50]

龟井文夫的体验与黑泽明形成对照。当黑泽明对总司令部的监督一笑置之,并在容许的范围内驰骋发挥丰富的想象力之时,更为理想主义和意识形态化的龟井文夫,则生动地体现了新的审阅民主的禁区地带。这一点显而易见:1946年,龟井发现无法上映一部题为《日本的悲剧》的记录短片。此后又被迫对他与山本萨夫共同执导的野心勃勃的长片《战争与和平》做大幅删节。

《日本的悲剧》主要利用战时拍摄的电影胶片,呈现对导致日本陷入侵略和灾难性战争的日本统治势力的痛彻分析。龟井简洁利落的蒙太奇风格,来自对日本政府宣传片娴熟的剪辑技巧,也与战时美军宣传影片的首席执导弗兰克·卡普拉(Frank Capra)的剪辑手法相似。这的确有些讽刺。卡普拉剪辑艺术的代表作,是反日影片《了解你的敌人——日本》(Know Your Enemy — Japan),比龟井的《日本的悲剧》早近一年上映。尽管《日本的悲剧》相当忠实于日本共产党认可的马克思主义路线(即所谓的讲座派路线)分析,强调封建的因袭与天皇制下统治者集团的军国主义及其镇压,但是它与卡普拉的战时宣传影片并无根本的不同。

迄今为止,龟井的纪录片中最令人难忘的镜头(此处卡普拉肯定会为之喝彩),是一组叠映画面:在观众眼前,裕仁天皇从严肃的、身着戎装的国家司令官，变身为仁慈和蔼、略带佝偻，穿着朴素的外套、系领带戴呢帽的文民形象。主要的电影公司东宝、松竹与日活映画，都拒绝这部纪录片在他们的电影馆上映，显而易见更多的是由于财政问题，而非出于意识形态的考虑。龟井后来回忆说，起初上映时有些观众起哄，有一位还将木屐扔向银幕。这是部非主流影片，但是吸引了一些好奇心强的观众——大约日均 2500 人次观影。1946 年 8 月中旬，影片突然被总司令部禁映。

龟井是位左翼电影人，但不是共产主义者。1920 年代末，他在苏联学习过纪录片的制作技法。他遭受过帝国陆军和麦克阿瑟将军司令部先后禁映的独特经历。1939 年，他拍摄的在中国战争的阴郁记录《战う兵队》（《战斗的士兵》），曾经得到军部的正式援助，但是旋即因影片的"失败主义"遭撤回赞助。此片被内部人士戏称为《疲れた兵队》（《疲惫的士兵》）。与此略有相似，在筹拍纪录片《日本的悲剧》时，龟井得到了民间情报教育局的美国官员的强力支持，直到放映约 3 周后，威洛比少将亲自干预并且命令没收所有的拷贝和底片。[51]

威洛比是应吉田茂首相的请求介入的。吉田认为龟井的影片对天皇的处理是大不敬，并成功说服威洛比的两位助手与他同观这部冒渎天皇的作品。处在自身的立场，威洛比阵营更烦恼的是，影片对占领当局开脱裕仁战争责任的政策暗含批判。正如龟井以及其他人后来的评述，对这部纪录片的禁映，实质上标志着有关天皇战争责任的严肃讨论消失的时刻。查禁这部纪录片的公开理由，正如与吉田茂同观影片的一位美国人所言，"这样极端地对待天皇，将诱发暴动和骚乱"。[52]

《日本的悲剧》的禁映，至少向那些努力揣测最高统帅部的"民主"实际上意味着什么的人传达出三项教训。第一，它不仅揭示出绝对权力的固执己见，还有其专横性。毕竟，总司令部审查的作品，纯粹是对投降前日本的军国主义和滥用权力的日本人自身的批判，正是占领当局声称希望推进的自由与批评之议论的典型。龟井及其同仁受民间情报教育局官员的鼓励承担此片的拍摄，而且忠实地履行了审查手续并获得了官方的上映许可。当被告知影片将被查禁之时，制片人岩崎昶真如五雷轰顶。而威洛比本人私下也承认，这部纪录片并没有真正违反审阅方针。

龟井本人漠然的反应则是，自从 7 年前在帝国陆军那里遇到麻烦以来，他自己没有什么变化，显然社会情势也没有多少改观。[53]

传媒界人士谨慎吸取的第二个教训是，严肃认真的批判，可能会导致付出过分沉重的代价。尽管主要是利用现成的电影胶片，但是制作《日本的悲剧》对日映公司来说仍然所费不赀。影片的禁映使日映公司濒于破产，并且严重警告了其他任何企图抗争的人。对印刷业人士而言，延迟发行与直接的禁止出版都会导致财务困难，他们同样敏锐地调整了自己说真话的会计成本。[54]

从这一影片的突然禁映得到的第三个教训，则关乎意识形态：审阅制度的审查目标在改变，正缓慢然而不可动摇地从军国主义的、极端民族主义的目标转向左翼的目标。如果说这种关注焦点的变化在1946年还不易认清的话，那么到了龟井文夫与山本萨夫完成他们雄心万丈的长片《战争与和平》时，已经颇为明了。

民间审阅部的下级审阅官们展示了他们的博学多识，他们在《战争与和平》的电影剧本上做了批注，大意是：这部电影的题目，"显然是来自于陀思妥耶夫斯基的著名小说"。尽管这题目是来自托尔斯泰，但是故事情节——一位早已被认定死亡的士兵在战后回到家乡，发现妻子嫁给了他的好友，实际上是来源于戴·沃·格里菲思（D. W. Griffith）1911年革新性的电影《伊诺克·阿登》（*Enoch Arden*）。[55] 像《日本的悲剧》一样，1947年的《战争与和平》，起初也受到官方的鼓励。这一次是由日本政府奖励、总司令部主张，以纪念新宪法的理想。主要的电影公司，皆被敦促制作电影以体现新的国家宪章的理念。东宝映画选定龟井和山本执导一部故事片，以传达宪法第九条的反战理念。在民间情报教育局指导下完成制作后，影片于5月中旬提交民间审阅部，立即受到传播"共产主义宣传路线"的严厉批判。6月中旬的一份秘密备忘录，将此描述为"赞赏示威运动，将天皇与不名誉的集团等同视之，过度暴露投降后日本的饥饿和道德的堕落"。此备忘录接着记录道，这部影片应归入与《日本的悲剧》同样"需要敏感关注的"类型。

其他几份备忘录，更具体地说明了这些所谓的"共产主义路线"。例如，劳动者罢工和示威的场面，被以"煽动社会不安和批判最高统帅部"的理由删去。正如审阅官所言："示威者举着'言论自由'、'让我们劳动者有饭吃'等横幅标语，以及群众欢呼并加入游行队伍等等，使人联想到批判最高统帅部的审阅制度和鼓动劳工斗争。"一段涉及凶暴的破坏罢工者的情节被彻底删除，理由是容易将右翼的破坏罢工者与支持天皇制的极端民族主义者联系起来（实际上，这样的联想也并非不合情理）。据称，这些镜头还通过展示一位主角被破坏罢工者痛打的场面，以"暗示美国人的'强盗'逻辑"，"巧妙地蕴含着对美国的批判"。

审阅官们还在下面的镜头中，察觉出对战胜国的批判和对道德颓废的"共产主义的"强调：一个男人背对镜头与街边妓女讨价还价的一闪而过的镜头；酒吧间场景中，墙上装饰着好莱坞女明星的海报和白人的裸体照。尽管民间情报教育局官员向日本人打包票，银幕上的接吻镜头是开放和民主的表现，但是此处混乱的接吻、热舞及其他的夜生活场景，被认为是"对美国的批判，暗示了这些公开场合的情爱表现是由于美国的影响"。

尽管使审阅官恼怒的许多场景，涉及占领下社会和政治状况的真实描绘，然而《战争与和平》自始至终，仍然是部令人心酸落泪的反战情节剧：被宣布阵亡多年后从中国归来的主人公，发现妻子嫁给了自己过去最好的朋友。他的好友受到在中国的战争经历刺激而精神失常，成了主人公的儿子现实生活中的父亲。在悲惨的生活条件下，妻子通过做计件的零活支持这个重新拼凑起来的家庭。影片的许多场景使观众难以释怀：战斗的恐怖、中国人的苦难与宽容、东京的空袭、战后脏乱的生活环境、顽强的流浪儿和年轻的卖春妇、旧军官的腐败、生活在边缘者享乐主义的逃避。谁该为这所有的不幸和堕落负责？

影片的答案使审阅官们惊惶失措：责任在于那些利用以天皇为中心的社会教化为战争服务的"贪欲者"。受到战争刺激的复员兵，发现自身的困境而陷入疯狂，呼喊"天皇万岁"、想象自己重新回到战场上的场景，被审阅官当作"批判最高统帅部"，理由竟然是"最高统帅部承认了天皇制，而这一场景是通过暗示只有发疯的复员兵才想到他们的天皇，来试图轻视天皇制"。这一镜头最终被保留了下来，但是那句让人不舒服的话被删除了。

最终，民间审阅部撤回了当初审阅官的多项批判，但是要求从5月份民间情报教育局批准的样片中剪掉17处镜头，共计达30分钟。即便经过这些删削，《战争与和平》仍然是投降后描绘日本的电影中最有勇气的作品之一，是传达出那个时代的苦恼、破败、紧张、希望和热情的内心深处感觉的稀有之作。尽管有审阅官的干涉，这部电影主要由理想主义而非意识形态推动的左翼视野，仍然十分清晰。影片对受日本侵害的中国人的同情描绘，在当时的日本殊为罕见。此片的3位主人公，他们被战争荒诞扭曲的命运，最终成为简直难以置信的最高层次的宽恕与爱的体现。在孩子们玩耍的校园背景下，影片的结束语既凝练朴素又意味深长，唤起了教育新的一代珍视和平与民主的梦想。尽管如此，观众仍然愿意观看这部电影。评论家赞扬《战争与和平》是当年最好的影片之一，而且有大批观众蜂拥而来。然而，龟井将没有机会再重复这样的辉煌，因为此后他发现，找到导演的工作越来越困难。

尽管《战争与和平》如此野心勃勃，相比许多镜头在剪辑室里被迫剪掉更令人遗憾的是，影片最终未能真正传达时代的政治和社会氛围。原因很简单，影片中没有美国人，没有占领，看不见外国权威的存在。这是迫不得已的。尤其在占领初期，电影制作者和其他摄影者、视觉艺术家，被命令要避开美国人的存在。禁令也有例外，但是仅限于反映征服者仁慈和蔼形象的场合。占领期结束后，导演山本嘉次郎曾经回想起，当初在东京拍电影是多么困难。导演不得拍摄美军大兵、吉普车、英语标识以及被占领军接收的建筑物，更别提拍摄被烧毁的地区了。就连山本的一部电影剧本中口头提到了"被烧毁"，台词竟然也被删除。他的另一部电影中有飞机的声音，也被命令消掉。既然当时没有日本飞机飞行，这种音响效果代表的只能是美国军用飞机的声音，这同样被解释为对占领当局的批判。⁵⁶

"被占领的"银幕不仅呈现出一个新的想象的世界。它也让真实的事物消失无踪。

对政治左翼的压制

正式说来，最高统帅部的审阅制度从1947年开始趋缓，并于1949年10月民间审阅部解散时终止。1947年中期，传统戏剧的事先审查被解除，5月份首先是文乐木偶戏、6月是歌舞伎紧随其后，9月份则是能乐。11月古典歌舞伎《仮名手本忠臣藏》（《赤穗四十七义士》），以全明星阵容重返舞台。（此前唯恐这些封建忠义与复仇的故事，可能引发对新到来的占领军的猛烈报复。）1947年8月后，多数广播稿无须再经事先的批准，3个月后，唱片也无须再在发卖前接受审查。10月，除了14家出版社之外，其他所有出版社由事前审查变更为事后审查，而到了1948年9月，剩下的出版社也从毛条校样（版面内允许检查和改正错误之前在活版盘内所选出的校样）阶段就得接受检查中解脱出来。到1947年12月，除了28家杂志以外，其他所有杂志都被变更为事后检查的对象，剩下的28家杂志继续接受发行前检查，直到1949年10月。1948年7月底，所有主要报纸和通讯社，都解除了发行前的检查。

然而，这种正式控制的缓和容易令人误解，因为审查制度在1947年后采取了新的形式，而且直到1949年都未终结。民间审阅部无限蔓延的官僚机构，实际上于1948年才在人数上达到巅峰，恰好是在美国国务院抱怨审阅活动造成了"延续日本独裁主义传统的影响"之后。由于越来越多的自由主义官员离开了总司令部，并且由更为保守的技术官僚接替，审阅制度变得更为严格、专断和不可预料。尤其是在出版业，检查制度更加隐蔽而阴险，由事先审查改变为事后审查，对许多出版社、编辑和作家来说，更给人以恐怖感而非解脱感。因为一旦占领当局发现他们的出版物不合要求而下令召回报纸、杂志或者书籍，就更会使他们遭到惨痛的经济打击。在经济不安定的状况下，审查的暧昧和肆意，对达成最高统帅部的目的尤为适宜，因为少有出版者敢冒出版物上市之后被查禁的风险。结果是，随着占领进程的发展，谨小慎微和自我审查的倾向愈加明显。[57]

这种威吓战术还有其他的形式。当执行事前审查制度时，总司令部的高官有时只是"扣留"或者故意忘记技术上并不违反出版法规但是仍然不合要求的文章放在了哪里，以此造成文章错过发稿日期。这样的情形多次发生在日共机关报《赤旗》呈交给民间审阅部的有争议的文章上。据说这是CI&E的权势人物——情报处长唐·布朗（Don Brown）的拿手好戏，民间审阅部常将有争议的材料提交给他处置。总司令部官员还可以通过操纵占领时期一贯短缺的纸张配给，对出版社非正式地实行赏罚。左右出版市场的另一阴险形式，则是GHQ掌控外国书籍的翻译特许权，译书必须获得民间情报教育局情报处的认可。[58]

还有一种更为强硬的手段。GHQ官员有权要求将触怒他们的作家和编辑立即解职。最高统帅部（SCAP）初期的清洗指令（1945年12月），只包括少量的媒体高层人士，而正式全面清洗珍珠港袭击之前与军国主义、极端民族主义宣传相关的有影响的媒体人员，直到1947年末才开始。当1948年5月一再拖延的媒体大清洗终于结束之时，约有2295人被审查，1066人被清除（其中857人早已辞职或引退）。[59]

与"昔日战争"相关的清除行动几乎尚未停止，GHQ官员就开始非正式地要求管理层开除他们由于冷战原因而不能容忍的记者和编辑。例如，1948年10月，《日本评论》的发行人铃木利贞被民间情报教育局的丹尼尔·伊伯顿少校吩咐解除他的副主编职务，罪名包括：企图发表加拿大进步的历史学家和外交官诺曼有关言论自由以及著名的共产主义者伊藤律关于新"法西斯主义"的文章。铃木被告知，如果他不这么做，他自己就可能遭到军事法庭审判，并且将被送往冲绳服刑。副主编于当月辞职。此后不久，在所谓的12月事件中，《改造》的4位编辑被迫在类似的情形下辞职，他们甚至招致一位GHQ日裔官员的到访，向他们提出到冲绳"做苦工"的相同威胁。这种露骨的威胁，因为审阅活动的另一侧面而颇具分量：冲绳，在美国人将这个战略地位重要的岛屿打造成主要的"冷战"军事基地的过程中，一直被秘密遮蔽于美国的严酷统治之下。贯穿整个占领期，实际上直到1955年，没有关于冲绳的新闻报道或者评论在媒体发表，将这个实际上看不见的省份，想象成一处发配服刑的殖民地，似乎完全合乎情理。[60]

威胁那些持不同政见者，要将他们送上军事法庭并且判处劳役，这是一个有些极端但是并非全然无谓的惩戒。滥用审阅权力更为极端的事例，发生于1948年9月，当时这出极其荒诞的事件涉及一家娱乐报纸。事件的起因是1948年5月27日的《日刊スポーツ》（《日刊体育》）发表了一篇题为《汤普森先生介绍大都剧场美国裸体舞表演》的文章。GHQ主管娱乐表演的一位官员在观看了浅草欢乐街的脱衣舞后，向日本记者评论说，那里的脱衣舞娘并不怎么吸引人，他乐于介绍他们看一场真正的美国脱衣舞滑稽表演。

尽管此报道属实，而且通过了民间审阅部的审查，但是被事后追认为攻击SCAP的权威，并且开始遭到正式的追诉。9月1日，美国军事法庭宣判，主编服劳役 1 年，《日刊体育》发行暂停 6 个月，并处高额罚金 75000 日元，正式的判决理由为违反出版法规第二条（扰乱公安）。经上诉，主编的判刑和报纸的停刊被推翻，但是不合理的罚金依旧执行。一年后，经过貌似稍为严肃的诉讼程序，3 位共产主义者编辑以发表煽动宣传的罪名，遭到审讯并被判处服劳役。[61]

乍看之下，汤普森事件本身可能就像是一出滑稽表演。然而，在试探言论表达限度的新闻界人士看来，将这样的事件诠释为 GHQ 有意图的、有组织的专横跋扈更合乎情理。毕竟，这桩历经数月、令人愤慨的脱衣舞案的性质，远远超出了 GHQ 某些下属的个人癖好或者偶尔过分的举止，而是戏剧性地揭示了：哪怕是细微或者无心地越出了最高军事权力认为适当的界限，都要付出惨重的代价。

另一方面，《日本评论》和《改造》的案例，则在意识形态上十分清晰：它们表明，审阅制度现在的主要审查目标是左翼而非右翼思想。这在媒体圈中已非秘密。事实上，在从起初的事先审查程序转为事后审查的过程中，清楚地将左翼视为民主的新的敌人。1947 年 12 月，这实际成了公开的方针，当时在 28 份留待事先审查的期刊中，只有两份是"极右"刊物（大约总共拥有 4000 名读者）。剩余的 26 份杂志，全部是进步和左翼的出版物，发行量共计超出 60 万份。其中，有些杂志是日本最有影响的刊物，包括《中央公论》（发行量 80000 份）和《改造》（发行量 50000 份），二者在战争年代都曾经受到帝国政府禁止发行的处分。每日新闻社发行的周刊《世界の动き》（《世界动向》）（发行量 50000 份）与另一份刊物《世界经济评论》（发行量 50000 份），被审阅官描述为"将精力放在挑资本主义制度的'毛病'上"，并且预言了苏联社会主义的最终胜利。而《世界》（发行量 30000 份）则被认为在国内问题上温和节制，但是在对美国、英国和资本主义的批判中，"通常采取共产主义路线"。

这 26 份杂志代表的，仅是当时存在的进步和左翼出版物的一小部分。而民间审阅部策略的本质，是要通过刁难和审查这些最有影响、最有声望的传播者，杀鸡儆猴地削弱社会主义、共产主义和马克思主义的影响。譬如，审阅官曾在秘密文件中阐明，他们为何决定将《潮流》月刊（发行量 30000 份）留在事前审查的名单上。他们认为，《潮流》，

"被评价为最重要的左翼出版物。执笔者多为左翼学者，他们对于世界的工业、农业、经济、社会和政治问题的分析头头是道，但是结论的反资本主义和破坏性却一成不变。他们大多数的论述，在狂热的共产主义评论家中罕见地平实，却以如此博学多识和彻底详尽的方式呈现出来，其宣传目的十分见效"。[62] 对于其他目标刊物的一些经常享有盛誉的执笔人，也可以这么说。他们的论述，远远超出对马克思主义教条的简单重复。岩波书店出版《世界》的编辑们发现，通常审阅官倾向于以比其他出版社更为严格的反马克思主义标准来要求他们，理由是他们应当受到约束，以免被政治左派借势。[63]

民间审阅部（CCD）出版·演艺·播送处处长罗伯特·斯伯尔丁 436 后来承认，实际上在1945年10月4日《人权指令》颁布之时，审阅官就开始既注意右翼也注意左翼对SCAP和美国的"反民主"批判。由民间情报教育局协办的最早的一档广播节目，拥有《爱国者にきく》（《爱国者宣言》）与《出狱者の时间》的双重标题，设计构思是给新近释放的政治犯一个机会，表达他们对罪恶的过去和新日本前景的见解。然而12月节目被停播，因为事情变得显而易见，大多数政治犯都是马克思主义者和共产主义者。1946年底之前，民间审阅部开始准备对日本媒体的苏联影响和左翼、共产主义倾向，彻底进行国内调查，尽管直到1947年中期，"左翼宣传"才作为明确类别出现在民间审阅部的秘密清单上。[64]

的确有数量巨大的左翼分析文章通过了审查之网，有些深刻尖锐，有些不过是无关痛痒的教条套语。另一方面，即便是名士派的"温和的"马克思主义经济学者和劳资关系专家，如有沢广巳、大内兵卫、大河内一男等人，虽然被许可拥有大规模的读者，但是都不时受到小的审查刁难。[65] 如平野义太郎、信夫清三郎等杰出的历史学家，在1947年中期面临更为彻底的压制。在东京大学赞助丛书的第一卷《日本民众革命の课题》中，平野的《日本资产阶级民主运动的历史》和信夫的《明治维新中的革命与反革命》被全文删除。[66]

从美国人的观点看来，正式的审查制度逐渐废止，造成了进退两难的困境：因为它正与占领政策保守主义的"逆转"，以及预见中的左翼批判的增强同时发生。1948年4月30日，民间审阅部的核心部门出版·演艺·播送处,受命对共产主义媒体执行"100%的监督",主要是出于情报收集的初衷,而非直接管制的目的。1949年初,日本的保守政权经最高统帅部同意,将正式的共产党出版物新闻用纸的配给量,从每月86000磅削减为20000磅。[67] 吉田茂政府在GHQ的积极协助下,于1949年末开始实行"赤狩"(赤色清洗),起初并没有严重影响到新闻媒体,因为清洗是以"削减"、"合理化"或者诸如此类的委婉表示为借口,针对公共部门的激进员工实施的。然而1950年6月25日朝鲜战争爆发后,"赤狩"波及了民间部门以及其他许多活动领域,横扫出版、电影和公共广播界。

尽管朝鲜战争的爆发,是媒体领域清除"极左"的契机,但是在战争开始数周之前就已经准备停当。6月6日,麦克阿瑟将军下令对日本共产党中央委员会全体开除公职。翌日,清洗波及日共机关报《赤旗》的17位编辑骨干。日本共产党本身,则作为合法的政治组织残存下来。为了将清洗日本共产党中央委员会的行为正当化,麦克阿瑟宣布,共产主义者近期的煽动言论和不法行动,"与过去军国主义领导人欺骗和误导日本人民的做法惊人相似,而他们的目的一旦达到,必然将日本引向更加深重的灾难。假使允许这种无法无天的煽动不加遏制地继续下去,即便现在看起来尚处于萌芽状态,也将冒着根本压制日本的民主制度、直接否定同盟国政策方针之目的和意图、丧失日本政治独立的机会、并且毁灭日本民族的风险"。[68]

6月26日,朝鲜战争开始翌日,《赤旗》被命令停刊(起初为停刊30日,但是后来修正为无限期停刊)。3周之内,约有700种共产主义和左翼报纸停刊,到1950年10月,据SCAP的官方数据,这种无限期停刊扩大到1387种出版物(另据统计约为1700种)。尽管麦克阿瑟将军和贯彻其指令的日本保守政府,通过将共产党领导人与战前日本的军国主义者等同起来,为这些清洗和压制行动正名,但是对许多人而言,历史上更为明显的前车之鉴,则是战前军国主义对左翼反抗压迫的镇压。既然媒体被置于强大的压力之下,以顺应美国对朝鲜战争的官方立场,那么倒更像是先前日本帝国强制"一亿一心"的单一口径时的情形。[69]

与左翼刊物停刊并行的,是"赤狩"在公共部门的扩大化以及向民间部门的扩展。这些开除行动的首要目的，是削弱左翼在劳工组织中的影响，但是这种政治迫害也改变了从大众媒体上所获见闻的面貌。超过700人被清除出新闻界，其中广播界104人至119人（统计数字各有不同），电影界137人。到9月份时，其中大多数人已经被解雇。尽管起初GHQ的停刊处分，针对的是"极左"出版物，它们大多仅有很小的发行量，但是"赤狩"却打击了主流媒体。例如，对公共放送（广播）局的清洗，于1950年6月28日在各个城市同时执行，包括张贴各放送（广播）局即将开除的职员名单。在一些城市（如大阪），据报告依照麦克阿瑟的指令，美国军警参与了对指定人员的排除行动。[70]

对主流新闻的第一波"赤狩"，于同日展开。当涉及民间部门时，解雇的方式真是五花八门。在朝日新闻社，指定的开除人员被依次召唤到一位面色苍白、明显颤抖着的高层经理的办公室里。在读卖新闻社，自1946年以来，经营者与职员之间始终激烈对立，是由一位身旁护卫着便衣警察和公司警卫的干部宣读解雇决定，并且声称是依照麦克阿瑟6月6日的信函行事。在共同通讯社，在宣布被解雇之后企图滞留的职员，被管理层招来的武装警察架出。在电影产业界，排除行动于9月份实施，是在GHQ劳动处高官召集各制片公司的高层，命令他们从公司中排除所有的共产主义者，但是必须自担责任之后。[71]

尽管GHQ从未诉诸日本帝国政府《治安维持法》的手段，对左翼表现进行有组织的镇压，但是它停止活动的处分、不断侵扰和政治迫害的手法，也确实达到了预期的目的。许多进步和左翼的出版物停刊，其他刊物的编辑方针也趋于保守。[72]然而在此之上，不少真正理想主义的民主支持者幡然省悟，由早期热心支持美国转变为怀疑派或者彻底的反美派。清洗运动还证明了教条的左翼对资产阶级伪善原本自以为是的非难的正确性。

与占领期的巨大发展和成就相对照，SCAP审阅民主的统治真的那么问题严重么？答案是肯定的。自然，从数量上讲，被审查删改的案例数量与印刷出版业繁荣的洪流相比极其微小。不可否认，媒体在占领期终结时比战争时期要大为活跃。然而与此同时，随着占领期的延续，他们变得逐渐丧失多样性和活力。当然，对于那些深受战时压制之苦而惊喜于投降后初期改革活力的自由主义者和左翼而言，目击美国人乐于行使绝对权力的姿态是令人沮丧的，而眼熟地发现他们很快展示出对持不同政见者的敌意，则更加令人灰心。

岩崎昶，曾经参与拍摄被美国人没收的有关广岛和长崎"原爆"破坏的纪录片，后来又成为龟井文夫命运多舛的《日本的悲剧》一片的制片人，他狡黠地将占领当局呼为"军阀"。岩崎昶回忆起当他发现无法反抗《日本的悲剧》遭禁映时的感受："我厌恶地意识到，非民主的美国军阀现在将日本抓得是多么紧。"左藤忠男，这位尖锐辛辣、自学成才的战后电影的资深批评家，回想占领期是由"鼓励的民主"时代与随后"压迫的民主"时代两个阶段构成。对松浦总三而言，作为《改造》的编辑者，他目睹了GHQ日益狂暴的反左翼运动，直到1952年占领当局实际从日本撤离，"民主的新闻界的复兴"才有了转机。事实上，当时出现了堪与占领初期匹敌的开放的、春天般的氛围。[73]直到那时，坦率地讨论占领本身等问题才成为可能。

这种审阅的民主更深层的遗产，超越意识形态保存了下来。是否有人真正相信，这种以"自由表达"为名实行的秘密审阅和思想统治，无损于战后的政治意识？事实上，一方面高高地挥舞着"自由表达"的旗帜；一方面却严厉地限制对麦克阿瑟将军、SCAP当局、庞大的占领军全体、全部的占领政策、美国和其他战胜的同盟国、战犯审判的诉讼和判决，以及胜利者出于实利的考虑否认天皇个人的战争责任等问题的任何批判。审阅的民主，并非如官方所宣称的是清除民主威胁的筛网，不过是默许不合理的权力并且强求舆论一致的古老教训的新篇章而已。

依照这一观点，"自上而下的革命"的遗产，使得认同权力成为一种普遍的社会态度，强化了与政治的、社会的权力相关的集体宿命论，以及一种普通人的确无法左右事态发展的意识。尽管不断地谈论民主，征服者却致力于控制舆论。在许多重要问题上，他们让人明白了沉默地顺应大势才是真正的政治智慧。征服者如此成功地巩固了这种意识，以至于在他们离去之后，随着时间的推移，日本之外的许多人，包括美国人，开始将这种意识当成是日本人原本独有的态度。

注释:

1 引自平野共余子对前 SCAP 高官 Seymour Palestin 的访谈, Kyoko Hirano (平野共余子), *Mr. Smith Goes to Tokyo: Japanese Cinema under the American Occupation, 1945 – 1952* (Washington, D. C.: Smithsonian Institution Press, 1992), pp. 72 – 73。

2 关于"权力者崇拜"事件, 参见 Robert M. Spaulding, "CCD Censorship of Japan's Daily Press", 收入 Thomas W. Burkman 编, *The Occupation of Japan: Arts and Culture* (Norfolk, Va.: Douglas MacArthur Foundation, 1988), pp. 6 – 7; William J. Coughlin, *Conquered Press: The MacArthur Era in Japanese Journalism* (Palo Alto: Pacific Books, 1952), pp. 51 – 52。

3 这份重要指令 (SCAPIN 16) 收入 Coughlin 前引书, pp. 147 – 149。

4 民间情报教育局对媒体"积极的"管制的个案研究, 参见 Malene Mayo, "The War of Words Continues: American Radio Guidance in Occupied Japan", Burkman (1988), pp. 45 – 83。

5 到 1945 年 12 月, SCAP 的审查官们审阅了 518 部"古典或新古典"戏剧, 禁止其中 322 出戏上演, 绝大多数为歌舞伎剧目。参见 General Headquarters, Supreme Commander for the Allied Powers, *Theater and Motion Pictures* (1945 through December 1951), monograph 16 in *History of the Nonmilitary Activeties of the Occupation of Japan* (1952: National Archives microfilm), pp. 4 – 5。还可参见同一文献系列中的 monograph 15 (*Freeedom of the Press*) 和 monograph 33 (*Radio Broadcasting*)。

6 CCD 审阅活动的详细年表, 参见古川纯《年表——占领下的出版・演艺・放送检阅》,《东京经大学会志》118 (1980 年 12 月) 号, pp. 231 – 251。包罗详尽的被审阅出版物的总览, 参见奥泉荣三郎《占领军检阅杂志目录・解题》(东京: 雄松堂, 1982)。这一指南是对占领结束后, 美国马里兰大学东亚图书部收存的大量 CCD 档案的日英双语解说。遗憾的是, 由于这些文献年久易损, 1990 年代以来查阅受到了限制。Burkman (1988) 一书, 收录了有关占领下的文化艺术的论文和讨论, 提供了在不同领域对审阅意义的观点和看法。原始资料研究代表性的英文成果, 是 Marlene Mayo 的著述。除了 Mayo (1988) 一书外, 还有她的论文"Civil Censorship and Media Control in Early Occupied Japan", 收入 Robert Wolfe 编, *Americans As Proconsuls: Untied States Military Government in Germany and Japan, 1944 – 1952* (Carbondale: Southern Illinois University Press, 1984), pp. 263 – 320, 498 – 515; 亦参见 Mayo, "Literary Reorientation in Occupied Japan: Incidents of Civil Censorship", 收入 Ernestine Schlant 与 J. Thomas Rimer 编, *Legacies and Ambiguities: Postwar Fiction and Culture in West Germany and Japan* (Washington, D. C. and Baltimore: Woodrow Wilson Center Press and Johns Hopkins University Press, 1991), pp. 135 – 161。

　　江藤淳基于对原始文献的研究, 对占领期的审阅制度发表了犀利的评论。参见 Etō Jun "One Aspect of the Allied Occupation of Japan: The Censorship Operation and Postwar Japanese Literaure", occasional paper of the Wilson Center, Smithsonian Institution (Washington, D. C., 1980); "The Civil Censorship in Occupied Japan",《比

较文化杂志一》（东京工业大学，1982），pp. 1 – 21；以及"The Sealed Linguistic Space: The Occupation Censorship and Post-War Japan"，《比较文化杂志二》（1984），pp. 1 – 42。江藤淳关于审阅制度的许多有影响的论文，包括前述论文的日文版，收入江藤淳《落叶的扫き寄せ——一九四六年宪法——その拘束》（东京：文艺春秋，1988）。江藤认为审阅制度有害于败战后日本文学的发展的观点，受到了Jay Rubin的质疑。参见 Jay Rubin, "From Wholesomeness to Decadence: The Censorship of Literature under the Allied Occupation", *Journal of Japanese Studies* 11. 1 (1985), pp. 71 – 103。亦可参见 Burkman（1988）一书中 Rubin 的论文，pp. 167 – 174，以及 Yoshiko Yokochi Samuel 对审阅制度的良性遗产的更为客观的评述，pp. 175 – 180。对受审查的许多文学作品的引用实例，还见于 Samuel "Momotarō Condemned: Literary Censorship in Occupied Japan"，此论文未发表，为 1982 年 New England regional conference of the Association of Asian Studies 上提交的会议论文。

　　日本学界关于新闻出版业的审阅制度的先驱性研究，是松浦总三《占领下の言论弹压·改订版》（东京：现代ジャーナリズム出版会，1969年初版，1977年修订版）。亦参见春原昭彦《占领检阅の意图と实态》，《新闻研究》395、397（1984年6月、8月）号，pp. 80 – 101，88 – 96。Haruhara（春原昭彦），"The Impact of the Occupation on the Japanese Press", Burkman（1988），pp. 21 – 31；Jim Hopewell, "Press Censorship: A Case Study", *Argus* 6. 6（University of Maryland, May 1971）：19 – 20，58 – 64；福岛铸郎《战后杂志发掘》（东京：洋泉社，1985），pp. 122 – 153。PPB 的月度审阅量，见 Spaulding 前引文，p. 5。邮件和电话监控，占 CCD 审查的日文资讯的相当比重，参见 U. S. Army, *Reports of General MacArthur: MacArthur in Japan: The Occupation, Military Phase*, vol. 1, Supplement（Washington, D. C.: U. S. Government Printing Office, 1966），pp. 238 – 239。据估计，总共约有 11000 篇杂志文章遭到审查；Mayo（1984），p. 512。

7　有关非日文资讯的审查，参见 Coughlin 前引书，pp. 47 – 49；关于秘密通告，见前引之《占领军检阅杂志目录》，pp. 33 – 39；有关秘密告别的方针，参见 Rubin 前引文，p. 85。

8　Spaulding 前引文，pp. 7 – 8。

9　对著名作家的审阅，参见 Mayo（1991）；Rubin（1985）；Samuel（1982）；木本至《杂志で读む战后史》（东京：新潮选书，1985），pp. 19，56，116 – 118；松浦《占领下の言论弹压》，pp. 21 – 25，185。谷崎润一郎的短篇小说是《A 夫人的信》。关于托尔斯泰，参见 Hopewell 前引文，p. 63（引用了 1947 年 7 月 13 日 *St. Louis Post Dispatch* 报上发表的前 CI&E 官员 David Conde 的文章）。Hopewell 这篇默默无闻的文章，是最早全面研究 CCD 档案的论文之一，文中大量引用了审阅官的真实报告。中村光夫的说法，引自 Rubin（1985），pp. 75 – 76。

10　松浦《占领下の言论弹压》，pp. 130 – 131。GHQ 的翻译多有赖于第二代的日裔美国人，对这些日裔而言，日语只是第二语言。日本方面不少涉及与征服者沟通的不正确、不完全的怨言，成了直接针对这些第二代的日裔美国人。这些种族间的紧张，构成了占领时期微妙的、有待考察的亚主题。例如，参见日本放送协会编《续·放送夜话》（东京：日本放送协会，1970），p. 17；Akira Iwasaki, "The Occupied Screen", *Japan Quarterly* 25. 3（July-September 1978）：308，315；Kiyoko

Hirano,"The Occupation and Japanese Cinema",Burkman（1988），pp.146，148，以及 Frank S. Baba 对这些批评的回应，Burkman（1988），p.164。

11 这是松浦总三的基本观点；参见《占领下の言论弹压》，pp.5-6，17-18，57-58，323-324，349，354-355，403。

12 日本放送协会编《续·放送夜话》，pp.13-18。这些批评者也承认，美国的广播方针有其积极的方面。

13 Haruhara（1988），p.28.

14 参照松浦《占领下の言论弹压》，pp.5-7，64-73；朝日ジャーナル编《ベストセラー物语》（东京：朝日新闻社，1967），第一卷，p.146。伏字的使用（通常以××或〇〇之类逐字替代被删除的文字），始于 1925 年左右，1937 到 1938 年废止。理由是思想警察断定，让敌国悟到日本国内对战争政策可能有批判或反对意见，是失策之举。

15 出版法规多处均有转载，可参见 Coughlin 前引书，pp.149-150。

16 见载于古川纯《杂志〈改造〉に见る占领下检阅の实态》，《东京经大学会志》116-117（1980 年 9 月）号，pp.136-137。1946 年 11 月 25 日详细的、附有原评注的审阅日志，参见 Etō（1980），pp.17-20；Etō（1982），pp.5-6。括号内的说明，为本人所添加，参照了 11 月的审阅日志和实际的审阅官评注。有关电影的禁止事项（1945 年 11 月的规定），参见 Hirano（1992），pp.44-45，49，52-58，75，78。

17 表格样例，参见《占领军检阅杂志目录》，pp.41-42。

18 关于原爆文学与科学数据的审阅，参见松浦《占领下の言论弹压》，pp.167-212；堀场清子《原爆—表现と检阅 日本人はどう对应したか》（东京：朝日选书，1995）；Committee for the Compilation of Materials on Damage Caused by the Atomic Bombs in Hiroshima and Nagasaki 编辑，Eisei Ishikawa 与 David Swain 译，*Hiroshima and Nagasaki: The Physical, Medical, and Social Effects of the Atomic Bombings*（New York: Basic Books, 1981），pp.5，503-513，564，585；Glenn D. Hook,"Roots of Nuclearism: Censorship and Reportage of Atomic Damage and Casualties in Hiroshima and Nagasaki", *Bulletin of Concerned Asian Scholars* 23（January-March 1991）: 13-25；Monica Braw, The Atomic Bomb Suppressed: American Censorship in Occupied Japan（Armonk, N. Y.: M. E. Sharpe, 1991），尤可参见第 8 章；Mayo（1991），pp.150-152。James Yamazaki 医生是 1949-1951 年被派往长崎研究放射性影响的美国科学家，尤其是调查原子弹爆炸对胎儿的影响。他实际上在离日前夕才发现，有人刻意向他隐瞒了美国之前的相关报告书与调查结果；他在著作中曾多次提到这一点，参见 *Children of the Atomic Bombs: An American Physician's Memoir of Nagasaki, Hiroshima, and the Marshall Islands*（Durham, N. C.: Duke University Press, 1995）。有关"原爆"的电影的审阅，参见 Hirano（1992），pp.59-66。1945-1946 年出版了相当数量的涉及"原爆"的著作，见历史学研究会编《日本同时代史 第一卷 败战と占领》（东京：青木书店，1990），pp.237-238。详细的纵览，参见《中国新闻》1986 年 7 月 30 日到 8 月 12 日间关于占领期"原爆"文学的 30 回连载。广岛原子弹爆炸后果的目击者堀场清子强调，作者的自我审查，在很大程度上与当局审阅制度的强制规定是分不开的。例

如，参见堀场《原爆——表现と检阅》，pp. 32 – 35，54，164 – 172。亦参见《朝日新闻》1994 年 5 月 16 日对原 CCD 审阅官回忆的报道。

19 映画制作会社日映藏匿了一份这部被禁影片的拷贝，在占领结束时上映了其中的一部分，但拒绝公开影片的全部内容。参见岩崎昶《日本现代史大系·映画史》（东京：东洋经济新报社，1961），pp. 226 – 227；岩崎是广岛·长崎拍摄影片的联合制片人。1966 年此片被美国政府解禁后，根据其中的一些剪辑片断制作了英文纪录短片 Hiroshima-Nagasaki, August 1945。短片于 1970 年上映，监制为 Eric Barnouw。参见 Barnouw, "Iwasaki and the Occupied Screen", Film History 2 (1988): 337 – 357；松浦《占领下の言论弹压》，pp. 192 – 195。

20 丸木夫妇的作品集，收入 John W. Dower 与 John Junkerman 编，The Hiroshima Murals: The Art of Iri Maruki and Toshi Maruki（New York: Kodansha International, 1985）。

21 "原爆"灾难的照片，最初主要发表于 1952 年 8 月 6 日的《朝日グラフ》。日本政府报道部的摄影师山端庸介，对长崎原子弹爆炸之后的惨状进行了全方位拍摄。山端秘密保存了上百张底片。占领结束后不久在日本出版，直到 1995 年才出版英文版。参见 Rupert Jenkins 编，Nagasaki Journey: The Photographs of Yosuke Yamahata, August 10, 1945（San Francisco: Pomegranate Artbooks, 1995）。亦可参见 John W. Dower, "The Bombed: Hiroshimas and Nagasakis in Japanese Memory"，收入 Michael J. Hogan 编，Hiroshima in History and Memory（Cambridge: Cambridge University Press, 1996），pp. 116 – 142。

22 Braw, pp. 94 – 100；松浦《占领下の言论弹压》，p. 189。对于将长崎与马尼拉暴行相提并论的事实，Robert Spaulding 注意到，这极易使日本人得出如下结论："我们的行为与他们的罪行彼此抵消。" Mayo（1991），pp. 151 – 152。

23 吉田满曾数次修改自己的作品。这里引用的是审阅官对日文原文的翻译，引自 Etō（1982），pp. 9 – 10。对占领期结束后吉田作品最终版本的上佳译本，参见 Richard Minear 译介的 Yoshida Mitsuru，Requiem for Battleship Yamato（Seattle: University of Washington Press, 1985）。江藤淳曾将对吉田文本的审查作为主要的例证，以阐释他所谓的占领期的"封闭的言说空间"；参见 Etō（1984）。另一位写到"大和"号的作者，在企图表达"当许多兄弟捐躯而我们活了下来的深重的耻辱感"时，也同样遭禁；Mayo（1991），p. 149。

24 这些字句被从 1948 年 8 月号的《改造》上删除；参见古川《杂志〈改造〉に见る占领下检阅の实态》，pp. 176 – 177。

25 矢野又吉档案，《败战のしもと》，见 Prange 文库中有关占领当局审查的文献，现藏于美国马里兰大学 McKeldin 图书馆。

26 《壶井繁治诗集》（东京：真理社，1948）；引自 Prange 文库中的标注本。遵照要求修改之后，1948 年 7 月诗作得以出版。

27 转引自 Samuel（1988），p. 177。审查官还查禁了栗原贞子的一首谴责"所有战争"的兽行的力作；参见 Samuel（1982），pp. 11 – 12。

28 木本《杂志で读む战后史》，pp. 52, 116, 118, 140；Hopewell 前引文，p. 20；Mayo（1984），p. 301。关于 1947 年的交锋，参见 Paul Vincent Miller, "Censorship in Japan", Commonweal, vol. 46（April 25, 1947），pp. 35 – 38，以及 Imboden 在

6月13日那一期杂志上的回应（pp. 213 - 215）。Miller 还列举了审查私人通信的例子，并引述了日本人的谴责："自由与和平"的说教者却做这样的审查是伪善。

29 Spaulding 前引文，p. 9；松浦《占领下的言论弹压》，p. 196。实际的审查多有疏忽，对电影和照片的审阅中也有漏网之鱼。在影像资料中的确可以发现吉普车、英文标记和占领军人员，但是极为罕见。

30 此漫画在木本《杂志で読む战后史》中有提及，p. 52。这首川柳引自 Prange 文库。

31 Coughlin 前引书，pp. 52 - 53。

32 收入古川《杂志〈改造〉に见る占领下检阅の実态》，pp. 168 - 169。诗的作者是山之口貘。

33 参见木本《杂志で読む战后史》，p. 51；马场恒吾的文章受命从1948年8月的《中央公论》上删除，参见松浦《占领下的言论弹压》，p. 21。

34 参见 Rinjirō Sodei, "Satire under the Occupation: The Case of Political Cartoons", Burkman (1988), pp. 93 - 106，以及笔者对此文的评注，pp. 107 - 123。

35 对这3幅遭审查漫画的描述，参见木本《杂志で読む战后史》，pp. 137 - 139。

36 这4幅天皇题材的漫画，收录于 Sodei, pp. 104 - 105。

37 Klaus H. Pringsheim, "Wartime Experience in Japan", 1995年10月 National Archives 与 University of Maryland 举办的"Violent Endings, New Begiinnings"会议上提交的论文，未发表。

38 Russel Brines, *MacArthur's Japan* (Philadelphia: Lippincott, 1948), pp. 246 - 249.

39 Sodei, pp. 96 - 97；从《VAN》杂志上删除的3幅漫画收入该论文，p. 103。

40 《サザエさん》于1946年4月22日的《夕刊フクニチ》上初次登场，1949年12月转移到《朝日新闻》的夕刊上发表。《あんみつ姫》是《少女》杂志的连载漫画。亦可参照1990年11月23日《朝日グラフ》的短评。手塚治虫极其多样性的全部作品，皆收录于制作精美的展览目录《手塚治虫展カタログ》（东京：国立近代美术馆·朝日新闻社，1990），并附有详细介绍和日英双语的分析评论。占领初期最受欢迎的连环漫画是日文版的 *Blondie*（《金发女郎》），作者为美国漫画家 Chip Young。1946年6月2日开始在《周刊朝日》上刊载，后来转移到《朝日新闻》朝刊上发表。*Blondie* 漫画与好莱坞的电影一起，对日本民众的"美国"想象产生了巨大的影响力。日本民众想象的"美国"，是一个冰箱里塞满食物、住宅里满是神奇的家用电器的富足国家，家庭主妇们为了购买迷人的帽子一掷千金，赚薪水的丈夫们尽管可能不太走运，但照样开得起汽车、买得起房子，甚至连孩子们和宠物也不必承受家长权威的压迫。占领期间，出版了6册 *Blondie* 漫画集单行本。这扇可以窥见美式消费生活的诱人窗口，也成了学习英语会话的颇具魅力的启蒙读本。漫画的对话框中换上了日文，并在下方标注英文原文。研究政治的象征符号的学者，可能会发现以下事实的重要意义：1951年麦克阿瑟被召回之后，《朝日新闻》几乎立即停止在朝刊上刊登 *Blondie*，而替换上了《サザエさん》，后者此前一直连载在地位较为次要的夕刊上。

41 引自 Sodei, p. 99。清水崑描摹吉田茂的漫画，收入其《清水崑画　吉田茂讽刺漫画集》（东京：原书房，1989）。

42 古川纯的重要论文《杂志〈改造〉に见る占领下检阅の実态》，收录了1946年1月至1949年末正式的审阅制度结束期间《改造》杂志受审查的部分。

43 木本《杂志で読む战后史》，p. 14；松浦《占领下の言论弹压》，p. 103。

44 Hopewell 前引文，pp. 61，63；Rubin 前引文，pp. 87 - 88（引述大日向葵对麦考伊兵营的回忆，初次发表于 1946 年 8 月的《新潮》）。

45 Hopewell 前引文，p. 59；亦参见古川《杂志〈改造〉に见る占领下检阅の实态》，pp. 143，151，153，177。

46 木本《杂志で読む战后史》，pp. 16 - 17；古川《杂志〈改造〉に见る占领下检阅の实态》，p. 143；Hopewell 前引文，p. 58。

47 皆引自 Hopewell 前引文，pp. 60 - 63。

48 Hirano, *Mr. Smith Goes to Tokyo* 是关于占领期电影的基本参考文献。她（平野共余子）对占领下电影自由化的条分缕析而又基本肯定的评价，在 Hirano (1988) 一书中有准确表述, pp. 141 - 153。亦参见岩崎昶《日本现代史大系・映画史》，第 7 章；Iwasaki (1978)，pp. 302 - 322；今村昌平等编《讲座日本映画 第五卷 战后映画の展开》（东京：岩波书店，1987）；佐藤忠男《日本の映画——裸の日本人》（东京：评论社，1978）；佐藤忠男《黑泽明の世界》（东京：朝日文库，1986）；Joseph L. Anderson 与 Donald Ritchie, *The Japanese Film: Art and Industry*（Princetion, N. J.: Princeton University Press, 1984），增订版，第 9 章。

49 被销毁的日本电影清单，参见前引之 General Headquarters, *Theater and Motion Pictures*, "Annex No. I"。

50 黑泽明对战争年代及战后初期极其简短的回顾，见黑泽明著、Audie Bock 译, *Something Like an Autobiography*（New York: Knopf, 1982）。对黑泽明全部电影的缜密分析，参见 Donald Richie 的权威著述, *The Films of Akira Kurosawa*（Berkeley: University of California Press, 1984），修订版。

51 这一插曲，在 Hirano (1992) 一书的第三章中有详细记载；Hirano, "The Japanese Tragedy: Censorship and the American Occupation", *Radical History Review* 41 (May 1988)：67 - 92；古川纯，《占领下のマスメディア统制——〈日本の悲剧〉の上映禁止をめぐって》，《东京经大学会志》122 号（东京经济大学，1981 年 10 月），pp. 200 - 238。有关亲历者的观点，参见 Iwasaki (1978)，pp. 314 - 322。龟井文夫身后有简短的"自传"出版，主要是其生平材料的辑录，见《たたかう映画 ドキユメンタリストの昭和史》（东京：岩波新书，1989）。

52 Hirano (1992), p. 135.

53 古川《占领下のマスメディア统制》，pp. 236 - 237；Hirano (1992)，p. 136；Iwasaki (1978)，pp. 314 -318；龟井《たたかう映画》，p. 117。

54 日映摄制《日本の悲剧》的费用为 557000 日元，在当时是一笔巨资。参见 Etō (1982)，p. 15；Hirano (1992)，pp. 140，143。

55 今村等编《讲座日本映画 第五卷 战后映画の展开》，p. 101。《战争と和平》的片名，标准的英文译法为 Between War and Peace；按照字面的翻译更简单，正如托尔斯泰的名作 *War and Peace*。对审查《战争と和平》一片的详尽研究，参见 Hirano (1992)，pp. 54 - 55，172 - 175；岩崎昶《日本现代史大系・映画史》，pp. 228 -231；Etō (1982)，pp. 12 - 16。江藤的论文也引述了此处所引用的 CCD 的一些重要的备忘录，但有时却未能发现备忘录中提议的某些删节，实际上并未强制执行。格里菲思的 *Enoch Arden* 是具有开创意义的电影，胶片长度为双片盘

(two reels），而在此之前的美国电影皆为单片盘（single reel）影片。

56 1952年6月山本嘉次郎的回忆，引自松浦《占领下の言论弹压》，p. 196。Hirano (1988)，p. 145。小津安二郎的影片《晚春》中，有一句台词抱怨东京"到处都是烧毁的遗迹"，被改成了"到处都是这么脏"。尽管《战争与和平》遭受到审查，但是令人吃惊的是，竟然有那么多美军空袭东京的场景被保留了下来。

57 例如，参见 Mayo (1984)，pp. 308 – 310，313 – 314；Coughlin 前引书，pp. 81 – 84；松浦《占领下の言论弹压》，pp. 13，125 – 128。

58 关于《赤旗》，参见 Spaulding 前引文，p. 8；Coughlin 前引书，p. 106；Mayo (1984)，p. 315；松浦《占领下の言论弹压》，p. 274。Brown 玩弄审查手法的例证，参见 Prange 文库所藏《思想的科学》1947年4月号上有关审阅制度的对谈。

59 Mayo (1984)，pp. 307，318 – 319。

60 松浦《占领下の言论弹压》，pp. 253 – 257；Hidetoshi Katō, *Japanese Research on Mass Communication: Selected Abstracts* (Honolulu: University Press of Hawaii, 1974), pp. 95 – 96，书中概述了《新闻研究》215号（1969年6月）上新崎盛晖的文章。有关被占领下的冲绳的审阅制度，参见门奈直树《冲绳言论统制史》（东京：现代ジャーナリズム出版会，1970）。由于美国对冲绳的隔离统治，本章（或者所有关于"被占领日本"的审阅制度的日方研究）所举实例或统计数据，皆未涉及在冲绳本土发生的更为严酷的压制情形。参照奥泉《占领军检阅杂志目录》，p. 529。

61 春原《占领检阅の意图と实态二》，pp. 94 – 95；General Headquarters, *Freedom of the Press*, pp. 27 – 28。1949年8月，大阪的一位朝鲜人编辑 Kim Won Kyun 被判服5年劳役后被驱逐出境，原因是他控告美军在朝鲜的伪大选前杀害反对派党员。1949年9月，另一位朝鲜人编辑 Euan Muam 以同样的罪名被判入狱两年。第三起案例最为著名，也是发生在同年9月，案件涉及一位日本编辑。东京的通信社编辑局长森冈七郎被判服两年劳役，罪名是转载塔斯社对英国在马来亚的暴行、美国迫害共产主义者以及美国将日本变为在远东的军事侵略基地的报道。

62 "Magazines To Be Retained on Precensorship"，1947年11月26日。CCD 的这一基本文件称，这28份刊物仍旧被指定为事前审查的对象。此文件收录入奥泉《占领军检阅杂志目录》，pp. 512 – 525。

63 松浦《占领下の言论弹压》，pp. 101 – 102，104。

64 Spaulding 前引文，pp. 3 – 4；Mayo (1988)，p. 61；古川《年表——占领下的出版·演艺·放送检阅》，pp. 242 – 246；古川《杂志〈改造〉に见る占领下检阅の实态》，pp. 154 – 155。亦可参见 Coughlin 前引书，第七、八章；Hirano 前引书，第六章。1947年12月被指认为"极左"刊物的26份期刊，在占领期的头两年，曾经遭到至少1280处的删节，70篇文章被查禁；数据源自 CCD "Magazines To Be Retained on Precensorship"，奥泉《占领军检阅杂志目录》，pp. 512 – 525。

65 松浦《占领下の言论弹压》，p. 18。

66 平野和信夫的论文，被从平野义太郎、信夫清三郎、木村健康、饭塚浩二《日本民众革命的课题》一书中删去。此书是东京帝国大学东洋文化研究所预定出版的《东洋文化讲座》的第一卷。关于农地改革的左翼批判不被容许的例证是，1847年6月，须乡登世治的《农村はどうなるか——农村改革法の解决》（中央大学出版部）一书，被要求进行多处删节。这两份注有审阅标记的文本，皆收藏于 Prange 文库。

67 古川《年表——占领下の出版・演艺・放送检阅》，p. 250；Coughlin 前引书，p. 106。

68 Rodger Swearingen 与 Paul Langer，*Red Flag in Japan：Internatioanl Communism in Action 1919 – 1951*（New York：Greenwood，1968），pp. 209 – 212。

69 关于 GHQ 向日本新闻界施压、要求无条件支持美国朝鲜战争立场的代表性回顾，参见长谷部忠《占领下の新闻》，《〈周刊朝日〉の昭和史》（东京：朝日新闻社，1989），第二卷，pp. 43 – 44。

70 General Headquarters，*Freedom of the Press*，pp. 151 – 157；GHQ，*Theater and Motion Pictures*，p. 51；GHQ，*Radio Broadcasting*，p. 49；松浦《占领下の言论弹压》，pp. 301，315，335；Mayo（1984），p. 317。

71 松浦《占领下の言论弹压》，pp. 302，309 – 311；今村等编，《讲座日本映画 第五卷 战后映画の展开》，pp. 21，83 – 84。

72 例如，参见松浦《占领下の言论弹压》，pp. 323 – 324。

73 Iwasaki（1978），pp. 304，317 – 318；佐藤《日本の映画——裸の日本人》，p. 116；松浦《占领下の言论弹压》，pp. 349，354 – 355。

第五部
罪　行

第十五章
胜者的审判，败者的审判

第二次世界大战在亚洲结束时，胜利的同盟国满怀着憎恨与希望交织的情绪。这两种情感的纠缠不清，在胜者执行的战犯审判中表现得最为明显。日本军队在所有战区犯下的暴行，激起了强烈的报复欲望，与此同时，向那些违反战争行为的既定规则和惯例的罪人施以严惩，被视为理所当然。按照正式规定，这种"常规"的暴行或曰"反人道罪"定义更为宽泛，被认定为"B级"（中国称"乙级"——编者）战争犯罪；在指挥系统中处于较高地位的策划、命令、授权以及对此种罪行的不作为，被归入"C级"（中国称"丙级"——编者）犯罪。在实际操作中，这两种罪行经常混淆，通常统称为"B/C级"战争犯罪。最终数千名日本人被指控犯有此类罪行，并被带到战胜国在各地建立的军事法庭接受审判。

在菲律宾的美国军事法庭，对山下奉文和本间雅晴两位司令官仓促进行了诉讼，山下和本间在被判决应为麾下军队所犯暴行负责后被处决。除了这两起案例之外，各地施行的这些并无先例的B/C级战犯审判，并未引起大的注意，也没有在日本之外的公众记忆中留下持久的印记。真正在法律意义上和人们的记忆中产生重大影响的战犯起诉，是远东国际军事法庭对少数日本领导人空前的战争罪行的起诉和有罪宣判，这一审判更为人熟知的名称是：东京战犯审判或曰东京审判。

像同盟国在纽伦堡对纳粹领导人的审判一样，东京审判以对"反人道罪"的扩充解释和更为大胆地引入崭新的概念——"反和平罪"，把握住了当初厌倦战争的世界的脉搏。在胜利者理想主义的言说中，尽管同盟国在各个层次的审判都会提供公平与公正的范例，但是东京和纽伦堡示范性的"A级"战犯审判，确实代表着意义重大的发展。用东京审判的荷兰法官洛林的话来说，这是"国际法开始踏上禁止战争、将战争当作刑事犯罪的道路"的时刻。

对洛林法官和无数其他人而言，让领导者个人为国家的极端行为负责，为核时代的"法律进展"树立了一块至关重要的"里程碑"。东京审判的审判长澳大利亚的威廉·韦伯爵士（Sir William Webb），以"在整个历史上再没有比这更重要的刑事审判了"的发言宣布审判开始时，正是心存此念。首席检察官美国人约瑟夫·基南的开篇陈词给许多日本人留下了深刻印象，他特意强调了最终的原告是"文明"，假使这些司法行为不能防止将来再发生战争，那么文明本身很可能将被毁灭。[1] 然而事实上，这些希望与理想不可避免地被参与审判者的双重标准所玷污，正如同盟国阵营的某些成员私下所承认的那样。对日本而言，司法正义的理想与胜利者理所当然的制裁之间的矛盾，为战后新的民族主义的抬头提供了温床。

严厉的审判

战争之后进行大的战犯审判，甚至是史无前例的重大审判，并非必然。1945年，许多英美官员开始设想对敌方阵营的"主要罪犯"进行立即裁决。美国国务卿科德尔·赫尔（Cordell Hull）曾经告诉英国和苏联两国的高官，如果能够办得到，他"将让希特勒、墨索里尼、东条英机以及他们主要的帮凶，接受战地军事裁决。只要到第二天的日出时分，就会发生历史性的事件"。美国财政部长亨利·摩根索（Henry Morgenthau）首先考虑的是德国，他建议同盟国列出一张清单，标明被捕和指认之后应立即"被联合国士兵组成的行刑队"处决的最高领导人。直到1945年4月，德国投降之前数周，英国人还敦促美国人批准"不经审判处死"德国的最高领导人。数年后，一些官员仍然相信这对日本也将是适宜的方针。[2]

这种鼓吹战地裁决的主张，受到了陆军部长亨利·斯廷森（Henry Stimson）的带头抨击。斯廷森认为，基于公正的法律程序的即时审判，"符合文明的进步"，并将"对子孙后代产生更大的影响"。斯廷森解释说,他倾向于军事委员会的审判,军事委员会将被授权,通过建立自身的"基本"规则迅速有效地实施诉讼程序,可以避免一般的法庭,甚至是通常的军事法庭可能引起的法律技术问题。这位陆军部长表示,除了将实现"历史的审判"之外,这些审判还将保留敌人的罪行记录,发挥教育的和历史的功用。在战后不久出版的回忆录中,斯廷森断言,侵略"是如此严重和十恶不赦的犯罪,我们不能容忍其重复发生"。参与东京审判的法官菲律宾的德尔芬·哈那尼拉(Delfin Jaranilla)对此深有同感,他个人在对日本 A 级战犯被告提出的严厉的判决意见书中,引用了上述的话作为结论。[3]

在日本投降之际,同盟国对于日本战争罪行的方针的主要声明,仍然坚持《波茨坦宣言》中的阐释:

> 必须永久消除那些欺骗和误导日本国民去征服世界者的权力与影响,因为我们坚信,只有不负责任的军国主义被从世界中驱除出去,方能产生和平、安全与正义的新秩序……我们并无意奴役整个

在横滨召集的"B 级"战犯审判中,一位日本护士被判处 5 年徒刑。她被证实参与了对一名美国空军战俘的活体解剖,这是战争的最后几个月里,在九州岛帝国大学实施的数项暴行之一

日本民族或是将日本国毁灭,但是对所有的战争罪犯,包括那些残忍虐待我方俘虏的人,将会处以严厉的惩罚。

这些声明是高度概括化的,也不得不如此,因为直到战争终结,胜利者仍然在对如何处置日本的战争罪行进行慎重考虑。《波茨坦宣言》传达得最为清晰的是,同盟国阵营对日本虐待俘虏的愤怒之情。战争结束后许久,尽管披露了纳粹骇人听闻的暴行,大多数美国人、英国人和澳大利亚人仍然相信,他们在亚洲的敌人,甚至要比德国人更为可憎。审判过程中形成的统计数据,更强化了这样的印象。据估计,被德国和意大利俘虏的英美军人,只有4%在囚禁期间死亡,而日本俘虏的美国和英联邦军人的死亡率,则达到约27%。[4]

日本投降后不久,据推测,因虐囚或在日军占领地区对平民施暴而被起诉的日本人,可能多达50000名。一年之后,据估计大约有10000名这样的嫌疑犯,被验明正身等待受审。最终,亚洲各地约50处军事法庭开庭,由荷兰召集开庭12处、英国11处、中国10处、澳大利亚9处、美国5处,以及法国、菲律宾各1处。[5] 其他审判由苏联及许久之后在中国开始掌权的共产党政府的法庭执行。

在苏联和共产党执政的中国以外的大多数审判,于1945至1949年间实施,最后的审判于1951年结束。由于多种原因,不可能提供有关这些诉讼结果的精确数据。这些审判在广为分散的地点、在各个国家的管辖范围内发生,因而并不总是能够保留或者得到准确数据。尤其在涉及死刑判决的场合,有时会发生再审或改判。有些被告在等待审判时死于监禁。刑期未满就被释放的情形时常发生。然而,这些地方性审判的整体规模十分明了。据最权威的日本统计数据,总计5700人因"B级"或"C级"战争罪行被起诉。其中,最初被判死刑者984人;无期徒刑475人;有期徒刑2944人;无罪释放1018人。另有279人因为某种原因没有宣判或者根本未进行审判。被判死刑者中有50人在上诉时被减刑,多数是法国法庭实施的减刑。除苏联外,各国批准的死刑判决数依次递减:荷兰(236人)和英国(223人),其后是澳大利亚(153人)、中国(149人)、美国(140人)、法国(26人),以及菲律宾(17人)。按照一般公认的说法,实际处以极刑的人数为920人。[6]

许多被起诉者是军官，有些职位还相对较高。然而，除了山下奉文和本间雅晴之外，他们很少为人所知。大多数被告是处于军事命令系统末端的下级军人，包括被征募充当审讯人员和监狱看守的日本的各殖民地人。被起诉的嫌疑犯包括173名中国台湾人和148名朝鲜人，其中超过40人被处死。[7] 一些地方的审判涉案者为个人，而在另一些审判中，被告受到集体诉讼。最大规模的集体审判由澳大利亚法庭开庭审理，被告共93人。美国法庭集体审判了前日本帝国海军军官和士兵46人，其中41人被判死刑。在这些"B/C级"战犯的审判中，约有3/4的被告因虐待俘

1947年，关岛，一名被裁定有罪的日本战犯被施以绞刑。1945到1950年间，全亚洲地区近6000人因残虐行为罪被起诉，在战胜的同盟国（不包括苏联）军事法庭受审。超过900人被处以死刑

房被起诉。无论被指控的理由如何，这些嫌疑罪行无一例外地残忍，而且经常是骇人听闻。虽然有些嫌疑犯在审判之前已被羁押数年，然而一旦开庭，审判通常十分迅速。尽管存在不同语言间的障碍，这些审理通常只需两天左右的时间。[8]

与此同时，苏联对在满洲、朝鲜北部和库页岛（萨哈林岛）逮捕的日本人，实行了秘密的战犯审判。其中，1949 年 12 月在哈巴罗夫斯克（Khabarovsk，伯力）进行的审判，包括 12 名与"731 部队"相关的人员。"731 部队"曾在满洲对 3000 名俘虏实施了致命的人体医学试验。此法庭议事录于 1950 年以英文出版。苏联有可能在迅速裁决后，将多达 3000 名日本人作为战争罪犯秘密处死。[9] 在中国方面，10 次正式的"同盟国"军事审判，由当时的国民党政权的法庭宣判了 149 名被告死刑。中国共产党在战时和战后，对大约 1000 名日本俘虏进行了集中的"再教育"，并在日本战败 11 年之后，对 45 名日本战犯嫌疑人进行了审判。尽管他们全部被判刑，但是到 1964 年为止，最后一名战犯也被遣返回了日本。[10]

展示性的审判——东京审判

在经历了夺去数百万日本军人和平民生命的长期战争之后，远在异国的这数千名战争犯罪嫌疑人的命运，起初并未引起日本国内多大的关注。尽管对日本人在各地犯下的暴行的披露，的确在一般公众中留下了印象，但许多人将这些遥远的、依照同盟国的正义进行的审判，视为无论战时还是平时，权力底层的人不得不偿还真正有权势者的罪行的另一例证。当一切尘埃落定，显然只有一小撮陆海军军官、极少数高级官僚为前线军人犯下的恐怖罪行进行偿还。实际上，根本没有战争经济的巨头，也没有在政治、学术和新闻界煽动民族的傲慢与狂信的军国主义的理论指导者被包括在内。

胜利者将民众对终极责任的关心，引入了"日本的纽伦堡"——对日本最高领导人的示范性的东京审判。尽管东京审判被证明只是纽伦堡审判阴暗暧昧的倒影，然而单纯就数量而言，却是给人留下深刻印象的事业。纽伦堡审判始于 1945 年 11 月 20 日，历时约 10 个月。而东京审判经过数月的筹备期之后，于 1946 年 5 月 3 日开庭，历时 31 个月。这种长期拖延的审判的必然结果，是民众对于战争罪行与战争责任问题的日益厌倦。1948年11月,在即将宣判之际,一家日本报纸发表评论,"老实说,普通公众的兴趣不在于诉讼的过程,而仅是关注判决结果这一点而已"。[11]

纽伦堡审判负责审理的法官4人,而东京审判则有11人。在高峰时期,东京审判的检察团有大约100名检察官,配备了100多名同盟国人员和近200名日本人组成的辅助团队。在历时417天的818次开庭中,法庭听取了419位证人的证言,受理了另外779人的宣誓证词和宣誓口述书,数量比纽伦堡审判大得多。在法庭的授权下,收集了数千份迄今为止仍属机密的文件,提供了在其他情况下不可能汇集到的日本发动战争的决策记录。此外还有数十份对前文职或军人领导者的审讯记录。法庭采用证据4336项,合计篇幅30000页左右。法庭的审讯记录,除证据与判决文书之外,篇幅达到48288页。正如加拿大外交官与历史学家诺曼所指出的:这次审判最永久的遗产,可能就是卷帙浩繁的宝贵文件了。[12]

按照东京审判的规章,单纯多数的裁决即足以判定有罪。事实上,当1948年末这些庞杂的审判程序终于完结之时,审判席发生了内部分裂。11月4日到11日间,由7位法官裁决的多数意见书的长文被当庭宣读。5位法官提交了个别意见书但未被宣读。一位是哈那尼拉法官,他虽然在多数意见的判决书上签了名,但却趁机提交了认定多项判决过于宽容的意见书。审判长韦伯法官的意见,虽然表面上与多数意见同调,但却对审讯与判决的某些方面进行了激烈的批判。代表法国、印度与荷兰的法官提交了反对意见书。印度法官拉达宾诺德·巴尔(Radhabinod Pal)提交的个别意见书,与长达1200页的多数意见判决书篇幅相当。

经多数判决,日本的7名前领导人被判处绞刑。16人被判处无期徒刑,另有2人分别被判处有期徒刑20年和7年。被判刑的"A级"战犯中,有5人病死狱中,但其他人皆未服满刑期。前外务大臣重光葵于1950年被释放,在占领结束后即重返政坛。余下12人在1954至1956年间被假释。1958年,当时仍然健在的10人,依据战胜国协议被赦免。[13]

洛林法官与威洛比少将的私下谈话,揭示出这一"里程碑式的法律

远东国际军事法庭审判官席，代表11个战胜国的法官们对"A级"战犯被告实行裁决

进展"的暧昧性质。尽管两人个性对比鲜明，随着审判进程的发展，理想主义的荷兰法学家与警觉的、保守的总司令部谍报活动头目却成了朋友。他们经常在一起打网球。当洛林离开日本时，他去向威洛比辞行。尽管对判决有保留意见，并递交了个别意见书（赞成对25名被告中的5人无罪释放，却支持对3名判处无期徒刑的被告执行死刑），洛林从未质疑过纽伦堡和东京审判的全部理念。自认是和平活动家的洛林，终其一生都对这两次审判的全部目的和公正性保持"赞许的态度"。而威洛比则不然。他坦率地告诉朋友："这次审判，是有史以来最大的伪善。"[14]

战胜国阵营的其他人也赞同威洛比的观点，尽管从来无法公开承认这一点。即使是决定将哪些日本高官作为战犯逮捕的主要人物美国准将艾略特·索普（Elliott Thorpe），也私下将东京审判消极地解释为"迷惑人的做法"。多年后他解释说，他"做了拣选战犯受审的工作——不是拣选兽性的恶者、伤害罪和杀人罪的罪犯，而是拣选政治性的战争罪犯，那些人被冠以令人嫌恶的名目，即利用战争作为国策之手段者。现在我仍然不相信那是正确的做法。我仍然认定那是一种事后法。那是在游戏结束之后再制定的规则。我们是以他们利用战争作为国策的手段的理由，绞死了他们"。

如索普所见，"A级"战犯审判根本上就是复仇的行动。（"我们想要以血还血，感谢上帝，让我们得以复仇。"）然而，反对这些新的游戏

1948年11月,东京审判中,被告们戴着耳机收听宣读的多数判决书的日语译文。25位被告全体被判决有罪。其中7人,包括前首相东条英机(前排左起第3人),被宣判死刑并于翌月执行

规则的真正原因在于,它们建立起了一种令人担忧而非令人钦敬的先例。由此,将来任何曾经支持本国发动战争而失败的身居高位者,都可能发现自己被胜利者追诉为战争罪犯。另一位曾经服务于占领军的美国将军后来写道,他"多次前往法庭,每次离开时都强烈感到,审判一个在战时为国家和政府履行职责的人是错误的……我对此百分之百地反对"。他相信在他的美军同僚中间,这种情绪是普遍的。[15]

私下里,并非只有职业军人对这一展示性的审判持有深刻的怀疑态度。1948年3月,美国国务院的乔治·凯南(George Kennan)访日,在他写给美国国务院政策研究办公室的绝密报告中,对此进行了辛辣甚至过于尖酸的评论。凯南评述说,战犯审判从总体上"被当作国际司法的极致而得到赞赏。但是单凭这样的事实证据:这些审判依照我们的司法概念在法律程序上完全正确,而且征服者史无前例地给予了被征服者公开答辩和为其军事行动辩护的良机,并不能说明任何问题"。然后,他严厉批评东京审判"从一开始就被深深地误解"。对敌方领导人的惩罚被"掩盖其本质的司法程序的故弄玄虚所环绕"。无休止的拖延("无尽的、屈辱的折磨")使问题更加复杂。凯南将东京审判消解为"政治

的审判……而非法律的"审判。在稍后与英方的会谈中，凯南在审判"构想欠稳妥，心理不健全"这一观点上，得到了英方的附和。[16]

到东京"A级"战犯审判终结时，世界局势已经发生了变化。战胜的同盟国由于冷战分崩离析；东京审判席上代表的各国之间正在发生内部冲突，并在亚洲的许多地区进行着殖民战争；美国的占领政策正逐渐偏离起初的"非军事化与民主化"的理念。被起诉的日本前领导人，因试图辩解他们的海外侵略行为的部分动机是由于对共产主义的恐惧而受到斥责；而当此辩解被压制之时，美国却致力于为在全球遏制共产主义而创建自身的国家安全保障体制。正如一位检察方人员所言，由于"时事问题渐趋浓重的阴影"，东京审判很快变得黯然失色。到1948年，已经没有人还相信，纽伦堡和东京审判能够为建立国际法和正义的新秩序之上的和平世界提供什么依据了。[17]

这种怀疑倾向，在两起象征性的不作为中表露无遗。尽管纽伦堡审判出版了全部42卷的双语（英语与法语）法庭议事录，东京审判却从未有正式记录刊行。就连详尽概括检察方主张的多数判决意见书，也不易读到。全部审理记录的速记笔录被随意分发，甚至没有哪个同盟国的政府获取了权威完整的资料。尽管日本政府收集有东京审判的资料，但并不轻易对公众开放。实际上，审判记录已被埋葬。[18]

同时，由美国人先导，战胜国方面迅速转向，表明同盟国不再关心先前战争的最终责任问题。曾被作为"A级"战犯嫌疑人逮捕并监禁在巢鸭监狱的人，要比实际接受审判的人多得多。当初的说法是，一旦最初的展示性审判结束，嫌疑犯们将被依次起诉。然而这样的起诉从未发生。随着时间的推移，监禁的嫌疑犯数量下降，主要是由于放弃起诉所致。1947年6月，拘禁人数为50人。到东京审判结束时，拘禁人数减少到19人。其中包括两位影响力极大的右翼头子儿玉誉士夫和笹川良一，还有精明毒辣的前官僚（后来的首相）岸信介。岸信介曾是傀儡满洲国的经济沙皇，在对他的指控中有一项，是对奴役成千上万的中国人进行强制劳动负有罪责。1948年12月24日，七名被告在巢鸭被处以绞刑的翌日，所有19名剩余嫌疑犯被释放，理由是证据不足。不精通国际法之微妙解释的普通人，未能精确理解司法正义在何处罢手而政治的反复无常又始于何处，显然是有情可原的。[19]

东京与纽伦堡

尽管日本的领导人明白,他们将为战争罪行负责,但他们绝不可能预见得到同盟国在这一方面的野心。《波茨坦宣言》并未表示,胜利者可以提出国际法的新规范。在这一点上,东京审判与改革主义的占领政策总体上看来十分相似,都是史无前例的新举。即便是麦克阿瑟将军,也吃惊于这一法律工程的规模与创新程度,觉得有些过分。他私下表示,他原以为东京审判是集中于突袭珍珠港罪行的简短的军事诉讼审判。[20]

纽伦堡审判的先例,使得日方根本不可能有所预见。尽管1945年6月,在德国投降一个月之后,胜利者们在欧洲苦心推敲出了对德战争罪行追诉政策的总体构架,但是直到8月8日,即苏联对日宣战当天、广岛原子弹爆炸之后两天、长崎"原爆"的前一天,确立审判纳粹领导人基本原则的《纽伦堡国际军事法庭章程》才得以发布。日本方面根本没有时间对此进行分析,而且他们也无法预见到,明确为审判纳粹领导人设置的原则,仅作最小限度的更改就将移用于日本。

事实上,同盟国为明确他们处置日本战犯的方针,花费了数月时间。一方面,多国委员会就此问题准备提议、美国各部局委员会酝酿内部提案,另一方面,日本人正由于战争罪行受到逮捕,最终方针一直没有确定。11月初,麦克阿瑟将军签署了一份简略的备忘录呈交华盛顿方面,抱怨尽管涉及纳粹战犯的定义"比较简单",而在日本却"没有这样的明确界定"。[21] 直到1945年末,任命约瑟夫·基南为首席检察官一个月之后,华盛顿方面才通知它的同盟国,东京审判将"在适用于远东战区的前提下,沿用纽伦堡审判的模式"。麦克阿瑟将军直到1946年1月19日,才宣布远东国际军事法庭的权限和职责。同时他还发布了《东京宪章》。这些与纽伦堡宪章相对应的指导方针,由美国检察方人员与最高统帅部的法务部起草,仅在公布之后征求了其他同盟国的意见,并于审判开庭之前稍加修正。[22]

4月29日,检察方向东京法庭正式提出起诉书。依照法庭规则的规定,先前已经将起诉书依法向被告进行宣读。尽管起诉书指控被告犯有"反和平罪、常规的战争罪行与反人道罪"等55项控罪,而且法庭照此审理达两年之久。但是多数判决意见最终以不必要、多余或仅仅不明确为由，驳回了其中45项指控，充分表明了审判的复杂与难以操控的程度。[23]

在纽伦堡和东京审判中，检察方花费了相当的时间与技术进行论证，试图在既存的国际法和条约中，为"反和平罪"与"反人道罪"确立先在的法律基础。抛开这些论证不提，事实上没有人否认这两次审判开创先例的本质。《东京宪章》第5条规定东京审判管辖权的重要定义如下：

> 以下之一项或数项行为，在本法庭管辖范围内属犯罪，对此应负个人责任：
>
> a. 反和平罪：即策划、准备、开始或发动公开宣战的或未经宣战的侵略战争，或是违反国际法、条约、协定或誓约的战争，或是参与达成任何前述行为的共同计划或共谋；
>
> b. 常规的战争犯罪：即违反战争法规或惯例；
>
> c. 反人道罪：即战前或战时犯有杀人、灭绝、奴役、驱逐和其他非人道的行为，或是任何基于政治或种族理由实施与之相关的迫害行为，无论是否违反所犯行为发生地的国内法，皆属本法庭管辖范围内的犯罪行为。参与规划或施行共同计划或共谋，以犯有任何上述罪行的领导者、组织者、煽动者和同谋者，为任何人在执行上述计划中所犯有的一切行为负责。

对反和平罪的规定性论述，在起诉书的第一款中展开。此条款指控被告参与"共同计划或共谋"，以确保"对东亚并太平洋及印度洋地区军事的、政治的及经济的支配"，而且为达成此目的向反对国家发动"侵略战争"。这种看似简单明了的指控，是建立在三种大胆的前提之上的。第一，它假设在纯粹的侵略战争与出于真正的担心（却被误导）而进行防卫合法的国家利益的战争之间，存在明确的区分基准，而日本的战争都属于前一类；第二，它假定为发动这样的侵略战争，必有广泛的、持续的"同谋"存在；第三，要求确立有效的法律机制与心理威慑，以防范将来"反和平罪"的发生。这一理想的核心是，它主张在国际法领域，个体的领导者为先前被视为国家行为的行动负个人责任。

尽管作为审判开头的公诉（因袭《波茨坦宣言》的说法），起诉被告们已经着手征服世界的计划，但是东京审判的多数判决意见，明确驳回了"同谋者曾经认真议决，企图确保对南北美洲的控制"的观点。然而多数判决书的确认可检察方扩大化的解释意见，即日本的最高领导人早就参与了罪恶的"发动侵略战争的共同谋划"，不是始于袭击珍珠港的稍早之前（如麦克阿瑟所言）；也不是始于 1937 年当日本发动大规模的侵华战争之时；甚至也不是始于 1931 年，当时日本借"九一八事变"，强占了中国的满洲地区。被告人被起诉参与了上溯至 1928 年 1 月 1 日的共同谋划，据检察方申述，当时日本正开始着手占领亚洲大陆的计划。[24] 最终检察方指控，在亚洲地区混乱和纷争的这 18 年间，被告的 756 项独立行为构成了"反和平罪"。检察方大量的时间与多数判决书的数百页篇幅，皆用来详细论述 1928 至 1945 年间日本制定决策的秘密细节，论证事实上所有这些作为，的确与发动侵略战争的"共同计划"相符。

尽管"反和平罪"得到了如此详尽的考察，但是"反人道罪"，作为一个法律概念，却没有细致地展开论述。"反人道罪"的概念是在纽伦堡审判中引入的，主要的目的，是同盟国以此惩罚纳粹领导人广为人知的大屠杀式的种族灭绝政策。与此相对照，东京审判的起诉书并未包含独立的"反人道罪"指控。在审判过程中，它们根本就是与"常规的战争犯罪"以及纯粹的"杀人"罪关联处理的。[25] 检察方出示的日本人对战争俘虏和平民的暴行的证词，其详实内容通常令人毛骨悚然，并由此主张，这样广泛的、持续的、形态相近的残暴行为，反映了最高领导层做出的、至少是容许的共同方针和计划。在此，东京法庭起诉了《纽伦堡宪章》所不包含的一项指控：消极责任或曰替代责任，即忽略行为的罪责胜于实施行为的罪责。在法庭支持的指控当中，不仅有以命令或授权的形式直接参与的战争犯罪（第 54 项指控），而且有"故意或粗心大意无视其法律义务，未采取适当措施确保遵守和防止破坏"战争准则的犯罪行为（第 55 项指控）。[26]

其他方面的差别，也使东京审判与纽伦堡审判迥异。纽伦堡审判的 4 位首席审判官每位都有一名替补，而东京审判的 11 位审判官并没有替补。这导致在不少场合下，东京审判席常有人缺勤。在纽伦堡审判中，检察团由代表4个战胜国的4位"首席检察官"率领，在起诉中有明确分工，各自负责。而东京审判中只有1位首席检察官——约瑟夫·基南。尽管他由10位陪同检察官辅佐，每位代表除美国之外参与审判的其他10个国家之一，但是美国人仍然近乎绝对地控制着检察方针和策略。

纽伦堡审判中，英语、德语、法语和俄语4种语言同时并用。东京审判的基本工作语言是英语和日语，至少还需适应其他6种语言。沟通交流非常复杂。正如当时的日本刊物《每日年鉴》所言，"言语上的困难简直无法与德国的审判相比较"，不仅动用了大量的笔译和口译人员，而且还有语言监督官、协调官。在东京审判中根本不可能进行同声传译，结果是证人和辩护团陈述的每一句话都需要停顿，以待翻译完成。检察团的不少人员估计，"当证人被询问时，审判速度就会降到标准进度的1/5"。[27]

据许多观察者看来，东京审判和纽伦堡审判的主要差别，在于被告人及其被控罪行的性质不同。日本不存在与希特勒及其亲信党羽相当的领导人阴谋小集团。（事实上，在整个的所谓"共谋"过程中，裕仁天皇是日本唯一一个始终处于权力中心的人物。）日本也不存在像德国纳粹（国社党）及其下属的罪恶机构，如盖世太保和党卫军那样的组织（在纽伦堡审判中，它们使得共谋的指控更具有说服力）。而且除了在东京审判中揭露出的对包括南京和马尼拉大屠杀在内的恐怖暴行的反复陈述，日本并没有真正堪与德国匹敌的、有计划地实行种族灭绝的行为。这种差异被巴尔法官所强调，他坦率宣称"我们面前的这件被告案，无论如何都不能与希特勒的案子相比"。韦伯法官同意"德国人被指控的罪行比日本人的更为残暴、更为多样和广泛"。[28]尽管被指控犯有极端凶残的罪行，东京审判的被告们，也未能流露出纳粹分子在被审讯时所散发出的那种令法庭全体窒息的恶魔般的气息。

纽伦堡审判的22位被告中，3人被宣告无罪，12人（其中1人缺席）被判处死刑。东京审判中没有人被宣判无罪，25名被告中的23人被判参与了反和平的"全部共谋"而宣告有罪（第1项指控）。在7名被判死刑者中，对其中2人的指控，包括授权或许可残虐行为（第54

项指控）与未能防止这种对战争准则的破坏（第55项指控）；其中3人因第54项指控获罪。被告原日本陆军大将松井石根，因玩忽职守未能防止麾下部队在南京的大屠杀暴行，单独以负有"消极责任"的理由被判死刑。对一般公众而言，最令人吃惊和受冲击的是对前外务大臣和首相广田弘毅的死刑判决。他因3项指控被判有罪，包括参与全部共谋和未能防止在中国的暴行。广田弘毅竟然是以11名审判官中6人赞成的判决被送上了绞刑架。[29]

公众在审判远未结束之前，也许就已经厌烦了。但是当1948年11月12日陪审团裁决公布之时，还是颇有值得议论之处的。其中包括完全始料未及的4份个别意见书的提出，它们皆以某种方式对法庭的审理和裁决提出了批判。关于这一点，纽伦堡审判可并无先例。尽管个别意见书并未在法庭上宣读，但是它们的旨趣依然被媒体所关注。巴尔法官判决全体被告无罪，而洛林法官也判决5人（其中包括广田弘毅）无罪。韦伯法官与法国的亨利·伯纳德（Henri Bernard）法官认为不起诉天皇的决定对审判造成了损伤和危害。[30]

联想到将裕仁作为和平拥护者强力推出的行动计划正在展开，这种高层人士对天皇战争责任的唤起令人震惊。两年来，全体A级战犯被告人小心翼翼避免牵涉到他们的主君的努力，于瞬间坍塌。现在，韦伯法官和伯纳德法官揭露出了他们这种提心吊胆的忠君行为并不得力。韦伯不同寻常地直接谴责"犯罪的领导者尽管可以到庭却被免责"的事实。他评述："天皇的权力使他必须对战争负责。假使他不希望开战，他早就应当不予准许。"虽然如此，韦伯还是支持多数判决意见，尽管他的确不甚有说服力地建议，死刑判决也许可以复审减刑。[31]

伯纳德法官认为审判程序如此不公而且技术缺陷严重，以至于他相信根本不可能下任何判决。他痛责日本人犯下的"可憎罪行"，承认至少有一些被告为这些罪行应该承担重大的责任。然而，天皇的缺席对他来说是如此醒目的不公正，使他不可能对被告们进行宣判。日本的反和平罪行"有一位首要的发起人逃避了一切追诉。跟他相比，本案的被告无论如何只能算是共犯"。以"不一样的标准"衡量天皇，不仅不利于对本案被告的诉讼，而且有损于国际司法的正义。[32]

这些意见令人不安，然而天皇与他的日本和美国跟班们，马上着手平息这些言论。陪审团判决宣布当日，天皇写信给麦克阿瑟将军，向他保证自己没有退位的打算。[33] 8 天后，首席检察官基南重申，将天皇当作战犯审判是没有根据的。11 月 25 日，新闻报道了头一天发生的三起引人注目的事件：尽管有数个战胜国的代表提出减刑请求，麦克阿瑟仍然对多数判决意见予以认可；基南得到了罕见的待遇，被邀请到日本皇宫与天皇共进私人午餐；面临死刑的东条英机，发表了他被报纸称之为"东条最后的告白"的绝命书。

这些事件合起来看，就是一幅令人印象深刻的三条屏。假使麦克阿瑟对有异议的死刑判决减刑的话，那他就是相信了韦伯的主张：作为"犯罪的领导者"，天皇应当被起诉。而这将是不可思议的。[34] 天皇在他的忠臣们被判决之日，热诚邀请首席检察官赴宴，或许滋味不甚美妙，然而时光短暂，基南要离开日本了。两人进行了 3 小时的私下会谈，引得媒体禁不住猜测，天皇是想要表达对基南确认他无罪的谢意。

而东条英机呢？东条可不像他的主君那样满怀悔恨之情，并未像他的主君那样屈服。他"最后的告白"对日本未受挑衅、并非出于国家安全保障的合法考虑而走上战争之路的判决结果的根本前提提出了挑战。据东条所言："世界诸民族，绝不应当放弃发动自卫战争的权力。"[35]

东京审判的死刑判决向美国最高法院提起上诉，12 月 20 日，美国最高法院裁定对此案无管辖权。三日后，7 名受到死刑宣判的被告被执行绞刑。依据盟军最高统帅部发布的新闻稿，"他们身穿美国陆军废弃的作业服，摘除了所有的标记"。[36] 他们临终之际感到欣慰的是，他们至死都是保卫天皇的盾牌，而在他们身后则留下了无尽的争议。

胜利者的审判及其批判

像纽伦堡审判一样，东京审判集法律、政治和作秀于一身。与纽伦堡不同的是，正如洛林法官多年后指出的，它"是地道的美国表演"。这位荷兰法学家评述说："它就像是鸿篇巨制的戏剧作品，我当时并不这么认为，而且我也没有意识到，当时周围竟有那么多的'好莱坞式'的东西。"[37]

其他人的确看出了这一点。在有关东京审判开庭的报道中，《时代》杂志对审判舞台的布置印象深刻："黝暗的、胡桃木色调的镶板，威严的讲坛，为新闻界和电影摄影师准备的便利的看台。强烈的弧光灯让人联想起好莱坞的首次公演。"灯光让每个人眼花缭乱，甚至于简直要令人失明，其强烈程度与其说是电影首演，或许不如说是电影拍摄现场。实际上，大多数时间审理程序都在被拍摄之中。日本人也谈论"好莱坞水准的照明"，虽然比《时代》杂志多了点嘲弄的意味。[38]

作为东京审判所在地的东京市谷区的这幢建筑，传达出了某种戏剧性的讽刺意味。作为日本的"西点军校"——帝国陆军士官学校原先的讲堂，到终战时这座建筑正是日本陆军省与参谋本部的临时所在地。依照盟军最高统帅的指令，日本政府花费了近100万日元的巨额经费对此建筑进行了翻新：安装了空调和中央供暖系统，设置了500人的旁听席，其中300个座位预留给各同盟国的普通公民，余者由日本人使用。

旁听席的视线对着一个广阔的区域：其中一侧是被告席，另一侧是审判官席，而由各职能人员如法庭职员、翻译官、检察官以及为每位被告指定的辩护律师组成的队伍，则占据他们前方的席位。通常头戴白盔的美国宪兵，检查人员出入并担任警戒。他们伟岸的身姿俯视着被告，展示出强势者与失败者对比鲜明的构图，提供了难以抗拒的拍照良机。通过舞台布局的设计，被告们被充分矮小化了。这些站在被告席上身形瘦小的上了年纪的人，和他们被控犯有的弥天大罪之间的关系，有时看起来近乎超现实（这一点与占领中的其他事件是如此相像）。

被告们不仅可以有日本辩护律师，而且还在他们自己迟来的要求下，获准配备了美国辩护律师。美国的辩护律师于5月中旬审判开始前不久到任。一个月后审判刚刚开庭，6位美国律师包括首席辩护律师在内，以对本案准备时间不足为由突然辞职。其他坚持到底的律师们，最终为他们的当事人辩护得相当出色。一旦考虑到当时的情感倾向于立即处决这些"主要犯罪人"时，被告们获得的辩护机会真是令人惊叹。与纽伦堡的先例不同，东京宪章没有禁止被告方对审判表示异议，而在两位杰出的日本律师高柳贤三和清濑一郎的率领下，被告利用这一点质疑了审判的合法性以及起诉书中最基本的罪状的有效性。尽管可以预见到这些异议皆被驳回，但是被告方律师的论证，仍然是此后对"胜利者的审判"进行批判的基础。随后，在检察方花费约7个月的时间对本案提起诉讼之后，辩方得到了更多的时间（包括在法庭上的187天）予以回应。[39]

指派美国律师反映出审判颇具争议的一个方面：它是以英美式的审判程序为准则，而非以培养大多数日本法律专家的欧陆传统的法理体系为基础。审判使用的基本语言是英语，而且11位首席审判官中的7位，包括审判长本人基本上都是英美法实践的专家。这种状况使日本辩护律师处于极其不利的地位。[40] 起诉书中一项醒目的美国化表现是，检察方陈述的核心概念"共谋"。大约在1944年末，陆军部长斯廷森及其副手们得出结论，在战争罪行的罪状中加入共谋一项，将有利于像对纳粹组织的下级成员一样，对纳粹领导人进行迅速有效的追诉。从那时起，法学家与历史学家们就一直对此争论不休。[41] 无论共谋的说法在纳粹案中如何正当，但是它在解释日本帝国为何及如何走向战争时，却是十分不自然的根据。巴尔法官举出无数看似真实的例证，证实日本领导人对他们所认为的国家安全威胁，采取的是当机立断的决定。关于这一点，后来的研究者普遍支持巴尔的怀疑态度。声称法庭所提供的记录资料揭示出为发动侵略战争进行了18年的"共同谋划"，更像是宣传而不是认真严肃的历史分析。[42]

对共谋的指控更有技术含量的批驳是，在1945年之前的国际法中这一罪名并不存在。韦伯法官在其个别意见书中对此有明确表述。他评述说："国际法，与多个国家的国内法不同，并未确切包括单纯的共谋罪……同样，战争的法规和惯例也未将单纯的共谋列为罪行。"韦伯承认，主张国际法应当将共同谋划重大的国际违法行为定为犯罪，是完全正当合理的。然而，这样的主张并不能改变事实，东京审判"无权基于英美概念制定单纯的共谋罪；也无权基于各国的国内法所认定的共谋罪的共同特征而创设此项罪行"。按照韦伯的说法，如果这样做，"无异于法庭行使立法权"。[43] 尽管如此，东京法庭仍然批准了作为起诉书第一项提出的共谋罪指控。

仅通过提出"法庭立法"的问题，韦伯就含蓄地质疑了确立战后新的国际法秩序的设想。试图创设所谓的"反和平罪"，造成了可怕的自相矛盾的困境：如果对纳粹和日本领导人的审判确属先例的话，那岂不意味着这些领导人被指控的罪行并未事先在国际法中得到确立？如何才能像洛林法官在他的个别意见书中开篇所言，合法地让被告"对世界历史中的特定事件、对这次战争之前几乎不为人所知的罪状"担负起罪责？一项为所有参与审判者所熟知的神圣原则成了问题："无法可依则不能定罪，无法可依则不可处罚。"（nullum crimen sine lege，nulla poena sine lege）[44]

有时检察方也承认这是一项先驱性的议程。在其开篇陈述中，首席检察官约瑟夫·基南坦承，在国际法下由个人承担国家行为的罪责方面，审判"尚属先例"。[45] 但是更广泛而言，如同纽伦堡审判，检察方不过是试图在起诉书中对既存法律和条约中内在的概念与责任义务进行大胆的重新表述。据称，禁止"侵略战争"，已经在1928年的凯洛格—白瑞安公约中确立，当时日本也是缔约国之一。此外，正如基南在其开篇陈述中所言，"被告的不法行为，其结果是对人的生命的不法或不当的夺取，构成了最古老的犯罪——杀人，而且我们要求给予的，是与这些不法行为相应的处罚"。[46]

被告方的初始抗辩，重点放在了"追诉的"或"事后法的"犯罪问题上。辩方主张，"侵略战争本身并不违法，而且1928年巴黎和会宣布放弃战争作为国家政策的手段，既没有扩大战争犯罪的内涵，也没有将战争等同于犯罪"。可以想见，辩方还质疑了让领导者个人承担国家行为的罪责的合法性。其抗辩声称，"战争是国家行为，对此国际法中不存在个人责任"。由此可以断定，《东京宪章》的规定是"'事后'立法，从而不合法"。这些可不是无关紧要的议论。巴尔法官的反对意见书中相当部分，即关乎对既存的国际法与国家主权以及国内法的界限的严密解释。要言之，他断定在这一点上被告方是正确的。被告是因轴心国战败之前国际法上并不存在的"罪行"而受审。[47]

东京审判在其他问题上也颇易受到批判。在决定谁将作为"A级"战犯被起诉时，包含了一定的政治的任意性。（在检察方的开篇陈述中，约瑟夫·基南本人令人吃惊地坦率承认，"我们对任何个人及其处罚并没有特别的兴趣。被告在某种意义上只是一个阶级或集团的代表"。）即使依照这是启示性或展示性的审判、"代表性的"领导者该为他们的战争责任负责的观点来看，某些集团及其罪行的缺席仍然十分显著：没有令人胆寒的宪兵队头目被起诉；没有极端民族主义的秘密团体的领导人被起诉；也没有因侵略中饱私囊并密切参与铺平"战争之路"的实业家被起诉。[48]对日本殖民地的朝鲜人和中国台湾人的强制动员,并未作为反人道罪行被追诉;同样未被追诉的,还有驱集成千上万非日籍年轻女子并且强迫她们当"慰安妇",为帝国军队提供性服务。控制检察团的美国人,还决定对一个罪恶昭彰的日本集团秘密准予全面免责。这一集团就是在"满洲"对数千名俘虏实行致命的人体试验的731部队的军官和科学研究者。(他们被免于起诉的交换条件,是与美国人共享其研究成果。)检察方也没有认真追究有关日本在中国使用化学武器的证据。[49]

东京审判对审判官人选的选拔,显然有些异想天开,至少是相当随意。最敏锐犀利且令人印象深刻的两位审判官是洛林和巴尔,他们是两份主要的反对意见判决书的出具者。东京审判的11位审判官,无一堪称国际法方面的专家。最初任命的美国审判官在听说自己的资历被轻视之后,于1946年7月仓皇离去。他的继任者乏善可陈。苏联审判官,先前是列宁领导下的司法长官,曾参与1930年代中期斯大林主义的伪审判。他不懂东京审判的任何一种基本的工作语言。(据说,他只懂两个英文单词"Bottoms up!"[干杯!])法国审判官在两次大战之间在西非为殖民地统治服务,据洛林所言,他也不懂英语。中国审判官是在美国接受的教育,曾出版过有关宪法的著作,但此前并没有做法官的经验。菲律宾法官是巴丹死亡行军的幸存者,如果是在常规法庭,他根本就不具备做法官的资格。审判长先前曾在新几内亚的澳大利亚军事法庭参与过对日本人战争犯罪的起诉。被告方对后两位审判官资格的质疑遭到了法庭的驳回。[50]

巴尔与哈那尼拉两位审判官在最后时刻才被任命,而在被任命之前他们都明白自己被指望做出何种判决。他们就是相互间的镜子,都是做摆设的"亚洲人"。[51]在审判过程中,巴尔和韦伯两位审判官对部分审理显然缺席。然而,审判席的行动中最令人吃惊的事实是,11位法官从未全体集会认真商讨最终的判决,以及应当如何论证和提出判决。取而代之的是,正如洛林所描述的那样,只有7位法官"内部决定起草判决文书⋯⋯他们7位组织起草,并将既成事实的结果摆在其他4人面前"。[52]

关于审判是否"公正"的意见分歧,反映出对军事法庭适当程序认识的不一致。即便是美国陆军部长斯廷森也从未料想到,东京法庭会以一般法庭乃至是军法会议现行的一切诉讼程序的规则和保障来执行审判。采用军事法庭或"军事委员会"的手法,正是因为它许可检察方运用在其他审判场合所不允许的程序,尤其是当涉及对可取证据与不可取证据的裁夺之时。[53]

在当时的时代背景下,这看起来全然合理。本来,胜利者有一切理由料想,敌人会试图毁坏或伪造证据,事实也的确如此。[54] 胜利者还害怕被告有可能企图利用审判作为其宣传的讲坛,重申其行为的正当性。为防止这一点,对他们以自我辩护之名可能提出的证言或"证据"进行限制,被认为是有必要的。《东京宪章》明确宣布:"法庭将不受有关证据的技术规则之约束。本法庭将最大限度地采取和应用迅速且非技术性的程序,受理任何本庭认为具有证明价值的证据。"战争罪犯审判不是民事诉讼程序,而且宪章的起草者显然并不对这些"主要犯罪人"被告实行无罪推定。

事实证明,使用胜利者界定的宽松的证据规则,为审判的任意性和不公正性开了方便之门。法庭允许检察方引入可能会被更严格的听证驳回的材料,包括传闻、日记摘录、未宣誓证言、丢失原件的文件副本以及无法出庭接受讯问之人的供述。有一次,韦伯法官对不受"关于证据的技术规则"限制之意味的说法近乎嘲讽。他解释说,无法预测每天什么证据会被采纳,因为无法预测每天哪些法官会出现在审判席上。这位审判长评述说:"有时我们有 11 位成员,而有时我们只有 7 个人。而你不可能预料,对于任何特定证据是否具有证明价值,7 位法官的裁定都跟 11 位法官的裁定一样……你无法确定法庭对于任何特定证据将如何裁定。"[55]

然而可以确定的是,检察方比被告方掌握的资源大得多,而且在任何争议中,检方通常可以指望审判官有所偏袒。[56] 例如,在以英语作为基本语言对日本被告进行的审理中,拥有能干的翻译至关重要。据一项统计,审判开始之初,检察方有 102 名翻译供其差遣,而被告方仅有 3 名翻译。[57] 检察方在很大程度上握有对日语文件翻译提交的决定权,而且仅在特别的要求之下,这些译件才会被检查。据洛林法官回忆,有一次,一份译文看上去有些奇怪,经重新核对证明是翻译有误。当他要求将正确文本存档时,却被以重新打开档案太麻烦为由拒绝。被告的证言完全是通过翻译向审判官传达,而译成英语后往往比原有陈述更为隐秘难懂。没有人认为翻译和口译是有意歪曲或是根本错误，但是胜利者一方也无人费心思量，依据辞不达意的译文来进行裁决（而且其中7人还是死刑判决）到底意味着什么。[58]

正如韦伯法官和伯纳德法官在他们的意见书中所强调，关于证据的最公然的操纵，莫过于检察方一心一意开脱天皇的举动。法庭的显著特征是，除了天皇本人缺席而且被小心翼翼地避免提及之外，其证言亦告阙如。[59]操纵"胜者的证据"以挽救天皇的做法，使纽伦堡审判甘拜下风，即便天皇的证言可能对某些被告有利，这种做法在东京审判中也并未受到辩护方的反对。[60]相反，从被监禁之刻起，被告们就在狱中紧密联络，决计尽其所能保护天皇，正如前外交官重光葵所言，"为日本民族的将来"。1946年6月18日，当基南宣布天皇将不会受审之时，巢鸭监狱内天皇的忠臣们毫不掩饰地哭了。重光葵写了一首贺诗，大意是因为他的主君是神，因而不可能被敌人所伤害。曾经尽力向基南和检方工作人员开脱天皇的木户幸一，欣喜地表示，"至此，我的使命完成了"。[61]

事实上，被告们的忠君使命尚未完成。此后数年间，辩方和检方共同致力于使天皇保持隐形。辩护方的警惕性仅有一次出现疏忽：1947年12月31日，当时东条英机坦率证实，对于他或是任何臣民来说，采取与天皇意向相反的行动都是不可想象的。为回应这一坦诚然而危害甚大的无心之过，基南立即通过天皇的近臣安排，与在狱中的木户幸一进行接触，并敦促他通告其他被告同僚，尽早纠正有可能牵连天皇获罪的证言。其他中间人也被派上了用场。东条英机自是乐于听命。一周之后，在法庭上机会终于来了。1月6日，在接受基南讯问的过程中，东条英机撤回了他先前的发言。[62]

尽管被告们乐于串通起来、达成默契保护天皇，法庭仍然采取其他措施，以防与被告意愿有悖的证言出现。辩方不被准许追溯大多数被告认为对案情至关重要的某些推理路线，因为在胜利者和法庭看来，这些主张只是"宣传"。任何被告都从未接受他们曾经阴谋策划18年发动"侵略战争"的指控。相反，他们始终全心全意地相信，他们的政策尽管结果是灾难性的，但动机却是对日本在亚洲大陆的根本权益的合法关注。在被告席上的人们看来，他们的国家安全被一系列真正令人担忧的事态发展所危及：中国的政治动乱和经济上的极端抵制日货；苏联领导下的共产主义叛乱和颠覆活动；美国和欧洲的保护主义贸易政策；独裁的"集团经济"的世界性趋势以及珍珠港袭击之前数月强迫性的西方经济政策。这些利害关系不可能不提，但法庭却不准许辩方详细展开论述。譬如，战时泛亚主义宣传，归根结底是由于日本及亚洲面临欧美帝国主义"白祸"（White Peril）。当然，被告也不得引入证言或证据，以期展示胜利者也有与被告所控"罪行"相当的行为，比如撕毁条约或是违反战争准则。[63]

阻拦被告的这些抗辩，是与斯廷森的合理愿望完全一致的：处罚战争犯罪要严厉，而且不许将审判蜕变为被告进行宣传的讲台。依据纽伦堡审判的先例，这是与《东京宪章》授予法庭可取"证据"的裁夺权完全一致的。带着随之而来的一切荒谬成分，东京审判成了占领期检阅制度的总体方针在司法方面的相应表现。东京审判开庭之前，温斯顿·丘吉尔早已公然抨击在欧洲竖起"铁幕"。东京审判还未进行到中途，美国业已引入其反共产主义的马歇尔计划。东京的审判程序接近尾声时，其代表还坐在审判席上的中国国民党政权正逃向台湾，而美国的政客们正处在即将"失去"中国的近乎歇斯底里的恐慌之中。尽管处在共产主义与反共力量全球对决与日俱增的氛围之中，往日的"二战""同盟国"仍然坐在东京的审判席上，拒绝被告们抗辩他们对亚洲大陆政策的动机，在很大程度上是出于对中国的混乱和共产主义的担忧。[64]

在意识形态上，这种极其复杂的事态，使毫不相干的人结成了奇特的同盟军。由此，反动保守的威洛比将军与印度民族主义者巴尔法官，都认识到了审判的虚伪性。他们两位共有的对东京审判的蔑视是出于其反共思想，尽管事实上，苏联法官就安详地端坐在审判席上。[65] 这仅是胜利者审判的变态之一端。

种族、权力与无力

尽管善意的说法是建立国际秩序而不使侵略者逍遥法外，但是东京审判自身的司法程序，仍然反映出被种族与权力左右的严酷现实所歪曲的世界。这一点在法庭组成的"国际"性质上一目了然。尽管日本侵略和占领的全是亚洲国家，尽管日本劫掠的后果致使亚洲人民死伤无数，但是11位审判官中仅有3人来自亚洲。即便如此也已然超出了胜利者原先的预计。起初的预想是9位审判官,其中只有1位亚洲人,即中国代表。追加巴尔和哈那尼拉两位审判官是他们本国运动的结果。东京审判基本上是白人的审判。[66]

勉强追加两位亚洲审判官,反映了特殊的殖民状况。菲律宾,自1898年起成为美国殖民地,被允诺于1946年独立。印度,长期以来是大英帝国皇冠上的明珠,将于1947年获得独立。在东京审判初期,巴尔法官实际上代表的是一个仍然未获得自由的国家。印度尼西亚人则没有那么受关照,尽管在日本人占领"荷兰的东印度"之后,他们可能有多达100万人死于残酷统治下的强迫劳动。荷兰大致上在东京审判中代表印度尼西亚。在日本人手中饱受苦难的越南、马来亚和缅甸的亚洲人民也没有自己的代表。法国在名义上代表"印度支那"发言。理论上,英国人也同样代表缅甸、马来亚人民和他们在中国香港的殖民地居民。

尤其违背常理的是,没有朝鲜人出任审判官或检察官,尽管数十万被殖民的朝鲜人被日本的战争机器所残害。他们充当"慰安妇"、在日本最繁重艰苦的矿井和重工业部门被迫做苦工或被强迫成为日本军队中的下级征募兵。朝鲜当时并非真正的主权国家,也不清楚何时才能成为主权国家。在东京审判期间,朝鲜人,这些日本先前的殖民地臣民,其国家仍然处于被外来的美国和苏联分割占领的状态。他们不被获准审判他们原先的统治者和压迫者,或是参与准备对他们的起诉。

朝鲜人的境遇,以自身的方式,如实反映出东京胜者审判严重的反常状态。它唤起了对以下事实的注意:亚洲近代的战争,并非发生于自由独立的国家之间,而是发生在由不同的殖民宗主国瓜分的版图上。殖民主义与更为普遍的帝国主义划分了二十世纪的亚洲疆域,而身处其中的日本却被控告谋划发动侵略战争。日本的殖民地与新的殖民领地(中国的台湾、满洲与朝鲜),与如今坐在审判席上的四大列强:英国、法国、荷兰和美国在亚洲的海外领土并存。而中国,虽然名义上是独立的主权国家,却被日本、欧洲和美国的"特殊权益"所瓜分,甚至直到战争临近结束,仍然没有正式摆脱与美国的"不平等条约"。

东京审判通过无视殖民主义和帝国主义的世界与追诉反和平和人道罪的正义理想之间的矛盾的方式,使这一冲突得到了根本解决。日本的侵略,被作为没有肇发事端、没有对比,而且几乎完全没有背景的罪行提出。有时检察方看起来，对大多数人所了解的亚洲甚至毫无所知。在其开篇陈述中，首席检察官基南竟然声称，日本人曾经"决心毁坏民主及其根本——自由，也就是对人性的尊重，他们决意根除民有、民治、民享的政治制度，而以他们所谓的'新秩序'取而代之。"[67]

这是美国人的轻浮说法，只会令战胜国阵营中更多的有识之士感到厌烦。然而对巴尔法官而言，它突显出构成审判的基础的双重标准。巴尔在提及日本占领满洲时说，"这使我们回想起作为本审判追诉国的西方列强，他们在包括中国在内的东半球所主张的大多数权益，都是依靠这样的侵略手段获得的"，正如日本人被指控使用的侵略手段一样。他还将欧美帝国主义和殖民主义的粉饰之辞与日本联系起来，造成奇特的变形效果，他充满讥讽地评论："对于一个我们不喜欢的国家的扩张政策，我们可以拒绝称之为'上天的使命'、'保护重大权益'、'国家的荣誉'，或是依据'白人的责任'的说法造出个新名目来称呼它，而是简单明了地将其命名为'侵略扩张'。"[68]

印度审判官显然十分快意于指出胜利者审判的伪善。例如，他详细引述了英国权威的皇家国际事务研究所（Royal Institute of International Affairs）关于日本几乎是以"学究式的精确性"效仿欧洲帝国主义先例的说法。同样，在讨论 1934 年日本宣称在中国拥有特殊权益的《天羽声明》时，巴尔评论说，这种对国家利益的定义"在美国奉行门罗主义的行为中，可以找到明确的先例。"[69] 检察方企图指控日本人阴谋通过教育体系强化"种族的优越性"意识，在巴尔看来也不以为然，因为这并不能作为日本人独有的罪行被谴责。在这一问题上，他的态度悲哀而非嘲讽。他引用历史学家阿诺德·汤因比（Arnold Toynbee）关于"种族情感"是现代西方社会基础之一的论述，指出了日本人和其他亚洲人近年来在白人列强手中遭受的歧视。不过，最终他还是将种族优越感的灌输，视为"自人类历史的发端起，就是阴谋者手中危险的武器"。[70]

尽管巴尔法官的反对意见书直到 1952 年占领期结束才有日译本出现，但它让许多日本人产生了深刻的共鸣。[71] 巴尔并未宽宥日本的行为，而且大多数日本人事后也未容忍这样的罪行。但是除了坦承对"常规"战争犯罪与暴行的厌憎、除了感叹战争的愚蠢之外，许多日本人，就像这位印度法官一样，发现很难将他们自己国家的行为看作是独特的现象。毫不奇怪，他们比胜利者更倾向于将战争看作是不稳定的帝国主义世界中强权政治的表现。

无力者终究无能为力，或者至少，胜利的"列强"们会让他们保持无力的现状。这一点不仅在朝鲜，而且在近些年来曾被日本占领的东南亚都显而易见。在东南亚，欧洲的诸战胜国正忙于重新控制其旧殖民地的军事行动。基南在开篇陈述中谴责日本人推翻了亚洲人民"民有、民治、民享政治"的拙劣昏聩，不仅在于事实上这种政治从未存在于旧时的欧美统治之下，而且在于当时的事实是，法国人正奋力夺回印度支那、荷兰人攫取印度尼西亚以及英国人争夺马来亚。没有哪位美国的首席检察官打算论证，这些血腥的侵略构成了反和平与反人道罪，尤其是既然美国政府一直在扶持这些老牌帝国主义苟延残喘。

按照日本人的观点，苏联出现在审判席上，构成了胜者的审判极端恶劣的一面。毕竟，苏联并非完全是和平与正义的典范（尽管许多左翼人士对此有不同认识）。说到底，苏联犯有最拙劣的伪善罪行。日本被控违反庄严的条约承诺，但苏联有资格坐上东京的审判席，完全是由于在战争的最后一个星期，它无视与日本订立的双边中立协定。而且尽管东京审判最令人痛心的披露是日本人对平民与俘虏的残虐行为，但是苏联红军在中国东北对平民普遍的虐待行为则广为人知。此外，在整个审判期间，数十万日本俘虏仍然在苏联手上，他们的景况并不为人所知。事实将会表明，死于苏联之手的日本俘虏的数量，要远远大于作为日本的俘虏而悲惨死去的美国和英联邦国家战俘的数量。

对美国人最为不利的是，意料之中的谴责审判的双重标准的理由，就是美国对日本多个城市的恐怖轰炸，尤其是使用原子弹，也构成了反人道的罪行。巴尔审判官对此进行的论证，在他本人来说也是异常辛辣。他先是提到了"一战"期间德意志皇帝威廉二世（Wilhelm II）写给哈布斯堡王朝（Hapsburg）奥匈帝国皇帝弗兰茨·约瑟夫（Franz Joseph）的恶名昭著的信件（"一切都要烧杀净尽；男人、女人、孩童和老人都必须被屠杀，一棵树或是一座房子也不留"），然后将下面这段话加入了他的反对意见书中：

在我们的考察之下，如果说太平洋战争中有任何事情近似德国皇帝在上述书简中所言,那就是来自同盟国使用原子弹的决定。后世将会对这一可怕的决定做出判决。历史将判定世人反抗使用这一新式武器的情感爆发是否丧失理性或是感情用事;通过如此不分青红皂白的杀戮粉碎全体国民继续战斗的意志以赢得胜利是否合法……据此足以说明本法官现在的目的,即如果任何无差别地损毁平民的生命和财产在战争中仍属违法的话,那么在太平洋战争中,使用原子弹的决定,是唯一近似德国皇帝在"一战"中及纳粹领导人在"二战"中的指令的指示。而本案被告所为绝无可与之相提并论者。

哈那尼拉审判官在其个别意见书中强烈反对这种主张。他写道,"如果手段是由目的决定其正当性,则使用原子弹是正当的。因为它使日本屈服并终止了可怕的战争。假使战争继续,不使用原子弹,还会有多少无助男女和儿童白白送死和受苦?还将会造成多少几乎无法挽回的破坏和毁灭?"巴尔和哈那尼拉的意见加起来,涵盖了此后数十年间有关使用原子弹的论争的基本要素。[72]

巴尔的意见是异常严厉的谴责,因为这等于说,在亚洲的战争中,唯一可与纳粹暴行匹敌的行为是由美国领导人犯下的。其他法官的意见没有达到如此深入程度,但是洛林法官也认为,以原子弹爆炸为顶点的空袭,违反了战争法。洛林推断,许多日本人也有同感。他回想起与研究者们的接触,"他们问的第一件事总是:'当同盟国轰炸了所有的日本城市,有时,比如在东京,一夜之间造成10万人死亡,而对广岛和长崎的破坏更是登峰造极时,你在道义上有资格坐在裁决日本领导人的审判席上么?这些都是战争犯罪'"。[73]

胜利者的伪善将很快成为新民族主义者的重要思路,而巴尔的反对意见成了"东京审判史观"批判者时常翻弄的金科玉律。在共同的反共事业中,美国政府不久即接纳了许多往昔的战犯。此处仅举三例,重光葵和右翼教父儿玉誉士夫是在占领期间复出的,岸信介则出任了1957—1960年的首相。这为否定东京审判的裁决渲染上了两国关系反复复杂的色调。[74]

然而,对许多日本人而言,罪行被审判所暴露,也带来了对疯狂的暴力世界的认知以及对此种反和平与反人道的罪行并非日本所独有的领悟，增强了随战败而来的对穷兵黩武和战争的深刻厌恶。那些持有如此立场的人对审判的嘲讽，与新民族主义者们的认识又有不同。正如一位左翼知识分子在占领结束不久写道，以历史上最伟大的"革命性审判"开场的东京审判，结局却变成了对正义的"讽刺性漫画"。它成了彻头彻尾的"技术性的审判"，蜕变成了对 20 多个被告人的报复行为，这一失败与美国人推行彻底的民主革命的大失败是分不开的。他诧异于"很少有人可以从中找出真正的行为准则"。然而，他又补充说，这并非意味着和平与正义的理想现在无关紧要。相反，现在珍视它们更加重要，因为这次审判恰恰表明了和平与正义是多么的脆弱。[75] 当然，只有在新宪法"放弃战争"的规定中，这些理想才能够得到珍视。

败者的审判：指名

日本人本身就是被排除参与战犯起诉的亚洲民族之一。同盟国对此有清晰的逻辑：被告无权裁判自身，只能进行辩护。当然，前提是假定事实上所有的日本人都对战争多少负有一些责任，从而不能相信他们能够严正地追究其同胞的战争责任。在当时群情激愤的氛围中，这种推理是可以理解的。尤其是事实上，除少数共产主义者之外，在日本的确缺乏对战争体制的真正抵抗。尽管如此，在对战犯的调查和起诉中，拒绝日本人担当任何的正式角色，仍然可能是欠缺远见的行为。

在此我们进入了对历史假定性的危险讨论。尽管在这种情形下，我们至少可以求助于当时事件的一些参与者，他们的确考虑过让日本人在起诉战犯的过程中担当更为积极的角色。日本人的正式参与——乃至在审判席上占有一席之地（至少这是洛林法官曾经考虑过的，尽管只是在事后）——可以消除一些胜者审判的印记。[76] 它还有助于渗透日本民众的意识，即日本人比任何人都更需要承担他们的罪责。未能推进这一做法，与占领当局不能认识到他们的专权独断可能取得反效果的更大败笔不无关系。

战败之后，积极揭露国家的战争罪行的活动，得到了日本民间的强大支持。早在 1945 年 9 月中旬，震惊于日本军队所犯暴行的披露，《朝日新闻》等报纸倡议，日本人应当收集自己的战犯嫌疑者名单。既然这些名单有可能比同盟国提出的要长，那么还可以执行日本人自己的审判。⁷⁷ 许多读者都强烈赞成。到 10 月中旬，检举"战争责任者"的来函数量急遽上升，不仅检举军阀，还包括官僚、警察与大企业和金融机构的领导人。《朝日新闻》的编辑对如此之多的日本人敦促惩治自己的战犯表示惊讶。早在近卫文麿公爵与内大臣木户幸一被逮捕之前，《朝日新闻》就发表社论表示，像他们这样的文民，而不只是所谓的军阀，都应当在被起诉之列。12 月初，当同盟国公布的主要战犯嫌疑人名单达到 218 人时，《朝日新闻》最具人气的专栏《天声人语》认为，这一数字还差得太远。⁷⁸ 12 月中旬，美国国务院驻东京代表乔治·艾切森的秘密报告书中，记录了这一动向。艾切森在拍给华盛顿的电报中说："日本国民的普遍心态，是将战争责任强烈地归罪于主要嫌疑人。战败带来的痛苦以及对日本不应该发动侵略战争的明显提高的认识，使他们对日本的领导者产生了强烈的愤恨。"⁷⁹

这种情绪得到了政治左翼的普遍赞同。马克思主义者和共产主义者欣然同意对日本的"侵略战争"至少要追溯到 1931 年的"满洲事变"（"九一八事变"），而在投降后初期，他们呼吁"人民"在社会各阶层开展清查战争罪犯及其合作者的活动。尽管对人民审判的倡导并没有成为共产党纲领的一部分，但是细川嘉六等杰出的左翼知识分子，最早考虑推进"由日本国民自身审判和惩处战争责任者"。（细川嘉六竟然是在因思想罪入狱、等待盟军胜利者解放之时，预见到了这一点。）东京审判前夜，一些日本人在告诫不应将这一审判拱手让给同盟国方面确实取得了成功，他们强烈要求这一审判"也应当由日本人民亲手进行"。而另一些人在将此消息公布出去时却不那么成功。1946 年 12 月，在一次公开的研讨会上，法学家戒能通孝批判东京审判将反对战争的日本人排除于检察团和审判团之外，结果发现他的演讲在送交出版社后被盟军司令部的检阅官全文查禁。1948 年，当审判渐近尾声，一些进步的知识分子重新提倡"人民法庭"和日本人的审判，到此时却发现无论如何再也唤不起公众的关注了。⁸⁰

政治立场的另一翼，日本政府也在考虑实施审判。尽管从未有过使胜利者接受的可能性，然而战败前后这种设想仍然得到了上层的关注。8 月 9 日，在关乎是否投降的内阁内部斗争中，这一设想首次浮现。当时军部徒劳地主张独自行使审判的权力，作为接受《波茨坦宣言》之条件。[81] 9月11日,当最高统帅公布首批逮捕的"A级"战犯嫌疑人名单时,日本政府立即重新考虑这一设想。9月12日,东久迩内阁投票通过调查战争罪行并实施独自审判而无视同盟国方面之行动的决定。与此相关并且受被捕近在眉睫的打击,东条英机企图通过自杀逃避起诉。外务大臣重光葵(此后他自己也遭到逮捕及审判)向总司令部传达了日本政府的意向,并于次日被告知此路不通。

内阁的提案,暴露出包括天皇在内的多位当局者进退两难的困境。据木户幸一的日记记载,天皇说:"己方的所谓战争犯罪人,尤其是所谓负责任者,尽皆忠于职守之人。以天皇之名处置他们,实在是于心不忍。"应天皇之请内阁重新考虑这一决定,并且再一次确认了这一决定,最终在向总司令部呈交提案之前,得到了裕仁的勉强认可。木户幸一本人对以天皇之名发动战争,又以天皇之名接受审判完全难以接受。他还担忧此举可能引来共产主义者并导致国民审判,发生"我们自己之间的相互血洗"。

即使在盟军司令部否决其提案之后,日本内阁也没有放弃这一企图。9月18日,东久迩首相告诉外国记者,日本政府打算调查和惩罚虐待战俘及其他战争犯罪者。这一声明被日本新闻界大加报道。有的报纸标题为《审判战犯:从我们自己手中开始》。1945年9月至1946年3月间,日本政府的确在4次独立的审判中,以常规战争罪行嫌疑审判了8位下级军人,直至最高统帅正式颁令宣布审判无效。其推断显然是,一旦被审讯并判刑,这些人将不可能再被起诉并接受同盟国审判。这种推断的根据大有问题。此8人皆被同盟国的下级法庭重新审判,并受到了更为严厉的裁决。假使日本政府被授予追诉高层战犯的权力,他们确曾预想将这几起审判相对宽大的判决作为适当的样例。[82]

日本官方对这些问题的考虑,如实展示在败战之初数月间起草的《紧急敕令》草案中。这一秘密敕令从未公开,却是我们可能找到的日本统治集团对战争责任问题愿意主动进行调查的鲜明详实的例证。当然其前提是,只要这样的审查能够再次证实天皇的德行与清白。敕令的全称结构复杂——《为安定民心并确立自主的国民道义以维持国家秩序之紧急敕令》。敕令的忠君逻辑是其基本框架:损失惨重的战争,是对天皇信赖的背叛以及对天皇不变的和平承诺的悲剧性歪曲。正如战胜国想当然地认定，在历史上和文化上他们体现着尊重和平与人道的"文明"理想，敕令草案的起草者则描述了天皇制的传统核心，也体现着同样的理想。西式法学家在纽伦堡及稍后的东京审判中苦心孤诣所定义的"反和平罪"与"反人道罪"，在此草案中则被称为"叛逆罪"。

敕令草案起诉的核心，在12项条款的前3项中进行了繁复的规定：

第一条　本令旨在安定民心并确立自主的国民道义以维持国家秩序，为达此目的，凡紊逆国体、谬辅天皇、未能顺随天皇之大和平精神，指导或辅助指导政治行政及国民风潮以推行侵略的军国主义，因而违背明治天皇之敕谕、招来军阀政治且朋党比周以蓄意助长支持，以挑发诱导满洲事变、支那事变与大东亚战争，破坏内外诸国民之生命财产且陷国体于危殆者或机构设施及社会组织，均予以惩处、除却及解散。

第二条　下列人等该当以叛逆罪判处死刑或无期监禁：

一、无天皇之命令动兵，妄然惹起军事行动与指挥侵略行动，造成满洲事变、支那事变、大东亚战争不可避免者；

二、违背明治十五年军人敕谕并招致军阀政治之情势，抛却国体之真髓实行专横政治或类似之政治行动，以违逆天皇之和平精神，使大东亚战争必然发生者。

第三条　下列人等该当以叛逆罪共犯判处十年以下有期徒刑至无期徒刑：

一、直接参与前条第一号之谋划者；

二、与前条第二号之军阀政治共鸣，共谋以强化或蓄意支援者；

三、对军人政治家或其他人好战的策划宣传蓄意支持并协力运作者，违背天皇的和平精神造成主战的舆论，从而使开战无法避免者。

草案接下来指出，在特定场合下，这些处罚可以减刑为开除公职以及剥夺臣民通常自然发生之权利。对个人提出的诉状如有100人以上签名，将由检事总长（即司法部长）指挥对其进行调查、起诉和审判。[83]

乍看之下，这份仍然使用战时天皇崇拜格式的修辞起草的草案，与《东京宪章》所阐述的理想之间形成了异常强烈的对比。然而，尽管具有鲜明的日本色彩，《紧急敕令》所提出由日本人实施的审判，并非与远东国际军事法庭实际发生的审判完全背驰。与实际中的 A 级战犯审判一样，这些审判将会是展示性的审判。少数曾经颇有权势的人物将会被起诉，多数是与东条英机有关联的军官，但也会包含几位文职官僚，如前外务大臣松冈洋右（他被同盟国起诉，但在东京审判中死亡）。文献记录也会建立起来，用以证明 1931 年"满洲事变"以来日本的军国主义和侵略，是"军阀政治"而非天皇政策的反映。与同盟国所谓的"反和平罪"和"反人道罪"相当的含糊概念也会投入使用。

本质上，敕令草案是"败者的审判"的阐述大纲，这一审判也会把东京审判中审讯及宣判的同一批人中的许多人作为替罪羊送上被告席。这并非只是臆测，因为在准备起诉书时，东京审判的检察方十分依赖天皇近旁的指认者，他们即使不是敕令草案的直接起草者，也是敕令草案宗旨与策略的支持者。日本人预想的审判的主要目的，与东京审判基本的次要目的一致，即将天皇确立为热爱和平、纯洁无瑕、超越政治的存在。败者的审判，像胜者的审判一样，最终必将主张，是一小撮不负责任的军部的阴谋主导者，将日本引向了"侵略的军国主义"。实际上，必定也会出现日本自制的"共同阴谋"论。

尽管这种想象饶有趣味，但是对胜利者来说，将高级战犯的审判权留给日本人是难以想象的。最终，美国人拒绝了让日本人加入东京审判检察方的较为谨慎的提案。[84] 可以想见，这一提案曾经被海外舆论认为是"黄鼠狼给鸡拜年"，引发了强烈抗议。尽管如此，这一提案仍然是一个真正值得期待的错失之良机。日本方面可以立即派出能干而且负责的法律专家组成辅助检察团，深受战争之苦并渴望新的开始的大多数日本国民，也将会支持这一使命。这样的检察团甚至还可以为正在德国进行的战争犯罪调查提供骨干力量。

尽管在起诉战犯中无法担当任何正式的角色，日本的精英人士却对战胜国决定起诉逮捕的人选施加着非正式的影响力。与战时"一亿一心"的宣传再次相违背，日本的战争机器已经被内部纷争所破坏。党派之争不仅在军部官僚与文职官僚之间展开，即使在官僚机构内部也司空见惯。例如，陆军与海军之间，甚至是各军种内部都有派系斗争。1945年初，甚至是在同盟国对各城市的定向轰炸之前，日本最高领导层就已经开始认真为日本的即将战败指认责任人。胜利者可能会想象自己踏入了守口如瓶的武士歃血为盟的国土，然而他们发现的真相更接近于被谣言蛊惑分裂反目的拜占庭帝国。

在"共同阴谋论"泛起的派系争斗环境里，最简便实用的莫过于"军阀政治"的概念。1945年2月，前首相近卫文麿向天皇上奏秘折，对"军阀政治"进行了异乎寻常的强有力的解释。此后被称为《近卫上奏文》的这份富于启示性的文件，基本上将所有罪责都归之于近卫的后任首相东条英机及其追随者。在近卫文麿及其追随者看来，国家被邪恶的军阀与非法的共产主义者推到了革命的边缘。而且近卫文麿认为，军阀与左翼都诬蔑资本主义，企图在日本国内与全亚洲发起社会的、政治的革命。[85]

近卫文麿的阴谋论，实际上是局内人对二十世纪三十年代以及四十年代初日本政界与军部中激烈的派系斗争的叙述。他的主张相当程度上反映了受1936年"二二六"政变事件牵连、在陆军失利的皇道派路线。皇道派对攻击欧美列强在东南亚的殖民地、与其对抗态度慎重，更倾向于鼓吹日本"向北进击"与苏联对抗。皇道派与近卫文麿的强硬对手是东条英机率领的统制派。墙倒众人推，在战败的瓦砾中，曾经如日中天的东条英机成了全日本最弱势的人，几乎成了每个人乐于攻击的目标。

在投降后的数月间，近卫文麿花费了大量的时间和精力，向战胜国方面传播他的"军阀政治"观念。有一次，他基本上将谒见天皇的情形向麦克阿瑟重新演示了一遍。近卫公爵于12月自杀之后，他的同僚与同谋者继承其遗志继续谋划运动，使同盟国的调查主要集中于与统制派有关的人士。近卫的前侍从与私人秘书牛场友彦的交游极为广泛，他立即将属于近卫公爵的75册手记及其他文件提交给了盟军司令部的国际检察局（IPS），并敦促胜利者追究东条英机与其赞同者，以及近卫内阁的外务大臣松冈洋右，此人曾是推进日本与德国、意大利结盟的主要人物。牛场友彦还向IPS推荐利用岩渊辰雄提供情报。岩渊是著名记者，曾参与《近卫上奏文》的秘密起草。岩渊孜孜不倦地撰写新闻稿和剪报，向胜利者推广和举荐皇道派。他还指认天皇的近臣木户幸一，负有与军国主义者同调并向主君进谗言的重大责任。另一位起草《近卫上奏文》的合作者吉田茂，也乐于将木户幸一纳入他自发向战胜国通报的主要战犯嫌疑者名单。[86]

《近卫上奏文》的其他参与者，也与国际检察局以及总司令部的反间谍要员密切合作。这一集团中最执着于"共产主义者的阴谋"论的殖田俊吉，最终提交了他认为应当为日本的愚行和灾难负主要责任的78人的名单。[87] 退役大将真崎甚三郎同样热心协力。他是前教育总监和皇道派的思想指导者。作为A级战犯嫌疑人被捕后，真崎基本上迷住了他的审讯者。他尤其热衷于批判木户幸一。他告诉美国人，假使遇到木户幸一，他会向木户的脸上唾口水。尽管1930年代中期，皇道派对推进军队内部的极端民族主义训育起了主要作用，审讯真崎的检察官仍然感动于他"亲美"且极端反共的思想，将其从指定立即审判的嫌疑人名单中剔除。[88]

许多其他的人也加入了向IPS与总司令部调查官合唱进言的队伍。可以想见他们反复吟唱的主题是：排除天皇，集中调查东条及其周围的人，并将少数显眼的文职高官包括在内，如轻薄无礼的松冈洋右与老谋深算的木户幸一。有些通风报信者本身就是宫内人士。1946年2月，天皇与IPS和总司令部之间任劳任怨的联络员寺崎英成，交给检察方一份他声称对灾难性的战争负有主要责任的45人（当时健在者42人）的名单，提供了关于其中多位的具体情报。寺崎毫不犹豫地暗示，有些情报直接来自天皇。一次，他告知他在IPS的美方联络人，裕仁本人表示反对松冈洋右在日苏中立条约签订仅数月之后就攻击苏联的提案。国际检察局的文件中有一条记录显然是基于与寺崎英成的秘密会谈，其内容竟然是，天皇问起为何前中将有末精三未被逮捕。[89]

对检察方影响最大的两位日本人，一位是前少将田中隆吉，另一位则是天皇原先的内大臣木户幸一。1946年1月，国际检察局盯上了前少将田中隆吉，并发现他熟知包括在中国的犯罪行为以及军部秘密输送鸦片在内的许多军队上层活动的内部情报，且非常乐于坦白。审判过去多年之后，当初曾为检察方充当主要证人的田中隆吉，解释他使如此之多的同僚负罪的根本目的在于，"不使天皇受审以证明天皇无罪，从而护持国体"。[90]

比田中隆吉更为有名且在指认问题上影响力更大的是木户幸一。木户的祖父是明治维新的元勋之一。1940 至 1945 年，木户幸一担当天皇的内大臣，不仅协调天皇的日程、充当天皇的心腹，而且还是情报的传送者、流言的加工者和狡猾的阴谋家。他树敌无数。12 月 6 日，木户幸一被宣布将作为 A 级战犯嫌疑人受到逮捕。起初他企图包揽天皇认可战争决策的全部责任，以保护他的君主。然而，12 月 10 日，在木户感人地拜别天皇之后，他被人说服采取其他的方式。他战术上的变化，是因为与都留重人交谈后得到了新的启发。都留重人出身名门，是位年轻的、名义上的马克思主义者（后来成为杰出的经济学者和教育者）。他是木户幸一的姻亲，曾在美国接受高等教育并于 1940 年获哈佛大学经济学博士学位。都留解释说，照美国人的思维方式，木户设计的战术有重大缺陷。假使他声称有罪，美国人会将此作为天皇同样有罪的解释。他必须辩称自己无罪，才能加强天皇无罪的印象。听闻此言，木户在他的日记中写道，"我感觉心里有了着落"。[91]

都留重人的此番建议，显然受到了他的老熟人保罗·巴兰（Paul Baran）的怂恿。巴兰是一位进步的经济学家，当时是在日本的美国战略轰炸调查团的一员。12 月 12 日，国际检察局首次讯问木户幸一（由都留重人任翻译）。木户幸一透露，他自 1930 年以来都保留有详细的日记，并同意将日记交给检察方。12 月 24 日至翌年 1 月 23 日间，木户分三次交出日记，日记的截止日期为 1941 年。彼时正是珍珠港袭击前后，是美方检察官最感兴趣的部分。木户幸一的日记，很快成了检察方的"宝典"。[92]

木户幸一可能对日记略做了删改，以便不给他的主君造成麻烦。[93]当然，这位前内大臣确信，他那含义隐晦难懂的日记，再辅以他向检察方的直接"说明"，能够证明天皇一贯希求和平，诉诸战争的责任完全在于日本政府和军部。他对这一赌注的丰厚回报，计算得很妥帖。尽管检察方在准备对各位被告的诉状时，对木户幸一的日记进行了细心梳理，但是那些作为证据提交法庭的日记部分却被谨慎筛选，以避免对裕仁的言行有任何意味深长的提及。检察方对木户进行了异乎寻常的长时间讯问，30 次审讯共产生了大约 800 页的打印记录，却从未被作为直接证据提出。这是因为，即便是高度警惕的木户幸一，偶尔也会有发言可以被解释为，天皇是对日本的一连串行动负有责任的领导者。[94]

1946年3月，A级战犯嫌疑人受审名单最终确定，国际检察局决定在全体被告的起诉书中，最大限度地引用田中隆吉的审问记录与木户幸一日记的摘录。在东京法庭的最初审判中，与木户幸一同时受审的27位被告，其中15人是由木户幸一本人指认的日本战争的主要责任人。[95]

注释：

1 关于 Röling，参见 B. V. A. Röling, "The Tokyo Trial and the Quest for Peace", C. Hosoya, N. Andō, Y. ōnuma 与 R. Minear 编, *The Tokyo War Crimes and Beyond: An International Symposium* (New York: Kodansha International, 1986), p. 130; Röling, *The Tokyo Trial and Beyond: Reflections of a Peacemonger*, Antonio Cassese 编, Cambridge: Polity Press 联合 Blackwell Publishers, 1993, 着重参见 pp. 65 – 68, 86 – 91。关于 Webb 的发言，参见 B. V. A. Röling 与 C. F. Ruter 合编 *The Tokyo Judgment: The International Military Tribunal for the Far East (I. M. T. F. E.)*, 1946年4月29日 – 1948年11月12日 (Amsterdam: APA-University Press, 1977), vol. 1, p. xi 及 vol. 2, p. 1045; 此文献下引为 *TJ*，此两卷本收录东京审判的全部判决，包括多数判决书，2份连带的批评意见以及3份反对意见书。1946年6月4日 Keenan 在东京审判中的主要陈辞，收入多卷本的审判重要证词记录：*The Tokyo War Crimes Trial*, R. John Pritchard 与 Sonia Magbanua Zaide 编 (New York and London: Garland, 1981), vol. 1, pp. 383 – 475; 着重参见 384, 392, 459。此文献下引为 *TWCT*。有关日本方面将审判视为"文明"的事业的积极反响，参见《读卖新闻》1946年5月15日、6月5日，《每日新闻》1946年6月6日；还可参见法庭宣判时，《每日新闻》1948年11月13日发表的国会议员和马克思主义学者羽仁五郎的谈话。

2 有关战争审判的战时背景，在 Richard L. Lael 的 *The Yamashita Precedent: War Crimes and Command Responsibility* (Wilmington, Del.: Scholarly Resources, 1982) 一书中，有简要概括及评注，尤其可参考此书第2、3章。关于同盟国早期的想法，包括支持立即处决纳粹主要领导人的表示，还可参见 Telford Taylor, *The Anatomy of the Nuremberg Trials* (New York: Knopf, 1992), 尤其是 pp. 28 – 40; Michael R. Marrus 编, *The Nuremberg War Crimes Trial, 1945 – 1946: A Documentary History* (Boston: Bedford Books, 1997), pp. 18 – 38。

3 Stimson 在战争时期的考虑，主要阐述的是针对纳粹战犯的政策，在 Lael 的前引书中有概述。Jaranilla 法官对 Stimson 的引述参见 *TJ* 1: 514 – 515。

4 东京审判采用检察方统计结果：欧洲战场被德国和意大利俘虏的英美人员总数为235473人，其中9348人在押期间死亡。太平洋战场相应的数字为：被日本俘虏的总人数132134人中有35756人死亡；*TJ* 1: 385。对死于日本人之手的亚洲俘虏的情况没有相应的估算，这些俘虏受到了同样的苦难，而且数量巨大。死于德国人之手的苏联俘虏数目庞大，但是轴心国成员之间进行情况比较时，这一点很少被提及。

此外，大屠杀通常被作为异常情形进行个别处理。

5 参见珍贵资料1989年冬号《历史读本　别册·未公开写真に见る东京裁判》。《历史读本》本期为日本战争犯罪审判专号，其中有关于各地审判的资料，还收录有各审判地点的地图，pp. 114 – 121。

6 日本的官方数据由法务省统计，以方便的统计表格形式收入讲谈社编《昭和二万日の全记录》（东京：讲谈社，1989），vol. 7, pp. 220 – 221；此文献下引为 SNNZ。还可参见粟屋宪太郎《东京裁判论》（东京：大月书店，1989），p. 288；粟屋宪太郎在前书中简明概括了有关这一问题的日本文献，pp. 282 – 297. 其他表格数据有所出入，参见 Bessatsu Rekishi Tokuhon（1989）。有关各地审判的主要英语文献是 Philip R. Piccigallo, *The Japanese on Trial：Allied War Crimes Operations in the East, 1945 – 1951*（Austin：University of Texas Press, 1979）。对此问题的简要论述参见 Stephen Large, "Far East War Crimes Trials", I. C. B. Dear 所编 *The Oxford Companion to World War II*（New York：Oxford University Press, 1995），pp. 347 – 351。关于山下奉文的审判，典范性的重要论述（出自山下的一位辩护律师之手），是 A. Frank Reel, *The Case of General Yamashita*（Chicago：University of Chicago Press, 1949）；Lael (1982) 对 Reel 的观点提出异议。日本人战争犯罪个案研究的重大成果，参见 Yuki Tanaka, *Hidden Horrors：Japanese War Crimes in World War II*（Boulder：Westview, 1996）；Gavan McCormack 与 Hank Nelson 编 *The Burma-Thailand Railway：Memory and History*（St. Leonards, Australia：Allen&Unwin, 1993）；Gavan Dawes, *Prisoners of the Japanese：POWs of World War II in the Pacific*（New York：William Morrow, 1994）；以及 Robert La Forte, Ronald Marcello 和 Richard Himmerl 所编 *With Only the Will to Live：Accounts of Americans in Japanese Prison Camps, 1941 – 1945*（Wilmington, Del.：SR Books, 1994）。

7 SNNZ 7：221. 粟屋宪太郎合计朝鲜人与中国台湾人受审326人，其中42人被处死刑。粟屋宪太郎《东京裁判论》（1989），p. 291。Yuki Tanaka 提出，需注意1945年9月17日帝国军队指示军官将虐待战俘的罪行归咎于朝鲜人和中国台湾人的监狱看守；参见他的 *Hidden Horrors*, p. 71. 关于朝鲜人和中国台湾人为日军服役而受审的问题，参见内海爱子《朝鲜人 BC 级战犯的记录》（东京：劲草书房，1982）。

8 共计有5700名 B/C 级战犯在2244处法庭受审。澳大利亚审判以其规模之大而闻名。美国的审判参见美国国务院，Foreign Relations of the United States, 1948, vol. 6, p. 873；此文献下引为 FRUS。平均审理时间约为2天，见 SNNZ 7：221。许多 B/C 级战犯，包括被判终身监禁者，在1950年代均获释放。

9 535页篇幅的 Khabarovsk 英文审判记录以 *Materials on the Trial of Former Servicemen of the Japanese Army Charged with Manufacturing and Employing Bacteriological Weapons* 为题出版，（Moscow：Foreign Language Publishing House, 1950）。粟屋宪太郎利用日本法务省资料，在一篇1978年苏联关于东京审判的研究文章 *Sud v Tokio* 的译后记中，推测日本人因战争犯罪在苏联被处死刑人数约为3000人。参见 L. N. Smirnov 与 E. B. Zaitsev（川上洸、直野敦译），《东京裁判》（东京：大月书店，1980），p. 517。

10 粟屋宪太郎《东京裁判论》（1989），p. 293。

11 《每日新闻》1948年11月5日。

12 累计数据，参见 TJ 1：xii，22；还可参见 Solis Horowitz，"The Tokyo Trial"，International Conciliation，no. 465，1950 年 11 月，p. 542。Horowitz 是东京审判的检察官之一，其长文（pp. 473 – 584）是有关东京审判少有的详尽的英文论述。有关检察团的规模，参见 Arnold C. Brackman，The Other Nuremberg：The Untold Story of the Tokyo War Crimes Trials（New York：Morrow，1987），p. 56；Brackman 作为记者报道东京审判检方（而非辩方）的陈述情况。Norman1948 年的评论，发表于其日文版的文集，参见 E. H. Norman，Herbert Norman zenshū，大洼愿二译（东京：岩波书店，1977），vol. 2，p. 391。

13 最初有 28 名日本人被作为"A 级战犯"起诉，其中 2 人在审判过程中死亡，1 人因精神障碍原因免于起诉。参见 Horowitz 前引文的判决图表，p. 584；添加了死亡与假释日期数据的图表，参见 Richard Minear，"War Crimes Trials"，Encyclopedia of Japan（Tokyo：Kōdansha，1983），8：223 – 225。1958 年的赦免情况，参见 Minear，Victors' Justice：The Tokyo War Crimes Trial（Princeton，N. J.：Princeton University Press，1971），p. 175。

14 Röling（1993），pp. 54，85 – 86，90. 亦可参见 Röling 的序言，TJ 1：xiii – xvii。

15 "Oral Reminiscences of Brigadier General Elliott R. Thorpe"，1977 年 5 月 29 日，RG49，box 6，MacArthur Memorial，Norfolk，Va.，pp. 10 – 12。Wm. C. Chase，Front Line General：The Commands of Maj. Gen. Wm. C. Chase（Houston：Pacesetter Press，1975），p. 144。Chase 接下来评论道："我们过去经常在东京说，美国最好别在下次战争中打败，不然我们的将军们都会不经任何审讯，就在天亮时被枪毙。"

16 FRUS 1948，6：717 – 719，794. 凯南的抨击并非像职业军人威洛比、索普和 Chase 一样，是出于对日方的任何同情。更确切地说，他轻视日本人对作为审判基础的公正与公平概念的理解能力。凯南属于认为即刻处罚更为合适者的阵营。他在其绝密报告中写道："如果我们在日本投降时立将这些人处死，可能会被更好地理解和接受。"

17 例如，参见 Horowitz 前引文，pp. 574 – 575。

18 1953 年 Pal 法官个人在印度出版了他的反对意见书。多数判决书、连带意见书以及反对意见书的完整版本最初由个人名义于 1977 年出版；参见 TJ。审判的全部程序可见于 1981 年公开出版的 22 卷馆藏本；参见 TWCT。

19 有关释放未被起诉的"A 级战犯"嫌疑人的解密史料，1987 年在日本受到了媒体的关注。例如可参见 1987 年 12 月 27 日的《朝日新闻》，12 月 28 日的 Japan Times。被释放的"A 级战犯"嫌疑人并不能够立即恢复任职，而是成为各种清除处分的对象。然而，儿玉誉士夫由于在战时囤积了巨量珍稀商品，很快成为与美国中央情报局勾结交易的政界黑幕的中间人；有关儿玉誉士夫在朝鲜战争时向美国供应囤积的钨金属中所担当的角色，参见 Howard Schonberger 著、袖井林二郎译，《ジャパニーズ・コネクション 海运王 K・スガハラ伝》（东京：文艺春秋，1995），pp. 214 – 228。亦可参照粟屋宪太郎的评论，收入 Hosoya 编，The Tokyo War Crimes and Beyond：An International Symposium，pp. 82 – 84。

20 这是麦克阿瑟告诉 Röling 法官的；参见 Röling（1993），p. 80，以及 Hosoya 前引书，p. 128。

21 *FRUS 1945*, 6: 591 - 592, 962 - 963. 有关这一问题的拖延情况出处同前, 6: 898 - 989。

22 *FRUS 1945*, 6: 988 - 989。麦克阿瑟的 1 月 19 日宣言与东京宪章（最终版本，正式签署日期为 1946 年 4 月 26 日）皆收录于 Minear (1971), pp. 183 - 192。

23 *TJ* 1: 19 - 22, 439 - 442. 有关两次审判法律的简明比较，参见 *The Charter and Judgment of the Nurnberg Tribunal: History and Analysis* (Lake Success, N. Y.: International Law Commission, General Assembly, United Nations, 1949), pp. 81 - 86。

24 *TJ* 1: 31 - 32; 439 - 442; 出处同前 2: 527 - 530. 基南在法庭的开篇陈述中，频繁提到日本"统治世界"的阴谋; 参见 *TWCT* 1: 386, 392, 435, 449。

25 这一点经常被忽略，或许是因为《东京宪章》像《纽伦堡宪章》一样，同等详细地论述了反人道罪与反和平罪。尽管如此，请参见 *The Charter and Judgment of the Nurnberg Tribunal*, p. 82; Röling (1993), pp. 55 - 58; Horowitz, pp. 498 - 501, 551 - 552。最初的 55 项指控，第 37 - 52 项指控分类为"杀人"，第 53 - 55 项指控为"常规战争罪行与反人道罪"。

26 关于"命令责任"的基本观点，实际上是在对山下奉文的审判中首次提出的; 参见 Lael (1982)。

27 Horowitz 前引文, p. 538. 日方评述参见《每日年鉴》1949 年版, p. 101。

28 韦伯法官的见解，参见 *TJ* 1: 477, Pal 法官的观点见前引书 2: 1036。亦参见 Röling (1993), pp. 46 - 47。

29 广田弘毅被判死刑的主要理由是，1937 年作为外相，他"疏于职守，未向内阁坚决要求采取立即措施终止（南京大屠杀）暴行"; *TJ* 1: 446 - 448. 据 Röling 法官透露，广田弘毅死刑判决的投票结果是 6 票赞成，5 票反对，他指责这是"达成绞刑判决的可耻方式"; Röling (1993), p. 64. Röling 本人宣判广田弘毅无罪。

30 例如，可参见 1948 年 11 月 13 日《朝日新闻》、《日本经济新闻》、《每日新闻》的报道，以及《每日新闻》11 月 14 日的报道。在有关东京审判最著名的日本文献中，儿岛襄评述 4 份个别意见书的提出，引发了日本舆论的纷争; 参见儿岛襄，全二卷《东京裁判》（东京：中公文库, 中央公论社, 1982), 下卷, p. 202. Jaranilla 法官的补充陈述，支持法庭判决并建议对一些被告从重量刑的主张，并未得到同等关注。

31 *TJ* 1: 477 - 479.

32 *TJ* 1: 494 - 496.

33 *FRUS 1948*, 6: 896; 鹤见俊辅、中川六平编, 《天皇百话》（东京：筑摩书房, 1989), 下卷, pp. 671 - 672。

34 麦克阿瑟接受多数判决的引经据典的声明, 见于 *FRUS 1948*, 6: 908。11 月 23 日, 即麦克阿瑟发布声明前一日，他会见了远东委员会的 11 国代表，当时有 5 国代表（澳大利亚、加拿大、法国、印度与荷兰）表示对减刑采取欢迎姿态。11 月 29 日, 罗马教皇 Pius 七世关于减免死刑的呼吁递交美国国务卿; *FRUS 1948*, 6: 897 - 898. Röling 法官亲自将他的反对意见书副本交给了麦克阿瑟的一位副官，却未能引起麦克阿瑟的"任何关注"; Röling (1993), p. 82。

35 比如参见 1948 年 11 月 25 日《日本经济新闻》, 对 11 月 24 日三起事件的报道。

36 引自 Minear（1971），p. 172。
37 Röling（1993），pp. 20，31。
38 *Times*，1946年5月20日，p. 24；前引《歴史読本　別册・未公開写真に見る東京裁判》，pp. 10，46。
39 *TJ* 1：22；Horowitz 前引文，pp. 502，534。
40 *FRUS 1946*，8：429；Röling（1993），pp. 36 - 38，51 - 52，58；*TJ* 1：xi - xii；Horowitz，p. 565。在最高司令部要求修订宪法之际，也出现过同样的情形。受欧洲法体系训练的日本法律专家，面对的是基于英美法原则的宪法文本。
41 Lael 前引书，pp. 48 - 50。
42 参见 Pal 法官对检方与辩方有关"共同谋议说"主张的概述，*TJ* 2：657 - 666。Pal 的反对意见的大部分篇幅（2：657 - 950），都是对检方提出的"全面阴谋"指控的全方位批判分析。Pal 并不否认日方出现的"用心险恶的"事件与"非法所得"的存在（参见 2：717，728），也不否认当时日本正在进行战争动员，而是主张法庭面临的问题，并不在于这些行为是否"正当"，而在于它们是否可以被解释为进行侵略战争的全面阴谋的一部分，正如起诉书中指控的那样（参见 2：734，750，824 - 826，873 - 880，893，938 - 940）。至于珍珠港袭击的特殊事件，Pal 认为，尽管日本的立场"可能不理智、侵略性而且无礼"，但是与美国谈判破裂以及袭击本身，并不构成背叛或是阴谋。相反，日本"是被形势所推动，逐渐走上了不归之路"（2：893 - 935，尤其参见 pp. 903，935）。

对"胜利者审判"论的简要概括，包括对简单化的共谋指控的批判，参见 Minear（1983）与 Large（1995）。有关这一论点的深入论述，最有名的是 Minear 的 *Victors' Justice*，总结了 Pal 法官的反对意见中的许多观点。对审判最详实、最具辨析性的学术著作是大沼保昭的《战争责任论序说》（东京：东京大学出版会，1975）与粟屋宪太郎的许多著述，尤其是他的《东京裁判论》，以及 1984、1985 年在 *Asahi Jānaru* 杂志上连载的系列论文"Tokyo Saiban e no Michi"。还可参见大沼保昭与粟屋宪太郎在 Hosoya 前引书中的论文。Brackman 的 *The Other Nuremberg* 提供了对检方观点不加批判的全面概括，传达出了当时的一些观念和色彩。与纽伦堡审判形成对照，有关东京审判的英文著述相对缺乏，这也是东京审判未能实现当初期待的又一反映。
43 *TJ* 1：475。东京审判中，与胜利者审判的指控相关的许多问题，包括共谋指控的合法性问题，也在纽伦堡审判中提出过。例如，可参照 Michael Biddiss，"Nuremberg Trials"，见 Dear 前引书，pp. 824 - 828。
44 *TJ* 2：1045。亦参见 Hosoya 前引书，pp. 41，43，47。
45 *TWCT* 1：459.
46 关于反和平罪起诉先例的法律论据，以及国际法中有关"侵略战争"的规定，在多数判决书（*TJ* 1：35 - 52）以及 Pal 法官（*TJ* 2：551 - 627）与 Röling 法官（*TJ* 2：1048 - 1061）的个别意见书中皆有相当详尽的概括。Keenan 关于"杀人"罪行的论述，参见 *TWCT* 1：473 - 474。
47 有关这一问题的辩方质疑与法庭驳回，参见 *TJ* 1：27 - 28。除了文中引述的要点之外，辩方还主张，同盟国"无权将'反和平罪'纳入审判的宪章并认定为法庭可裁决的罪行"；依据《波茨坦宣言》，投降条款规定"在宣言之日［原文如此］

（1945年7月26日）国际法认定的常规战争罪行，将成为唯一被起诉的罪行"；交战中的杀害行为，除非违反战争法规与惯例，不能被认定为起诉书中所指控的"杀人"行为；有些被告人，如战俘，应当交由1929年《日内瓦公约》规定的军事法庭而不是东京法庭予以审判。

检方的论据凯洛格—白瑞安公约宣布"侵略战争"为不合法，是站不住脚的，并且受到了多方质疑。经常被指出的一点是，1944年同盟国本身经内部商榷得出结论："侵略战争"并无一致的定义，而且在现行的国际法下并非犯罪，也没有先例让个人为国家的行为受审。法学家Knut Ipsen主张，"反和平罪"及其对个人责任的相关指控，其实是"事后立法"，从而"与东京审判自身明确认定的审判原则'没有法律就不可能有犯罪'的原理不兼容"。他认为，情形较好的是"反人道罪"的立法。参见Ipsen在Hosoya前引书中的论文，pp. 37–45。

48 有关基南的陈述，参见 TWCT 1：463。美方最初的主要战犯嫌疑人名单，的确包括秘密团体的领导人以及数位实业领袖，如著名的鲇川义介、中岛久平与藤原银次郎，他们虽被捕却未被起诉；可参见 FRUS 1945，6：968，978。"A级"战犯审判中颇有意味的一点是，苏联未能坚持起诉天皇以及至少一名"有代表性的"财阀领导人。自1920年代起，苏联的对日政策（明显地反映在日本共产党的宣言中）认为日本对内镇压、对外侵略扩张的关键所在，就是罪恶的天皇制与财阀控制的垄断资本主义。然而，在向东京审判施加影响时，苏联迅速灵活地无视这种看来难以打破的意识形态争论，转而要求起诉当时仍未被起诉的两人：前外相重光葵（一个令人吃惊的选择）与前关东军司令官梅津美治郎。很难看出此举到底有何意义。据俄罗斯学者研究，苏联起初确实打算起诉3位已经被捕的财阀领导人（鲇川义介、中岛久平与藤原银次郎），却被基南告知这绝不可能。到此时，苏联只得罢手，美国及其他资本主义的同盟国已经对纽伦堡审判包括实业家公开表示遗憾；参见 Smirnov 与 Zaitsev，pp. 31–32，122。事实上，苏联在此问题上的让步，与它最初对美国控制占领局势的调和政策相一致。本质上，斯大林似乎希望能够以默认美国控制日本（以及在中国的低姿态），作为获得美国默许苏联在东欧的"安全地带"的交换。关于确定被起诉者的标准，亦可参见 Horowitz 前引文，pp. 495–497。

49 揭露被掩盖的731部队活动的开拓性研究，是由John W. Powell进行的。参见他的"Japan's Germ Warfare: The U. S. Cover-up of a War Crime," *Bulletin of Concerned Asian Scholars* 12.2（1980）：2–17，以及"Japan's Biological Weapons，1930–1945：A Hidden Chapter in History"，*Bulletin of the Atomic Scientists* 37.8（October 1981）：43–53。粟屋宪太郎注意到，检察方还掌握有1644部队在中国进行化学战的情报；参见粟屋在Hosoya前引书中的论文，pp. 85–86，116，以及粟屋在 *Asahi Jānaru* 杂志上发表的文章，1985年3月1日号，pp. 39–40。

50 Brackman，pp. 63–71（此处是有关"干杯！"的轶闻）；Röling（1993），pp. 28–31；Minear（1971），pp. 75–86。

51 由于Pal法官的坚持，东京审判才承认反对意见，起初预计只宣布单一的判决；参见 Röling（1993），pp. 28–29。

52 Röling（1993），pp. 62–63。亦参见 TJ 1：494–496（Bernard）。

53 Lael 前引书，p. 48。

54 远东国际军事法庭知悉日方在投降后的数周内销毁证据文件的事实；参见 *TJ* 1：437。

55 *TJ* 2：654 – 655。

56 可参见 Röling（1993），pp. 51 – 52。

57 Brackman，p. 112。

58 Röling（1993），p. 53；*FRUS 1946*，8：445；儿岛襄《东京裁判》，上卷，pp. 270 – 277。儿岛襄注意到，经法庭翻译的辩方证词普遍变短，他引用了韦伯法官不寻常的说法，大意是"如果日本辩护律师的英语更好或者翻译更得力的话，判决结果可能会有不同"；出处同前，上卷，p. 272。儿岛襄的书并未注明出处，但其资料来源之一是与韦伯的访谈。

59 儿岛襄用整章篇幅来探讨开脱天皇的问题，儿岛襄《东京裁判》，下卷，pp. 91 – 134。

60 在 1946 年 3、4 月份秘密口授的独白录中，天皇实际上对大部分辅佐他的文武官员都是严厉无情的，与精心标榜的关切臣下命运的仁慈君主形象大相径庭。颇有兴味的是，得到裕仁显著的肯定评价的两位是木户幸一同盟国眼中最大的战犯东条英机。可参见 Herbert Bix，"The Shōwa Emperor's 'Monologue' and the Problem of War Responsibility"，*Journal of Japanese Studies* 18. 2（summer 1992），pp. 299，303，349，351 – 352。

61 参见重光葵关于这些事件的手记，《天皇百话》，下卷，pp. 123 – 130。

62 高桥与铃木，《天皇家的密使たち——占领と皇室》，pp. 45 – 50；《天皇百话》中亦有摘录（下卷，p. 122）；还可参见儿岛襄《东京裁判》下卷，pp. 122 – 134。在关于东京审判的日本文学作品中，这一事件被称为"Keenan — Kido kōsaku"。Keenan 利用来接近东条的第二中间人，是原陆军少将田中隆吉。田中隆吉曾在《文艺春秋》1965 年 8 月号上发表了《かくて天皇は无罪になった》一文，详述这一插曲。收入文艺春秋编，《〈文艺春秋〉にみる昭和史》（东京：文艺春秋，1988），第二卷，pp. 84 – 91。原陆军大将畑俊六的辩护律师 A. G. Lazarus，在 *Far Eastern Economic Review*（July 6, 1989）上发表的信函称，东京审判期间，他被一位代表杜鲁门总统的不知名的高官授意，通过畑俊六，教导所有被告"在证词中尽力证实，裕仁在依例出席的有关军事行动和作战的会议中，只起到了有益的作用"。Lazarus 声称他照此办理，并"找了个借口"，与东条联络。此信函错误百出，或许是因为 Lazarus 写信时年事已高。然而联想到利用东京审判开脱天皇无罪的整出卖力表演，这一声明也有可能是真实的。

63 纽伦堡审判的情形也是如此；对照 Röling（1993），pp. 54 – 55，59 – 60；Biddiss 在 Dear 前引书中的论文，pp. 826 – 827。

64 1947 年 4 月 29 日，法庭明确驳回这些辩方"证据"与此案无关；*TJ* 2：752。

65 Pal 法官对东京审判多数判决意见彻底而详尽的批判，极易于而且通常被归因于他作为亚洲民族主义者的反殖民主义立场。这种描述是有偏见的。同时，Pal 的反对意见强大而持久的重要性在于另外的两大原因。他是东京法庭对国际法解释的严密性最热心的维护者，最为雄辩的是其对"法庭立法"的批判。在这点上，美国国务院驻东京代表对法庭判决的概括很有意味。这一结论认为，Pal 法官的观点"似乎拘泥于国际法的实证主义理论，坚持国际法关于国家主权是国际关系之基础的严格解释,这种解释认为国家的主权资格不容假定";FRUS 1948,6: 907。对于这位印度法官的民族主义与国际法解释的"实证主义"之间的关联,就本人所知,从未做过仔细探讨。

同时,尽管 Pal 法官激烈地反对殖民主义,他还猛烈地反对共产主义。在这点上,他与许多反殖民主义的亚洲同胞不同,而后者发现马克思主义或者共产主义是为争取独立的斗争中最犀利、最具吸引力的手段。Pal 的反对意见书,反复批评东京审判拒绝认真考虑日本对中国共产主义势力抬头的担忧。然而他也着意指出,问题不在于反共观点"正确"与否,而在于事实上反共情绪正在全世界蔓延。他认为,"当全世界都表示出对共产主义的忧惧,当四面八方都严阵以待之时,我相信无须第 1 到第 5 项指控所宣称的阴谋论帮忙,日本对这一假定威胁的恐惧以及随后的准备和动作也是可以理解的";TJ 2: 685。还可参见 TJ 2: 617 – 618,642,645 – 648,685 – 686,746,752 – 755,836,864 – 865。家永三郎提醒要注意 Pal 有害的反共思想,参见 Hosoya 前引书,pp. 169 – 170。

66 关于要求扩大审判席以纳入印度与菲律宾的压力,参见 FRUS 1946,8: 383,390,393 – 394,399 – 400,418 – 420。"白人的正义"的问题,在各地的 B/C 级战犯审判中同样存在。除中国和菲律宾外,B/C 级战犯审判都由欧美国家主持,并且主要审判针对白人战俘的罪行。这一点常被日本的研究著述所强调;例如参见前引之粟屋宪太郎《东京裁判论》,p. 288。

67 TWCT 1: 385。

68 TJ 2: 680,727。

69 TJ 2: 728 – 729,741 – 742。

70 TJ 2: 759 – 764。

71 日方文献指出,占领军当局不准许翻译 Pal 的反对意见;参见前引之《历史读本别册》,p. 48。

72 TJ 2: 982(Pal);TJ 1: 510 – 511(Jaranilla)。Pal 法官对使用原子弹的罪行非常愤怒,当 1953 年他个人在印度出版其反对意见书时,作为附录转载了《朝日画刊》1952 年 8 月 6 日刊登的 25 幅广岛和长崎受害者的照片。参见 International Military Tribunal for the Far East: Dissentient Judgment of Justice R. B. Pal(Calcutta: Sanyal,1953)。

73 Röling(1993),p. 84。

74 Pal 法官的反对意见由田中正明译编为《全译 日本无罪论》(东京:日本书房,1952)。同年,田中正明还出版了其修订版《日本无罪论——真理の裁き》(东京:太平洋出版,1952)。1980 年代中期,他还公开主张"整个审判只是一出闹剧";参见 Hosoya 前引书,pp. 153 – 154。

日本战后的历任保守派政府不对"二战"中所犯战争罪行明确谢罪,源于对东京审判双重标准的深刻感受。具体而言,就是要抵制关于日本帝国政府的政策与日本人的暴行是独一无二的罪行的谴责。在此后的岁月中,胜利者并未以此标准审判自身的行动,自然加深了日方的不满情绪。这不仅是指苏联和欧洲殖民主义而言,也包括美国在越南的战争。著名的"家永诉讼案"质疑日本文部省对教科书的审定,官司拖延了 30 年,就与"东京审判史观"的争议有很深的渊源。1995 年,"二战"结束 50 周年之际,日本政府是否应为战争罪行"道歉"的争论再起。参见 John W. Dower, "Japan Addresses Its War Responsibility", ii: *The Journal of the International Institute* (newsletter of the International Institute, University of Michigan), 3.1 (Fall 1995): 8 – 11。

75 戒能通孝《极东裁判——その后》,《思想》348 号(1953 年 6 月), pp. 23 – 31。

76 洛林后来述及,增设一名日本审判官,有助于在法庭讨论时澄清观点、纠正偏见,"可以预防许多失误"; Röling (1993), p. 87。洛林还确信,假使任命中立国的法官进行审判效果会更好,但他并未具体建议哪些中立国可以胜任。

77 参见《朝日新闻》, 1945 年 9 月 17、18、22 日。

78 《朝日新闻》1945 年 10 月 19、27 日;《天声人语》1: 40 – 41 (1945 年 12 月 6 日)。到 1946 年初,日本方面推测,约有 500 到 2000 名高层领导人将被逮捕。参见山川直夫《战争犯罪论》(东京:东京新报社, 1946 年 2 月), pp. 11 – 12;这本小册子积极追随胜利者对战争罪行的"全新"解释,颇能代表当时许多出版物的观点。

79 FRUS 1945, 6: 952 – 953, 984 – 985. 同时艾切森警告说,这种状态可能很快就会改变。

80 参见吉田裕《占领期における战争责任论》中的引述,《一桥论丛》105 卷 2 号 (1991 年 2 月), pp. 127, 132 – 133。家永三郎所引细川嘉六的观点,参见 Hosoya 前引书, pp. 166 – 167。

81 这一点众所周知;参见《木户幸一日记》(东京:东京大学出版会, 1966), 1945 年 8 月 9 日的日记, 2: 1223。

82 《木户幸一日记》2: 1234, 1945 年 9 月 12 日的日记;儿岛襄《东京裁判》, 1: 46 – 47;粟屋宪太郎《东京裁判论》, pp. 67, 152 – 154, 189。此新闻标题出自《朝日新闻》1945 年 9 月 21 日。

83 这份有意思的文件,是粟屋宪太郎教授在日本国会图书馆有关牧野伸显的文献中发现的,参见粟屋《东京裁判论》, pp. 160 – 162。英文译本参见 Hosoya 前引书中粟屋论文的附录, pp. 87 – 88。敕令草案的原始出处与日期不详,但是粟屋经文本考证认为,此文件可能诞生于 1945 年 10 月到 1946 年 4 月的币原喜重郎内阁时期。

84 粟屋宪太郎《东京裁判への道》,《朝日ジャーナル》, 1984 年 11 月 23 日号(连载 7), p. 40。

85 近卫上奏文的译文与分析,参见 John W. Dower, *Empire and Aftermath: Yoshida Shigeru and Japanese Experience, 1878 – 1954* (Cambridge, Mass.: Council on East Asia Studies, Harvard University, 1979), 第 8 章。近卫于 1946 年出版两本战后文集:《失われた政治——近卫文麿公手记》(朝日新闻社)与《平和への努力——近卫文麿手记》(日本电报通信社)。近卫留下的文件,在他自杀后立即移交给了国际检察团;参见 Bix (1992), pp. 296, 313, 以及粟屋宪太郎的论证,《朝日ジャーナル》1984 年 12 月 7 日号(连载 9), pp. 37 – 40。

86 关于岩渊辰雄,参见粟屋宪太郎《朝日ジャーナル》, 1984 年 12 月 14 日(连载 10), pp. 32 – 33;亦参见粟屋前引之《东京裁判论》, pp. 312 – 313。有关吉田茂担任的角色,参见 Bix (1992), p. 322。

87 粟屋宪太郎《朝日ジャーナル》, 1984 年 12 月 14 日(连载 10), p. 34。

88 粟屋宪太郎《朝日ジャーナル》, 1985 年 3 月 22 日(连载 23), pp. 44, 46。粟屋

宪太郎《东京裁判论》，p. 100。真崎甚三郎与前陆军大将、原首相阿部信行被从起诉名单中撤下，换上了苏联坚持要求审判的重光葵和梅津美治郎；参见 Smirnov 与 Zaitsev，p. 122。

89 粟屋宪太郎《东京裁判论》，pp. 93 – 95；粟屋宪太郎《朝日ジャーナル》，1985 年 2 月 15 日（连载 18），pp. 41 – 42；Bix（1992），pp. 357 – 358。

90 粟屋宪太郎《朝日ジャーナル》，1985 年 2 月 22 日、3 月 1 日（连载 19、20）；粟屋宪太郎《东京裁判论》，pp. 87 – 88；田中隆吉《かくて天皇は無罪になった》，p. 85。在日方的文献中，田中看起来往往狡猾而擅长权谋，甚至有些疯狂。

91《木户幸一日记》，2：1252 – 1257，1945 年 11 月 24 日、12 月 10 日和 15 日的日记。

92 粟屋宪太郎《东京裁判论》，pp. 202 – 208。亦参见儿岛襄《东京裁判》，1：100 – 102。作为当事人，Horowitz 认为，木户的日记"成了检察方的宝典以及此后调查取证的主要材料"；Horowitz 前引文，p. 494。

93 关于木户日记进行删改的可能性问题，参见粟屋宪太郎的论文《东京裁判と天皇》，收入日本现代史研究会编《象徵天皇制とは何か》（东京：大月书店，1988），p. 35；粟屋在《东京裁判论》中的论述更为谨慎，p. 205。

94 参见粟屋宪太郎《东京裁判と天皇》，p. 36；粟屋宪太郎《东京裁判论》，pp. 207 – 208；《朝日ジャーナル》，1985 年 1 月 18 日（连载 14），p. 30，以及 1985 年 1 月 25 日（连载 15），p. 45。国际检察团的政策，一般避免审讯内容涉及天皇。木户幸一的主要审问者 H. D. Sackett，出于私人的兴趣，显然偶尔会问到这样的问题。木户冗长的审讯记录被粟屋宪太郎等人译成日文，出版为《东京裁判资料——木户幸一询问调书》（东京：大月书店，1987）。关于木户日记发言踊跃、见解犀利的座谈，参见《木户日记をめぐって》一文，载《评论》1948 年 2 月号，pp. 48 – 64。

95 粟屋宪太郎《东京裁判论》，pp. 91, 207；粟屋宪太郎《朝日ジャーナル》，1985 年 2 月 1 日（连载 16），p. 41；还可参照前引之连载 14、15，1985 年 1 月 18 日、25 日。

第十六章
战败之后，如何告慰亡灵？

485　　日本人得知败北之后，最初的正式反应，可以借用古代希腊或是中国的说法来表达。报纸的社论写的是"一亿相哭之秋"，诗人则吟咏"国土遍起无声的号泣"。心被痛苦的愤怒燃烧，被泪水所侵蚀。战死者之魂最后的憩息之所靖国神社属下的一位将军，则提及"刀折矢尽"这一传统的喻指战败（实际上也指性的无能）的成语，描绘死者的眼泪纷纭地落在他的身前身后，死者的面庞压迫着他的背脊。[1]

　　在首批占领军到达前一周，作家大佛次郎在《朝日新闻》上以《英灵に詫びる》（《谢英灵》）为题发表的记事，是写给死者的心里话。述说自己在听到天皇广播之后的无眠之夜，战争中死去的熟人的面庞在眼前浮现：出版社的友人，偶尔一起饮酒的同伴，自己喜爱的餐馆中沉默寡言的大厨，仅在大学棒球赛上见过的男子，擅长写和歌的医生……大佛说他们是拂晓时天空隐去的星辰，想象他们随着地平线上光影的推移而消失，并追问他们在此后的岁月中时刻萦绕许多日本人心头的问题：

486　"如何才能告慰你们的亡灵？"当时大佛的答案看起来相当明了：能够做的一切就是信赖天皇的决定，"抖落过去的尘垢"，期盼黎明的到来，建立新的日本。只有到那时，才有可能超越屈辱为亡灵们"献上安魂曲"。或许只有那时，才能让死者"含笑九泉"。[2]

献给亡灵的安魂曲

　　战败之后，如何告慰亡灵？当大多数日本人尽力去理解和接受战争责任、罪行、忏悔和赎罪时，是这一问题，而非胜利者将会从道德和法律方面如何处置他们，占据了他们的内心。这种想法是真实自然的，不是因为文化的差异，而是战败之后，世界变了。当胜利者质问谁为天皇军队的侵略和暴行负责时，在日本人看来，更为紧迫的问题是，谁为战败负责？胜利者关注的是日本对其他国家和民族犯下的罪行，而日本人首先是被对自己死去同胞的悲痛和内疚所压倒。胜利者可以通过报告战果辉煌，来告慰死者的灵魂并安慰自身。正如胜方的每一位战士都成为了英雄，因而在胜利的战争中最后的牺牲并非徒劳。胜利有助于抚平悲伤。战败则使亲人、友人、广大的同胞战死的意义，变为血肉淋漓的伤口。

终战时的日本人，当然是指大多数日本男人，无人不对帝国军队的劫掠暴行有所了解。数百万人曾赴海外服役，即便自身没有残虐行为，至少也对这些战争罪行有所见闻。而对于那些不知道这些残暴行为的人，或者至少不清楚其规模和极恶程度的人，战胜国的宣传机构很快就会提供具体可怕的证据。这一切听上去是如此难以置信，事实证明却更加难以接受。正如大佛次郎在他苦恼的记事中所言，对死去的日本人的无尽行列中的每一个幽灵而言，"都有一位父亲、姊妹和兄弟"。人们可能会诅咒遣返士兵或者蔑视他们，但是对死去的日本人，仍然需要一些哀悼。另一方面，天皇的陆海军士兵杀死的数百万人，仍然是抽象的数字，难以将他们想象成活生生的人。日本人以外的死者仍然面目不清，身份不详。他们当中没有熟悉的形象。[3]

在胜利者眼中，日本没有什么"英灵"。东京审判清楚地表明，对一个自1928年以来每一次军事行动都是侵略行为和事实上的"杀人"行为，而且对俘虏与平民的残虐行为如此普遍，几乎可以看作是其国民性的表现的国家而言，使用这样的概念是一种亵渎。日本战败后，可以为战争中死去的军人和平民举行追悼仪式，但是不可颂扬他们的牺牲。正如查禁吉田满对大和战舰末日的描写所揭示的，不可能向为国战死者的勇气和光荣高唱挽歌。然而对吉田满、大佛次郎，乃至摆脱了对天皇的最后一丝崇拜的愤怒的年轻复员兵渡边清而言，不把死去的同胞看成是本质善良的人也是不可能的。数百万的普通人，他们也是通过家人、友人、邻人和死去的熟人来理解自己国家的战败的，同样有着切肤之痛。

当大佛次郎和渡边清这样的人愈加洞察事实真相时，他们毫不犹豫地对战争和日本社会进行更为广泛的批判。战败后社会精英们显而易见的贪污、腐败和无能，本身就足以破坏对权威的敬意，以及对往日的"圣战"神话的信仰。此外，胜利者的宣传和"再教育"，包括东京审判的证言在内，在很大程度上是基于先前受到压制的信息，这些信息所显示的日本人在海外有组织的劫掠破坏，是无可否认的。然而，尽管许多人开始承认战争是错误的而且涉嫌犯罪行为，但是并未抑制国民在忏悔和赎罪的共同行为中，以肯定的方式安慰己方死者的迫切需求。大佛次郎的随笔指出了对这一困境通常的回应：可以通过抛弃"过去的尘垢"、建设新的社会和文化，赋予死去国民的牺牲以意义。事实证明，这些通往死者灵堂的新的道路，将是迂回而曲折的。

基督徒教育家南原繁在战后不久成为东京帝国大学校长，他悼念战争中死去的同胞的曲折方式，在许多受尊敬的人物中颇为典型。像许多教育者一样，南原繁为曾经鼓舞学生支持战时"光辉的日本"使命的个人之罪，背上了沉重的精神负担。南原繁转变为战争批判的先导者与和平的传道者，经历了理论和信仰上大的飞跃。正如常见的情形，这是一次"转向"体验。南原对于新的发现的热情和真诚，早在1945年9月1日《帝国大学新闻》的评论中表露无遗。南原繁开篇谈到，自从这次大战将战争的不人道和惨状以空前的方式呈现出来，教育面临的重大课题，就是要实现与世界宗教的普遍原理基本一致的根本的"人性的理想"（文章中附有"人性的理想"一词的德语原文 Humanitätsideal）。这涉及一场"新的战斗"，战死学生的归魂将参与其中：

> 我们的"同仁"即将从大陆和南洋诸岛归来。他们重新埋头讲堂、学业精进、燃起再建祖国的理想和热情的日子，已经为期不远。然而，想到几多俊秀再也无法回还，我感到无尽的悲哀。他们皆作为军人勇敢地战斗和牺牲。但是在身为军人的同时，直到最终之日他们也没有丢弃学生的矜持。他们无疑坚信，最终兴国者乃真理与正义。今天，他们的灵魂已经归来与我们同在。我将祝福并引导诸君从此投入新的战斗。

南原繁向"英魂们"庄严禀告，大学在战争中奋力保全了宝贵的学术书籍。他确信，"英魂"闻此将备感欣慰。[4]

11月，在欢迎复员学生的集会上，南原繁率直地告诉学生们，战争的真正胜利者是"理性和真理"，而且这些伟大理想的担负者不是日本，而是美英。这是值得庆祝的胜利，应当以这样的观点来看待战败和死去同胞的极大牺牲。从悲剧中将诞生新的国家的生命，尽管不经奋斗是不行的。南原繁引用克尔恺郭尔（Kierkegaard）的话，谈到了一场以自我为对手的新的"和平之战"，在民主的方向上发展并对普遍的自由做出贡献的大挑战。最后南原繁进行了富于戏剧性的总结：他不仅欢迎他面前的学生，而且还有他们死去的"战友"的归来。从此刻起，战争的幸存者将与留存在他们心中的死去的战友一道，投身新的"真理之战"。[5]

1946年3月，由南原繁主持举行了东京大学战殁学生职员慰灵祭。南原繁校长以《告战殁学生书》为题的追悼辞，在《文艺春秋》全文发表。他指出，慰灵祭基本上是以非宗教的"精神的"方式，对战死同胞进行追悼，并唤起对罪恶、忏悔和赎罪的思考。他的确也谈到了天皇所说的忍耐，以及像基督徒那样背负"现实的十字架"。他率直正告战殁者之魂，是少数无知无谋的军阀和极端民族主义者将日本引向战争。包括来自大学者在内的国民，因为相信是为真理和正义而战追随其后。不幸的是，真理和正义是在英美一方。对此，历史与理性自有其俨然的审判。他还指出，这并非是说，战胜者一定是正义的。

他继续指出，战殁者已经无须目睹战败之日，以及此后生活的悲惨与精神的痛苦。然而，他们应当知晓，日本人现在感到的愤恨，不是针对战时的敌手而是自身。日本有史以来最伟大的政治、社会和精神的变革正在发生，建设"真理与正义"的日本真正成为可能。南原繁哀悼亡故的众多学生才俊，称他们是"为国民的罪恶而赎罪的牺牲"。[6]

在战败初期的发言中，南原繁有许多问题尚未提及。他没有谈到日本侵略的受害者，也完全没有言及其他的亚洲民族。对他现在谴责的东京帝国大学积极参与推进军国主义和极端民族主义的行为，也未加详述。此外，他对学生"才俊"的称颂，有精英主义的危险和浪漫化之嫌，似乎表明，可以而且应当对战争的牺牲者进行社会价值的测算。尽管有这些局限，南原繁仍然提示了如下的方法：当谴责非正义战争之时，仍然可以给予战死者以敬意，并告慰（或者，至少使活着的人感到安心）他们没有白白送死。这是胜利者无须面对的道德与心理上的巨大困境，而对此他们少有耐心和宽容。无论如何，南原繁的悼念方式，成为许多日本人非宗教的"祈祷文"。只有那些献身于建设和平与正义的新日本的人，才能够忏悔和赎罪，而追求这些理想就是荣耀死者，因为它们是死者确信曾为之战斗的理想。

非理性、科学与"战败的责任"

南原繁的转向基于这样的确信，即他像他所追悼的寻求真理的学生们一样，被日本的领导者欺骗和误导。在这一点上，南原的感情与国民普遍的感情完全同调。战败后，最常见的被动态的动词就是"受骗"。甚至连最恶名昭著的战时宣传者，也利用这一含糊的说法，洗脱个人的责任。有才能的政治漫画家近藤日出造的经历具有普遍意义。近藤以奔放的热情乘军国主义的战马直达破灭之门，在战后又以同样的热情讽刺铁窗后的东条英机。1946年初近藤写道，在战争开始前生活是安乐的，而无论何时想到这一点，他都感到"对A级战争罪犯的憎恨。我们全体国民被他们利用和欺骗，并且不知真相地在战争中协力。现在回想起来，这是由于无知和被蒙蔽"。[7] 著名作家菊池宽，曾是文学界战争动员的主要人物。通过在题为《话の屑笼》的随想中主张惨败是由压制国民言论自由的有勇无谋的国家领导者所引发的，菊池宽也设法洗脱自身战争协力的污点。[8]

从这一视点看来，不仅是死去的"英灵"，全体国民都是战争的牺牲者。早在东京审判开庭之前，对这一命题的详细阐述已经成为媒体的一大卖点。由一帮记者以"秘史"的形式编纂的《旋风二十年：解禁昭和内幕史》急遽出版。这部畅销书的上卷（1926—1936），于1945年12月15日发表。上市第一周就售出10万部。据说书店内的新书堆成了小山，热心的购者则在店门外排起长龙等待书店开门。到战争结束为止的下卷，于1946年3月1日发售，很快售出70万到80万部。同年末，稍加修订的上下卷合订本出版。《旋风二十年》在整个1947年都名列"十大"畅销书排行榜，以日本人自制的共同阴谋论，向A级战犯审判友好送别。[9]

此书的创意源自东京一家小出版社的经营者增永善吉。增永是在去乡下的途中，听到了天皇8月15日的广播。他被悲剧性的事态转变所潜藏的商业机会打动，于同一天乘火车返回首都。（风靡一时的《日米会话手帐》，也是在几乎相同的情形下构思出来的。）增永善吉很快从每日新闻社招募了一批记者，这些人大部分隶属于报社的东亚部。他们以报社的档案资料为基础，再加上自己和同僚们的个人知识，编纂出了所谓的"内幕史"。他们揭秘的方式真实生动，并未受到深思熟虑的束缚。他们并非关注于揭露日本侵略的本质或是对其他民族造成的牺牲（南京大屠杀甚至根本未被提及），也未探讨更广泛的"战争责任"问题。记者主要基于既存的资料和以前未曾发表的个人素材写出了即席的"揭露"事实，并未促使他们对自己当下所谴责的战时媒体的共谋行为进行认真的自我反省。《每日新闻》记者们的念头，只是想指出应为惨淡败北的大"罪行"负主要责任的领导人。[10]

他们簇集了常规意义上的嫌犯：与某些右翼头子和充当理论指导者的学者沆瀣一气的"军阀"，这些军阀主要与陆军而非海军有关，再加上少数实业家和政治家。[11] 追随当时的流行看法，他们指认东条英机为祸首。前陆军大臣兼首相东条英机因未能在战败后通过自身的举动切实提高威信，从而在所难免地成了替罪羊。9月11日逮捕令发出之后，东条英机向自己的胸部开了四枪。美国记者将他抱扶到椅子上，将手枪塞回他手中，告诉他"东条，拿着它"，并为他拍照。等待救护车时，东条英机将"遗言"交给了记者。随后多亏姓氏不详的美国大兵为东条输血，美国的医护人员才救了东条一命。在被送往急救的军医院的途中，东条被医护人员的亲切和效率所感，不禁向前来看望他的外务省高官褒扬"美国民主之强大"。在经历这一连串不名誉的事件之后，他赠予了美国第八军司令罗伯特·艾克尔伯格（Robert Eichelberger）将军一把贵重的日本刀。此后，顺利康复的东条，继续在东京审判中宣称自己无罪。

起先人们普遍认为东条英机应当并且将会毫不迟疑地自杀。毕竟，1941年时东条英机担任陆军大臣，陆军正是在他的支持下发布了有名的《战阵训》，训谕军人"不可生受囚房之辱"。东条收到些敦促他"立即自杀"的信函，据说还有人送了他一口棺材。当他终于犹豫不决地鼓起勇气赴死时，却选择了外国人的方式，使用子弹而不是用武士的刀自裁。甚至连他没有死成这一点，都超出了悲伤的爱国者们忍耐的限度。作家高见顺在日记中简洁地表达了这种嫌恶感："苟且偷生，随后又像外国人那样用手枪自杀，还没有死成。日本人不禁只有苦笑。为何东条大将不能像阿南陆相那样连夜自杀？为何东条大将不能像阿南陆相那样用日本刀自杀？"另一方面，以如释重负之感迎来战争终结的法国文学研究者渡边一夫，发现这场轻喜剧很有趣，并在日记中幸灾乐祸地记录，倒霉的东条大将现在"成了混血儿"。[12] 无论进行何种阐释，单凭东条英机从一国之首相到一国之首犯加替罪羊的华丽转身，就帮助《旋风二十年》获得了可观的读者。

然而，记者们的共同阴谋论，与其说仰仗对恶魔般的毒辣阴谋家的肖像描写，不如说有赖于对举国领导者的集体痴呆症的诊断记述。这是以粗制滥造的文体，对南原繁所谓普通人被无知的缺乏"理性与真实"的军阀所蒙蔽的说法的添油加醋的描绘。正如《旋风二十年》所言，到1930年代中期，"基于畸形的精神主义教育的非合理、非理性的暴力冲动"渗透日本军部上下，与现实的乖离使他们的策划能力成了笑柄。这种非理性"露骨地体现了大东亚战争指导上的极度的非科学性"。如今可以说，整个军队司令部或许都应该关进精神病院。[13] 事实表明，东条英机是巨大的愚者之船的船长。

集体非理性的命题，很容易导致非常有说服力的关于科技进步的推论。也就是说，领导者们无能的最终证据，在于未能意识到日本科学和应用技术的落后。到《旋风二十年》摆进书店之时，这种科学与"战败责任"之间的关联已经成为固定的观念。在最广泛的象征意义上，这通常与空投原子弹联系在一起。从8月8日首次报道广岛被"新式武器"摧毁，到9月中旬占领当局禁止言及核破坏期间，在头几天过后，广岛和长崎日益高涨的恐怖气氛在单张的新闻日报中，根本未被提及。在占领军抵达之前，公开发表了最初的详细调查的摘要，称广岛和长崎为"活地狱"。核辐射的致命影响——使看似生还的人突然死去，在短短两周内估计死亡人数竟然翻番——被描述为"恶灵"占据了广岛。[14] 当地到处弥漫着对可怕的、超现实的新的生存维度的体验感，是其他人所绝不希望了解的。这种核破坏意识，即便不是最显著的因素，也是此后尝试诚实面对战争意义的必要因素。它强化了普遍渗透的无力感，并为或许无谓的战败赋予了奇异的特殊性。

战败的前一天，后来成为东京战犯审判主要辩护人的清濑一郎，公然推测美国人对日本而不对德国使用原子弹的缘由，是因为对日本"猿人"的种族蔑视。[15] 然而，尽管战后普遍谴责美国空投原子弹的"残暴"与"非人道"，深刻的反美仇恨却并未持久延续下来。甚至在审阅制度实施之前，大多数关于核破坏的见解，就已经转向哲学性的基调：主要是武器本身而不是使用它的人，承担了残暴与非人道的特性。从这一点出发，谴责的是战争总体的残酷。战败、牺牲、压倒一切的无力感，面对梦想不到的破坏性武器，很快融合为新的反军事化民族主义的基础。[16]

日本通过"原爆"体验而成为非军事化、非核世界的倡导者，在一定程度上弥补过去的失误（或曰罪行、罪恶、罪孽）的想法，最终将成为和平运动的主要宗旨。但是这种以"忏悔"的语言方式清晰表达的想法，甚至在占领开始之前就已经出现。8月27日，内阁情报局总裁指示国民该如何应对外国的占领。他说，战争是相对的，总是要由败者而非胜者进行深刻的反省。这是必要的，也是符合期望的。"一亿总'忏悔'"应当彻底进行，或许通过承担禁止未来使用核武器的领导角色，日本人可以从"战争的失败者"转变为"和平的胜利者"。[17]

然而，核武器的骇人力量被证明既恐怖又魅惑，因为没有什么比它更能具体展示美国优越的科学、技术和组织能力。因此，原子弹以其特有的方式，在成为未来战争的警钟的同时，也成为照亮日本将来实力恢复之路的烽火。8月15日辞职的首相铃木贯太郎，于同日傍晚解释说，"这次战争的最大欠缺是科学技术"。退任的文部大臣同日发表声明，感谢学生们在战争时期的艰辛努力，并激励说从此以往，他们的任务就是提升日本的"科学力与精神力"到最高水准。3天后，报纸新闻登载了新就任的文部大臣前田多门关于战后教育体系将"尽力关注基础科学"的说法。8月20日《朝日新闻》的一篇文章直率地断言："我们败给了敌人的科学，向广岛投下一颗原子弹的事实就可以证明。"这篇题为《科学立国》的文章，特意强调了必须在最广泛的意义上理解"科学"，包括在各级组织和社会的各个层面讲求"理性"和"合理性"。这正是南原繁和其他无数人所要持有和发展的观念。数日后，《朝日新闻》再度强调了政治、经济和社会领域的非理性与非科学的态度是如何普遍，正是这种态度决定了战败。[18]

"科学"很快成了几乎人人喜欢的概念，用以解答为何战败以及未来的出路在哪里的双重疑问。前首相若槻礼次郎男爵激励国人拿出勇气，并列举了一系列令人压抑的理由，以说明为何必须鼓起勇气：因为旧日的敌国拥有优越的物质财富、机械力和工业技术，此外还在应用科学上领先，正如原子弹所见证。东京湾投降仪式两天之后，文部省宣布将设立新的科学教育局。在对青年学生的讲话中，文部大臣前田多门解释说，"养成科学的思考能力"是"建设文化日本"的关键。据公布，改订后的教科书将更重视科学精神的形成。日本政府宣布，从战时国防献金的剩余资金中划拨5亿日元，用于促进一般日常生活的科学化。[19]即将在菲律宾接受审判的山下奉文大将，也毫不掩饰地重申了这一熟悉的主题。据从美国刊物翻译过来的一篇文章称，当被问及他所认为的日本败北的根本理由时，山下大将以整个访谈中唯一使用的英语单词回答说："科学。"[20]

这种只关注"战败责任"的实用主义做法，本质上无疑是保守的和以自我为中心的。然而，正如能拆开织物的松脱的线头一样，此时这正是拆开日本帝国结构的线索。首要的欺骗国民者不再是"鬼畜米英"，而是造成本质上落后、非理性和压抑的体制的不负责任的领导者。从而，上当受骗的意识与"战败的责任"问题，不免使人倾向于更加多元、平等、民主、负责任而且理性的社会，即占领军改革者们所期望建立的社会。正是在此背景之下，当杜鲁门总统声称，原子弹的发明反映了自由的民众所能达到的成就之时，他发现日本的听众竟然乐于接受。科学只有在"自由的精神"之下才能繁荣发展。[21]

日本的科学家中有许多人学成于欧美，他们拍手欢迎这一新的信念。战败之后首批派遣到日本的美国科学家，实地遭遇了这种情绪的绝妙表达。那是用英语写在粗糙的包装纸上的一份临时通知，就贴在东京近郊一所大的海洋研究所的玄关门上：

> 这是一所具有六十年以上历史的海洋生物研究所。
>
> 如果你是从东海岸来，你可能知道 Woods Hole、Mt. Desert 或

者 Tortugas。

如果你是从西海岸来，你可能知道 Pacific Grove 或是 Puget Sound 生物研究所。

这里是像它们一样的场所。

细心照料这个地方，保护我们继续和平研究的可能性免遭破坏。

你可以毁掉武器和战争设施

但请为日本的研究者保留民间的设备

当你在这里完成了工作

请通知大学，让我们回到我们的科学之家

这份通知署名为"最后离开的人"。[22]

忏悔之佛教与民族主义之忏悔

8月28日，美国人的第一支先遣部队抵达厚木航空基地，"忏悔"的概念被置于了公众议论的中心。当被日本记者问及"战败的原因"时，东久迩首相仔细地解释说，许多因素都起了作用，包括许多规则的制约，军部和政府当局的错误，以及国民道义素质的低下，比如说显而易见的黑市行为。随后，他借用前一日内阁情报局总裁声明中的说法，断言"军、官、民全体国民必须彻底反省和忏悔。我相信一亿总忏悔是我国再建的第一步，也是国内团结的第一步"。[23]

此前两周，军部和文民官僚一直忙于销毁表明其罪行的证据文件。就在那一刻，关于"责任"的均一化、集团化的说法成了某种堕落的真实。没有人想要负责任，也没有人自己要求负责任。数年后，政治学者丸山真男诙谐地将政府的"总忏悔"，比喻为乌贼遭遇紧急情况拼命逃生时喷出的黑色烟雾。[24]尽管一些团体和个人认真对待个人的责任并且进行严厉的自我批判，但是官方版的"总忏悔"，事实上就像乌贼鱼的墨汁基本上烟消云散。很少有人真的相信，一般国民与军部和文民官僚负有同等的战争责任。一位乡下男子激愤地呼喊："这场战争在我们农民一无所知时开始，又在我们相信将要获胜时败北。我们不需要为自己没有参与的事情忏悔。那些背信和欺骗国民的人才有忏悔的必要。"一亿人中的另一位更是单刀直入。他向报社投书:"如果一亿总忏悔意味着战争当局者如今企图向国民分配责任的话,那就太卑怯了。"[25]

当政府提倡其总忏悔之时,日本最具影响力的思想家田边元,正在就同一题目完成一部书稿。田边元的著作,是一位严格而孤高得颇具传奇色彩、长期以来以信念坚韧著称的知识分子,对于怀疑、精神危机和思想转变的激烈的个人告白。尽管晦涩难懂的文体反映出田边所受到的德国哲学的专门训练,但他的文字时时流露出对亲鸾有关救济的睿智的一种法悦。亲鸾是一位十三世纪的日本思想家和佛教布道者,他的预言是对苦难与虚无、绝望与否定、转换与新生的共鸣,似乎与战败的国家氛围神秘相符。

很难想象还有比田边元关于忏悔的缜密论证与政府在同一问题上的陈腐论调更为鲜明的对比了。然而有一点事实除外,即田边元的"忏悔"也具有强烈的民族主义倾向。他对亲鸾教义满怀激情的再考察,强调的不仅是自我批判或者对日本的批判,而是对所有当代国家和文化的批判。田边元接受战败,承认恶行与绝望,请求忏悔,展望新生,所有这一切都是以强调日本独特甚至优越的传统智慧的方式进行的。他主张要照亮日本独有的赎罪之路,展示出比任何西方思想更伟大的超凡智慧。对许多有思想因而深受苦恼的爱国者而言,这是颇为奥妙的悔悟哲学,是从败北中得来的精神胜利法。面对世界历史上最具破坏性的战争遗留的废墟,日本人无可否认地负有巨大责任,赎罪之道乃至拯救全世界的道路,就存在于一位日本先知的预言当中。

田边元的这些思想并非为回应战败而展开。他的"忏悔道"是由他在1944年最后数月的经历而来,当时他正在准备从京都帝国大学荣誉哲学教授的职位上退休的最后讲稿。田边元长久以来一直是热情洋溢的民族主义者,他"非政治的"哲学理论,正适于支持军国主义者种族的与国家中心的意识形态。严于律己的田边元意想不到地发现自己跌得粉碎:国家面临破灭与耻辱,而许多学生的战死,使他承认了自身的责任甚至是罪孽的深重。数年后他忏悔说:"我这样意志薄弱的人,发现自己不能积极抵抗(战时的思想统治),多少受到时势风潮的支配。这使我深感自惭。已经盲目的军国主义仓促地将许多毕业生、在校生驱上战场,牺牲者中有十数名学哲学的学生,令我自责痛悔至极。我只能垂下头认真悔悟自己的罪过。"[26]

1945年2月田边元几乎完全隐居。在崩溃巨变的数月间，他奋笔疾书。他的著作《忏悔道としての哲学》(《作为忏悔道的哲学》)于1946年4月出版，正是东京审判开庭之前。[27]在他注明写于昭和二十年十月的《序》中，田边元描述自己战争结束时的精神状态，颇类于临床心理学或宗教之回心的研究者的描述。他谈到了深刻的不安、苦恼和折磨，谈到悲伤与痛苦、优柔寡断与绝望，以及压倒一切的惭愧与挫折感，谈到陷入知性的危机与"精疲力竭的境地"。在其著作的开篇，田边元沉浸在自我否定的发作之中，认定自己"罪恶深重且性多虚伪"、"浮夸虚荣"、"愚痴颠倒"、"不正直不诚实乃至无耻无惭"。[28]

日本的自责传统中最具魅力的代表人物当属亲鸾，他是自我憎恶与法悦回心的先达，日本最大众化的佛教宗派净土真宗的鼻祖。田边元对邪恶的自身的谴责，其实读来有点儿像是对这位先达的剽窃，因为亲鸾也曾同样如此詈骂自己。亲鸾还超越自我憎恶，在他所生活的时代，似乎尽其所能地预言了1944—1945年的危机。这位伟大的中世的传道者，为一时迷失方向的现代哲学者，指明了通过否定与转换超越现世（往相），并实现向现世肯定的回归（还相）的道路，恢复了田边元对自身的信心，并带给他以惊喜。田边元感受到自己的新生，并重获以前的哲学的自信。而现在田边重新审视世界。他写道，忏悔不可能没有痛苦，然而"忏悔的核心是转换的体验。痛苦转为欢喜，惭愧换作感谢，是为其本质。当今我国除忏悔外别无他途……此非单止绝望之意，同时还有转换复活的希望意味"。[29]

田边论文中的许多佛教隐喻，无论是否有意为之，在占领下的日本读者看来，无疑具有双重意义。田边谈到"自我抛弃"，谈到力与无力，谈到他力对自力，都是亲鸾的佛教流派的基本思想，同时也是对美国作为他力的思考的回响。他谈到超越错误的教义和"过去的邪恶传统"，古典的亲鸾思想就像是在败北的熔炉中新铸造出来那样闪亮。

考虑到田边先前是以康德哲学与黑格尔哲学的主要研究者而闻名，他的"忏悔道"就更令人印象深刻。他曾在德国与海德格尔及其他学者一同求学，他的声望主要来自于对欧洲思想的认同。据说田边从来不笑，从不随便交谈，从不因琐事走出家门，从不在他优美的故乡京都游山玩水，从未屈尊出游，哪怕是到临近的大阪。而且，除了他的民族主义和一些先在的佛教思想，他从未背叛过他的欧洲哲学之神。现在，在自己国家历史上最大的危机与屈辱的时刻，田边以新发现的忏悔理论宣布了西方哲学传统的劣势。

在此重大问题上，田边戏剧性地乖离了将忏悔等同于接纳西方思想的"理性与真实"的南原繁等知识人。他写道，正如亲鸾为他指明了穿越个人危机的道路，这位伟大的导师也可以为日本指明走出疑惑与泪水之低谷的道路。因为亲鸾的睿智超越了康德、黑格尔或是海德格尔的智慧，事实上超越了西方哲学或宗教的任何提示。亲鸾的教义著述，提供了"从西洋哲学的诸体系不易求得的积极原理"。它们使"以西洋哲学为指导无法得出的社会性发展"成为可能。实际上，亲鸾指明了"对康德理性批判的最终归结"之路。[30]

当其他许多人颂扬"科学"与"理性"是国家赎罪的关键所在时，田边元认为西方理性陷入了二律背反、无法调和的矛盾困境，是走进了死胡同。正如一朵花历经了七开七落，然而最后的凋落或曰否定，可能是迈向亲鸾式的往生的最后之死，从而进入超越西方论理僵局的世界。田边着重阐释亲鸾的教义不仅提示法悦的否定与超越的转换体验（往相），还强调"向现世的回归"（还相），将其视为发生转换的个人有能力向他人指示睿智与慈悲之道的体现。正如向亲鸾的净土真宗皈依而重获新生的中世的改宗者那样，他们会继续其俗世生活，只是多了一颗觉悟之心；1946年的日本的忏悔者同样经历了精神的觉醒，同样能够以新的活力与洞见致力于社会、政治之紧要任务。田边极力期待"在当今民主主义与社会主义对立之际"，他个人的体验与论理能够"从超越双方的立场指出具体的中间道路"。[31]

田边元以独立的知性宣言，肯定了日本具有这样一种传统：不仅能够为日本战时的愚行赎罪，而且孕育着救赎世界的潜力。正是通过战败与忏悔的体验，日本或许能够向已经分裂为资本主义和社会主义阵营的战胜国，展示通向健全世界的适宜的中间道路。田边时常行文压抑，但却无所顾忌。他对胜利者的批判异常直率。他主张"民主与自由主义，无疑正在制造今日资本主义社会的不平等。同时，社会主义将平等作为目标，但是社会主义体制限制自由，并在此意义上否定自由却是不争的事实"。亲鸾的"还相"说，提供了阐释新的社会理想的基础："民众以综合了资本主义市民社会的自由与社会主义的平等的兄弟性（友爱）相互结合。"向世界展示"使我们能够克服以美苏两国为代表的对立原理的具体原理"，完全是"命运授予我国的历史使命"。[32]

这是为新的意识形态目的对古老的宗教教义大胆创新的利用。田边元以亲鸾的"自由与平等的统一"为出发点，拥护"社会民主主义"的创造，这一主题在田边其他的著作中亦曾展开论述。同样，他将佛教对利己的批判，作为攻击发达资本主义的"个人享乐主义"的立足点，并将亲鸾"超个人的"对他人之宥和，与败北之际超越一切的大目标"绝对和平"相融合。[33] 田边向许多读者提供了从内部批判自己国家的道路。"忏悔道"逃脱了"西方"思想的霸权，并把批判之光投向了其他的国家和民族。甚至对征服者坚信要强制实行自上而下的根本性改革，田边也深表怀疑，设法在其论述中掺进蔑视性的评论，他评述说，"他者强制的自由主义既无意义又自相矛盾"。[34] 此外，尽管田边元先前对皇权深表敬意，他的新的忏悔道立场，却使他与政府倡导国民对天皇的战败的罪恶感、进行"一亿总忏悔"的运动完全对立。依照田边的见解，天皇比任何其他人都更应当表示忏悔，并在其他国家和自己的国民面前切实承担起战争责任。这种对天皇的立场，与占领当局的立场相比，与对日本人的民族性格观念僵化的战胜国所承认的日本人可能达到的批判立场相比，远远更具有批判性。田边甚至敦促将皇室保有的莫大财产划拨国家，分发给穷人。[35]

田边在日本当代被认为是战后初期最具影响力的思想家，而且其魅力之源清晰可辨。他告白式的文风格调高尚，他宣扬忏悔与新生，并复活了日本历史上的文化英雄。当战胜国谴责日本是失败的文化和侵略的祸首国家时，田边承认日本的恶行与罪，但是否认这些罪恶为日本所独有，并且驳斥本国的传统文化毫无可采之处的观点。他写道："我们被误导的民族主义，的确有必要进行忏悔道的清算，但是与此同时，被民族主义所沾染的民主国家和社会主义国家，也当然需要忏悔。"他于1946年出版的力作，在结尾处昂然得出同样的结论："显然我国不是唯一有必要忏悔的国家。其他国家也应当对自己的矛盾过失罪恶，进行正直而谦虚之忏悔。忏悔是世界历史中今日诸国国民之任务。"[36]

南原繁与田边元等著名知识人所提示的对忏悔和赎罪的思考方式，其遗产得到了持久的继承。1947年末到1950年间，当时东京审判临近终结，审阅制度渐趋缓和，反对冷战期军事化的国内和平运动汇集壮大，受到南原繁赞美、田边元哀悼的战殁学生，通过他们战时动人的书简而复生。1947年12月，东京帝国大学战殁学生的手记集《はるかなる山河に》（《在远方的山河》）出版，引起了争议。两年后，《きけわだつみのこえ》（《听，海神之声》）发表，收录了东京大学及其他大学75名战殁学生的战时书信、诗与日记。这部畅销文集的编者承认，他们小心排除了极端民族主义的文章，更优先入选质疑者和梦想家的真情告白。文集的衬页上，印制了一位在太平洋岛屿饿死的学生兵的日记本上的素描，饱含感情的卷首《感想》与卷末《解说》，则提出了对这些文章有可能被利用"再次招来战争者"的危惧。

时代的悲观气氛在这本文集中有浓重的体现，与战败之后南原繁祭奠战殁学生呼唤光明和平未来的梦想形成鲜明对比。东京大学教授渡边一夫，在卷首简短的《感想》中，请读者们想象一片遍布浸透着鲜血的白木十字架的原野，并且宣告"再也不要竖立这样的十字架。一个也不"。同校的小田切秀雄所作卷末的《解说》，描绘了一幅荒凉的景象：真的民主革命已经被挫败，战争的臭气重新在空中弥漫。小田切解释说，正如《听，海神之声》收录的沉痛手记所预示的那样，对人性与理性的追求，必须靠不惜一切代价地守卫和平来保障。他总结说："流洒的鲜血，除了保证这些鲜血绝不再流之外，是永远无法弥补的。"如今可以确定无疑地说，文集的编者在提到"再次招来战争者"之时，心里想到的主要是美国人。本质上，纯真高贵的死者是被重新召唤起来，以对抗美国人的。[37]

东京审判终结前后出版的其他著作，同样巩固着这种对战争意义的重新构筑。其中最有名的是竹山道雄的《ビルマの竪琴》（《缅甸的竖琴》），一部博得极大人气的小说。（与《听，海神之声》一样，它很快被拍成了电影。）竹山道雄试图以小说完成田边元在哲学上的冒险之旅：通过佛教传达出战争的意味——苦恼、内疚，尤其是赎罪的主题。小说的主人公复员兵水岛安彦，成了想象中的对本国战殁者莫大的灵魂安慰。水岛目睹了战争末期绝望的悲惨战斗，从而拒绝回归日本并成了一名僧侣,决意在密林中搜寻并埋葬饿死以及在战斗中被杀的战友的遗骨。水岛拥有一副美妙歌喉,他的歌声时常给战友们带来欢乐。优雅的他随身携带着一把乐器,即小说题目中所提到的竖琴。在这里,一个日本兵以别样的面目出现,近乎圣人。在小说结尾的一封信中,水岛这样解释自己的行为:

> 我想学习佛教的教义,思考并汲取它们。的确,我们,我们的同胞,饱受痛苦。许多无辜的人成了无意义的牺牲者。那些像年轻的树木一样的人,纯净而贞洁,[38] 离开家乡、辞别职场、步出学校,最终将尸骨抛撒在异国的土地。我一想到这些,就感到无比痛恨。

水岛被为什么世上有如此多的痛苦和悲伤的问题所折磨,而这正是佛教的核心问题。水岛总结说,对此,人也许永远不能完全知晓。尽管如此,日本近来的痛苦是由自身所招致:

> 我们国家发动了战争,被打败,现在又经受痛苦。这是因为我们的欲望脱离了控制。因为我们自以为是,而且忘记了做人的根本。因为我们的文明在某些方面异常浅陋。

水岛说,这些不仅是日本的问题,而且是全人类的问题。对他自身而言,他打算用一生来研究思考这些问题,帮助别人,像拯救者那样努力践行。

尽管《缅甸的竖琴》是一部严肃的文学作品,但它几乎立即被收入了流行的儿童读物(在较为难懂的文字旁边,用语音进行标注)文库中。竹山道雄还为少儿读者写了简短的附言,提到了《在远方的山河》,并表示希望他自己的书,能像学生们的书简一样,使某些战死者重生。[39]《在远方的山河》也在《听,海神之声》初版后再版,并以1946年3月南原繁的《告战殁学生》作为序文。[40] 如此一来,各种关于战争与赎罪的著作和讲演交相辉映,成为大众文化较为经典的存在。很快,包括"原爆"幸存者回忆在内的有特色的流派——"牺牲者"文学形成,不仅是以反军国主义与和平的名义,而且以忏悔与赎罪的名义出现。

1950年，十大畅销书排行榜上出现了翻译小说诺曼·梅勒的《裸者与死者》。这部小说通常被认为是描绘太平洋战争最优秀的美国文学作品。梅勒通过对一场残酷的海岛之战的再现，再次确认了战争总体上是无意义与无以言喻的残酷行径，以及美国人也可以有自己的暴行的印象。好莱坞电影版的《裸者与死者》在日本上映之后，小说家椎名麟三评论说，梅勒的描绘证实，即便是基督徒，也不能诚实面对战争杀戮带来的罪的问题。[41] 几位优秀的日本文学家，都以个人的军队体验写出了杰出的反战小说。1952年出版的野间宏的《真空地带》，对帝国陆军的堕落与残忍的描摹震撼了读者，并作为当时的经典受到广泛赞誉。同年发表的大冈升平的杰作《野火》，描述一名掉队士兵在菲律宾遭遇日本士兵相残而人吃人的场面，最终发了疯。[42]

对暴行的反应

各种文化和各个时代的人都神化己方的战死者，而很快忘却他们的受害者——假使他们曾经真正想到过那些受害者的话。许多日本人对这种狭隘意识的危险性十分敏感，即使是当他们称颂因自己无法控制的力量而悲惨牺牲的同胞之时。1948年，自由主义与左翼知识分子开始组织正式的和平运动，他们承认这种狭隘的牺牲者意识是一大难题。尽管如此，他们仍然强调，牺牲者意识是最终建立更普遍的和平意识的唯一基础。他们主张，在心理上和意识形态上，动员反军国主义的情绪的切实之道，就是保持对身边的伤亡与苦难鲜活的记忆。反战意识就像是一组由个人到国家、再到国际的逐渐向外扩展的同心圆。超越国民意识和种族意识的内向性需要时间。[43]

实际上，牺牲者意识从未被最终克服，而这些想象的同心圆的外侧圆也从未被描画出明确的轮廓。尽管如此，那么多人采取"无辜的旁观者"的态度，依然受到了来自四面八方的攻击。有时，这些批评是高度理论化的，如知识阶层对日本文化中个人责任的"主体"意识的薄弱进行的激烈论争。[44] 有时，这些批评则单刀直入。1946年中，保守的教育家津田左右吉承认，国民被法的强压与军部宣传所共同蒙蔽，但他指出了如下事实，即日本在此期间一直存在经由选举产生的议会。津田主张，"国民"自身负有责任，"因为知性脆弱被欺骗，而且没有勇气反对和抵抗压迫"。⁴⁵ 评论家阿部真之助对东京审判终结的反应，同样是"大多数的日本人"被军部的指导者所欺骗，"必须为自身如此愚蠢而担负责任"。⁴⁶

多数左翼人士回避"民众"的责任问题。他们当中的教条主义者，热心于将民众描绘成被国家及其统治者榨取的牺牲者。一些进步人士还主张，过分追究普通国民的战争责任，容易与政府只考虑自身利益的"一亿总忏悔"以及战时领导者极力倡导的日本单一民族论相混同。⁴⁷然而，不少国民在此问题上吐露过心声。长野县的一位年轻的女性，在当地青年团体的月报上评论说，"败战后，报纸一致声讨军部的罪行。……政府欺骗我们自然是恶行，但是我们被欺骗的国民就没有罪吗？我认为愚蠢也是一种犯罪"。⁴⁸东京审判临近结束时，一位农民向报社写信说，这是所有日本人对战争中自己的思想与行动反省的机会，而并非只是作为第三方旁观审判。他主张"我们必须清楚自己对权威太懦弱和盲从，我们也在接受审判"。当7名战犯被执行死刑之时，大阪的一位师范大学的教授同样敦促同胞要认识到，这绝不意味着战争责任的问题已经打上休止符。他指出"领导者自身不可能打这么大规模的一场战争，国民被操纵并且踊跃追随迈入错误的侵略战争，由此招致悲惨的战败。有罪的并非只是指导者本身，全体国民都必须承担责任"。他接着说，今后，国民必须自我裁判，永远反省自己的战争责任。为达此目的，他提倡将战犯的死刑行刑日定为国民反省日。⁴⁹

这些普通人的意见，有时还附带着对日本人暴行的认知。当大规模的、长时间的野蛮行径，如南京大屠杀，被日本的随军记者目击并在国际上公开之时，日本国内却并无揭露报道。南京大屠杀在东京审判开始时被提出，《朝日新闻》的"天声人语"栏日悔罪地表示，"报纸上没有一行真实的报道，真是可耻"⁵⁰。1945年初包括马尼拉大屠杀在内的其他集体屠杀行为，也被隐瞒报道。围绕在菲律宾和中国的暴行进行的最初的详实报道，使日本人受到了猛烈冲击。其震撼效果如此强烈，以至于使其他暴行相形见绌。（唯一的例外，大概就是东京审判过程中揭露的日本兵嗜食人肉的报道。）对白人的常规的战争犯罪，远非如此令人不安。毫无疑问，至少在某种程度上，由于战胜国的白人在被占领下的日本成群出场，才使自身的受害者形象变得清晰可见。对日本前殖民地臣民朝鲜人与中国台湾人的罪行，无论对战胜国或是战败国而言，其受关注程度都相对薄弱。至于被日本皇军残酷役使导致死亡的数量庞大的印尼"劳工"，则几乎根本未被提及。[51]

无论如何，从1945年9月到东京审判终结，日本军队的暴行得到了广泛报道，不少人表示出真心的厌恶。当马尼拉平民大屠杀曝光时，一位士兵的母亲向全国性的报纸寄去一封惊人的信件，声明"如此残暴的士兵即便是我的儿子，我也不可能让他回家，就地射杀就是了"。一位年轻女性，在回应事实真相的信中宣言，"当我听到这件事时，第一次明白了'总忏悔'的意义"，从而为政府只考虑自身的"一亿总忏悔"运动赋予了个人的含义。一些从菲律宾复员回来的士兵，即便当回想起自己的战友在那里地狱般的死亡时，也公开表明了对自己罪行的悔意。[52]羽仁说子等女性改革家，以马尼拉大屠杀的揭露，来表明这种不同寻常的暴行绝非特殊行为。羽仁说，战争反映出一个国家各个方面的文化水平。她自从在北京经营学校起，就见识到了类似的暴行。据她看来，这些对平民的暴行，暴露出日本男性心理中女子地位的低下，以及日本人对他人之子普遍的漠视。[53]

这些认识将"战争责任"的问题，推向了文化考察的中心地带。左翼杂志《太平》，以《国民的道义低下吗?》为题发表文章，提出对施加于其他民族的暴行的钝感，来源于建立在个人的自由、平等人格基础上的"共同生活的道德"的缺失。[54]政治学者丸山真男，将这些行为归因于不平等的、高度阶层化的社会中可以想见的"压抑的转移"。《朝日新闻》的社论作者与专栏作者，将此看作是一种社会病态，不仅反映出民族的傲慢，还有教育与道德的根本缺陷，甚至是日本人宗教信仰核心部分的缺失，导致了欠缺严格的道德行为规范。[55]在中西功这样的马克思主义者看来，对受压迫的亚洲民族的野蛮行为，暴露出"源自我们心底的封建的、资本主义的排他主义与利己主义"。[56]

其他人对暴行披露的反响，大多没有如此深入的分析。东京审判开始后不久，一份石油会社的杂志刊登投稿，用同音字的双关语，辛辣地将皇军称为"蝗军"。投稿者称，"这次战争的责任，实在于全体之国民"。[57]另一位作者回应南京大屠杀的披露，写道："过去我们吃的每份食物、我们穿的每件衣服当中，都浸透着一滴中国民众的血。这是我们国民的罪恶，必须由全体国民负责。"⁵⁸ 不习惯公开发表意见的家庭主妇、农民等普通民众，也寄信给报社，表示向中国人谢罪，并询问日本人如何才能补偿这些恐怖的行径。⁵⁹ 龟井文夫在他 1947 年的影片《战争与和平》的开头数分钟，对中国的悲哀进行了细致入微的描绘，是这种罪的意识的电影表现。这种感受不同寻常，但是没有人觉得古怪或者不合适。

一些男女诗人借助传统的诗歌，来表达他们知晓同胞暴行后的心情。东京审判终结后发行的一本诗歌杂志，发表了下面这首激起广泛反响的短歌：

> 历历在目地
> 日本军队的暴行
> 被揭露出来
> 使人在不意之间
> 不由得大吃一惊

1947 年初，一份乡村的诗歌杂志发表了如下短歌：

> 日本兵的罪
> 在南京和马尼拉
> 他们犯下了
> 难以言喻的暴行
> 一定要进行偿还

诗人佐伯仁三郎，以此为题写了两首诗。一首写的是他知道在中国的暴行后的心情：

> 如此的悲伤
> 在今天的日子里
> 竟然使得我
> 忘记了今天就是

我们战败的日子

第二首写的是：

> 在孩子面前
> 侵犯他们的母亲
> 哪管夫与妻
> 强占已婚的妇人
> 这就是帝国军队

事实上，日本公众从未看到第一首诗的发表。这首诗被 GHQ 所查禁，因为审阅官显然对任何的日本人感叹战败的公开表达都神经过敏。[60] 这可真够倒霉，因为佐伯此诗显然不是悲悼战败，而是忠实有效地传达出当国人的罪行暴露之时，他如何睁开双眼以及他的良心所受到的冲击。佐伯的诗属于为数不多却极其珍贵的声音。在此后的岁月中，随着冷战氛围的加强，占领军将新生的共产党中国视为大敌。阻止日本人的暴行记忆，成了美国政策的重要组成部分。对天皇臣下直接造成的惨剧暴露的这些敏锐反应，从一开始就是脆弱而破碎的，从未能发展成对日本是施害者而非受害者的真正广泛的大众认识。

记住犯罪者，忘记他们的罪行

1947 年 12 月，在东京审判判决下达前一年，大众月刊 VAN 痛烈讽刺舆论的世事无常，悲叹说"当年那些战争煽动者即今天所谓的'战犯'登场之时，我们拍手喝彩欢迎他们，等他们失事之后，我们追着他们唾骂。而现在，我们实际上已经将他们遗忘"。此杂志谴责这是"对战犯的怠惰"。其他刊物也有同样的批判。面向知识分子的杂志《世界》的编辑者认为，对东京审判乃至判决的漠不关心，只能看作是"国民的颓废"令人寒心的又一例证。"颓废"一词则是当时流行的文化批判用语。《每日新闻》的视角稍有不同，悲叹随着审判的拖延公众越来越超然，但同时指出，对纽伦堡审判，德国人也有类似的漠不关心的反应。[61]

当东京审判临近结束时，媒体使用如今已经具有魔力的"和平"与"民主"的语汇对审判的意义进行评价。《每日新闻》警告说，惩罚战争领导者，并不意味着日本人全体"洗清"了反和平的罪责。面向实业界的《日本经济新闻》呼吁"反省"，并强调国民现在负有确保国家的领导者遵守和平与民主的原则的责任。《朝日新闻》对国民未能积极抵抗独裁统治表示遗憾，并对《朝日新闻》本身曾屈从于军国主义者感到羞耻。现在的任务是从过去的失败中学习，在这种自知之明的基础上决意"建设和平的民主国家"。日本经营者团体联盟的周刊《日经连タイムス》（《日经连时报》）发表社论称，"日本人必须信奉民主主义，切实理解'反和平罪'的意义，像积极爱好和平的国民那样生活"。[62]

然而，认为正义得到了真正行使的人却不多。尽管一些评论者真诚欢迎"反和平罪"的法律概念的出现，但是通过选择"有代表性的"战时领导者集团并处死其中少数人以创设先例，在当时并不能感动多少人。就连马克思主义批评家羽仁五郎也回应说，绞刑是种不该滥用的"严重的牺牲"。[63]

这些反应中深刻的矛盾情绪——期待感与宿命论的奇妙混合——反映在一些小型刊物在东京审判的宣判与死刑处决之际发表的短歌中。一首应景诗，提到了判决带来了如释重负之感，甚至是为创造新的国家重续承诺。例如，静冈的地方月刊《静冈展望》于1949年初刊载了如下的短歌：

> 自从听到了
> 七名战犯被判处
> 死刑的消息
> 从内心深处涌出
> 重建日本的力量[64]

然而，更具代表性的是认命与无常的情绪。在日本发行的无数诗歌杂志中，一首女性诗作绝妙地捕捉到了这种感受：

> 眼下暂接受

> 严厉的审判
>
> 然而内心里
>
> 仍然感觉到
>
> 小小的踌躇[65]

其他一些诗作提及听闻执行死刑的消息，默默地回到宿地，或是无味地咀嚼着午餐，或是说起妻子纳闷为何判处死刑者中包括前首相与外相广田弘毅在内。[66]

1949年5月，GHQ审阅制度接近终了。一位札幌的居民发表的短歌，使人想到即便是"A级"战犯祸首东条英机，也能唤起同情：

> 我既赞同也反对
>
> 兄长的看法
>
> 他小声地说起
>
> 东条毕竟是伟大的[67]

公众对东条英机的评价相对上升，可以看作是当时社会情绪的一种晴雨表：这并非是对战争时代的怀旧表示，而是对同盟国的双重标准含蓄的批判。然而，东条英机人气的小幅回升，似乎还有更为深远的意义，极端隐秘且具有反讽意味：在被占领受奴役的世界中，东条是公然反对美国人的最著名的日本人。这是胜者与败者马拉松式的舞蹈中又一种离奇的舞姿。在同盟国"最高司令部"，尤其是美国人的统治之下，日本的知名人士无人敢对占领政策公然表示异议。在此情形下，最自由的人莫过于在东京审判中主张自己无罪的战犯被告人。他们至少被允许对胜者的立场公开表示异议。在法庭之外，所有其他社会名流只得隐忍不言。基本上，其他人都在溜须拍马。[68]

像他为之尽忠的君主裕仁一样，东条英机在其他方面也有着指向标的作用。通过挑选东条英机作为侵略与败北最显著的标志，美国人与日本人共同将美日之间的冲突，设置成了这场亚洲战争的中心维度。尽管东条英机发迹于关东军，而且在推进亚洲战争的过程中担任了主要角色，但是他被指认为"共同谋议"首谋者的理由，主要与他参与决策对

美国以及欧洲列强的开战有关。在东京审判期间,GHQ 的审阅官压制了
认为东条的角色被夸大以及"战争责任问题"的真正核心是对中国的侵
略的批判声音。甚至在审判结束之后,这种批判的见解仍属禁忌。法学
家戒能通孝在文章中提出这一主张,并发表在学术杂志的 1949 年 6 月号
上,结果遭到全文查禁。[69]

1948 年末,东条英机等 7 人被执行死刑,美国人和他们在日本统
治层中的反共支持者,有了对中国之苦难轻描淡写的新理由:中国将
要"共产化",并将代替日本成为美国人眼中在亚洲的主要敌人。到
1949 年秋,据可靠情报,约 500 名前日本飞行员在 SCAP 的支持下,
被台湾的国民党政权所雇佣,以期协助夺回中国大陆。[70] 秘密的征募事
件被揭露,让人忆起中国正被遗忘的曾遭受的劫掠,日本军人曾经如
何恐怖与训练有素,他们受到的反共教导是如何强烈,以及他们对在
亚洲大陆作战拥有多么丰富的直接经验。美国第八军司令官罗伯特·
艾克尔伯格中将在东京审判期间曾公开吐露一句骇人听闻的评语:日
本兵是军官们梦想拥有的士兵。[71] 可以想见,东条英机在走上绞架之前
留下的遗书,也是强调反共。东条在退出历史舞台时,仍然站在时代
的前端。

巢鸭监狱内东条的一些幸运的未被起诉的同伴,在东京审判结束以
及中止对他们的战争犯罪指控之后,几乎立即得到机会重新在反共潮流
中乘风破浪。右翼教父笹川良一与儿玉誉士夫,在东条及 6 位同僚被处
绞刑的第二天获释,给人的印象是利用他们坐监牢获得的名人资格,直
接从监狱大门走进了出版社的大门。笹川于 1949 年 5 月出版了回想录
《巢鸭の表情——战犯狱中秘话》。儿玉誉士夫的回忆录《运命の门》,
封面是巢鸭监狱的特写,则于 1950 年 10 月面世。[72]

有一位日本战犯,前陆军大佐辻政信,甚至未经在巢鸭的停留过
渡,就直接从恶名昭彰者变身为著名人士并且获得了商业的成功。辻政
信是狂热的理论家与残暴病态的参谋官。他对新加坡和菲律宾的大屠杀
事件(包括巴丹死亡行军)皆负有重大责任,他还参与了几起残虐行
为,甚至包括处死美国俘虏之后的噬食人肉的行径。辻政信名义上作为
日本最声名狼藉的逃亡战犯,在 1950 年现身公众之前,实际上先是得到
中国人后来又得到美国人的庇护。战败后,他逃脱了英军的逮捕并从东

1949 年 12 月 26 日。麦克阿瑟将军在圣诞特赦中释放的战犯之家属,雪中守候在巢鸭监狱带刺的铁丝网外

南亚潜入中国,由于丰富的军事谍报知识和激烈的反共思想,得到蒋介石手下国民党军的重用。1946 年中期,辻政信假扮成中国的大学教授秘密回国,得到以前军中同仁的支持潜伏下来。对此威洛比少将完全知情,而支持辻政信的军中同仁们,就是威洛比集合在麾下以资将来作为反共日本军的核心集团。1950 年元旦,美国指名通缉辻政信为战犯,他的秘密逃亡生涯才告终结。同年,辻政信的潜伏生活结出了两本畅销书的硕果。一册讲述他的"地下逃亡生活",另一册叙述瓜达尔卡纳尔岛(Guadalcanal)战役。1952 年初,关于新加坡攻略的第三本书,从这位旧日杀人犯的手中问世。就在同一年,占领终结之后不久,辻政信当选为故乡石川县的众议院议员。[73]

辻政信的书受追捧的主要原因,在于他大放异彩的军国主义者的邪恶魅力:他智斗胜者,像幽灵般地消失,从未蹲过一日牢狱。日本在屈从于美国人统治 4 年之后,仍然看不到占领终结的迹象。辻政信、笹川良一、儿玉誉士夫与东条英机等反叛形象,难免会对即使不支持他们政见的国民产生一定的吸引力。他们的政治姿态已然成为笑柄。先前敌对的日本人与美国人,战争罪犯与他们的审判者,现在已经站到了同一阵线。即便审阅制度的解除，使这些日本"圣战"的拥护者可以公开发言，他们的见解也只能是边缘化的声音。日本投降4周年时，一位普通的公司职员向报社致函，说他意识到，几乎没有人还在真正为战败悲伤。这不仅是人们在公开场合的真实表示，而且他耳闻亲友间私下的谈话也莫不如此。他认为战争比任何其他事物更能打碎个人的尊严。这反映出一般人的普遍意识。[74]事实上，没有日本人仍然幻想辻政信的大东亚共荣圈之旧梦，然而基于同样的理由，也没有人再想记住帝国"蝗军"在短命的征服圈中确曾做过的一切。

在这种存心遗忘的氛围中，此后的岁月目睹了公众意识中Ａ级战犯与Ｂ/Ｃ级战犯大规模的名誉恢复。被认定有罪并判刑的被告，开始被公认为是受害者而非加害者。他们在日本国内监狱的服刑，极尽愉快舒适之能事。那些多是在异国他乡被处以极刑的人，通过他们辞世的遗言而复苏。人们记住了罪犯，却忘记了他们的罪行。

巢鸭监狱服刑者的待遇，是早期最为明目张胆的例证。巢鸭监狱的在押犯总数约4000人，其中的数百名战犯被给予了许多便利。起初他们就被允许发行自己的报纸《巢鸭新闻》，随着时间的推移，他们还获得了堪称第一流的现场娱乐。被称为"巢鸭礼堂"的小剧场为他们修葺一新。从1950年11月石井芭蕾舞团的演出开始，确实有一连串的明星登上过巢鸭的舞台。当从监狱外面来的艺人们排好队伍为这些有名的观众演出时，这些表演仿佛带有某种御前演出的气氛。

占领结束后的数年间，这些表演节目继续进行，既不保密也不偷偷摸摸。艺人们高兴地为拍照摆好姿势，最受欢迎的背景是巢鸭独具特色的高墙和瞭望塔。来访艺人的数量和节目的丰富，给人留下了深刻印象。据统计，仅1952年全年至少就有114次演出，参演艺人近2900人。著名的喜剧俳优横山エンタツ与柳家金语楼都曾在巢鸭的礼堂演出。小提琴家诹访根自子也曾在此演奏，参加演出的还有当时日本最著名的一些流行歌手，包括童星美空云雀、以爵士乐闻名的笠置静子、灰田胜彦、赤坂小梅和藤山一郎。大名鼎鼎的日剧舞蹈团与鲜为人知的艺伎团体、各县的民谣舞蹈家等，都曾为在押战犯登台献艺。这里还上演过传统的剑道表演。从留下的照片资料判断，娱乐款待在押犯们的年轻女性，衣着暴露、造型奇异，远远超出了那些阴沉顽固的军国主义分子当初作为皇道道义的裁判者所允许在公众面前展示的尺度。还有些娱乐活动是在监狱外进行的。1952 年 3 月 28 日,专业棒球队读卖巨人队与每日猎户星队,以一场表演赛为在押犯们欢庆占领即将结束。巢鸭运动场还曾因"日本女子野球リーグ"(日本女子棒球联盟)比赛和西式摔跤比赛而增辉。马术团队表演完毕,曾经像士兵一样在观众面前排齐队列合影留念。女子体操选手也在镜头中向巢鸭的观众微笑。[75]

1952 年夏,由于一首感伤歌曲的发表,服刑战犯的战争受害者形象达到了新的高度。歌曲的词作者代田银太郎与曲作者伊东正康,因战争罪行在菲律宾被宣判死刑,但实际未被处死。代田宣称他是遭人构陷,并在菲律宾蒙特鲁帕(Monten Lupa)监狱的多位狱友被处以死刑之后,于 1952 年初写出了这首让人流泪的歌。歌曲的题目是《啊,蒙特鲁帕夜深沉》,这首歌完美展现了日本式的感伤,据说曲调是如此具有感染力,就连监狱的菲律宾看守也禁不住哼唱它。

这首歌曲于 4 月 29 日(日本恢复独立翌日)在蒙特鲁帕监狱首次推出,当时还齐唱了日本国歌《君之代》,并集体向遥远的东京皇宫的方向鞠躬,这是皇军在亚洲大陆横冲直撞之时,向天皇日常敬礼的仪式。通过狱中的日本忏悔牧师,代田与伊东成功地让著名歌手渡边浜子将这首歌介绍到了日本,并在那里轰动一时。

歌曲展现了夜深人静之时,囚人对"遥远故乡"的"难耐的思念"之情。举头望月,泪眼蒙眬,梦中见到了"慈母"的身影,看到她悲叹"爱儿何时回还";想象母亲的心"一直向着南方的天空飞来,像"呼子鸟"(即杜鹃鸟,子规)寻子般哀鸣。歌曲的最后一段唱到,当清晨终于来到蒙特鲁帕,囚人的心中也升起太阳,给他们以希望和勇气"坚强地活下去……直到再次踏上日本的土地"。

对于"初升的太阳"所寄托的民族主义和乡愁,再也没有比这更朴素的表现了。此后不久,蒙特鲁帕的战犯死囚们绝望的心愿成为了现实。1953 年 7 月,他们全体被遣返日本,一部分恢复了自由之身,其他人则被移送巢鸭监狱。当他们的遣返船到港时,大约有 28000 人迎接他们回国,却无一人提及天皇的陆海军士兵在菲律宾杀害的母亲、孩子和俘虏。[76]

当生还的战犯受纵容之时,缅怀荣耀已经处死的战犯并恢复他们因统一的"战犯"标签而失去的个性的工程，也在进行之中。经过效果出色的保守派的出版活动，这些死刑犯的遗嘱、最后的家书、辞世诗和临终遗言被辑录发表。1950 到 1954 年间，编辑出版此类书籍 15 本以上。日本人以最为有效的方式为这些死刑犯盖棺定论，让他们仿佛由墓中走出，自己开口说话。[77]

这些出版物中内容包罗最广泛、最广为人知的，是 1953 年 12 月出版的大部头文集《世纪の遗书》（三栏式，741 页）。文集收录了因战争罪被处以死刑的 692 人的遗作，他们个性与见解的丰富多样给人留下了深刻印象。这些文字正如学生兵的书简、永井隆对长崎的思考，乃至太宰治的杰作《斜阳》一样，具有强大的说服力，因为它们反映了面临死亡之人的思想与情感。[78]

有名的或曰恶名昭著的人，在此对自身所受的审判进行了评价。在这些遗书中，东条英机的遗言占有永久性的地位。东条为战败向国民与天皇道歉，同时断言自己并无国际上的犯罪行为。他申述，东京审判是政治审判，而且美国人和英国人犯了三大错误。他们破坏了日本这一反共堡垒；容许了满洲（东条旧日的关东军根据地）的赤化；并将朝鲜一分为二，为将来的纠纷种下祸根（这是东条英机在朝鲜战争爆发一年半之前的预言）。像竹山道雄的小说《缅甸的竖琴》中的僧人一样，东条认为，要永久根绝战争，必须排除人的贪婪和欲望。然而，与那位乐观的托钵僧不同，东条相信，人的本质不可能改变，并由此推测第三次世界大战不可避免。他要求美国人不要让日本赤化。在遗言的结尾，东条为军部可能犯下的"错误"谢罪，但同时要求美国对使用原子弹与轰炸平民的行为进行反省。[79]

对巴丹死亡行军负有"命令责任"而被问罪的本间雅晴陆军中将，在最后的家书中，对胜者的审判有类似的评价。他断言，"说美国是公正的国家，这是赤裸裸的谎言"。提到数十万被空袭与原子弹夺去生命的日本人，他忧郁地评论，"宇宙上国际间的关系根本不存在所谓的正义"。[80] 一些死刑犯承认了对其罪行的指控，但更多的死刑犯的反应是，对他们的审判基本上是双重标准和报复行为，根本没有确保真正公平的审理。包括本间雅晴在内的几位死刑犯，还引用明治维新时代的谚语讽刺说，"胜则官军，负则贼军。"[81]

这些死刑犯的临终遗言，几乎无一例外都透露出对身后家人的深切关注，以及迫切希望消除所爱的人和社会全体心目中真正将他们视为"罪犯"，而不只是战败悲剧的牺牲者的印象。不能对临终"私人"书简中的这些想法评价过于认真。为人子者得劝慰双亲，为人夫者要安慰妻子，为人父者得抚慰儿女：他们不是凶手和畜生；对他们已经被证实的任何罪行，他们都有解释的理由；他们所爱的人仍然可以昂首做人。大部分书简都是私下的通信，不必保证所说的话都真实可信，并不像编纂者们想让读者们相信的那样。不过安慰的假话从哪里开始又在哪里结束通常难以说清，有时无疑对书写者本人来说也是如此。

日本文化中最为珍视的家族关系的纽带，最使人落泪、最感伤的当然是母子间的亲情。多愁善感的歌曲《啊，蒙特鲁帕夜深沉》之大受欢迎即为明证。《世纪の遗书》中相当数量的信简，同样流露出这些死刑犯对母亲深深的依恋。其中数封信都引用了吉田松阴著名的绝命诗。吉田松阴是十九世纪中期以天皇之名集结颠覆幕府封建体制的魅力非凡的年轻武士。1852年，年仅29岁的吉田松阴因计划暗杀幕府阁老而被处以死刑。在斩首当日，吉田写下了以下诗行：

> 母亲的思念
> 甚至远胜过我们
> 对她的思念
> 我不知母亲今日
> 闻此消息又如何[82]

此后不久，"叛逆者"与"罪人"吉田松阴被神化为近代日本的英雄，成为目的纯粹与悲剧性牺牲的完美象征。近一个世纪之后，对这些将要作为明显的失败者甚至是恶人死去的囚犯而言，吉田身后的清名，成了他们希望与慰藉的源泉。同时，吉田对西洋"夷狄"的帝国主义侵略直言不讳的批判，并不会减损他的魅力。然而，吉田的绝命诗为人珍爱的原因，主要还在于面临灭顶之灾时，他流露出对母亲最后的思念和牵挂。他由此成为了有情有义的好男儿。

在较低级别的审判中被判死刑者的书信，时常提到的是"牺牲"二字。这样的人,可能是将自己视为"国家的尊贵的牺牲"或者国家"以血付出"的牺牲,或是"战败的牺牲者","日本再建"、"民族的"的牺牲者,乃至更加充满希望的"世界和平"的牺牲者。[83] 对于牺牲的原因,他们之间并没有一致性的认定。对有些人来说事情简单明了,就是因为同盟国。在新加坡被判死刑的一位军官,将自身简单概括为"英军复仇的牺牲品"。[84] 然而,还有许多人将自己描绘为上级的牺牲品,是上级命令他们执行了现在被认定有罪的行动,然后又以同样不负责任的逻辑予以否认。[85] 其他人则将自己视为战争本身随意的牺牲者。1946 年在缅甸被执行死刑的一位日本宪兵队军官,在遗言中对义务与个人责任进行了哲学性的思考,并得出结论,像他们这样的人只是"战争带来的暧昧的牺牲品"。[86]

像其他多数由这样的文章汇编成的文集一样,《世纪の遗书》中所附的意义难明的作者简历,反映出用心颇深的保守性。简历中只提到了作者在哪里被执行死刑,却并未提及处决的缘由。其实,许多人的遗书中都谈到了他们被控告的罪行,有的还颇为详细。然而,这些出版物的意图,基本上是为这些显然不名誉的死者赋予人性的色彩,并赦免他们(至少是赦免他们当中的许多人)的战争罪行。以一种奇妙的方式,这种宽恕成了天皇所受美国人的包庇自然的、镜像般的映照。正如裕仁被赦免所做的恶事或曰战争责任一样,现在无论被诉战犯曾在战争的大熔炉里做过什么,他们也得到了暗中宽宥——当然是被那些没有受过他们行为伤害的人。战犯们柔情的话语被引述,然而他们真实的所为却被忽略。他们被描绘成对参与事件完全无力左右的人。天皇著名的《人间宣言》是一种降格,从"现人神"降到了人间。与此相反,这些战犯也从魔域被引领提升到了同一个人间。但是无论是活着的神还是已经处死的战犯被赋予了人性,最终给人的印象都是昔日日本帝国的上上下下,无人真正为恐怖的战争以及随之遍布各地的暴行负责。

这种对历史与记忆的改写、对全体帝国陆海军的人性面目的恢复,是修复国民心理的环节。假使这些最可耻的军人无论缺陷多么严重,都能被展现为复杂而敏感的人,那么即便不能完全消除至少也能弱化掠夺成性的"蝗军"的恶名。因而这种出版物的反动力量不可小视,因为这些遗嘱容易被解读为日本的牺牲者文学的另一亚种。他们还可能被看作至少在某种程度上是反白人的文本。因为尽管这些死刑犯在召集战犯审判的每个战区都主张自己无罪，但是他们辛辣地表现了荷兰人、英国人和美国人的严酷与双重标准。[87] 仅在个别情形下，这些遗书才使人想到日本人曾经多么严重而且无谓地牺牲了亚洲其他人民。

尽管如此，《世纪の遗书》这样的遗文集给人的总体印象，既不是愤怒甚至也不是辩解，而是压倒一切的徒劳感、悔意和悲伤。战犯们的遗言，与自由主义和左翼学者汇辑出版的战殁学生兵的遗书，并没有想象中那么大的差异。事实上，《听，海神之声》中最动人的遗书，是东京帝国大学的经济学部学生木村久夫所写。木村久夫于1946年5月在新加坡因虐待俘虏罪被作为战犯处决。1948年木村久夫的评传出版，他不寻常的遗言，就潦草地写在田边元的哲学书的书页空白处，与他狱中的诗作一道收入《听，海神之声》。《世纪の遗书》在木村久夫的条目之下，除了同样的诗作之外，还收录了他给父亲最后的书简。[88] 木村写于绞刑前一日的两首绝命诗，其中一首传达出26岁的他直面死亡时的了然心境：

　　风止雨停歇
　　朝阳何清新
　　明日我将去

另一首可能会让日本读者联想到吉田松阴：

　　既不害怕也不悲伤
　　我将走向绞首架
　　心中珍藏母亲的笑脸

除了少数的例外，被处决战犯写下遗书并非是为了日后的出版。这些遗书是向当事人的遗属和友人广泛呼吁后搜集出版的。它们产生的社会影响具有矛盾的两面性：它们一方面削弱了战争责任的意识，另一方面却强化了人们为军国主义和战争所付出的可怕代价的记忆。像战殁学生兵的书信与"原爆"牺牲者的回忆录一样，这些遗书成了人生被战争所毁的日本人的个人肖像集之一。他们通常是美化了的自画像，以一种奇特的，至少是未曾预料的方式，协助奏响了数年前大佛次郎提到的日本战死者的"安魂曲"。这些遗书的语言像是哀怨的挽歌。这些作者可能是因为"常规的"战争犯罪而被处决，但其中许多人的文笔却很不寻常。此外，出版时的版式与体裁也突出了哀歌体的风格。

例如，《世纪の遗书》的序文中，加进了大慈大悲的观世音菩萨的铜像照片。依照同盟国战犯审判的开庭地点对遗书进行分类，每一部分从所收遗书中选取动人的词汇作为小标题。在中国大陆接受死刑判决者的遗书条目，其小标题为《日支之楔》；在缅甸接受英国人审判者，其遗书分类标题为《命运》；中国香港的则是《迎春》。巢鸭监狱收押的死刑犯的遗书，标题为《紫罗兰》；关岛死刑犯的遗书，标题就叫《人间》。

每个人的作品，也由编者从遗书文本中撷取只言片语作为标题，这些题目也充满悲伤、沉思和人性的基调，传达着此书出版者的意图。如在中国受审者的题目有：《来自黑暗的世界》、《中国兵之泪》、《深爱的日本》、《虚无与忘却》、《日日是好日》。在荷属东印度群岛受审者的题目有：《生命的余白》、《彼岸的友情》、《百人之颜》。澳大利亚的则是《善与恶》。马来亚与北婆罗洲的有《告英国》、《回到母亲身旁》（作者的母亲去世了）。缅甸的有《はる子さんへ》（《给晴子（或春子）》），这是一封写给幼小女儿的信，没有文字，完全以表示语音的假名写成。印度支那的是《不同的人们》。关岛的是《科学者的思虑》。巢鸭监狱则有《独来又独去》、《背负十字架》（作者在狱中学习了基督教的赞美诗）、《哭墙》、《白云》、《永远的和平》、《别》。[89] 对敌人而言他们是残暴邪恶的罪犯，对许多国人而言，他们现在成了哲学家和诗人。

《世纪の遗书》在一本月刊上摘录发表，其简短的序言提到，这些遗书是能鼓舞整个日本民族并帮助全人类净化的"伟大的圣书"。编辑呼吁读者振作起来，记住这是黎明前的黑暗（发表遗书的杂志名《曙》，本身就是"黎明"的意思），并献身于确立永久之和平。[90] 这是战争年代经常听到的有关纯洁与和平的说教。这是宽恕不名誉的死者的民族主义的辩解。这是遮蔽日本的战争罪犯与暴行的可怕现实的烟幕。但这也是在这个极端内向性的世界里的反战声明。被判死刑的战犯的许多书信，以深深打动读者的方式，强化了这一宣言。一位军医写给年幼的女儿最后的一封家书,颇具代表性。他告诉女儿,在一生中尽量不要杀害任何生命,即便是一只蜻蜓。

这名军医因虐待同盟国俘虏的罪行,被处以死刑。[91]

注释:

1 《朝日新闻》1945 年 8 月 16 日。高村光太郎的诗作题目为《一亿の号泣》,参见《朝日新闻》8 月 15、17 日。

2 《朝日新闻》1945 年 8 月 21 日。此文及其后还有三篇文章,皆以《英灵に诧びる》为题:一位朝日新闻记者对神风特攻队飞行员的回忆(8 月 22 日);畅销历史小说家吉川英治的访谈(8 月 23 日);京都第三高等学校的一位教师狂乱的情感宣泄(8 月 24 日)。

3 与德国的犹太人不同,日本的受害对象,即便与日本人产生了切身的关联,如朝鲜和中国的劳工或者"慰安妇",也从未被认为是日本社会的一员。除了少有的例外,"泛亚"的说辞纯粹是宣传而已。

4 南原繁,《南原繁著作集》(东京:岩波书店,1973),第 6 卷, pp. 46 – 57,尤其可参见 p. 55。此文原载 1945 年 9 月 1 日《帝国大学新闻》,开篇也是首先表达对天皇终结战争的感谢。关于南原热心支持战争的言论,参见他 1945 年 4 月 1 日对入学新生的演讲,《南原繁著作集》第 6 卷, pp. 38 – 45。

5 《南原繁著作集》,第 6 卷, pp. 57 – 66。

6 收入文艺春秋编,《〈文艺春秋〉にみる昭和史》(东京:文艺春秋,1988),第 2 卷, pp. 15 – 18。战后初期,对死者的哀悼多关注于战死的年轻人,但是这种情绪也投射到了空袭遇难的一般市民身上。1945 年 9 月 23 日,在东京空袭遇难者的追悼仪式上,亡者被告知"你们是为国家失去生命,我们永志不忘"。这些牺牲,誓将成为"和平日本建设的基础";《朝日新闻》,1945 年 9 月 24 日。

7 《家の光》1946 年 6 月号;引自吉田裕《占领期における战争责任论》,《一桥论丛》105 卷 2 号(1991 年 2 月), p. 123。吉田裕的论文(pp. 121 – 138),充分利用了当时呈交 GHQ 审阅的大量日文报刊资料,这些资料现存于美国马里兰大学 McKeldin 图书馆。从本文以下的注释可以看出,笔者十分倚重吉田教授发掘的史料。本人也借重于吉见义明基于这些文献所做的同样颇有价值的研究,参见吉见义明《占领期日本の民众意识——战争责任をあぐって》,《思想》811 号(1992 年 1 月), pp. 73 – 99。

8 菊池宽《话の屑笼》,《キング》22 卷 1 号(1946 年 1 月);引自吉田《占领期における战争责任论》, p. 123。

9 森正藏《旋风二十年——解禁昭和内幕史》(东京:鳟书房,1945,1946),全二卷。森是实际上写作这本书的每日新闻团队的统筹编辑。对这本著名畅销书的最佳评析,是尾崎秀树的《旋风二十年》,收入朝日ジャーナル编,《ベストセラー物语》(东京:朝日新闻社,1967),第 1 卷, pp. 7 – 15。亦参见盐泽实信《昭和ベストセラー世相史》(东京:第三文明社,1988), pp. 100 – 102。1946 年的版本有多处修订,可能是遭受 GHQ 审查的缘故;前引尾崎之论析, p. 14。

10 森《旋风二十年》，上卷，p. 42；典型的有关败战责任的成见的其他例证，亦可参见森前引书下卷 pp. 88, 121, 151 – 152, 189。
11 森《旋风二十年》，上卷，p. 142；亦参见森前引书上卷，pp. 18, 120, 136 – 137, 167；下卷，pp. 32 – 33, 58, 62。一度实业家与军阀暧昧勾结，为非作恶，同书下卷，p. 129。
12 《朝日新闻》1945 年 9 月 12、13、15 日；朝日新闻社编，《声》（东京：朝日文库，1984），第 1 卷，pp. 35 – 36（对《战阵训》的典型援引）；保阪正康《败战前后の日本人》（东京：朝日文库，1989），pp. 246 – 250（高见顺的记述与东条的病房会见）；渡边一夫《败战日记》（东京：博文馆新馆，1995），p. 85。东条的自杀事件是根据 B. V. A. Röling 的记述，引自 Anotonio Cassese 编，*The Tokyo Trial and Beyond: Reflections of a Peacemonger*（Cambridge: Polity Press, in association with Blackwell Publishers, 1993），p. 34。东条被作为首犯的例证，参见森《旋风二十年》，上卷，p. 102；下卷，pp. 88, 114, 121。据 1945 年末在东芝工厂的调查，80% 的白领和蓝领雇员表示对东条抱有敌意；参见吉见《占领期日本の民众意识》，p. 90（其他批评观点，参见 pp. 78 – 79, 81, 82）。多年后，东条之妻回忆起她的家族当时遭受的屈辱。她和孩子们逃到了她的家乡，但仍然收到许多来信。有的信是表示同情，但是很多信都充满了仇恨。她回忆说，有位写信者扬言要给她和每个孩子都寄来棺材。她的一位女婿也是军官，自杀了。她的长子从公司辞了职。两个最小的女儿改换了姓氏，以免在学校引起注意和嘲笑。参见东条胜子，《战后の道は远かった》，《文艺春秋》1964 年 6 月；收入《〈文艺春秋〉にみる昭和史》，下卷，pp. 99 – 111。
13 森《旋风二十年》，上卷，pp. 149, 161。
14 《朝日新闻》1945 年 8 月 23、25 日。从 8 月 8 日到 9 月 2 日，涉及原子弹爆炸的新闻报道，仅在《朝日新闻》上出现过 5 天（8 月 10、24、26、28 日，9 月 2 日）。从 9 月 3 日到 16 日审阅制度开始生效的 14 天里，涉及原子弹爆炸的报道，一共出现在 9 期日报上（除了 9 月 4、9、10、13、15 日）。
15 《朝日新闻》1945 年 8 月 14 日。清濑一郎敏感于人种问题的另一例证，参见吉田《占领期における战争责任论》，p. 132。
16 日本人描述美国投放原子弹的标准形容词，是"残暴"、"非人道"。笔者曾在其他著述中探讨过日本人对原子弹的反应，参见：Michihiko Hachiya, *Hiroshima Diary: The Journal of a Japanese Physician, August 6-September 30, 1945*（Chapel Hill: University of North Carolina Press, 1995）一书中，本人所作的序言，pp. v – xvii；"The Bombed: Hiroshimas and Nagasakis in Japanese Memory"，收入 Michael J. Hogan 编，*Hiroshima in History and Memory*（Cambridge: Cambridge University Press, 1996），pp. 116 – 142；"Three Naratives of Our Humanity"，收入 Edward T. Linenthal 与 Tom Engelhardt 编，*History Wars: The 'Enola Gay' and Other Battles for the American Past*（New York: Metropolitan Books, 1996），pp. 63 – 96。
17 《朝日新闻》1945 年 8 月 27 日。亦可参照《朝日新闻》1945 年 8 月 18、9 月 12、16 日。
18 《朝日新闻》1945 年 8 月 17、18、19、20、22 日；可参照《朝日新闻》1945 年 8 月 26、28 日。

19 《朝日新闻》1945 年 9 月 5、10、21 日；10 月 23 日。

20 《朝日新闻》1945 年 10 月 11 日。战败后的数周，有关科学与"理性"的其他的新闻评论，参见《朝日新闻》1945 年 9 月 12、14、15 日，10 月 1、2、18、26、29 日。

21 《朝日新闻》1945 年 9 月 14 日。

22 那份曾贴在东京帝国大学相模海洋研究所的通知原件，现展示于 Woods Hole（Massachusetts）Marine Biological Laboratory 的图书馆中。通知为日本著名的生物学家团胜磨所写。感谢 Tom Benjamin 向我推荐了这一文献。

23 有关记者招待会，参见 1945 年 8 月 30 日《每日新闻》，收入日高六郎编《战后思想的出发》（东京：筑摩书房，1968），pp. 53–58。著名的"一亿总忏悔"的说法，其实并未出现在《朝日新闻》的首相记者招待会记录中（会议记录的说法是"全体国民的总忏悔"），而是出现在当日报纸的社论中。还可参见 9 月 5 日东久迩首相的施政演说，载 9 月 6 日《朝日新闻》。

24 丸山真男《思想の言葉》，《思想》381 号（1956 年 3 月），p. 322。

25 《朝日新闻》1945 年 10 月 19 日；这些信件见载于朝日新闻社在日本投降后两月内收到的读者来信的摘录中。亦可参见 9 月 27 日《朝日新闻》刊登的读者来信，收入朝日新闻社编《声》，第 1 卷，pp. 39–40。

26 引自 James W. Heisig，"'The Self that Is Not a Self'：Tanabe's Dialectics of Self-Awareness"，收入 Taitetsu Unno 与 James W. Heisig 编，*The Religious Philosophy of Tanabe Hajime*（Berkeley：Asian Humanities Press，1990），p. 284。此书是关于田边元哲学思想的重要的英文论文集。对田边元颇有兴味的分析，见久山康《战后日本精神史》（东京：创文社，1961），pp. 170–201；此分析曾摘引于"Postwar Japanese Thought：1940–1960"，*Japan Christian Quarterly* 47.3（Summer 1981）：pp. 132–144。1930 年代后期，田边元竟然将日本国家表述为真的佛性的显现，是大慈大悲的菩萨理想的化身，个人对国家的顺从实质上就是对佛的皈依。这是佛教的流俗化与哲学的堕落，是后来田边的耻辱感与罪孽感的真正缘由；参见 Kiyoshi Himi，"Tanabe's Theory of the State"，收入 Unno 与 Heisig 前引书，pp. 309–310。1943 年，也就是田边思想转变的前一年，他还写道，"危难时国家与个人是一体的；民众须竭力奉仕国家。个人与国家的疏离，同时也意味着毁灭个人本身"；引自 Heisig 前引书，p. 283；可对比同书之 pp. 281–284。甚至 1946 年在其卢梭式的忏悔论述中，田边也未真正涉及他对战争遂行重要的理论贡献。例如，1934 年他曾提出了影响极大的"种の论理"的概念，完全服务于日本军国主义者与极端民族主义者推行由神圣天皇统治的单一种族国家的意识形态；参见前引之 Himi，pp. 303–315。1940 年，田边元在京都帝国大学的杰出前辈西田几多郎，曾私下坦率评论说，田边的著述完全是法西斯主义的。这是中肯的评价。田边本人哪怕是在最为自我否定的时刻，也未能对此进行忏悔；西田的评论，见 Heisig 前引书，p. 283。在 1945—1946 年忏悔与转变的著述中，田边仍然对他的"种の论理"的洞见进行了再次的确认。田边元的战后思想究竟在何种程度上脱胎于他的战前思想，可以如何被独裁统治所利用，仍然是有待研究的课题。

27 田边元《忏悔道としての哲学》，（东京：岩波书店，1946）。此书由 Yoshimori Takeuchi 译为英文，James Heisig 作序，*Philosophy as Metanoetics*（Berkeley：Uni-

versity of California Press, 1986)。此译本下引为 *PM*。

28 *PM*, pp. xlix – lx, 3, 26.
29 *PM*, p. lx；亦参见 p. xxxvii。
30 *PM*, pp. lvii – lviii, 20, 265, 270；亦参见 pp. 281, 295。田边元的著述，力图阐明他基于亲鸾的思想，与诸如康德、黑格尔、谢林、海德格尔、克尔恺郭尔等西方哲学相比之优越性。战败后日本知识阶层这种抵制西方文化霸权的尝试，值得进一步研究。1945 年 8 月 20 日，田边"京都学派"的同僚高坂正显，在《每日新闻》上发表文章赞扬西方的"客观性"与"现实"，批判日本的"主观性"，但仍坚持认为日本具有对世界文化做出重大贡献的潜力。高坂抨击知识精英与普通民众间的文化鸿沟；颂扬日本人对家国的道义，但认为日本"社会道义"缺失，而"社会道义"本质上是调停国与家关系的中间力量；他提到贯穿日本历史的特殊的"神圣力量"；具有象征意味地总结说，新日本将会反映日本之传统的再生与变容。此文收入日高六郎编《战后思想の出发》，pp. 60 – 63。
31 *PM*, p. lvii, lxi – lxii, 281。花的比喻，引自 *Japan Christian Quarterly*，见前引书，pp. 137, 142。
32 *PM*, pp. 261, 278 – 279.
33 例如，参见 *PM*, pp. lxii, 263 – 265, 291。1946 年 3 月，田边在一篇题为《政治哲学の急务》的重要文章中，对"社会民主主义"做了论述。时值《忏悔道としての哲学》出版前一个月。
34 *PM*, p. 296。在此书的序言中，田边元对占领军"自上而下的革命"做了精辟的批判："然而一个被迫投降、受到外来的自由主义所迫使以及内在的文化发展所催促的国家，只是因为排除了以往的压制就能被指望拿出创造新文化的精神资源吗？真正的自由不是别人赠与的，而是自己争取得来的。在我们这样的环境中即便新文化之花能够开放，那也只是温室的花朵，看上去很美但是根基浅薄，不可能在户外生长"；*PM*, p. lxi。令人震惊的是，类似这样的一些段落，竟然通过了 GHQ 审阅官的审查。也许是因为这些论述，隐藏在如此长篇大论的一部书中，才未引起注意。
35 田边元在 1946 年 3 月的《政治哲学の急务》一文中，号召划分皇室财产。此时恰为 SCAP 巩固其天皇保卫战之际。
36 *PM*, pp. 287, 296；亦参见 pp. lxi – lxii, 260 – 262。田边元在《忏悔道としての哲学》出版后数年间著述颇丰。1947—1950 年，田边除了发表许多有影响的论文之外，还出版了四部著作：《种の论理の弁证法》（秋田屋，1947）；通过存在主义的分析对忏悔与爱的探讨《实存と爱と实践》（筑摩书房，1947）；对福音书中基督教之爱的研究《キリストの弁证》（筑摩书房，1948）；以及广受欢迎的《哲学入门》（筑摩书房，1949）。
37 日本战殁学生手记编集委员会编，《きけ わだつみのこえ 日本战殁学生の手记》（东京：东大协同组合出版部，1949）；尤可参见 pp. 307 – 323 的附言。对这部学生书信集肯定的反应的例子，参见朝日新闻社编《天声人语》（东京：朝日文库，1981），第 1 卷，pp. 261 – 262（1949 年 10 月 24 日）；亦参见《声》，第 2 卷，p. 216（1949 年 11 月 4 日）。《きけ わだつみのこえ》很快卖出近 20 万部，成为 1950 年的畅销书，并在此后的岁月中畅销不衰。到 1992 年，此书共售出约 180 万部;《朝日新闻》1992年8月15日。

38 意即"未被肮脏丑恶沾染"的人。

39 竹山道雄《ビルマの竪琴》（东京：中央公论社ともだち文库版，1948），pp. 270-275。此儿童读物版，在其后的两年间重印了6版。这部小说由 Howard Hibbett 译为 *Harp of Burma*（Rutland, Vt.：Tuttle, 1996）。

40 《はるかなる山河に》于1951年12月再版，新版附记生动地传达出幸存者对死者的罪的意识。在初版前言中，法国文学研究者辰野隆也曾深情吐露，许多年轻的学生死去而自己却残存下来的耻辱与痛苦。他认为战败是对日本在珍珠港事件后因暂时胜利而狂妄自大的神圣惩罚，并认定惩罚日本的手段是"对方的物力与科学"。参见《はるかなる山河に 东大战殁学生の手记》（东京：东京大学出版会，1951年版）。

41 椎名麟三的评论，见久山《战后日本精神史》，p.96。

42 《野火》与《缅甸的竖琴》在1950年代末期被搬上银幕。表现无辜的日本平民遭受战争戕害的最著名的电影，是占领结束后两年上映的《二十四の瞳》。影片描述了战前偏僻的乡村中，一位理想主义的、年轻的小学女教师与12个学生的命运（这就是片名的由来）。正如影评家佐藤忠男所敏锐指出的，影片感人的魅力主要源自它一分为二的结构：起初观众见到的是年轻的女教师和她可爱的学生们；然后又看到上了年纪的她，在战后回到自己曾经短暂待过一年的村子，给以前的几位学生扫墓。从而影片传达出的印象是，那些在战争中死去的人，永远拥有他们孩童时代的纯真。观众们并未见证这些少年如何成长、如何参与海外的侵略和杀戮。如此一来，孩童的纯真，就成为了表达战死者纯洁性的手段。佐藤的文章收入鹤见俊辅等编《讲座日本映画 第五卷 战后映画の展开》（东京：岩波书店，1987），pp.46-47。

43 例如，可参见"和平问题谈话会"早期颇有影响的声明，收入《世界》1985年7月关于战后和平问题的特别号。

44 对战争责任的旁观者态度，是个人责任的"主体"意识薄弱的表现。这一观点，是战后日本的研究者在强调日本战争责任问题时的共同见解。这在吉田《占领期における战争责任论》（尤可参见 pp.122-123, 135, 137）与吉见《占领期日本の民众意识》（尤可参见 pp.76-78 关于民众意识"被欺骗"的论述）等重要论文中，皆有强力阐述。

45 《晓钟》1946年6、7月合并号；引自吉田《占领期における战争责任论》，pp.129-130。

46 《家の光》1949年1月号；见吉田《占领期における战争责任论》，p.135。

47 吉田《占领期における战争责任论》，pp.129-131, 137-138。

48 见前引之吉见《占领期日本の民众意识》，p.77。

49 收录于朝日新闻社编《声》，第2卷，p.100（1948年11月13日）以及 pp.113-114（1948年12月24日）。

50 《天声人语》，第1卷，p.97（1946年7月27日）。

51 当论及战争责任问题时，朝鲜人与中国台湾人所受的战争苦难相对被较少提及，参见吉田《占领期における战争责任论》，p.134。日本人对惨绝人寰的战争罪行的震惊反映，与南京大屠杀以及日本军队吃人等行为有关，参见《声》第2卷，

pp. 107-108（1948年12月6日）。一般而言，除了最初揭露1945年马尼拉大屠杀引起了强烈反响，日本人似乎并未有意关注东南亚的受害民众。此种倾向，即便是在战后进步的研究者和活动家深入调查日军战争暴行时仍然存在。他们的著述，首先倾向于关注中国受害者，其次是朝鲜受害者。尽管这两个亚洲民族受日本伤害最大，但是这种倾向不是仅以数量问题就能解释的，还与地理的、历史的、文化的、种族的、心理的距离感有关。

52 参见《朝日新闻》1945年9月16、17、18日的新闻报道；1945年10月19日刊登的读者来信，以及《声》第1卷，pp. 103-104（1945年12月13日），p. 152（1946年2月15日）。

53 《朝日新闻》1945年9月18日。战后日本人的战争责任意识令人困惑之一例，就是为何揭露非日裔随军慰安妇这样厚颜无耻的"隐蔽的战争犯罪"，费时如此之久。具体而言，比如说为何日本女性这么久才注意到这一问题？对这一点的解释，至少应当考虑种族和阶级的因素。充当随军看护妇的日本女性对外国慰安妇的存在心知肚明，她们通常像日本男性一样，歧视慰安妇，将她们当作外国妓女来看待。

54 《太平》1946年11月号；见吉田《占领期における战争责任论》，p. 126。

55 例如，参见《朝日新闻》1945年9月17日；《天声人语》，第1卷，p. 95（1946年7月8日），p. 97（1946年7月27日）。

56 《アジアの新生》，《言论》第1卷1号（1946年）；见吉田《占领期における战争责任论》，p. 126。

57 吉见《占领期日本の民众意识》，p. 76。这种文字游戏，实际上在战时中国人（以及协助中方制作抗日传单的美方心理战专家）的反日宣传中也得到了应用。

58 《天皇の军队》，《人民评论》第2卷3号（1946年）；见吉田《占领期における战争责任论》，p. 126。

59 例如，参见《声》第1卷，pp. 144-146（1946年2月2日），pp. 211-212（1946年8月8日）。

60 4首短歌皆收入吉见《占领期日本の民众意识》，pp. 82、86。

61 《每日新闻》1948年11月5日。VAN（1947年12月号）与《世界》（1949年2月号）的评论报道，参见吉田《占领期における战争责任论》，p. 135。

62 《每日新闻》1948年11月13日；《日本经济新闻》1948年11月13日；《朝日新闻》1948年11月5日、13日；《日经连タイムス》1948年12月25日，引用于吉田《占领期における战争责任论》，p. 124（吉田批评这种反应，典型是在逃避正视国民对战争协力的问题）。关于东京审判的新闻评论被查的实例，参见吉见《占领期日本の民众意识》，pp. 83-84。

63 《每日新闻》1948年11月13日。

64 《静冈展望》1949年2月号；引用于吉见《占领期日本の民众意识》，p. 82。

65 村田芳留子《水瓮》，1949年3月；收入吉见《占领期日本の民众意识》，pp. 83-84。

66 收录于吉见《占领期日本の民众意识》，p. 84。

67 《青垣》1949年5月号。收入吉见《占领期日本の民众意识》，p. 84。对东条被判死刑的矛盾反应的例子，参见鹤见俊辅等编，《日本の百年》（东京：筑摩书房，

1967），第1卷，pp. 54 – 55, 61 – 62。

68 Röling 法官等人就认为，东条英机在法庭上的证词，顽强主张战争是维护日本本国生死攸关之利益，"在日本人眼中获得了自身的尊严"；Röling（1993），p. 34。

69 吉田《占领期における战争责任论》，p. 134。在1948年的一场讨论会中，戒能通孝提出了一个类似的问题，即"东条审判"这样的战争审判是否有误？同样遭到了查禁。

70 《天声人语》第1卷, pp. 256 – 257（1949年9月16日）。使许多日本人震惊的是，威洛比少将公开表示，这些报道可能有一定的真实性。

71 艾克尔伯格中将臭名昭著的评论，参见 Kazuo Kawai, *Pacific Affairs*, June 1950, p. 119。

72 例如，参见《历史读本 别册 未公开写真に见る东京审判》1989年冬号，pp. 158, 159。儿玉誉士夫的回忆录，后来有英译本。

73 对辻政信生平的细致研究，参见 Ian Ward, *The Killer They Called a God*（Singapore：Media Masters, 1992），尤可参见第18 – 20章有关辻政信战败后的活动。关于1946 – 1950年间 Willoughby 将军对辻政信的庇护问题，在新闻界未公开发表的材料中有所提及，参见 Keyes Beech 的评注，Thomas W. Burkman 编，*The Occupation of Japan：Art and Culture*（Norfolk, Va.：Douglas MacArthur Foundaion, 1984），p. 43。非常感谢 James Zobel 提示我关注这些文献。1950年辻政信的两本畅销书是《潜行三千里》（每日新闻社）与《十五对一》（酣灯社）。

74 朝日新闻社编《声》，第2卷，pp. 200 – 201（1949年8月15日）。

75 这些活动被摄影镜头巧妙地记录了下来，参见前引之《历史读本 别册》，pp. 24 – 38。

76 《历史读本 别册》，pp. 68 – 73, 87 – 101。杜鹃鸟，日语称为"呼子鸟"。日文中的一些幽微的含义，自然会使听到这首歌的所有日本人浮想联翩。

77 参见《思想》1984年5月号上刊载的有关战争犯罪与战争责任的参考书目，其中既有学术著述也有畅销书，颇值玩味。在"战争罪犯的遗著与遗嘱"条目下，列有1950 – 1954年出版的书16本，1982年则是31本。到1954年，至少出版了9本巢鸭战犯与嫌疑犯的自述，一本关于美国主持的横滨 B/C 级战犯审判的书，有6本书则是关于亚洲各地的 B/C 级战犯审判。1956年 – 1983年，又有29本关于亚洲各地 B/C 级战犯审判的书出版。A. Frank Reel 的著作 *The Case of General Yamashita* 是对那次审判不公的强烈质疑，日译本出版于1952年，同年 Pal 法官的个别意见书翻译出版。

78 巢鸭遗书编纂会编《世纪の遗书》（东京：巢鸭遗书编纂刊行事务所，1953）。1984年讲谈社发行的新版，应作者遗属的要求，删除遗书39篇；修订版的页码保持不变。

79 《世纪の遗书》，pp. 683 – 685。

80 《世纪の遗书》，pp. 579 – 583。

81 《世纪の遗书》，pp. 77 – 78, 101 – 102, 447 – 451, 579 – 583。

82 见《世纪の遗书》，pp. 66, 322, 483, 568, 630 – 633。

83 例如，参见《世纪の遗书》，pp. 38 – 39, 63 – 64, 88, 90 – 91, 407, 468, 520, 637。

84 《世纪の遗书》，p. 311。

85 在后来出版的坂邦康编《史实记录战争裁判　横滨法庭　第一 B/C 级》（东潮社，1967）一书中提及，强迫下属为实际上反映了日本官方政策（如帝国海军杀死敌船全体船员的政策）的暴行负责任的策略，其实是掩饰官方政策，找借口替天皇开脱。参见 pp. 102-104。

86 《世纪の遗书》，pp. 285-290，尤其是 p. 286。

87 例如，对荷兰人和英国人的残酷与复仇的无情评价，参见《世纪の遗书》pp. 113-118, 168-171, 183-186, 311-315, 332-333, 453-461, 483-487。许多战犯称扬在中国国民党监狱中得到善待，哪怕是在感到对自己审判不公之时。蒋介石温和对待日本战犯自有其政治的计算（从而在反共行动中得到日本的支持），结果使日本人在战后对"中国人"普遍怀有友善之情。例如，可参见《世纪の遗书》pp. 8-9, 108-109；《天声人语》第 1 卷, pp. 33-34（1945 年 11 月 10 日）。本书其他章节也曾述及，中国共产党迟至 1950 年代初期对许多日本人进行了战犯改造，但未施加任何死刑判决。

88 木村久夫的传记，参见塩尻公明《ある遺書について》（东京：新潮社，1948；社会思想研究会重印，1951）。亦参见前引之《きけ　わだつみのこえ》，pp. 281-304；《世纪の遗书》, p. 433。木村遗书简略的英译本，见 Michiko Aoki 与 Margaret Dardess 编, As the Japanese See It: Past and Present（Honolulu: University of Hawaii Press, 1981），pp. 297-303。

89 文中提到的这些遗书，皆收入《曙》1954 年 1 月特别号，这一期杂志为《世纪の遗书》的精选集。

90 《曙》1954 年 1 月特别号, p. 8。

91 《世纪の遗书》，pp. 407-408。这位军医的遗书，是一份典型的主张自己无罪的遗书。他在战俘营担任军医，声称自己在决定谁应当上工劳动时，严格按照规定办事，对战俘和日本士兵（他们中的许多人也同样虚弱）一视同仁。（1984 年版的《世纪の遗书》，应作者遗属的要求，此遗书也在删除之列。）

一般而言，在战后关于战争与"战争牺牲者"的思考方面，不能过分强调《世纪の遗书》所唤起的情感的影响。它们体现了对战争理想化的、保守的重构，显然对右翼的新民族主义者具有吸引力。同时，它们还使许多普通的日本人感到宽慰，他们的亲友参与了战争，不能只是作为"战争罪犯"、为"侵略战争"送命的人而被记住。因此，当 1995 年"二战"结束 50 周年之际，日本最大的民众团体之一"遗族会"，主张向死于"二战"的日本人表明敬意，并且反对为日本的侵略和暴行"无条件地"、"明确地"谢罪。他们中的一些人可能自认为和平主义者，许多人更自认为反军国主义者。他们对战死者的纪念活动，必然包括和平的祈愿，祈祷将来不会再有如此的日本人的"牺牲"。寡廉鲜耻的右翼政客照例对此进行操纵利用，而日本以外的民众也照例进行声讨。

第六部
重　建

第十七章
设计成长

占领开始时，大多数美国人，包括麦克阿瑟在内，都认为占领期将不会且不应超过3年。可是3年过后，占领期才过了一半，而当时很多日本人显然已经厌倦了外国的统治。最高司令官依然收到仰慕者的来信，"和平"的理想依然可贵，"民主"依然是判断良性社会的试金石，然而征服者，尽管还握有非凡的权力，却已经成为日本拥挤的政治版图上的利益集团之一而已。

这种转变，并非只是发生在被征服者的意识当中。出于冷战的考虑，美国人开始放弃当初的许多"非军事化与民主化"的理想。然而在1945年，这些理想在战败的日本民众看来，曾经是那么的超乎预期而又鼓舞人心。在此转变的过程中，美国人日益公然与日本社会中的保守势力甚至是右翼势力结盟，其中包括那些与这场失败的战争切身相关者。曾因战犯嫌疑被捕的人士被撤销起诉。经济大权重新回到大资本家和中央官僚的掌握之中。禁止担任公职的政治家和其他战时的领导人逐步得到"赦免"。而与此相反，激进的左翼遭到"赤狩"。无论是自上而下、自下而上，或是源于任何其他地方的真正的民主改革的想法，就如同老话说的那样，看上去越来越像是一场梦。在占领结束之前，日本媒体已将这一戏剧性的方针变化称为"逆流"[1]。

过去的舆论曾经欢呼美国人对"草根"民主的贡献，现在的民意测验则传达出国民显著的失望情绪。1948年，当被问及是否相信国家正朝"好的方向"前进时，大多数日本人的回答是肯定的。到了1949年，大多数人的回答则是否定的。1949年初，确实有超过半数的受访者，表达

了对日本可能重新陷入战争的不安。²

曾经被胜利者和战败者如此小心翼翼地共同培育的和平梦想，突如其来地，在这个前同盟国之间，乃至同盟国与世界其他各国之间相互纷争较量的世界上，看上去其实如此不堪一击。尽管书报检查制度经常过滤公众新闻，但这种做法只会使对冷战现实的觉醒更具冲击力。欧洲国家对东南亚重新实行殖民统治的野蛮企图，苏联在东欧的暴力镇压，共产党在中国内战中的惊人胜利，恐怖的核军备竞赛的开场，所有这些都不是梦，而是梦魇般的现实。

"哦，出错了！"

1950年6月25日，战争在邻近的朝鲜战场爆发。而美国，仅仅在强制日本实施"和平宪法"4年之后，遽然强行对日进行再军备，同时美国购置战争关联物资为日本贫血的经济输血。突然之间，一切都以意料不到的、令人心力交瘁的方式好转——和恶化。占领期还将要持续近两年，但是先前征服者和战败者所理解的意义上的"占领"已经结束。朝鲜战争宣告了一个新世界的到来。而日本，无论愿意与否，自从战败后第一次成了这个世界明确的组成部分。

在这个逐渐展现的不祥的氛围中，有时细小的事件呈现出极大的象征意味。1948年，名校东京大学的一名学生因盗窃罪被捕。这桩罪行本身并没有什么出奇之处，但犯罪人愤世嫉俗的自我辩护却引人注目。他说："在当今社会中，无法判定什么是犯罪。"此时正是东京审判渐近尾声之际。对当时流行的《现代用语的基础知识》词典的编者而言，这看来正是诠释"混乱与虚无"的绝佳例证。³对于这种玩世不恭，很快就会出现更多深刻洗练的表达。譬如黑泽明导演的与日俱增的幽暗暧昧的影片，其巅峰之作是1950年结构精妙的"相对的真实"的《罗生门》。

1950年9月，一对莽撞的年轻人向新闻界说了一句简单的话，引发了一场更为轰动的事件。当时一名在日本大学当司机的年轻男子，因偷窃大学基金被捕。他将偷来的钱与他18岁的女友（一位教授的女儿）挥霍一空。当被捕之时，他的回答"哦，出错了！"（Oh, Mistake！）很快成为占领期最著名的一句英语。原来，这个窃贼和他的情人都是好莱坞黑帮片的狂热爱好者，他们说着混杂日语和蹩脚英语的古怪语言，除了物质消费和性的快乐之外，对任何事都不感兴趣，对自己轻率的犯罪也毫无悔恨之意。社会评论家争相将他们作为战后年轻人无道德意识的象征，然而这句使人难忘的话却引起了更为广泛的共鸣。在一个人人都争着改弦易辙的世界里，近些年来的往事，无论战争还是占领，都越来越容易被看作只是个错误而已。[4]

对傲慢自负的美国人存在的厌烦，随着书报检查的趋缓，引发了大众文化中温和的反革命潮流。在流行歌曲中，轻浮絮叨的歌词盛行，曾与新的喜悦感和活力结合在一起的喧闹的美国摇摆舞音乐风格，让位给了传统的感伤格调。从 1949 年起，词曲中的支配情绪是徘徊、孤寂、放浪以及满溢无可慰藉的渴望的乡愁。这种苦乐参半的放纵情绪的魅力偶像，是早熟的少女歌手美空云雀。美空生于 1937 年，由演唱爵士乐一跃成名，却成了占领结束前"本土"感伤情绪的代表歌手。[5]

在此时，传统的チャンバラ（时代剧）重新回到了舞台。同时中世纪的传奇武士物语和小说开始重新出现在书店里，以吉川英治自 1948 年开始的 4 部大热的畅销书为代表。甚至是进入畅销书排行榜的翻译作品，也反映出新的保守主义倾向，其中包括诺曼・梅勒（Norman Mailer）的《裸者と死者》（*The Naked and the Dead*）对美国太平洋战斗灼人的、批判性的描绘。玛格丽特・米歇尔 1936 年发表的空前的流行佳作《风と共に去りぬ》（*Gone with the Wind*，中译名《飘》），自 1949 年起的两年间，位居"十大"排行榜之列。不需要多少想象力，读者就能够在对战败的南部邦联的描绘中读出日本自身的命运。与优雅时代"随风而逝"的浪漫追忆相对照的，是战争蹂躏的土地的兴衰、被入侵的北方佬荼毒并重新探索定位的战后社会。甚至是米歇尔小说中对照鲜明的两位女主人公，也可以看作是日本镜像中的人物：贞洁、顺从、家庭型的韩媚兰与务实、投机、物欲的郝思嘉。牺牲、生存的奋斗，以及郝思嘉反抗的誓言"我永远不要再挨饿"，这一切的确使米歇尔的美国南方传奇看起来十分眼熟。[6]

真的解放和草根民主之梦的终结，在一本少儿读本的流行小册子的命运中有更为直接的反映。庆应大学教授浅井清在热情与理想主义的冲动之下，写了这本《あたらしい宪法のはなし》（《新宪法的故事》），于 1947 年出版，并被广泛使用为中学一年级社会课的教科书。这册课本上说，新宪法与明治宪法不同，反映的是日本国民的意志。宪法的三大基本原则是：国际和平主义、民主主义和主权在民，三者相互关联。日本放弃战争意味着，今后日本绝不再拥有陆、海、空军。课本所附的全页插图，描绘了军备物资在"放弃战争"的大釜中销熔，从中产出的是和平国家的奇妙建筑、列车、商船、消防车和通信塔。这本小册子还强调自由和平等的基本权利，包括男女之间的平等。

尽管教育制度仍然是在美国名义上的监督之下，浅井的小册子仍然于1950年被文部省降格为辅助读本，到1951年被彻底弃用。它也不可能有别的命运。此时的日本，不仅在美国鹰的卵翼下组织新的军队，而且终于开始着手经济复兴，但这是全面依附于为美国军队在朝鲜战场提供"特需"服务的军需繁荣。[7]

有形之手与无形之手

"哦，出错了"哲学最热心的信奉者，实际上是那些华盛顿和东京的政策制定者们。因为经济政策中优先考虑事项的转换，意味着对占领开始时向麦克阿瑟将军发布的一项最基本指令的否定。这项指令规定，将军的最高权限延伸"到经济领域的所有事项"，SCAP将"不承担日本经济复兴或增强日本经济的任何责任"。这一方针背后的秘密计划文件确实包含惩罚的意图。国务—陆军—海军三部协调委员会的一份早期文件明言，"日本的困境是其自身行动的直接结果，同盟国将不承担修复损失的责任"。[8] 直到1948年，与这些指示相一致，将军属下的经济官僚，其职能主要限定于惩罚的、改革的任务，如指定担当赔偿的工场、指导财阀持株会社的解体，制定财经界领导人的肃清名单，确定需要分割的"过度集中的经济力量"以确保经济民主，以及组织农地改革并废除地主制度。尽管美国最终提供了大约20亿美元的经济援助，但大部分的援助都是为防范经济困境和社会不安定所必需的粮食和物资。[9]

在被占领的德国，盟军司令部将劳动、金融和经济职责分散到不同的部门。在日本，这三大领域的指挥监督权以及科学与技术领域的控制，都合并在单独的经济科学局（E.S.S.）治下。经济科学局雇佣有大约五百名经济学家、工程师和原工商经营者，并监督大藏、劳动和商工三省以及具有强大影响力的日本银行和日本政府新设立的经济安定本部。占领当局保留了日本"总力战"战时总动员过程中引入的大部分经济统治机制。必要时，他们甚至推进或认可比战时政策更激进的控制。直到占领临近终结，E. S. S. 还对日本的通商实行"中央集权的与独裁的"控制。华盛顿派来的高层顾问使团的建议，对强化这种上意下达的决策的制度化发挥了影响力。[10]

日本长期的战时动员体制的一个惊人后果，是资本高度集中于一小撮财阀手中。占领当局挑选了 10 个企业共同体作为详细审查的对象。其中 4 个有名的"旧财阀"（三井、三菱、住友、安田），加上 6 个与军部密切合作获得支配地位的"新兴财阀"（浅野、古河、日产、大仓、野村、中岛）。到战争结束时，"四大财阀"的投资份额从 1937 年的 10% 增长到 25%。1945 年，十大企业共同体总共控制矿业、机械、造船和化学领域 49% 的投资资本，银行业的 50%，保险业的 60% 以及航运业的 61%。[11]

尽管战争导致了资本集中和成长，大企业的领导者却普遍乐于看到战争的终结。他们失去了海外的投资，国内资产的大部分埋在了瓦砾之中，而这只是他们欢迎终战的一半原因。多数大资本家已经将战争视为对抗内敌的生存斗争，也就是说，对抗军国主义者和经济官僚对民间部门实行完全的国家控制的"国家社会主义"主张。于是，被资本主义的真正拥护者所占领，乍看起来是有利的形势变化，尤其是对战前与英美人有私人和生意往来的许多经营者而言。

这样的情绪在工商界是得到公开承认的。天皇玉音放送两天之后，最大的财阀三井的管理层集会，对在美国人的统治下转入和平生产的前景信心十足。正如他们中的一位，江户英雄所说，大家一致同意"美国人和英国人不会恶劣地对待我们，一切都会好起来"。他们感到庆幸，毕竟军国主义者和极端民族主义者不是曾经批判三井"和平主义、自由主义和亲美主义"么？在占领军登陆之前不久，实业界首脑的秘密会议也表达了同样的见解。一家巨型钢铁企业的社长，哈佛大学毕业生浅野良三竟然以英语失口说出："我们的朋友就要来了。"他叫嚷说，由美国人率队占领是日本的幸运，这甚至可能为日本提供机会"奋斗以达到美国的生活水平"。多数工商界首脑都具有这种天真的乐观。另一位与会的经营者回忆："我们从未梦想到财阀会被解体或是我们的领导者将被

清算。"¹²

尽管资本家比经济官僚可能更欢迎征服者的到来，二者却都没有为逼近的战败准备好具体的计划。在这点上，日本人退出战争与他们的宣战同样茫然失措。1941年当日本袭击珍珠港时，军部和文官领导人都没有对美国的工业生产力或是眼前迫近的巨大冲突的可能性进行认真的长期预测。当时，东条首相借矗立在断崖绝壁上的京都清水寺设譬说，"有时候，人不得不跳下清水的舞台"。而当战争结束时，精英人士暴露出对未来也同样缺乏计划性。只有少数几人认真考虑过如何从战时经济转向和平经济，或是和平经济将会是如何面目。官僚、实业家和政治家似乎仍然处于"清水的舞台"的妄想之中：就像是倒放的影片，他们将会重新跃上清水的舞台。无论如何，事情将会自行解决。

实际上迎接天皇战败广播的大多数行动是狂乱而破坏性的。私人承包商手中的军用储备和生产资料，要么被隐匿起来，要么直接运到了黑市。陆军、海军和军需省官员立即开始提出巨款，支付承包商或是充实自己和亲朋好友的腰包。大藏省和日本中央银行成了印钞机，巨量发行油墨未干的新纸币，为数百万失业工人和复员军人提供遣散费。同时，为缓解民众焦虑，战时的个人储蓄账户提款限制解除。认真的簿记制度被放弃，记录被故意销毁。结果是财政和经济混乱与极端的通货膨胀开始，最终导致经济枯竭。¹³

对于大企业的领导者，这样的沉痛打击似乎并不严重。瓦解他们士气的冲击，不是战败的混乱，而是战胜国存心惩罚和改革的经济政策。当浅野良三这样的经营者自信地谈起他们的美国"朋友"时，他们想到的是战前认识的保守商人和喜好社交的外交官。对当初占领政策影响如此之大的罗斯福新政式的改革主义和反托拉斯热情，则完全超乎他们的想象。譬如，为迎接占领当局的到来，三井雄心勃勃地计划设立"三井复兴事业会社"。他们解释说，这项新事业通过开展住宅建设和旨在扩大耕地的农地开垦，确保三井员工和子公司维持继续工作，必要时赤字经营也在所不惜。当SCAP官员将其作为混淆财阀战争责任的企图加以拒绝时，他们受到了很大的冲击。经济科学局的第一任局长——一位前百货商店的经营者，他坦承自己既弄不懂日本人的心理又不明白日本的"商业结构"，当他命令解散三井持株会社时，日本方面则感到无以言表的委屈愤恨。[14]

正式投降后的第二周，由经济团体的主要代表提交给商工省的申报书同样有着一厢情愿的意味。无视无条件投降的严酷事实，申报书强调"日本以完全自主的态度"履行《波茨坦宣言》的条款，并敦促政府与战胜国坚决"交涉"，确保日本人对经济发展的主导权。这些写申报书的财经首脑们假定，为支付战争赔偿金，日本将被鼓励再建重工业和化学工业，并恢复在全亚洲的海外事业与贸易。这是他们最大的失算之一。[15] 同样乐观的工厂军转民生产的提案持续推出，直到12月初，美国赔偿事务发言人埃德温·鲍莱发表了令人心寒的声明，明确指出美国人对处理掉这些工厂作为赔偿，比让它们转产日本国内消费物资更为关注。基于美国当初的这些劝告，约1100个大企业被指定赔偿，主要集中于化学和重工业领域。其中的一些企业被允许继续民需生产，但必须随时准备按照指示停业。另外的企业被迫闲置停产。直到1950年底，多数指定企业一直处于这种不明确的状态之中。[16]

至于反垄断任务，SCAP迅速行动，确定了解散财阀持株会社和排除财阀家族成员任主要股东和公务员职位的政策。另一方面，拖延实施更广泛的"排除经济集中"政策，将大规模的生产设施置于不确定状态达三四年之久。对战时企业干部的"经济清洗"一直延迟到1947年1月，最终导致超过1500人辞职或被驱逐。同年7月，三井物业和三菱商事两大商事会社被指令解体。直到12月，国会受理并通过了基本的《过度经济力集中排除法》。投降两年半之后，1948年2月，依照此法律可能被解体的325个大公司的名单终于公布。此时，经济政策的"逆流"已经占据优势，此后数月间大多数指定公司被从此名单排除。"排除集中"行动结束于1949年8月，最终只有11家企业被命令解体。正如战后关于企业经营的一份大规模调查报告指出，这些状况毫不意外地导致了大企业经营者"生产意愿"的急剧减退。[17]

经济混乱的确以某种未曾预料的方式，支持着改革并激励创新精神。恶性通货膨胀大幅减少了企业和个人的债务，并使SCAP能以实际上近乎没收的方式，剥夺大地主的土地和解散家族保有的持株会社。[18] 同时，大企业被悲观主义和消极气氛所笼罩，为中小型企业带来了创业的意愿。由于经营灵活和被指定赔偿或解体的危险不大，中小企业能够创

第十七章 设计成长 | 519

造性地应对战后的危机。

在战败的废墟中繁荣崛起的多数中小企业，迎合了消费者的需求。它们中一些企业的创新产品，其成功颇具传奇色彩。投降一年后，《东京新闻》发表了一篇题为《炸弹再生变手炉》的文章，详述了以前的军需生产者如何改造生产线满足和平时期要求的事迹。标题中的手炉指的是传统的烧木炭的火钵，现在是由除去弹头的炮弹外壳架在尾翼上制成。报上这类转换利用的长目录中还包括，弹药箱制成的米柜、小口径炮弹壳制成的茶筒。先前用于探照灯的反射镜的制造商，现在生产窗玻璃和玻璃灯罩。一位生产战斗机活塞的分包商，改装其产品用于灌溉型抽水机。[19]

类似的例子数不胜数，不时闪现出战后经济中标志性企业的名字。坦克部件和战舰船锚的生产者小松制作所社长，由看到美国推土机平整机场场地获得灵感，就将推土机作为重建公司的产品。战后成功的相机制造商佳能（Canon）和尼康（Nikon）曾是军用光学仪器制造商。1946年，战时曾为丰田供应活塞环的小分包商本田宗一郎，开始将军用通讯设备使用的小型发动机装到自行车上。这种轻型摩托在小卖店老板和黑市小商贩中间大受欢迎，导致了1949年名为"梦幻号"的摩托车上市，并标志着本田技研工业帝国的发端。战后许多成功的电子工业会社，其前身多为制造军用通讯设备的中等规模的公司。投降后数周内，此类公司的一位前雇员井深大，与几位同事合作生产一种受欢迎的装置，将短波广播转换为常规频率的广播，为索尼（Sony）公司奠定了基石。[20]

SCAP以有意和无意的方式，激励着特定领域的创业意愿。他们优先考虑的是生产纺织品、化肥、电气产品的部门。美国兵的需求，不仅推进了三得利（Suntory）威士忌公司的成长，还促进了佳能与后来的尼康公司的销售和声誉。占领军还偶然帮助了建筑和陶瓷产业的再生。SCAP要求日本政府支付维持占领军所需的巨额"终战处理费"，约有50%成了建设费用（包括抽水马桶、洗涤槽、瓷砖等等），为一大群承包商提供了职业。日本人很快开始在全国各地谈判获取SCAP的建筑合同，他们善于将外语拿来为我所用，因为合同主要靠"三P"获得：请愿（petitions）、宴会（parties）和礼物（presents）。[21]

然而，这种革新的创业活动对恢复经济活力还远远不够，于是政府很快感到有必要确立和促进特定的战略优先产业。SCAP对此的支持值得注目。1947年初,麦克阿瑟本人竟然告诉日本首相,执行"全面经济阵线的统一行动"至关重要。正如在东京的同盟国对日理事会的澳大利亚代表W.麦克马洪·鲍尔(W. Macmahon Ball)所解释,这意味着"SCAP明确声明,现状下'自由企业'应当被管制经济所取代是至关重要的"。到最高司令官发布此命令之时,日本政府早已致力于一项名为"倾斜生产方式"的干涉计划。[22]

倾斜生产方式作为不同思想信念的经济学者的思想产物,得到了超越党派的广泛支持。本质上,它基于三足鼎立的措施:将劳动力和稀少的原材料分配到主要的产业部门;这些部门由政府直接补助;通过新设立的复兴金融金库(RFB)发放政策诱导贷款。这样的产业目标设定为通过引导资源流向最基础的能源生产(煤炭以及随后的电力)和最关键的重工业和化学工业(钢铁以及次要一些的化肥),刺激经济的全面复苏。造船和纺织由于对未来的出口恢复至关重要,也受到了优先对待。到1949年,这6大指标部门约四分之一的外部资金,都通过复兴金融金库由政府供给,仅97家公司就获得了87%的RFB贷款。[23]

这为贪污受贿提供了便利之机。实业家、官僚、政治家毫不迟疑地滥用职权。贿赂带来资金,部分资金反过来又成为礼金和将来的贿赂。从大煤矿经营者流向保守系政治家的大笔资金尤其显著,违法资金流向四面八方,甚至沾染了GHQ本身。1948年"昭和电工事件"的曝光,使这一问题以耸人听闻的方式引起了国民的关注。事件揭露出一家化肥公司在获得RFB巨额融资的过程中打造的巨大的贪污网。这一丑闻最初于1948年4月被新闻界曝光,导致了10月芦田均内阁的垮台。到年底,事件导致64位权势人物被捕,包括前首相芦田均本人、前大藏相(时任经济稳定本部长官)、商工省和农林省高官、主要银行经营者、两大保守党有名的政治家以及一位社会党高级干部(因接受贿赂平息国会对此事件的调查被捕)。这件丑闻内幕如此黑暗,以至难以完全查明,诉讼过程拖延了13年之久。但它具有黑幕故事爱好者期盼的一切因素:派系斗争、黑市交易、艺伎情妇、周旋于企业干部和GHQ高官之间的上流夫人以及泄露GHQ高官"招待费"暧昧账目的双重账簿。实质上,复兴金融金库的滥用职权,继终战时的掠夺和隐匿物资之后,成为大规模贪污腐败的新舞台。[24]

然而,渎职腐败只是倾斜生产方式的副产品而已。到1949年,指定产业的生产得到了相当充分的提高,而在此更为明确的状况之下,隐匿物资开始重新回流到生产环节。但是"偏重"方针的代价也显而易见。通货膨胀毫无减退迹象,当日本银行成为复兴金融金库债券的主要承买人,从而增加了日元钞票的发行时,"复金通货膨胀"成了令人生厌的新名词。同时,未受倾斜的产业遭受资金枯竭的困扰。各种瓶颈突现,甚至是对煤炭、钢铁运输具有决定重要性的铁路运输部门也不例外。中小型企业遭遇显著困境,失去了某些竞争优势。庶民继续经受薪金—物价上涨的恶性循环,因而劳动争议大增。到1948年中期,倾斜生产方式的前提受到质疑。此意见认为,"通过增加生产抑制通货膨胀的计划,应当变更为通过抑制通货膨胀增加生产的计划"。[25]

随着方针政策的变动,倾斜生产方式很快相应地淡出了历史舞台,仅持续了两年多的时间。虽然如此,但它作为战后最初的宏观政策,其遗产却影响深远。它集中关注基础重工业和化学工业,开创了战后对制定最高产业政策的崇拜,嫁接和融合了多种经济思想体系,促进了政府和大企业更加紧密的结合。[26] 它为巨额资金的再整合与经济计划的新舞台奠定了基础。

最尖端的经济计划

在倾斜生产方式完成其历史使命之前,日本决策者对日本经济将来的设想与战胜国的设计形成鲜明的对照。美国人,即使在转而关注促进日本再建之时,也有考虑将原有的日本经济去势化的倾向。也就是说,日本应是一个切断庞大的军需生产,转而生产出口廉价杂货物品(陶器、玻璃器皿、雕塑和玩具等)、"东方"特产(丝绸和茶叶),用进口原材料生产劳动密集型产品(纺织品、纸制品、简单的电气制品等)的贸易国。依照这种见解,新的日本,应当类似于二十世纪二十年代和三十年代初的经济情形,而非驱动经济为全面战争服务的时代。

当然,情况会有变化。战前能够使日本渗透和扰乱外国市场的廉价出口商品的"社会倾销",将会被消除。事实上,这一直是占领当局经济改革政策的目标之一,包括土地改革和劳动改革。这种观点认为,通过推行高工资、高收入和更为公平的财富分配来提高就业人口的生活水平，将会产生更大的国内市场并抑止低价商品的海外倾销。无论美国人如何积极将重点移到复兴日本经济，甚至发布宣言称日本的命运是成为非共产亚洲的"工厂"，他们对日本经济的设想，一直充其量不过是根本上的二流经济。他们想当然地认为，日本的未来市场主要是亚洲的欠发达国家，而非欧美国家。朝鲜战争开战前几天，在东京的一次鸡尾酒会上，杜鲁门总统的特使约翰·福斯特·杜勒斯（John Foster Dulles）轻率却有代表性地告诉大藏省的一位高官，日本应当考虑向美国出口鸡尾酒会餐巾纸这类的东西。4年后，当占领结束，日本由于朝鲜战争带来经济繁荣时，时任艾森豪威尔政府国务卿的杜勒斯，仍然私下"坦率"告知日本领导人，日本"不应当期望开发出大的美国市场，因为日本人不制造我们需要的东西。日本必须另外寻找出口市场"。[27]

尽管日本的决策者经受了岁月的煎熬，他们从未真正认为日本是技术低劣产品的生产国。没人能够否认这次的战争是一场灾难。然而与美国人不同，日本分析者倾向于不以战前的经济而以战争中的进步为基准设计今后的规划。在他们眼中，始于1931年侵略满洲的"十五年战争"之最为显著的遗产，是在战时压力下重化学工业发生的革命，而庞大的技术人员、中层管理者和熟练工人集团的诞生，将会继续推进革命。未来繁荣的关键在于科学的推进、先进技术和管理技术的掌握以及高附加值产业的生产。日本方面是没有人会关心鸡尾酒餐巾纸的。

在第一批美国人到来的前日，三菱财阀强有力的当家人岩崎小弥太，在致一位管理干部的信中对这一前景做了展望。他写道，重要的是要有"百年大计"（这是一句古老的中国成语），而不被暂时的困难所吓倒。关于这一点，他自己最近正在考虑的是日本于战争中在技术领域取得的显著进步。未来"与他国竞争"的唯一途径，其重点将在于"彻底的研究、生产技术的提高以及管理效率的提升"。9月初，全国最大的经营者团体的首脑们，在向商工省提交咨询申报书时，也表明了类似的见解。[28]

对基于先进技术的经济设想最直接的早期表述，出现在1946年3月外务省特别咨询委员会题为《日本经济战后重建的基本问题》报告的油印本草案中。这个委员会由包括经济学者和财经界首脑在内的20位委员组成，在起草此报告之前集会讨论了约40次，并在翌年9月发表了足有一本书篇幅的最终版本。尽管从未被提升到官方政策的高度，这部长篇大论的研究成果对随后的决策而言，非常接近于长期的规划蓝图。[29]

虽然这份报告强力支持占领军当局反封建、反军国主义的政策，但当谈到政治经济的基本问题时，报告仍然提出了有特色的独立道路主张。它承认战后民主将不可避免地带有某种"美国色彩"，但强调日本条件的特殊性，使任何对于经济民主化的外国模式的"机械套用"都不适宜。创造适合日本国情和亚洲特色的"新型民主"十分必要。[30]

据咨询委员会的见解，世界趋势表明，自由放任的资本主义时代已经终结，世界"终于进入了国家资本主义的时代或是控制的、有组织的资本主义时期"。美国人和英国人可能希望继续强调自由竞争，但即使是他们理想化的经济自由，实际上也"被计划所限制"。事实上，中央计划的重要性不仅可以在英国、苏联和美国的罗斯福新政中见出，就连身边的SCAP，对于粮食、贸易、失业救济和公共财政的各类事务，也要求"接二连三"地进行政府计划。[31]

战败后，日本的全部生产结构"就像巨大的车轮停止转动"而处于静止状态。难题在于通过以最合理的方式调动巨额资本让车轮重新转动。尽管咨询委员会批判财阀，支持占领当局解散"垄断资本"的经济障碍的计划，但它指出财阀曾在积累资本、扩大贸易、推进技术革新和促进重化工业成长等方面，起到了决定性的作用。在财阀衰败的今天，显而易见"民主政府本身可能不得不承担起同样的使命"。[32]

咨询委员会认为，在战后的世界经济中日本别无选择，只有接受美国的支配地位。实际上，日本将从这里获益良多。但是一旦日本恢复主权，避免"经济殖民地化"就变得至关紧要。在新的世界秩序中，可以料想中国和印度这样的国家将会成为纺织品和其他轻工业产品的生产国和出口国，夺走日本的传统市场。于是，日本别无选择，只有另觅出口领域。也就是说，从事高附加值同时又需要劳动密集型产业的生产。随着时间的推移，日本相对廉价的劳动力优势（与发达的西方国家相比）将会减少，需要增加更多的技术优势。[33]

对此中心议题，报告书阐释得相当明确。尽管像茶、生丝、纺织品等传统的出口产品仍旧重要，将来日本不得不"很大程度上依赖机械和化学产品的输出",包括电气和通讯设备、采矿机械和农业机械、铁路车辆、仪表和其他精密仪器、科学和光学机器、钟表、自行车和机动车以及各种化学制品。报告带点儿讽刺意味地宣称,这些产业是战争经济遗赠给日本的"许多宝贵的教训和纪念"。[34]

中央决策者的责任是使这一切成为可能,因而其重要性被大大强调。新官僚们将确保为全国的利益服务而进行生产,承担迄今为止由财阀履行的多种职责,为有价值的企业提供贷款,促进中小企业的出口竞争力,采取政策防范基础工业被外国资本所控制,并最大限度地维持就业稳定(尤其是在因全球竞争而可能丧失工作机会的行业)。对外贸易将由国家计划和引导,公务员的"现代科学的管理"将取代旧体制下官僚的"封建"惯例。教育体制将被动员起来,培育具有统计才能和各种技能的学生,以满足高度工业化的社会的需求。[35]

提交报告的咨询委员会中有名的几位委员,曾在战争期间由于公然同情左翼被大学免职,而且委员会的每个人都十分敏锐地感受到了当时思想动向、专家政治和科技进步的时代大趋势。他们致力于国内安定、国家繁荣和创造非军国主义经济的决心表露无遗。他们对"资本主义"本身的信奉则是另外的问题。报告坦率地表示,对日本将来会采用资本主义或是社会主义制度的问题未有定论。无论如何,"渐进的社会化的经济"看来不仅不可避免,而且值得期待。[36]

尚待观察的,是这一切将如何成为现实。

超出预期的发展与天助神佑

1948年12月,华盛顿发布将在日本实施的经济安定九原则,而在两个月后,向东京派遣了引起广泛关注的使团,旨在恢复日本市场经济的活力。使团由独裁的"经济沙皇"约瑟夫·道奇(Joseph Dodge)率领,直到朝鲜战争之前,他保守的"道奇路线"一直在日本推行得力。在道奇严格的指挥监督之下,九原则很快被定为"九戒"。在这种近乎宗教的氛围中,可怕的底特律银行家道奇先生实质上与麦克阿瑟一起,成了被占领日本的另一位上帝。至少起码日本现在发觉自己有了第三位统治者,就像西奥多·科恩所挖苦的"帝国的会计师"。在道奇路线下,复兴金融金库贷款的龙头被关闭了,政府的财政补助(至少在理论上）得到抑止，而内阁和国会不得不采取实现盈余的"超均衡"预算。

在"帝国会计师"的眼中，安定、经济复兴、自给自足这些新口号，都依赖于抑制通货膨胀和国内消费并促进出口活跃。为此，1949年4月道奇实际一手建立了360日元兑换1美元的固定汇率，低估日元，通过使世界市场上日本产品更廉价来刺激出口。一个月后，商工省与贸易厅合并，产生了前所未有地强大的通商产业省（MITI）。反垄断法被修订，以放松企业间互相持股、合并、兼任管理职务的限制。1949、1950年期间国会通过了基本法，赋予政府对贸易、通货和投资的强大控制权。与此同时，通过"赤狩"削弱了劳工运动，裁减了劳动法，企业的"合理化"导致数万名工人被解雇。

到1950年，道奇路线在遏制通货膨胀方面取得了成功，但代价是无论持何种政治立场的日本人，都日益感到不满。公共事业、福利和教育预算被削减，失业率上升，国内消费低迷，小型企业的破产增加，媒体开始集中关注小企业经营者自杀事件。而经济仍然处于停滞状态。部分是由于不利的国际形势，出口并未大幅增加。作为新的投资指标，耐用品的生产实际有所下降。股市下跌，人心更加惶惶不安。日本政府经济安定本部当初就批判过于紧缩的经济计划，现在则发出警告："紧缩的恶性循环"正在侵蚀国家的产业基础并威胁到了社会安定。"安定恐慌"成了新的经济流行语。1950年4月末，《美国新闻与世界报道》（*U. S News and World Report*）描述日本正处于"经济萧条的边缘"，并且称通货紧缩政策无异于"经济的自杀"。[37]

道奇的政策是否会真的以经济萧条而告终已经不再重要了，因为6月25日爆发的朝鲜战争终结了安定恐慌，代之以美国的"特需"采购刺激出现的军需繁荣。现在正蹂躏日本前殖民地朝鲜的战争，正如吉田茂首相以及其他许多人乐于提到的那样，是"天佑神助"。考虑到仅在数年前和平和民主还被形容为"天赐的礼物"，这样的说法确实具有反讽意味。无论如何，至少这些礼物都是美国人所赐，而且深入了日本社会的各个角落。[38]

多数产业部门受到了战争特需的刺激，先是金属制品，逐渐扩展到（大致顺序按支出额依次递减）石油和机油、织物和纤维制品、医药用品、车辆、初级金属制品、原材料（除粮食和能源之外）、非金属矿产、电气机械和设备零件、服装鞋帽、建筑材料（包括管道设备和暖气装置）、木材和软木制品、非电气机械、饮料与烟草、纸张及纸制品、粮食以及橡胶制品。此外，美国人向日本求购弹药、轻武器和燃烧弹，尽管理论上这些产业仍在禁止之列。"特需"采购还扩展到向交战中的美军提供服务，其中修理坦克、飞机和军用车辆是最有利可图的工作。当然，此前日本工人被严格命令，不得将他们的技能再次用于此类直接的军事目的。日本人还为新涌入的美国军事人员及其家属建造、扩建设施并供应食品。美国人的私人消费和娱乐费用超出一般水平，也能带来一笔小小的财富。

据说，1950年6月到1953年底，"特需"采购为日本带来约23亿美元，超过1945到1951年间美国的援助总额，而且由于大多数以美元支付所以更具价值。即使是在1953年朝鲜战争结束后，与军事相关的采购仍然以"新特需"的名义继续进行，1954到1956年间又额外带来17.5亿美元，约占这些年日本"出口"收入的一大半。这种长期延续的意外之财，使日本的进口能够大幅增加并使基础产业的生产规模倍增。

然而即便如此，也难以传达出军需繁荣的规模和本质，因为引发全球经济变化的朝鲜战争对日本十分有利。贸易方式被打乱、各国经济不景气的终结，都刺激了外国对日本产品的购买。此时，日本是唯一工业技术能力过剩的工业国家，购买机械制品的订单大量涌入。由于西欧的造船厂已经达到扩展上限，日本面临黄金契机发展自己的造船业使之成为最重要的出口部门。甚至是朝鲜战争的终结也有正面效应，因为日本被允许参与并受益于美国领导下的南朝鲜（韩国）的重建。

各种指标都显示出经济的猛烈复兴。停滞的股市从朝鲜战争爆发到1951年12月间上涨了80%。朝鲜战争的前8个月，日本钢产量增长了约38%，而钢材出口增长了三倍。汽车工业复兴受益于美国大批购买卡车和其他车辆。例如，丰田汽车的产量增加了40%。丰田会社的社长后来回忆说："这些订单救了丰田的命。我既为我的公司感到高兴，又对我欣喜于别国的战争而怀有罪恶感。"[39]

许多公司利用这次天赐良机不仅进口了更多的原材料和半成品，而且升级改良设备并获取外国的先进技术。这是日本系统获得美国商业许可和专利权的开端。这是获取巨大利益的交易,这是美国政府对其冷战盟友仍然脆弱的经济之健康发展至关重要的强力支持。军需景气还促进了 W. 爱德华兹·戴明(W. Edwards Deming)提倡的"品质管理"方法在日本的普及。戴明是一位美国统计学者,曾于第二次世界大战中担任美国政府的顾问,在美国本土的听众正日见稀少。1949 年,由于对"道奇路线"效果的悲观,日本中坚阶层的科学者和技术者为探索在世界贸易中的竞争"优势",邀请戴明前往东京主持召开研讨班。戴明同意赴日演讲的条件是,确保能够左右有关生产过程的企业方针的管理者参与研讨。此后正如命运的安排,1950 年 7 月,就在朝鲜战争爆发之际,戴明对一群日本的企业管理者发表了最初的讲演。如果没有战争的发生,戴明关于品质管理的福音也不可能会有如此影响,原因很简单:因为如果没有对日本制品的外国需求,也就没有可以适用其品质管理技术的大批量生产。这种绝望与机遇的偶然结合,使得戴明的日本崇拜者们将其有关品质管理的理念,整合到了新的生产循环和新的企业冒险的创始阶段,其影响力将持续数十年之久。[40]

　　这是长期经济停滞之后的猛烈成长,但上层的许多经济策划者仍然将军需景气只不过看作是喜忧参半的天佑神助。他们为经济重新陷入军需依赖的前景而惊恐不安。他们警告说,由于主要是大规模的现代化企业受益,从而加剧了经济的"二重构造",使经济景气受到威胁。新设立的经济审议厅发表的 1953 年《经济白皮书》,竟然提到了"特需之罪"。同时,普遍景气的积极影响无可否认。许多中小企业繁荣兴盛。制造业的实际工资显著上涨。到 1952 年,普通民众开始感受到《白皮书》所谓的"消费景气"。粮食消费恢复到了战前的水平,廉价服装随处可以买到。基本的家用设施如冰箱和缝纫机更为普及,奢侈品如收音机和照相机也是如此。个人储蓄上升,从而使可用于产业投资的资金也增加了。[41]

　　这确实是个新世界。"生产疲弊"和"笋式生活"似乎属于另一个时代。甚至连"道奇路线"的苛酷记忆也几乎已经消失。然而道奇的遗产依然可观,无论是在有意识或无意识的层面。崇拜道奇的西奥多·科恩,将道奇强迫性的紧缩政策坦率地描述为"无情的实施,无视战后三年半、历经两次民主选举的日本人的意愿"。当军需景气将无情的实施者推离中心舞台，其经济沙皇的角色实质上被日本官僚机构集体继承。通商产业省就是此遗产的继承机构之一，达成了比以日本战时总动员体制为顶点的经济独裁更加强力的经济权力集中化。大藏省是另一继承者，道奇通过它推行了大多数的指令。道奇与大藏大臣池田勇人的合作尤为紧密。池田是吉田的左膀右臂，后来也曾担任首相。在此后的数十年间，大藏省继续行使相对于其他省厅和国会的非凡特权，控制着预算和金融政策。正如科恩所指出，道奇也"在日本保守的大企业集团及其官界和政界同盟者与美国政府的高官之间，缔结了战后最初的沟通渠道。从那时起，日本的保守主义者就跟美国的权力顶层接上了头"。日本大企业的领导者当然等待了不止3年，但是他们曾经期待的美国朋友终于到来了。[42]

战后日本经济的"特质"，主要是在道奇路线的动荡岁月和军需景气时期形成的。资本主义旗开得胜，解决了1946年外务省咨询委员会遗留的问题。这是以资本高度集中（这令决策者们悬心不已）并高度容忍官僚政治干预（这是他们乐于见到的）为特征的资本主义。对这些发展至关重要的是，少数几家在第二次世界大战中得到巨大成长的民间"都市银行"，通常与各种财阀关联紧密。尽管美国的反托拉斯人士认定这些巨大的银行造成了"异乎寻常的严重问题"，但是由于金融部门逃避了初期的改革，实际上未被触及。当道奇停止经由复兴金融金库对重点产业的融资时，这些商业银行转而成为投资资本的主要来源，很快发放了超出自身保证金额的贷款，并主要通过向日本银行借款弥补差额。"过剩融资"及时成为了标准程序，得到各种财政手段的支持，增强了中央对银行的影响力。同时，过剩融资加速重新巩固了产业与金融间的亲密关系，有时是延续战败前建立起来的家族关系，有时则是新的结合。[43]

在军需景气归于沉寂后不久，经济科学部以前的一位敏锐的经济学者马丁·布朗芬布伦纳（Martin Bronfenbrenner）观察到，主要都市银行取代解体的持株会社，"成为财阀的神经中枢"。[44] 这种发展预告了由所谓"系列"支配的独特的战后体系的出现。"系列"这一古老的词汇，突然之间获得了特定的、强力的经济内涵。系列是商业和制造业企业的强大集团，实质上取代了（而非废除了）以前长期支配经济的以财阀为中心的工业·金融资本集结。到 1950 年代初，六大主要经济集团出现，皆以都市银行为中心：三井、三菱、住友、富士、第一、三和。除三和之外的系列，都是旧财阀的再编和重新集合。[45]

这并非是战前日本的复归。经济的大部分保留在这些集团之外。这些系列本身也与败战前家族支配的持株会社控制的财阀帝国具有显著的不同。与以前财阀俨然的金字塔构造不同，系列内的关系更加横向、开放，更具内部竞争性。家族世袭的影响力在很大程度上被消除，股份持有更加多样化。系列内的银行与外界做生意，系列所属的企业也可以与外间的银行往来。通常，这样的战后企业比过去更加依赖国有资金（和国家的指令）。[46]

在此后的数十年间，这种新的资本主义将被证明比先前财阀支配的经济更加灵活和具有竞争力，并在应对全球经济和技术挑战的能力方面超乎任何人的想象。然而在当时，战败、占领与得自邻国战争的有污点的"天助神佑"的结合，似乎诞生的是奇妙的异形生物，即经济企划厅担忧地指出的"日本产业构造的畸形化"。[47]这个生物既熟悉又陌生，既出乎意料又在计划之中，既脆弱又强大。它的问世，既是由日美两国间的合作产生，又是日本所独有的产物，可以说，它是在特定的历史时刻不期而遇的结果。

此后数十年，当有关"日本威胁"的警报在美国和其他各国拉响，这种国家主导、系列支配的经济，其起源的两国性几乎已被遗忘。许多初期改革政策，诸如农地改革、鼓励劳工组织、财阀的持株会社解体等，被恰切地认为对活跃日本国内经济做出了贡献。然而与此同时，占领军的一些被忽略的行径，如未能推进银行组织分散化的不作为，也具有巨大的长期后果。再者，经济的"逆流"，其背后政治和意识形态的根本原因，是确保日本成为强大的反共堡垒，而这必然导致对日本社会最为保守的、集团主义因素的扶持，以及美国人对这种"畸形"市场经济的持续培育。

美国人对这个新兴的重商主义国家最为显著的贡献，还远远未被觉察。它既非来自初期的改革政策，也非来自"逆流"进程本身，而是来自于占领军统治的运行机制。当占领军的政策目标从改革向重建急遽转变时，经济仍然受到上层的严密控制。不少先前的改革推进派从中体味到了苦涩的后果。利昂·霍勒曼（Leon Hollerman），一位受雇于经济科学部的经济学者，沮丧地总结说，尽管占领本身的任务是推进民主，但"它实际上部分地推进了官僚主义"，而且"其官僚主义的遗产主要在于经济方面"。这种占领时代的官僚构造，草率地建立在败战前日本固有的战时官僚制度之上，在1952年之后被日本人精明地延续下来，以守护他们新的资本主义。如此一来，正如霍勒曼所指出的，"SCAP通过向日本人'返还'管理统治权对占领进行了消解，不仅天真地委让了自身的权限，而且无可奈何地目睹了对于自由主义的大国而言限制最为严格的外贸与外汇控制体系的制度化"。[48]

注释：

1 笔者曾在"Occupied Japan and the Cold War in Asia"一文中，详述美方的逆流政策，参见 Dower, *Japan in War and Peace*: *Selected Essays* (New York: The New Press, 1993), pp. 155 – 207。亦参见 Howard B. Schonberger, *Aftermath of War*: *Americans and the Remaking of Japan, 1945 – 1952* (Kent, Ohio: Kent State University Press, 1989); William S. Borden, *The Pacific Alliance*: *United States Foreign Economic Policy and Japanese Trade Recovery, 1947 – 1955* (Madison: University of Wisconsin Press, 1984); 以及 Michael Schaller, *The American Occupation of Japan*: *The Origins of the Cold War in Asia* (New York: Oxford University Press, 1985)。

2 历史学研究会编《日本同时代史　第二卷　占领政策の转换と讲和》（东京：青木书店，1990），pp. 194 – 195。

3 《现代用语の基础知识》(1948年版，《自由国民》特别号14号)，东京：时局月报社，p. 131。

4 永沢道雄、刀祢馆正久、杂喉润《昭和の言葉》（东京：朝日ソノラマ，1989），pp. 318 – 320；鹰桥信夫《昭和世相流行语辞典》（东京：旺文社，1986），pp. 122 – 123。

5 鹰桥《昭和世相流行语辞典》，pp. 195 – 197。亦可参见1951年10月有关美空云雀的有趣文章，收入 "*Shūkan Asahi*" *no Shōwa Shi* (Tokyo: Asahi Shimbunsha, 1989), vol. 2 (*Shōwa 20-nendai*), pp. 239 – 256。直到1989年去世，美空云雀一直是日本战后杰出的女歌手。她的个人魅力或曰风格，堪比 Judy Garland 或是 Edith Piaf。

6 盐泽实信《昭和ベストセラー世相史》（东京：第三文明社，1988），pp. 265 – 266。吉川英治在1948年有两本书进入"十大"畅销书排行榜：《亲鸾》与《新书太平记》。《亲鸾》一书是对十三世纪的佛教布道者亲鸾的研究（亲鸾也是启迪哲学家田边元进行本土性的"忏悔"思考的先哲）。《新书太平记》则是对十四世纪著名的战争记事新的再现。1949年，吉川英治的《宫本武藏》，一部富于传奇色彩的十七世纪武士的传记，也登上了畅销书排行榜。到1950年这部书仍然持续畅销。《亲鸢》与《宫本武藏》都是吉川英治在 1930 年代连载的历史小说的再版。1951 年，勤力笔耕的吉川英治又出版了一部畅销书《新平家物语》。这部著作是对日本经典战争记事的全新演绎，记述了十二世纪后期引领日本进入封建时代的南北朝内乱。1951 年的"十大"畅销书，还包括谷崎润一郎以现代日语译出的十一世纪的经典之作《源氏物语》。

7 文部省《あたらしい憲法のはなし》（东京：文部省，1947）。这本小册子于 1972 年由日本平和委员会再版，作为占领初期的理想主义的例证，受到公众的关注。还可参见 1994 年 5 月 2 日《朝日新闻》登载的有关浅井与这本小册子的由来的文章。

8 "Basic Initial Post-Surrender Directive to Supreme Commander for the Allied Powers for the Occupation and Control of Japan", November 3, 1945; Edwin M. Martin, *The Allied Occupation of Japan* (New York: Stanford University Press for the Institute of Pacific Relations, 1948), pp. 113, 115.

9 关于美国的对日援助，参见本书第三章注 12。

10 "中央集权的与独裁的"说法，来自于经济科学局的经济学家 Martin Bronfenbrenner；他对于占领时期经济政策的简要概述，参见 *Kodansha Encyclopedia of Japan* (Tokyo: Kōdansha, 1983), vol. 2, pp. 154 – 158。如前所述，SCAP 过分大权独揽的情形，由另一位当事者切实地传达出来。参见 Theodore Cohen, *Remaking Japan: The American Occupation as New Deal* (New York: Free Press, 1987)。日方对占领军通商管理的看法，参见野田一夫编《战后经营史》（东京：生产性本部，1965），pp. 294 – 302；这部大型文献提供了有关战后经营管理的许多切身的观察和体悟。

11 Mitsubishi Economic Research Institute, ed., *Mitsui-Mitsubishi-Sumitomo: Present Status of the Former Zaibatsu Enterprises* (Tokyo: Mitsubishi Economic Research Institute, 1955), p. 6; 亦可参见 Dower, *Japan in War and Peace* 书中的图表，p. 120。

12 安藤良雄编《昭和政治经济史への证言》（东京：每日新闻社，1966），第 3 卷，p. 144; Kazuo Shibagaki, "Dissolution of Zaibatsu and Deconcentration of Economic Power", *Social Science Abstracts* 20 (Tokyo: Shakai Kagaku Kenkyūjo, Tokyo University, 1979), p. 21; Masahiro Hosoya, "Selected Aspects of the Zaibatsu Dissolution in Occupied Japan, 1945 – 1952: The Thought and Behavior of Zaibatsu Leaders, Japanese Government Officials and SCAP Officials", Ph. D. dissertation, Yale University (December 1982), pp. 17 – 18. 这篇博士论文的前两章，分析日本企业高层对投降和 SCAP 早期要求财阀解体、经济分散的政策的反应，颇有见地。

13 有关内部资料，参见大藏省官房调查会金融财政实情研究会《战后财政史口述资料》，第 1 卷，第 3、9 条；此文献为大藏省汇编的占领期官员谈话录，未公开刊行。关于滥印纸币、物价飞涨之情形，参见 Fuji Bank（富士银行）编，*Banking in Modern Japan*, *Fuji Bank Bulletin* special issue, vol. 11, no. 4 (1961; 纪念富士银行成立 80 周年特别号), p. 187; 以及经济企划厅战后经济史编集室编《战后经济史（经济政策编）》（东京：大藏省印刷局，1960），p. 33。

14 Hosoya, pp. 19 – 23, 50 – 54. 经济科学局（E. S. S.）首任局长 Raymond C. Kramer 上校此举令三井会社高层大为震惊，对日本人恭聆天皇教诲投降、配合美国占领军到来的"盲目顺从"态度造成重挫。

15 参见堀越祯三编《经济团体连合会十年史》（东京：经团连，1962），第 1 卷，pp. 4 - 11；Hosoya 前引文中亦有概括，pp. 27 - 32。这一提出咨问的团体发展为"经团连"，成为日本最强有力的大企业联合组织。

16 据野田编《战后经营史》（pp. 59 - 66），1950 年 5 月 1 日共有 844 处工厂被指定赔偿（其中 524 家处于生产状态，320 家被闲置），到 1950 年底莫名增加到 930 处。关于赔偿问题，参见 Borden 前引书，pp. 71 - 83。占领期间，日本实际的赔偿从 1947 年 5 月开始，共有 14000 台工业机械被输送到亚洲各国。1952 年占领终结。日本恢复主权后与各国交涉，达成以生产物方式进行赔偿的协议。

17 野田编《战后经营史》，p. 116。亦参见通产大臣官房调查课编《战后经济十年史》（东京：商工会馆出版部，1954），p. 14。有关财阀政策的基本英语文献，出自参与制定相关政策的 E. S. S. 前官员 Eleanor Hadley 之手，*Antitrust in Japan*（Princeton：Princeton University Press，1970）。亦可参见 Hadley 关于"Zaibatsu"（财阀）和"Zaibatsu Dissolution"（财阀解体）的简明释义，*Kodansha Encyclopedia of Japan*（Tokyo：Kodansha，1983），vol. 8，pp. 361 - 366；Hadley，"From Deconcentration to Reverse Course"，收入 Robert Wolfe 编，*Americans as Proconsuls：United States Military Government in Germany and Japan，1944 - 1952*（Carbondale：Southern Illinois University Press，1984），pp. 138 - 154；Shibagaki (1979)，pp. 1 - 60；Kozo Yamamura，*Economic Policy in Postwar Japan：Growth Versus Economic Democracy*（Berkeley：University of California Press，1967）；Holding Company Liquidation Commission，*Final Report on Zaibatsu Dissolution*（Tokyo：July 10，1951）；以及 Office of the Chief of Military History，GHQ，SCAP，"Deconcentration of Economic Power"，Part B of Reform of Business Enterprise，vol. 10，见 SCAP 未公开发表之 *History of the Nonmilitary Activities of the Occupation of Japan*（1952；美国国家档案馆提供此文献之缩微胶片）。

18 两位前 SCAP 内部人员对"没收"的评论，参见 Cohen 前引书，pp. 176 - 178；Hadley (1983)，p. 364。

19 野田编《战后经营史》，p. 162。

20 前引之《战后经营史》，pp. 42 - 44，173 - 174，192 - 195，199 - 201。

21 前引之《战后经营史》，pp. 113，120 - 122，175 - 181，185，193 - 195。

22 参见 W. Macmahon Ball，*Japan：Enemy or Ally?*（New York：John Day，1949），书中引用了麦克阿瑟 1947 年 3 月 22 日致吉田茂的长信，pp. 60 - 63；亦参见 Leon Hollerman，"International Economic Controls in Occupied Japan"，*Journal of Asia Studies* 38. 4（August 1979）：708。

23 Laura Hein 在其书中对这些经济计划有精到的分析，参见 *Fueling Growth：The Energy Revolution and Economic Policy in Postwar Japan*（Cambridge，Mass.：Council on East Asian Studies，Harvard University，1990），尤可参见 pp. 107 - 128。仅有少数公司获得 RFB 贷款的统计，参见 Dick K. Nanto，"The United States' Role in the Postwar Economic Recovery of Japan"，p. 236。此文为哈佛大学博士论文（1976 年 12 月）。有关 RFB 的贷款数据，参见有沢広巳、稲葉秀三编，《资料・战后二十年史》（东京：日本评论社，1966），第二卷"经济"，pp. 60 - 61；及 Fuji Bank，

Banking in Modern Japan, pp. 193 - 194。

24 SNNZ 8：208 - 209；野田编《战后经营史》, pp. 350 - 351；《战后史大事典》（东京：三省堂，1991），p. 435。当时日本各方猜测，"昭和电工事件"的曝光，是由Willoughby 将军在 SCAP 参谋二部首先发难的，其明确目的是败坏民政局的"激进"分子之声誉。

25 Fuji Bank, Banking in Modern Japan, p. 194；1948 年 7 月 9 日 Tokyo Times，引自 Jerome B. Cohen, Japan's Economy in War and Reconstruction（Minneapolis：University of Minnesota Press, 1949），p. 447。关于倾斜生产方式的半官方的批判，参见经济企画厅编《战后经济史（经济政策编）》, pp. 44 - 47。

26 Hein 前引书中对这一点十分强调, pp. 124 - 128。

27 美国国务院, Foreign Relations of the United States, 1952 - 1954（Washington, 1985），第 14 卷，第 2 部分, pp. 1724 - 1725，亦见于 p. 1693。"Workshop"（工场）一词，是由美国国务卿 Dean Acheson 在 1947 年 5 月鼓吹日德重建的著名演讲中提出的。Dulles 有关 "cocktail napkin"（鸡尾酒会用的餐巾纸）的言辞是向渡边武说的，参见渡边武的回忆录《占领下の日本财政觉え书き》（东京：日本经济新闻社，1966）。

28 岩崎小弥太传编集委员会编,《岩崎小弥太传》（东京，1957）, pp. 382 - 383；野田书中有所引用, pp. 23, 49。

29 此报告书于 1977 年出版英译本：Japan Economic Research Center, Basic Problems for Postwar Reconstruction of Japanese Economy：Translation of a Report of Ministry of Foreign Affairs Special Survey Committee, September 1946。此报告书起源于大来佐武郎（一位成为经济学家的年轻工程师，后来担任过日本外相）的个人研究。报告书最终的定稿由大来佐武郎、后藤誉之助、小田宽及并木正吉 4 位年轻干事执笔，并木因为资历不足，甚至未能列名委员。本书对此报告的概述，皆以英译本为准，并且对照日文原稿做了少许编辑改动。Laura Hein 对包括此报告书在内的日本战后规划有着详细研究，除 Fueling Growth（尤其是第 5、6 章）一书外，还可参见她的论文，"In Search of Peace and Democracy：Japanese Economic Debate in Political Context", Journal of Asian Studies 53. 3（August 1994）：752 - 778，以及"Growth Versus Success：Japan's Economic Policy in Historical Perspective", 收入 Andrew Gordon 编, Postwar Japan As History（Berkeley：University of California Press, 1993）, pp. 99 - 122。

30 Basic Problems, pp. 53 - 59，尤其是 pp. 54, 56。

31 Basic Problems, pp. 2 - 6, 64 - 65.

32 Basic Problems, pp. 43 - 44, 56 - 57.

33 Basic Problems, pp. 7, 52 - 53, 60 - 61.

34 Basic Problems, pp. 48, 60, 96 - 100。报告书称，在战争动员过程中，日本"有了自己制造精密机械、轴承、光学仪器、短波电信设备以及其他各种现代机械的经验。此外，国家在真实需求的压力下，培养了大批技术人员、服兵役者和重工业劳动者。现在即便是在最偏远的乡村，也能找到从大城市学习了车床操作技术回来的年轻人。只要今后竭尽努力，这些条件将对建设和平的日本经济做出宝贵贡献"。

35 *Basic Problems*,pp. 56 – 59,65 – 66,89,91 – 93,133 – 134。

36 *Basic Problems*,pp. 58,65。咨询委员会中,学识卓越的经济学家包括:有沢広巳、稲葉秀三、大内兵卫、东畑精一、中山伊知郎。

37 "九戒"(经济安定九原则)包含税制、金融、抑制赁金、抑制物价、外贸汇兑、产业分配与输出奖励、国内原料的开发、粮食征收、紧缩均衡预算等内容。关于"道奇路线"及其影响,参见 Borden,pp. 92 – 102;Hein(1990),pp. 153 – 172;Theodore Cohen,第23章;Fuji Bank 编,pp. 199 – 206;Nanto(1976);以及 Tsuru Shigeto,*Japan's Capitalism*:*Creative Defeat and Beyond*(Cambridge:Cambridge University Press,1993),pp. 48 – 56。道奇与日本政府之间的紧张关系,在 Dower 的 *Empire and Aftermath* 一书中有所论述,pp. 274 – 275,416 – 428。

38 日本流行的说法是"天助神佑"。有关朝鲜战争的另一流行语是"复苏灵药"。

39 1950年6月到1953年的特需采购明细,参见通产大臣官房调查课编《战后经济十年史》pp. 78 – 79之附录;此明细亦可用于比较不同部门之间的受益情形,此文献中的估值数据极为保守。亦可参见小林义雄《战后日本经济史》(东京:日本评论社,1963),pp. 72 – 80;G. C. Allen,*Japan's Economic Recovery*(London:Oxford University Press,1958),pp. 19 – 22,95,98,203;Takafusa Nakamura,*The Postwar Japanese Economy*:*Its Development and Structure*(Tokyo:University of Tokyo Press,1981),pp. 41 – 48;Tatsurō Uchino,*Japan's Postwar Economy*:*An Insider's View of Its History and Its Future*(Tokyo:Kodansha International,1983),pp. 55 – 62。丰田会社社长所言,见 Asahi Shimbun 编,*The Pacific Rivals*(Tokyo:Weatherhill,1972),p. 193。

40 参见 W. Edwards Deming,"What Happened in Japan?",*Industrial Quality Control* 24. 2(August 1967):89 – 93。Deming,"My View of Quality Control in Japan",*Reports of Statistical Application Research* 22. 2(June 1975):73 – 80。后一期刊由日本经济技术连盟创办。日本经济连盟于1950年7月邀请 Deming 主办了具有决定性影响的、为期8天的研讨班,并于翌年12月设立了著名的"Deming Prize"奖项;亦可参见日本经济连盟出版的一本小册子:Kenichi Koyanagi,*The Deming Prize*(1960)。Deming 曾是 SCAP 抽样检查技术顾问;继1950年的品质管理研讨班之后,Deming 于1951、1952、1955、1960 以及1965年又相继举办了类似的研讨。此外,还可参见前引书 Hein(1993),pp. 109 – 110。

41 Uchino 前引书,pp. 73 – 75;通产大臣官房调查课编,《战后经济十年史》,pp. 74,422 – 434;Nakamura 前引书,p. 42。

42 Cohen 前引书,pp. 432,441 – 442。经济学家与参与决策者都留重人,同样认为道奇的紧缩预算是最终强迫日本政府和国会接受的;参见 Tsuru Shigeto(都留重人)前引书,p. 48。Schonberger 前引书对在幕后支持美方政策及新闻界政策逆转的日本民间游说团体进行了透彻分析,pp. 134 – 160。池田勇人作为1960年代初期的日本首相,是著名的"所得倍增计划"的设计者。

43 从通商产业省1954年的战后经济调查可以大致了解,日本政府和日本银行为改良"道奇路线"、刺激私营经济采取的各项财政措施,以及日本银行在推进过剩融资政策方面所扮演的关键角色;参见通产大臣官房调查课编,《战后经济十年史》,pp. 22 – 23,59 – 60,315 – 322。商业银行向日本银行融资实际始于1942年,当时日本向同盟国开战后中央银行的权限大增。Fuji Bank 编，pp. 157 – 161，167。这是在 SCAP 统治下，战时行为得到延续的又一例证。关于过剩融资政策，参见通产大臣官房调查课编，《战后经济十年史》，pp. 203 – 205，208，213 – 214，220 – 224。亦可参见 Nakamura 前引书，p. 39。

44 Martin Bronfenbrenner, "Monopoly and Inflation in Contemporary Japan", *Osaka Economic Papers* 3.2（March 1995）：42 – 43.

45 Shibigaki 前引书, pp. 42 – 50。Teiichi Wada, "Zaibatsu Dissolution and Business Groupings", *Waseda Journal of Asia Studies* 2（1980），pp. 13 – 17。三井、三菱、住友"系列"显然产生于旧有的"四大财阀"。富士银行集团属下的公司，不仅与旧日的安田财阀（"四大"中最小的财阀），而且与先前的浅野、日产和日立等财阀相关。第一集团除了拥有独立的企业商号之外，还接收了从前古河、川崎与藤山财阀名下的公司。在这些"系列"定名之前，曾经多次改换名称。

46 Shibigaki（柴垣和夫）前引书中对此问题有尖锐而有趣的论述，pp. 42 – 55。

47 小林《战后日本经济史》, p. 75。

48 参见前引之 Hollerman, "International Economic Controls", pp. 707 – 719。Chalmers Johnson 开创性的研究 *MITI and the Japanese Miracle：The Growth of Industrial Policy, 1925 – 1975*（Palo Alto：Stanford University Press, 1982），对这些课题进行了深入详实的研究。

结语
遗产・幻影・希望

在邻近的朝鲜半岛发生的那场战争期间,日本获得了一支军队,但却失去了一位最高统帅。美国迅速着手,重新武装往昔的敌人。日本的再军备,没有经过修改宪法的认可,没有取得保守的吉田内阁的热情协力,没有引起商界的欢迎喜悦(尽管确曾出现过推进再军备的财团游说活动),甚至也没有获得民众的足够支持,所以不可能光明正大、直言不讳。组建于 1950 年 7 月的地面部队,仅仅被称作"警察预备队"(NPR),而在其军事操典上隆隆驶过的坦克,也只是被称为"特种车辆"。预备队草创期的训练指导弗兰克・科瓦尔斯基(Frank Kowalski)上校曾经形容:在组织方面和装备方面,警察预备队就是"一支小美军"。在科瓦尔斯基看来,吉田茂拒绝公开承认日本正着手进行再军备,使日本处于"暧昧的再军备黎明期。一方面首相承认必须修改宪法之后,国家才能够拥有'战力';但与此同时,警察预备队却在继续装备大炮、坦克和飞机"。在 1952 年 2 月举行的民意调查中,48% 的被调查者认为,否认再军备,是吉田首相在撒谎;40% 的人表示不能确定;只有 12% 的人相信吉田茂的话。

在重整军备问题上,吉田茂祭出了诡辩态度作为其官方策略,但他的立场是可以理解的。吉田茂的小心谨慎,实际上起到了替美国人的狂热态度刹车减速的作用。美国人在激烈的朝鲜战争所带来的恐慌之中,秘密敦促日方领导人加紧筹建一支 30 万到 35 万人的军队。这是一个鲁莽的、几乎是愚蠢疯狂的要求。吉田茂辩驳说,这种骤然再军备的做法,将会颠覆整个经济基础、扭曲整个经济结构,激起全国的强烈抗议，并将刺激亚洲许多国家的人民——他们与美国人不同，并未遽然忘却日本在上次战争中的恐怖行径。

吉田茂还有理由相信，如果日本迅速重建军队，则要甘冒与美方在朝鲜共同作战的巨大风险。吉田茂对于美方强求日本赴朝参战的极端要求异常警戒，以至于当约翰·福斯特·杜勒斯访问东京敦促日方加紧再军备之时，吉田茂派使者秘密照会两位社会党领导人，敦促他们在首相官衙外举行示威活动，向来访的美国使团施压。这种政治上的小把戏表明，吉田茂希望外界理解他真正忧惧竭力再军备将会使日本的社会组织分崩离析。在吉田政权统治下，整个占领期间，日本警察预备队的规模始终控制在 75000 人。[1]

1951 年 4 月 11 日，一条公告如晴天霹雳震惊了整个日本：杜鲁门总统以不服从命令为由，免去了道格拉斯·麦克阿瑟朝鲜联合国军总司令的职务。由于公然鼓吹比总统更为强硬的对华军事政策（中华人民共和国已于前一年 10 月援朝参战），麦克阿瑟将军被解除了一切职务，包括剥夺他在日本占领期的指挥权。在简明扼要的广播演说中，杜鲁门声明，他已经为避免第三次世界大战采取了行动。理论上，罢免这位最高司令官是文官治军的绝佳例证。而实际上，麦克阿瑟的屈辱，被普遍理解为令人意外的悲剧事件。民众的遗憾之情发自内心而且迅即溢于言表。在总统声明的翌日，自由主义派报纸《朝日新闻》，就发表了题为《惜麦克阿瑟将军》的社论，触动了许多日本人的心弦：

> 自战争结束至今，我们一直与麦克阿瑟将军生活在一起……当日本人民面临空前的战败困境，而且陷入疲惫绝望的虚脱状态的时候，是麦克阿瑟将军教导我们民主与和平的真谛，并慈爱地指引我们走上这条光明之路。如同为自己孩子的成长感到喜悦一般，他乐于接纳日本人民——昨天的敌人，一步步走向民主，并继续鼓舞我们前进。

4 月 16 日，麦克阿瑟离日赴美之际，享尽了英雄般的待遇。吉田茂首相拜访了他，以感谢他的巨大贡献，并私下致函表达"难以言喻的震惊和难过"。天皇本人不顾宫内厅高官们的阻挠，最后一次诚挚地拜访了麦克阿瑟的官邸。本来宫内厅强调，既然将军被罢免了官职，理应前来拜会天皇陛下才对。这是两位领导人的第 11 次会见——而在天皇离去的时候，麦克阿瑟第一次陪同天皇陛下走到了他的轿车旁边。颇具势力的日本经团连，作为日本大企业复兴的代言人，发表了致谢公告。国会参众两院的议长，也同样赞扬将军的"公正、同情的理解和英明的指导"，并尤其感谢他使国会成为了国家的最高权力机关。东京都议会则以"630 万东京居民"的名义，表达了感恩之情，媒体报道说，将制定法律条例授予将军"名誉都民"称号。有人建议设立"麦克阿瑟纪念碑"，甚至要在东京湾为他树立铜像。

麦克阿瑟将军的起程，由日本放送协会（NHK）实况转播，当背景音乐《过去的好时光》(Auld Lang Syne) 旋律响起，一位广播员哀伤地重复着"再见了，麦克阿瑟将军"。连小学生们都停课了。按照麦克阿瑟的说法，有两百万人沿街为他送行，有些人眼里还噙着泪水。据东京警视厅统计，送行的人数接近 20 万。这一数字仍然可观，也更为可信——麦克阿瑟将军一贯倾向于成十倍地夸大事实。吉田茂和其他内阁成员前往羽田机场为他送行，天皇陛下派出自己的侍从长，国会也派出参众两院的议长作为代表送行。麦克阿瑟乘坐其专机"巴丹号"向蓝天白云间起飞的镜头，触动得《每日新闻》大发感慨："啊，麦克阿瑟将军——将军，将军，他把日本从混乱和饥饿中拯救了出来。"这份报纸哀泣道："你看到窗外青青的小麦在风中颤动了吗？今年将会有个好收成。那是将军五年又八个月辛劳的硕果，也是日本人民感恩的象征。"

在美国，麦克阿瑟也受到了英雄般的礼遇，尽管他狂热拥护共和党执政。而日本人也密切关注着他的回国之行。4 月 19 日，麦克阿瑟在国会联合听证会上发表演说，以他西点军校学员时代流行的一句军歌作为结语，这句话后来被广泛引用："老战士永不死，他们只是逐渐凋零。"日本的感伤主义者们发现，他们与爱国的美国感伤主义者们一样，为此感动不已。但是 5 月 5 日，麦克阿瑟在参议院联合委员会所作的发言，在日本感伤主义者们听来，就不会那么令人感动了，或者应当说是令他们震动才对。5 月 5 日，历时三天、令人精疲力竭的听证会就要结束了。在此期间，麦克阿瑟不仅顺便高度评价了日本人民令人钦佩的素质和他们经历的"伟大的社会革命"，而且称赞了日本战士在"二战"中的高超的战斗精神。麦克阿瑟的意图在于，强调日本人比德国人更可信任。当被问及是否可以指望日本人维护他们在占领期获得的自由成果时，麦克阿瑟以这样的方式作答：

> 当然，德国的问题与日本的问题大相径庭。德国人是成熟的民族。
>
> 如果说盎格鲁—撒克逊人在其发展程度上，在科学、艺术、宗教和文化方面正如45岁的中年人的话，德国人也完全同样成熟。然而，日本人除了时间上的古老之外，仍然处于受指导的状态。以现代文明的标准衡量，与我们45岁的成熟相比，他们还像是12岁的孩子。
>
> 正如任何处于受指导期的儿童，他们易于学习新的规范、新的观念。你能够在他们那儿灌输基本的概念。他们还来得及从头开始，足够灵活并能够接受新的观念。
>
> 德国人像我们一样成熟。无论德国人做什么无视现代道德标准、国际规范的事情，他都是有意为之。他不是由于缺乏对世界的常识而犯错误，他不像日本人在一定程度上犯的是无心之错，他是将其作为深思熟虑的策略，他坚信自己的军事实力，他确信其措施将是通往他所渴望的权力和经济控制的捷径……
>
> 但日本的情况完全不同。他们之间没有相似性。我们已经犯下的最大错误之一，就是试图将在日本如此成功的策略应用于德国，在德国至少它们不太成功。因为它们是在不同的层次上进行运作。[2]

麦克阿瑟3天听证会的全部记录，长达174000字，而这些评论在美国几乎没有引起任何反响。在日本，仅仅这段话中的几个字就引起了强烈关注：像12岁的孩子。这句话就像一记耳光打在了日本人的脸上，同时标志着麦克阿瑟神秘光环的消失。正如麦克阿瑟的传记作者袖井林二郎所言，这些赤裸裸的话使日本人民清醒地认识到，他们曾经如何蜷缩偎依在征服者的膝下。突然之间，许多人感到难以言喻的耻辱。自此刻起，从前的最高统帅开始从记忆中被抹去，就像战时的暴行被抹去一样。设立纪念碑的计划被丢弃了。再也不会竖立什么铜像了。"名誉都民"的授予仪式永远也不会举行了。几家大公司甚至发布了联合广告作为回应，以大字标题写下"我们不是 12 岁的孩子！日本产品被全世界所尊敬"。——当然，与其说这是事实，不如说这是愿望。然而，这些企业家确乎迅速捕捉到了问题的关键所在：麦克阿瑟有关日本进化落后的演说，恰恰契合了他国对日本不成熟经济居高临下的、轻蔑的评价。[3]

尽管老战士本人可能会在日本人的意识中逐渐凋零，甚至比他自己料想的要快得多也不光彩得多，但他无意中轻率地标举出来的问题，却不会也不可能消散。毕竟，一向是日本人将自己当作麦克阿瑟的孩子，这也正是 4 月 12 日《朝日新闻》感情冲动的社论的精髓所在。[4]整个占领就建立在默许美国压倒性的家长式权威的前提之下；甚至当日本恢复主权临近，甚至当日本重新成为冷战伙伴，美国人也从未期望与日本建立平等关系。日本的新军队是"小美军"，显然注定要继续处于美国的掌控之下。日本的新经济，则过度依赖美国的援助和庇护。世界上的许多其他国家，无论身处冷战阵营的哪一方，实际上都对日本如此急速地抛弃民主议程，复兴保守派势力和促进再军备而感到震惊和警惕。在此氛围之下，在可以预见的将来，日本即便是在名义上恢复了主权，除了不得不仰仗和服从美国，做其实质上的附庸国之外，实在难以想象还会有任何其他出路。

自麦克阿瑟解职到占领期正式结束，一整年的时间过去了。就绝大多数方面而言，这一年中对即将到来的国家独立，人们缺乏喜悦兴奋的期待之情。尽管最终和平条约的签订将涉及许多国家，但却是美国人控制着和平的进程；同时日本为将要并入美国强权控制下的世界和平版图所付出的真实代价，正在逐渐显现。在美国"核保护伞"下进行的再军备，仅是这代价的一部分而已。继续维持遍布全国的美军基地及设施，则是另一项代价。冲绳被排除在恢复主权的范围之外（正如它被排除在占领期的改革措施之外一样），作为主要的美军核基地被托管，无限期地处于新殖民主义的统治之下。由于苏联未参与和平谈判，北海道以北岛屿的归属争端依然悬而未决。

和平条约本身由 48 个国家的代表签署，对于日本而言是少限制而多宽容的。然而，事实早就清楚，共产主义国家将会拒绝参加这项将日本如此紧密地捆绑于美国的遏制政策中的和解计划。按照当日的说法，摆在日本面前的选择只有两条路：要么"单独和谈"，要么根本就没有什么和谈。尽管日本的进步人士和左翼竭力呼吁"全面讲和"以及日本保持非武装中立，但在当时严峻的冷战氛围下，这并非现实的选择。直到日本接受单独和谈，1951 年 9 月参加了在美国旧金山举行的正式和谈的盛典之后，吉田政府才真正明白独立的代价会有多高。果不其然，美国参议院拒绝批准和平条约生效，除非日本同意与在中国台湾地区的中国国民党政府签署一份平行条约。除此之外，还要坚守美国对中华人民共和国实行孤立和经济封锁的强硬政策。这一点使日本企业家和经济计划专家大为震动，因为他们向来将进军中国市场视为理所当然，而这一点也成了他们赞成国家主导、上意下达的产业政策的另一条重要理由。

553 《日美安保条约》及相关的《日美行政协定》，也被证实是美国战后签署的最不平等的双边协议。美国人保留了过多的治外法权，他们要求的军事设施数量，也大大超出任何人的预期。《纽约时报》高明的军事评论员汉森·鲍德温（Hanson Baldwin）准确地宣告了一个时代的到来，即"当日本自由时却仍然不自由的时代"。[5]

对于保守派而言，这是保证日本在分裂的世界中独立与安全所付出的高昂而不可避免的代价。对大多数民众来说，军事占领状态与过渡性的"从属独立"状态之间并没有多大区别，当然也就没有什么好庆贺的。据官方宣布，日本于 1952 年 4 月 28 日晚 10 点 30 分恢复行使主权。但每个人都报告说，所有街巷都异常安静。大概只有 20 人聚集在皇宫前欢呼万岁。银座的一家百货商店，售出了大约 100 面太阳旗。盟军最高统帅与总司令部的标识和徽记被撤销，但美军人员并没有大规模撤离，几乎所有人都继续驻留日本。第二天是裕仁天皇的 51 岁生日。一早，天皇陛下宣谕了两首自寿诗。一首是为和平祈愿；另一首，天皇则欣喜于日本经受了痛苦的战败而根基不变：

> 冬风已吹过，
> 八重樱正在盛开，
> 春天到来了。[6]

在稍后进行的民意调查中，针对日本现在是否独立国家的设问，只有41%的人的答复是肯定的。

这是一个分裂的国家，从领土上来说，冲绳仍然处于被占领状态。同时，日本人对于自己国家新的世界地位的感受，也处于分裂而不安定的状态。然而，最富戏剧性的分裂，还在于意识形态的分崩离析。对于这种状况，吉田茂后来曾借朝鲜的分断局面加以描述。他说，美国对日本的占领，在日本人民心上画下了一条"三八线"。这指的是自由主义和左翼反政府阵营的出现，他们忠实拥护占领军当局"非军事化和民主化"的初衷，反对日本并入美国强权下的世界和平格局，激烈批评美国政府现在扶持的保守派政客、官僚和大商人群体。许多著名知识分子持这种批判立场，与大众媒体以及工会组织中仍然强大的左翼力量并肩作战。战斗性日益增强的共产党支持者们也是如此，尽管一再被政府弹压，领导层被清洗，共产党仍然作为合法组织存续了下来。

和平条约生效3天之后，超过一百万人参加了全国各地举行的330多起"五一国际劳动节"集会。6年前的1946年，在举行这样的"五一"庆祝活动时，显然参与者们都满怀希望，甚至欢欣鼓舞。但是不久之后，5月19日，一场为获取粮食的空前的群众大游行，在皇宫前的广场上发生了。而1952年的5月1日，则最终以"五一流血事件"的名目进入了历史。由于吉田政府禁止使用皇宫广场，并且无视取消此禁令的法令，由日本工会总评议会发起的东京"五一"节大集会，只好在著名的明治神宫前的开阔地举行。早上，大约40万人聚集在那里，口头表决通过了诸如"反对再军备——为民族独立而战"等决议。集会人群举着密密麻麻的标语旗帜，支持劳动者的经济要求，反对军国主义复活、反对战争、反对美军基地和美国强占冲绳，并要求将4月28日定为国耻日。游行队伍中还有手绘的标语牌，画着斯大林、毛泽东或是遭到清洗的日本共产党领导人的肖像；有几幅标语牌上用英文写着"滚回家去，美国佬"。

集会就要结束的时候，有人呼吁到被禁入的皇宫前广场上去，自1946年示威运动以来，它就一直被称为"人民的广场"。几支游行队伍形成了，大约共有10000人，由共产党人、朝鲜人和学生等激进派领导。白领职员跟蓝领工人一起加入了游行队伍，女人与男人一道并肩前进。他们一路行进到皇宫，呼喊着反美和反政府口号。当一队示威者大约

6000人奋力突破警察强大的封锁线，在皇居护城河著名的"二重桥"前停顿下来整理队伍时，暴力冲突发生了。在没有任何预警的情况下，警察用催泪瓦斯和手枪向人群发动攻击。一位市政府雇员和一名大学生在随后的混战中被打死，共有22名示威者被子弹击中。在人们纷纷逃离到边道上的同时，暴力冲突和破坏行为持续发生，双方的负伤情况都触目惊心。最终共有5000名警察卷入暴力冲突，超过800名警察负伤。示威者的受伤人数几乎是警方的两倍，许多人在试图逃离时因后面的推挤而负伤。大约20辆美国人的汽车被掀翻和焚毁，它们大多数都停在护城河边。3个美国大兵被扔进了护城河，在被别的日本人救上来之前还遭到了石块袭击。有几个美国士兵受了轻伤。"五一流血事件"，在日本的民族意识中烙下了国家分裂的印记。[7]

5月2日，裕仁天皇和良子皇后在新宿御苑主持了缅怀全国战死者的追悼式。这是日本自被占领以来，第一次举行这样的公开仪式。政府试图将5月3日的"宪法纪念日"作为1947年宪法颁布和本年度主权回归的双重庆贺日。出席仪式的人数比较稀少。约有15000人聚集在皇宫广场，在那里天皇发表了简短声明。他回顾自己7年前本着"为万世开太平"的初衷，允诺接受了《波茨坦宣言》的条款，并表达了对战争中"无数牺牲者"最深切的同情和哀悼。他告诫不要重复过去的错误，号召以新宪法的民主精神"建设新日本"，劝诫他的臣民团结一致，致力于"综合东西方的文化"。最后天皇宣布，尽管感到负荷沉重，但他并无退位的打算。

一个月后，裕仁天皇前往伊势神宫参拜，向皇室的创始者和太阳女神天照大神，报告日本恢复主权的消息。[8]

在日本战败和被占领的数年之间，裕仁天皇和麦克阿瑟将军作为双重统治者统治着日本。他们有许多相似之处，但正如磁场的正负两极，他们也担负着不同的角色和使命。而这磁场本身，即全体日本人民，则充满着创造的张力。随着时间的推移，这一点现在看来更加清晰。而在占领期结束时，这一点还并不明显。

尽管天皇对和平与宪法的民主多有赞扬，但他仍然是日本历史、文化与民族延续，以及等级社会、父权社会理想的首要象征。无论战争还是战败时期，天皇一直是政治神坛上的伟大祭司。他对日本恢复独立的贺诗，进一步证明了他的巧妙手腕和他新的"象征的君主制"的保守本质：占领期曾经暗淡凄凉，只有现在，真实纯粹的日本才会再现，正如寒风过后八重樱永远会绽放一般。1975 年，当记者问到日本的价值观有否转变时，天皇以更为平实的语言表达了同样的思绪。他回答说："我知道，自战争结束以来，人们已经表达过各式各样的观点。但是，从更为广阔的前景看来，我并不认为战前和战后有任何变化。"而且事实上，裕仁继续在位直到 1989 年逝世。他自己令人难以置信的长寿是否也证明了这一点呢？[9]

在日本以外的世界，麦克阿瑟将军在外交方面的奇才比裕仁天皇更为人所知。他对日本人民的印象也与裕仁有显著差异。的确，他喜欢下"东方思维"式的大判断，而他关于"12 岁孩子"的论断是由于殖民心理作祟，这种心理通常会抹杀非西方人民彻底自新的能力。然而，这并不是他发表言辞的初衷。相反，当天皇一贯津津乐道于持续性的时候，麦克阿瑟从来就没有停止过颂扬日本人经历的革命性的变革。在他著名的"老战士永不死"的讲演中，他告诉美国国会的议员们，"日本人民自战争以来经历了现代历史上最伟大的变革"，并继续以夸张的说法修饰这一断言。他这些话不只是对美国人说说而已，他在东京的讲坛上也多次发表同样的看法。通过强调在他任期之内令人鄙视的敌人变化之巨，麦克阿瑟在明显地为自己的脸上贴金。然而我们必须指出，他确实由衷地相信这些话。[10]

在日本之外，很少有人将这些意见当真。《纽约时报》上有关日本恢复主权的一篇评论，其副标题是《日本没有变化》。文章解释说，毕竟"一个国家不可能在 6 年之内改变其民族性"。与天皇发表类似观点不同的是，这里表达了傲慢轻视的意思。与此精神相一致，《泰晤士报》以漫画的形式这样描绘占领期的结束：胜利者巨神一般的双手将一个标着"日本"的小人释放到了"独立"的道路上。这个小人身着传统劳动者的短衫木屐，而他前面的道路曲折蜿蜒，消逝在黑暗之中。[11]

当然，这个步履蹒跚的小人，是麦克阿瑟关于"12 岁男孩"的更为普遍的图解，这是令许多西方人心安理得的日本先天落后、发育不良的写真，保证既不可能在军事上也不可能在经济上构成任何威胁。直到 1960

年代末，日本这个孩子般的小玩意儿和廉价器具的制造者，才进入美国和欧洲人想象的视野。一切好像是在突然之间发生，日本的汽车和优质电子产品涌入了西方市场。几乎一夜之间，小人们被置换成了经济"奇人"和"超人"。这种反应很像是25年前当日本帝国宣战并震惊西方列强的时代：妖怪再次从瓶子中跑了出来，只是这一次它穿的是西装，而不是黄卡其布军服。

此后整整20年，这个前所未有的经济超级大国的奇迹，将会风靡和震惊大半个世界，掀起大规模的所谓日本模式的论潮。1979年，一位哈佛大学的教授写了一本名叫《日本第一》的书，"日本第一"的观念，使人们目瞪口呆。震惊一部分来自于这样的暗示：西方人统治世界的全盛时期结束了；同样令人震惊的是这样的事实："第一"的评价，被授予了一个不久之前还一片废墟、被当作"四流国家"不予考虑的国度。专家们质询如何解释这种转变，通常的回答是，必须从日本深层的历史和传统价值中寻找根源。评论家们生造了像"民族经济学"这样的新词来说明问题。欧洲中心主义的文化决定论者，则重新打磨"文明的冲突"的老调来进行阐释。[12]

"新生"成为日本战败初期最受欢迎的词汇。然而在往昔的蔑视者眼中，在一代人的时间里竟然如此壮观地复兴，简直是远远超出了任何日本人的想象。这是复仇的偿还，而且它引起了日本人的语言快感，有关战争年代"领导民族"的观念，乃至"大东亚共荣圈"初期狂妄自大的言论，开始重新登场。陶醉于自己国家的突然崛起，学者和文化批评者们陷入了关于"作为日本人"到底意味着什么的无休止的讨论之中。二十世纪七八十年代广为流行的这种"日本人论"的调门，很快成为了某种反义词游戏：将"原日本的"定义为与"原西方的"的价值取向完全相反的两极。如群体和谐对应个人主义，特殊主义对应普遍主义，重视主观直觉对应极端理性推论，重视调解对应重视诉讼，垂直型人际关系对应平行型人际关系，等等。战争时代产生的独一无二的"大和魂"的偏激氛围，再次变得浓厚起来。

这种对血统和文化固执而夸张的态度需要引起注意，部分原因是，在众多的现代社会中，血统和文化的因素已经被过度关注。在日本和其他地方一样，种族、文化和历史，就是发明集体身份和意识形态的素材。然而，要了解日本站在二十一世纪起点的现状，与其去了解日本在历史长河中漫长演变的民族经验，不如去了解日本从1920年代末开始到1989年实际结束的近阶段的历史周期。当仔细审视这个短暂、暴力、创新的时代的时候，被当作战后的"日本模式"的，在很大程度上被证明是一种混血的"日本—美国模式"：锻造于战争年代，加强于战败和被占领时期，由于对国家虚弱的长期惧怕以及日本需要顶级计划及保护以实现最大经济增长的广泛信仰，得以在接下来的年代中继续维持。如果不了解胜利者和战败者如何共同拥抱日本的战败，这种官僚资本主义就无法被理解。借用战败初期流传的幽默新词汇来说，所谓的"日本模式"，可以更恰切地描述为"占领军模式"。

日本现代经验的短暂周期，几乎与裕仁天皇的统治时期完全一致。天皇是这些年来一直存在的意识形态的试金石，是从肆无忌惮的军国主义了无痕迹地过渡到帝制民主的象征。无论在战争还是和平时期，对那些希望强调种族和文化的"国民统合"者而言，天皇都是最显而易见的图腾号召。对于他的臣民们而言，1989年裕仁天皇驾崩，的确是一个时代结束的信号：昭和时代结束了，旧符得换成新桃了。然而，使这一年真正成为一个大时代的终结的，是其他一些重要事件的汇合。柏林墙倒掉了，标志着冷战时代的结束。日本的经济泡沫破裂了。一切变得昭然若揭：当日本一心一意地追求在经济和技术上"赶超"西方的时候，忽略了制定新的规划所需要的远见和弹性。曾经产生出日本这一超级大国的体制，正在坍塌。天皇裕仁以其一贯典型的好运气，避开了这一切。他去世得正是时候。

这些年来，有些日期被当代的编年史家拣选出来，作为日本战后时代终结的标记。1955年，日本经济企画厅如释重负地宣布"'战后时期'结束"，其为时过早的宣告，是建立在全部的生产指标终于恢复到战前水平的事实基础之上。1960年，当日本政府镇压了激进的劳工主义者最后一次大规模的抗议活动后，池田勇人首相开创了他颇为自负的"所得倍增"计划，使得这一年被指定为另一个进入新时期的标志。[13] 1979年亦复如此，当时"日本第一"的狂潮正在袭来。当所有这一切平息之后，1989年仍然会成为"漫长的战后时代"真正终结的年份，这一时代从天皇的声音第一次被他的臣民们听到开始。它历时44年。

1945年无疑是个分水岭，正如1868年一样关系重大——当时封建统治被推翻，新的明治政府建立起来。在日本，总有读者关注那些聚焦于1945年的书籍，有些书实际上只聚焦于1945年8月，甚至是只关注8月15日的事件。而现在已经很清楚，日本战时直到战后年代的建构性遗产是庞大的。日本帝国在大萧条初始，即着手动员全国的资源用于可能爆发的战争；自1930年代初起，建设"全面战争"能力的观念（即一旦发生战争，有能力发动国家的各个部门全力投入），在军事和官僚政治的圈子里得到了大大推进；而产业与金融的一体化则较晚，最终在所谓的"1940年体制"中得以实现。这就是盟军占领日本时的事实基础，而这也是美国人赖以维持长期统治的体系。

从战争体系中继承而来的各种制度，并非本质上就是军国主义的。例如，产业订单下包制度，就是这个体系的一部分，同时还有对少数民间银行的金融依存度的增长。所有这些成为了战后经济"系列"组织结构的核心。大企业强调员工保障，实行"终身雇佣制"，将员工稳定问题置于股东利益之前，通常被作为战后日本体系的突出特征，而其真正起源也是在战争年代。同样，政府向商业和工业提供"行政管理"的"密切指导"也是如此。面对战败的无底洞，遭遇令人心惊的战后危机，对绝大多数日本人来说，维持这样的安排是合乎逻辑的；而且承蒙他们美国领主的恩赐，也的确是如此实行的。后来许多所谓的"日本模式"，被笼罩于儒家伦理的光环之下，其实只不过是延续了战时萌生的方略；而战后的规划者保留继承这些，并非因为他们是隐匿下来的军国主义分子，而是因为他们相信，这是在不利的世界中，最大限度推进经济增长的合理道路。[14]

在这个体系中的领导者是保守派官僚。正是在这一点上，占领军的举措产生了重大失误：未能抑制官僚政治的影响，尤其是在经济事务方面。美国改革者的确相当显著地改变了日本的政治经济，最为著名的是农地改革、财阀持株会社的解体以及立法保障工会劳动者前所未有的权益。他们还强制实施了一些具有长期影响的官僚体制的具体改革，取消军事组织并拆分了支配警察机关和地方政府的强大的内务省。但为了方便起见，他们的确保留了剩余的官僚机构，以及更广泛的"1940年体制"。通过现有渠道实施工作，使得贯彻占领方针更为容易；而从根本上改变这一体系，则会在本已混乱的情势下发生骚乱。

但这仅仅是事实的一个方面，因为胜利者也应该为这一点负责——他们巩固了业已十分强大的官僚政治体系本身，而从这里，就可看出"战后模式"本质上的混血特性。自他们到来的那一刻起，美国人就以其保护姿态加强了官僚机构的职责和权威。当冷战的考虑占了上风，占领方针的"逆流"就正式启动了。是美国人推进了行政的"合理化"，导致官僚政治权威进一步集中。创设于占领期结束前三年的强有力的通商产业省，就是日本官僚组织强化最鲜明的例证。

此外，处于这一切之上的，是盟军总司令部以自己的惯有方式形成的官僚政治模式。美国人真的是作为"解放军"到来的，正如共产党人也曾经一度承认的那样。他们的确启动了一项令人印象深刻的改革议程。而他们自己却像官僚一样施行统治。麦克阿瑟将军的权威"至高无上"。从他的总司令部发出的指令不容更改。甚至总部里下级官僚们的建议，也能对非正式命令施加影响。坐落于东京的"小美国"朝廷，整个统治结构等级森严。在这一超级政府中，没有"透明度"可言，它不必对日本的任何人负责。有日本记者想要报道自己国家首相们的懦弱，因为他们只能对美国人应声附和。但由于总司令部的审阅官大笔一挥，记者的愿望终成泡影。事实表明，一个国家不必继承儒家文化，就能推行独裁政治、权威崇拜、和合第一、舆论一致以及自我束缚。

盟军总司令部自上而下的新殖民主义改革不同寻常，因为它是柄双刃剑：既真诚地推动了进步变革，也重新强化了独裁统治结构。谈到战时体系和战后体系的环环相扣，就会使人联想到盟军总司令部正是症结所在：征服者赋予日本国会以新的权威，但却选择以官僚政治的方式起草和提交法案。他们促进了负责任的文官内阁的产生，然后又以自己的规则阉割了它。人们往往能够正确指出：自1930年代初期直到1945年，日本都处于彻底的独裁和军国主义统治之下，但事实上，日本继续处于军事控制之中直到1952年。

这是进退维谷的民主政治，麦克阿瑟将军对裕仁天皇的格外体恤，使得问题更为复杂：延迟而非促进了社会的真正多元化、公众参与和行政负责制理想的实现。然而，尽管存在日美合作的官僚政治崇拜、从战争时期一直延续到和平时期的大政翼赞会的古老体制，还有以天皇为代表的回避责任的神秘做法,以及新的帝制民主的不健全之处,但麦克阿瑟在肯定这个社会所经历的重大变革时,他还是相当正确的。相比于帝国时代的日本,战后的日本是个极其自由和主张人人平等的国家。它的人民已经变得对军国主义和战争极为谨慎,世界上少有其他国家堪与匹敌。一种健全的搞笑的荒诞感弥漫于流行文化之中,尽管很少有外国人欣赏这一点。当中立派和保守派仍然牢牢控制大权,公众舆论却以在美国都不可思议的宽容方式,继续支持社会主义者和共产主义者发言。

这也是一种日美混血的遗产,充满了矛盾和混乱的讯息。这些对立而复杂情形最好的例证,莫过于围绕引人瞩目的新宪法继续展开的争论。如果没有征服者,就不会产生这样的国家宪章,而一旦占领期结束,没有什么可以阻止日本国会修改宪法。事实上,美国人自己很快就希冀并游说这样的修正了:宪法第九条如此妨碍日本的再军事化,使得盟军总司令部在指挥召开小型的秘密"宪法制定会议"后的一周内就感到后悔了。然而,当1997年庆祝宪法施行50周年时,它一字一句也未曾更动。保守派从未能够超出修宪必需的2/3的国会议席,而且他们也没有勇气面对即将到来的民众的怒吼。

在不久的将来,宪法很有可能被修改,但是其中涉及的问题,仍然可以反映出当今日本民众的政治意识。尽管宪法第九条已经被扭曲变形,以维持"自卫"能力的名义被不断扩充阐释,但它毕竟仍然作为具有强制效力的不战理想的宣言,与宪法导言中强烈反战的言辞一同留存了下来。"二战"后"杜绝战争"的梦想打动了全世界人民的心,但却从未载入其他国家的宪法或法律。任何有关再军备的事件,在日本都必须受制于对战争与和平基本问题的承诺,由法律和宪法加以保障,这种方式在其他国家是难以想象的。占领初期的"非军事化和民主化"理想,以这种意料不到的方式,超越半个世纪鲜活地留存在了日本民众的意识之中。

日本的和平梦想实际上无所慰藉,因为它们首先是停留在有关"二战"的恐怖记忆之中——数百万日本人白白地付出了性命;战争第一次以大规模空袭的方式向日本本土袭来,当然接下来还有广岛和长崎的"原爆";战败数年后日本人民还经常三餐不继,甚至无法公然哀悼战争中的死者;他们的父亲、丈夫、兄弟,仍然被全世界人民视为杀人凶手而责骂。这种深深的痛楚和受骗的感觉，被一种日益增长的，而且不完全是毫无道理的想法所强化：日本正在被其他国家以并不施之于自身的标准评判着。日本人感受到的双重标准和胜利者的正义观，曾经使东京战犯审判变得黯淡，而且由于受到其他国家的残虐行为、否认事实和虚伪证词的刺激，这种感觉正与日俱增。甚至那些认可纽伦堡和东京审判的日本和平活动家，以及那些致力于证实和公布日军暴行的人，都无法为审判战犯的方式辩护；他们也无从为美国在免除天皇战争责任的决定之后，又在"冷战"的寒流中，释放并随即公开接纳被控的右翼战犯（如后来的首相岸信介等人）而辩护。

在漫长的战后时期，那些掌控日本迅猛复苏的精英们，几乎全都出自亲身体验过战争和战败的那几代人。由于日本在科学、技术方面的相对落后和物质资源的相对匮乏，他们将过去的战争看成是愚蠢之举。他们着力避免这种灾难的重演。而且他们对日本一旦成为真正的军事强国，易于制造核武器而将引发全球抗议极端敏感。他们中的一些人与战后作为"悔恨共同体"出现的进步的左翼学者持有相同的自我批判观点。有些人则属于懊悔战败的"后悔共同体"。颇有几位将记忆中的"大东亚战争"，当作为反对中国的共产主义者和军阀、驱逐在东南亚的欧美帝国主义者而发动的战争。当谈到日本的极端暴行时，许多人都坚持否认。事实上，所有的人都真诚地悲恸那些为国捐躯的亲友和熟人。他们也还记得战败后数年间，白人胜利者轻蔑地将他们看作"小男人"而引起的迷茫困惑。

这些领导层中的主要人物，现在几乎都淡出了历史舞台。对于裕仁统治的前20年间日本所犯下的掠夺罪行，此时正当需要明确承认和道歉的历史时刻，而在他们身后却只留下了糟糕的记录。在他们心目中，承认这个，就包括必须承认"东京审判史观"，而那对他们来说是不可想象的。他们的爱国心，为他们的国家招来了多数外部世界的轻蔑和不信任。同时，这些精英们也为他们的继任者遗留下了悬而未决的问题：不具备严重打击报复他国的独立军事力量的日本，是否值得其他国家和人民严肃对待？这是"宪法第九条"的遗留问题，这是"单独讲和"的遗留问题，也是《美日安保条约》的遗留问题。这是在附庸于美国的独立之下结束被占领状态、恢复名义上的主权所遗留的问题。日本忠于宪法第九条的精神，却招来了世界的奚落。1991年海湾战争期间突袭伊拉克时，日本因只提供金钱援助而拒绝派军受到嘲笑，对日本来说这是显而易见的伤痛。毫无疑问，如果捐弃宪法第九条，将会引发对日本复仇主义者的强烈抗议；因为除了日本保守派，没有人会忘记南京大屠杀。日本独特的和平梦想已经陷入了令人苦恼的进退两难的境地。

这些战败和占领期错综交织的遗留问题，以循环往复的方式展开。既然已经被军事托管，并由此导致对华盛顿的外交从属，那么留给日本领导层保住战后日本民族自尊的，就唯有经济一途。敏感、受伤，而又十分脆弱的日本民族自尊心，只能表现在全心全意地追求经济增长之中。由此，在屈辱战败的25年后，日本崛起成为一时的经济强国。这种追求的特征，表现为重商主义心态和近乎病态的保护主义的经济防卫策略体系，其实是不出所料的。或许最终，真正能够信任的只有自己？

所有这一切现在都悬而未决。没有人能够确定日本将走向何方，而且也没有人再念叨"日本第一"了。不确定性令人忧虑，但降低期望值肯定有益无害——然而，这实在又令人悲哀。为什么？因为随着日本模式（"占领军模式"）而变得不那么光彩的事物，其实正反映了占领初期"非军事化和民主化"方针那些特定的理想。日本经济学家和官僚为计划经济起草了1946年的蓝图，对于这些目标极其明确。当然，他们寻求急速的经济复兴和最大限度的经济成长时只关注实现经济的非军事化和经济民主的目标。而在相当大的程度上，他们推行的这种有导向性的资本主义，在实现这些目标方面是成功的。日本变得富裕了。每个社会阶层的生活水平都飞速提高。收入分配比美国要公平得多。经济成长的达成，无须过度依赖军事产业体系或者繁荣旺盛的武器贸易。

这些都不是无足轻重的目标，但是目前，"非军事化和民主化"的理想正随着战后体系各个方面的必然崩溃而被丢弃。战败的教训和遗产，确实已经很多而且也千差万别；然而它们的终结还远未到来。

注释：

1 笔者曾在 *Empire and Aftermath：Yoshida Shigeru and the Japanese Experience，1878 - 1954*（Cambridge：Council on East Asian Studies，1979）pp. 373 - 400 与论文集 *Japan in War and Peace：Selected Essays*（New York：The New Press，1993）pp.

155 – 207 的"Occupied Japan and the Cold War in Asia"一文中，涉及日本的再军备以及日本作为美国的冷战同盟国重新出现的问题。关于日本的再军备问题，还可参见秦郁彦《史录日本再军备》（东京：文艺春秋，1976）。科瓦尔斯基上校有趣的回忆，见于日文版的《日本再军备》（东京：サイマル出版会，1969）一书，但从未出过英文版。吉田茂敦促社会党组织示威一事见于 Takeshi Igarashi, "Peace-making and Party Politics: The Formation of the Domestic Foreign-Policy System in Postwar Japan"一文，*Journal of Japanese Studies* 11. 2 (1985), p. 350。在朝鲜战争中，美国确曾秘密部署日本扫雷舰，而在 1952 年 10 月，吉田茂也赞同将警察预备队扩充至 11 万人。

2 尽管这些听证会不是公开进行的，但会议笔录随即公布面世，仅仅出于安全原因进行了少许删节，并全文发表于诸如《纽约时报》等报刊上。正式记录，参见 U. S. Senate, Hearings before the Committee on Armed Services & Committee on Foreign Relations, *Military Situation in the Far East*, May 1951, part 1, 尤其是 p. 312。

3 讲谈社编《昭和·二万日の全记录》（东京：讲谈社，1989），第九卷，pp. 142 – 146；此文献下引为 SNNZ。还可参见袖井林二郎《マッカーサーの二千日》（东京：中央公论社，1974）。把日本人（和东方人）比喻为"孩童"，是西方人非常普遍的看法。例如，当听说许多日本人对麦克阿瑟的解职感到焦虑不安时，4 月 15 号的《纽约时报》周日版评论说："这种看法可能挺傻，甚至孩子气，但毫无疑问真的存在。"

4 关于占领期题材，最有名的日本电影是篠田正浩导演的《マッカーサーの子供たち》，于 1984 年上映。

5 《纽约时报》，1952 年 4 月 19 日。

6 《天皇陛下の昭和史》（东京：双叶社，1987），p. 131。天皇诗作的其他英译，参见《纽约时报》，1952 年 4 月 29 日，以及 *Facts on File 1952*, p. 132。

7 SNNZ 9：249 – 251；大河内一男编《资料·战后二十年》（东京：日本评论社，1966），第四卷（劳动），pp. 198 – 200。另参见《纽约时报》1952 年 5 月 2 日。当时超过 1200 人被捕，其中 261 人以引发公众骚乱为由被起诉，约 100 人被判有罪。令人惊奇的是，这一诉讼案一直拖延了 20 年。

8 当时，天皇的声明文件再版于日本新闻研究会编《昭和"发言"の记录》（东京：东急エージェンシー，1989），p. 134。天皇的伊势神宫之行见于 SNNZ 9：262。

9 高桥纮，《陛下、お寻ね申し上げます》（东京：文春文库，1988），pp. 212, 217。

10 麦克阿瑟关于当时朝鲜战争状况的演说，其有关部分全文如下：

> 自战争以来，日本人民经历了现代历史上最伟大的变革。他们以值得赞赏的意志、学习意愿和显著的理解能力，在日本战后的废墟上建立起致力于个人自由、人格尊严的大厦，而且在随后的进程中，创立了真正典型的忠于政治道德进步、经济活动自由和向社会正义迈进的民主政府。
>
> 无论是在政治、经济和社会方面，现在日本都与地球上的许多自由国家并肩站在了一起，而且将不会有辜负世界的信任。可以仰赖日本在亚洲事务进程中发挥深远的有益影响，这一点业已被日本人民在遭遇最近的外部战争、动荡和混乱危机时的高尚姿态，以及日本在丝毫不延缓前进步伐的前提下，有效抑制国内的共产主义的做法所证明。

>我将我们占领军的全部4个师都派往了朝鲜战场,丝毫不必顾虑由此导致的日本后防空虚。结果证明我的信任完全正确。
>
>我觉得没有比日本更加安宁平静、有秩序和勤奋向上的民族了,在对人类的未来做出建设性贡献方面,也没有国家比日本更值得寄予厚望。

11 《纽约时报》,1952年4月29日、5月4日。

12 Ezra Vogel, *Japan as Number one: Lessons for America* (Cambridge, Mass.: Harvard University Press, 1979); Samuel P. Huntington, *The Clash of Civilizations and the Remaking of World Order* (New York: Simon and Schuster, 1996)。"ethno-economics"(民族经济学)一词在 Murray Sayle 发表于 *JPRI Working Paper No. 43* (Japan Policy Research Institute, March 1998)上的 "How Rich Japan Misled Poor Asia"一文中有详细阐释。近来对于日本根深蒂固的"岛国根性"最为尖锐的批评,是 Ivan P. Hall 的 *Cartels of the Mind: Japan's Intellectual Closed Shop* (New York: Norton, 1998)。

13 1960年,在日本发生激烈的示威游行之后,美日之间极端不平等的《安保条约》被加以修订,似乎构成了确保那一年成为战后时代结束标志的第三项事件。

14 关于战争遗产问题,参见 Dower, *Japan in War and Peace: Selected Essays* (New York: The New Press, 1993)中 "The Useful War" 一文,pp. 9 – 32;还可参见 Jun Sakudo 与 Takao Shiba 编,*World War II and the Transformation of Business System* (Tokyo: Tokyo University Press, 1994),尤其是其中的 Takeo Kikkawa, "The Relationship between the Government and Companies in Japan during and after World War II", Satoshi Sasaki, "The Rationalization of Production Management Systems in Japan during World War II" 以及 Takao Shiba, "Business Activities of Japanese Manufacturing Industries during World War II" 等论文。经济学家、前大藏省官员野口悠纪雄与牛尾治朗在 "Reforming Japan's 'War-Footing' Economic System" 的对谈中,强调"1940年体制"的持续论,见载于 *Japan Echo* 21.2 (summer 1994), pp. 13 – 18。

图片提供者

（按原书页码）

朝日新闻社：50，55，145，186，260，319，333，393 页
远藤健郎：135 页（摘自《昭和マンガ史》每日新闻社 1977 年版，132 页）
林忠彦：62，155，159，166 页
加藤悦郎：66，68，70 页（摘自加藤《贈ららた革命》コバルト社，1946 年版）
共同通信社：3，35，83，92，106，111，197，346 页
MacArthur Memorial（麦克阿瑟纪念馆）：131，137，203，204，210，228，525，547 页
每日新闻社：135，335 页
Prange Collection（Prange 文库，美国马里兰大学）：405 页
National Archives（美国国立档案馆）：7，13，19，33，37，39，40，42，46，47，48，49，53，57，65，72，76，78，79，87，88，90，95，99，101，128，129，136，142，147，168，176，208，225，230，234，235，243，252，254，259，271，277，294，302，332，334，368，443，446，448，451，452，485，512，565 页
吉田润：121，125，152，153 页

索 引

（索引条目后数字为原书页码，即本书边码；
页码标注方式同原书）

插图页码以斜体标示。

abdication, imperial　退位，天皇　315, 320 – 24, 327 – 29, 337, 341 – 43, 379, 383, 460

Abe Shinnosuke　阿部真之助　505

absenteeism　缺勤　91, 96, 458

academics, Japanese　学者，日本的　233 – 35, 248, 249, 354, 436

Acheson, Dean　迪安·艾奇逊　77, 222

affluence, Americans　富足，美国的　43, 136 – 39, 207 – 9, *208*, 252

African-Americans　美国黑人　*39*, 130, 133, 216, 424

agricultural sector　农业部门　82, 90, 91, 93, 94 – 96, 146, 496, 549 – 50

"Ah, the Night Is Deep in Monten Lupa"（song）《啊，蒙特鲁帕夜深沉》（歌曲）514 – 15, 517

Aihara Yū　相原悠　33 – 34, 38, 52

Aijō wa Furu Hoshi no Gotoku（Love Is Like a Shower of Stars）（Ozaki）《愛情はふる星のごとく》（《流星般的爱情》）（尾崎秀实）192 – 95

Ainu　阿伊努人　231

Akahata（Red Flag）（newspaper）《赤旗》（报纸）433, 437

Akasaka Koume　赤坂小梅　514

Akebono（Down）（magazine）《曙》（杂志）521

Akihito, Crown Prince　明仁，皇太子　176, 177, 290 – 91, 304, 321

akitsumikami（"visible exalted deity"）现御神　316

alcoholism　酗酒　107 – 8, 145 – 46, 424

Aleutian Islands　阿留申群岛　21

Allied Council for Japan　对日理事会　262, 266, 363, 534

Allied Translator and Interpreter Service（ATIS）同盟国翻译通译局　228, 232, 284

Allies　同盟国　73 – 74, 78, 220, 221, 352, 423 – 24

　in constitutional revision　宪法修正　362 – 64, 371, 378, 391 – 92, 397

　and war crimes trials　战犯审判　443 – 74

Amaterasu（sun goddess）天照大神　277, 290, 306, 307, 315, 555

Amaterasu Kōtai Jingūkyō（Religion of the Great Shrine of Amaterasu）天照皇大神宫教

amateur hour radio　のど自慢素人音乐会（业余歌手音乐会，广播节目）　244
Amau Doctrine　天羽声明　471
Amerasia（journal）《美亚》（期刊）221
amnesia, historical　历史健忘症　29–30, 419, 511–13, 551
Analects（Confucius）《论语》（孔子）229
Anami, Army Minister　阿南，陆相　492
Anmitsu Hime（Princess Bean Jam）（cartoon）《あんみつ姫》（《豆馅公主》）（漫画）423
anthologies　文集　198–200, 250, 501–3, 516–21
"Apple Song, The"《リンゴの歌》（《苹果之歌》）172–73, 341
appliances　器具　169–70, *208*
apure（*après-guerre*）战后派　154, 162
Ara Masato　荒正人　87–88
Arc de Triomphe（Remarque）《凯旋门》（雷马克）190
Arisawa Hiromi　有沢広巳　233–34, 237, 436
Arisue Seizō　有末精三　482
arms race, nuclear　核军备竞赛　425–26, 526, 563
Asahi（newspaper）《朝日新闻》（报纸）58–59, 60, 97–98, 139–40, 147, 233, 242, 331, 386, 391, 423, 438, 475, 548–49, 551
　democratization debated in　民主化的争论　240–41
　demonstrations covered in　游行示威的报导　260–63
　responsibility discussed in　战争责任的讨论　485, 494, 506, 507, 509
Asahi Gurafu（magazine）《朝日グラフ》（杂志）108, 171
Asai Kiyoshi　浅井清　528
Asakusa（Tokyo amusement area）浅草（东京娱乐区）153–54, *153*, 434
Asano combine　浅野财团　530
Asano Ryōzō　浅野良三　530, 531
Ashida cabinet　芦田内阁　535
Ashida Hitoshi　芦田均　107, 321, 328, 370, 377, 383, 389, 395–98, 402–3
Asia, war of independence in　独立斗争，亚洲国家的　472
assembly, freedom of　集会的自由　81
Associated Press　美联社　407
Atarashii kempō, Akarui Seikatsu（New Constitution, Bright Life）《新しい宪法，明るい生活》（《新的宪法，光明生活》）402–3
Atarashii kempō no Hanashi（The Story of the New Constitution）（Asai）《あたらしい宪法のはなし》（《新宪法的故事》）（浅井清）399, 528
Atcheson, George, Jr.　小乔治·艾切森　222, 327, 349, 475–76
Atlantic Charter　大西洋宪章　370
atomic bombs　原子弹　36, 40, 196–98, 296, 343, 375, 439, 473–74, 492–94, 503, 516, 562

as censored topic 作为被查禁的主题 413–15, 493
symbolic understanding of 对其象征意味的理解 197–98, 492–94
atrocities 暴行 22, 27, 144, 161, 214–15, 285, 344, 445–49, 477
exposure of 暴行的揭露 412, 449, 475–76, 486–87, 505–6, 562
fading interest in 关注度的下降 29–30, 419, 511–13, 551
against prisoners of war 对战俘的暴行 54, 60, 445–47, *446*, 457, 465, 472–73, 512, 519, 521
public remorse over 公众的悔恨 504–8
Australia 澳大利亚 22, 300, 378
Automobiles 汽车 147, 208–9, 542–43

Baba Tsunego 马场恒吾 421
bakudan ("bomb") (drink) 爆弾（"炸弾"）（酒） 107–8
Baldwin, Hanson 汉森·鲍德温 553
Ball, W. Macmahon W·麦克马洪·鲍尔 534
Ballantine, Joseph 约瑟夫·百伦坦 218, 222
Bamboo Broom, The (Henderson) 《竹帚》（亨德森） 310
banking system 银行系统 114–15, 126, 544–45, 559
Bank of Japan 日本银行 114, 529, 531, 536, 545
Banshū Heiya (The Banshū Plain) (Miyamoto Yuriko) 《播州平野》（宫本百合子） 196
Baran, Paul 保罗·巴兰 483
Bar Association, Japanese 大日本弁护士会连合会（日本律师联合会） 356, 357
barter economy 物物交换经济 94–95
baseball 棒球 514
"Basic Problems for Postwar Reconstruction of the Japanese Economy" 《日本经济战后重建的基本问题》 538–40
Bataan death march 巴丹死亡行军 465, 512, 516
beauty, standards of 美的标准 149, 151–54
beauty contests 选美比赛 151, 241
behavioral scientists 行为科学家 218–20, 280–86
Bells of Nagasaki, The (Nagai) 《长崎の钟》（永井隆） 197–98, 415
Benedict, Ruth 鲁思·本尼迪克特 219
Berlin Wall 柏林墙 558
Bernard, Henri 亨利·伯纳德 459–60, 465
bestsellers 畅销书 187–200, 490–92, 502–4, 511–13, 517–21, 527–28
Between War and Peace (film) 《战争与和平》（电影） 429–32, 507
Bible 《圣经》 231
Bill of Rights, U.S. 权利法案，美国 26, 244, 355
Bimbō Monogatari (A Tale of Poverty) 《贫乏物语》 191, 342, 343
"Birth of Venus" (nudes-in-frames show) "维纳斯的诞生"（画框中的裸体表演）

151–52

birth rate 出生率 91

Biruma no Tategoto（Harp of Burma）（Takeyama）《ビルマの竪琴》（《缅甸的竖琴》）（竹山道雄）502–3, 516

Bisson, T. A. 毕恩来 221

"Blacklist"（military plan）"黑名单"（军事计划）212

black market 黑市 26, 93, 94, 97–102, 108, 111, 114–19, 139–48, *142*, 145, 154, 170, 337–38, 412

 culture of 黑市文化 122, 145–48, 156

 economic importance of 黑市的经济意义 100, 116, 139, 258

 elite involvement with 涉足黑市的精英人士 91, 100, 113, 118–19, 146, 531, 535

"black ships" "黑船" 19, 41

Blondie（Comic strip）《金发女郎》（连环漫画）252

Blood Cherry Gang 血樱组 109

"blue sky market" "青空市场", 见 black market 黑市

Blyth, Reginald H. 雷金纳德·H. 布莱斯 310–13, 331–32

bombing campaign, Allied 轰炸战, 同盟国的 45–49, 46, 47, 130, 285, 415, 473–74, 516, 562

Bowers, Faubion 法比昂·鲍尔斯 205, 207, 209, 223, 293, 295, 297

bread-eating races 吃面包比赛 96

brightness, emphasis on 对光明的强调 172–77, 185, 187, 195, 196, 199, 406, 549

Brines, Russell 拉塞尔·布莱恩斯 46, 335–36

Broadcast Discussion（*Hōsō Tōronkai*）《放送讨论会》243–44

Bronfenbrenner, Martin 马丁·布朗芬布伦纳 545

Brown, Don 唐·布朗 433

Buddhism 佛教 53, 61, 140, 192, 215, 229, 496–503, 520

 democratization and 宣扬民主 240, 322

 repentance extolled in 颂扬忏悔 497–501

Bungei Shunjū（magazine）《文艺春秋》（杂志）409, 489

bungotai（archaic diction）文语体（文言）387, 392–93

bunmin（"civilian"）文民 397

Bunraku puppet theater 文乐木偶戏 432

bureaucracy 官僚 26, 28, 90, 93, 205, 212–13, 245–46, 292, 480–84, 544–45

 civil service vs. 公务员（公仆）*368*, 379, 403, 539–40

 corruption in 贪污腐败 117, 531, 535

 persistence of 存续 559–60

 prostitution and 公营卖淫业 123, 124–26, 131–32

Burma 缅甸 22, 51, 470

cabinet 内阁 81, 84, 218, 311-12, 348
  abdication discussed in 天皇退位的讨论 320-21
  Ashida 芦田 535
  constitutional changes to 修宪提案 358, 397, 561
  in constitutional revision 宪法修正 348, 351-55, 358, 362, 364, 372, 377-83, 385-86
  Higashikuni 东久迩宫 67, 81, 227-28, 349, 476-80
  reforms resisted by 抵制改革 113-14, 117, 226, 372
  Shidehara 币原 260-61, 349, 387
  war crimes trial proposed by 提议战犯审判 476-80
  wartime 战时内阁 178, 326
  Yoshida 吉田 259, 261, 266, 436
calendar 历法 279, 401, 558
cameras 照相机 169, 533
cannibalism 同类相残 446, 506, 512
Canon corporation 佳能公司 533-34
capitalism 资本主义 67, 240, 273, 500, 530, 533-40
Capra Frank 弗兰克·卡普拉 427
carnal body, veneration of 肉体崇拜 133, 148, 155, 157-58, 161-62
  亦见 decadence 颓废; "*kasutori* culture" "粕取文化"
cartoons 漫画 65-69, *66*, *68*, *70*, 110, *135*, 172, 337, 420, 421-23, 556
Cary, Otis 奥蒂斯·卡里 309
CCD, 见 Civil Censorship Detachment, GHQ 总司令部民间审阅部
celebrity 名人 26, 28, 511
  emperor as 作为名人的天皇 330, 336
censorship 审阅制度 75, 150, 206, 247, 405-40, 469, 476, 510-11
  anti-leftist focus of 将左翼出版物作为审查目标 429-40, 511
  bureaucracy of 审阅机关 406-10, 432-33, 560-61
  of films 电影审查 414, 419, 426-32, 439
  grief impeded by 禁止表达不幸 413-19
  of literature 对文学作品的审查 160, 408-9, 415-21, 508
  relaxation of 审阅制度的缓和 196-97, 408, 432-33, 501, 510, 513
  of SCAP role in constitutional revison 严禁提及最高统帅部在宪法修正中的角色 385-86, 391-92
  as taboo subject 严禁提及审阅制度本身 211, 407-8, 410
  of visual images 对影像制品的审查 414-15, 419-20
  wartime 战时审阅制度 158-59, 163, 172, 180, 185-86, 188-89, 191-95, 292-93, 408-9, 421, 426, 428-29, 439, 490
  亦见 purges 追放（开除公职），清洗
chanbara (swordplay dramas) チャンバラ（时代剧）527
Charter Oath (1868) 五条御誓文（1868）180, 313-15

chemical warfare 化学战 465
Chiang Kai-shek 蒋介石 512
Chichibu, Prince 秩父宫 304, 321
children 孩子们 175–76, 211, 303, 412, 506
    displaced 背井离乡的孩子 55, 56–57
    games of 孩子们的游戏 110–12, *111*, 417–18
    homeless 无家可归的孩子 61–64, *62*, *101*
    nourishment of 孩子们的营养状况 92–94, *92*, 96, 100, 102
China 中国 19, 49, 51, 54, 73, 91, 118, 300, 303, 468
    civil war in 内战 424, 425, 469, 526
    Communist 共产党人 206, 233, 548, 552
    Japanese aggression in 日本侵略 21, 22, 35, 87, 186, 343, 344, 430–31, 457, 459, 465, 482, 506
    U.S. "loss" of 美国"失去"中国 469, 511
    war crimes trials in 战犯审判 447, 449
"China crowd" "中国派" 221–22
    亦见 Japan experts 日本问题专家
Chinese minority 在日中国人 122, 242
chocolate 巧克力 72, 110, 207, 211
cholera 霍乱 51, 103
Chōryū (The Tide) (journal) 《潮流》(期刊) 435
Christ, leaders compared to 耶稣基督,将领导者与之相比 229, 282–83, 284, 309
Christians, Japanese 日本的基督徒 197–98, 487–89
Christmas 圣诞节 169, 208
Chūō Kōron (Central Review) (magazine) 《中央公论》(杂志) 185, 435
Churchill, Winston S. 温斯顿·S. 丘吉尔 65, 469
Chūshingura (Kabuki drama) 《仮名手本忠臣藏》(歌舞伎) 432
cigarettes 香烟 169, 342
Civil Affairs Staging Area (California) 加州民政事务驻军基地 214
Civil Censorship Detachment (CCD), GHQ 总司令部民间审阅部 386, 407–10, 429–36
Civil Information and Education Section (CI&E), SCAP 最高统帅部民间情报教育局 246–47, 310–12, 323, 407, 413, 419, 428–29
"civil liberties directive" (1945) 《人权指令》(1945) 70, 81–82, 242, 298
civil service 公务员 368, 379, 403, 539–40
coal production 煤炭生产 118, 535
Cohen, Theodore 西奥多·科恩 205, 224, 245, 246, 540, 544
Cold War "冷战" 24, 69, 80, 206, 273, 500
    anxieties provoked by "冷战"引发的忧虑 526, 552
    idealism destroyed by "冷战"毁灭的理想主义 80, 453, 469, 470–71

  Japanese debates over　日本人关于冷战的争论　338

  Policy reversals due to　由于冷战造成的政策逆转　23, 239, 271 – 73, 474, 508, 511, 513, 551

  as taboo subject　作为禁忌　411, 412

collective bargaining　团体交涉　255, 257

"collective repentance"　"总忏悔"　183, 342 – 43, 496 – 97, 505, 506

  亦见 responsibility for war　战争责任

Colonialism, Western　西方殖民主义　20, 21 – 22, 412 – 13, 496 – 97, 505, 506

"Come Come English" (radio program)　《カムカム英語》(《来，来，学英语》)（广播节目）　173 – 74

"comfort woman" (*ianfu*)　"慰安妇"　124, 465, 470

Comic strips　连环漫画　52, 110, 241, 252, 423

Cominform　共产党和工人党情报局　272

Commission on the Constitution　日本宪法调查会　391

Commonweal　《コモンウィール》（杂志）　419

communism　共产主义　26, 52, 58, 179, 376, 468, 516

  emperor as defense against　利用天皇抵御共产主义　324 – 25, 328 – 29

  espionage for　共产国际的间谍　192 – 94

  intellectual heros associated with　相关的知识人　190 – 96, 233 – 36

Communist Party　共产党　67, 69, 81, 259, 261, 271 – 73, *271*, 476, 481, 560, 561

  anti-American protests of　反美主张　554 – 55

  anti-democratic tendencies of　反民主的倾向　270 – 71

  constitutional initiatives of　宪法提案　356 – 57, 362

  constitution opposed by　反对宪法　387, 400

  emperor respected by　对天皇的尊敬　264, 279, 304, 336, 343

  intellectuals and　知识人与共产党　192 – 95, 235, 427

  labor influence of　在劳工中的影响　250, 255 – 58, 268, 437, 553 – 54

  obedience demanded by　要求服从　239

  SCAP harassment of　最高统帅部的袭扰　266, 271 – 73, 433, 437 – 38

  Soviet intervention in　苏联的干涉　272

  wartime resistance of　战时的反抗　475

"community of remorse"　悔恨共同体　234 – 39, 322

Complete Marriage, The (Van de Velde)　《完全なる結婚》（范·德·威尔德）　163 – 64, 190, 194

Confucianism　儒教　61, 229

Congress, U. S.　美国国会　79, 299, 424, 550 – 52

conspiracy theories　共谋论　179, 456 – 58, 462 – 63, 480 – 84, 490 – 93

constitution, Meiji　明治宪法　315, 321 – 22, 325 – 26, 346 – 47, 351 – 58, 370, 378, 380, 403

constitution, postwar　战后的宪法　81 – 83, 223, 244 – 45, 264, 321, 346 – 404,

528

Allies' reaction to 同盟国的反应 362–64, 371, 378, 391–92, 397
amendments to 宪法修正 372, 373, 391–97, 403, 561–62
amnesty granted with 宪法准予的特赦 267, 400
anti-discrimination provisions of 反歧视条款 359, 381
cabinet under 指导下的内阁 392, 397
celebrations in honor of 庆祝宪法颁布 401–2, 429
citizenship defined in 公民身份的界定 206
dissemination of 宪法的传播 368, 393, 399, 402–4, 528
education reform in 教育改革 392
emperor's promotion of 天皇地位的提升 378, 383–85, 387–88
emperor's role redefined in 对天皇角色的重新定义 278, 344, 348, 350, 353–57, 360, 362–64, 367–69, 377–80, 387–90
feudal rights abolished in 废除封建特权 356, 359, 361, 369, 392, 399–400
gender equality established by 确立男女平等 357, 368, 380, 403, 528
human rights in 赋予的人权 244, 348, 350, 354, 357, 359, 369, 380–81, 387
labor provisions of 劳动条款 352, 392
language reform in 文体改革 392–93
legislature under 立法机构 348, 350, 353, 371, 380, 392, 397, 403, 549
local autonomy under 地方自治 380
"Matsumoto draft" of "松元草案" 348, 351–55, 358, 362, 364, 374, 385–87
media discussion of 新闻界的报道 348, 359–60, 385–87
opponents reconciled to 反对者的认同 403–4
parliamentary debate over 议会的辩论 387–99
popular proposals for 受欢迎的宪法提案 353, 355–60, 367, 392
precedents for 先例 358–59, 369–70, 373
public discussion of 公众的议论 375, 377, 383–87
ratification of 宪法的批准 372–73, 399–40
rhetoric of 宪法的措辞 370–71, 386, 387, 397–98
translation of 宪法的翻译 379–82, 386
"universality" of 宪法的"普遍性" 371–73, 385, 386
U. S. Constitution compared to 与美国宪法的比较 26, 244, 369
war renounced in 宣布放弃战争 82–83, 244, 347, 361, 369, 384, 386–87, 394–98, 399, 402–3, 528, 561–62
Constitution, U. S. 美国宪法 26, 244, 355, 370, 381
"constitutional convention" (Government Section) "宪法制定会议"（民政局） 360–73, 403, 561–62
secrecy of 保密性 371, 385–86, 391–92, 403
timetable of 时间表 361–64, 371

Constitutional Problem Investigation Committee　宪法问题调查委员会　351–55
Consumer culture　消费文化　136–38, *252*, 527–28, 543–44
Conversation books　会话手册　187–88, 491
corn meal　玉米粉　169–70
corruption　贪污腐败　90–91, 97–98, 100, 113–19, 143–44, 337–38, 531
　denunciation of　谴责，告发　231–32, 242
　investigation of　调查　114, 116–19, 535
cosmetics　化妆品　137, 343
crime　犯罪，罪行　56, 60–61, 63, 108–10, 143
　American　美国人的　211, 412
　Food-related　与食物有关的　90–91, 96–97
　Sarcastic perspectives on　对犯罪的嘲讽　67–68, 139, 170–72, 526–27
Crime and Punishment (Dostoyevsky)　《罪与罚》（陀思妥耶夫斯基）　196
"crimes against humanity"　反人道罪　443, 455–57, 473–74, 478–79
　亦见 war crimes trials　战犯审判
"crimes against peace"　反和平罪　444, 455–57, 463–64, 474, 478–79, 509
　亦见 war crimes trials　战犯审判
culture　文化　63, 120, 177, 178, 182–83, 187, 249, 313, 342, 494, 557–58
Curie family　居里一家　195
currency　货币　101, 113, 540

Daida Gintarō　代田银太郎　514–15
Daiichi *keiretsu*　第一系列　545
damasareta ("to have been deceived")　骗された（受骗）　490
dancing　舞蹈　153
daylight savings time　夏令时　105
Dazai Osamu　太宰治　155, 158–61, *159*, 196, 408, 516
decadence　颓废　26, 108, 120, 148, 158–62, 168, 172, 509
　亦见 "*kasutori* culture"　"粕取文化"
December Incident　12月事件　433–34
　亦见 purges　追放（开除公职），清洗
"declaration of humanity" (imperial)　"人间宣言"　305, 308–14, 322, 342–43
Declaration of Independence, U.S.　独立宣言，美国　370
"deconcentration" law　"集中排除"法　532–33, 546
defeat　战败：
　collective irrationality theory of　集体非理性论　492, 494–95
　despair over　绝望　88–89, *88*, 98, 104–5, 118–19, 121, 122–23, 158, 172, 255, 339–45
　ironic responses to　对战败的嘲讽　119, 170–72, 419
　language of　战败的语言　36, 44, 104, 168, 170–72, 183, 485, 490
　literary responses to　文学作品的反应　160, 195–200, 413–19, 485–96

search for meaning in　寻找意义　485－95
　　shame over　耻辱　37，38－39，104，339－40
　　technological theory of　科学技术论　492－96
　　waning interest in　逐渐淡忘　513
"defeat pipes"　"败战烟斗"　170
Demilitarization and democratization policy　非军事化与民主化方针　23，74，75，78，82－84，89，105，172，549，553
　　American debate over　美方的争论　217－24，239
　　contradictions of　内在矛盾　23，26－27，70，71－73，77，80－81，132－33，205－6，211－12，229，245，348，352，401－2，420－21，439－40，510，561－62
　　in economic sphere　经济领域　75－76，81－82，113－14，210，220－22，529－33
　　educational policies for　教育方针　205－6
　　emperor's role in　天皇的角色　75，83，212－13，217，219－20，232
　　intellectuals' role in　知识分子的角色　185－87，233－39，273
　　international norms created by　国际行为准则的创立　77－78，80
　　opposition to　反对派　83－84，144－45，225－27，240－41，257－58
　　pace of　改革的步调　74，81－82，240－41，361－62
　　persistence of　坚持不懈　561－62，564
　　popular enthusiasm for　民众的热情参与　227，240，241－44，262
　　precedents for　先例　179－80，185，259，260，268，308－9，313－14，332－33，358－59，369－70，373
　　propaganda for　宣传　215－17，281－86，413，425，487
　　radical reforms under　激进的改革措施　26－27，77，81－84，220，232，244－51
　　reversal of　政策的逆转　271－73，453，474，525－26，546，551－52，560
Deming, W. Edwards　W. 爱德华兹·戴明　543
Democracy Reader for Boys and Girls　《少年少女のための民主読本》　249
"democratic revolution"　"民主革命"　见
　　demilitarization and democratization policy; "revolution from above"　非军事化与民主化方针；"自上而下的革命"
demonstrations　示威游行　112，147－48，180，254－55，259－67，259，260，305，429
　　as censored subject　作为被查禁的主题　411，429－30
　　government-engineered　政府授意的示威活动　548
　　SCAP response to　最高统帅部的反应　265－66
　　student　学生　254－55，267－68，338－39
　　violent　暴力冲突　554－55
　　women's participation in　女性的参与　242，259，260，263，268
denunciation of fellow Japanese　告发他人　231－32，238，242，474－84
"de-purging"　"赦免"　525－26

desertion 弃守 59
detention centers, juvenile 青少年收容所 63–64
diaries 日记 38, 104, 129–30, 262, 291, 316, 321, 339–45, 383, 477, 483–84, 492
dictionaries 辞典 89, 425, 527
Diet (parliament), Japanese 日本议会 82, 117, 236, 242, 261, 273, 287, 544, 549
    constitution debated by 宪法辩论 382, 385, 387–99
    economic legislation in 经济立法 532–33, 541
    nationality legislation in 关于国籍的立法 394
    under new constitution 新宪法下的日本议会 350, 353, 357, 376, 403, 561
disabled persons 伤残人士 61–62
disarmament 裁军 74, 75, 78, 79, 83
discrimination, prohibition of 禁止歧视 359, 381
disease 疾病 51, 56, 90, 103–4
    as metaphor 疾病的隐喻 77, 79–80
displaced persons 难民 54–58
documents, destruction of 销毁文件 39, 114, 496, 531
Dodge, Joseph 约瑟夫·道奇 540–42, 544
Dooman, Eugene 尤金·杜曼 217–18, 222
Dostoyevsky, Fyodor 费奥多·陀思妥耶夫斯基 196, 427, 429
"Dream" (motorcycle) 《梦幻号》（摩托车） 534
dressmaking 女装裁制 170
drug abuse 滥用药物 108
Drunken Angel (film) 《醉いどれ天使》(《醉天使》)（电影） 427
Dry Leaves in Spring (Dazai) 《春の枯叶》（太宰治） 160
duck hunting 猎鸭 295, 300–301
Dulles, John Foster 约翰·福斯特·杜勒斯 537, 548
Dusbin, Deanna 迪安娜·达宾 150
Dyke, Ken R. 肯·R. 戴克 311, 323

"Eat This Way" (pamphlet) 《こうして食えば——工夫次第で材料は无尽藏だ》（《这样吃——只要发挥聪明才智，就有取之不尽的食物来源》）（小册子） 91
"Echo School" (ed. Muchaku) 《山びこ学校》（山音学校）（无着成恭编） 250–51
Economic and Scientific Section, GHQ 总司令部经济科学局 210, 269, 529, 532
Economic Planning Agency 经济审议厅 543–44
Economic Stabilization Board 经济稳定本部 529, 541
economists 经济学家 233–34, 237, 529, 534–35, 538–40
economy 经济 83–84, 98–102, 112–20, 138, 258, 468
    American intervention in 美国的干涉 74, 89–90, 115, 255, 531–34
    consumer behavior in 消费者的行为 136–38, 527–28, 543–44

foreign dependency of 对外国的依赖 118，551
  government inaction on 政府的不作为 89－90，94－98，258
  liberalization of 经济自由化 75－76，81－82，220，532－34，545－46
  long-range planning of 长期计划 536－40，564
  military-related stimulation of 军需刺激 528，537，541－46
  protectionist features of 贸易保护论的特征 564
  recovery of 经济复苏 71，528－46，558－59
  resources allocated for 资源配置 534－36
  satirical perspectives on 对经济困境的嘲讽 67－68，116，119，422
  "special characteristics" of 战后经济的"特质" 538－39，544－45，559－62，564
  technological advancement and 经济与科技进步 537－40，558
  world leadership of 日本经济的世界领导地位 557－58
Edo Hideo 江户英雄 530
education 教育 249－51，488，497－98
  reform of 教育改革 81，82，244，246－51，392，494－96，540
Education Ministry 文部省 247－49，392，494－95，528
Egeberg, Roger 罗杰·埃格伯格 286
Eichelberger, Robert 罗伯特·艾克尔伯格 491，511
Eisenhower, Dwight D. 德怀特·D.艾森豪威尔 324
election reform 选举改革 67，81，*83*，244，348，350
elections 选举 236，242，244，259－61，270，377
elites 精英分子 68－69，75－76，90，104－5，113－19，135，146，203，256，303，330
  in constitutional revision 宪法修正 348，351－55，358，362，376－79
  factional intrigue within 派系斗争 480－84
  growing coordination of 促进协调 536，544，546，560
  judicial protection of 司法保护 100，113，118，119，449，454，464－65
  policy makers influenced by 决策者所受的影响 218，221，240，286，300－301
  popular resentment of 民众的怨恨 97－98，119，348
  postwar generation of 战后的一代 282－83，525，530－32，539－40，545，562－63
  supplies diverted by 转移藏匿物资 113－14，116－19，531
  war crimes trial proposed by 提议战犯审判 476－80
emperor, role of 天皇的角色 75，83，212－13，217，219－20，226，264
  constitutional 宪法的规定 278，344，348，350，353－57，360，362－64，367－69，377－80，387－90
  as object of worship 作为崇拜的对象 277－78，282－83，309，314－16，355，389－90，467
  people's indifference to 国民的漠不关心 302－8
  public debate over 公众的辩论 232，299－302

symbolic aspects of 象征意义 277–79, 282–86, 290, 298–302, 324–25, 327, 333–35, 367–69, 389–90, 401, 403, 555–56
  亦见 Hirohito 裕仁
End of the Battleship Yamato（Yoshida Mitsuru）《战舰大和ノ最期》(《战舰大和之末日》)（吉田满）415–16, 487
Endō Takeo 远藤健郎 135
English language 英语 76, 110, 134–35, 173–74, 177, 187–88, *228*, *259*, 345, 527
  as expression of power 作为能力的表达 135, 207, 211
Enoch Arden（film）《伊诺克·阿登》(电影) 429
Entatus and Kingorō（comedians）横山エンタツ与柳家金语楼（喜剧俳优）514
"enterprise unionism" "企业内工会" 273
entrepreneurship 创业者, 企业家 168–70, 533–34, 551
Esman, Milton J. 米尔顿·J. 埃斯曼 364, 371
Etō Jun 江藤淳 421
exceptionalism, Japanese 日本人优越论 29, 84, 278–79, 353, 376, 389, 401, 557–58
  亦见 national character, presumed 假定的国民性
executions 死刑 444, 447–48, *448*, 450–51, 461, 505, 509, 513, 516–21
existentialism 存在主义 154, 162, 190, 191–92
exoticism, clichés of 有关异国情调的陈词滥调 23, 79–80, 215–17
Explanation of Postwar New Terms（dictionary）《战后の新语解说》(辞典) 89

Faces of Sugamo（Sasagawa）《巢鸭の表情——战犯狱中秘话》(笹川良一) 511
Far Eastern Commission（FEC）远东委员会 300, 363, 371, 391–92, 397
Far Eastern Survey（journal）《远东文摘》(期刊) 221
farmers 农民 93–95, 104, 116, 146, 496
fashion 时尚 123, 136–37, 146, 170, 256
Fellers, Bonner F. 邦纳·费勒斯 280–86, 293, 295, 297–301, 302, 304
  abdication opposed by 反对天皇退位 323–24, 328
  in war crimes trials 在战犯审判中 325–26
fiction 小说 133, 134, 157–61, 175–76, 189–90, 408–9, 416, 418, 502–4
"field vandalizing" "野荒らし"（毁坏田地）90
Fighting Soldiers（film）《战う兵队》(《战斗的士兵》)(电影) 428
film 电影 75, 120, 150–51, 165, 172, 173, 195, 204–5, 502, 504
  American control of 美方的管制 206, 414, 426–32, 439
  propaganda 宣传 213–17
Finance Ministry 大藏省 126, 531, 544
Fires on the Plain（Ōoka）《野火》(大冈升平) 504
flags 旗 171, 208, 256, 259, 261, 262, 553
flapper culture 摇摆女郎文化 138

"flesh novels" "肉体小说" 158–62

Flock of Poor People, A（miyamoto Yuriko）《貧しき人々の群》(《贫困的人群》)
（宫本百合子） 196

flour 面粉 169–70

food 食品 56, 64, 72, 76, 121, 146, 169–70, 230, 263, 549–50
    American consumption of 美国人的消费 209
    distribution of 分配 93–99, 142–43, 261, 269
    price of 价格 102, 116, 173
    theft of 偷窃 90–91, 96
    亦见 hunger 饥饿

food aid, American 美国的食品援助 75, 76, 93–96, 169–70, 231, 266, 268, 529

Food May Day demonstration 粮食五一节示威游行 254, 260, 262–64, 554

Foreign Ministry 外务省 126, 538

foreign policy, Japanese 外交政策, 日本的 28, 118

Formosa 福摩萨（台湾）21, *40*, 49, 54, 118, 465, 470
    亦见 Taiwan 台湾

Formosan minority 在日台湾人 122, 143, 146–47, 336, 394, 506

France 法国 470, 472

Franz Joseph, Emperor（Austria-Hungary）弗朗茨·约瑟夫, 皇帝（奥匈帝国） 473

fraternization 与敌亲善 124, *128*, 129, 135–39, *135*, *136*, 211, 412, 422

French Indochina 法属印度支那, 见 Vietnam 越南

Fūfu Seikatsu（Married Life）(magazine)《夫妇生活》(杂志) 164–65

Fuji *keiretsu* 富士系列 545

Fujin Kurabu（Housewives Club）(magazine)《妇人俱乐部》(杂志) 94

Fujita Hisanori 藤田尚德 320

Fujiyama Ichirō 藤山一郎 514

Furukawa Atsushi 古川纯 423–24

Furukawa combine 古河财团 530

Furusawa Kōtarō 古沢公太郎 144–45

Futabayama（sumo champion） 双叶山（相扑前横纲） 307

Gairoku（Sidewalk Interview）(radio show)《街头录音》(广播节目) 96

Galbraith, John Kenneth 约翰·肯尼思·加尔布雷斯 73

gambling 赌博 56

games, children's 孩子们的游戏 110–12, *111*, 417–18

gangs 黑帮, 组 108–9, 140, 141–43, *142*, 342

"gangster militarists" "军国主义分子" 281–89, 291, 304–5

gardens 菜园 *95*, 418

Garson, Greer 葛丽亚·嘉逊 150

Gate of Fate（Kodama）《运命の门》(儿玉誉士夫) 511

Gate of Flesh（Tamura）《肉体の门》（田村泰次郎）157 – 58，161

Gayn, Mark　马克・盖恩　262，265

Geien（Garden of Art）（magazine）《艺苑》（杂志）184

geisha　艺伎　131，153，169，*234*，*235*，300

General Headquarters, U. S.（GHQ）总司令部，美国　47，130，205 – 7，245 – 47，295 – 96，330，337，343 – 44，535

　　abdication opposed by　反对天皇退位　323 – 24

　　constitutional debate overseen by　监督宪法讨论　385 – 86，389，391 – 94，396

　　constitutional revision reviewed by　检阅宪法修正　354，357，358 – 60，388 – 89

　　constitution drafted by　起草宪章　347 – 48，360 – 73，561

　　constitution promoted by　对宪法的推进　402 – 3

　　court connections of　与日本宫廷的联络　300 – 301，310 – 13，323 – 24，460

　　denunciations addressed to　受到的谴责　231 – 32，482 – 84

　　folk customs attacked by　批评民间习俗　226 – 27

　　political left opposed by　反对政治左翼　239，254 – 55，258 – 59，267 – 72，409，433 – 38

　　radical reforms promoted by　推行的激进改革　77，81 – 82，222 – 24，238 – 39

　　war crimes trial considered by　曾经设想的战犯审判　476 – 77

general strike（1947）总罢工（1947）268 – 70

Germany　德国　23，39，78，79 – 80，178，212，234，529，550 – 51

　　constitution of　宪法　346，353，358

　　war crimes of　战争罪行　446，458 – 59，473 – 74

Gettysburg Address　葛底斯堡演说　370，381

GHQ，见 General Headquarters, U. S. 总司令部，美国

GIs　美国兵　23 – 24，72，110，128 – 30，*128*，*131*，*137*，207 – 12，*210*，462，534，553

　　attacks on　所受的袭击　345，554 – 55

　　black　黑人　130，133，216

　　in imperial entourage　为天皇护驾　*335*，336 – 37

Gide, André　安德烈・纪德　190

"G. I. Is Civilizing the Jap, The"（article）《美国大兵以文明教化日本佬》（报纸文章）217

gift-giving　赠与　24，72，138，211，229 – 31，*230*，297，301

　　imagery of　作为比喻　68 – 71，216，403

Go-Mizunoo, Emperor　后水尾天皇　315

Gone with the Wind（Mitchell）《飘》（日译《风と共に去りぬ》）（玛格丽特・米歇尔）190，528

"good morals and manners"（*junpū bizoku*）淳风美俗，见 manners　礼貌

Go Seigen　吴清源　307

Government Secton, GHQ　总司令部民政局　209 – 10，223，389

　　Constitution written by　起草宪法　347，358 – 83，385 – 86

亦见 General Headquarters, U. S. 总司令部，美国

grass-roots movements 草根运动 241-44, 248-49, 254-74, 392-93
 alleged Soviet influence on 所谓苏联的影响 266
 anti-Americanism of 反美主义 268-70, 438
 crackdown on 镇压 239, 265-67, 269-70, 338-39
 religious 宗教的 307-8

Great Britain 英国 51, 73, 183, 284, 320, 331-32, 538
 Colonial interests of 殖民利益 20, 470, 472

Great Depression 大萧条 559

Great East Asia War (*Dai Tōa Sensō*) 大东亚战争 419
 亦见 World War II 第二次世界大战

Greater East Asia Co-Prosperity Sphere 大东亚共荣圈 21-22, 104, 118, 177, 513, 557

Grew, Joseph 约瑟夫·格鲁 41, 217, 222, 279

Griffith, D. W. 戴·沃·格里菲思 429

Guide to Japan (handbook) 《日本指南》（手册） 364

Gulf War 海湾战争 563

Haida Katsuhiko 灰田胜彦 514

haiku 俳句 310, 416, 418

Hakuchi (The Idiot) (film) 《白痴》（电影） 427

Hanashi (Story) (magazine) 《话》（杂志） 164

Hani Gorō 羽仁五郎 509

Harp of Burma (Takeyama) 《ビルマの竪琴》（《缅甸的竖琴》）（竹山道雄） 502-3, 516

Harris, Townsend 汤森·哈里斯 126

Haruka naru Sanka ni (In Distant Mountains and Rivers) (anthology) 《はるかなる山河に》（《在远方的山河》）（文集） 199-200, 501-3

harvest 收成 90, 93, 96, 548-49

Hasegawa Machiko 长谷川町子 423

Hasegawa Nyozekan 长谷川如是闲 327

Hata Toyokichi 秦丰吉 151-53

Hauge, Osborne 奥斯本·海格 364

Hayashi Fumiko 林芙美子 63

Hayashi Tadahiko 林忠彦 155, 166-67, *166*

Hays, Frank E. 弗兰克·E. 海斯 364

Health and Welfare Ministry 厚生省 62-63, 246

Hearn, Lafcadio 小泉八云 280-81

Heidegger, Martin 马丁·海德格尔 192, 499

Henderson, Harold 哈罗德·亨德森 310

"hero worship" incident "权力者崇拜"事件 405-6, 408

Hersey, John 约翰·赫西 414

Hidaka Rokurō 日高六郎 227

hierarchy 等级制度 27, 47, 71, 162–63, 217–18, 226, *368*, 380, 382, 449, 507

    occupier accentuation of 占领者对等级制度的强调 *210*, 212, 278–79, 560–61

Higashikuni cabinet 东久迩宫内阁 67, 81, 227–28, 349, 476–80

Higashikuni Naruhiko, Prince 东久迩稔彦亲王 81, 114, 227, 287, 304, 477

    in abdication debate 议论天皇退位 320–21, 323, 379

    on cause of defeat 对战败原因的看法 494, 496

Hikawa Maru (repatriation ship) 冰川丸（遣返船） 57

Hirakawa Tadaichi 平川唯一 174

Hirano Yoshitarō 平野义太郎 436

Hirohito, Emperor 裕仁天皇 22, 41, 89, 156, 198, 218, 265, 277–338, 350, 400–2, 404, 458, 477, 555–56

    assets of 皇室资产 343–44, 501

    British influence on 英国的影响 320, 331–32

    death of 裕仁去世 558–59

    direct appeals to 直接向天皇请愿 263–65, 345

    draft constitution accepted by 接受宪法草案 378, 383–85, 387–88

    humanity of 天皇的人间性（人性） 305, 308–14, 322, 333–34, *333–35*, 342–43

    jokes about 有关天皇的笑话 263–64, 266–67, 279, 305, 337, 390, 422

    lineage of 天皇世系 306–7, 309

    MacArthur met by 与麦克阿瑟的会见 292–97, *294*, 340, 549

    as "pacifist" and "democrat" 作为"和平主义者"与"民主主义者" 287–92, 295–301, 304, 313–14, 317–18, 322, 326–27, 330–31, 344, 350, 369, 459, 480, 482–84

    people's disengagement from 民众的疏离 302–8

    photographs of 天皇的照片 292–95, *294*, 305, *332–35*, 340, 341

    poems of 天皇的诗作 317–18, 553, 555–56

    private life of 天皇的私人生活 289–91, 314–15

    radio broadcasts of 玉音放送 33–39, *66*, 88, 92–93, 264–65, 287, 298–99, 302, 485, 491

    retention of 保留天皇 212–13, 280–89, 320–30

    tours of 巡幸 330–39, *333–35*, 344

    war responsibility of 战争责任 27–28, 35, 41, 278, 279, 281–82, 291–92, 320–26, 329–30, *332*, 339–40, 342–43, 428, 439, 459–60, 477–84, 501, 518

Hiroshima 广岛 36, 43, 45, 47, *48*, 73, 171, 286, 414–16, 439, 493, 562

    imperial visit to 天皇巡幸 330, 336

    survivors of 幸存者 *49*, 61

Hiroshima（Hersey） 《广岛》（约翰·赫西） 414
Hirota Kōki 广田弘毅 459
Hitler, Adolf 阿道夫·希特勒 444, 458
hoarding 囤积物资 25, 117–19, 258, 337
holding companies 持株会社 82, 529
　亦见 *zaibatsu* 财阀
Hollerman, Leon 利昂·霍勒曼 546
Hollywood 好莱坞 137, 150, 154, 461, 527
Holocaust 大屠杀 457
homelessness 无家可归 47–48, 61–63, *101*, 105
Home Ministry 内务省 81, 114, 124–25, 126, 132, 212–13, 292–93, 295–96, 560
Honma Masaharu 本间雅晴 443–44, 447, 516
Honda Sōichirō 本田宗一郎 533–34
Hong Kong 香港 22, 470
Horiguchi Daigaku 堀口大学 119
Hosokawa Karoku 细川嘉六 476
House of Councilors 参议院 398
House of Peers 贵族院 154, 388, 396, 397–400
House of Representatives, Japanese 日本众议院 117, 353, 380, 388–91, 395, 399, 513
House Un-American Activities Committee, U.S. 美国众议院非美活动调查委员会 424
housewives 家庭主妇 98–99, 101–3, *260*, 263, 268
housing 住宅 *50*, 115
Hull, Cordell 科德尔·赫尔 424, 444–45
humanism 人道主义 71, 92, 193, 225
human rights 人权 74, 244, 348, 350, 354, 357, 359, 369, 380–81, 387
humor 幽默 67–68, 107–9, 116, 139, 148–49, 167, 241, 561
　anti-imperial 针对天皇 263–64, 266–67, 279, 305, 337, 390, 422
　censored 遭受审查 405, 418–23
　defeat ameliorated with 为战败减压 119, 170–72, 419
　racist 种族主义的 211
hunger 饥饿 48, 56, 58–59, 64, 89–103, *90*, 92, 105, 118, 209, 263, 270
　as censored topic 作为被查禁的主题 411, 420–21, 429
　crimes caused by 引发的犯罪 90–91, 96–97, 99–100, 109, 123
　desperate measures and 饥饿与孤注一掷的行为 91, 94, 96, 102, 105, 263
　government inaction and 政府的不作为 89–90, 94–98
Hussey, Alfred R., Jr. 小阿尔弗雷德·R.哈西 364

ianfu（"comfort women"） 慰安妇 124, 465, 470

Ibuka Masaru　井深大　534
Ichiban Utsukushiku（The Most Beautiful）（film）　《一番美しく》（《最美》）（电影）426 – 27
iconography　图解说明　69，105，137，167，169，183
　　亦见 language　语言
Idiot, The（film）　《白痴》（电影）　427
Ihara Saikaku　井原西鹤　134
Ii Yashirō　伊井弥四郎　269 – 70
Ikeda Hayato　池田勇人　126，544，559
Ikejima Shinpei　池岛信平　409
Ikuno Michiko　几野道子　151
Imboden, Daniel　丹尼尔·伊伯顿　419，433
Imperial Army Officers School, Tokyo, War crimes trials in　帝国陆军士官学校, 东京 战犯审判所在地　461 – 62
Imperial Household Ministry　宫内省　41，263，311，331
Imperial Rescript on Education　《教育敕语》　33 – 34，311
Imperial Rescript to Promote the National Destiny　《新日本建设に关スル诏书》（《关于新日本建设之诏书》），见 "declaration of humanity"（imperial）"人间宣言"（裕仁天皇）
Imperial War Rescript　《开战の诏书》　298
"improper persons"　"不合时宜者"，见 stigmatization　诬蔑，污名化
Inada Masatsugu　稻田正次　356
income　收入　63，75，101 – 2，144，257，268，564，
India　印度　22，470
individualism　个人主义, 利己主义　25 – 26，189 – 90，232
　　emperor worship opposed to　反对天皇崇拜　277 – 78，309
　　foreign models of　外国的原型　236 – 39，248
　　grass-roots displays of　民众的表现　241 – 44，248 – 49，257 – 58
　　of intellectual heroes　知识精英　189 – 95，249
Indonesia　印度尼西亚　21，51，470，472，506
industry　工业, 产业　168 – 70，533 – 34，536，541 – 43，551，557
　　conversion of　产业转型　168 – 69，170，533 – 34
　　quality control in　品质管理　543
infant mortality　婴儿死亡率　91
inflation　通货膨胀　67，89 – 90，97，101 – 2，112 – 13，115 – 16，255，257，268，270，531，535 – 36，540 – 41
Information Bureau（imperial）　内阁情报局　493 – 94，496
Initial Post-Surrender Policy Relating to Japan, U. S.　《日本投降后美国的初期对日方针》　73 – 74，76 – 77，212
intelligentsia, Japanese　日本的知识阶层　154，158，185 – 200
　　as "community of remorse"　作为"悔恨共同体"　234 – 39，322

leftist　左翼知识分子　185 – 87, 191 – 94, 233 – 39, 249, 433 – 37
International Labor Organization　国际劳工组织　246
International law　国际法　80, 455, 463 – 64
　亦见 war crimes trial　战犯审判
International Military Tribunal for the Far East　远东国际军事法庭, 亦见 war crimes trial　战犯审判
International Prosecution Section（IPS）, International Military Tribunal for the Far East　远东国际军事法庭国际检察局　319, 325, 326, 481 – 84
Interpreting the New Constitution（Ashida）《新宪法の解释》（芦田均）　397 – 98
Intervues Imaginaires（Gide）《架空会见记》（安德烈·纪德）　190
In Distant Mountains and Rivers（anthology）《はるかなる山河に》(《在远方的山河》)（文集）　199 – 200, 501 – 3
"In the Flow of the Stars"（song）《星の流れに》(《流星》)（歌曲）　123, *125*, 139
Iriye Sukemasa　入江相政　331
iroha karuta（syllabary cards）　伊吕波纸牌　171 – 72
"Iron Curtain" speech（Churchill）"铁幕"演说（丘吉尔）　469
Ise, Grand Shrine at　伊势神宫　278, 555
Ishibashi Tanzan　石桥湛山　114, 261
Ishii ballet company　石井芭蕾舞团　514
Italy　意大利　303, 444
Itō Ritsu　伊藤律　433
Iwabuchi Tatsuo　岩渊辰雄　481
Iwanami（publisher）　岩波书店　186, *186*, 435
Iwasaki Akira　岩崎昶　428 – 29, 439
Iwasaki Koyata　537 – 38

James, William　威廉·詹姆斯　29
Japan, contemporary　当代的日本　28 – 30, 546, 557 – 64
Japan, feudal　封建的日本　19, 133, 134, 141, 162, 179 – 80, 303, 343, 346
Japan, wartime　战时的日本　19 – 22, 25, 33 – 34, 77, 84, 104 – 5, 110, 138, 175, 263, 312, 559
　dissent suppressed in　对不同政见的压制　81, 121 – 22, 191 – 96, 221, 265, 267, 288, 307, 355, 437, 438
　food shortages in　粮食短缺　90 – 92
　foreign labor in　外国劳工　118, 242
　humorlessness of　缺乏幽默感　171, 172
　inflation in　通货膨胀　113
　"one family" rhetoric in　强调"一家"的战时宣传　59, 61, 118, 122, 127, 144, 241, 278 – 79, 480
　sacrificial ethic of　关于牺牲的伦理道德　87 – 88, 127, 144, 161, 193 – 94, 277, 517 – 18

sensuality suppressed in　禁欲　133，137，157–58，162–63，514

slogans of　标语口号　175–78，203

theocratic ideology of　神权政治的意识形态　277，282–83，309

thought police in　思想警察　81，232，302–4，366

Japan—An Attempt at Interpretation（Hearn）《日本：一个解释的尝试》（小泉八云）280–81

Japan Women's Baseball League　日本女子野球リーグ（日本女子棒球联盟）　514

"Japanese-English Conversation Manual"《日米会话手帐》187–88，491

Japanese language　日本语　139，148–49，*176*，223–24，316，322–23，314–43，345，381–82

　reform of　语言改革　392–93，401–2

　亦见 language　语言

"Japanese model"　"日本模式"　557–64

Japan experts　日本问题专家　217–24，240，366

　GHQ avoidance of　总司令部对日本问题专家的排斥　223–24

　humanity declaration prepared by　炮制"人间宣言"　309–14

　leftist　左翼人士　220–21，238–39

　psychological strategies of　心理战略　280–86

Japan-U. S. S. R. Neutrality Pact　日苏中立条约　472，482

Jaranilla, Delfin　德尔芬·哈那尼拉　445，450，465，469–70，473

jeeps　吉普车　110，135，419

"Jikōson"（Nagaoka Yoshiko）　"玺光尊"（长冈良子）　307，337

Jiji Shimpō（newspaper）《时事新报》386，405–6

Jinmin（magazine）《人民》（杂志）　185

Jiu religion　玺宇教　307

"Joe Nip"　"日本佬"　206

Joint Chiefs of Staff, U. S.　参谋长联席会议，美国　73，74，299–300

jokes　笑话，见 humor　幽默

journals　期刊　26，151，185–87，221，238，433–36

junpū bizoku（"good morals and manners"）　淳风美俗，见 manners　礼貌

Jūninen no Tegami（Twelve Years of Letters）（Miyamoto Yuriko）《十二年の手纸》（宫本百合子）　196

Kabuki theater　歌舞伎　209，293，295，432

Kades, Charles　查尔斯·凯德斯　65，77，223，364–70，372，376，379–80，389，396，398，404

Kainō Michitaka　戒能通孝　511

Kaizō（Reconstruction）（magazine）《改造》（期刊）　185–86，409，420，433–35，439

Kaji Wataru　鹿地亘　221

Kamei Fumio　龟井文夫　426–31，507

Kamei Katsuichirō　龟井胜一郎　72
Kameo Hideshirō　龟尾英四郎　93
kamikaze pilots　"神风"特攻队　59, 87, 108, 156, 172, 280, 284
kami-shibai（"paper theater"）　纸芝居　*393*
Kamoi Repatriation Center　鸭居收容所　56
Kanagawa Prefecture　神奈川县　104, *230*, 339
Kanamori Tokujirō　金森德次郎　388–90, 396–98, 403–4
Kangyō Bank　劝业银行　126
Kannon（bodhisattva）　观世音菩萨　520
Kant, Immanuel　伊曼纽尔·康德　499
Kasagi Shizuko　笠置静子　514
"kasutori culture"　"粕取文化"　108, 122–23, 148–58, *150*, *151*, *152*, *153*, 163–67, *166*, 168, 172
　artists' interest in　艺术家的兴趣所在　148, 153–54, 155
　beauty ideal of　女性美的标准　149, 151–54
　escapism of　逃避现实　165–67
kasutori shōchū（drink）　カストリ烧酎（粕取烧酒）　107–8, 145, 148–49
Katō Etsurō　加藤悦郎　65–69, *66*, *68*, *70*, 71, 72, 74, 84
Katō Kanjū　加藤勘十　117
Katō Shizue　加藤静江　389
Kawabata Yasunari　川端康成　158–59, 189, 408, 418
Kawabe Torashirō　河边虎四郎　126
Kawada Jun　川田顺　155
Kawakami Hajime　河上肇　92, 190–91, 342–44
Kawakami Tetsutarō　河上彻太郎　161
Kazunori Komorida　小森田一记　194
Keenan, Joseph　约瑟夫·基南　319, 326, 444, 455, 458, 460, 463, 464, 467–68, 471, 472
Keidanren（business federation）　经团连　549
keiretsu（business groupings）　系列　545–46, 559
Keisei electric railway　京成电铁　257
Keller, Helen　海伦·凯勒　198
Kellogg-Briand Pact　凯洛格—白瑞安公约　369–70, 398, 464
Kempeitai（wartime military police）　宪兵队　304, 464, 518
Kempō Kenkyūkai（Constitutional Research Association）　宪法研究会　356–60, 369
Kempō Kondankai（Constitutional Discussion Group）　宪法恳谈会　356–57
Kennan, George　乔治·凯南　453
key logs　秘密议事录　396, 410–12, 436
　又见 censorship　审阅制度
Khabarovsk（USSR）, war crimes trial in　哈巴罗夫斯克（苏联），战犯审判　449
Kibō（Hope）（magazine）　《希望》（杂志）　107

Kido Kōichi　木户幸一　291, 297, 319, 320, 329–30, 351, 467–68, 475, 477, 483–84
　diary of　木户日记　38, 477, 483–84
Kierkegaard, Søren　瑟伦·克尔恺郭尔　488, 499
Kike—Wadatsumi no Koe（Listen—Voices form the Deep）（anthology）《きけ　わだつみのこえ》（《听，海神之声》）（文集）198–200, 501–3, 519
Kikuchi Kan　菊池宽　490
Kimonos　和服　208, 216, 229–30, 256
Kimura Hisao　木村久夫　519
Kinema Jumpō（journal）《キネマ旬报》（《电影旬报》）（期刊）151
Kinoshita Michio　木下道雄　291–92, 316, 321, 323, 383
Kishi Nobusuke　岸信介　454, 474, 562
kissing　接吻　149–51, 430
Kitamura Sayo　北村小夜　307
Kitazawa Rakuten　北泽乐天　421
Kiyose Ichirō　清濑一郎　462, 493
Kluckhorn, Clyde　克莱德·克拉孔　219–20
Know Your Enemy—Japan（film）《了解你的敌人——日本》（电影）213, 217, 427
Kobayashi Masaki　小林正树　225–26
Kobe　神户　93, 96, 239
Kodama Yoshio　儿玉誉士夫　454, 474, 511
Kōdansha（publisher）讲谈社　94, 175, 181, 186
Kōdō-ha（Imperial Way Faction）皇道派　481–82
Kōgotai（colloquial Japanese）口语体　392–93
Kōgun/Kōgun（"Imperial Army"/"locusts"）（pun）皇军/蝗军（双关语）507
Kojima Ken　小岛宪　338
Kokoro（Heart and Soul）（Sōseki）《心》（夏目漱石）189
Kokumin（"the people"）国民　381–82, 394
Kokutai（"nation body"）国体　157–58
Komatsu company　小松制作所　533
Kondō Hidezō　近藤日出造　421–22, 490
Kon Hidemi　今日出海　107
Konoe Fumimaro, Prince　近卫文麿公爵　125–26, 178, 319, 320–22, 326, 352, 475
　constitutional initiative of　宪法改正纲要　321–22, 349–51
"Konoe Memorial"《近卫上奏文》480–84
Kono Ko o Nokoshite（Leaving These Children）（Nagai）《遗孤人间》（永井隆）196–98
Korea　朝鲜　21, 26, 49, 51, 54, 59, 91, 118, 424, 449, 465, 470
Korean minority　在日朝鲜人　122, 143, 146–47, 336, 394, 506, 554

labor activism among　朝鲜劳工暴动　242, 260
Korean War　朝鲜战争　199, 206, 272, 398, 516, 526, 547–48
　　economic effects of　经济效果　528, 537, 541–46
　　"red" purges unleashed by　发动"赤狩"　436–38, 526
Kowalski, Frank　弗兰克·科瓦尔斯基　547
Kumazawa, "Emperor" Hiromichi　熊沢宽道, 熊沢"天皇"　306–7, 337
Kuomintang (Nationalist Chinese government)　中国国民党政府　51, 449, 469, 511
Kuramitsu Toshio　仓光俊夫　56–57
Kurihara Sadako　栗原贞子　417–18
Kurile Islands　千岛群岛　49
Kurita Wataru　栗田亘　247
Kurosawa Akira　黑泽明　426–27, 527
kyodatsu ("exhaustion and despair")　虚脱("疲惫而绝望")
　　condition　虚脱状态　88–89, *88*, 98, 104–5, 118–19, 121, 122–23, 158, 172, 255, 549
Kyōdō news agency　共同通讯社　438
Kyōryoku Shimbun (Cooperative Press)　《协力新闻》　182–83
Kyoto　京都　242, 323, 338–39
Kyoto Imperial University　京都帝国大学　497–98
Kyushu University　九州帝国大学　54, 242, *446*

Labor Division, GHQ　总司令部劳动局　245–46
Labor Ministry　劳动省　245–46
labor movement　劳工运动　26, 76, 81, 82, 255–61, 273, 536, 553–54
　　suppression of　镇压　271–72, 437, 559
labor reform　劳动改革　244–46, 352, 546, 560
Labor Standards Law (1947)　《劳动基准法》(1947)　246
Lamott, Willis　威利斯·拉莫特　309
land reform　农地改革　76, 82, 244, 251, 352, 529, 533, 546, 560
language　语言　26, 30, 42–43, 61, 128, 164, 168–200, 419, 458
　　of big business　大财团　545
　　as bridge to future　作为通向未来的桥梁　128, 168–69, 171–72, 174–80, 181, 198–200, 341–42, 343
　　of brightness　光明　172–77, 185, 187, 195, 196, 199, 406, 549
　　children's　孩子们　110–12
　　of criminality　犯罪　108, 139, 141
　　of culture　文化　63, 120, 177, 178, 182–83, 199, 313, 342, 494, 557–58
　　of cynicism　玩世不恭　526–28
　　of defeat　战败　36, 44, 104, 168, 170–72, 183, 485, 490
　　of democratization　民主　23, 105, 172, 241, 313, 343
　　of desperation　绝望　63, 89, 95, 103

  of emperor's humanity　天皇的人间性　308–9, 313–17
  of gift-giving　赠与　71, 216, 403
  of intellectuals　知识分子　154, 158, 185–87
  martial　战争的　22, 25, 34–35, 38, 59, 104, 171, 175
  of newness　新　172, 177–80, 185
  of prostitution　卖春业　124, 126, 132, 134–35
  of protest　抗议　254, 261, 265, 266–67, 272
  of purity　纯洁　179, 521
  of racial superiority　种族的优越性　215–16, 311, 312, 314–26, 389, 471, 557–58
  of rebirth　新生　557
  reform of　语言改革　392–93, 401–2
  of repentance　忏悔　489, 493–94, 496–500, 507–8, 509
  of revolution　革命　66, 69–70, 148, 157–60, 526
  of subjectivity　主观性　156–57
  of unity　团结, 统合　59, 61, 118, 122, 127, 144, 241, 278–79, 480
  in war crimes trials　战犯审判　458, 467
Lattimore, Owen　欧文·拉铁摩尔　221–22
legal system, Japanese　日本的法律体系　99–100, 113, 118
 reform of　改革　81, 82, 244–45, 267
legal system, military　军事法体系　211, 445, 466
legislative reforms　立法改革　348, 350, 353, 371, 380, 392, 397, 403, 549, 561
Leighton, Alexander　亚历山大·莱顿　219–20
lese majesty　冒犯君主, 不敬罪　267, 293, 303–4, 378, 428
liberalism　自由主义　180, 185–86, 500
Liberal Party　自由党　356, 357, 387, 403
Liberty and People's Rights Movement (Meiji era)　自由民权运动（明治时期）　358
Lippamnn, Walter　沃尔特·李普曼　407
liquor　酒　107–8, 145, 148–49, 169, 534
Listen—Voices from the Deep (anthology)　《きけ　わだつみのこえ》(《听, 海神之声》)（文集）　198–200, 501–3, 519
literature　文学　92, 119, 133, 134, 158–62, 502–5, 507–8
 censorship of　作品的审查　160, 408–9, 415–21, 508
 children's　孩子们的文学　175–76, 503, 528
 democratic　民主的文学　237–38
 individualism in　个人主义　189–95
 victim consciousness in　受害者意识　191, 195–200, 517–21
"little America"　"小美国"　47, 206, 208–11, 560
"living war dead"　"活着的英灵"　60, 345, 430
loans, reconstruction　重建贷款　113
Locke, Edwin, Jr.　小埃德温·卓克　44

looting 劫掠 25, 59, 113–19, 339
love 爱 63, 120, 138–39, 148, 229, 517, 519
 of country 对国家的爱 157–58, 175, 185, 193–94, 197, 342, 563
 as literary theme 作为文学的主题 189–90, 192–94
 in marriage 夫妇之爱 162–65, 189, 193, 195–96
 revolutionary potential of 爱的革命力量 158–61, 163
Love Is Like a Shower of Stars（Ozaki）《愛情はふる星のごとく》(《流星般的爱情》)（尾崎秀实）192–95

MacArthur, Douglas 道格拉斯·麦克阿瑟 23, 40–44, 73, 83, 203–6, *204*, *294*, 305, 309, 354, 397, 404, 439, 481, 534
 congressional testimony of 国会听证会 550–51
 in constitutional revision 在宪法修正中 346, 348–50, 360–64, 367–68, 372–78, 385
 democratizing zeal of 民主化的热情 223, 286
 dismissal of 免职 548–52
 emperor supported by 支持天皇 279, 281, 286, 289, 291, 292–301, *294*, 323–30, 332, 343, 361–64, 377–78, 561
 gift received by 收到的礼物 53, 229–31, 297
 imperial proclamations reviewed by 对天皇"人间宣言"的评价 311, 314, 315–16
 imperial style of 帝王气派 203–5, 213, 227, 306, 340, 367–68, 422
 leftist politics condemned by 谴责左翼政治 265–66, 269, 272, 437–38
 personal appeals to 个人向麦克阿瑟请愿 52–53, 227–29, 231–32, 264
 popular adulation of 大众的逢迎 227–33, *228*, 230, 405–6, 525, 549, 551
 powers of 权力 27, 73–74, 78–79, 360–61, 540, 560
 rhetoric of 雄辩 69, 222–23, 265, 324–25, 385, 437, 550–52, 556–57
 on war crimes trials 对待战犯审判 319, 454, 455, 457, 460–71
McCloy, John J. 约翰·J. 麦克洛伊 222
Madame Curie（film）《居里夫人》(电影) 195
Maeda Tamon 前田多门 315, 317, 494–95
magazines 杂志 107, 139, 164–66, 177–78, 181–87, 322, 327, 421–23, 432, 508–10
Mailer, Norman 诺曼·梅勒 198, 503–4, 527
Mainichi（newspaper）《每日新闻》(报纸) 123, 227, 242, 243, 350, 359–60, 491, 509, 549–50
Mainichi Orions (baseball team) 每日猎户星(棒球队) 514
Makino Shinken 牧野伸显 390
Malaya 马来亚 22, 51, 470, 472
Malcolm, Roy L. 罗伊·L. 马尔科姆 364–65
malnutrition 营养不良 56, 90–97, *90*, *92*, 102, 118, 171

"Manchukuo" "满洲国" 454

Manchuria 满洲 21, 35, 49, 50, 51, 87, 118, 175, 470–72, 516, 537

  orphans from 来自满洲的孤儿 55, 56–57, 123

  war crimes in 战争罪行 449, 454

Manchurian Incident "满洲事变"（"九一八事变"） 457, 476, 478–79

Manga（Cartoon）(magazine) 漫画（杂志） 139, 421–22

manifest destiny "白人的义务"（帝国主义扩张论） 211–12, 216–17, 471

Manila 马尼拉 22, 283–84, 286, 415, 458, 506

manners 礼貌 24, 172, 226, 234, 242

Mannheim, Karl 卡尔·曼海姆 191–92

Man'yōshū（anthology）《万叶集》 200

marginal groups 边缘群体 122–23, 136, 148

  亦见 black market 黑市；"*kasutori* culture" "粕取文化"；prostitution 卖春业

Marquat, William 威廉·马夸特 210, 269–70

marriage 婚姻 105–7, 162–65, 193–95, 357

Marshall, George C. 乔治·C. 马歇尔 213

Marshall Plan 马歇尔计划 469

Maruki Iri 丸木位里 414–15

Maruki Toshi 丸木俊 414

Maruyama Masao 丸山真男 161–62, 233–35, 496, 507

Marxism 马克思主义 185–86, 188–89, 191–92, 233–39, 273, 342, 427, 507

Mashbir, Sidney 西德尼·马士伯 284–86, 293

Masubara, "Mary" 松原"玛丽" 153–54

materialism 唯物主义 26, 136, 147–48, 527–28

Matsuda Giichi 松田义一 141–43, *142*

Matsui Iwane 松井石根 459

Matsumoto Jiichirō 松本治一郎 356

Matsumoto Jōji 松本烝治 351–55, 359–60, 363–64, 366, 370, 371, 374–83, 388, 395, 404

Matsuoka Yōsuke 松冈洋右 479, 481–82

Matsushima Matsutarō 松岛松太郎 266–67

Matsuura Sōzō 松浦总三 409, 439

May Day celebrations 庆祝五一节（国际劳动节） 180, 254–55, *259*, *260*, 261–68, 554

Mazaki Jinzaburō 真崎甚三郎 482

Mazushiki Hitobito no Mure（A Flock of Poor People）(Miyamoto Yuriko)《贫しき人々の群》(《贫困的人群》)(宫本百合子) 196

media 新闻媒体 119–20, 241–42, 270, 293, 505

  abdication discussed in 讨论天皇退位 321–22, 324, 327–28

  American control of 美方的管制 206, 211, 377, 385, 404–40

  constitutional revision covered in 宪法修正的报道 348, 359–60, 385–87

"declaration of humanity" in "人间宣言" 316 – 18
demimonde images in "夜之女"肖像 123 – 24
emperor's innocence proclaimed by 宣称天皇无罪 287, 291 – 92, 295 – 96, 331, 340, 344
optimism promoted by 倡导乐观精神 172 – 77
political participation elicited through 引发的政治参与热情 242 – 44
purges in 追放（开除公职），清洗 272, 409, 433 – 38
social breakdown reported in 社会崩溃的报道 105, 108, 119, 123
war crimes trials covered by 战犯审判的报道 413, 439, 450, 460 – 61, 475 – 76, 508 – 9, 511

Meiji Constitution 明治宪法 315, 321 – 22, 325 – 26, 346 – 47, 351 – 58, 370, 378, 380, 403, 558

Meiji era 明治时期 71, 178 – 80, 184, 236, 248, 288, 303, 317, 516, 559
　authoritarianism 独裁主义 346, 358
　precedents from 明治时期的先例 179 – 80, 308 – 9, 313 – 14, 332 – 33

Meiji Shrine, protest at 在明治神宫的抗议活动 554 – 55
memoirs 回忆录 415 – 16, 511 – 13
mental illness 精神疾病 61, 219, 492
methyl alcohol poisoning 甲醇中毒 107 – 8
Mibuchi Tadahiko 三渊忠彦 100, 327
Mifune Toshirō 三船敏郎 427
Mikasa, Prince 三笠宫 321, 323, 401 – 2
Miki Kiyoshi 三木清 190 – 92
Miki Torirō 三木鸡郎 116
militarism 军国主义 27, 75, 76, 84, 200
　racial clichés of 种族论调 79 – 80, 122
"military-clique politics"（conspiracy theory）"军阀政治"（阴谋论） 480 – 84, 491 – 93
mining 采矿业 242, 257
Ministry of Commerce and Industry 商工省 532, 535, 540 – 41
Ministry of International Trade and Industry（MITI） 通商产业省 541, 544, 560
Minobe Tatsukichi 美浓部达吉 355
Minpō（People's Report）（magazine） 《民报》（杂志） 422
Misora Hibari 美空云雀 514, 527
"Miss Atomic Bomb" beauty contest "原爆美人"选美赛 241
"Miss Ginza" beauty contest "银座小姐"选美赛 151
missing persons 失踪人员 57 – 58, 57
Missouri, U. S. S. 密苏里号，美国军舰 40, *41*
Mitchell, Margaret 玛格丽特·米歇尔 190, 528
MITI, 亦见 Ministry of International Trade and Industy 通商产业省
Mito City, school revolt in 水户市，学生抗议 242

Mitsubishi combine 三菱财团 530, 532, 537, 545
Mitsui Bibai coal mine 三井美呗煤矿 257
Mitsui combine 三井财团 529–33, 545
"Mitsui Reconstruction Company"（proposed） 计划成立的"三井复兴事业会社" 531–32
Miyamoto Kenji 宫本显治 195–96
Miyamoto Yuriko 宫本百合子 195–96
Miyoshi Tatsuji 三好达治 322
"Momotarō, the Peach Boy"（story） 桃太郎的故事 175–76
Mon（The Gate）（Sōseki）《门》189
"monkey-man"（racial stereotype） "猿人"（种族论调） 213–17, 493
monpe pantaloons 雪袴 66, *83*, 99, 101, 124, 137
Monroe Doctrine 门罗主义 471
Monten Lupa prison 蒙特鲁帕监狱 514–15
Morgenthau, Henry 亨利·摩根索 445
Morimoto Mitsuji 森本三次 141
Morito Tatsuo 森户辰男 186, 356
Most Beautiful, The（film）《一番美しく》（《最美》）（电影）426–27
Mother-son bond 母子亲情 517, 519
Muchaku Seikyō 无着成恭 250–51
Munakata Shikō 栋方志功 154
murder 杀人犯 58, 59, 109–10, 143, 424, 457, 464, 487
　亦见 crime 罪行; war crimes 战争罪行
Musashi（battleship） 武藏（战舰） 339, 341–42
Mussolini, Benito 贝尼托·墨索里尼 444

Nagai Kafū 永井荷风 154, 189, 190
Nagai Takashi 永井隆 196–98, *197*, 330, 414–15, 516
Nagaiyo Yoshirō 长与善郎 416
Nagako, Empress 良子皇后 555
Nagaoka Yoshiko 长冈良子 307
Nagasaki 长崎 36, 43, 45, 241, 414–16, 418, 439, 493, 562
　imperial visit to 天皇巡幸 330
　survivors of 幸存者 61, 196–98, *197*
Nagasaki no Kane（The Bells of Nagasaki）（Nagai）《长崎の钟》（永井隆） 197–98, 415
Nagoya 名古屋 46, 242, 337
Nakajima combine 中岛财团 530
Nakamura Mitsuo 中村光夫 162, 409
Nakamura Shōko 中村笑子 152
Nakanishi Kō 中西功 507

Naked and the Dead, The 《裸者与死者》 198,503 – 4,527
Namiki Michiko 並木路子 173
Nanbara Shigeru 南原繁 71 – 72,321,487 – 90,494,499,501,503
Nanking, atrocities in 南京大屠杀 22,214,458,459,491,505 – 7,563
Narahashi Wataru 中西功 378 – 79
national anthem, Japanese 日本国歌 208,515
national character, presumed 假定的民族性 79 – 80,122,211 – 19,222 – 23,291,340,487,550 – 51,556 – 57
    behavioral analysis of 行为分析 218 – 20,280 – 86
    in constitutional revision 在宪法修正中 353,376,400
    亦见 race 种族
National Police Reserve（NPR） 警察预备队 547 – 48
Nausée（Sartre） 《恶心》（又译《呕吐》）（萨特）
Navy, U. S. 美国海军 *39, 208*
Nelson, George A., Jr. 小乔治·A. 纳尔逊 367
neonationalism 新民族主义 485 – 521
    economic outlet for 经济的出路 563 – 64
    as ideological middle way 作为意识形态的中间道路 500
    repentance as basis for 以忏悔为基础 492 – 96,537
    war crimes trials as impetus for 战犯审判作为其推动力 30,444,474,502
    war criminals as heroes of 战争罪犯作为新民族主义的英雄 518 – 21
    亦见 pacifism 和平主义
Netherlands 荷兰 470,472
Netherlands East Indies 荷属东印度 20
    亦见 Indonesia 印度尼西亚
neurosis, national diagnosis of 神经强迫症,对日本民族的诊断 219
New Deal 罗斯福新政 26,220 – 21,531,538
newness, emphasis on 对新的强调 172,177 – 80,185
newspapers 报纸 36,56 – 57,119,200,242,432,505,513
    American 美国的 291 – 92,297,317,335 – 36
    democratization discussed in 民主化的讨论 240 – 41
    demonstrations covered in 示威游行的报道 260 – 63
    social breakdown described in 记述社会的崩溃 97 – 99,101 – 2,123,147 – 48
    veteran's letters to 老兵的来信 58 – 59,61
New Yorker 《纽约客》 414
New York Times 《纽约时报》 291 – 92,297,317,553,556
NHK（radio network） 日本放送协会 206,244,336,549
Nichi-Bei Kaiwa Techō（Japanese-English Conversation Manual） 《日米会话手帐》 187 – 88,491
Nichiei（film studio） 日映映画制作所 429
Nichigeki dance troupe 日剧舞蹈团 514

Nihon Hyōron（Japan Review）《日本评论》 433–35
Nihonjinron discourse "日本人论" 557
Nihon Keizai Shimbun（newspaper）《日本经济新闻》（报纸） 509
Nihon no Higeki（The Tragedy of Japan）（film）《日本の悲劇》（电影） 427–29, 439
Nihon University 日本大学 527
Nikkan Supōtsu（Daily Sports）（newspaper）《日刊スポーツ》(《体育日刊》)（报纸） 434
Nikkeiren Taimusu（newspaper）《日经连タイムス》(《日经连时报》) 509
Nikkyōso（teachers' union） 日教组 250
Nikon company 尼康公司 533–34
Nikutai no Mon（Gate of Flesh）（Tamura）《肉体の門》（田村泰次郎） 157–58, 161
ningen sengen，亦见"declaration of humanity"（imperial） "人间宣言"（裕仁天皇）
Ningen Shikkaku（No Longer Human）（Dazai）《人间失格》（太宰治） 160
Nippon: *The Crime and Punishment of Japan*（Lamott）《日本的罪与罚》（威利斯·拉莫特） 309
Nippon Times 《日本时报》 338, 406
Nishida Kitarō 西田几多郎 *186*, 192
Nishiyama Ryūzō 西山柳造 359
Nissan combine 日产财团 530
Nobi（Fires on the Plain）（Ōoka）《野火》（大冈升平） 504
Noh theater 能乐 432
Noma Hiroshi 野间宏 504
Nomura combine 野村财团 530
Nora Inu（Stray Dog）（film）《野良犬》（电影） 427
No Regrets for Our Youth（film）《わが青春に悔いなし》(《我对青春无悔》)（电影） 426–27
normality, return to 恢复常态 98, 105
Norman, E. H. E. H. 诺曼 223, 358–59, 433, 450
Nosaka Sanzō 野坂参三 221, 236, 255–56, 262–63, 272, 395
nudes-in-frames shows "画框中的裸体"表演 151–53, *152*
Nuremberg trials 纽伦堡审判 80, 444, 449–50, 454–63, 467, 469, 509
nylons 尼龙 137, 211

Oasis of Ginza（brothel） 银座中的绿洲（卖春设施） *131*
Obon festival 盂兰盆会 *76*
occupation 占领:
　Allies' role in 同盟国的角色 73–74, 352, 362–64
　changing perspectives on 认识的转换 23–24, 28–30
　children's perceptions of 孩子们的感受 110–12

Christian mission of　基督徒的使命　23，283
colonial aspects of　殖民问题　23，27，72–73，79–81，138，204–12，*208*，*210*，300–301
conclusion of　终结　74–75，347，400，439，525，546，552–55
conservative drift in　保守派的观望　525–26
dynamism of　推动力　23–27，28，30，44–45，84，121–22，301，546，558–64
economic policies of　经济政策　75–76，81–82，113–15，210，220，528–29
GIs behavior in　美国兵的行为举止　23–24，72，110，207–12，*210*
heroic exemplars for　英勇的榜样　190–200，221
indirect rule in　间接的统治　27，212–13，289
initial objectives of　初期占领目标　23，73–80
Japan experts consulted for　日本问题专家的出谋划策　217–24，309
marginal groups empowered by　授权边缘群体　122–23，133，148
monetary cost of　货币成本　115，420
national pride shattered by　破碎的民族自尊　43–44，135，154，564
racial assumptions in　假定的种族特征　23–24，79–80，122，129–30，169，205，209，211–19，419
segregation maintained in　主张种族隔离　206，209，212
sensuality unleashed by　肉欲的宣泄　26，122–23，133–34，136–39，*137*，148，149，163，165–66，233
as subject of censorship　作为受审查的主题　335，431–32，439
亦见 demilitarization and democratization policy　非军事化与民主化政策

Odagiri Hideo　小田切秀雄　502
Office of Strategic Services（O. S. S.）　战略作战局　281
Office of War Information（OWI），U. S.　美国作战新闻处　219，222，309，365
officer corps, Japanese　军官阶层，日本的　58–59
Ofuna, POW camp at　大船收容所　54
Ogawa Kikumatsu　小川菊松　187–88
"Oh, mistake!"（catchphrase）　"哦，出错了！"（口头禅）　526–27
Okano Akiko　冈野秋子　101–2
Okano Susumu　冈野进（野坂参三的化名）　221
Okazaki Kazuo　冈崎胜男　293
Okichi　阿吉　126，127，134
Okinawa　冲绳　22，54–55，224，330，433–34，552，553，554
Okinawan minority　冲绳人　122
Ōkōchi Kazuo　大河内一男　436
Okumura Katsuzō　奥村胜藏　295–97
Okura combine　大仓财团　530
Okurareta Kakumei（The Revolution We Have Been Given）（Katō）　《赠られた革命》（《赠与的革命》）（加藤悦郎）　66–69

"old Japan hands" "日本问题的老手" 见 Japan experts 日本问题专家
"On Decadence"（Sakaguchi）《堕落论》（坂口安吾） 155–57
Onozawa Sanichi 小野泽 154
On to Tokyo（film）《向东京进发》（电影） 213
Ōoka Shōhei 大冈升平 504
Opium trade 鸦片贸易 482
Oppler, Alfred 阿尔弗雷德·欧普勒 224, 245
orphans 孤儿 55, 56–57, *62*, 133
　　stigmatization of 对孤儿的诬蔑 61–64
Osaka 大阪 45–46, 90, 93, 105, 112
　　black market in 黑市 97–102, 139, 140–45, 327
　　"red" purges in "赤狩" 438
　　Women's movement in 妇女运动 242
Ōsaka Shirō 大阪志郎 151
Osaragi Jirō 大佛次郎 63, 189, 485–87, 520
Otoki (prostitute) interview 对妓女阿时的采访 123–24, 132, 136
Ōuchi Hyōe 大内兵卫 233–34, 237, 356, 436
Our Job in Japan（film）《我们在日本的任务》（电影） 214–17
overcrowding 过分拥挤 103, 112, 115
OWI, 见 Office of War Information, U. S. 美国作战新闻处
Ozaki Eiko 尾崎英子 193–95
Ozaki Hotsumi 尾崎秀实 190–95
Ozaki Yōko 尾崎杨子 193–95
Ozaki Yukio 尾崎行雄 356
Ozu gang 尾津组 140, 175

Pacific Affairs（journal）《太平洋事务》（期刊） 221, 222
"Pacific War"（*Taiheiyō Sensō*） "太平洋战争" 419
　　参见 World War II 第二次世界大战
pacifism 和平主义 28, 30, 198–200, 249, 289, 474, 488–90, 561
　　anti-American strain in 反美倾向 199, 502
　　constitutional commitment to 宪法保障 82–83, 244, 347, 361, 369, 384, 386–87, 394–98, *399*, 402–3, 474
　　of Japanese left 日本左翼 265, 268–69, 474
Pact of Paris (1928) 巴黎和约（1928），见 Kellogg-Briand Pact 凯洛格—白瑞安公约
Pal, Radhabinod 拉达宾诺德·巴尔 450, 458–59, 463, 464–65, 469–74
Pan-Asianism 泛亚主义 412–13, 468
panel discussions 小组讨论 243
panpan（prostitutes）潘潘（卖春妇），见 prostitution 卖春业
panpan asobi（"prostitution play"） "潘潘游戏" 110–12, *111*
paper shortage 纸张短缺 180, 241, 433, 436

parody 戏仿 139, 170-71, 266
  亦见 humor 幽默
party politics 党派政治 67, 117, 119, 259-60, 400
Patriot's Hour, The（radio program）《爱国者にきく》(《爱国者宣言》)（广播节目） 436
Pauley, Edwin 埃德温·鲍莱 82, 532
"peace and democracy" "和平与民主" 30
Peace movement 和平运动 501, 504, 553-55
  亦见 pacifism 和平主义
peace preservation laws 《治安维持法》 81, 265, 267, 307, 438
peace treaties 和平条约 329, 552-55, 563
Peake, Cyrus H. 赛勒斯·H. 匹克 365
Pearl Harbor attack 袭击珍珠港 21, 40, 291-92, 300, 304, 340, 343, 483, 531
peerage, abolition of 废除华族制 356, 359, 361, 392, 399-400
Peers' School（Gakushūin） 学习院 310, 311, 331
pensions, disability 伤残抚恤金 45
"people, the," translation of 对"people"一词的翻译 381-82
People's Association for a Policy against Starvation "饿死对策国民协会" 93
"people's front" "人民战线" 254, *259*
Perry, Matthew 马修·佩里 19, 22, 41, 44, 126
philanthropy 慈善 61, 207
Pihilippines 菲律宾 22, 49, 300, 470, 506, 512
  War criminals in 战争罪犯 443-44, 514-15
  亦见 war crimes trials 战犯审判
philopon（drug） 非洛朋（毒品） 108
philosophy 哲学 154, 162, 190-92, 195, 497-501
Philosophy as the Way of Repentance（Tanabe）《忏悔道としての哲学》(《作为忏悔道的哲学》)（田边元） 498-501
photographs 照片 132, 134, 154, 156, 158, 166-67, 270, 331, 462
  censorship of 照片的审查 415, 419
  of emperor 天皇的照片 292-95, *294*, 305, *332-35*, 340, 341
  at Sugamo Prsion 在巢鸭拘置所（监狱） 514
piecework 计件工作 102, 430
Pika-don（Flash-bang）（Maruki and Maruki）《ピヵドン》(《闪光-爆炸》)（丸木位里夫妇） 414-15
"placard incident" "标语牌事件" 266-67
poetry 诗歌 92, 119, 155, 288, 310, 317-18, 390, 416-19, 467, 485, 507-10, 517, 519, 553, 555-56
police 警察 25, 59, 63, 81, 96, 98, 104, 134, 302-4, 464, 518, 547-48
  corruption of 贪污腐败 117, 143-44, 231
  dissent monitored by 监视持异议者 302-4

prostitution abetted by 教唆卖淫 124–26, 132
reorganization of 整编 82
vagrants arrested by 拘捕流民 *101*, 105
political expression, freedom of 政治表达的自由 81–82, 119–20, 227–28, 232, 298, 439, 490
political prisoners 政治犯 81, 190–95, 195–96, 221, 298, 434, 436
Poole, Richard 理查德·普尔 365–66, 367
post exchange（PX）system 美国陆军消费合作社 136, 209
Potsdam Proclamation 波茨坦宣言 70, 73, 74–77, 81, 182, 248, 249, 262, 361–63, 555
　　constitutional revision sanctioned by 同意宪法修正 347–48, 351–52, 367, 384, 391
　　human rights emphasized in 强调人权 74, 354–55
　　war crimes trials authorized by 批准战犯审判 74, 347, 445–46, 454, 476
Powhatten, USS 波瓦坦号，美国军舰 41
press, freedom of 出版自由 75, 81, 119–20, 406–7
　　亦见 censorship 审阅制度
pretenders, imperial 假冒天皇者 306–7, 337
prices 价格 98, 101–3, 115–16, 130, 144, 173
prisoners of war, Allied 同盟国战俘 *40*, 54, 60, 445–47, *446*, 457, 465, 472–73, 512
prisoners of war, Japanese 日本人战俘 51–53, *53*, 58, *136*, 220, 221, 449, 472–73
privacy 秘密 103
Privy Council 枢密院 321, 350, 401
"production control" movement "生产管理斗争" 255, 257–58
productivity 生产力 118
profiteering 牟取暴利 90–91, 97, 99–100, 113–19, 531
"progressive men of letters"（*shinpoteki bunkajin*）"进步的文化人" 233–39, 244, 249
　　亦见 intelligentsia, Japanese 日本的知识阶层
Progressive Party 进步党 356, 357, 387
Propaganda 宣传：
　　occupation 占领 214–17, 281–86, 413, 425
　　wartime 战时 59, 65, 126, 213–17, 412–14, 425
　　wedge strategy of 楔入策略 281–86
prophylactic stations 性病预防所 131
prostitution 卖春业 26, 63, 122–39, *125*, *131*, 148
　　government control of 政府的操纵 124–32
　　language of 语言 124, 126, 132, 134–35
　　media images of 媒体的印象 123–24, 132–33, 412, 422

racial aspects of　种族问题　130, 132 – 33, 211
psychological warfare　心理战　280 – 86
public-opinion polls　民意测验　243, 299, 302, 305, 355, 361 – 62, 526, 547, 553
publishing industry　出版业　26, 168 – 69, 180 – 200, 237 – 38, 247, 402, 423, 491
　　female readership sought by　吸引女性读者　194
　　optimism promoted by　倡导乐观精神　172 – 75
　　past and future connected in　连接过去与未来　181 – 87, 196 – 200
　　war criminals and　战犯与出版业　513 – 14, 515 – 16, 520
pulp magazines　低俗杂志　26, 122, 148 – 50, *150*, *151*, 164 – 65
purges　追放（开除公职），清洗　75, 320, 347, 388
　　"economic"　"经济清洗"　529, 532
　　"red"　"赤狩"　272, 409, 433 – 38, 526 – 27, 541
　　reversal of　赦免　525 – 26

"Rabbit" (motor scooter)　"ラビット"（"兔子"）（小型摩托车）　169
race　种族　28 – 29, 129 – 30, 143, 146 – 47, 211 – 17, 278 – 79, 424
　　Japanese views on　日本人的种族观　215 – 16, 311, 312, 314 – 16, 389, 471, 557 – 58
　　in war crimes trials　战犯审判中　469 – 74, 562
　　wartime stereotypes of　战争年代的种族论调　25, 79 – 80, 122, *136*, 169, 213 – 17, 222 – 23, 284 – 86, 419, 493, 563
radio　广播　36, 58, 75, 96, 120, 123 – 24, 168, 270, 285
　　American oversight of　美方的监督　206, 432, 437 – 38
　　optimism promoted by　倡导乐观精神　172, 173 – 74
　　political participation promoted by　促进政治参与　243 – 44
　　satirical commentary on　讽刺性的报道　108 – 9, 116, 241
railways　铁路　47, 112, 115, 257, 261, 268 – 69
"Rakuchō no Otoki" (Tokyo prostitute)　"有乐町的阿时"（东京的妓女）　123 – 24, 132, 136
rape　强奸　124, 130, 211, 412
Rashōmon (film)　《罗生门》（电影）　427, 527
rationality　合理性　492 – 93, 499 – 500
rationing　配给　64, 70, 95 – 97, 98, 102, 169, 180, 433, 436
　　protests against　抗议　262 – 64
　　as symbol　作为象征　420 – 21
Reconstruction Finance Bank (RFB)　复兴金融金库　535 – 36, 540
Recreation and Amusement Association (R. A. A.)　特殊慰安设施协会　127 – 31
recycling　再生　168 – 69, 170
Red Cross　红十字会　57
"red purge" (*reddo pāji*)　赤狩，见 purges　追放（开除公职），清洗
reforms　改革　26 – 27, 68 – 73, 119, 208, 232, 489

索　引　591

assumptions behind 背后的假设 211–12, 246
economic 经济改革 75–76, 81–82, 90, 113, 210, 220, 255, 352, 529–36
Meiji era 明治时期 71, 179–80, 184, 236, 248, 288, 308, 317, 476
militarists and ultranationalists purged in 军国主义与极端民族主义分子的追放 75, 320, 347, 388
political 政治改革 67, 81, *83*, 209–10, 242–44, *243*, 255, 348, 350, 353, 371, 380, 392, 397, 403, 549, 561
Taishō era 大正时期 180, 182–83, 268, 352

refugees 难民 48–55
Reischauer, Edwin O. 赖世和 309
religion 宗教 26, 61, 307–8
　freedom of 宗教自由 74, 307
　women and 女性与宗教 242, 307
　亦见 Buddhism 佛教；Shinto 神道教
Remarque, Erich Maria 艾瑞克·马里亚·雷马克 190
remilitarization 再军备 28, 199, 511, 526–28, 547–48, 551–52, 562
　protests against 反对再军备 554–55
renaissance ideal 复兴的理想 71
reparations 赔偿 74, 82, 90, 114, 532
repatriation 遣返 51–61, 63, 90, 231, 336, 449
　cost of 费用 115
　reverse 反向遣返 54
　of veterans 老兵，退伍军人 58–62, *88*, 141, 486
　of war criminals 战犯罪犯 515
resident aliens, legal vulnerability of 在留外国人，法律歧视 393–94
responsibility for war 战争责任 29–30, 61, 183, 242, 249, 342–45, 430–31, 454, 475, 496, 504–5
　atonement for 赎罪 183, 342–43, 488–90, 495–501, 507–8
　conservative views of 保守派的观点 183, 342–43, 496–97, 505, 506, 517–19
　of emperor 天皇的战争责任 27–28, 35, 41, 278, 279, 281–82, 291–92, 295–98, 320–26, 329–30, 339–40, 342–44, 428, 439, 459–60, 477–84, 501, 518
　foreign models of 外国的典范 207, 235–39
　individual 个人的战争责任 344–45, 504–8
　leftist view of, earlier 战败初期左翼的观点 505, 507
　of militarists and ultranationalists 军国主义与极端民族主义分子的战争责任 215, 281–89, 291, 304–5, 449, 478–84, 489, 496, 504–5
　"negative" "消极责任" 457–59
　of teachers 教师的战争责任 249–51, 487–88, 497–98
　亦见 self-reflection 反省；war crimes trials 战犯审判

"reverse course" "逆流" 23,239,271-73,474,508,511,513,525-26,546,551-52,560

"revolution from above" "自上而下的革命" 66-73,77-78,82,84,89-90,203-24,500,546

 contradictions in 内在的矛盾 70,71-73,77,80-81,203-6,211-12,229,245,348,352,388,420-21,439-40,510,561-62

 fatalism inculcated by 被灌输的宿命论 439-40

 precedents for 先例 203-4

radical politics vs. 激进政策 236,238-39,254-55,265-66,270

 亦见 demilitarization and democratization policy 非军事化与民主化政策

"revolution from below" "自下而起的革命",见 grass-roots movements 草根运动

rhetoric 说辞,见 language 语言

rice 米 91-93,94,96,100,169

 price of 米价 102,116

rice riots 米骚动 260,268

Riken laboratory cyclotron 东京·理化学研究所的回旋加速器 79

Rizzo, Frank 弗兰克·瑞佐 364

robbery, armed 武装抢劫 108-9

Roest, Pieter 皮耶特·鲁斯特 365

Röling, B. V. A. B. V. A. 洛林 80,444,451,459,461,463,465-67,474,475

Roosevelt, Franklin D. 富兰克林·D. 罗斯福 40,65,222

Roth, Andrew 安德鲁·罗斯 221

Rowell, Milo E. 迈洛·E. 罗威尔 359,364,378

Royal Institute of International Affairs (British) 皇家国际事务研究所（英国）218,471

rumors 谣言 304-6

Russia, Czarist 沙皇俄国 21,52

 亦见 Soviet Union 苏联

Russo-Japanese War 日俄战争 21

Ryōki (Bizarre) (magazine) 《猎奇》（杂志）149

Rytkyu Islands 琉球群岛 26

 亦见 Okinawa 冲绳岛

Saeki Jinzaburō 佐伯仁三郎 508

Saipan 塞班岛 22, *90*

Sakaguchi Ango 坂口安吾 144,155-57,*155*,161,418

Sakata Shōichi 坂田昌一 237

samurai 武士 19,59,134,157,303,517

Sanbetsu (National Congress of Industrial Union) 产别（全日本产业别劳动组合会议）268

sandoicchi man（sandwich-board man） 身上挂着广告牌的人 105
San Francisco peace conference（1951） 旧金山和谈（1951） 552
sanitation 卫生设施 103
sanmā taimu（"summer time"） 夏令时，见 daylight savings time 夏时制
Sanwa *keiretsu* 三和系列 545
Sartre, Jean Paul 让·保尔·萨特 190
Sasagawa Ryōichi 笹川良一 454, 511
Sasebo, air base at 佐世保，空军基地 78
Satō Tadao 左藤忠男 439
Satō Tatsuo 佐藤达夫 379－83, 388－89, 393－94
Saturday Evening Post 《星期六晚邮报》 217
Savoy, House of 萨伏伊王室 303
Sawada Ushimaro 沢田牛麿 391－92
Sazae-san（comic strip） 《阿螺》（漫画） 52, 423
Scandal（film） 《丑闻》（电影） 427
scandals 丑闻 116－119, 337, 535
SCAP, 见 Supreme Command for the Allied Powers 盟军最高统帅部
schools 学校 96, 175－76, 263
    democratization of 民主化 242, 247－50
    science curriculum in 科学课程 494－96
science 科学 197, 237, 494－96, 537
Sebald, William 威廉·西博尔德 328－29
Seiki no Isho（Testaments of the Century）（anthology） 《世纪の遗书》（文集） 516－21
seisan kanri（"production control"）movement "生产管理斗争" 255, 257－58
Sekai（"World"）（journal） 《世界》（期刊） 186－87, 238, 249, 435, 508－9
Sekai Keizai Hyōron（World Economic Review）（journal） 《世界经济评论》（期刊） 435
Sekai no Ugoki（World Trends）（journal） 《世界の动き》（《世界动向》）（期刊） 435
Sekō Kōichi 世耕弘一 116－17, 337
self-denfense, right of 自卫权 361, 369, 395－99, 562, 563
"self-reflection" "反省" 183－84, 187, 235－36, 248－49, 278, 289－90, 485－90, 505－6, 509, 563
    亦见 individualism 个人主义; neonationalism 新民族主义
Sempū Nijūnen（The Twenty-year Whirlwind） 《旋风二十年》 190, 490－93
Senate, U.S. 美国参议院 79, 299, 552
Senjinkun（"Field Service Code"） 《战阵训》 277
Senkan Yamato no Saigo（The End of the Battleship *Yamato*）（Yoshida） 《战舰大和ノ最期》（《战舰大和之末日》）（吉田满） 415－16, 487
sennin-bari hanamaki（"thousand-stitch belly band"） "千人针の腹卷" 53
sensuality 肉欲 26, 122－23, 133－34, 136－39, 148, 162－67, 233

亦见"*kasutori* culture" "粕取文化"

Seppun（Kiss）（magazine）《セッブン》（《接吻》）（杂志） 149-50

servants 仆役 207, 208

Stting Sun, The（Dazai）《斜阳》（太宰治） 158-61, 196, 408, 516

sexuality, commercialization of 性的商品化，见"*kasutori* culture" "粕取文化"

sexuality, conjugal 夫妇间的性行为 162-65

Shattered God（*Kudakareta Kami*）（Watanabe Kiyoshi）《砕かれた神》（《破碎之神》）（渡边清） 339-45, 487

Shibuya district, gunfight in 涉谷区，枪战事件 143

Shidehara cabinet 币原内阁 260-61, 349, 387

Shidehara kijūro 币原喜重郎 218, 261, 313, 315, 316-17
　　in constitutional revision 在宪法修正中 351-54, 370, 377-78, 383-85, 396-97, 404

Shigemitsu Mamoru 重光葵 41, 287-89, 291, 313, 319, 450, 467, 474, 476-77

Shiina Rinzō 椎名麟三 504

shikō（"sovereignty"） 至高 382-83, 389

Shimizu Ikutarō 清水几太郎 237

Shimizu Tōru 清水澄 401

Shimizu Toshiko 志水敏子 154

Shimonoseki region, anti-imperial feeling in 下关地区，反天皇情绪 305-6

Shinchō（magazine）《新潮》（杂志） 322

Shinbashi black market 新桥黑市 141-43

Shin Jidai（New Era）（magazine）《新时代》（杂志） 184-85

Shinjuku black market 新宿黑市 140, 175

Shinku Chitai（Zone of Emptiness）（Noma）《真空地带》（野间宏） 504

Shinmin no Michi（The Way of the Subject）（Imperial tract）《臣民の道》（御制小册子） 277, 288

Shin Nihon Bungakukai（New Japanese Literature Association） 新日本文学会 237-38

Shinobu Seizaburō 信夫清三郎 436

sinpoteki bunkajin（"progressive men of letters"） 进步的文化人 233-39, 244, 249
　　亦见 intelligentsia, Japanese 日本的知识阶层

Shinran（Buddhist mystic） 亲鸾（佛教传道者） 192, 497-500

Shinsei（New Life）（magazine）《新生活》（杂志） 185

Shinto 神道教 82, 208, 215-16, 278, 309-10, 317, 342
　　dsestablishment of 废除国教 307, 309-10, 317, 342
　　women's participation in 女性的参与 242

Shin Tsubaki（New Camellia）（magazine）《新椿》（杂志） 184

shipbuilding 造船业 535, 542

Shirasu Jirō 白洲次郎 374-76, 380

Shiseidō (cosmetics firm) 资生堂（化妆品公司） 137
shogunate 幕府将军 19, 203, 303
Shōjo Kurabu (Girls Club) (magazine) 《少女俱乐部》（杂志） 94
Shōnen Shōjo no tame no Minshu Tokuhon (Democracy Reader for Boys and Girls) 《少年少女のための民主读本》（《少男少女的民主读本》) 249
shortages 匮乏 112, 116, *145*, 180, 241, 433, 436
Shōwa Denkō scandal 昭和电工事件 535
Shōwa era 昭和时期 279, 322–23, 558
shrines, desecration of 亵渎神社 305
Shūbun (Scandal) (film) 《丑闻》（电影） 427
shūdan miai ("group marriage meeting") "集团见合"（集体相亲） 105–7, *106*
shuken ("sovereignty") 主权 382, 389
shutaisei ("subjectivity") 主体性 157
Siberia 西伯利亚 52
Singapore 新加坡 512–13, 519
Sirota, Beate 比特·西罗塔 365–67, 369, 380
slogans 标语口号 175–78, 203, 261, 270, 284, 554
Snow, Edgar 埃德加·斯诺 424
socialism 社会主义 26, 500
Socialist Party 社会党 67, 254, 255, 257, 261, 268, 273, 304, 535, 548, 561
    In constitutional debate 在宪法辩论中 356–57, 387, 392
Sodei Rinjirō 袖井林二郎 228, 232, 551
Sōdōmei (All Japan General Federation of Trade Unions) 日本劳动组合总同盟 268
Sōhyō labor federation 日本工会总评议会 554
Solution in Asia (Lattimore) 《亚洲的解决》（欧文·拉铁摩尔） 222
songs 歌曲 116, 168, 172–74, 338, 341, 527
    antiwar 反战歌曲 198
    parody lyrics for 歌词的戏仿 170–71
    patriotic 爱国歌曲 208, 515
    sentimental 感伤歌曲 123, *125*, 139, 514–15, 527, 549, 550
Sony corporation 索尼公司 534
Sorekara (And Then), (Sōseki) 《之后》（夏目漱石） 189
Sorge, Richard 理查德·佐尔格 192
Sōseki, Natsume 夏目漱石 189–90
Southeast Asia 东南亚 21, 49, 51, 526
Soviet Union 苏联 233, 236, 266, 300, 328, 378, 428, 470, 538, 552
    constitutions of 宪法 357, 392
    Japanese prisoners in 日本人战俘 51–52, *53*, 58, 416, 472–73
    repression by 镇压 526
    in war crimes trials 在战犯审判中 447, 449
Spaulding, Robert 罗伯特·斯伯尔丁 408, 436

Special Committee for Investigation of Concealed and Hoarded Goods 隐退藏物资等に关する特別委員会 117–19, 337

Special Higher Police 特別高等警察, 见 "thought police" 思想警察

speech, freedom of 言论自由 74, 75, 81, 119–22, 240, 406–7, 409–10

sports 运动 165, 514

Springtime at Twenty (film) 《はたちの青春》(《二十岁的青春》)(电影) 150–51

Stalin, Joseph 约瑟夫·斯大林 425

State Department, U. S. 美国国务院 74, 221–22, 309, 327
    censorship opposed by 反对审阅制度 432
    war crimes trials observed by 对战犯审判的评述 453, 475–76

stealing 偷窃 56, 60–61
    of food 食物 90–91, 96

stigmatization 诬蔑, 污名化 60, 61–64, 103–4, 124, 211, 356, 519
    of leftists 左翼 434–38

Stimson, Henry 亨利·斯廷森 445, 462–63, 466, 468–69

Story of the Constitution for Boys and Girls (Kanamori) 《少年と少女のたあの憲法のお话》(《少男少女读宪法故事》)(金森德次郎) 403–4

Story of the New Constitution (booklet) 《あたらしい憲法のはなし》《新宪法的故事》(小册子) 399, 528

Strategic Bombing Survey, U. S. 美国战略轰炸调查团 44, *129*, 305, 483

Stray Dog (film) 《野良犬》(电影) 427

strikes 罢工 255, 257, 258, 268–70
    outlawing of 宣布罢工非法 271–72

strip shows 脱衣舞表演 153–54, *153*, 434, 514

Student May Day demonstration 学生五一节示威 254–55, 267–68

student movement 学生运动 242, 263, 264, 267–68

Subarashiki Nichiyōbi (One Wonderful Sunday) (film) 《素晴らしき日曜日》(《美好的星期天》)(电影) 426

Suehiro Izutarō 末弘严太郎 245

Sugamo Prison, Tokyo, war crimes suspects in 东京巢鸭拘置所, 在押战犯 325, 454, 467, 511, *512*, 513–15

Sugamo Shimbun (newspaper) 《巢鸭新闻》(报纸) 513

Sugata Sanshirō (film) 《姿三四郎》(电影) 426

Sugino Yoshiko 杉野芳子 170

Sugiura Yoshio 杉浦幸雄 422

suicide 自杀 34, 38–39, 61, 87–88, 97–98, 129, 158, 328–29, 401, 492

suicide squadrons 神风特攻队 59

Sumitomo combine 住友财团 530, 545

Suntory whiskey 三得利威士忌 534

supplies, diversion of 转移军用物资 113–14, 116–19, 258, 339, 531

Supreme Command for the Allied Powers (SCAP) 盟军最高统帅部 45, *70*, 77, 81,

182, 208, 228, 262, 278, 412, 422, 455, 532
　　anti-Communist activities of　反共活动　239, 250, 266, 271–72, 432–40
　　in constitutional revision　在宪法修正中　348–52, 354
　　economic policies of　经济政策　68–69, 75–76, 532–36, 540–42
　　emperor supported by　支持天皇　279, 295, 297–301, 320, 336–37
　　grass-roots movements opposed by　反对草根运动　239, 254–55, 258–59, 265–66, 269–70
　　popular mood gauged by　评估民众情绪　305–6
　　state Shinto suppressed by　废止神道为国教　307, 309–10, 342
　　as "super-government"　作为"超级政府"　209–10, 223
　　"wedge tactic" of　"楔入策略"　287–92, 295–301, 304, 313–14, 317–18, 322, 326–27, 330–31, 344, 350, 369
Supreme Court, Japanese　日本最高裁判所　267, 327
Supreme Court, U. S.　美国最高法院　461
surrender　投降　22, 33–45, 70, 81, 83, 87–88, 92–93, 139–40, 187, 287–89, 532
　　announcement of　宣布投降　33–39, 66, 88, 92–93, 287, 417, 485, 491
　　emperor as hero of　作为主角的天皇　287–89, 299
　　relief upon　如释重负　87–88, 121–22, 234–35
　　symbolism of　象征意味　40–41, 43, 156–57, 281–83
Suwa Nejiko　诹访根自子　514
Suzuki, D. T.　铃木大拙　240
Suzuki Kantarō　铃木贯太郎　113, 287
Suzuki Toshisada　铃木利贞　433
Suzuki Yasuzō　铃木安藏　358–59
Swope, Guy J.　盖伊·J. 斯沃普　364

tachiuri ("stand and sell people")　立地叫卖者　140
Taihei (magazine)　《太平》(杂志)　506–7
"Taishō democracy"　大正民主 ("大正之春")　180, 182–83, 268, 352
Taiwan, Nationalist government on　台湾, 国民党政府驻地　469, 511, 552
　　亦见 Formosa　台湾
Takada Tadashi　高田正　194
Takagi Yasaka　高木八尺　354
Takahashi Sankichi　高桥三吉元　105
Takamatsu, Prince　高松宫　309, 321
Takami Jun　高见顺　129–30, 492
Takano Iwasaburō　高野岩三郎　356, 358–59, 362
Takayanagi Kenzō　高柳贤三　386, 462
Takeyama Michio　竹山道雄　502–3, 516
Tamura Taijirō　田村泰次郎　155, 157–58, 161

Tanabe Hajime 田边元 322, 496–501, 502, 519

Tanaka Ryūkichi 田中隆吉 482–84

Tanizaki Junichirō 谷崎润一郎 189, 408–9

Tatakau Heitai (Fighting Soldiers) (film) 《战う兵队》(《战斗的士兵》)（电影） 428

Tatsuno Yutaka 辰野隆 132–33

teachers 教师 249–51, 487–88, 497–98

Teheran Conference Declaration 德黑兰宣言 370

Tensei Jingo (newspaper column) 《天声人语》（报纸专栏） 475, 506

Teramoto Kōsaku 寺本広作 246

Terasaki, Gwen 格温·寺崎 324

Terasaki Hidenari 寺崎英成 286, 324, 328–29, 482

Testaments of the Century (anthology) 《世纪の遗书》（文集） 516–21

Tetsugaku Nōto (philosophical Notes) (Miki) 《哲学笔记》（三木清） 190, 191–92

textbooks 教科书 247, 249, 418, 494–95

Tezuka Osamu 手塚治虫 423

Theater, traditional 传统戏剧 209, 293, 295, 432, 514, 527

"third country" people (ethnic minorities) "第三国人" 122, 132, 143–44, 146–47

  protests by "第三国人"的反抗 242

Thorpe, Elliott 埃里奥特·索普 327, 451–53

thought, freedom of 思想自由 74, 81, 266–67

"thought police" "思想警察" 81, 232, 302–4, 366

"thousand-stitch" belly warmers "千人针"腹卷 59

Tilton, Cecil 西塞尔·蒂尔顿 365

Time 《泰晤士报》 365, 461

Tōjō Hideki 东条英机 44, 286, 291–92, 298, 340, 444–45, *452*, 468, 476

  as scapegoat 作为替罪羊 323–25, 460–61, 479, 480–82, 491–92, 510–11

  suicide attempt of 企图自杀 340, 476, 491–92

  testament of 东条的遗嘱 516

tokkōtai ("special forces") "特攻队"，见 *kamikaze* pilots 神风特攻队

Tokuda Kyūichi 德田球一 69, 70, 81, 236, 245, 261, 263–64, 270–72, *271*

Tokyo 东京 44, 95, 105, 153, 166, 170–72, *186*, 549

  American quarter of "小美国"地区 47, 206, 208–11, 560

  black market in 黑市 93, 99–100, 141–43, *145*

  bowing towards 向东京的方向鞠躬 515

  demonstrations in 示威游行 242, 260–67, 548, 554–55

  homelessness in 无家可归者 61, 62, 93, 101, 123

  hunger in 饥饿 93, 96, 99

  prostitution in 卖春业 125–30, *125*

  war devastation in 战争的破坏 44, 45, 46, *47*, 89, 130, 474

"Tokyo charter" "东京宪章" 455
  亦见 war crimes trials 战犯审判
"Tokyo Follies"（revue）《东京フォリーズ》(《东京罪恶》)（时俗讽刺剧）153
Tokyo Imperial University 东京帝国大学 163, 200, 356, 487, 489, 501
Tokyo Shimbun（newspaper）《东京新闻》（报纸）533
Tokyo Stall Vendors Professional Union 东京露店商同业组合 142-43
Tokyo University 东京大学 237, 436, 526-27
Tolstoy, Leo 利奥·托尔斯泰 408-9, 429
Tora no O o Fumu Otokotachi（Men Who Tread on the Tiger's Tail）(film)《虎の尾を踏む男达》(《踏虎尾之男》)（电影）426
Tōsei-ha（Control Faction）统制派 481-82
Toulouse-Lautrec, Henri de 亨利·德·图卢兹-洛特雷克 154
Toynbee, Arnold 阿诺德·汤因比 471
Toyota company 丰田公司 534, 542-43
toys 玩具 110
trade, foreign 对外贸易 536-40
Trade Union Law（1945）《劳动组合法》(1945) 82, 245, 255
Tragedy of Japan, The（film）《日本の悲剧》（电影）427-29, 439
train games 火车游戏 112
translation 翻译 26, 163, 168, 182, 190, 196, 238, 433
  for censors 为审阅官翻译 206, 407, 409, 416, 426
  of constitution 宪法的翻译 379-83, 386, 393-94
  of "declaration of humanity" 翻译"人间宣言" 311-17
  at war crimes trials 在战犯审判中 452, 458, 467
True Pure Land Buddhism 佛教净土真宗 498-501
Truman, Harry S. 亨利·S. 杜鲁门 40, 44, 217, 222, 327, 495
  MacArthor dismissed by 将麦克阿瑟免职 548-49
Truth Box（*Shinsō Bako*）(radio program)《真相箱》（广播节目）243
Tsuboi Shigeji 壶井繁治 416-17
Tsuda Sōkichi 津田左右吉 504-5
Tsuji Masanobu 辻政信 511-13
Tsurumi Kazuko 鹤见和子 87
Tsurumi Yūsuke 鹤见祐辅 183
Tsuru Shigeto 都留重人 483
tuberculosis 肺结核 57, 103-4, 140
Twelve Years of Letters（Miyamoto Yuriko）《十二年の手纸》（宫本百合子）196
Twenty-Year Whirlwind, The 《旋风二十年》190, 490-93

Uchimura Kanzō 内村鉴三 424
Udekurabe（Rivalry）(kafū)《腕くらべ》(《掰腕》)（永井荷风）190
Ueda Shunkichi 殖田俊吉 482

Ueno Station, Tokyo 东京上野车站 61, *62*, 93, 101, 123, 145

Umezu Yoshijirō 梅津美治郎 41

unemployment 失业 101–2

Union for Democratic Scientists 民主主义科学者协会 237

unions 工会（劳动组合） 76, 82, 250, 255–58, 260, 268–70
    Communist influence on 共产党的影响 250, 255, 268, 437, 553–54

Unit 731, atrocities of 731部队的暴行 449, 465

United Nations 联合国 367, 394–95, 445

United Press 美国合众国际社 407

United States 美国：
    affluence of 富足 43, 136–39, 209
    anticommunism in 反共 424, 453, 469
    colonial interests of 殖民利益 468, 470
    economic planning in 经济计划 538
    Japanese-Americans in 日美关系 213
    postwar preeminence of 战后的领导地位 73–74, 539, 552
    public opinion in 公众舆论 299–300, 317, 323, 328

universities 大学 198–200, 244, 489, 497–98

"Urgent Imperial Decree to Stabilze the People's Mind" 《为安定民心并确立自主的国民道义以维持国家秩序之紧急敕令》 477–80

Ushiba Tomohiko 牛场友彦 481

U. S. News and World Report 《美国新闻与世界报道》 541

utilites 设施 47

Van (magazine) *Van*（杂志）132–33, 422–23, 508

Van de Velde, T. H. T. H. 范·德·威尔德 163–64, 190

vegetables 蔬菜 90, 94

venereal disease 性病 130, 131, 138

Versailles conference 凡尔赛会议 21

veterans 老兵，退伍军人 57–62, 99, *135*
    families sought by 寻找家人 57–58
    prejudice against 对老兵的偏见 60–62, 486

victim consciousness 受害者意识 29–30, 119–20, 158, 161, 179, 490, 495, 504
    literary promotion of 文学作品的渲染 191, 195–200, 517–21, 528
    of war criminals 战争罪犯的受害者意识 513–21

victims, stigmatization of 对受害者的诬蔑（污名化）61–64

Vietnam 越南 21, 470, 472

Vietnam War 越南战争 29

Waga Seishun ni Kuinashi (No Regrets for Our Youth) (film) 《わが青春に悔いなし》

(《我对青春无悔》)（电影） 426–27
wage and price controls 控制工资和物价 113
wages 工资，薪金 63, 101–2, 144, 257, 268
waka poetry 和歌 377–38, 485, 507, 509–10
Wakatsuki Reijirō 若槻礼次郎 494
war, renunciation of 放弃战争 82–83, 244, 347, 361, 369, 384, 386–87, 394–98, *399*, 402–3, 528, 561–62
War and Peace（Tolstoy）《战争与和平》（托尔斯泰） 408–9, 429
war crimes 战争罪行 29–30, 54, 60, 108, 144, 214–15, 285, 465
  documentary record of 文件记录 445, 450, 463, 479
  forgetting of 遗忘 29–30, 419, 511–13, 551
  strategic bombing as 作为战争罪行的战略轰炸 473–74
war crimes trials 战犯审判 47, 82, 196, 289, 347, 443–84, 490, 501, 505–6
  American domination of 美方的支配 74, 455, 458, 461–63
  arbitrary procedures in 审判的任意性 464–69
  of "Class B" and "Class C" defendants "B级"与"C级"战犯被告人 443–49
  classification of offenses in 罪行的分级 443
  defendants in 被告人 289, 319, 323–24, 349, 351, 447–49, 451–53, *452*, 454, 458–59, 464–65, 475, 516–17
  emperor exempt from 免除天皇的战争责任 296–301, 308, 319–20, 323–30, 341, 422, 459–60, 467–68, 482–83, 562
  hierarchy confirmed by 证实等级制度的存在 449
  Japanese-run（proposed） 曾经被提议的由日方主持的战犯审判 474–84
  language issues of 语言问题 458, 467
  legal innovations in 法律的创新 80, 444, 451–58, 463–64
  media coverage of 媒体的报道 413, 439, 450, 460–61, 475–76, 508–9, 511
  neonationalism engendered by 由此引发的新民族主义 30, 444, 474, 502
  pacifism engendered by 由此产生的和平主义 474, 509
  participants' criticisms of 参与者的批判 451–54, 459–60, 469–74
  public reaction to 公众的反应 28, 179, 232, 327–29, 343, 449–50, 459, 472, 474, 475–76, 508–10
  racial bias in 种族的偏见 469–74, 562
  sentences from 判决 327, 329, 447, 450–51, 459–61
  theatricality of 审判的戏剧性 461–62
war criminals, social rehabilitation of 为战犯恢复社会名誉 508–21, 562
war dead, souls of 战死者的亡灵 485–90, 502–3
War Department, U.S. 美国陆军部 74, 213, 214, 222
war memorials 战争记忆 489–90
"war-termination costs"（*shūsen shorihi*） 终战处理费 115, 420, 534
Watanabe Chizuko 渡边千鹤子 56–57

Watanabe Hamako 渡边浜子 515

Watanabe Kazuo 渡边和夫 492, 502

Watanabe Kiyoshi 渡边清 339–45, 487

"Way of the Subject, The"（Imperial tract）《臣民の道》（御制小册子）277, 288

Webb, William 威廉·韦伯 444, 450, 458–60, 463, 465–67

weddings 婚礼 96

Weimar Republic 魏玛共和国 392

Whitney, Courtney 考特尼·惠特尼 209–10, 359, 360–64, 372–78, 389

widows 寡妇，未亡人 61, 64, 156

Wildes, Harry Emerson 亨利·爱默生·怀尔兹 365

Wilhelm II, Kaiser 德意志皇帝威廉二世 473

Willoughby, Charles 查尔斯·威洛比 326, 406, 408, 415, 428, 451, 469, 512

woman suffrage 妇女选举权（参政权）64, 81, 82, 83, 240–41, *243*, 259, 264, 352

women's rights 女性的权利 241–42, 244, 357, *368*, 380, 404, 506, 528

World War I 第一次世界大战 21, *260*, 266, 280, 303

World War II 第二次世界大战 21–22, 25, 27–28, 36, 44, 71, 80, 84, 87–92, 192

    aesthetic vision of 美学见解 156–57

    Allied objectives in 同盟国的目标 78, 220, 221, 470–71

    colonial implications of 殖民主义意味 470–72

    as cultural mirror 作为文化镜像 184–85

    as "holy war" 作为"圣战" 34, 45, 104, 157, 277–78, 302, 339–41, 487

    losses in 战争损失 22, 37, 43, 44, 45–48, 50, 52, 54, 106–7, 449, 486–87, 562

    opening of 开战 291–92, 468

    as race war 作为种族战争 285–86, 493

    refugees from 战争难民 48–55

    writers' treatment of 作家的描绘 198–200, 412–29

World War III 第三次世界大战 516, 548

yakuza gumi 暴力团，见 gangs 黑帮，组

Yamabiko Gakkō（Echo School）(ed. Muchaku)《山びこ学校》(《山音学校》)（无着成恭编）250–51

Yamaguchi Yoshitada 山口良忠 99–100

Yamamoto Kajirō 山本嘉次郎 429–32

Yamanashi Katsunoshin 山梨胜之进 331

Yamashita Tomoyuki 山下奉文 443–44, 447, 495

Yamato（battleship）大和（战舰）415–16

"Yamato" identity "大和"民族的特性 104, 144, 278, 290, 382, 557–58

Yamazaki Masakazu 山崎正和 71

Yano Matakichi　矢野又吉　416
Yasuda combine　安田财团　530
Yasukuni Shrine　靖国神社　341，485
Yen　日元　102，113，540
Yoidore Tenshi（Drunken Angel）（film）《醉いどれ天使》（《醉天使》）（电影）427
Yokohama　横滨　93，96，*128*，242
　　imperial visit to　天皇巡幸　336
　　war crimes trial in　战犯审判　*446*
Yomiuri（newspaper）《读卖新闻》（报纸）103，242，257，321，386，438
Yomiuri Giants（baseball team）读卖巨人（棒球队）514
Yonai Mitsumasa　米内光政　323-25
yontō koku（"fourth-rate country"）"四等国家"　44，97，386
Yosano Akiko　与谢野晶子　130
Yosano Mitsuru　与谢野光　130
Yoshida Jun　吉田润　*125*
Yoshida Mitsuru　吉田满　415-16，487
Yoshida Shigeru　吉田茂　67，238，279，293，313，354，389，390，400，401，428，481，541，549
　　cabinet formed by　吉田内阁　225，259，261，266，436
　　constitutional revision attempted by　宪法修正的尝试　351，359，364，370
　　"declaration of humanity" reviewed by　对"人间宣言"的评价　311-12
　　democratization doubted by　对民主化的质疑　65，84，225-26
　　GHQ constitution accepted by　接受GHQ宪法草案　374-77
　　on national self-defense　关于国家自卫　395，398，547-48
Yoshida Shōin　吉田松阴　517，519
Yoshikawa Eiji　吉川英治　527
Yuri Hajime　ゆり・はじめ（由利初）247

zaibatsu（oligopolies）财阀　82，114，221，529-33
　　banking system ties to　与之关联紧密的银行体系　544-45
　　breakup of　崩溃　68-69，75-76，532-34，539，545-46，560
zange（"repentance"）忏悔　493-94，496-501，507-8
　　亦见 neonationalism　新民族主义；self-reflection　反省
Zangedō to shite no Tetsugaku（Philosophy as the Way of Repentance）（Tanabe）《忏悔道としての哲学》（《作为忏悔道的哲学》）（田边元）498-501
Zengakuren（National Federation of Self-governing Student Associations）全学连（全日本学生自治会总连合）268
Zen in English Literature and Oriental Classics（Blyth）《英语文学中的禅与东洋古典》（雷金纳德・H．布莱斯）310
Zone of Emptiness（Noma）《真空地带》（野间宏）504

译后记

三年前，当我着手翻译这部书稿之时，并未意识到这将会是一项如此艰难的任务：其一，与大多数的日本研究论著不同，这是一部美国学者的日本史研究著作，文本中所涉及的语言、文化背景与学术资源的复杂性超乎想象，往往使得我并不充分的学术储备捉襟见肘。翻译此书的过程，竟然成为我重新学习日本近现代历史与日美关系史等专业的过程；其二，本书60余万字的篇幅，也延长了翻译时间、提升了工作强度，使得翻译此书不再仅仅是一项学术锻炼，而且在某种程度上成为对译者耐心与体力的锻炼。应当说，本书作者约翰·道尔（John Dower）所具有的真正的研究精神与学者的良知，是激励我最终完成译文的动力。这让我时时感到：如果不能以原作者同等的态度和努力来对待译稿，必将心怀愧疚。以至于我难以单纯从翻译的角度来衡量这项历时漫长的工作是否值得，因为它已经在我的学术生命中留下了轨迹，甚至隐约对我的学术人格发生了影响。至于这种影响的深远程度，就我个人而言，现在谈论似乎为时尚早。

此外，我还要对本书的翻译体例做一下补充交代：一、原书所涉日、英文献之引文，皆由本书译者自译，疏漏之处在所难免；二、原置于书末的注释部分，改为章后注的形式，以便于读者阅读对照；三、为方便读者查询相关文献起见，注释中所引英语文献出处保留原文，以拉丁字母转写形式标注的日语文献出处还原为日语；四、原书中以拉丁字母转写形式引用的日本人名、地名、文献名、机构名等专有名词，在日译本《敗北を抱きしめて——第二次大戰後の日本人》（岩波书店2004年增补版）中有对应者，皆参照日译本原文；五、原书中出现的在欧美的日本人姓名，是按照英语习惯以名·姓的顺序、以拉丁字母转写形式表示的，仍予以保留；六、为保持原著索引的完整性，索引条目采用原著页码，并在正文中以边码形式标示，索引顺序仍按照英文字母顺序编排；七、对原书中极个别的印刷错误进行了订正。需要说明的是，为尽力保留原著的面貌，中译本对原书十几万字的注释与索引部分未作任何删削，因而较此前出版的日译本可能更为完整。

  本书的翻译工作，缘起赵京华先生的大力推荐。而在此过程中，我又时时得到他的指点与鼓励。如果没有责任编辑叶彤先生超乎寻常的耐心与信任，这部译作可能无法完成。而他对待译稿的严谨负责，更使我由衷感佩。另外，还要感谢日本学者佐藤贤为我核对个别日文文献的出处。诸位师友的督促与关注，使这部译作终于得以问世。在此一并致以诚恳的谢意！

胡　博
2008 年 6 月
于社科院文学所